2021

SEGUNDA
EDIÇÃO

COORDENADORAS

ANA CAROLINA
BROCHADO TEIXEIRA

LUCIANA
DADALTO

AUTORES

Adriano Marteleto Godinho
Aline de Miranda Valverde Terra
Amanda Souza Barbosa
Ana Carla Harmatiuk Matos
Ana Carolina Brochado Teixeira
Anna Cristina de Carvalho Rettore
Beatriz de Almeida Borges e Silva
Dimas Messias de Carvalho
Diogo Luna Moureira
Eduardo Nunes de Souza
Esther Hwang
Fernanda Schaefer
Filipe Medon
Gisela Sampaio da Cruz Guedes
Iara Antunes de Souza
Isabella Olivieri
Juliana de Sousa Gomes Lage
Lígia Ziggiotti de Oliveira
Livia Teixeira Leal
Luciana Dadalto
Luciana Fernandes Berlini
Maici Barboza dos Santos Colombo
Marcela Maia de Andrade Drumond
Maria Celina Bodin de Moraes
Maria de Fátima Freire de Sá
Maria Goreth Macedo Valadares
Mariana Dias Duarte Borchio
Marianna Chaves
Marília Pedroso Xavier
Paula Moura Francesconi de Lemos Pereira
Raphael Carneiro Arnaud Neto
Renata de Lima Rodrigues
Renata Vilela Multedo
Taísa Maria Macena de Lima
Tânia da Silva Pereira
Taysa Schiocchet
Thais Câmara Maia Fernandes Coelho
Willian Pimentel

AUTORIDADE PARENTAL

DILEMAS E DESAFIOS
CONTEMPORÂNEOS

2021 © Editora Foco

Coordenadoras: Ana Carolina Brochado Teixeira e Luciana Dadalto

Autores: Adriano Marteleto Godinho, Aline de Miranda Valverde Terra, Amanda Souza Barbosa, Ana Carla Harmatiuk Matos, Ana Carolina Brochado Teixeira, Anna Cristina de Carvalho Rettore, Beatriz de Almeida Borges e Silva, Dimas Messias de Carvalho, Diogo Luna Moureira, Eduardo Nunes de Souza, Esther Hwang, Fernanda Schaefer, Filipe Medon, Gisela Sampaio da Cruz Guedes, Iara Antunes de Souza, Isabella Olivieri, Juliana de Sousa Gomes Lage, Lígia Ziggiotti de Oliveira, Livia Teixeira Leal, Luciana Dadalto, Luciana Fernandes Berlini, Maici Barboza dos Santos Colombo, Marcela Maia de Andrade Drumond, Maria Celina Bodin de Moraes, Maria de Fátima Freire de Sá, Maria Goreth Macedo Valadares, Mariana Dias Duarte Borchio, Marianna Chaves, Marília Pedroso Xavier, Paula Moura Francesconi de Lemos Pereira, Raphael Carneiro Arnaud Neto, Renata de Lima Rodrigues, Renata Vilela Multedo, Taísa Maria Macena de Lima, Taysa Schiocchet, Thais Câmara Maia Fernandes Coelho e Willian Pimentel

Diretor Acadêmico: Leonardo Pereira
Editor: Roberta Densa
Assistente Editorial: Paula Morishita
Revisora Sênior: Georgia Renata Dias
Capa Criação: Leonardo Hermano
Diagramação: Ladislau Lima
Impressão miolo e capa: FORMA CERTA

Dados Internacionais de Catalogação na Publicação (CIP) de acordo com ISBD

C755

Autoridade parental: dilemas e desafios contemporâneos / Adriano Marteleto Godinho ... [et al.]. - 2. ed. - Indaiatuba : Editora Foco, 2021.
  400 p. ; 17cm x 24cm.

Inclui bibliografia e índice.

ISBN: 978-65-5515-289-0

1. Direito. 2. Autoridade parental. I. Godinho, Adriano Marteleto. II. Terra, Aline de Miranda Valverde. III. Barbosa, Amanda Souza. IV. Matos, Ana Carla Harmatiuk. V. Teixeira, Ana Carolina Brochado. VI. Rettore, Anna Cristina de Carvalho. VII. Silva, Beatriz de Almeida Borges e. VIII. Carvalho, Dimas Messias de. IX. Moureira, Diogo Luna. X. Souza, Eduardo Nunes de. XI. Hwang, Esther. XII. Schaefer, Fernanda. XIII. Medon, Filipe. XIV. Guedes, Gisela Sampaio da Cruz. XV. Souza, Iara Antunes de. XVI. Olivieri, Isabella. XVII. Lage, Juliana de Sousa Gomes. XVIII. Oliveira, Lígia Ziggiotti de. XIX. Leal, Livia Teixeira. XX. Dadalto, Luciana. XXI. Berlini, Luciana Fernandes. XXII. Colombo, Maici Barboza dos Santos. XXIII. Drumond, Marcela Maia de Andrade. XXIV. Moraes, Maria Celina Bodin de. XXV. Sá, Maria de Fátima Freire de. XXVI. Valadares, Maria Goreth Macedo. XXVII. Borchio, Mariana Dias Duarte. XXVIII. Chaves, Marianna. XXIX. Xavier, Marília Pedroso. XXX. Pereira, Paula Moura Francesconi de Lemos. XXXI. Arnaud Neto, Raphael Carneiro. XXXII. Rodrigues, Renata de Lima. XXXIII. Multedo, Renata Vilela . XXXIV. Lima, Taísa Maria Macena de. XXXV. Pereira, Tânia da Silva. XXXVI. Schiocchet, Taysa. XXXVII. Coelho, Thais Câmara Maia Fernandes. XXXVIII. Pimentel, Willian. XXXIX. Título.

2021-1337   CDD 340   CDU 34

Elaborado por Vagner Rodolfo da Silva - CRB-8/9410

Índices para Catálogo Sistemático:

1. Direito 340   2. Direito 34

DIREITOS AUTORAIS: É proibida a reprodução parcial ou total desta publicação, por qualquer forma ou meio, sem a prévia autorização da Editora FOCO, com exceção do teor das questões de concursos públicos que, por serem atos oficiais, não são protegidas como Direitos Autorais, na forma do Artigo 8º, IV, da Lei 9.610/1998. Referida vedação se estende às características gráficas da obra e sua editoração. A punição para a violação dos Direitos Autorais é crime previsto no Artigo 184 do Código Penal e as sanções civis às violações dos Direitos Autorais estão previstas nos Artigos 101 a 110 da Lei 9.610/1998.

NOTAS DA EDITORA:

Atualizações e erratas: A presente obra é vendida como está, atualizada até a data do seu fechamento, informação que consta na página II do livro. Havendo a publicação de legislação de suma relevância, a editora, de forma discricionária, se empenhará em disponibilizar atualização futura.

Erratas: A Editora se compromete a disponibilizar no site www.editorafoco.com.br, na seção Atualizações, eventuais erratas por razões de erros técnicos ou de conteúdo. Solicitamos, outrossim, que o leitor faça a gentileza de colaborar com a perfeição da obra, comunicando eventual erro encontrado por meio de mensagem para contato@editorafoco.com.br. O acesso será disponibilizado durante a vigência da edição da obra.

Impresso no Brasil (04.2021) – Data de Fechamento (04.2021)

2021
Todos os direitos reservados à
Editora Foco Jurídico Ltda.
Avenida Itororó, 348 – Sala 05 – Cidade Nova
CEP 13334-050 – Indaiatuba – SP

E-mail: contato@editorafoco.com.br
www.editorafoco.com.br

PREFÁCIO

Com a Constituição Federal de 1988 e a consagração da Doutrina da Proteção Integral, delineada pela Lei nº 8.069/90, reconfigura-se a visão sobre a criança e o adolescente, que passam a ser considerados como sujeitos de direitos na ordem jurídica brasileira. As relações entre pais e filhos também passam a estar pautadas em tais premissas, de modo que a autoridade parental, nesse contexto, confere aos pais não apenas um direito, mas sobretudo um dever que deve ser exercido em consonância com o melhor interesse dos filhos.

Também assistimos no sistema jurídico brasileiro a partir da Lei nº 12.010/2009 uma significativa mudança de paradigma, na qual o acolhimento familiar surge como forma de garantir a convivência familiar, visando à proteção de crianças e adolescentes que vivenciam a violação de direitos e buscando fixar diretrizes para políticas públicas apropriadas.

Não podemos olvidar, ainda, o acolhimento na família extensa ou ampliada, "formada por parentes próximos com os quais a criança ou adolescente convive e mantem vínculos de afinidade e afetividade", nos termos do parágrafo único do art. 25 do ECA. Sem vincular necessariamente à simetria com o parentesco consanguíneo previstas na lei civil, falar em afinidade significa também um acolhimento marcado pelo carinho e aconchego; é estar presente com generosidade e compreensão.

A afetividade é hoje caracterizada como elemento basilar dos vínculos familiares, devendo ser o fundamento jurídico de soluções concretas para os mais variados conflitos de interesse que se estabelecem nas relações de acolhimento familiar. É neste contexto que o cuidado como valor e como princípio jurídico adquire amplitude e relevância, sobretudo ao reconhecermos na autoridade parental um cuidado compartilhado entre os genitores, independentemente da coabitação sob o mesmo teto.

Esse exercício conjunto envolve carinho, paciência, qualidade de tempo, saber ouvir, estímulo à capacidade, compreensão das deficiências. Cuidar é também não enganar, ludibriar, ou iludir, é dar limites como forma de proteção e segurança, é não criar expectativas que nem sempre poderão ser satisfeitas. O acolhimento dos filhos como expressão do cuidado, é também assumir compromisso, é ajuda-los a serem capazes de satisfazer as próprias necessidades e tornarem-se aptos a responder por suas vidas. Para aquele que acolhe, o cuidado é, sobretudo, dar atenção integral, amparar e aceitar o filho de maneira absoluta, é ouvir sem julgamento, mesmo que discorde, é estar presente com generosidade e compreensão.

Diante da repaginada roupagem da autoridade parental, delineada a partir da ótica constitucional e permeada pelo *cuidado*, emergem desafios referentes às possibilidades e limites de intervenção estatal no âmbito do exercício dos direitos e deveres atinentes às relações parentais. A vacinação obrigatória, a (im)possibilidade da educação domiciliar, as restrições quanto aos castigos aplicados pelos pais, o reconhecimento da autonomia das crianças e dos adolescentes quanto às decisões atinentes a seu corpo, a sua sexualidade e a seus projetos de vida, traduzem a difícil missão de garantir os direitos da criança e do adolescente sem que isso represente a imposição indevida de uma ou outra visão de mundo.

O exercício da autoridade parental deve estar permeado, assim, pelo propósito autorizativo de sua existência, referente à promoção do desenvolvimento individual dos filhos, não podendo ocorrer de forma escusa ou alheia a essa função. É com base nessa premissa que se afasta a postura de um dos pais que visa impedir ou dificultar a convivência do filho com o outro, violando o direito da criança ou do adolescente à convivência familiar. Garante-se, desse modo o exercício compartilhado da guarda por ambos os pais, repudiando-se a prática de alienação parental.

Além disso, do advento das novas tecnologias surgem importantes questões referentes às relações parentais, na medida em que cabe aos pais acompanhar o uso das redes sociais e de produtos conectados à Internet, de modo a impedir que sua utilização se dê de forma prejudicial ao filho, sem que isso acarrete, por outro lado, a invasão do espaço de privacidade e individualidade que deve ser preservado.

Também a partir do julgamento do RE 898060/SC pelo Supremo Tribunal Federal, com o reconhecimento da multiparentalidade, supera-se o inflexível modelo da família nuclear, tendo como fim último o melhor interesse da criança e do adolescente. Com a possibilidade de coexistência do vínculo biológico e socioafetivo, passa-se a buscar meios para identificar as hipóteses de multiplicidade de vínculos parentais.

Questiona-se, por outro lado, considerando a indisponibilidade do poder familiar, a possibilidade de entrega do filho em adoção e, diante de sua admissibilidade jurídica, os meios para se garantir os direitos da criança e do adolescente nesse processo.

Diante de tantas transformações, coube às professoras Ana Carolina Brochado Teixeira e Luciana Dadalto a difícil missão de relacionar em uma obra única os principais questionamentos e desafios que advêm da releitura promovida sobre o antigo pátrio poder, agora reconhecido não como uma potestade dos pais, mas como instrumento para a promoção do desenvolvimento individual dos filhos. A autoridade parental, agora funcionalizada aos interesses dos filhos, demanda uma reflexão constante, sendo os estudos aqui compilados resultado dessa árdua tarefa, complexa e necessária.

Tânia da Silva Pereira

Advogada especializada em Direito de Família, Infância e Juventude. Mestre em Direito Privado pela UFRJ, com equivalência em Mestrado em Ciências Civilísticas pela Universidade de Coimbra (Portugal). Professora de Direito aposentada da PUC/Rio e da UERJ.

SUMÁRIO

PREFÁCIO
    Tânia da Silva Pereira III

A HETERONOMIA ESTATAL JUDICIAL NO EXERCÍCIO DA AUTORIDADE PARENTAL POR MEIO DO RECONHECIMENTO DA PARENTALIDADE SOCIOAFETIVA
    Renata Vilela Multedo e Isabella Olivieri 1

REGIME DAS INCAPACIDADES E AUTORIDADE PARENTAL: QUAL O LEGADO DO ESTATUTO DA PESSOA COM DEFICIÊNCIA PARA O DIREITO INFANTOJUVENIL?
    Ana Carolina Brochado Teixeira e Renata de Lima Rodrigues 21

GUARDA E AUTORIDADE PARENTAL: POR UM REGIME DIFERENCIADOR
    Marília Pedroso Xavier e Maici Barboza dos Santos Colombo 37

AUTORIDADE PARENTAL NA MULTIPARENTALIDADE
    Maria Goreth Macedo Valadares e Thais Câmara Maia Fernandes Coelho 51

PARADOXOS ENTRE AUTONOMIA E PROTEÇÃO DAS VULNERABILIDADES: EFEITOS JURÍDICOS DA UNIÃO ESTÁVEL ENTRE ADOLESCENTES
    Ana Carla Harmatiuk Matos e Lígia Ziggiotti de Oliveira 65

ADOÇÃO *INTUITU PERSONAE* E AUTORIDADE PARENTAL
    Dimas Messias de Carvalho 79

EDUCAÇÃO E CULTURA NO BRASIL: A QUESTÃO DO ENSINO DOMICILIAR
    Maria Celina Bodin de Moraes e Eduardo Nunes de Souza 95

AUTORIDADE PARENTAL E LEI DA PALMADA
    Luciana Fernandes Berlini e Iara Antunes de Souza 127

DANO MORAL E ALIENAÇÃO PARENTAL
    Juliana de Sousa Gomes Lage 143

INTERNET OF TOYS: OS BRINQUEDOS CONECTADOS À INTERNET E A NECESSÁRIA PROTEÇÃO DA CRIANÇA E DO ADOLESCENTE
    Livia Teixeira Leal 159

AUTORIDADE PARENTAL: A AUTONOMIA DOS FILHOS MENORES E A RESPONSABILIDADE DOS PAIS PELA PRÁTICA DE *CYBERBULLYING*
    Adriano Marteleto Godinho e Marcela Maia de Andrade Drumond 173

AUTORIDADE PARENTAL E SEXUALIDADE DAS CRIANÇAS E ADOLESCENTES
    Marianna Chaves e Raphael Carneiro Arnaud Neto 191

TUTELA DO DIREITO À INTIMIDADE DE ADOLESCENTES NAS CONSULTAS MÉDICAS
    Taysa Schiocchet e Amanda Souza Barbosa 207

O USO DE PLACEBO E A PARTICIPAÇÃO DE CRIANÇAS E ADOLESCENTES COM TRANSTORNOS MENTAIS EM ENSAIOS CLÍNICOS
    Paula Moura Francesconi de Lemos Pereira 233

AUTONOMIA PARENTAL E VACINAÇÃO OBRIGATÓRIA
    Fernanda Schaefer 253

TRANSTORNOS ALIMENTARES NA INFÂNCIA E NA ADOLESCÊNCIA: QUAL O PAPEL DOS PAIS
    Maria de Fátima Freire de Sá, Taísa Maria Macena de Lima e Diogo Luna Moureira 273

TOMADA DE DECISÃO MÉDICA EM FIM DE VIDA DO MENOR
    Luciana Dadalto e Willian Pimentel 285

SOBRE UM DOS DILEMAS PATRIMONIAIS DA AUTORIDADE PARENTAL: O USUFRUTO LEGAL PREVISTO PELO ART. 1.689, I DO CÓDIGO CIVIL
    Anna Cristina de Carvalho Rettore e Beatriz de Almeida Borges e Silva 301

RESPONSABILIDADE CIVIL DOS PAIS PELOS ATOS PRATICADOS PELOS FILHOS MENORES
Aline de Miranda Valverde Terra e Gisela Sampaio da Cruz Guedes 317

PANDEMIA, REABERTURA DAS ESCOLAS E AUTORIDADE PARENTAL
Ana Carolina Brochado Teixeira e Mariana Dias Duarte Borchio 335

(OVER)SHARENTING: A SUPEREXPOSIÇÃO DA IMAGEM E DOS DADOS DA CRIANÇA NA INTERNET E O PAPEL DA AUTORIDADE PARENTAL
Filipe Medon 351

SUICÍDIO INFANTIL E AUTORIDADE PARENTAL
Esther Hwang e Luciana Dadalto 377

A HETERONOMIA ESTATAL JUDICIAL NO EXERCÍCIO DA AUTORIDADE PARENTAL POR MEIO DO RECONHECIMENTO DA PARENTALIDADE SOCIOAFETIVA[1]

Renata Vilela Multedo

Doutora e Mestre em Direito Civil pela UERJ – Universidade do Estado do Rio de Janeiro. MBA em Administração de Empresas pela PUC-Rio. Professora Titular de Direito Civil do Grupo IBMEC e dos cursos de pós-graduação lato-sensu da PUC-Rio. Membro do Conselho executivo da civilistica.com - Revista eletrônica de Direito Civil. Membro efetivo do IAB, IBDFAM e IBDCivil. Advogada

Isabella Olivieri

Mestranda em Direito Civil pela UERJ – Universidade do Estado do Rio de Janeiro. Pós-graduada em Direito das Famílias e Sucessões pela PUC-Rio. Advogada

Sumário: 1. Introdução – 2. A intervenção judicial e o reconhecimento da parentalidade socioafetiva – 3. A intervenção judicial e o reconhecimento da multiparentalidade 4. Conclusão – 5. Referências bibliográficas

1. INTRODUÇÃO

Na perspectiva contemporânea do direito civil, todas as situações jurídicas subjetivas submetem-se a controle de merecimento de tutela, com base no projeto constitucional. Nesse passo, uma visão moderna da família requer uma funcionalização do instituto que responda às escolhas de fundo da sociedade contemporânea,[2] operadas pela Constituição de 1988: a cláusula geral de tutela da pessoa humana e notadamente os arts. 226, § 5°, que estabeleceu a igualdade dos cônjuges no casamento, e 227, que atribuiu aos filhos a posição de centralidade no grupo familiar, garantindo concretude ao princípio da igualdade material e "absoluta prioridade" às crianças e aos adolescentes.[3]

---

1. Grande parte das ideias aqui apresentadas constitui aspectos desenvolvidos no âmbito do livro *Liberdade e Família*: limites para a intervenção do Estado nas relações conjugais e parentais (1.ed. Rio de Janeiro: Processo, 2017), de Renata Vilela Multedo.
2. PERLINGIERI, Pietro. *O direito civil na legalidade constitucional*. Rio de Janeiro: Renovar, 2008, p. 138.
3. BODIN DE MORAES, Maria Celina. A nova família, de novo: estruturas e funções das famílias contemporâneas. *Revista Pensar*, Fortaleza, v. 18, n. 2, p. 588, mai./ago. 2013.

Na passagem da estrutura à função,[4] a família deixou de ser unidade institucional, para tornar-se núcleo de companheirismo,[5] sendo hoje lugar de desenvolvimento da pessoa no qual se permitem modalidades de organização tão diversas, desde que estejam finalizadas à *promoção* daqueles que a ela pertencem.[6] A axiologia constitucional recente tornou possível a propositura de uma configuração democrática de família, na qual não há direitos sem responsabilidades nem autoridade sem democracia.[7]

No que tange às relações entre pais e filhos, as mudanças constitucionais e as implementadas pelo Estatuto da Criança e do Adolescente deslocaram radicalmente o enfoque das relações parentais, embasando-as nos princípios da dignidade humana, da paternidade responsável e da solidariedade familiar. Da figura do pátrio poder, centrado na função de gestão patrimonial, caminhou-se para a autoridade parental,[8] que assume função educativa, de promover as potencialidades criativas dos filhos.[9] Justamente em virtude da centralidade que assumiu a filiação no âmbito da família, a autoridade parental tornou-se "um instrumento de garantia dos direitos fundamentais do menor, bem como uma forma de resguardar seu melhor interesse, tendo em vista que deve ser voltada exclusivamente para a promoção e desenvolvimento da personalidade do filho".[10]

Em doutrina, já se conceituou a autoridade parental de modos diversos. Assim, entre diversas definições, figura o entendimento da autoridade parental: como *direito subjetivo* dos pais exercido no interesse destes e dos filhos;[11] como um *poder jurídico* exercido em benefício do outro sujeito da relação jurídica;[12] e como um *múnus* pri-

---

4. Ver, por todos, BOBBIO, Norberto. *Da estrutura à função:* novos estudos de teoria do direito. São Paulo: Manole, 2007. Na definição de Luiz Edson Fachin (2015, p. 49), "a travessia é a da preocupação sobre *como o direito é feito* para a investigação *a quem serve o direito*".
5. VILLELA, João Baptista. *Repensando o direito de família*. Disponível em: <http://jfgontijo.com.br/2008/artigos_pdf/Joao_Baptista_Villela/RepensandoDireito.pdf>. Acesso em: 3 fev. 2016.
6. PERLINGIERI, Pietro. *O direito civil na legalidade constitucional*. Rio de Janeiro: Renovar, 2008, p. 972.
7. BODIN DE MORAES, Maria Celina. A nova família, de novo: estruturas e funções das famílias contemporâneas. *Revista Pensar*, Fortaleza, v. 18, n. 2, p. 588, mai./ago. 2013, p. 591-593.
8. Optou-se pela adoção do termo "autoridade parental" em vez de "poder familiar", adotado pelo legislador infraconstitucional, por se entender mais adequado com a axiologia constitucional. Sobre a diferenciação de nomenclatura, remete-se à TEIXEIRA, Ana Carolina Brochado. *Família, guarda e autoridade parental*. Rio de Janeiro: Renovar, 2005, p. 3-7.
9. PERLINGIERI, Pietro. *O direito civil na legalidade constitucional*. Rio de Janeiro: Renovar, 2008, p. 999. Sobre a modificação do exercício da parentalidade, vista como corresponsabilidade, ver também LEBRUN, Jean-Pierre. *Um mundo sem limites:* ensaio para uma clínica psicanalítica do social. Rio de Janeiro: Cia de Freud, 2004.
10. TEIXEIRA, Ana Carolina Brochado. *Família, guarda e autoridade parental*. Rio de Janeiro: Renovar, 2005, p. 85.
11. CORRÊA DE OLIVEIRA, José Lamartine; MUNIZ, Francisco José Ferreira. *Curso de direito de família*. 2. ed. Curitiba: Juruá, 1998, p. 29-30.
12. "Esse 'outro' [o pai], por sua vez, recebeu do Estado um múnus, um feixe de poderes e deveres a serem exercidos em benefício dos filhos, o que nos autoriza a caracterizar a autoridade parental como poder jurídico, no que tange às inúmeras categorias das situações jurídicas" (TEIXEIRA, Ana Carolina Brochado; PENALVA, Luciana Dadalto. Autoridade parental, incapacidade e melhor interesse da criança: uma reflexão sobre o caso Ashley. *Revista de Informação Legislativa*, v. 180, p. 297, 2008).

vado controlado pelo Estado.[13] Fato é que a autoridade parental vista como relação de poder-sujeição está em crise.[14] O que têm em comum todas essas definições do instituto denominado pelo legislador infraconstitucional de poder familiar é que esse deve ser exercido no interesse dos filhos.

Assim, "na concepção contemporânea, a autoridade parental não pode ser reduzida nem a uma pretensão juridicamente exigível em favor dos seus titulares nem a um instrumento jurídico de sujeição (dos filhos à vontade dos pais)".[15] Ela tem a finalidade precípua de promover o desenvolvimento da personalidade dos filhos, respeitando sua dignidade pessoal.[16] Ao assumir essa função, a autoridade parental não significa mais somente o cerceamento de liberdade ou, na expressão popular, a *"imposição de limites"*, mas, principalmente, a promoção dos filhos em direção à emancipação. A estes devem ser conferidas as escolhas existenciais personalíssimas para as quais eles demonstrem o amadurecimento e a competência necessários. O desafio está justamente em encontrar a medida entre cuidar e emancipar.[17]

Destaca-se, ainda, que a autoridade parental apenas encontra justificativa funcional se é empreendida em prol do desenvolvimento da personalidade dos filhos, não merecendo tutela jurídica quando exercida de maneira patológica.[18] Sob esse prisma, a relação paterno-filial não pode ser pensada exclusivamente como contraposição, já que diz respeito, também, ao chamado desenvolvimento fisiológico de uma família.[19] O contraste ou a conexão não ocorrem entre as situações jurídicas integrantes da própria relação, mas, sim, entre situações jurídicas subjetivas complexas, delineando o conteúdo dessa relação que se altera e que se desenvolve conforme as

---

13. "Uma vez que o pátrio poder é um múnus que deve ser exercido, fundamentalmente, no interesse do filho, o Estado o controla, estatuindo a lei os casos em que o titular deve ser privado do seu exercício, temporária ou definitivamente" (GOMES, Orlando. *Direito de família*. Rio de Janeiro: Forense, 1968, p. 291).
14. "[...] em uma concepção igualitária, participativa e democrática da comunidade familiar, a sujeição, tradicionalmente entendida, não pode continuar a exercer o mesmo papel. A relação educativa não é mais entre um sujeito e um objeto, mas é uma correlação de pessoas, onde não é possível conceber um sujeito subjugado a outro" (PERLINGIERI, Pietro. *O direito civil na legalidade constitucional*. Rio de Janeiro: Renovar, 2008, p. 999).
15. Assim, complementa Gustavo Tepedino, a "interferência na esfera jurídica dos filhos só encontra justificativa funcional na formação e no desenvolvimento da personalidade dos próprios filhos, não caracterizando posição de vantagem juridicamente tutelada em favor dos pais" (TEPEDINO, Gustavo. A disciplina jurídica da guarda e da autoridade parental. *Revista Trimestral de Direito Civil*, v. 17, n. 5, p. 40-41, jan./mar. 2004).
16. MENEZES, Joyceane Bezerra de; BODIN DE MORAES, Maria Celina. Autoridade parental e a privacidade do filho menor: o desafio de cuidar para emancipar. *Revista Novos Estudos Jurídicos*, v. 20, n. 2, p. 504, mai./ago. 2015.
17. MENEZES, Joyceane Bezerra de; BODIN DE MORAES, Maria Celina. Autoridade parental e a privacidade do filho menor: o desafio de cuidar para emancipar. *Revista Novos Estudos Jurídicos*, v. 20, n. 2, p. 504, mai./ago. 2015, p. 505.
18. MEIRELES, Rose Melo Vencelau; ABÍLIO, Viviane da Silveira. Autoridade parental como relação pedagógica: entre o direito à liberdade dos filhos e o dever de cuidado dos pais. In: TEPEDINO, Gustavo; FACHIN, Luiz Edson (Orgs.). *Diálogos sobre direito civil*. Rio de Janeiro: Renovar, 2012, v. 3, p. 345-347.
19. STANZIONE, Pasquale. Personalidade, capacidade e situações jurídicas do menor. In: TEIXEIRA, Ana Carolina Brochado; RIBEIRO, Gustavo Pereira Leite; COLTRO, Antônio Carlos Mathias; TELLES, Marília Campos Oliveira e (Orgs.). *Problemas da família no direito*. Belo Horizonte: Del Rey, 2011, p. 222.

diferentes exigências dos filhos.[20] Caracteriza-se por uma "compreensão recíproca e interdependência".[21]

A relação entre pais e filhos é uma via de mão dupla,[22] indispensável à efetivação dos ditames constitucionais. Ela não só envolve a realização dos interesses existenciais dos filhos, mas também a concretização do sentido da parentalidade, através da realização dos pais pela promoção da pessoa dos filhos. Do ponto de vista dialético existencial da relação, pais e filhos se completam, "não se trata de conflito, domínio ou exploração e, sim, de solidariedade familiar na sua forma mais pura, essencial e espontânea".[23] Nesse sentido, "a verdadeira paternidade é um fato da cultura. [...] A função do poder-dever atribuída aos pais com relação aos filhos não está em guardá-los de todo o mal nem em convertê-los em cópias de seus guardiões, mas em assisti-los e encaminhá-los à senhoria das próprias vidas".[24]

Na relação parental contemporânea, não há dúvida de que as regras estão a serviço da proteção da criança e do adolescente, cujos melhores interesses devem sempre ser amplamente resguardados pelo Estado, pela sociedade e pela família em si. "Convivem, portanto, no direito de família, o público e o privado, não sendo possível demarcar fronteiras estanques",[25] sendo justificável a interferência do Estado para maiores salvaguardas em prol da tutela dos vulneráveis quando, na situação concreta, esta se mostrar realmente necessária.

Nesse cenário, o Supremo Tribunal Federal, em julgamento histórico realizado em 21 de setembro de 2016,[26] considerou, apreciando a repercussão geral da matéria[27] e por maioria dos votos e nos termos do voto do relator, que "a paternidade socioafetiva, declarada ou não em registro, não impede o reconhecimento do vínculo de filiação concomitante, baseada na origem biológica, com os efeitos jurídicos próprios".

---

20. STANZIONE, Pasquale. Personalidade, capacidade e situações jurídicas do menor. In: TEIXEIRA, Ana Carolina Brochado; RIBEIRO, Gustavo Pereira Leite; COLTRO, Antônio Carlos Mathias; TELLES, Marília Campos Oliveira e (Org.). *Problemas da família no direito*. Belo Horizonte: Del Rey, 2011, p. 222.
21. SOTTOMAYOR, Maria Clara. *Regulação do exercício do poder paternal nos casos de divórcio*. 4. ed. Coimbra: Almedina, 2002, p. 16.
22. Definição de FACHIN, Luiz Edson. *Elementos críticos do direito de família*. Rio de Janeiro: Renovar, 1999, p. 245.
23. SÊCO, Thaís. *A autonomia da criança e do adolescente e suas fronteiras*: capacidade, família e direitos da personalidade. 2013. Dissertação (Mestrado em Direito) – Universidade do Estado do Rio de Janeiro, Rio de Janeiro, 2013, p. 110.
24. VILLELA, João Baptista. Família hoje. In: BARRETTO, Vicente (Org.). *A nova família*: problemas e perspectivas. Rio de Janeiro: Renovar, 1997, p. 85-86.
25. BODIN DE MORAES, Maria Celina; TEIXEIRA, Ana Carolina Brochado. Comentário ao artigo 226. In: CANOTILHO, José Joaquim Gomes et al. (Coords.). *Comentários à Constituição do Brasil*. São Paulo: Saraiva/Almedina, 2013, p. 2119.
26. STF. RE 898.060, Relator Ministro Luiz Fux. Julgamento: 21.09.2016. Órgão julgador: Pleno. O voto condutor foi acompanhado pelos Ministros(as) Cármen Lúcia, Celso de Mello, Marco Aurélio, Gilmar Mendes, Ricardo Lewandowski, Dias Toffoli e Rosa Weber. Vencidos, em parte, os Ministros Luiz Edson Fachin e Teori Zavascki. Ausente, justificadamente, o Ministro Luis Roberto Barroso.
27. Repercussão Geral 622.

Para o relator, Ministro Luiz Fux, é o direito que deve se curvar às vontades e necessidades das pessoas, não o contrário. Sob essa lógica, ressalta que o conceito de família não pode ser reduzido a modelos padronizados, nem é lícita a hierarquização entre as diversas formas de filiação. Assim, salienta a necessidade de se contemplar todas as formas pelas quais a parentalidade pode se manifestar, "a saber: (i) pela presunção decorrente do casamento ou outras hipóteses legais (como a fecundação artificial homóloga ou a inseminação artificial heteróloga – art. 1.597, III a V do Código Civil de 2002); (ii) pela descendência biológica; ou (iii) pela afetividade".

Assim, presencia-se o fim de um dos paradigmas mais antigos do sistema jurídico: o da biparentalidade, em prol da multiparentalidade. Atenta doutrina ressalta que de uma só vez o Supremo Tribunal Federal reconheceu o instituto da paternidade socioafetiva mesmo à falta de registro; a ausência de prevalência da paternidade biológica sobre a socioafetiva; e a multiparentalidade.[28]

Essa mudança na compreensão jurídica no campo da filiação culminou na edição, em 14 de novembro de 2017, do Provimento 63[29] do Conselho Nacional de Justiça, que contém uma seção inteiramente dedicada à parentalidade socioafetiva e prevê a possibilidade do reconhecimento voluntário da paternidade e/ou da maternidade socioafetivas extrajudicialmente. Em que pese o provimento demandar reflexões mais profundas e ter gerado diversos debates, não se pode negar que ele vai ao encontro dos diversos pedidos de registro do nome de mais um pai ou mais uma mãe que já vinham sendo requeridos nos últimos anos nos cartórios de todo o Brasil.

Partindo dessas considerações iniciais é que se pretende investigar as justificativas para o intervencionismo estatal judicial na esfera privada da família no que tange ao reconhecimento da parentalidade socioafetiva e da multiparentalidade, bem como suas reflexões e importância como resposta a uma demanda social em relação a certos vínculos parentais que se encontravam à margem do direito.

2. A INTERVENÇÃO JUDICIAL E O RECONHECIMENTO DA PARENTALIDADE SOCIOAFETIVA

Em doutrina,[30] no que se refere à filiação, sinalizam-se três critérios que evidenciam o vínculo da parentalidade: "a verdade jurídica, a verdade biológica e a verdade afetiva", sem hierarquia entre eles, abstratamente considerados. A intervenção positiva do julgador, que reconhece a situação de fato do filho prestigiando a sua verdade, "representa a consagração dos direitos a liberdade, respeito e dignidade", concretizando o princípio do melhor interesse da criança e do adolescente.

---

28. SCHREIBER, Anderson; LUSTOS, Paulo Franco. *Os efeitos jurídicos da multiparentalidade*. Revista Pensar, Fortaleza, v. 21, n. 3, p. 847-873, set./dez. 2016.
29. Conselho Nacional de Justiça, Provimento nº 63 de 14/11/2017. Disponível em: <http://www.cnj.jus.br/busca-atos-adm?documento=3380>. Acesso em: 01 mai. 2018.
30. MEIRELES, Rose Melo Vencelau. *O elo perdido da filiação: entre a verdade jurídica, biológica e afetiva no estabelecimento do vínculo paternofilial*. Rio de Janeiro: Renovar, 2004, p. 239.

Fazer coincidir a filiação com a origem genética é transformar aquela, de fato cultural e social, em determinismo biológico, incapaz de completar suas dimensões existenciais.[31] Sob a égide do Código Civil de 1916, o intervencionismo legislativo sobre as relações familiares se prestava a reconhecer e legitimar apenas os laços oriundos dos parâmetros tradicionais da parentalidade, permeados por uma moralidade discriminatória. No entanto, com as inovações tecnológicas e transformações sociais, o direito foi desafiado a adequar-se a uma nova realidade na qual os pais não são – nem necessária, nem exclusivamente – aqueles que forneceram o material biológico.

Opera-se, portanto, a superação da ideia clássica de parentalidade que vigorou por anos, expressão de um silogismo simplório que conferia somente aos genitores os atributos de pai e mãe. Essa superação, por si só, não é a grande novidade, uma vez que a parentalidade por pessoas que não os ascendentes consanguíneos é juridicamente reconhecida há muito tempo no instituto da adoção. Hoje, porém, diferentemente da adoção, em que há o desligamento dos vínculos com a família biológica[32] e o início de uma nova relação com a família adotiva, a tendência que se consagra nas relações familiares é a relativização da verdade biológica somente após a verificação da existência de relação socioafetiva.

Na busca da concretude dos ditames da igualdade substancial, a Constituição de 1988 provocou profunda alteração no enfoque sobre o exercício da parentalidade. Novos arranjos parentais eclodiram, demandando dos julgadores o abandono de velhos padrões em prol de uma intervenção construtiva para atribuir valor jurídico aos vínculos de afeto. Embora se possa debater o *status* jurídico de princípio constitucional – o que não se pretende fazer nesta oportunidade –, é inegável que o afeto contém valor jurídico apto a produzir diversos efeitos relevantes, o maior dos quais, a constituição da filiação socioafetiva.

É, por essa visão, que se passou a afirmar na doutrina a existência de uma passagem da família como "comunidade de sangue" para "comunidade de afeto".[33] A afetividade entrou na ponderação dos juristas que buscam explicar as relações familiares contemporâneas.[34] A maioria da doutrina considera a afetividade como um princípio implícito fundante do direito de família na atualidade. Como uma especialização dos princípios da solidariedade e da dignidade humana, a afetividade se entrelaçaria com os demais princípios de direito de família ressaltando o viés cultural e não mais

---

31. LÔBO, Paulo Luiz Netto. Direito de família e os princípios constitucionais. In: PEREIRA, Rodrigo da Cunha (Org.). *Tratado de direito das famílias*. Belo Horizonte: IBDFAM, 2015, p. 119.
32. Permanecendo apenas os impedimentos matrimoniais (art. 41 do Estatuto da Criança e do Adolescente). BRASIL. Lei nº 8.069, de 13 de julho de 1990. Disponível em: <http://www.planalto.gov.br/ccivil_03/LEIS/L8069.htm>. Acesso em: 10 nov. 2015.
33. FACHIN, Luiz Edson. *Direito de família*: elementos críticos à luz do novo Código Civil brasileiro. Rio de Janeiro: Renovar, 2003, p. 317-318.
34. LÔBO, Paulo Luiz Netto. Direito de família e os princípios constitucionais. In: PEREIRA, Rodrigo da Cunha (Org.). *Tratado de direito das famílias*. Belo Horizonte: IBDFAM, 2015, p. 119.

exclusivamente biológico do parentesco.[35] Ocorre que podem ser conferidas duas faces à afetividade. A primeira é a subjetiva, a do sentimento propriamente dito, a qual não é aferível e, portanto, inexigível pelo direito. O segundo viés é objetivo e baseia-se na percepção do afeto, o qual, efetivamente, pode ser identificado como fundador de deveres legais e constitucionais.[36]

Boa parte do que é o afeto constitui elemento anímico, de foro íntimo. Por isso, apenas podem ser consideradas como juridicamente relevantes as condutas objetivas exteriorizadas, aptas a condicionar comportamentos e expectativas recíprocas e capazes de influenciar no desenvolvimento da personalidade dos membros daquela entidade familiar. Assim, aqui, quando se falar em afeto, não se está falando do sentimento, mas dos comportamentos habituais da convivência familiar, porque são capazes de produzir eficácia jurídica.[37]

Essas ressalvas não buscam mitigar o poder que o afeto possui no campo do direito de família. Muitas vezes, a doutrina[38] e a jurisprudência[39] identificam, inclusive, uma maior importância na prática social dos laços de afetividade e convivência familiar em relação aos próprios dados biológicos, advogando pela prevalência da socioafetividade em regra, desde que sejam respeitados os princípios do melhor interesse da criança e da dignidade da pessoa humana.

Entende-se, pois, que o afeto é capaz de criar um laço de parentesco entre pessoas: a parentalidade socioafetiva, definida como um vínculo de parentesco civil que as une independentemente de possuírem vínculo biológico.[40] A doutrina vislumbra referência implícita à socioafetividade como forma de parentesco na disposição do art. 1.593 do Código Civil, que prevê que o parentesco pode ser natural ou civil, decorrente da consanguinidade ou de outra origem.[41] Realmente, uma vez confirmada a possibilidade do parentesco socioafetivo, não se pode mais qualificá-lo como inferior ao biológico. O Código Civil não o faz e a Constituição veda o tratamento desigual

---

35. Ver, por todos, LÔBO, Paulo Luiz Netto. Direito de família e os princípios constitucionais. In: PEREIRA, Rodrigo da Cunha (Org.). *Tratado de direito das famílias*. Belo Horizonte: IBDFAM, 2015, p. 118.
36. TEPEDINO, Gustavo. *Dilemas do afeto* [p. 7]. Disponível em: <http://jota.info/dilemas-do-afeto>. Acesso em: 31 dez. 2015.
37. TEIXEIRA, Ana Carolina Brochado; RODRIGUES, Renata de Lima. A multiparentalidade como nova estrutura de parentesco na contemporaneidade. *Revista Brasileira de Direito Civil*, v. 4, p. 18-19, abr./jun. 2015.
38. Nesse sentido, LÔBO, Paulo Luiz Netto. A repersonalização das relações de família. In: DEL'OLMO, Florisbal de Souza; ARAÚJO, Luis Ivani de Amorim. *Direito de família contemporâneo e novos direitos*: estudos em homenagem ao Professor José Russo. Rio de Janeiro: Forense, 2006, p. 111.
39. Ver, por todos: BRASIL. Superior Tribunal de Justiça. Recurso Especial nº *1.106.637/SP*. Relatora: Ministra Nancy Andrighi. Julgamento: 1.6.2010. "Sob a tônica do legítimo interesse amparado na socioafetividade, ao padrasto é conferida legitimidade ativa e interesse de agir para postular a destituição do poder familiar do pai biológico da criança."
40. CASSETTARI, Christiano. *Multiparentalidade e parentalidade socioafetiva*. 2. ed. São Paulo: Atlas, 2015, p. 16.
41. CALDERÓN, Ricardo Lucas. *Princípio da afetividade no direito de família*. Rio de Janeiro: Renovar, 2013, p. 248-249. Nesse sentido, também FACHIN, Luiz Edson. Do direito de família. Do direito pessoal. Das relações de parentesco. Arts. 1.591 a 1.638. In: TEIXEIRA, Sálvio de Figueiredo (Coord.). *Comentários ao novo código civil*. Rio de Janeiro: Forense, 2008, p. 22, v. 18.

entre filhos. Portanto, uma vez reconhecida a parentalidade socioafetiva, a interpretação mais consoante com a unidade do ordenamento é a que não faz nenhuma diferenciação hierárquica entre os tipos de vínculos de filiação.

Não é, porém, a mera expressão de sentimento de amor ou afeto que é apta a gerar a parentalidade socioafetiva. Tome-se, por exemplo, um padrasto ou uma madrasta que conviva com os enteados e divida com a mãe das crianças as contas da casa ou que os presenteie com cursos e viagens. Isso, por si só, poderia fazer considerá-lo(a) como pai ou mãe socioafetivo(a) das crianças?

Neste caso, é possível que coabitem com os filhos do novo cônjuge ou companheiro(a) e não exerçam de fato uma autoridade parental, mas expressem afeto, solidariedade e até contribuam para o seu sustento como forma de facilitar a convivência e a harmonia da família recomposta. Assim, pode ser que o vínculo nem ao menos se forme, devendo os julgadores ficarem atentos às peculiaridades do caso concreto, para evitar um julgamento precipitado, seja para criar, seja refutar esse vínculo. Isso porque a relação entre padrasto ou madrasta e enteados é uma realidade tão sensível que levou à substanciosa alteração legislativa. Assim, por meio da Lei 11.924/2009, modificou-se a Lei de Registros Públicos (Lei 6.015/1973), para possibilitar que os enteados adotem o nome de família do padrasto ou da madrasta, desde que estes concordem e sem prejuízo de seus sobrenomes originais.[42] Ressalta-se, de acordo com a Lei, que isso é possível desde que haja "motivo ponderável", entenda-se, justificável, uma vez que a alteração do nome no direito brasileiro se dá sempre em hipóteses excepcionais.[43]

A solução mais difundida pela doutrina e pela jurisprudência é a aferição, no caso concreto, da posse de estado de filho. Nesse sentido, manifesta-se o Enunciado 256 da III Jornada de Direito Civil do Conselho da Justiça Federal, que determina que "a posse de estado de filho (parentalidade socioafetiva) constitui modalidade de parentesco civil". Posteriormente, aprovou-se também o Enunciado 519 do CJF da V Jornada, por meio do qual se afirmou que o reconhecimento do vínculo da socioafetividade "deve ocorrer a partir da relação entre pai(s) e filho(s), com base na posse do estado de filho, para que produza efeitos pessoais e patrimoniais".

Tradicionalmente se impõem três elementos para que haja a configuração da posse do estado de filho. O primeiro deles é o *tractatus*, o comportamento ostensivo dos envolvidos como se parentes fossem. O segundo é o *nomen*, exigindo que o suposto filho porte o nome de família, e o terceiro é a *fama*, o reconhecimento daquela relação pela comunidade como uma relação de parentesco.[44] Esses elementos,

---

42. Lei 6.015/1973, art. 57, § 8º: "O enteado ou a enteada, havendo motivo ponderável e na forma dos §§ 2º e 7º deste artigo, poderá requerer ao juiz competente que, no registro de nascimento, seja averbado o nome de família de seu padrasto ou de sua madrasta, desde que haja expressa concordância destes, sem prejuízo de seus apelidos de família".
43. Ver, por todos, BODIN DE MORAES, Maria Celina. A tutela do nome da pessoa humana. In: _____. *Na medida da pessoa humana*: estudos de direito civil constitucional. Rio de Janeiro: Renovar, 2010, p. 149-168.
44. LÔBO, Paulo Luiz Netto. *Direito civil*: famílias. 4. ed. São Paulo: Saraiva, 2011, p. 236-237.

porém, não devem ser tratados como requisitos essenciais, já que não há nenhuma exigência legal nesse sentido, mas são fortes indícios de parentalidade socioafetiva. A convivência familiar é o substrato da verdade real da família socioafetiva, como fato social aferível por meio de prova.[45]

No entanto, é possível se argumentar que a posse de estado de filho é um meio eficaz de se comprovar o parentesco socioafetivo, mas não passaria disto: mero meio de prova. Os requisitos da posse de estado de filho seriam, desta forma, indicadores da existência da parentalidade, sem serem seus elementos constitutivos. Seguindo essa linha de raciocínio, afirma-se em sede doutrinária que o que realmente cria o liame entre os envolvidos é o exercício da autoridade parental, ou seja, a real e efetiva prática das condutas necessárias para "criar e educar os filhos menores, com o escopo de edificar sua personalidade, independentemente de vínculos consanguíneos que geram essa obrigação".[46]

Nessa linha de raciocínio, pais e mães são aqueles que exercitam de fato a autoridade parental, e é, nesse sentido, impossível deixar de mencionar a mudança de eixo, no direito de família, por meio da qual a conjugalidade cede a centralidade de outrora à filiação. Esse movimento pode ser observado pela análise do já mencionado art. 227 da Constituição Federal, bem como da Declaração de Direitos das Crianças da ONU,[47] com ambos representando a consagração do princípio do melhor interesse. Este opera como uma espécie de freios e contrapesos para todo o direito de família contemporâneo, já que a crescente liberdade conferida aos cônjuges e conviventes para executarem suas escolhas de vida preferenciais encontra limites internos no princípio aludido.

Assim, é possível indagar sobre o que de fato representa o melhor interesse para a formação da parentalidade. Sob a ponderação de princípios e de acordo com a metodologia civil constitucional, parece seguro afirmar que a resposta deve ser aferida casuisticamente. Não parece ideal dizer, por exemplo, que a consanguinidade é sempre a realização do melhor interesse da criança; afinal, o aspecto funcional da parentalidade é evidentemente mais relevante do que qualquer outro. Ressalta-se que a opinião da criança, compreendida como sujeito de direitos, também deve ser considerada na medida de seu desenvolvimento e discernimento, a fim de perquirir qual arranjo melhor satisfaz a seus interesses.[48]

---

45. LÔBO, Paulo Luiz Netto. Direito de família e os princípios constitucionais. In: PEREIRA, Rodrigo da Cunha (Org.). *Tratado de direito das famílias*. Belo Horizonte: IBDFAM, 2015, p. 122. Fala-se até mesmo na aplicação da teoria da aparência sobre as relações paternofiliais (CASSETTARI, Christiano. *Multiparentalidade e parentalidade socioafetiva*. 2. ed. São Paulo: Atlas, 2015, p. 39).
46. TEIXEIRA, Ana Carolina Brochado; RODRIGUES, Renata de Lima. A multiparentalidade como nova estrutura de parentesco na contemporaneidade. *Revista Brasileira de Direito Civil*, v. 4, p. 17, abr./jun. 2015.
47. BODIN DE MORAES, Maria Celina. A responsabilidade e a reparação civil no direito de família. In: PEREIRA, Rodrigo da Cunha (Org.). *Tratado de direito das famílias*. Belo Horizonte: IBDFAM, 2015, p. 807.
48. Nesse sentido VENCELAU, Rose Melo. *O elo perdido da filiação*: entre a verdade jurídica, biológica e afetiva no estabelecimento do vínculo paternofilial. Rio de Janeiro: Renovar, 2004, p. 132.

Há diversos precedentes do Superior Tribunal de Justiça que consideram que a parentalidade socioafetiva deve decorrer de um ato de vontade do suposto pai ou mãe socioafetivo, ato volitivo que ainda se alia à posse de estado de filho.[49] O melhor entendimento, porém, é o que não vê a vontade como requisito essencial, embora ela seja elemento apto a contribuir para o reconhecimento de relações socioafetivas. A ausência de vontade, no entanto, deve ser levada em consideração, embora não possa fulminar, por si só, a possibilidade de criação dos laços. Isso porque, como dito, o que há de ser examinado pelo julgador na análise do caso concreto não é tanto a anuência do suposto pai ou mãe socioafetivo com o pedido de reconhecimento, mas, sim, a existência de prática reiterada de atos típicos da autoridade parental, objetivamente verificados. Importante notar que, na verdade, são essas condutas que irão gerar a posse de estado de filho. Por isso, a posse desse estado deve bastar como requisito para o reconhecimento da parentalidade socioafetiva.[50] Não pode aquele que assumiu durante muito tempo – às vezes a vida inteira do filho – o papel de pai ou mãe esquivar-se do reconhecimento como tal pelo Judiciário pela simples declaração de vontade contrária.

Aqui, revisita-se mais um princípio constitucional essencial para a questão da parentalidade em geral: é o princípio da paternidade responsável, ao qual se somam os princípios da solidariedade, da dignidade humana e do melhor interesse da criança para imporem a satisfação das necessidades físicas e psíquicas da criança.[51] Impor-

---

49. A jurisprudência do Superior Tribunal de Justiça, ao que parece, aufere especial relevância à vontade como critério para o reconhecimento da paternidade socioafetiva, principalmente quando, no caso concreto, esta é visada *post mortem* com intuito aparentemente patrimonial. Assim, no Informativo 0552, publicado em 17 de dezembro de 2014, assevera-se: "De fato, o estabelecimento da filiação socioafetiva demanda a coexistência de duas circunstâncias bem definidas e dispostas, necessariamente, na seguinte ordem: i) vontade clara e inequívoca do apontado pai ou mãe socioafetivo, ao despender expressões de afeto à criança, de ser reconhecido, voluntária e juridicamente como tal; e ii) configuração da denominada *posse de estado de filho* [...]. Nesse contexto, para o reconhecimento da filiação socioafetiva, a manifestação quanto à vontade e à voluntariedade do apontado pai ou mãe de ser reconhecido juridicamente como tal deve estar absolutamente comprovada nos autos, o que pode ser feito por qualquer meio idôneo e legítimo de prova".
50. Nesse sentido, afirmam Ana Carolina Brochado Teixeira e Renata Rodrigues: "como se sabe, a posse de estado de filho só é caracterizada se provados os requisitos nome, trato e fama. [...] A partir da existência desse tratamento recíproco entre pai/mãe e filho socioafetivo, consistente na realização de funções promocionais de suas personalidades, podemos concluir que os outros requisitos geradores da posse de estado de filho – nome e fama – são apenas um reflexo do exercício fático da autoridade parental. O nome, como já é corrente em doutrina, é o menos relevante, vez que já indica indícios de formalidade numa relação que é, a princípio, 'menos exigível'. A fama, por seu turno, embora seja importante porque dá publicidade à relação jurídica, não é nada mais nada menos do que a publicização do tratamento: a comunidade toma conhecimento do exercício da autoridade parental. Por isso, a posse de estado de filho deve receber como principal enfoque o tratamento recíproco da relação de filiação, cujo pilar central está nos deveres de criar, educar e assistir os filhos. Através dessas reflexões, ousamos afirmar que uma relação de filiação tem como núcleo o exercício da autoridade parental" (TEIXEIRA, Ana Carolina Brochado; RODRIGUES, Renata de Lima. A multiparentalidade como nova estrutura de parentesco na contemporaneidade. *Revista Brasileira de Direito Civil*, v. 4, p. 21-22, abr./jun. 2015).
51. SOUZA, Vanessa Ribeiro Corrêa Sampaio. Sanções decorrentes da irresponsabilidade parental: para além da destituição do poder familiar e da responsabilidade civil. *Civilistica.com*, Rio de Janeiro, v. 2, n. 2, abr./jun. 2013. Disponível em: <http://civilistica.com/sancoes-decorrentes-dairresponsabilidade-parental/>. Acesso em: 12 jan. 2016.

tante ressaltar que a parentalidade socioafetiva, uma vez reconhecida, deve tornar-se irrevogável da mesma forma que ocorre com a paternidade biológica.[52] Assim, esse vínculo de paternidade ou maternidade impõe todas as obrigações e deveres – existenciais e patrimoniais – referentes a essa condição privilegiada.[53]

É no campo do planejamento familiar que o melhor interesse da criança também adquire relevo como limite aos direitos reprodutivos.[54] Destaca-se que esse princípio limita a liberdade sexual e a de constituição de família, que não podem ser irrestritas. Em outras palavras, constitucionalmente, a liberdade em procriar resulta no dever de criar.[55] A paternidade responsável representa a assunção de deveres parentais em decorrência do resultado do livre exercício dos direitos reprodutivos.[56] O fato de haver pais socioafetivos não exime, de plano, os pais biológicos[57] de seus deveres constitucionalmente impostos em decorrência do princípio da paternidade responsável.

Com o reconhecimento de que a família deve ser tutelada apenas quando realizar a dignidade de cada um de seus membros, a busca da "paz familiar" dá lugar à busca da realização pessoal, preservada a solidariedade em todos os laços, mas em especial nos familiares. É por isso que a realidade social demonstra que os relacionamentos conjugais são cada vez menos estáveis e mais efêmeros. As famílias monoparentais, recompostas e não biológicas cada vez mais compõem o cenário mundial e brasileiro; e, com elas, surgem novas questões que não podem ser ignoradas pelo mundo jurídico. Os papéis parentais e as formas de exercício da autoridade parental devem adaptar-se a essa nova realidade. Por todos esses motivos, o reconhecimento do parentesco socioafetivo pode gerar uma consequência embaraçosa para o operador do direito que escolha pensar a questão da multiparentalidade de forma estrutural em vez de maneira funcional.

Recentemente, embora ainda sob ampla controvérsia, foi aprovado em 2017 pelo Conselho Nacional de Justiça o Provimento 63,[58] que contém uma seção inteiramente dedicada ao reconhecimento extrajudicial da paternidade ou maternidade

---

52. MEIRELES, Rose Melo Vencelau. *Autonomia privada e dignidade humana*. Rio de Janeiro: Renovar, 2009, p. 98.
53. Nesse sentido foi a decisão da Quarta Turma do Superior Tribunal de Justiça, no REsp. 1.352.529/SP de relatoria do Min. Luis Felipe Salomão, que determinou que, se um homem, sabendo não ser pai de uma criança, adotá-la à brasileira por meio do registro na certidão de nascimento, não poderá pedir sua posterior anulação uma vez formado o vínculo de socioafetividade, que possui a mesma relevância que o biológico.
54. GAMA, Guilherme Calmon Nogueira da. *A nova filiação*: o biodireito e as relações parentais: o estabelecimento da parentalidade, filiação e os efeitos jurídicos da reprodução assistida heteróloga. Rio de Janeiro: Renovar, 2003, p. 463.
55. GAMA, Guilherme Calmon Nogueira da. *A nova filiação*: o biodireito e as relações parentais: o estabelecimento da parentalidade, filiação e os efeitos jurídicos da reprodução assistida heteróloga. Rio de Janeiro: Renovar, 2003, p. 453.
56. GAMA, Guilherme Calmon Nogueira da. *A nova filiação*: o biodireito e as relações parentais: o estabelecimento da parentalidade, filiação e os efeitos jurídicos da reprodução assistida heteróloga. Rio de Janeiro: Renovar, 2003, p. 453.
57. Não se está falando aqui em doadores de material genético, é claro.
58. Conselho Nacional de Justiça, Provimento nº 63 de 14/11/2017. Disponível em: <http://www.cnj.jus.br/busca-atos-adm?documento=3380>. Acesso em: 01 mai. 2018.

socioafetiva, de pessoa de qualquer idade, mediante a aferição da "posse de estado de filiação" pelos os oficiais de Registro Civil das Pessoas Naturais (RCPN). O referido provimento prevê ainda a possibilidade da multiparentalidade sem a necessidade de chancela judicial, desde que no limite máximo de dois pais e duas mães por pessoa, sendo necessários o consentimento do filho maior de 12 (doze) anos e a concordância dos pais registrais.

3. A INTERVENÇÃO JUDICIAL E O RECONHECIMENTO DA MULTIPARENTALIDADE

Define-se multiparentalidade (ou pluriparentalidade) como a possibilidade de concomitância na determinação da filiação de uma pessoa, que – na acepção mais aceita tanto em doutrina[59] como em jurisprudência[60] – decorre do acúmulo de

---

59. "[...] parece permissível a duplicidade de vínculos materno e paternofiliais, principalmente quando um deles for socioafetivo e surgir, ou em complementação ao elo biológico jurídico preestabelecido, ou antecipadamente ao reconhecimento de paternidade ou maternidade biológica" (ALMEIDA, Renata Barbosa de; RODRIGUES JÚNIOR, Walsir Edson. *Direito civil*: famílias. Rio de Janeiro: Lumen Juris, 2010, p. 382-383).

60. "A solução que me parece ser a mais razoável e nisto há a concordância de todos os envolvidos, ou seja, o adolescente, os genitores e o requerente, além do parecer favorável do Ministério Público, é a de manter a paternidade já assentada e incluir também no referido registro a paternidade socioafetiva. [...] Ao nome do adolescente será acrescido, também, o patronímico do pai socioafetivo. Além disso, uma vez reconhecida a paternidade, esta não pode ser uma meia paternidade ou uma paternidade parcial. Se é pai, obviamente, é pai para todos os efeitos e não apenas para alguns efeitos. [...] Além disso, ambos os pais mantêm relacionamento respeitoso e amigável, o que certamente facilitará o exercício da autoridade parental (poder familiar) agora não somente pelos dois genitores, mas também pelo requerente (pai socioafetivo), todos (os três) igualmente responsáveis pelo bem-estar do adotando. Por tais razões, levando também em consideração a importância que o registro representa para o adotando, que não há prevalência entre a paternidade exercida pelo requerente (socioafetiva) e pelo genitor (biológica e socioafetiva), em especial, que o registro deve representar o que ocorre na vida real, não vejo razão para que não constem do registro o nome dos dois pais. Nenhum prejuízo advirá ao adolescente em razão deste fato, pelo contrário, só lhe trará benefícios. Outro aspecto a ser ponderado, é o de que, no caso específico em análise, poderia reconhecer a paternidade socioafetiva, pura e simplesmente, determinando a retificação do registro civil, com a inclusão do pai socioafetivo. As partes, no entanto, escolheram a via da adoção, que em última análise, também permite reconhecer a filiação socioafetiva, como se extrai com facilidade do disposto no artigo 50, III, do Estatuto da Criança e do Adolescente, cujos efeitos práticos e consequências jurídicas são as mesmas. Tanto uma solução quanto a outra atendem aos interesses das partes e firmam a filiação, para todos os efeitos. A dúvida que poderia surgir seria quanto ao rompimento dos vínculos com os pais biológicos e demais parentes. O art. 41, do Estatuto da Criança e do Adolescente estabelece que a adoção rompe todos os vínculos com a família de origem, com exceção dos impedimentos matrimoniais. A regra, no entanto, não é absoluta, de modo que o próprio ECA, no mesmo artigo (§ 1º), abre a possibilidade de exceções e uma delas é, justamente, quando o cônjuge adota o filho do outro, caso em que os vínculos não são rompidos. No caso dos autos a exceção estende-se evidentemente, também ao pai biológico, cujo vínculo não será afetado pela adoção por parte do requerente. Por fim, é preciso registrar que A. é um felizardo. Num País em que há milhares de crianças e adolescentes sem pai (a tal ponto que o Conselho Nacional de Justiça, Poder Judiciário, Ministério Público realizam campanhas para promover o registro de paternidade), ter dois pais é um privilégio. Dois pais presentes, amorosos, dedicados, de modo que o Direito não poderia deixar de retratar esta realidade. Trata-se de uma paternidade sedimentada, ao longo de muitos anos, pela convivência saudável, pela solidariedade, pelo companheirismo, por laços de confiança, de respeito, afeto, lealdade e, principalmente, de amor, que não podem ser ignorados pelo Direito nem pelo Poder Judiciário." Sentença proferida nos autos da Ação de Adoção nº 0038958-54.2012.8.16.0021, pela Vara da Infância e da Juventude da Comarca da Cascavel, Paraná (Disponível em: <http://www.flaviotartuce.adv.br/ jurisprudencias/201302281223270.

diferentes critérios de filiação. Afirma-se que, estando presentes os requisitos para a paternidade socioafetiva e existindo uma paternidade biológica, ambas as modalidades de paternidade podem coexistir.

É o que se pode observar antes mesmo do reconhecimento da multiparentalidade pelo Supremo Tribunal Federal, como se vê na decisão de 2011 da 1ª Vara Cível da Comarca de Ariquemes/RO que, possivelmente, foi a primeira sentença a reconhecer a multiparentalidade propriamente dita, fazendo constar, na certidão de nascimento, os nomes do pai biológico e do afetivo, sem prejuízo da manutenção do registro materno.[61]

O caso concreto tratava da hipótese em que o pai biológico da criança era ex-companheiro da genitora, que passou a conviver com outro homem, tendo este registrado a criança. Ocorre que, quatro meses depois, o pai registral e a mãe se separaram, mantida a relação dele com a criança. No entanto, quando a menina completou onze anos, conheceu seu pai biológico e realizou exame de DNA que comprovou o vínculo. Nesse contexto, a mãe ajuizou ação de anulação de registro para excluir o pai registral e incluir o pai biológico. Identificou-se que a menor, apesar de ter ficado feliz em conhecer seu pai biológico, ainda mantinha um vínculo afetivo muito forte com o seu pai registral, considerando-o como seu pai tanto quanto antes. Assim, o magistrado percebeu corretamente que o melhor interesse daquela criança era ver ambas as paternidades reconhecidas, afinal, desta forma garantir-se-ia "a plena potencialidade de um crescimento saudável", preservando seus vínculos preexistentes, sem deixar de incentivar a formação de laços afetivos também com o pai biológico.

Não há dúvidas que o direito deve acolher a multiparentalidade como fato jurídico presente na realidade social, uma vez que essa seria a melhor forma de tutelar as crianças dentro das diferentes formações familiares presentes nos dias de hoje. Também não há motivo para que se desconstruam as verdadeiras referências parentais, mesmo que múltiplas, uma vez que, suprimidas, podem gerar muito mais prejuízos que benefícios, podendo até não trazer nenhum benefício, baseando-se em um "apego a concepções oitocentistas que não mais atendem à realidade atual".[62]

---

multiparent_sentpr.pdf>). Sobre a concomitância de maternidade, hipótese mais incomum, já decidiu o TJSP: "Maternidade Socioafetiva. Preservação da Maternidade Biológica. Respeito à memória da mãe biológica, falecida em decorrência do parto, e de sua família. Enteado criado como filho desde dois anos de idade. Filiação socioafetiva que tem amparo no art. 1.593 do Código Civil e decorre da posse do estado de filho, fruto de longa e estável convivência, aliado ao afeto e considerações mútuos, e sua manifestação pública, de forma a não deixar dúvida, a quem não conhece, de que se trata de parentes. A formação da família moderna não-consanguínea tem sua base na afetividade e nos princípios da dignidade da pessoa humana e da solidariedade. Recurso provido." (SÃO PAULO. Tribunal de Justiça de São Paulo. Apelação Cível nº 0006422-26.2011.8.26.0286. Relator: Des. Alcides Leopoldo e Silva Júnior. Julgamento: 14/08/2012. Órgão Julgador: 1ª Câmara de Direito Privado).

61. TEIXEIRA, Ana Carolina Brochado; RODRIGUES, Renata de Lima. A multiparentalidade como nova estrutura de parentesco na contemporaneidade. *Revista Brasileira de Direito Civil*, v. 4, p. 34, abr./jun. 2015.

62. TEIXEIRA, Ana Carolina Brochado; RODRIGUES, Renata de Lima. A multiparentalidade como nova estrutura de parentesco na contemporaneidade. *Revista Brasileira de Direito Civil*, v. 4, p. 37-38, abr./jun. 2015.

Ressalta-se, porém, que parte da doutrina considera que a principal armadilha da multiparentalidade é a "multi-hereditariedade", ou seja, a possibilidade de um só filho herdar de vários pais diferentes,[63] o que poderia servir como incentivo para que se busque a determinação da filiação especialmente por motivos patrimoniais.

Sob esse prisma, alguns doutrinadores defendem que a parentalidade socioafetiva, quando existente, deveria bastar, e, portanto, não se poderia perseguir o reconhecimento do pai biológico de outra forma se não pela busca da origem genética por meio da ação de investigação de ordem genética destinada unicamente para este fim. Nesse caso, não se formaria uma relação de filiação com todos os seus efeitos.[64] Nessa perspectiva, já se defendeu em doutrina a existência de uma verdade biológica sem fins de parentesco quando já existir pai socioafetivo, que seria justamente a busca da verdade para os fins de identidade genética com natureza de direito da personalidade, mas fora do âmbito do direito de família.[65]

Contudo, essa linha de raciocínio não parece suficiente, já que o princípio da paternidade responsável exige que o pai biológico seja responsabilizado pelo desenvolvimento moral e material do filho que gerou, ressalvada apenas a hipótese de inseminação heteróloga por doador anônimo. Interessante o relato de João Baptista Villela, do final da década de 70, sobre a proposta do direito alemão para a resolução da questão. Segundo o autor, lá não se pode falar em dupla paternidade, mas existe uma paternidade exclusivamente patrimonial denominada *Zahlvaterschaft* ou *Giltvaterschaft*. Essa paternidade econômica só valeria para certos fins, opondo-se à paternidade completa, denominada *Istvaterschaft*, que abarca as questões existenciais e patrimoniais.[66]

Esta solução poderia parecer sedutora se não levássemos em conta a funcionalização da família de acordo com a legalidade constitucional. A questão não é fácil. Vale indagar uma hipótese não incomum como aquela em que um filho, após atingir a maioridade, busca o reconhecimento de seu pai biológico, que não o registrou porque sua mãe, após o relacionamento efêmero, casou-se com outra pessoa com quem constituiu família, teve outros filhos e até exerceu o papel de pai socioafetivo para o filho de seu primeiro casamento. É o que ocorre em muitas hipóteses denominadas "adoção à brasileira". Nesses casos, não se pode imaginar que poderia esse filho, sabendo da existência de seu "pai"

---

63. FARIAS, Cristiano Chaves de. A família parental. In: PEREIRA, Rodrigo da Cunha (Org.). *Tratado de Direito das Famílias*. Belo Horizonte: IBDFAM, 2015, p. 256-257.
64. FARIAS, Cristiano Chaves de. A família parental. In: PEREIRA, Rodrigo da Cunha (Org.). *Tratado de Direito das Famílias*. Belo Horizonte: IBDFAM, 2015.
65. LÔBO, Paulo Luiz Netto. Direito de família e os princípios constitucionais. In: PEREIRA, Rodrigo da Cunha (Org.). *Tratado de direito das famílias*. Belo Horizonte: IBDFAM, 2015, p. 120.
66. VILLELA, João Baptista. Desbiologização da paternidade. *Revista da Faculdade de Direito*, n. 21, p. 405, 1979. Disponível em: <http://www.direito.ufmg.br/revista/index.php/revista/article/view/1156>. Acesso em: 10 jan. 2016.

biológico, desejar esse reconhecimento por razões que não sejam somente patrimoniais? Seria justo limitar o direito a essa demanda? Embora não se possa forçar alguém a amar, pode-se abrir caminho para uma convivência que, por sua vez, talvez venha a gerar a solidariedade e a afetividade desejadas. Ele, afinal, não deveria exercer todas as funções de pai? O fato de outra pessoa ter assumido esse lugar impede que ele assuma sua responsabilidade caso ele e o filho assim desejarem?

Com efeito, o Superior Tribunal de Justiça já afirmou ser possível a um filho receber herança tanto por parte do pai biológico quanto por parte do pai registral. O colegiado entendeu que, tendo alguém usufruído de uma relação filial socioafetiva por imposição de terceiros que consagraram tal situação em seu registro de nascimento, "ao conhecer sua verdade biológica, tem direito ao reconhecimento da sua ancestralidade, bem como a todos os efeitos patrimoniais inerentes ao vínculo genético", conforme afirmou o relator, Ministro Villas Bôas Cueva. Para o julgador, a paternidade gera determinadas responsabilidades morais ou patrimoniais, devendo ser assegurados os direitos hereditários decorrentes da comprovação da filiação e afastada "qualquer interpretação apta a ensejar a hierarquização dos vínculos".[67] Ora, não tutelar a multiparentalidade com todos os efeitos jurídicos da parentalidade pode, muitas vezes, configurar uma limitação à proteção integral e ao melhor interesse da criança.

A fim de dirimir tais controvérsias foram aprovados dois recentes enunciados na VIII Jornada de Direito Civil promovida pelo Conselho Nacional de Justiça (CNJ). O primeiro dispõe que "nos casos de reconhecimento de multiparentalidade paterna ou materna o filho terá direito a participação na herança de todos os ascendentes reconhecidos", e o segundo que "nas hipóteses de multiparentalidade, havendo o falecimento do descendente com o chamamento de seus ascendentes à sucessão legítima, se houver igualdade em grau e diversidade em linha entre os ascendentes convocados a herdar, a herança deverá ser dividida em tantas linhas quantos sejam os genitores".[68]

Outra hipótese de multiparentalidade que aparece com mais frequência é a de "trisais" (três pessoas que se relacionam)[69] ou de casais amigos ou até grupos de

---

67. Conforme noticiado pelo Superior Tribunal de Justiça sem, no entanto, ser divulgado o número do processo, em razão do segredo judicial. Disponível em: <http://www.stj.jus.br/sites/STJ/default/pt_BR/Comunica%-C3%A7%C3%A3o/noticias/Not%C3%ADcias/Filia%C3%A7%C3%A3o-socioafetiva-n%C3%A3o-impede--reconhecimento-de-paternidade-biol%C3%B3gica-e-seus-efeitos-patrimoniais>. Acesso em: 07 abr. 2017.
68. Disponível em: https://flaviotartuce.jusbrasil.com.br/noticias/572162564/enunciados-aprovados-na-viii-jornada-de-direito-civil-divulgacao-nao-oficial.
69. "No último dia 23 de novembro aconteceu um marco na vida de Paula, Klinger e Angélica: os três oficializaram a relação por meio de uma 'declaração de união poliafetiva', o que garante a eles alguns direitos que antes não possuíam enquanto trisal. Mas este é só o começo. [...] O objetivo maior, no entanto, seria conseguir uma certidão de casamento. [...] Outro objetivo é conseguir registrar o filho deles, que deve vir em 2016, com duas mães e um pai: 'A Paula vai gerar porque ela é mais velha, já tem 31 anos, mas ela mesma quer lutar para colocar a Angélica como mãe. Ela não vai gerar, mas será mãe da mesma forma'." (MERCURI, Isabela. Trisal de MT registra união poliafetiva e luta por certidão de casamento e para os três registrarem o

amigos sem relacionamento entre si.[70] São hipóteses de multiparentalidade *a priori*, pois é planejada antes do nascimento, ao contrário das anteriormente citadas. Exemplo recente é a decisão de 2015, do Juízo da 2ª Vara de Família da Capital de Santa Catarina, que concedeu a liminar requerida por um casal homoafetivo de mulheres e seu amigo, que engravidou uma delas, para que, ao nascimento da criança, os três fossem registrados em sua certidão de nascimento como seus pais.[71] O Ministério

---

filho. Disponível em: <http://www.olhardireto.com.br/conceito/noticias/exibir.asp?noticia=Trisal_de_MT_registra_uniao_poliafetiva_e_luta_por_certidao_de_casamento_e_para_os_tres_registrarem_o_filho&edt=7&id=9763>. Acesso em: 7 dez. 2015). Vide também: "Elas vivem juntas em um apartamento no Rio de Janeiro há três anos. Mas a relação veio a público e gerou polêmica no mês passado, depois que elas registraram a primeira união estável de três mulheres no Brasil. [...] Elas fizeram o registro em um cartório no Rio, com base em uma decisão do Supremo Tribunal Federal que, em 2011, permitiu que esses locais registrassem uniões civis entre casais homossexuais. [...] As três resolveram que a empresária irá engravidar por meio de inseminação artificial, já que ela é quem tem mais desejo de ser mãe. [...] As outras duas acrescentam que pretendem fazer um tratamento para poder amamentar o bebê. Mas elas têm consciência de que a batalha mais importante será conseguir registrar o filho em nome das três. 'Elas já formaram uma família e querem ser reconhecidas', diz à BBC Mundo Fernanda de Freitas Leitão, tabeliã e advogada que registrou a união. Ela acrescenta que o documento se encaixa nos fundamentos do Supremo para aceitar uniões de casais homossexuais e permitirá o registro multiparental de um filho do trio" (TRISAL de mulheres registra primeira união estável: "Nós três nos amamos". *Plox*, 3 nov. 2015. Disponível em: <http://www.plox.com.br/mulher/trisal-de-mulheres-registra-primeira-uniao-estavel-nos-tres-nos-amamos>. Acesso em: 7 dez. 2015).

70. "Novíssima estrutura familiar que tem emergido é a família com *multipais* – na qual planeja-se previamente criar uma criança com dois ou mais pais legais. Recente exemplo é a de dois casais (um lésbico e um gay) que se conhecem há dez anos e planejaram por seis anos ter um filho juntos. E isso está prestes a se tornar realidade quando Daantje der à luz. Os dois casais são casados, mas o relacionamento de Jaco e Sjoerd também envolve uma terceira pessoa: um australiano chamado Sean, que é parceiro deles há três anos. Sean é tão parte da relação deles que vai ter um papel igual na criação do futuro filho da galera" (SPANJER, Noor. Essas cinco pessoas vão ter um bebê juntas. *Vice*, 2015. Disponível em: <http://www.vice.com/pt_br/read/estas-cinco-pessoas-vao-ter-um-bebe-juntas>. Acesso em: 12 dez. 2015).

71. "Os requerentes – Thiago, Gabriela e Carolina – admitem a realidade da família multiparental ainda em fase de gestação de Gabriela, anotando que esta e Carolina são casadas entre si (relação homoafetiva), como comprovado, resultando de que o autor Thiago, por consenso de todos, engravidou Gabriela, havendo previsão do nascimento para outubro de 2015. Essa exposição, por si, e na demonstração documental, evidencia que a criança terá duas mães e um pai, focando, no que interessa, em liminar, a conotação de afetividade na relação havida e experienciada por todos, aqui, objetivando integrar o bebê na multiparentalidade indicada, tudo, desde já, com caráter de preservação no registro civil, para consolidar esse acertamento. Defiro o pedido que busca desde já preservar o que corresponde à realidade familiar, dada a prevalência do afeto que expressa juridicamente o que de ocorrência no mundo concreto, na complexidade humana, e de interesse da criança por nascer, que recebe o reconhecimento em exame, desde já: duas mães e um pai. O nascituro goza do direito à filiação, desde a concepção; que está por nascer deve adquirir todos os direitos concedidos aos filhos já nascidos, pois a relação de parentesco não surge com o nascimento, e sim desde concepção. Observa-se esse intento dos requerentes, que expressa a realidade familiar da multiparentalidade. Tudo resulta sem controvérsia e visa a integração familiar: duas mães e um pai biológico e ainda o nome dos avós paternos respectivos. Dado esse caráter relevante, defiro a medida excepcional que conforma um fato socioafetivo (também biológico). Assim, defiro a liminar para constar da certidão de nascimento da criança por nascer (tudo por cautela) o nome de duas mães (Gabriela M.G. e Carolina C.G.) e um pai biológico (Thiago P.M.M.), os quais contidos na inicial e avós respectivos, constantes dos documentos" (*Processo nº 0318249-86.2015.8.24.0023*. 2ª Vara de Família da Comarca da Capital de Santa Catarina, Juiz Flavio André Paz de Brum, pub. em 7 ago. 2015).

Público fez objeção à liminar e requereu sua revogação,[72] mas a decisão foi mantida e confirmada na sentença.[73]

Hipótese semelhante que poderá gerar uma multiparentalidade *a priori* é a gestação compartilhada, reconhecida pela Resolução 2.121/2015 do Conselho Federal de Medicina, que trata das normas éticas para a utilização das técnicas de reprodução assistida. A referida resolução reconheceu, expressamente, no item II-3, a possibilidade da gestação compartilhada em união homoafetiva feminina, mesmo que não haja infertilidade envolvida. Tal dispositivo se manteve na Resolução 2.168/2017, que revogou a Resolução 2.121, com o acréscimo de que "considera-se gestação compartilhada a situação em que o embrião obtido a partir da fecundação do(s) oócito(s) de uma mulher é transferido para o útero de sua parceira". Assim, uma das mulheres oferecerá o óvulo a ser fecundado, enquanto a outra gestará o bebê. É a participação conjunta mais intensa que essas duas parceiras do mesmo sexo podem conseguir na reprodução humana até hoje. É claro que a mulher que gestar o filho não compartilhará com ele o material genético, no entanto, haverá toda a relação emocional construída pela gestação. Não se pode ignorar que o material genético possa advir de um homem escolhido, e não de um doador anônimo, e que ele também participe do projeto parental.

Anteriormente, a situação referida seria muito difícil de ocorrer, já que muitas regras rígidas são impostas sobre a gestação de substituição (a chamada "barriga de aluguel"). Até a Resolução 2.121, o Conselho Federal de Medicina exigia que as "doadoras temporárias de útero", termo por ele utilizado, fossem parentes consanguíneas em até quarto grau de um dos parceiros. Ressalta-se que essa previsão foi alterada para permitir que demais casos possam existir mediante a autorização dos Conselhos Regionais de Medicina, o que pode ser visto como um avanço.

---

72. "O Ministério Público faz objeção à liminar, fls. 51/55, e pede a sua revogação. Porém, mantenho esse pronunciamento judicial, que tem alcance de proteção à criança por nascer, que em formação no ventre materno, e até porque, segundo o Código Civil (art. 1.609, parágrafo único), o reconhecimento do filho pode preceder ao nascimento; desde já, na provocação judicial do pedido, via liminar, buscou-se inclusive salvaguardar direitos do nascituro, ao menos, e, sobretudo com o nascimento, e ainda pelo acompanhamento de todos (duas mães e um pai, e de admissão formal) no período da gestação, que demanda assistência ampla (saúde e outras questões da gestação). A relação havida entre os interessados, um homem e duas mulheres casadas entre si, é questão particular e subjetiva deles, e inclusive da escolha do presente método de fertilização (relações sexuais), sendo que o Direito protege a criança por nascer. [...] Registro que, no caso, não se trata de reconhecer/declarar judicialmente relação multiparental para a sua formalização, e sim proteção à criança com duas mães e um pai, tudo de admissão em juízo, cujo reconhecimento da paternidade/maternidade é prevalente. [...]" (*Processo nº 0318249-86.2015.8.24.0023*. 2ª Vara de Família da Comarca da Capital de Santa Catarina, Juiz Flavio André Paz de Brum, pub. em 13 ago. 2015).
73. "Julgo procedente, pois, o pedido para determinar que conste da certidão de nascimento da criança, fl. 98, o nome de duas mães (Gabriela M.G. e Carolina C.G.) e do pai biológico (Thiago P.M.M.), os quais contidos na inicial e avós respectivos, constantes dos documentos. Oficie-se ao registro civil, acrescentando, apenas, ainda o nome da mãe Carolina D.G. e respectivos avós" (*Processo nº 0318249-86.2015.8.24.0023*. 2ª Vara de Família da Comarca da Capital de Santa Catarina, Juiz Flavio André Paz de Brum, pub. em 17 nov. 2015).

4. CONCLUSÃO

É inegável que o afeto é apto a produzir efeitos jurídicos, estando, entre os mais relevantes, a constituição da filiação socioafetiva. Há entendimento jurisprudencial no sentido de que a parentalidade socioafetiva deve decorrer de um ato de vontade do suposto pai ou mãe socioafetivo aliado à posse de estado de filho. Entende-se, porém, que a vontade não é requisito essencial, embora ela seja elemento apto a contribuir para o reconhecimento de relações socioafetivas.

A solução mais difundida pela doutrina consiste na aferição, no caso concreto, da posse de estado de filho, compreendida atualmente como o resultado da efetiva prática, pelo pai ou pela mãe socioafetivo(a), das condutas necessárias para criar e educar os filhos menores, com o escopo de edificar sua personalidade, independentemente de vínculos consanguíneos que geram essa obrigação. Nessa linha de raciocínio, o que realmente cria o liame entre os envolvidos é o exercício da autoridade parental.

Uma vez confirmada a possibilidade do parentesco socioafetivo, não se pode qualificá-lo como inferior ao biológico, distinção que o Código Civil não faz, sendo certo que a Constituição veda o tratamento desigual entre filhos. Por isso, a parentalidade socioafetiva, uma vez reconhecida, deve tornar-se irrevogável da mesma forma que ocorre com a paternidade biológica e, em consequência, esse vínculo de paternidade ou de maternidade impõe todas as obrigações e deveres, existenciais e patrimoniais, referentes a essa condição privilegiada. O princípio constitucional da paternidade responsável se soma aos princípios da solidariedade, da dignidade humana e do melhor interesse da criança, todos empregados para impor a satisfação das necessidades físicas e psíquicas da criança.

Nesse cenário, define-se a multiparentalidade como a possibilidade de concomitância na determinação da filiação de uma pessoa, decorrente do acúmulo de diferentes critérios de filiação. Estando presentes os requisitos para a paternidade socioafetiva e existindo uma paternidade biológica, ambas as modalidades de paternidade podem coexistir. O julgamento do Supremo Tribunal Federal que reconheceu que a paternidade socioafetiva, declarada ou não em registro, não impede o reconhecimento do vínculo de filiação concomitante, baseada na origem biológica, veio confirmar o entendimento já existente em diversas decisões que tanto reconhecem a multiparentalidade *a posteriori* (paternidade biológica e socioafetiva) quanto admitem a multiparentalidade *a priori* (planejada antes do nascimento).

Diante do reconhecimento do afeto como formador de vínculos de parentesco e dos crescentes avanços da medicina reprodutiva, parece insustentável que o intérprete do direito ainda se utilize de análises estáticas e estruturais das entidades familiares. A busca de interpretações dinâmicas e funcionais, despindo-se de fundamentações calcadas em formalismos legais exagerados ou, ainda, em discursos de ordem moral ou religiosa, mostra-se essencial para garantir uma tutela concreta da realidade das famílias brasileiras que o Estado Democrático de Direito não pode ignorar.

5. REFERÊNCIAS BIBLIOGRÁFICAS

ALMEIDA, Renata Barbosa de; RODRIGUES JÚNIOR, Walsir Edson. *Direito civil:* famílias. Rio de Janeiro: Lumen Juris, 2010.

BOBBIO, Norberto. *Da estrutura à função:* novos estudos de teoria do direito. São Paulo: Manole, 2007.

BODIN DE MORAES, Maria Celina. A nova família, de novo: estruturas e funções das famílias contemporâneas. *Revista Pensar*, Fortaleza, v. 18, n. 2, p. 588, mai./ago. 2013.

BODIN DE MORAES, Maria Celina; TEIXEIRA, Ana Carolina Brochado. Comentário ao artigo 226. In: CANOTILHO, José Joaquim Gomes et al. (Coords.). *Comentários à Constituição do Brasil.* São Paulo: Saraiva/Almedina, 2013.

BODIN DE MORAES, Maria Celina. A tutela do nome da pessoa humana. In: BODIN DE MORAES, Maria Celina. *Na medida da pessoa humana:* estudos de direito civil constitucional. Rio de Janeiro: Renovar, 2010.

CALDERÓN, Ricardo Lucas. *Princípio da afetividade no direito de família.* Rio de Janeiro: Renovar, 2013.

CASSETTARI, Christiano. *Multiparentalidade e parentalidade socioafetiva.* 2. ed. São Paulo: Atlas, 2015.

CORRÊA DE OLIVEIRA, José Lamartine; MUNIZ, Francisco José Ferreira. *Curso de direito de família.* 2. ed. Curitiba: Juruá, 1998

FACHIN, Luiz Edson. Do direito de família. Do direito pessoal. Das relações de parentesco. Arts. 1.591 a 1.638. In: TEIXEIRA, Sálvio de Figueiredo (Coord.). *Comentários ao novo código civil.* Rio de Janeiro: Forense, 2008.

FACHIN, Luiz Edson. *Direito de família:* elementos críticos à luz do novo Código Civil brasileiro. Rio de Janeiro: Renovar, 2003.

FACHIN, Luiz Edson. *Elementos críticos do direito de família.* Rio de Janeiro: Renovar, 1999.

FARIAS, Cristiano Chaves de. A família parental. In: PEREIRA, Rodrigo da Cunha (Org.). *Tratado de Direito das Famílias.* Belo Horizonte: IBDFAM, 2015.

GAMA, Guilherme Calmon Nogueira da. *A nova filiação:* o biodireito e as relações parentais: o estabelecimento da parentalidade, filiação e os efeitos jurídicos da reprodução assistida heteróloga. Rio de Janeiro: Renovar, 2003.

GOMES, Orlando. *Direito de família.* Rio de Janeiro: Forense, 1968.

LÔBO, Paulo Luiz Netto. Direito de família e os princípios constitucionais. In: PEREIRA, Rodrigo da Cunha (Org.). *Tratado de direito das famílias.* Belo Horizonte: IBDFAM, 2015.

LÔBO, Paulo Luiz Netto. *Direito civil:* famílias. 4. ed. São Paulo: Saraiva, 2011.

LÔBO, Paulo Luiz Netto. A repersonalização das relações de família. In: DEL'OLMO, Florisbal de Souza; ARAÚJO, Luis Ivani de Amorim. *Direito de família contemporâneo e novos direitos:* estudos em homenagem ao Professor José Russo. Rio de Janeiro: Forense, 2006.

MEIRELES, Rose Melo Vencelau; ABÍLIO, Viviane da Silveira. Autoridade parental como relação pedagógica: entre o direito à liberdade dos filhos e o dever de cuidado dos pais. In: TEPEDINO, Gustavo; FACHIN, Luiz Edson (Orgs.). *Diálogos sobre direito civil.* Rio de Janeiro: Renovar, 2012, v. 3

MEIRELES, Rose Melo Vencelau. *Autonomia privada e dignidade humana.* Rio de Janeiro: Renovar, 2009.

MEIRELES, Rose Melo Vencelau. *O elo perdido da filiação: entre a verdade jurídica, biológica e afetiva no estabelecimento do vínculo paternofilial.* Rio de Janeiro: Renovar, 2004.

MENEZES, Joyceane Bezerra de; BODIN DE MORAES, Maria Celina. Autoridade parental e a privacidade do filho menor: o desafio de cuidar para emancipar. *Revista Novos Estudos Jurídicos*, v. 20, n. 2, p. 504, mai./ago. 2015.

PERLINGIERI, Pietro. *O direito civil na legalidade constitucional*. Rio de Janeiro: Renovar, 2008.

SCHREIBER, Anderson; LUSTOS, Paulo Franco. Os efeitos jurídicos da multiparentalidade. Revista Pensar, Fortaleza, v. 21, n. 3, p. 847-873, set./dez. 2016.

SÊCO, Thaís. *A autonomia da criança e do adolescente e suas fronteiras*: capacidade, família e direitos da personalidade. 2013. Dissertação (Mestrado em Direito) – Universidade do Estado do Rio de Janeiro, Rio de Janeiro, 2013.

SPANJER, Noor. Essas cinco pessoas vão ter um bebê juntas. *Vice*, 2015. Disponível em: <http://www.vice.com/pt_br/read/ estas-cinco-pessoas-vao-ter-um-bebe-juntas>. Acesso em: 12 dez. 2015.

SOTTOMAYOR, Maria Clara. *Regulação do exercício do poder paternal nos casos de divórcio*. 4. ed. Coimbra: Almedina, 2002

SOUZA, Vanessa Ribeiro Corrêa Sampaio. Sanções decorrentes da irresponsabilidade parental: para além da destituição do poder familiar e da responsabilidade civil. *Civilistica.com*, Rio de Janeiro, v. 2, n. 2, abr./jun. 2013. Disponível em: <http://civilistica.com/sancoes-decorrentes-dairresponsabilidade-parental/>. Acesso em: 12 jan. 2016..

STANZIONE, Pasquale. Personalidade, capacidade e situações jurídicas do menor. In: TEIXEIRA, Ana Carolina Brochado; RIBEIRO, Gustavo Pereira Leite; COLTRO, Antônio Carlos Mathias; TELLES, Marília Campos Oliveira e (Orgs.). *Problemas da família no direito*. Belo Horizonte: Del Rey, 2011

TEIXEIRA, Ana Carolina Brochado; PENALVA, Luciana Dadalto. Autoridade parental, incapacidade e melhor interesse da criança: uma reflexão sobre o caso Ashley. *Revista de Informação Legislativa*, v. 180, p. 297, 2008

TEIXEIRA, Ana Carolina Brochado; RODRIGUES, Renata de Lima. A multiparentalidade como nova estrutura de parentesco na contemporaneidade. *Revista Brasileira de Direito Civil*, v. 4, p. 18-19, abr./jun. 2015.

TEIXEIRA, Ana Carolina Brochado. *Família, guarda e autoridade parental*. Rio de Janeiro: Renovar, 2005.

TEPEDINO, Gustavo. *Dilemas do afeto* [p. 7]. Disponível em: <http://jota.info/dilemas-do-afeto>. Acesso em: 31 dez. 2015.

TEPEDINO, Gustavo. A disciplina jurídica da guarda e da autoridade parental. *Revista Trimestral de Direito Civil*, v. 17, n. 5, p. 40-41, jan./mar. 2004.

TRISAL de mulheres registra primeira união estável: "Nós três nos amamos". *Plox*, 3 nov. 2015. Disponível em: <http://www.plox.com.br/mulher/trisal-de-mulheres-registra-primeira-uniao-estavel-nos-tres-nos-amamos>. Acesso em: 7 dez. 2015.

VENCELAU, Rose Melo. *O elo perdido da filiação*: entre a verdade jurídica, biológica e afetiva no estabelecimento do vínculo paternofilial. Rio de Janeiro: Renovar, 2004.

VILLELA, João Baptista. *Repensando o direito de família*. Disponível em: <http://jfgontijo.com.br/2008/artigos_pdf/Joao_Baptista_Villela/RepensandoDireito.pdf>. Acesso em: 3 fev. 2016.

VILLELA, João Baptista. Família hoje. In: BARRETTO, Vicente (Org.). *A nova família*: problemas e perspectivas. Rio de Janeiro: Renovar, 1997.

REGIME DAS INCAPACIDADES E AUTORIDADE PARENTAL: QUAL O LEGADO DO ESTATUTO DA PESSOA COM DEFICIÊNCIA PARA O DIREITO INFANTOJUVENIL?

Ana Carolina Brochado Teixeira

Doutora em Direito Civil pela UERJ. Mestre em Direito Privado pela PUC/MG. Especialista em *Diritto Civile* pela *Università degli Studi di Camerino*, Itália. Professora de Direito Civil do Centro Universitário UNA. Coordenadora editorial da RBDCivil. Pesquisadora do CEBID. Advogada. Belo Horizonte –MG – Brasil. E-mail: anacarolina@tmg.adv.br.

Renata de Lima Rodrigues

Doutora e Mestre em Direito Privado pela PUC/MG. Especialista em Direito Civil pelo Instituto de Educação Continuada IEC-PUC/MG. Coordenadora de cursos de Direito do Instituto FELUMA de Educação e Faculdade Ciências Médicas de Minas Gerais. Professora de Direito Civil da PUC/MG. Membro do Instituto Brasileiro de Direito de Família - IBDFAM. Advogada. Belo Horizonte –MG – Brasil. E-mail: renatadelima@hotmail.com.

Sumário: 1. Introdução: repensando antigos institutos e idealizando novos direitos – 2. Menoridade *versus* incapacidade: retomando um antigo argumento – 3. O conteúdo da autoridade parental diante da redefinição da capacidade do menor; 3.1. A configuração da representação e assistência dos pais em relação aos filhos menores – 4. Conclusão – 5. Referências

1. INTRODUÇÃO: REPENSANDO ANTIGOS INSTITUTOS E IDEALIZANDO NOVOS DIREITOS

A fim de adequar os institutos jurídicos à principiologia constitucional, tecia-se inúmeras críticas ao regime das incapacidades, pois concebido para uma época em que apenas situações patrimoniais eram fatos jurídicos.[1] Ele sofreu profunda revisão

---

1. RODRIGUES, Rafael Garcia. *A pessoa e o ser humano no novo Código Civil.* In: TEPEDINO, Gustavo (coord.). Rio de Janeiro: Renovar, 2013, p. 19-50; RODRIGUES, Renata de Lima. *Incapacidade, curatela e autonomia privada:* estudos no marco do Estado democrático de Direito. 2007, 201 f. Dissertação (Mestrado em Direito) - Pontifícia Universidade Católica de Minas Gerais. Programa de Pós-Graduação em Direito, Belo Horizonte, 2007; RODRIGUES, Renata de Lima. *A proteção dos vulneráveis: perfil contemporâneo da tutela e da curatela no sistema jurídico brasileiro.* In: MENEZES, Joyceane Bezerra de; MATOS, Ana Carla Harmatiuk (org.). *Direito das Famílias:* por juristas brasileiras. São Paulo: Saraiva, 2013, p. 641-670; TEIXEIRA, Ana Carolina Brochado. Integridade psíquica e capacidade de exercício, *RTDC*, v. 9, n. 33, p. 3–36, jan./mar., 2008; MEIRELES, Rose Melo Vencelau. *Autonomia privada e dignidade humana.* Rio de Janeiro: Renovar, 2009; MENEZES, Joyceane B. A capacidade dos incapazes: o diálogo entre a Convenção da ONU sobre os direitos da pessoa com deficiência e o Código Civil Brasileiro, Direito Civil Constitucional: a ressignifica-

com o advento do Estatuto da Pessoa com Deficiência – EPD que reformou a redação dos arts. 3º e 4º do Código Civil, acabando com o enquadramento dos maiores com deficiência mental e intelectual como absolutamente incapazes (art. 3º CC). Além disso, os relativamente incapazes passaram a ser os ébrios habituais e os viciados em tóxico, além daqueles que, por causa transitória ou permanente, não puderem exprimir sua vontade (art. 4º, II e III CC).

O EPD abandonou o critério médico e adotou o social para a definição e o tratamento jurídicos da deficiência. Não é pelo fato de a pessoa ter ou não alguma deficiência que terá sua capacidade impactada, mas sim as repercussões dessa deficiência na sua expressão de vontade, a qual precisa portar um mínimo de compreensão.

Fato é que, em atendimento aos princípios da Convenção das Pessoas Portadoras de Deficiência – CPDP, o EPD reformou também o regime de curatela, pois a Convenção reconhece que as pessoas com deficiência devem ter sua vontade respeitada na maior medida possível e, só quando não for possível apurá-la – seja pela sua reconstrução biográfica, seja pela autocuratela[2] – é que as decisões relativas às pessoas com deficiência terão como parâmetro seus melhores interesses, a partir de um olhar heterônomo. Por consequência, modificou profundamente o paradigma da substituição de vontade do curatelado pelo curador vigente até então, para adotar o parâmetro de apoio, que pode ser mais ou menos intenso a depender das necessidades da pessoa com deficiência.[3]

Por isso, a curatela tornou-se medida extraordinária e temporária (EPD, art. 84, § 3º), afetando atos relacionados aos direitos de natureza patrimonial e negocial (EPD, art. 85), além de ser proporcional às necessidades e circunstâncias do caso. Além do EPD, por via reflexa, blindar as situações existenciais das ações de terceiros, afirmou expressamente que "a definição da curatela não alcança o direito ao próprio corpo, à sexualidade, ao matrimônio, à privacidade, à educação, à saúde, ao trabalho e ao voto" (EPD, art. 85, § 1º) e que "a deficiência não afeta a plena capacidade civil da pessoa, inclusive para: I - casar-se e constituir união estável; II - exercer direitos sexuais e reprodutivos; III - exercer o direito de decidir sobre o número de filhos e de ter acesso a informações adequadas sobre reprodução e planejamento familiar; IV - conservar sua fertilidade, sendo vedada a esterilização compulsória; V - exercer

---

ção da função dos institutos fundamentais do Direito Civil contemporâneo e suas consequências. Gustavo Tepedino, Luiz Edson Fachin e Paulo Lôbo (Coordenadores). Carlos Eduardo Pianovski Ruzyk, Eduardo Nunes de Souza, Joyceane B Menezes e Marcos Ehrhardt Júnior (Organizadores), Florianópolis: Conceito, 2014, p.51-74; e SÁ, Maria de Fátima Freire; MOUREIRA, Diogo Luna. *A Capacidade dos Incapazes*: saúde mental e uma releitura da teoria das incapacidades no direito privado, Rio de Janeiro: Lumen Iuris, 2011.

2. Sobre o tema: TEIXEIRA, Ana Carolina Brochado; RETTORE, Anna Cristina de Carvalho; SILVA, Beatriz de Almeida Borges de. Reflexões sobre a autocuratela na perspectiva dos planos do negócio jurídico. In: MENEZES, Joyceane Bezerra de (org.). *Direito das pessoas com deficiência psíquica e intelectual nas relações privadas*: Convenção sobre os direitos da pessoa com deficiência e Lei Brasileira de Inclusão. Rio de Janeiro: Processo, 2016, pp. 319-361.

3. MENEZES, Joyceane Bezerra de; TEIXEIRA, Ana Carolina Brochado. Desvendando o conteúdo da capacidade jurídica. *Pensar*, Fortaleza, v. 21, n. 2, p. 568-599, maio./ago. 2016.

o direito à família e à convivência familiar e comunitária; e VI - exercer o direito à guarda, à tutela, à curatela e à adoção, como adotante ou adotando, em igualdade de oportunidades com as demais pessoas".

Como se nota, a amplitude da atuação do curador – e logo, os poderes de representação e assistência – sofreram drástica mudança, não apenas por esses limites delineados pelo EPD, mas também pela necessidade de modulação casuística da curatela, segundo as necessidades da pessoa. Acabou, assim, o modelo *pret a porter* em que o sujeito é quem deve se adequar às categorias jurídicas e não o contrário. Agora, deve ser construído um plano de curatela individualizado para cada pessoa com deficiência, a partir de uma perícia biopsicossocial, devendo ser atendidas suas preferências e vontades, para que seja cumprida a verdadeira função da curatela: proteção, cuidado e, na medida do possível, emancipação da pessoa com deficiência.

Diante dessa releitura feita pelo EPD, propomos, nesse artigo, uma investigação desse pano de fundo, a fim de se verificar em que os novos contornos desses institutos – que foram preenchidos com novos conteúdos – podem contribuir para uma visão contemporânea do regime das incapacidades para a criança e adolescente, a fim de se fortalecer a construção de um direito infantojuvenil à autodeterminação.

2. MENORIDADE *VERSUS* INCAPACIDADE: RETOMANDO UM ANTIGO ARGUMENTO

Há uma equivocada coincidência entre as noções de menoridade e incapacidade, tal como refletido nos arts. 3º e 4º do CC, nos quais os menores são classificados como incapazes, variando somente o grau de inabilitação para a vida civil, conforme a idade. Dentre todas as hipóteses previstas pelo regime das incapacidades, a única automática – ou seja, que não prescinde de declaração judicial – é a menoridade, em virtude de o legislador presumir, de forma absoluta, a falta de discernimento parcial ou total daquelas pessoas que não atingiram a maioridade ou idade legal.

Uma das críticas mais graves que fazemos ao regime das incapacidades consiste na existência de categorias aprioristicamente determinadas, que se consubstanciam num rol de pessoas que se enquadram entre absoluta e relativamente incapazes, sem considerar que os motivos geradores da incapacidade têm natureza diversa – imaturidade e infinitas causas psicofísicas – e cada uma dessas circunstâncias afeta o discernimento e a funcionalidade do indivíduo de uma maneira específica.

Contudo, acreditamos que um dos maiores equívocos que o regime das incapacidades pode representar contemporaneamente é o fato de confundir menoridade com incapacidade, elencando crianças e adolescentes como pessoas incapazes para agir na vida civil, seja no que concerne a aspectos patrimoniais ou mesmo existenciais, que podem sequer chegar a repercutir na esfera pública. Em uma radical mudança de perspectiva, o regime das incapacidades deve ser substancialmente reformado para corrigir essa falsa identificação entre duas situações que, apesar de estarem relacionadas com a afetação do discernimento, são distintas entre si e, consequentemente, reclamam mecanismos jurídicos diferenciados para seu correto tratamento.

Afirmamos, assim, que menores não devem ser tratados como incapazes, mas simplesmente como aquilo que realmente são: seres em formação, que conquistam gradativa autonomia por meio de um processo de crescimento e amadurecimento que, ao fim, deve significar o desenvolvimento de uma pessoa dotada de discernimento, apta, autônoma e responsável para assumir as consequências advindas de seus próprios atos que reverberam ou não em sociedade e na esfera de direitos de terceiros.

Totalmente distinta é a situação do maior incapaz. Incapacidade deve ser um conceito aplicável àqueles que já passaram pelo processo de crescimento e de amadurecimento que, em algum momento, não resultou em discernimento e funcionalidade, razão pela qual o ordenamento veda a possibilidade de agir com autonomia no trato jurídico: sem a devida capacidade de discernir e de se expressar, ou seja, de distinguir e julgar atos, condutas ou comportamentos e expressá-los suficientemente, o indivíduo não tem como se responsabilizar por suas correlatas consequências, mas sempre em caráter residual. A Convenção de Nova Iorque e, mais recentemente, o Estatuto da Pessoa com Deficiência – EPD demonstraram o quanto é necessário preservar a autonomia da pessoa na maior medida possível, para que ela possa "ser", realizando seus desejos, vontades e preferências (art. 12.4 da Convenção e art. 114 do EPD, que deu nova redação ao art. 1.772, parágrafo único do Código Civil).[4]

Na verdade, faz parte do próprio crescer e do amadurecer a necessidade de se outorgar gradativa autonomia a crianças e adolescentes, que, passo a passo, vão moldando sua personalidade. Tratá-los indistintamente e automaticamente como incapazes e, mais grave ainda, atrelar o nível de capacidade a arbitrários critérios legais de idade significa frustrar esse processo muito mais profundamente envolvido com a vivência e o experimentar, que conduzem à conquista de discernimento, do que com normas gerais e abstratas, articuladas por meio de parâmetros etários.

Não obstante a pertinência da crítica às categorias de incapazes postas em abstrato na lei, anotamos que o panorama é menos grave em relação às pessoas maiores com deficiência que sofrem restrição na sua capacidade do que em relação aos menores, que, independentemente do discernimento (e funcionalidade), são considerados automaticamente incapazes. Afinal, o exame do nível de proteção aos maiores ocorre judicialmente, nos moldes em que a pessoa se apresenta em juízo, determinando-se o apoio na medida em que for preciso.[5] Por outro lado, essa mesma situação reforça a referida crítica, tendo em vista que, se é necessário o procedimento judicial para

---

4. Foi tamanha a mudança de paradigma que o atual Código de Processo Civil, de 2015, também determina que a entrevista com o curatelando deve buscar a essência dos seus desejos, vontades e preferências, caso a curatela seja determinada (art. 755).
5. O art. 114 do EPD atenuou as categorias pré-estabelecidas para o enquadramento das pessoas maiores com deficiência.

averiguação da existência da incapacidade e dos seus limites, não existem razões para a existência abstrata de tais categorias. A análise é eminentemente casuística.

Nesse sentido, diante da possibilidade de uma análise pormenorizada da funcionalidade e do discernimento das pessoas maiores com deficiência e ante a proposta de desvinculação de menoridade e incapacidade, perguntamos: por que não aplicar o mesmo *"raciocínio por concreção"*[6] ao menor, afastando a mencionada presunção absoluta de falta de discernimento em razão da idade, como faz o regime das incapacidades?

Percebemos que quando consideramos o menor em sua real dimensão, ou seja, como um ser ainda em formação, a criticada presunção de incapacidade ora vigente, quer seja total ou parcial, pode ser perfeitamente relativizada de acordo com o seu grau de discernimento. E, claro, como se trata de indivíduos em formação, o discernimento apurado pode ser suficiente para a prática de alguns atos e não para outros. Como, por exemplo, ele pode ter maturidade e responsabilidade para praticar atos existenciais e compreender a gravidade e extensão de suas consequências, mas este mesmo discernimento pode não ser satisfatório para a realização de atos patrimoniais. Evidencia-se, portanto, que nenhuma resposta pode ser dada sem a análise da situação fática:

> Ocorre que também o discernimento não é uma categoria homogênea, apresentando um extenso leque de variações, de modo a se poder afirmar que há discernimento – ou não – segundo elementos funcionais e conjunturais. Pode haver discernimento para certos atos e em certas situações, e não para outros, em outras situações. O Direito, por isso mesmo, opera com padrões de discernimento, valorando a sua ausência – ou os seus graus mais baixos – como fato natural, independentemente do seu reconhecimento estatal, e atando eficácias aos seus graus, que estão vinculados, por sua vez, *à existência das variadas causas para a incapacidade e das diversas mediações entre a capacidade e as incapacidades*.[7] (grifos da autora).

Portanto, a noção jurídica de capacidade deve estar atrelada a discernimento e a responsabilidade que dele advém, mas não necessariamente à idade, pois maturidade pode ser alcançada independente da faixa etária, porque é adquirida a partir de experiências, vivências e estímulos que o indivíduo recebe durante a vida. Assim, tendo em vista que aquisição do discernimento está atrelada a esse contexto, qualquer tentativa do legislador de vincular capacidade e idade será baseada em critérios arbitrários, pois inexiste correlação lógica e necessária entre elas.[8]

---

6. Tal expressão é utilizada por Judtih Martins-Costa no seguinte contexto: "Vimos que a noção de discernimento é nuançada, graduada, sendo assim percebida pelo Direito. Assim, para averiguar e mensurar se alguém não tem discernimento, ou a medida da redução do discernimento, deve o intérprete operar um raciocínio atento às singularidades da pessoa ("raciocínio por concreção") diverso do que desenvolve quando a incapacidade é determinada em vista de uma categoria genérica, como a idade, por exemplo. Não é a pessoa como abstrato sujeito, mas é a pessoa de carne e osso, em sua concretitude e em suas circunstâncias, que deverá estar no centro do raciocínio." (MARTINS-COSTA, Judith. Capacidade para consentir e esterilização de mulheres. In: MARTINS-COSTA, Judith; MOLLER, Letícia Ludwig (orgs.). *Bioética e responsabilidade*. Rio de Janeiro: Forense, 2009, p. 326).
7. MARTINS-COSTA, Judith. Capacidade para consentir e esterilização de mulheres. In: MARTINS-COSTA, Judith; MOLLER, Letícia Ludwig (orgs.). *Bioética e responsabilidade*. Rio de Janeiro: Forense, 2009, p. 320.
8. A idade legal, que significa termo inicial para a maioridade civil, e que distingue os plenamente capazes dos relativamente incapazes é estabelecida simplesmente através do arbítrio do legislador: "O critério para

Por isso, acreditamos que o fato de o regime das incapacidades negar autonomia ao menor, considerando-o incapaz e desconsiderando seu contínuo processo de desenvolvimento, com base em critérios vinculados estritamente à faixa etária, pode significar um óbice ao livre desenvolvimento da personalidade. Frisamos que a falta de discernimento do menor não deve ser presumida, mas casuisticamente investigada, considerando o grau de desenvolvimento emocional, psíquico, vez que reconhecer a ausência de autonomia em um indivíduo tem como *ratio* sua própria proteção e só deve existir quando não houver discernimento.[9]

Diante disso, a conclusão inevitável é que se houver desenvolvimento, o menor tem, proporcionalmente, autonomia; se não houver, tem a proteção por parte da ordem jurídica, por meio da tutela ou da autoridade parental. Isto porque não é possível conceber um ordenamento paternalista ao ponto de suprimir a responsabilidade de pessoas aptas para arcar com as consequências de sua decisão, nem para negar proteção aos indivíduos que não têm condições de decidir. Por óbvio, a idade é um fator balizador, objetivo, mas não é suficiente para eliminar a análise subjetiva do regime das incapacidades:

> Cada vez com maior acuidade se vem fundamentando a necessidade de reconhecer um direito da criança a uma autonomia e autodeterminação da vontade. Por outro lado, no entanto, não deixa de atender-se à gradação de autorresponsabilidade que poderá exigir-se do menor em função da sua idade. A idade acaba por ser um 'delimitador' de carência do cuidado. Não a idade pela idade. Não se dispensa a apreciação do discernimento do sujeito em concreto. Estado e família assumem, depois, o poder-dever do cuidado. De facto, são essas as entidades a quem mais se exige curar das questões para as quais à criança não se reconhece ainda a suficiente consciência e maturidade de decisão autônoma.[10]

---

fixação do termo da incapacidade absoluta em razão da idade é evidentemente arbitrário. O legislador pode escolher aos 16 anos como ocorre no Código Civil, ou um outro limite qualquer, mais avançado ou mais recuado e, na verdade, a diversidade das legislações é patente e mostra como o arbítrio legislativo se faz sentir de forma variegada. *Sem dúvida, por outro lado, varia de pessoa a pessoa o momento em que lhe surgem os predicados necessários ao estabelecimento de seus contatos diretos com a vida jurídica...*" (grifos nossos) (PEREIRA, Caio Mário da Silva. *Instituições de direito civil*. Rev. e atual. de acordo com o Código Civil de 2002. Rio de Janeiro: Forense, 2004, v. I., p. 274).

9. "É preciso, ao contrário, privilegiar sempre que for possível, as escolhas de vida que o deficiente psíquico é capaz concretamente de exprimir, ou em relação às quais manifesta notável propensão. Quando concretas, possíveis, mesmo se residuais, faculdades intelectivas podem ser realizadas de maneira a contribuir para o desenvolvimento da personalidade, é necessário que sejam garantidos a titularidade e o exercício de todas a aquelas expressões de vida que, encontrando fundamento no *status personae* e no *status civitatis*, sejam compatíveis com a efetiva situação psicofísica do sujeito. Contra essa argumentação não se pode alegar sob pena de ilegitimidade do remédio protetivo ou do seu uso – a rigidez das proibições, nas quais se consubstancia a disciplina do instituto da interdição, tendente à exclusiva proteção do sujeito: a excessiva proteção traduzir-se-ia em uma terrível tirania. Isso mostra, por um lado, a necessidade de superar a tendência, difícil de morrer, pela qual não seria necessário interditar o enfermo mental que não possui bens, por outro, a periculosidade de um uso indiscriminado do instituto como remédio quase exclusivo para a proteção do deficiente psíquico permanente". (grifos do autor). (PERLINGIERI, Pietro. *Perfis do direito civil*. Trad. Maria Cristina De Cicco. 2. ed. Rio de Janeiro: Renovar, 2002, p. 164).
10. ALFAIATE, Ana Rita. Autonomia e cuidado. In: OLIVEIRA, Guilherme; PEREIRA, Tânia da Silva (Coords.). *O cuidado como valor jurídico*. Rio de Janeiro: Forense, 2008, p. 13.

3. O CONTEÚDO DA AUTORIDADE PARENTAL DIANTE DA REDEFINIÇÃO DA CAPACIDADE DO MENOR

Quando tratamos da criança e do adolescente, constatamos que eles ganharam um novo "lugar" na ordem jurídica, em razão de a Constituição Federal tê-los reconhecido como pessoas em desenvolvimento, merecedoras, pois, de proteção especial, por estarem em fase de formação da personalidade e construção da sua dignidade – analisada esta por uma perspectiva relacional e dialogal. Assim, em todas as relações jurídicas em que forem partes, devem ser vistos com enfoque especial, de modo a alcançar o objetivo constitucional.

Por isso, a autoridade parental assumiu nova feição, de modo a tornar-se instrumento do exercício dos direitos fundamentais dos filhos. Mesmo porque "a educação assume o papel principal na construção da autonomia, agora vista como o constante erigir de uma consciência crítica dialógica".[11] Mediante essa relação dual e recíproca, transformaram-se as relações entre pais e filhos,[12] mudanças que se verificam no âmbito da família, *locus* principal no qual a criança e o adolescente podem desenvolver sua autonomia, por meio das relações firmadas com seus pais – e com seus familiares – no exercício da autoridade parental. Trata-se, portanto, de um processo – inserido no processo educacional – em que o menor vai adquirindo, aos poucos, discernimento. Afinal, como explicar que o menor durma incapaz e acorde capaz? Embora sejam necessários critérios objetivos quanto ao estabelecimento da capacidade de fato, soa estranho que, em um dia, a pessoa não esteja apta a dar seu consentimento e, no outro, quando completar a maioridade, ela esteja capaz. Por determinação legal, o processo de amadurecimento do menor é praticamente ignorado, atribuindo-lhe praticamente de uma só vez e inteiramente, a capacidade de fato.[13]

Nesse contexto, a autoridade parental exerce papel de suma relevância, pois é o veículo propulsor de paulatina aquisição de discernimento e maturidade. A relação entre pais e filhos é o principal meio condutor dos filhos à autonomia responsável, em face dos deveres intrínsecos ao poder familiar, tais como os de criar, assistir e educar os filhos, enquanto menores (art. 229, CF/88).[14]

Entre as situações jurídicas, o poder familiar melhor se enquadraria como poder jurídico, que se consubstancia na atribuição de competências pelo Estado,

---

11. STANCIOLI, Brunello. Sobre a capacidade de fato da criança e do adolescente: sua gênese e desenvolvimento na família. *Revista Brasileira de Direito de Família*, n. 2, jul./set., 1999, p. 38.
12. "Em outras palavras, um dos pressupostos básicos da convivência de sujeitos autônomos consiste em tomar o 'outro' não como objeto, mas como um *sujeito* que *sempre tem algo a dizer*. Só assim o ser humano pode realizar os antigos ideais de *auto-nomos* e de *proaíresis*, dando forma e sentido à sua vida." (STANCIOLI, Brunello. Sobre a capacidade de fato da criança e do adolescente: sua gênese e desenvolvimento na família. *Revista Brasileira de Direito de Família*, n. 2, jul./set., 1999, p. 38)
13. A única ressalva a ser feita é a referente ao instituto da assistência, que atribuiu ao menor capacidade de praticar certos atos sozinhos e outros, com a assistência ou o acompanhamento de seu representante legal. O menor passa a ser assistido e deixa de ser representado aos 16 (dezesseis) anos de idade.
14. Seja consentido remeter ao nosso TEIXEIRA, Ana Carolina Brochado. *Família, guarda e autoridade parental*. 2. ed. Rio de Janeiro: Renovar, 2009.

para o exercício de um poder em benefício do outro sujeito da relação jurídica.[15] Assim, ainda subsiste a noção de poder-dever, mas não no sentido contraposto, de crédito e débito. Na autoridade parental, tanto o poder quanto o dever são dirigidos às mesmas pessoas: os pais, que devem usá-lo para a concreção do princípio do melhor interesse da criança e do adolescente. Cuida-se, pois, de um ofício de direito privado.

Assim, a autoridade parental consubstancia-se num feixe de poderes e deveres a serem exercidos no interesse dos filhos, até que completem 18 (dezoito) anos. Esses, por sua vez, têm estabelecido em seu favor, além dos direitos fundamentais dirigidos a todas as pessoas, direitos especiais, a fim de garantir que cresçam da melhor maneira possível, conforme estabelecido no art. 227 da Carta Constitucional. Conjugam-se, portanto, tais direitos fundamentais – "gerais e especiais" – com o relevante papel atribuído aos pais.

O papel dos deveres fundamentais também é marcante. A conjugação dos direitos e deveres fundamentais, neste caso, elimina qualquer dúvida no que tange à irrestrita consideração da criança e do adolescente como pessoas em desenvolvimento, que exercem papel ativo no próprio processo educacional, e não como objeto das ações e dos direitos de terceiros, principalmente dos adultos. Tornaram-se copartícipes das diretrizes da própria vida, à medida que vão adquirindo discernimento. É por meio desse processo – principalmente da relação com seus pais – que se constrói sua dignidade e se edifica a sua personalidade. Fazem-se necessários, portanto, o relacionamento com o outro e a percepção da alteridade.

A alteridade conduz ao reconhecimento de si mesmo como ser único, capaz de relacionar-se com o outro, criando liames afetivos que contribuem para o engrandecimento individual e, portanto, para a construção da própria dignidade e personalidade. A grande missão dos pais está na condução do filho à percepção de si no âmbito da intersubjetividade, para construir-se pessoa autônoma.

Nesse contexto, a autoridade parental tem como função garantir os direitos fundamentais da criança e do adolescente, de modo a realizar seu melhor interesse, tendo em vista que deve ser voltada exclusivamente para a promoção e desenvolvimento da personalidade do filho. A principal missão da autoridade parental é conduzir os filhos à autonomia responsável, uma vez que a autonomia que ora defendemos está intrinsecamente atrelada à responsabilidade.

Os filhos exercem papel ativo na própria vida, além de contribuírem para a construção da dignidade dos pais, pois a preservação dos interesses dos filhos constitui fator de desenvolvimento da personalidade dos pais. Portanto, não se pode falar

---

15. Pietro Perlingieri conceitua poder jurídico como "um verdadeiro ofício, uma situação de direito-dever: como fundamento da atribuição dos poderes existe o dever de exercê-los. O exercício da *potestà* não é livre, arbitrário, mas necessário no interesse de outrem ou, mais especificamente, no interesse de um terceiro ou da coletividade." (PERLINGIERI, Pietro. *Perfis do direito civil*. Trad. Maria Cristina De Cicco. 2. ed. Rio de Janeiro: Renovar, 2002, p. 129).

que os pais sejam titulares de um poder e, em contrapartida, os filhos lhes devam uma prestação. Afinal, "ninguém cresce sem fazer crescer, nem destrói sem se autodestruir".[16] Não poderia ser diferente, em face da função dialógica assumida pela autoridade parental.[17]

A missão dos pais de educar é propiciar ao filho a percepção dessa conjugação intrínseca entre liberdade e responsabilidade, de modo que uma não possa existir sem a outra. Paolo Vercellone aponta que:

> Se il fine dell'educazione è dunque di 'fare' del bambino un uomo libero e quanto piú possibile se stesso, è evidente che la modalità dell'educazione deve essere tale da consentire al bambino ed in genere al soggetto in crescita di fare 'tirocinio di libertà'. Questo sia perchè anche la liberta è oggetto di apprendimento come pratica di scelte ragionare, sia perchè il bambino non può controllare la sua capacita, sperimentare le proprie inclinazioni, valutare criticamente le proprie aspirazioni se non le mette alla prova, da solo e spontaneamente.[18]

Diante da relevância da autoridade parental no processo de maturação da criança e do adolescente, ganha especial importância o dever de educar, previsto no art. 229 da Constituição Federal, juntamente com os deveres de criar e assistir os filhos enquanto menores. Faz-se relevante um enfoque diferenciado do dever de educar, considerando a bipartição deste, no que tange aos aspectos formal/escolar e informal. Priorizaremos este último, tendo em vista sua finalidade de transmitir ao filho, pelos pais, a carga axiológica familiar e social, moldando o caráter e a personalidade do filho.

Educar um menor, dando-lhe condições de desenvolver sua personalidade, para que ele seja ele próprio, revela-se um processo dialógico permanente, por meio do qual quem educa é também educado, construindo-se mutuamente a dignidade dos sujeitos envolvidos. O respeito é fundamental nesse relacionamento, fazendo com que a capacidade, as inclinações naturais e as aspirações dos filhos acabem por ser limites ao dever de educação. Compõem a atividade educativa o diálogo com o

---

16. VILLELA, João Baptista. *Liberdade e família*. Belo Horizonte: Faculdade de Direito da UFMG, 1980, p. 11.
17. A posição de Gustavo Tepedino é que "na concepção contemporânea, a autoridade parental não pode ser reduzida, portanto, nem a uma pretensão juridicamente exigível, em favor dos seus titulares, nem a um instrumento jurídico de sujeição (dos filhos à vontade dos pais). Há de se buscar o conceito de autoridade parental na bilateralidade do diálogo e do processo educacional, tendo como protagonistas os pais e os filhos, informados pela função emancipatória da educação." (TEPEDINO, Gustavo. A disciplina da guarda e da autoridade parental na ordem civil-constitucional. In: *Anais do IV Congresso Brasileiro de Direito de Família*, Belo Horizonte: Del Rey, IBDFAM, 2004, p. 131).
18. VERCELLONE, Paolo. Libertà dei minorenni e potestà dei genitori. *Rivista di Diritto Civile*, anno XXVIII, n. 6, p. 540, settembre-ottobre/82. Tradução livre: Se o fim da educação é, portanto, 'fazer' da criança um homem livre e quanto mais possível ele mesmo, é evidente que a modalidade de educação deve ser tal que consinta à criança, e em geral, ao sujeito em desenvolvimento, de fazer um 'aprendizado de liberdade'. Isto porque também a liberdade é objeto de aprendizado de escolhas racionais, e porque a criança não pode controlar a sua capacidade, experimentar as próprias inclinações, avaliar criticamente as próprias aspirações se não as colocar à prova, sozinha e espontaneamente.

menor e o respeito à sua individualidade.[19] É o direito à diferença, já anunciado, no Direito Pátrio, por Taísa Maria Macena de Lima.[20]

No dever de educar está implícita a obrigação de promover no filho o desenvolvimento pleno de todos os aspectos da sua personalidade, de modo a prepará-lo para o exercício da cidadania e qualificá-lo para o trabalho, mediante a educação formal e informal, o que atende aos arts. 3º e 53 do ECA.[21] Reafirma-se que o poder familiar deve ser um veículo viabilizador da autonomia do menor, para que ele tenha condições de fazer suas próprias escolhas e exercer as próprias possibilidades, para que se torne um cidadão, tanto na órbita estatal quanto no exercício dos direitos e deveres éticos.

Deve-se, portanto, encontrar um equilíbrio dialético entre autoavaliação e heteroavaliação, "que não mortifique o Pátrio Poder dos genitores e não anule a escolha significativa e de cultura representada pela participação do menor no processo educativo".[22] Não resta dúvida de que o processo educacional dos filhos, fundado na autoridade parental, visa a conduzi-los ao alcance da liberdade responsável.

Quando se trata de autoridade parental e, por conseguinte, de criança e adolescente, o que se busca é o equilíbrio entre a progressiva autonomia dos filhos e os limites necessários à proteção e educação destes. A função protetora dos pais para com os filhos deve ser inversamente proporcional ao seu desenvolvimento físico, intelectual e psíquico. "À medida que estes vão crescendo e desenvolvendo as suas capacidades físicas, intelectuais, morais, emocionais e sociais, a finalidade de proteção assinalada ao cuidado parental vai perdendo sentido."[23] Entretanto, a promoção do desenvolvimento dos filhos se mantém intacta, independente da idade.

Afinal, a razão maior da autoridade parental é conduzir a criança e o adolescente pelos caminhos que eles ainda desconhecem. Nessa fase de construção da sua maturidade e discernimento, não podem usufruir completamente de seu direito fundamental à liberdade, pois ainda não têm condições de exercê-la. É sob essa perspectiva que a progressiva aquisição do discernimento deve ser tratada, como fator propulsor do exercício de atos de autonomia, independente de representação ou assistência, quando tais atos se destinarem ao exercício de questões existenciais. Afinal, é na procura do espaço para o exercício de sua autonomia que o discernimento se revela.

---

19. CERATO, Maristella. *La potestá dei genitori*: i modi di esercizio, la decadenza e l'affievolimento. Il diritto privato oggi – serie a cura di Paolo Cendon. Milano: Giuffrè, 2000, p. 113.
20. LIMA, Taísa Maria Macena. Responsabilidade civil dos pais por negligência na educação e formação escolar dos filhos: o dever dos pais de indenizar o filho prejudicado. In: *Anais do IV Congresso Brasileiro de Direito de Família*, Belo Horizonte: Del Rey, IBDFAM, 2004, p. 625-627.
21. COMEL, Denise Damo. *Do poder familiar*. São Paulo: Revista dos Tribunais, 2003, p. 102.
22. PERLINGIERI, Pietro. *Perfis do direito civil*. Trad. Maria Cristina De Cicco. 2. ed. Rio de Janeiro: Renovar, 2002, p. 258.
23. MARTINS, Rosa Cândido. Poder paternal vs. autonomia da criança e do adolescente. *Lex Familiae*: Revista Portuguesa de Direito de Família, Centro de Direito da Família, ano 1, n. 1, p. 70, 2004.

3.1. A configuração da representação e assistência dos pais em relação aos filhos menores

Quando o sujeito é incapaz, ele não tem discernimento, mas terá alguém incumbido de substituir ou complementar sua vontade, respectivamente por intermédio dos institutos da representação e da assistência, de modo que seja possível atribuir validade e responsabilidade[24] pelos atos praticados. Por isso, o regime das incapacidades tem sua teleologia atrelada à ideia de proteção à pessoa e bens dos incapazes, e secundariamente, aos terceiros que com eles se relacionam.

Com base nessa segunda finalidade protetiva, que se revela pela necessidade de um ambiente negocial seguro, é possível explicar por que o ordenamento jurídico suprime autonomia de crianças e adolescentes, presumindo-os sempre incapazes, de maneira absoluta ou relativa: pelo imperativo de se atribuir garantias patrimoniais a terceiros, na busca por segurança jurídica. Isto porque, geralmente, pela pouca idade e falta de vivência profissional, não é comum que menores de idade possuam patrimônio suficiente para garantir as consequências dos atos que praticam.

Entretanto, essa é uma ideologia que não pode mais prosperar. A vertente personalista de nossa Constituição Federal, que impõe a centralidade sistêmica e epistemológica do ser humano no ordenamento jurídico impõe uma releitura do regime das incapacidades – e por via de consequência dos institutos da representação e da assistência – de modo que sua existência só se justifica na medida em que cumpre uma função efetivamente protetiva e promocional na vida daqueles que estão em posição de vulnerabilidade e, por isso, demandam um tratamento especial por parte do Estado. Tratamento que deve consistir, sobretudo, em mecanismos de proteção e desenvolvimento pleno da personalidade e da dignidade dos incapazes em primeiro lugar, muito antes de ser direcionado à tutela dos interesses de terceiros, capazes, que com eles se relacionam.[25]

O ideal de se alcançar um mundo de certezas não sobrevive diante da existência de uma sociedade multifacetada. Portanto, a ordem jurídica – e mais precisamente o regime as incapacidades – precisa abandonar técnicas legislativas que se fundam em categorias legais abstratas, que não têm nenhum lastro de legitimidade porque incapazes de se fundir nesse contexto social tão fragmentado.

---

24. O teor do art. 928 do Código Civil fortalece a noção de responsabilização, na medida em que determina que o patrimônio do incapaz responde, embora subsidiariamente, pelos atos que pratica.
25. Há um conflito entre a necessidade de proteger o incapaz, sendo declarada a nulidade do ato celebrado pelo alienado mental, e os interesses daqueles que com ele realizaram o negócio, sem conhecimento da anomalia, sem ter tido meios para percebê-la, sem saber e, possivelmente, sem poder saber que ela existia. Por que não amparar o contratante de boa-fé, que confiou no que via e que é vítima de um estado aparente? A balança precisa pender, sempre, inexoravelmente, para o lado do incapaz não interditado, ainda que ele parecesse lúcido e são, desamparando os que com ele celebraram negócio oneroso? A rigidez dos preceitos não deve ceder, para garantir a segurança jurídica, o tráfico negocial? (VELOSO, Zeno. *Código Civil comentado*. Direito de família. Alimentos. Bem de Família. União Estável. Tutela e curatela. vol. XII. São Paulo: Atlas, 2003, p. 215-216)

Diante disso, a ordem jurídica só conseguirá proteger com efetividade o menor, sem opressão e supressão de sua subjetividade, desvinculando-o do regime das incapacidades e, analisando o discernimento obtido em seu processo de formação a partir de cada situação concreta e real – tal qual fez o EPD com a pessoa com deficiência. Ressalte-se que a "Convenção das Nações Unidas Sobre os Direitos da Criança", adotada pela Assembleia Geral no dia 20 de novembro de 1989, no seu artigo 12, estabelece: "Os Estados Partes assegurarão à criança que estiver capacitada a formular seus próprios juízos o direito de expressar suas opiniões livremente sobre todos os assuntos relacionados com a criança, levando-se devidamente em consideração essas opiniões, em função da idade e da maturidade da criança". Houve a eleição do discernimento como critério decisivo para a possibilidade e validade da expressão de vontade da pessoa menor de idade, independente do tipo de ato jurídico ao qual essa manifestação volitiva se referir.

Se a criança ou o adolescente possuir discernimento, não demandará tal proteção e terá certa parcela de autonomia. Para tanto, a medida desse discernimento será apurada em procedimento judicial, semelhante ao processo de interdição, cuja sentença fixará os limites e as possibilidades de sua atuação na vida civil, a qual deverá ser igualmente averbada no Cartório do Registro Civil dando publicidade acerca de qual é a real capacidade de agir do indivíduo. Trata-se de situação inversa à curatela, pois esta reconhece a incapacidade; no caso do menor, o processo judicial visa a atribuir compatível autonomia para quem conquistou parcelas de maturidade, sem considerá-los sempre, presumidamente incapazes, afinal, ele está em fase de aquisição de discernimento.

É importante, nessa situação, averiguar quais os atos que o menor pode praticar, ou seja, no curso do processo judicial, é necessário investigar para qual tipo de ato o menor está maduro e tem condições de arcar com as consequências de suas escolhas – mesmo porque não são todos os aspectos da vida que amadurecem simultaneamente. Como a atribuição de autonomia para esses destinatários é excepcional, essa apuração deve ser feita para que, quando a criança ou o adolescente não tenha discernimento suficiente para a compreensão do ato como um todo, ele continue protegido pelo Estado por meio da autoridade parental, que se concretiza externamente por meio dos institutos de representação e assistência. É necessário difundir-se a concepção de que se deve atender às peculiaridades da situação concreta, principalmente a maturidade e consciência para que possam assumir-se de maneira autônoma. Capacidade de agir deve equivaler, assim, à capacidade natural. Logo, como a aquisição de discernimento é um processo gradual, também o é a aquisição de autonomia, e a possibilidade do menor de agir com liberdade no âmbito da sua esfera privada.

E é nesse sentido que os institutos de representação e assistência devem ser revistos, de modo a respeitar a progressiva aquisição da autonomia da criança e do adolescente. Recorde-se que a representação visa à substituição da vontade das pessoas entre 0 (zero) e 16 (dezesseis) anos e assistência, por seu turno, pretende completar a vontade dos adolescentes dos 16 (dezesseis) até que se alcance 18 (dezoito) anos, devendo contar com a participação do menor nos respectivos atos jurídicos.

Não se pretende abolir esses institutos, mas, sim, revisitá-los, a partir dessa mudança hermenêutica que respeita o processo de desenvolvimento do menor. Por meio de uma avaliação casuística judicial em que se constata a maturação do menor, é possível que o juiz (i) antecipe a aplicação da assistência para pessoas com menos de 16 anos de idade, ao invés da representação, por já haver meios psíquicos de participação da criança ou do adolescente em determinados atos, se ainda não estiver completado a integralidade do processo de aquisição do discernimento; ou (ii) se a pessoa menor de idade já tiver amadurecido completamente, possibilite a autonomia para determinado ato.

Além disso, tomando-se como base a mudança que o EPD provocou no regime das incapacidades, limitando *a priori* a atuação do curador aos atos negociais e patrimoniais em razão da dificuldade funcional de atuação nos atos existenciais, temos aqui outro ponto crucial. Na medida do seu discernimento, é necessário que criança e adolescente possam protagonizar as escolhas pessoais de sua vida, razão pela qual a atuação dos pais, nesse aspecto, deve se tornar residual na medida que ocorre o processo educacional e, simultaneamente, o alcance da maturidade do menor.

A Convenção dos Direitos das Pessoas com Deficiência entendeu que a deficiência não pode ser um critério para que a pessoa que consiga se expressar não faça suas opções de vida, entendendo pela necessariedade da preservação de sua capacidade. Por isso, tal qual o EPD, não há razões para que aquele que tem consciência de suas escolhas e das consequências dos atos que pratica – principalmente no campo existencial – não possa se expressar – ou, pelo menos, participar – validamente de determinados atos.

Por isso, os institutos da representação e assistência devem não apenas ter a sua abrangência etária repensada, mas também o seu alcance, pois o que justifica que aquele maior de idade que tenha condições de se expressar possa fazê-lo validamente e a criança ou o adolescente com discernimento não possa fazê-lo? Embora o critério para se atribuir autonomia para o menor permaneça o discernimento – cuja existência deve ser aquilatada por uma equipe multidisciplinar –, não se pode simplesmente ignorar o processo de maturação natural da vida, o que justifica a distinção já abordada entre menoridade e incapacidade.

4. CONCLUSÃO

Dessas reflexões acerca do processo emancipatório do menor, possível pela aquisição de maturidade, concluímos que ele tem direito à autodeterminação, sendo necessário repensar os institutos da representação e assistência, considerando os seguintes argumentos:

a) O regime das incapacidades traz consigo presunções de ausência de discernimento tidas como absolutas, o que faz sentido para certos atos patrimoniais. Para as situações existenciais, tais presunções devem ser relativas para os menores, sobretudo, para que eles possam fazer escolhas válidas atinentes às questões afetas à própria vida, afinal, acreditamos que a coincidência promovida pela lei entre incapacidade e menoridade é equivocada. Como os menores são seres humanos em processo de construção de sua autonomia, não podem ser tratados pela ordem jurídica da mesma maneira como aqueles maiores que não conseguiram conquistar tal autonomia. É necessário viabilizar mecanismos de proteção distintos do regime das incapacidades, que sejam permeáveis à gradativa outorga de autonomia aos menores na medida em que vivem, experienciam e conquistam discernimento.

b) Quando a lei exige capacidade para a validade dos atos jurídicos, conforme arts. 104 e 185 do Código Civil, no que se refere aos atos existenciais, devemos entender que esse pressuposto de validade equivale à presença de discernimento;

c) Autoridade parental deve ser interpretada como um processo educacional, que só se justifica na medida em que o menor não consegue se autorregular, sendo então necessário que terceiros possam decidir por ele;

d) Representação e assistência devem ser relidos e desatrelados dos critérios etários. A partir da realização de uma perícia multidisciplinar, é possível se verificar a presença de discernimento para a prática de determinado ato, sendo possível a antecipação cronológica da assistência ou a atribuição de autonomia para a realização do ato;

e) Considerando os novos critérios estabelecidos pelo EPD, que limitam a curatela aos atos patrimoniais e negociais, em claro reconhecimento pelo ordenamento jurídico da relevância da pessoa decidir os aspectos existenciais da própria vida, deve-se repensar o alcance da autoridade parental, de modo que o menor de idade com discernimento possa ter prioridade na definição de seus aspectos pessoais, o que deve ser viabilizado por meio de um processo judicial especialmente proposto para esse fim.

5. REFERÊNCIAS BIBLIOGRÁFICAS

ALFAIATE, Ana Rita. Autonomia e cuidado. In: OLIVEIRA, Guilherme; PEREIRA, Tânia da Silva (Coords.). *O cuidado como valor jurídico*. Rio de Janeiro: Forense, 2008.

CERATO, Maristella. *La potestá dei genitori*: i modi di esercizio, la decadenza e l'affievolimento. Il diritto privato oggi – serie a cura di Paolo Cendon. Milano: Giuffrè, 2000.

CHAMON JUNIOR, Lúcio Antônio. *Teoria geral do direito moderno*. Por uma reconstrução crítico-discursiva na alta modernidade. Rio de Janeiro: Lumen Juris, 2006.

COMEL, Denise Damo. *Do poder familiar*. São Paulo: Revista dos Tribunais, 2003.

GARCIA, Emerson. Dignidade da pessoa humana: referenciais metodológicos e regime jurídico. *Revista de Direito Privado*, São Paulo, ano 6, n. 21, p. 85 -111, jan./mar. 2005.

GUSTIN, Miracy Barbosa de Souza. *Das necessidades humanas aos direitos*. Ensaio de Sociologia e Filosofia do Direito. Belo Horizonte: Del Rey, 1999.

LIMA, Taísa Maria Macena. Responsabilidade civil dos pais por negligência na educação e formação escolar dos filhos: o dever dos pais de indenizar o filho prejudicado. In: *Anais do IV Congresso Brasileiro de Direito de Família*, Belo Horizonte: Del Rey, IBDFAM, 2004.

LÔBO, Paulo Luiz Netto. *Direito Civil. Famílias*. São Paulo: Saraiva, 2008.

MARTINS-COSTA, Judith. Capacidade para consentir e esterilização de mulheres. In: MARTINS-COSTA, Judith; MOLLER, Letícia Ludwig (orgs.). *Bioética e responsabilidade*. Rio de Janeiro: Forense, 2009.

MARTINS, Rosa Cândido. Poder paternal vs. autonomia da criança e do adolescente. *Lex Familiae*: Revista Portuguesa de Direito de Família, Centro de Direito da Família, ano 1, n. 1, p. 70, 2004.

MEIRELES, Rose Melo Vencelau. *Autonomia privada e dignidade humana*. Rio de Janeiro: Renovar, 2009.

MENEZES, Joyceane Bezerra de; TEIXEIRA, Ana Carolina Brochado. Desvendando o conteúdo da capacidade jurídica. *Pensar*, Fortaleza, v. 21, n. 2, p. 568-599, maio./ago. 2016.

OLIVEIRA, Guilherme. *Temas de Direito da Medicina*. Coimbra: Coimbra Editora, 1999.

PEREIRA, Caio Mário da Silva. *Instituições de direito civil*. Rev. e atual. de acordo com o Código Civil de 2002. Rio de Janeiro: Forense, 2004, v. I.

PEREIRA, Tânia da Silva. *Direito da criança e do adolescente*: uma proposta interdisciplinar. Rio de Janeiro: Renovar, 2008.

PERLINGIERI, Pietro. *Perfis do direito civil*. Trad. Maria Cristina De Cicco. 2. ed. Rio de Janeiro: Renovar, 2002.

RODRIGUES, Rafael Garcia. *A pessoa e o ser humano no novo Código Civil*. In: TEPEDINO, Gustavo (coord.). Rio de Janeiro: Renovar, 2013.

RODRIGUES, Renata de Lima. A proteção dos vulneráveis: perfil contemporâneo da tutela e da curatela no sistema jurídico brasileiro. In: MENEZES, Joyceane Bezerra de; MATOS, Ana Carla Harmatiuk (org.). *Direito das Famílias*: por juristas brasileiras. São Paulo: Saraiva, 2013.

_____. *Incapacidade, curatela e autonomia privada*: estudos no marco do Estado democrático de Direito. 2007, 201 f. Dissertação (Mestrado em Direito) - Pontifícia Universidade Católica de Minas Gerais. Programa de Pós-Graduação em Direito, Belo Horizonte, 2007.

_____; TEIXEIRA, Ana Carolina Brochado. *O Direito das Famílias entre a norma e a realidade*. São Paulo: Atlas, 2010.

SÁ, Maria de Fátima Freire; MOUREIRA, Diogo Luna. *A Capacidade dos Incapazes*: saúde mental e uma releitura da teoria das incapacidades no direito privado, 2011.

STANCIOLI, Brunello. Sobre a capacidade de fato da criança e do adolescente: sua gênese e desenvolvimento na família. *Revista Brasileira de Direito de Família*, n. 2, jul./set., 1999.

TEIXEIRA, Ana Carolina Brochado. *Família, guarda e autoridade parental*. 2. ed. Rio de Janeiro: Renovar, 2009.

_____. Integridade psíquica e capacidade de exercício, *RTDC*, v. 9, n. 33, p. 3–36, jan./mar., 2008.

_____; RETTORE, Anna Cristina de Carvalho; SILVA, Beatriz de Almeida Borges de. Reflexões sobre a autocuratela na perspectiva dos planos do negócio jurídico. In: MENEZES, Joyceane Bezerra de (org.). *Direito das pessoas com deficiência psíquica e intelectual nas relações privadas*: Convenção sobre os direitos da pessoa com deficiência e Lei Brasileira de Inclusão. Rio de Janeiro: Processo, 2016.

TEPEDINO, Gustavo. A disciplina da guarda e da autoridade parental na ordem civil-constitucional. In: *Anais do IV Congresso Brasileiro de Direito de Família*, Belo Horizonte: Del Rey, IBDFAM, 2004.

VELOSO, Zeno. *Código Civil comentado*. Direito de família. Alimentos. Bem de Família. União Estável. Tutela e curatela. vol. XII. São Paulo: Atlas, 2003.

VERCELLONE, Paolo. Libertà dei minorenni e potestà dei genitori. *Rivista di Diritto Civile*, anno XXVIII, n. 6, p. 540, settembre-ottobre/82.

VILLELA, João Baptista. *Liberdade e família*. Belo Horizonte: Faculdade de Direito da UFMG, 1980.

GUARDA E AUTORIDADE PARENTAL: POR UM REGIME DIFERENCIADOR

Marília Pedroso Xavier

Professora dos Programas de Graduação e Pós-graduação da Universidade Federal do Paraná. Doutora em Direito Civil pela Faculdade de Direito da Universidade de São Paulo. Mestre em Direito das Relações Sociais pela Universidade Federal do Paraná e graduada pela mesma instituição. Coordenadora de Direito Privado da Escola Superior de Advocacia do Paraná. Membro da Diretoria Paranaense do Instituto Brasileiro de Direito de Família. Diretora do Instituto Brasileiro de Direito Contratual – IBDCONT. Advogada. Mediadora.

Maici Barboza dos Santos Colombo

Doutoranda em Direito Civil pela USP, Mestre em Direito Civil pela UERJ. Professora universitária e advogada.

Sumário: 1. Introdução – 2. Do pátrio poder à autoridade parental – 3. Autoridade parental x Guarda – 4. Guarda compartilhada e Autoridade Parental – 5. Conclusão – 6. Referências bibliográficas

1. INTRODUÇÃO

Ambos os pais têm obrigação comum com relação à educação e ao desenvolvimento da criança e caberá aos pais ou, quando for o caso, aos representantes legais, a responsabilidade primordial pela educação e pelo desenvolvimento da criança. Isso é o que determina o art. 18.1 da Convenção da ONU sobre os Direitos da Criança,[1] que entrou em vigor no Brasil em 23 de outubro de 1990.[2] O Código Civil brasileiro, de igual forma, determina que compete a ambos os pais, qualquer que seja a sua situação conjugal, o pleno exercício do poder familiar,[3] o qual somente se extingue pela morte

---

1. Convenção sobre os Direitos da Criança (Decreto 99.710/1990): 1. Os Estados Partes envidarão os seus melhores esforços a fim de assegurar o reconhecimento do princípio de que ambos os pais têm obrigações comuns com relação à educação e ao desenvolvimento da criança. Caberá aos pais ou, quando for o caso, aos representantes legais, a responsabilidade primordial pela educação e pelo desenvolvimento da criança. Sua preocupação fundamental visará ao interesse maior da criança.
2. Segundo o Supremo Tribunal Federal (STF), os tratados internacionais sobre direitos humanos podem gozar de estatura constitucional, caso observem o quórum qualificado de aprovação previsto no art. 5º, §3º da Constituição Federal, inserido pela Emenda Constitucional 45/2004, ou supralegal, em posição intermediária, abaixo da Constituição Federal e acima da legislação interna (RE 466.343, Rel. Min. Cezar Peluso, julgamento em 3/12/2008, Plenário). A Convenção sobre os Direitos da Criança, frise-se, segundo a orientação consolidada no STF, goza, portanto, de estatura *supralegal*.
3. Código Civil brasileiro, art. 1.634. Compete a ambos os pais, qualquer que seja a sua situação conjugal, o pleno exercício do poder familiar, que consiste em, quanto aos filhos: I – dirigir-lhes a criação e a educação; II – exercer a guarda unilateral ou compartilhada nos termos do art. 1.584; III – conceder-lhes ou negar-lhes

dos pais ou do filho, pela maioridade plena, pela emancipação, pela adoção ou por decisão judicial em processo próprio de destituição de poder familiar.[4]

Nada obstante, segundo levantamento realizado pelo IBGE em 2018, apenas 24,35% dos divórcios e separações ocorridos no Brasil com filhos menores resultaram na fixação de guarda compartilhada. Esse percentual, embora baixo, já representa que essa porcentagem vem crescendo, uma vez que em 2014 era de meros 7,5%.[5-6-7]

O baixo percentual, embora crescente, faz questionar a efetividade do art. 1.584, §2º do Código Civil, alterado pela Lei 13.058/2014[8], que pretendeu estabelecer a guarda compartilhada como regime predominante, ainda que os pais estejam em desacordo, salvo apenas se um dos genitores declarar ao magistrado que não deseja a guarda do menor. Assim, se a guarda compartilhada tornou-se a regra legal, por que o percentual de divórcios e separações com fixação de guarda compartilhada no Brasil ainda é tão reduzido?

Certamente que a resposta a essa indagação não depende apenas de fatores jurídicos e revela a complexidade das relações familiares. Contudo, a contribuição pretendida neste trabalho, sem qualquer pretensão de esgotamento do tema, consiste na elucidação conceitual de categorias jurídicas relacionadas à relação paterno--materno-filial que de alguma forma colaboram com a harmonização do convívio familiar, conforme o princípio do melhor interesse da criança e do adolescente. São

---

consentimento para casarem; IV – conceder-lhes ou negar-lhes consentimento para viajarem ao exterior; V – conceder-lhes ou negar-lhes consentimento para mudarem sua residência permanente para outro Município; VI – nomear-lhes tutor por testamento ou documento autêntico, se o outro dos pais não lhe sobreviver, ou o sobrevivo não puder exercer o poder familiar; VII – representá-los judicial e extrajudicialmente até os 16 (dezesseis) anos, nos atos da vida civil, e assisti-los, após essa idade, nos atos em que forem partes, suprindo-lhes o consentimento; VIII – reclamá-los de quem ilegalmente os detenha; IX – exigir que lhes prestem obediência, respeito e os serviços próprios de sua idade e condição.

4. Código Civil brasileiro, art. 1.635. Extingue-se o poder familiar:
   I – pela morte dos pais ou do filho;
   II – pela emancipação, nos termos do art. 5º, parágrafo único;
   III – pela maioridade;
   IV – pela adoção;
   V – por decisão judicial, na forma do artigo 1.638.
5. TALLMANN, Helena; ZASSO, José; MARTINS, Rita. *Pais dividem responsabilidades na guarda compartilhada dos filhos*. Agência IBGE Notícias. 2019. Disponível em: https://agenciadenoticias.ibge.gov.br/agencia-noticias/2012-agencia-de-noticias/noticias/23931-pais-dividem-responsabilidades-na-guarda-compartilhada-dos-filhos. Acesso em: 20 jan. 2021.
6. IBGE. *Estatísticas do Registro Civil*. Rio de Janeiro, v. 43, p. 6, 2016. Disponível em: https://biblioteca.ibge.gov.br/visualizacao/periodicos/135/rc_2016_v43_informativo.pdf. Acesso em: 20 jan. 2021.
7. IBGE. *Tabela 5936 – Divórcios concedidos em 1ª instância a casais com filhos menores de idade, e Número de filhos menores de idade dos casais envolvidos, por número de filhos menores de idade, responsáveis pela guarda dos filhos e lugar da ação do processo*. Disponível em https://sidra.ibge.gov.br/tabela/5936#resultado. Acesso em 26 nov. 2020.
8. Código Civil brasileiro, art. 1.584. A guarda, unilateral ou compartilhada, poderá ser: (...) § 2º Quando não houver acordo entre a mãe e o pai quanto à guarda do filho, encontrando-se ambos os genitores aptos a exercer o poder familiar, será aplicada a guarda compartilhada, salvo se um dos genitores declarar ao magistrado que não deseja a guarda do menor.

elas: a autoridade parental – designada de poder familiar pela lei civil – e a guarda dos filhos incapazes.

2. DO PÁTRIO PODER À AUTORIDADE PARENTAL

O modelo de família patriarcal estava pautado na hierarquia do *pater familias*: cônjuge e filhos sujeitavam-se ao império inquestionável de suas deliberações. As fissuras nas bases do paradigma patriarcal foram agravadas com a promulgação da Constituição Federal de 1988. Dignidade humana, igualdade e liberdade permearam o ordenamento jurídico como um todo e não pouparam a seara do direito de família. Logo se consolidou a família democrática,[9] revolucionada pela igualdade entre os cônjuges,[10] pelo pluralismo das modalidades de família[11] e pela consagração da dignidade das crianças e adolescentes na condição de pessoas em desenvolvimento.[12]

Acompanhando a profunda ressignificação da família, segundo a metodologia civil-constitucional, também a linguagem foi compatibilizada com os valores emergentes do novo contexto sociocultural das relações familiares. O "pátrio poder", expressão tradicionalmente adotada no Código Civil de 1916, foi substituído por "poder familiar", indicando a desconstrução da assimetria das relações conjugais, base do sistema patriarcal e, por via de consequência, enaltecendo o caráter democrático da família constitucionalizada.

A escolha léxica descortina os valores embutidos nas palavras e corrobora a historicidade das categorias jurídicas, por meio da dinamicidade e fluidez do conteúdo dos significantes em cada contexto. Se a passagem do pátrio poder ao poder familiar marcou a superação da desigualdade conjugal, elevando a posição da mulher nas interações familiares, o tratamento da criança e do adolescente como sujeitos de direitos evidenciou a bilateralidade das relações paterno-materno-filiais, descabendo a mera sujeição dos filhos ao poder decisório dos pais.[13]

---

9. BODIN DE MORAES, Maria Celina. *A família democrática*. Disponível em: <http://www.ibdfam.org.br/_img/congressos/anais/31.pdf> Acesso em: 20 jan. 2021.
10. Constituição Federal, art. 226. A família, base da sociedade, tem especial proteção do Estado. (...) § 5º Os direitos e deveres referentes à sociedade conjugal são exercidos igualmente pelo homem e pela mulher.
11. Constituição Federal, art. 226. (....) § 3º Para efeito da proteção do Estado, é reconhecida a união estável entre o homem e a mulher como entidade familiar, devendo a lei facilitar sua conversão em casamento. § 4º Entende-se, também, como entidade familiar a comunidade formada por qualquer dos pais e seus descendentes.
12. Constituição Feral, art. 229. Os pais têm o dever de assistir, criar e educar os filhos menores, e os filhos maiores têm o dever de ajudar e amparar os pais na velhice, carência ou enfermidade.
13. "Ao projetar em contraste os contornos do "pátrio poder" com o "poder familiar", ver-se-á que a distinção entre ambos também se consolida, de certo modo, em um *desdobrar de perspectivas*. Destarte, se no "pátrio poder" o que se percebe é a preponderância da figura paterna sobre os filhos, no "poder familiar" se destaca a relação entre *pais e filhos*, relacionamento que, na verdade, se consubstancia distante da unilateralidade. Melhor que "poder familiar", a expressão *autoridade parental* traduz uma gama de conjunturas que informam a caracterização de direitos e a assunção de deveres consectários, o que desconstrói, por assim dizer, a noção de "poder" decorrente da terminologia indicada pelo Código Civil (CC) brasileiro em seu art. 1.631".

Consectário da democratização da família, os filhos, independentemente da capacidade de agir, são convocados a participar do processo educativo. A função primordial dos pais no desenvolvimento da personalidade da prole impende o reconhecimento de que a autoridade parental perpassa a mera gestão patrimonial dos interesses dos filhos, em um processo dialógico de caráter emancipatório.[14] A remodelação do conteúdo da autoridade parental é acompanhada da crítica à compreensão da incapacidade etária como óbice à participação efetiva da criança e do adolescente, sobretudo nas situações jurídicas existenciais das quais sejam titulares.

Nesse sentido, a autoridade parental, segundo a disciplina jurídica prevista no Código Civil, consiste no conjunto de responsabilidades e incumbências de natureza patrimonial e existencial, atribuído conjuntamente aos pais, independentemente de sua situação conjugal,[15] com relação aos filhos absoluta ou relativamente incapazes.[16] Em razão desse múnus decorrente da parentalidade, aos pais incumbe representar os filhos menores de 16 anos, pois absolutamente incapazes, e assistir os relativamente incapazes, que possuírem entre 16 e 18 anos de idade, segundo o art. 1.634, VII do Código Civil.[17]

Nas situações familiares, a autoridade parental contribui para o livre desenvolvimento da personalidade não apenas dos filhos, mas também dos pais, em um processo mútuo de realização do projeto de vida de cada indivíduo inserido na família, pois, "ao auxiliar no desenvolvimento da personalidade dos filhos, educando-os, estarão os pais satisfazendo o desenvolvimento da sua própria personalidade."[18]

(FACHIN, Luiz Edson. Do *pater familias* à autoridade parental: elementos da travessia entre "pátrio poder", "poder familiar" e "autoridade parental". *Revista do Advogado*, n. 112, p. 99-103, jul. 2011. p.100.)

14. "No respeito ao princípio da igualdade e da exigência de garantia da unidade familiar, as complexas relações entre filhos e genitores devem ser enquadradas entre o exercício dos direitos fundamentais e o cumprimento da 'função' do poder familiar (...). Este último, entendido como poder-sujeição, está em crise: em uma concepção igualitária, participativa e democrática da comunidade familiar, a sujeição, tradicionalmente entendida, não pode continuar a exercer o mesmo papel. A relação educativa não é mais entre um sujeito e um objeto, mas é uma correlação de pessoas, onde não é possível conceber um sujeito subjugado a outro. A insuprimível dialética entre autoavaliação e heteroavaliação exige posições equilibradas, que não mortifiquem o poder familiar e não anulem a escolha de cultura representada pela participação do menor no processo educativo. O poder familiar assume mais uma função educativa do que propriamente de gestão patrimonial, e é ofício finalizado à promoção das potencialidades criativas dos filhos." (PERLINGIERI, Pietro. *O direito civil na legalidade constitucional*. Rio de Janeiro: Renovar, 2008, p. 998-999).
15. Art. 1.634. Compete a ambos os pais, qualquer que seja a sua situação conjugal, o pleno exercício do poder familiar, que consiste em, quanto aos filhos: I – dirigir-lhes a criação e a educação; II – exercer a guarda unilateral ou compartilhada nos termos do art. 1.584; III – conceder-lhes ou negar-lhes consentimento para casarem; IV – conceder-lhes ou negar-lhes consentimento para viajarem ao exterior; V – conceder-lhes ou negar-lhes consentimento para mudarem sua residência permanente para outro Município; VI – nomear-lhes tutor por testamento ou documento autêntico, se o outro dos pais não lhe sobreviver, ou o sobrevivo não puder exercer o poder familiar; VII – representá-los judicial e extrajudicialmente até os 16 (dezesseis) anos, nos atos da vida civil, e assisti-los, após essa idade, nos atos em que forem partes, suprindo-lhes o consentimento; VIII – reclamá-los de quem ilegalmente os detenha; IX – exigir que lhes prestem obediência, respeito e os serviços próprios de sua idade e condição).
16. Código Civil, art. 1.630. Os filhos estão sujeitos ao poder familiar, enquanto menores.
17. V. *supra* nota 15.
18. FACHIN, Luiz Edson. Do *pater familias* à autoridade parental: elementos da travessia entre "pátrio poder", "poder familiar" e "autoridade parental". *Revista do Advogado,* n. 112, jul. 2011, p.101.

Por essas razões, conclui-se que a relação estabelecida pela autoridade parental é complexa, configurando o que Pietro Perlingieri denominou de *potestà*:

> Essa constitui um verdadeiro ofício, uma situação de direito-dever: como fundamento da atribuição dos poderes existe o direito de exercê-los. O exercício da *potestà* não é livre, arbitrário, mas necessário no interesse de outrem ou, mais especificamente, no interesse de um terceiro ou coletividade. Assim, o tutor é titular de uma situação composta de poderes – administrar os bens, cuidar e representar o menor (art. 357 Cód. Civ.) – e de todos os deveres que àqueles poderes se relacionam (arts. 362 ss., 367 ss., 377 ss. Cód. Civ.), a cuja observância é obrigado no interesse do menor e, mais genericamente, da coletividade que identifica na tutela do menor um próprio interesse. Portanto, o ofício deve ser realizado de acordo com as regras da diligência (art. 382 Cód. Civ.), da lealdade, da boa-fé. A *potestà* é, portanto, uma situação complexa, que atribui não simplesmente poderes, mas deveres que não devem ser exercidos no interesse do titular da *potestà*, o tutor, mas naquele do representado.[19,20]

A compreensão da autoridade parental como uma relação complexa que irradia direitos e deveres aos pais, contudo, não pode ser confundida com a "estrutura caracterizada pelo binômio direito-dever, típica das situações patrimoniais", pois "a interferência na esfera jurídica dos filhos só encontra justificativa funcional na formação e desenvolvimento da personalidade dos próprios filhos, não caracterizando posição de vantagem juridicamente tutelada em favor dos pais".[21]

O melhor interesse da criança e do adolescente é a diretriz que se deve perseguir na atuação da autoridade parental e traduz princípio constitucional extraído da interpretação conjunta do art. 227 da Constituição Federal[22] e do art. 3.1 da Convenção sobre os direitos da Criança.[23] Isso significa dizer que, embora o melhor interesse deva ser investigado no caso concreto, tem-se, como núcleo essencial a preservação e o exercício dos direitos fundamentais dos filhos por meio da relação parental.[24]

Nesse feixe de imbricações recíprocas, o melhor interesse da criança não se compraz com o esquema de substituição de vontades propugnado na doutrina tradicional como forma de suprimento da incapacidade absoluta. Isso se deve basicamente a duas razões: i) primeiro porque nem todos os interesses do menor se coadunam com

---

19. PERLINGIERI, Pietro. *O direito civil na legalidade constitucional*. Rio de Janeiro: Renovar, 2008, p. 700.
20. A remissão do autor refere-se a artigos do Código Civil italiano.
21. TEPEDINO, Gustavo. *A disciplina da guarda e da autoridade parental na ordem civil-constitucional*. Disponível em: <http://www.egov.ufsc.br/portal/sites/default/files/anexos/32356-38899-1-PB.pdf> Acesso em: 20 jan. 2021.
22. Constituição Federal, art. 227. É dever da família, da sociedade e do Estado assegurar à criança, ao adolescente e ao jovem, com absoluta prioridade, o direito à vida, à saúde, à alimentação, à educação, ao lazer, à profissionalização, à cultura, à dignidade, ao respeito, à liberdade e à convivência familiar e comunitária, além de colocá-los a salvo de toda forma de negligência, discriminação, exploração, violência, crueldade e opressão.
23. Convenção sobre os Direitos da Criança, art. 3.1: Todas as ações relativas às crianças, levadas a efeito por instituições públicas ou privadas de bem-estar social, tribunais, autoridades administrativas ou órgãos legislativos, devem considerar, primordialmente, o interesse maior da criança.
24. TEIXEIRA, Ana Carolina Brochado; PENALVA, Luciana Dadalto. Autoridade parental, incapacidade e melhor interesse da criança: uma reflexão sobre o caso Ashley. *Revista de Informação Legislativa*, a. 45, n. 180, out./dez. 2008, p. 297.

a disciplina do direito subjetivo, uma vez que situações subjetivas existenciais são incompatíveis com a cisão entre titularidade e exercício, tradicionalmente associada aos interesses patrimoniais[25] e ii) a autoridade parental é situação temporária, cujo termo final é o alcance da maioridade, razão pela qual o seu exercício deve sempre direcionar-se à conquista da liberdade responsável dos filhos menores.[26]

Ao enfrentar a importância dos espaços de autodeterminação, independentemente da capacidade civil, Stefano Rodotà afirmou que *"nadie puede convertirse em árbitro de la vida ajena"*.[27] Em outra passagem, Pietro Perlingieri afirma que "[a] relação educativa não é mais entre um sujeito e um objeto: ela é uma correlação entre pessoas, na qual não é possível conceber um sujeito subjugado a outro".[28] Essa orientação clarifica a remodelação do conteúdo da autoridade parental, vista sob o ângulo da dignidade humana de todos os membros da família, na qual é funcionalizado o desenvolvimento da personalidade de pais e filhos, adequando-se à necessidade das crianças e dos adolescentes, flexibilizando-se conforme incida sobre situações jurídicas patrimoniais ou existenciais e voltando-se ao exercício da liberdade responsável dos filhos de forma progressiva.

3. AUTORIDADE PARENTAL X GUARDA

As linhas acima foram dedicadas à autoridade parental, fenômeno decorrente das relações de parentalidade, que perdura durante a menoridade e que se extingue apenas com a morte, com o advento da maioridade, pela adoção ou por decisão judicial. Assim, às mães e aos pais que estão aptos ao exercício da autoridade parental, competem as atribuições que lhe são inerentes pela autoridade parental, em favor do melhor interesse dos filhos e da família.

Diante disso, mesmo em situações de não convivência dos pais na mesma sede familiar, a autoridade parental da mãe ou do pai que não reside com o filho menor de idade permanece hígida, exceto pelo que se depreende do art. 1.632 do Código Civil: "[a] separação judicial, o divórcio e a dissolução da união estável não alteram

---

25. "É necessário superar a rígida separação, que se traduz em uma alternativa jurídica formal, entre menoridade e maioridade, entre capacidade e incapacidade. A contraposição entre capacidade e incapacidade e fato e entre capacidade e incapacidade de entender e de querer, principalmente nas relações não patrimoniais, não corresponde à realidade. As capacidades de entender, de querer, de discernir, são expressões da gradual evolução da pessoa que, enquanto titular de direitos fundamentais, por definição não transferíveis a terceiros, deve ser colocada na condição de exercê-los paralelamente à sua efetiva idoneidade, não se justificando a presença de obstáculos de direito ou de fato que impeçam o seu exercício: o gradual processo de maturação do menor leva a programática inseparabilidade entre titularidade e exercício nas situações existenciais a uma progressiva realização (PERLINGIERI, Pietro. *O direito civil na legalidade constitucional*. Rio de Janeiro: Renovar, 2008, p. 1003-1004).
26. TEIXEIRA, Ana Carolina Brochado; PENALVA, Luciana Dadalto. Autoridade parental, incapacidade e melhor interesse da criança: uma reflexão sobre o caso Ashley. *Revista de Informação Legislativa*, a. 45, n. 180, out./dez. 2008, p. 296.
27. RODOTÀ, Stefano. *El derecho a tener derechos*. Madrid: Editorial Trotta, 2014, p. 258. Tradução livre: "ninguém pode se tornar árbitro da vida alheia".
28. PERLINGIERI, Pietro. *O direito civil na legalidade constitucional*. Rio de Janeiro: Renovar, 2008, p. 700.

as relações entre pais e filhos senão quanto ao direito, que aos primeiros cabe, de terem em sua companhia os segundos."

Para além do anacronismo de pressupor uma relação de conjugalidade prévia entre os pais, o dispositivo corrobora a integridade da autoridade parental nos casos de não convivência dos pais em relação de conjugalidade. Aqueles que não tiverem a companhia física dos filhos, podem e devem exercer a autoridade parental, de modo que no caso de eventuais divergências entre os pais, lhes é conferido o direito a recorrer ao juiz para a solução do desacordo, conforme preceitua o parágrafo único do art. 1.631 do Código Civil[29] e o art. 21 do Estatuto da Criança e do Adolescente.[30]

Portanto, a guarda consiste na "simples companhia fática de uma pessoa com relação a outra a qual a lei atribui efeitos jurídicos".[31] Embora o art. 1.634, II do Código Civil liste-a como uma das atribuições decorrentes da autoridade parental, a guarda é instituto autônomo, e pode ser atribuída a terceiros no caso de colocação da criança ou adolescente em família substituta, em prol de seu melhor interesse, de acordo com o art. 33 do Estatuto da Criança e do Adolescente.[32]

Tanto assim que a guarda prevista como modalidade de colocação da criança ou adolescente em família substituta, conforme disciplina do Estatuto da Criança e do Adolescente, não implica a perda ou suspensão da autoridade parental, ao contrário da tutela[33] e da adoção,[34] o que significa que pode haver guarda sem autoridade parental e pode haver autoridade parental sem guarda.[35]

---

29. Código Civil, art. 1.631. Durante o casamento e a união estável, compete o poder familiar aos pais; na falta ou impedimento de um deles, o outro o exercerá com exclusividade. Parágrafo único. Divergindo os pais quanto ao exercício do poder familiar, é assegurado a qualquer deles recorrer ao juiz para solução do desacordo.
30. Estatuto da Criança e do Adolescente: art. 21: O poder familiar será exercido, em igualdade de condições, pelo pai e pela mãe, na forma do que dispuser a legislação civil, assegurado a qualquer deles o direito de, em caso de discordância, recorrer à autoridade judiciária competente para a solução da divergência.
31. SIMÃO, José Fernando. *Sobre a doutrina, guarda compartilhada, poder familiar e as girafas.* Disponível em: <https://www.conjur.com.br/2015-ago-23/processo-familiar-doutrina-guarda-compartilhada-girafas>. Acesso em: 20 jan. 2020.
32. Estatuto da Criança e do Adolescente, art. 33: A guarda obriga a prestação de assistência material, moral e educacional à criança ou adolescente, conferindo a seu detentor o direito de opor-se a terceiros, inclusive aos pais. § 1º A guarda destina-se a regularizar a posse de fato, podendo ser deferida, liminar ou incidentalmente, nos procedimentos de tutela e adoção, exceto no de adoção por estrangeiros. § 2º Excepcionalmente, deferir-se-á a guarda, fora dos casos de tutela e adoção, para atender a situações peculiares ou suprir a falta eventual dos pais ou responsável, podendo ser deferido o direito de representação para a prática de atos determinados. § 3º A guarda confere à criança ou adolescente a condição de dependente, para todos os fins e efeitos de direito, inclusive previdenciários. § 4º Salvo expressa e fundamentada determinação em contrário, da autoridade judiciária competente, ou quando a medida for aplicada em preparação para adoção, o deferimento da guarda de criança ou adolescente a terceiros não impede o exercício do direito de visitas pelos pais, assim como o dever de prestar alimentos, que serão objeto de regulamentação específica, a pedido do interessado ou do Ministério Público.
33. Estatuto da Criança e do Adolescente, art. 36. A tutela será deferida, nos termos da lei civil, a pessoa de até 18 (dezoito) anos incompletos. Parágrafo único. O deferimento da tutela pressupõe a prévia decretação da perda ou suspensão do poder familiar e implica necessariamente o dever de guarda.
34. Código Civil, art. 1.635: Extingue-se o poder familiar: (...) IV – pela adoção; (...)
35. Não há consenso na doutrina se existem duas modalidades de guarda, aquela decorrente do poder familiar e a colocação em família substituta, cada qual com o regramento específico do Código Civil e do Estatuto

Seria um grande equívoco, portanto, excluir ou reduzir o exercício de atribuições da autoridade parental do pai ou mãe que não detém a guarda do filho menor.[36] Apesar disso, essa foi uma prática jurídica constante em ações judiciais sobre guarda, dada a hipertrofia do sentido dado ao termo, de modo a confundi-lo com o exercício da própria autoridade parental. Tanto assim que a Lei 12.013/2009 modificou a Lei de Diretrizes e Bases da Educação para obrigar a instituição de ensino a informar os pais, ainda que não conviventes com o filho, sobre frequência, rendimento e execução do projeto pedagógico da escola,[37] quando, teoricamente, bastaria o art. 1.634, I do Código Civil[38] para concluir que os pais têm direito de acesso às informações escolares do filho menor, independentemente de sua situação conjugal, pois se trata de decorrência da autoridade parental, e não da guarda.

Não raro, contudo, a redução drástica do convívio do filho com a mãe ou o pai que não detém a guarda inviabiliza o exercício pleno da autoridade parental, sobretudo quanto às responsabilidades de caráter existencial, como dirigir a educação e a criação dos filhos e exigir-lhes obediência. Essa situação pode ocorrer, por exemplo, quando as visitas são fixadas de forma espaçada ou irregular e o contato com o filho nesse ínterim se torna escasso, o que deve ser evitado em prol do melhor interesse da criança e do adolescente no caso concreto.

4. GUARDA COMPARTILHADA E AUTORIDADE PARENTAL

O panorama acima exposto serve para contextualizar a importância da guarda compartilhada: garantir o convívio familiar mais intenso dos filhos com os pais quando estes estabelecerem residências distintas, viabilizando o exercício da autoridade parental em sua plenitude, inclusive e especialmente quanto à participação dos aspectos existenciais da vida do filho e no livre desenvolvimento da personalidade de ambos, pais e filhos.

A primeira disciplina legal sobre a guarda compartilhada ocorreu em 2008, por meio da Lei 11.698, que alterou o Código Civil, prevendo expressamente a sua possibilidade, e definindo-a como a "responsabilização conjunta e o exercício de direitos e deveres do pai e da mãe que não vivam sob o mesmo teto, concernentes

---

da Criança e do Adolescente, respectivamente, (FARIAS, Cristiano Chaves; BRAGA NETTO, Felipe; ROSENVALD, Nelson. *Manual de Direito Civil*. Salvador: Juspodivm, 2017, p. 1840.) ou se se trata do mesmo instituto, podendo ser exercido pelos pais ou por terceiros (SIMÃO, José Fernando. Guarda exercida pelos pais: um instituto vazio, inútil e perigoso. *Revista Jurídica da Escola Superior da Advocacia da OAB-PR*, v. 1, ago/2016).

36. No mesmo sentido: SIMÃO, José Fernando. Guarda exercida pelos pais: um instituto vazio, inútil e perigoso. *Revista Jurídica da Escola Superior da Advocacia da OAB-PR*, v. 1, ago/2016.
37. Lei 9.394/1996 (Lei de Diretrizes e Bases da Educação), art. 12:1634 Os estabelecimentos de ensino, respeitadas as normas comuns e as do seu sistema de ensino, terão a incumbência de: (...) VII – informar pai e mãe, conviventes ou não com seus filhos, e, se for o caso, os responsáveis legais, sobre a frequência e rendimento dos alunos, bem como sobre a execução da proposta pedagógica da escola.
38. Código Civil, art. 1.634. Compete a ambos os pais, qualquer que seja a sua situação conjugal, o pleno exercício do poder familiar, que consiste em, quanto aos filhos: I – dirigir-lhes a criação e a educação.

ao poder familiar dos filhos comuns".[39] De acordo com esse primeiro regramento, a guarda compartilhada seria deferida, quando não houvesse acordo entre os pais, "sempre que possível".[40]

Todavia, desde a edição da Lei 13.058/2014, o § 2º do art. 1.584 está vigente com a seguinte redação: "[q]uando não houver acordo entre a mãe e o pai quanto à guarda do filho, encontrando-se ambos os genitores aptos a exercer o poder familiar, será aplicada a guarda compartilhada, salvo se um dos genitores declarar ao magistrado que não deseja a guarda do menor".

A alteração legal de 2014 pretendeu tornar a guarda compartilhada a regra no ordenamento jurídico brasileiro, legando à guarda unilateral caráter residual, o que é compreensível na medida em que, como já exposto, o convívio familiar possibilita o exercício pleno da autoridade parental por parte dos pais, independentemente da sede familiar. Contudo, a definição da guarda no caso concreto deve levar em consideração o princípio do melhor interesse da criança e do adolescente, para além da observância estrita de regras apriorísticas que podem, em algumas situações, contrariar esse princípio.

Ademais, a remissão legal ao "poder familiar" na definição da guarda compartilhada, afirmando-se que se trata da responsabilização conjunta e do exercício de direitos e deveres do pai e da mãe quanto ao poder familiar, estimula a recorrente confusão entre guarda e autoridade parental, pois se poderia deduzir que fora do regime da guarda compartilhada não existe responsabilização conjunta e exercício dos direitos e deveres decorrentes da autoridade parental, o que, insista-se à exaustão, não condiz com o próprio conceito de "poder parental", *rectius*, de autoridade parental.

Em sentido contrário, em acórdão do Superior Tribunal de Justiça, a Ministra Nancy Andrighi elogiou a técnica redacional da lei justamente pela referência ao "poder parental". O entendimento firmado naquele julgamento é que a guarda compartilhada somente é afastável quando um dos pais não desejar exercê-la, de acordo com a exegese do art. 1.584, § 2º do Código Civil, ou pela inaptidão de algum deles ao exercício da autoridade parental.

Segundo a orientação adotada pelo STJ naquela situação, a guarda compartilhada é obrigatória, pois a lei já se incumbiu de determinar em abstrato o que melhor

---

39. Art. 1.583. A guarda será unilateral ou compartilhada: § 1º Compreende-se por guarda unilateral a atribuída a um só dos genitores ou a alguém que o substitua (art. 1.584, § 5º) e, por guarda compartilhada a responsabilização conjunta e o exercício de direitos e deveres do pai e da mãe que não vivam sob o mesmo teto, concernentes ao poder familiar dos filhos comuns.
40. Código Civil, art. 1.584 (Redação dada pela Lei 11.698/2008). A guarda, unilateral ou compartilhada, poderá ser: I – requerida, por consenso, pelo pai e pela mãe, ou por qualquer deles, em ação autônoma de separação, de divórcio, de dissolução de união estável ou em medida cautelar. II – decretada pelo juiz, em atenção a necessidades específicas do filho, ou em razão da distribuição de tempo necessário ao convívio deste com o pai e com a mãe. (...) § 2º Quando não houver acordo entre a mãe e o pai quanto à guarda do filho, será aplicada, sempre que possível, a guarda compartilhada.

atende o interesse da criança e do adolescente,[41] não sendo cabível, portanto, que se contrarie a determinação legal no caso concreto. Caso contrário, a guarda unilateral deferida em favor de apenas um dos pais estaria a forçar a conclusão que o outro não é apto ao exercício da autoridade parental, implicando indiretamente a sua perda ou suspensão em desacordo à disciplina do art. 1.638 do Código Civil.[42]

Se por um lado a posição adotada pelo Superior Tribunal de Justiça parece coerente com o entendimento de que a guarda constitui parcela da autoridade parental, conforme faz crer o art. 1.634, II do Código Civil,[43] por outro, alcança uma conclusão bastante problemática: caso o pai ou a mãe não tenha interesse em exercer a guarda compartilhada, estaria ele ou ela renunciando à parcela da autoridade parental? Mais ainda: é possível renunciar à parcela da autoridade parental? É possível que um pai ou uma mãe conclua que ele deseja exercer algumas das responsabilidades parentais e outras não? Em suma, a autoridade parental é divisível?

Por essa razão, apesar da incontestável coerência do posicionamento adotado pelo Superior Tribunal de Justiça, não é possível subscrever esse entendimento, principalmente porque o princípio do melhor interesse da criança não pode ter a sua concretização engessada pela aplicação de uma regra. De acordo com o ordenamento civil-constitucional, o princípio, cujo caráter, aliás, revela direito fundamental, deve nortear a aplicação da regra, e não o sentido contrário. Não pode ser a regra a determinar o conteúdo do princípio de forma abstrata, sem margem para que, no caso concreto, seja encontrada a melhor solução a atender o interesse da criança e do adolescente.

---

41. "Contudo, vale aqui repetir o que já foi decidido no julgamento anterior: o próprio legislador fixou o entendimento de qual seria o melhor interesse para a criança na espécie, ressalvando uma possível incapacidade de um ou ambos ascendentes, para exercer o poder familiar". (BRASIL. Superior Tribunal de Justiça, Terceira Turma, Recurso Especial 1.629.994-RJ, Relatora Ministra Nancy Andrighi. Data do Julgamento: 06 dez. 2016. Data da publicação: 15.12.2016).
    Ementa: CIVIL. PROCESSUAL CIVIL. RECURSO ESPECIAL. DIVÓRCIO. GUARDA COMPARTILHADA. NÃO DECRETAÇÃO. POSSIBILIDADES. Diploma legal incidente: Código Civil de 2002 (art. 1.584, com a redação dada pela Lei 13.058/2014). Controvérsia: dizer em que hipóteses a guarda compartilhada poderá deixar de ser implementada, à luz da nova redação do art. 1.584 do Código Civil. A nova redação do art. 1.584 do Código Civil irradia, com força vinculante, a peremptoriedade da guarda compartilhada. O termo "será" não deixa margem a debates periféricos, fixando a presunção –*jure tantum* – de que se houver interesse na guarda compartilhada por um dos ascendentes, será esse o sistema eleito, salvo se um dos genitores [ascendentes] declarar ao magistrado que não deseja a guarda do menor (art. 1.584, § 2°, in fine, do CC). IV. A guarda compartilhada somente deixará de ser aplicada, quando houver inaptidão de um dos ascendentes para o exercício do poder familiar, fato que deverá ser declarado prévia ou incidentalmente à ação de guarda, por meio de decisão judicial, no sentido da suspensão ou da perda do Poder Familiar. Recurso conhecido e provido.
42. Código Civil, art. 1.638. Perderá por ato judicial o poder familiar o pai ou a mãe que: I – castigar imoderadamente o filho; II – deixar o filho em abandono; III – praticar atos contrários à moral e aos bons costumes; IV – incidir, reiteradamente, nas faltas previstas no artigo antecedente; V – entregar de forma irregular o filho a terceiros para fins de adoção.
43. Código Civil, art. 1.634. Compete a ambos os pais, qualquer que seja a sua situação conjugal, o pleno exercício do poder familiar, que consiste em, quanto aos filhos: I – dirigir-lhes a criação e a educação; II – exercer a guarda unilateral ou compartilhada nos termos do art. 1.584.

Além disso, admitir a guarda como parcela da autoridade parental e permitir ao pai ou à mãe renunciar ao exercício desse múnus significa não apenas fragmentar as responsabilidades parentais, mas também assemelhá-las a direitos potestativos, exercíveis de acordo com a vontade do titular e impondo um estado de sujeição ao filho e ao outro pai ou mãe, quando já se defendeu anteriormente que a interferência dos pais sobre os filhos em decorrência da autoridade parental somente se justifica instrumentalizada ao melhor interesse da criança e do adolescente, constituindo relação complexa que se distancia das categorias jurídicas tradicionais construídas sob a égide do patrimonialismo.

Em sentido semelhante, o enunciado 518 votado na V Jornada de Direito Civil do Conselho da Justiça Federal conclui que:

> Arts. 1.583 e 1.584: A Lei n. 11.698/2008, que deu nova redação aos arts. 1.583 e 1.584 do Código Civil, não se restringe à guarda unilateral e à guarda compartilhada, podendo ser adotada aquela mais adequada à situação do filho, em atendimento ao princípio do melhor interesse da criança e do adolescente. A regra aplica-se a qualquer modelo de família. Atualizados os Enunciados n. 101 e 336 em razão de mudança legislativa, agora abrangidos por este enunciado.

Portanto, reafirma-se o melhor interesse da criança e do adolescente como diretriz inderrogável na fixação da guarda e na regulamentação do exercício da autoridade parental, uma vez que o seu núcleo essencial visa à preservação dos direitos fundamentais do filho menor de idade, o que não se pode descumprir em benefício da aplicação de uma regra. A guarda compartilhada é indubitavelmente um ganho aos direitos da criança e do adolescente, pois possibilita maior convívio com os pais, em detrimento da situação antes verificada de "pai meramente visitante". No entanto, apesar de *a priori* se mostrar mais um instrumento em favor da concretização dos direitos da criança e do adolescente – notadamente o direito fundamental à convivência familiar – é o princípio do melhor interesse da criança e do adolescente que deve nortear a fixação da guarda no caso concreto.

Nesse mesmo sentido julgou mais recentemente a mesma Terceira Turma do STJ, em acórdão relatado pelo Ministro Villas Boas Cuêva, no qual foi decidido:

> Sua aplicação [da guarda compartilhada], todavia, impõe um exercício hermenêutico diante das peculiaridades dos casos concretos à luz da principiologia constitucional, especialmente no que se refere ao art. 227 da Carta, que prevê *como cláusula geral a supremacia do melhor interesse do menor*. A *mens legis* quanto à definição do regime de guarda é, sem dúvida alguma, a proteção dos interesses do menor, o que se manifesta pelo resguardo do seu bem-estar, em última análise.
>
> Assim, a despeito de entender que a guarda compartilhada deva ser instituída independentemente da vontade dos genitores ou de acordo, o instituto não deve prevalecer *quando sua adoção seja passível de gerar efeitos ainda mais negativos ao já instalado conflito, potencializando-o e colocando em risco o interesse da criança*. Remanesce no sistema a possibilidade da instituição da guarda unilateral, não obstante seja a guarda compartilhada, indiscutivelmente, a regra atual no ordenamento pátrio. (...)[44]

---

44. BRASIL. Superior Tribunal de Justiça, Recurso Especial 1.654.111-DF, Relator Ministro Ricardo Villas Bôas Cueva. Data do Julgamento: 22 ago. 2017. Data da publicação: 29 ago. 2017.

Diante disso, conclui-se que o princípio do melhor interesse é ainda o vetor para a regulamentação da guarda e do regime de convivência no caso concreto, sendo a guarda compartilhada mais um instrumento em prol da tutela dos direitos fundamentais da criança e do adolescente.

O mesmo raciocínio se aplica com relação à fixação da guarda compartilhada mesmo diante do dissenso dos pais, de acordo com o já mencionado art. 1.584, § 2º do Código Civil. A discordância entre eles não pode ser óbice a essa modalidade de guarda, no entanto, cabe a avaliação em concreto sobre o cumprimento do melhor interesse da criança e do adolescente. Sobre essa questão, o Tribunal de Justiça do Estado de São Paulo reconheceu que o dissenso dos pais quanto ao regime de guarda não impede a fixação da guarda compartilhada, desde que essa discordância se limite ao aspecto processual. Na ocasião, afirmou o Desembargador Hamid Bdine que "a ausência de acordo, da maneira como disposta no texto legal, faz referência direta à definição do regime de guarda, ou seja, à litigiosidade processual e não à relação pessoal e cotidiana entre os genitores."[45]

5. CONCLUSÃO

Compreender a autoridade parental e a guarda passa necessariamente pela assunção de uma posição: a guarda está compreendida na autoridade parental ou se trata de instituto autônomo?

Ementa: RECURSO ESPECIAL. CIVIL E PROCESSUAL CIVIL. FAMÍLIA. GUARDA COMPARTILHADA. MELHOR INTERESSE DO MENOR. IMPOSSIBILIDADE. SÚMULA Nº 7/STJ. ART. 1.584, § 3º, DO CC/2002. INTERESSE DA PROLE. SUPERVISÃO. DIREITO DE VISITAS. IMPLEMENTAÇÃO. CONVIVÊNCIA COM O GENITOR. AMPLIAÇÃO. POSSIBILIDADE. ALIENAÇÃO PARENTAL. PRECLUSÃO.

1. A implementação da guarda compartilhada não se sujeita à transigência dos genitores. 2. As peculiaridades do caso concreto inviabilizam a implementação da guarda compartilhada em virtude da realização do princípio do melhor interesse da menor, que obstaculiza, a princípio, sua efetivação. 3. A verificação da procedência dos argumentos expendidos no recurso especial exigiria, por parte desta Corte, o reexame de matéria fática, o que é vedado pela Súmula nº 7/STJ. 4. Possibilidade de modificação do direito de visitas com o objetivo de ampliação do tempo de permanência do pai com a filha menor. 5. A tese relativa à alienação parental encontra-se superada pela preclusão, conforme assentado pelo acórdão recorrido. 6. Recurso especial parcialmente provido.

45. SÃO PAULO. Tribunal de Justiça do Estado de São Paulo, 4ª Câmara de Direito Privado, Apelação 0005776-02.2012.8.26.0344, Comarca de Marília. Desembargador Relator Hamid Bdine. Data do Julgamento: 19 out. 2017. Data da publicação: 17 out. 2017.

Ementa: APELAÇÃO. AÇÃO DE MODIFICAÇÃO DE *GUARDA*. INTENSA *LITIGIOSIDADE* ENTRE OS GENITORES. *Guarda compartilhada* que pressupõe a responsabilização conjunta dos pais e o exercício em igualdade de condições do poder familiar. Preferência legal, mesmo nos casos de dissenso quanto à definição do regime (CC, art. 1.584, §2º). *Litigiosidade* processual que não se confunde com a relação pessoal e cotidiana dos genitores. Ideal a ser perseguido, ainda que demande reestruturações, sem perder de vista o superior interesse da criança ou do adolescente. Regra que deve ceder quando a intensa animosidade entre os pais revelar a impossibilidade de construção do diálogo. Estudos psicossociais que apontam para os impactos deletérios dessa relação sobre a formação da personalidade e o desenvolvimento do filho comum. Inaptidão para o exercício, em conjunto, do poder familiar. Imposição de consenso para a tomada de decisões que potencializa o conflito. Alteração para a *guarda* unilateral. Concentração do poder de decisão em favor da mãe, assegurado o direito de fiscalização pelo pai (CC, art. 1.583, § 5º). Possibilidade de ampliação do período de convivência do genitor que não detém a *guarda*. Sentença parcialmente reformada. Recurso parcialmente provido.

A topografia da disciplina jurídica de cada instituto sinaliza sua a autonomia, uma vez que o poder familiar, *rectius*, autoridade parental, vem disciplinada em capítulo próprio do livro de família, a partir do art. 1.630 do Código Civil. Por outro lado, a guarda é tratada nos arts. 1.583 e seguintes, em capítulo dedicado à proteção da pessoa dos filhos. Além disso, enquanto modalidade de colocação em família substituta, a guarda é também regulamentada pelo Estatuto da Criança e do Adolescente.

Mas seria isso suficiente para concluir que guarda e autoridade parental não se confundem? Certamente que não. O art. 1.634 preceitua que a autoridade parental consiste no exercício da guarda compartilhada ou unilateral (inciso II), o que conduz à indagação sobre a redução da autoridade parental àquele pai ou mãe que não exerce a guarda unilateral nem compartilhada. Mais ainda, o pai ou a mãe que optar por não exercer a guarda compartilhada e, assim, aceitar o deferimento da guarda unilateral ao outro pai ou mãe, nos termos do art. 1.584, § 2º do Código Civil, estaria renunciando à parcela da autoridade parental?

A inexistência de consenso sobre a definição dessas categorias jurídicas, deve-se à sua permanente construção e reconstrução, diante do rompimento do paradigma patriarcal e patrimonialista que imperava sobre a família e lhes servia de premissa, agora substituído pelos valores da igualdade, da liberdade e da dignidade, inaugurando-se um sistema personalista.

Diante de todo o exposto, propõe-se que a guarda a que se refere o art. 1.634 do Código Civil seja compreendida como convívio físico, eis que, independentemente de quem exerce a guarda – se o pai ou mãe, ou mesmo um terceiro – a autoridade parental permanece íntegra, a menos que, por decisão judicial, morte do filho ou do pai ou pela adoção, ela seja destituída. Essa interpretação é compatível com o direito fundamental à convivência familiar, garantido às crianças e adolescentes, previsto no art. 19 do ECA.

Tem-se, dessa forma, que a autoridade parental é exercida conjuntamente pelos pais, portanto, quando ambos estão aptos a exercê-la, ela é também compartilhada por força de lei, sendo possível, em caso de discordância, acionar o Poder Judiciário para dirimir a questão. A regulamentação da guarda, entendida como convívio familiar, impõe aos pais que decidam sobre a morada e o tempo de convivência do filho com relação a cada um, respeitando-se sempre o princípio do melhor interesse da criança

6. REFERÊNCIAS BIBLIOGRÁFICAS

BODIN DE MORAES, Maria Celina. *A família democrática*. Disponível em: <http://www.ibdfam.org.br/_img/congressos/anais/31.pdf> Acesso em: 20 jan. 2021.

BRASIL. Decreto 99.710, de 21 de novembro de 1990. Promulga a Convenção sobre os Direitos da Criança. Disponível em: <http://www.planalto.gov.br/ccivil_03/decreto/1990-1994/d99710.htm> Acesso em: 20 jan. 2021.

BRASIL. Lei 8069 de 13 de julho de 1990. Dispõe sobre o Estatuto da Criança e do Adolescente e dá outras providências. Disponível em: <http://www.planalto.gov.br/Ccivil_03/leis/L8069.htm> Acesso em: 20 jan. 2021.

BRASIL. Lei 9.394 de 20 de dezembro de 1996. Estabelece as diretrizes e bases da educação nacional. Disponível em: < http://www.planalto.gov.br/Ccivil_03/leis/L9394.htm> Acesso em: 20 jan. 2021.

BRASIL. Lei n.º 10.406, de 10 de janeiro de 2002. Institui o Código Civil. Disponível em: <http://www.planalto.gov.br/ccivil_03/leis/2002/L10406.htm>. Acesso em: 20 jan. 2021.

BRASIL. Superior Tribunal de Justiça, Terceira Turma, Recurso Especial 1.629.994-RJ, Relatora Ministra Nancy Andrighi. Data do Julgamento: 06 dez. 2016. Data da publicação: 15.12.2016.

BRASIL. Superior Tribunal de Justiça, Recurso Especial 1.654.111-DF, Relator Ministro Ricardo Villas Bôas Cueva. Data do Julgamento: 22 ago. 2017. Data da publicação: 29 ago. 2017.

FACHIN, Luiz Edson. Do *pater familias* à autoridade parental: elementos da travessia entre "pátrio poder", "poder familiar" e "autoridade parental". *Revista do Advogado*, n. 112, p. 99-103, jul. 2011.

FARIAS, Cristiano Chaves; BRAGA NETTO, Felipe; ROSENVALD, Nelson. *Manual de Direito Civil*. Salvador: Juspodivm, 2017.

IBGE. *Estatísticas do Registro Civil*. Rio de Janeiro, v. 43, p. 6, 2016. Disponível em: <https://biblioteca.ibge.gov.br/visualizacao/periodicos/135/rc_2016_v43_informativo.pdf>. Acesso em: 20 jan 2021.

_____. *Tabela 5936 – Divórcios concedidos em 1ª instância a casais com filhos menores de idade, e Número de filhos menores de idade dos casais envolvidos, por número de filhos menores de idade, responsáveis pela guarda dos filhos e lugar da ação do processo*. Disponível em: <https://sidra.ibge.gov.br/tabela/5936#resultado>. Acesso em: 20 jan. 2021.

PERLINGIERI, Pietro. *O direito civil na legalidade constitucional*. Rio de Janeiro: Renovar, 2008.

RODOTÀ, Stefano. *El derecho a tener derechos*. Madrid: Editorial Trotta, 2014.

SÃO PAULO. Tribunal de Justiça do Estado de São Paulo, 4ª Câmara de Direito Privado, Apelação 0005776-02.2012.8.26.0344, Comarca de Marília. Desembargador Relator Hamid Bdine. Data do Julgamento: 19 out. 2017. Data da publicação: 17 out. 2017.

SIMÃO, José Fernando. *Sobre a doutrina, guarda compartilhada, poder familiar e as girafas*. Disponível em: <https://www.conjur.com.br/2015-ago-23/processo-familiar-doutrina-guarda-compartilhada-girafas>. Acesso em: 20 jan. 2021.

_____. Guarda exercida pelos pais: um instituto vazio, inútil e perigoso. *Revista Jurídica da Escola Superior da Advocacia da OAB-PR*, v. 1, ago/2016

TEIXEIRA, Ana Carolina Brochado; PENALVA, Luciana Dadalto. Autoridade parental, incapacidade e melhor interesse da criança: uma reflexão sobre o caso Ashley. *Revista de Informação Legislativa*, a. 45, n. 180, out./dez. 2008.

TEPEDINO, Gustavo. *A disciplina da guarda e da autoridade parental na ordem civil-constitucional*. Disponível em: <http://www.egov.ufsc.br/portal/sites/default/files/anexos/32356-38899-1-PB.pdf> Acesso em: 20 jan. 2021.

TALLMANN, Helena; ZASSO, José; MARTINS, Rita. *Pais dividem responsabilidades na guarda compartilhada dos filhos*. Agência IBGE Notícias. 2019. Disponível em: <https://agenciadenoticias.ibge.gov.br/agencia-noticias/2012-agencia-de-noticias/noticias/23931-pais-dividem-responsabilidades-na-guarda-compartilhada-dos-filhos>. Acesso em 20 jan. 2021.

AUTORIDADE PARENTAL NA MULTIPARENTALIDADE

Maria Goreth Macedo Valadares

Sócia do Escritório Câmara e Valadares Advogados Associados especializado em Direito das Famílias e das Sucessões. Doutora e mestre em Direito Civil pela PUC Minas. Professora da PUC Minas e do IBMEC. Membro da Comissão de Direito de Família da OAB/MG e da Diretoria do IBDFAM/MG. E-mail: goreth@familiaesucessoes.adv.br

Thais Câmara Maia Fernandes Coelho

Sócia do Escritório Câmara e Valadares Advogados Associados especializado em Direito das Famílias e das Sucessões. Doutora e mestre em Direito Civil pela PUC Minas. Professora do UNI/BH e do Promove. Membro da Comissão de Direito de Família da OAB/MG e da Diretoria do IBDFAM/MG. E-mail: thais@familiaesucessoes.adv.br

Sumário: 1. Introdução – 2. A autoridade parental – 3. A multiparentalidade – 4. A autoridade parental na multiparentalidade – 5. Conclusão – 6. Referências bibliográficas

1. INTRODUÇÃO

A autoridade parental é o instrumento que imputa aos pais a reponsabilidade pelos cuidados aos filhos menores, de modo a permitir que no futuro sejam eles capazes de exercer de forma autônoma a direção de suas vidas. A Doutrina da Proteção Integral e o Princípio da Paternidade Responsável fazem com que a autoridade parental seja exercida única e exclusivamente em prol dos filhos, prevendo a legislação infraconstitucional não só condutas diretivas para os genitores, como sanções para eventual descumprimento.

A multiparentalidade, por sua vez, representa a quebra do paradigma de que a cada filho é dado ter apenas um pai e uma mãe. Acompanhando a evolução do Direito das Famílias que reconhece hoje uma tríplice fonte para a filiação, sem hierarquia de uma em detrimento da outra, esse novo fenômeno foi objeto de decisão pelo STF, que o reconheceu, sem, entretanto, delimitar seus limites e definir seus contornos.

Assim, uma questão colocada em pauta é a de como fica o exercício da autoridade parental frente à multiplicidade dos vínculos parentais. É esse o ponto central de discussão no presente trabalho.

2. A AUTORIDADE PARENTAL

A maior responsabilidade de um pai para com o filho é o exercício responsável da autoridade parental, que consiste na árdua tarefa de educar, criar e assistir. Na verdade, *assistência, criação e educação estão diretamente atrelados à formação da personalidade do menor, bem como ao escopo de realizar os direitos fundamentais dos filhos, seja em que seara for.*[1]

Denominada no passado de pátrio poder, em razão da soberania do pai em detrimento da mãe, o instituto vem passando por mudanças ao longo dos anos:

> A expressão *pátrio poder* induzia à ideia de um poder do pai sobre os filhos, afigurando-se incoerente com a igualdade dos cônjuges indo de encontro à doutrina da proteção integral dos filhos como sujeitos de direitos, daí evoluindo para a denominação de poder familiar, a traduzir uma noção de autoridade pessoal e patrimonial dos pais na condução dos prioritários interesses dos filhos.[2]

Com o Código Civil de 2002 passou a se chamar poder familiar, nomenclatura que, embora tenha deixado de lado a discriminação entre homens e mulheres, continuou sendo alvo de críticas, uma vez que os pais têm muito mais deveres do que direitos em relação aos filhos, o que apresenta uma incoerência do termo "poder". Paulo Lobo justifica a inadequação do tema uma vez que a ênfase é mantida no poder, "cujo termo se mostra inadequado, por não expressar a verdadeira ligação surgida entre pais e filhos, assim como o termo familiar estaria deslocado do contexto, pois pode levar a acreditar que os avós e irmãos também estariam investidos da função".[3]

Levando em conta que o foco de atenção são os filhos, a autoridade parental é exercida em conjunto e em patamar de igualdade pelos pais, qualquer que seja seu estado civil. Em outras palavras, o que define o exercício da autoridade parental é a parentalidade e não a conjugalidade.

Com o advento da Constituição Federal o conteúdo da autoridade parental foi constitucionalizado, prevendo o art. 229 "Os pais têm o dever de assistir, criar e educar os filhos menores, e os filhos maiores têm o dever de ajudar e amparar os filhos na velhice, carência ou enfermidade". A responsabilidade dos pais é demasiadamente significativa, em especial considerando a vulnerabilidade dos filhos, que estão em fase de formação da personalidade e do caráter, devendo contar com o apoio integral e irrestrito de seus genitores.

Com o passar dos anos, o papel da criança e do adolescente foi consideravelmente alterado, imputando a Constituição responsabilidade não só à família, mas à sociedade e ao Estado, por essas pessoas em fase de desenvolvimento.

---

1. TEIXEIRA, Ana Carolina Brochado. Autoridade parental. In: TEIXEIRA, Ana Carolina Brochado; RIBEIRO, Gustavo Pereira Leite (coords.).*Manual de direito das famílias e das sucessões*. 3. ed. Rio de Janeiro: Processo, 2017, p. 229.
2. MADALENO, Rolf. *Curso de Direito de Família*. 3. ed. Rio de Janeiro: Forense, 2009, p. 498.
3. LOBO, Paulo Do poder familiar.. In: DIAS, Maria Berenice; PEREIRA, Rodrigo da Cunha (coords.). *Direito de Família e o Novo Código Civil*. 4. ed. Belo Horizonte: Del Rey, 2005, p. 147.

Seguindo tendência mundial, adotou-se a ideia de atendimento prioritário e absoluto àqueles que ainda não alcançaram a maioridade. É a chamada Doutrina da Proteção Integral, fruto da Convenção Internacional sobre os Direitos da Criança, aprovada pela Assembleia Geral das Nações Unidas, em 20 de novembro de 1989:

> A Convenção consagra a 'Doutrina Jurídica da Proteção Integral', ou seja, que os direitos inerentes a todas as crianças e adolescentes possuem características específicas devido à peculiar condição de pessoas em vias de desenvolvimento em que se encontram, e que as políticas básicas voltadas para a juventude devem agir de forma integrada entre a família, a sociedade e o Estado.
>
> Recomenda que a infância deverá ser considerada prioridade imediata e absoluta, necessitando de consideração especial, devendo sua proteção sobrepor-se às medidas de ajustes econômicos, sendo universalmente salvaguardados os seus direitos fundamentais.[4]

Enfim, uma comunidade inteira voltada para o bem-estar de crianças e adolescentes. Investir nessa geração é investir no futuro. É garantir que na fase adulta ter-se-ão pessoas comprometidas e responsáveis. "É mais fácil construir crianças fortes do que consertar homens quebrados."[5] E assim, crianças e adolescentes ganham o *status* de sujeitos de direito,[6] detentores de direitos fundamentais. "Estes, além de detentores dos direitos fundamentais 'gerais' – isto é, os mesmos a que os adultos fazem jus –, têm direitos fundamentais especiais, os quais lhe são especialmente dirigidos".[7]

A família assume papel relevante, já que é o *locus* onde os menores recebem os primeiros e mais importantes cuidados, bem como onde aprendem quais os valores devem levar para a vida. É aí que se espera que os menores recebam toda a atenção necessária para a edificação de sua dignidade, sobressaindo a importância da autoridade parental. Os pais devem exercer a paternidade com responsabilidade para garantir um futuro digno para os filhos. No preâmbulo da Convenção Internacional sobre os Direitos da Criança lê-se que:

> A criança, para o pleno e harmonioso desenvolvimento de sua personalidade, deve crescer no seio da família, em um ambiente de felicidade, amor e compreensão. Em face da Doutrina Jurídica da Proteção Integral, deve prevalecer o reconhecimento constitucional da criança e do adolescente como titulares de Direitos Fundamentais e pessoas em condição peculiar de desenvolvimento.[8]

E como efeito do Princípio do Melhor Interesse da Criança e do Adolescente, torna-se dever de todos "colaborar para a construção de ambiente capaz de propiciar a

---

4. PEREIRA, Tânia da Silva. *Direito da criança e do adolescente: uma proposta interdisciplinar*. 2. ed. Rio de Janeiro: Renovar, 2008.
5. Essa frase é de autoria de Elizeia Rodrigues de Souza, com então 13 anos de idade, moradora de Utaquiraí, Mato Grosso do Sul. A frase foi escolhida num concurso de iniciativa do Ministério da Educação e da Nestlé. Citada na obra: CERQUEIRA, Thales Tácito. *Manual do Estatuto da Criança e do Adolescente: teoria e prática*. Niterói: Impetus, 2010.
6. Ser "sujeito de direitos" significa para a população infantojuvenil deixar de ser tratado como objeto passivo, passando a ser, como os adultos, titulares de direitos fundamentais. (PEREIRA, Tânia da Silva. Direito da criança e do adolescente: uma proposta interdisciplinar. 2. ed. Rio de Janeiro: Forense, 2008, p. 51).
7. PEREIRA, Rodrigo da Cunha. *Princípios fundamentais norteadores do direito de família*. 2. ed. São Paulo: Saraiva, 2012.
8. PEREIRA, Caio Mário da Silva. *Instituições de direito civil*. 17. ed. Rio de Janeiro: Forense, 2009, v. V, p. 419.

plena realização de sua personalidade e a efetiva fruição de seus direitos fundamentais, de acordo com os princípios da solidariedade e da responsabilidade".[9] E é exatamente esse dever de cuidado por parte de todos que permite a intervenção estatal no núcleo familiar em casos de vulnerabilidade, podendo levar inclusive à suspensão[10] ou à perda[11] da autoridade parental. A ausência de tutela à criança e ao adolescente implica também em sanções penais,[12] como reflexo pelo mau desempenho da autoridade parental.

Sobre a definição do que seria o "melhor" para a criança e o adolescente, Rodrigo da Cunha Pereira afirma que só diante de um caso concreto seria possível tal averiguação e conclui que "o conceito de 'melhor interesse' pode sofrer variação no tempo e no espaço"[13].

---

9. PEREIRA, Sumaya Saady Morhy. Direitos e deveres nas relações familiares, uma abordagem a partir da eficácia direta dos direitos fundamentais. In: PEREIRA, Tânia da Silva; PEREIRA, Rodrigo da Cunha (Coords.). *A ética da convivência familiar.* Rio de Janeiro: Forense, 2006.
10. Art. 1.637. Se o pai, ou a mãe, abusar de sua autoridade, faltando aos deveres a eles inerentes ou arruinando os bens dos filhos, cabe ao juiz, requerendo algum parente, ou o Ministério Público, adotar a medida que lhe pareça reclamada pela segurança do menor e seus haveres, até suspendendo o poder familiar, quando convenha. Parágrafo único. Suspende-se igualmente o exercício do poder familiar ao pai ou à mãe condenados por sentença irrecorrível, em virtude de crime cuja pena exceda a dois anos de prisão.
11. Art. 1.638. Perderá por ato judicial o poder familiar o pai ou a mãe que: I - castigar imoderadamente o filho; II - deixar o filho em abandono; III - praticar atos contrários à moral e aos bons costumes; IV - incidir, reiteradamente, nas faltas previstas no artigo antecedente; V - entregar de forma irregular o filho a terceiros para fins de adoção. (Incluído pela Lei nº 13.509, de 2017)
12. Art. 244. Deixar, sem justa causa, de prover a subsistência do cônjuge, ou de filho menor de 18 (dezoito) anos ou inapto para o trabalho, ou de ascendente inválido ou maior de 60 (sessenta) anos, não lhes proporcionando os recursos necessários ou faltando ao pagamento de pensão alimentícia judicialmente acordada, fixada ou majorada; deixar, sem justa causa, de socorrer descendente ou ascendente, gravemente enfermo:
    Pena - detenção, de 1 (um) a 4 (quatro) anos e multa, de uma a dez vezes o maior salário mínimo vigente no País.
    Parágrafo único - Nas mesmas penas incide quem, sendo solvente, frustra ou ilide, de qualquer modo, inclusive por abandono injustificado de emprego ou função, o pagamento de pensão alimentícia judicialmente acordada, fixada ou majorada.
    Art. 245 - Entregar filho menor de 18 (dezoito) anos a pessoa em cuja companhia saiba ou deva saber que o menor fica moral ou materialmente em perigo:
    Pena - detenção, de 1 (um) a 2 (dois) anos.
    § 1º - A pena é de 1 (um) a 4 (quatro) anos de reclusão, se o agente pratica delito para obter lucro, ou se o menor é enviado para o exterior.
    § 2º - Incorre, também, na pena do parágrafo anterior quem, embora excluído o perigo moral ou material, auxilia a efetivação de ato destinado ao envio de menor para o exterior, com o fito de obter lucro.
    Art. 246 - Deixar, sem justa causa, de prover à instrução primária de filho em idade escolar:
    Pena - detenção, de quinze dias a um mês, ou multa.
    Art. 247 - Permitir alguém que menor de dezoito anos, sujeito a seu poder ou confiado à sua guarda ou vigilância:
    I - frequente casa de jogo ou mal-afamada, ou conviva com pessoa viciosa ou de má vida;
    II - frequente espetáculo capaz de pervertê-lo ou de ofender-lhe o pudor, ou participe de representação de igual natureza;
    III - resida ou trabalhe em casa de prostituição;
    IV - mendigue ou sirva a mendigo para excitar a comiseração pública:
    Pena - detenção, de um a três meses, ou multa.
13. PEREIRA, Rodrigo da Cunha. *Princípios fundamentais norteadores do direito de família.* 2. ed. São Paulo: Saraiva, 2012, p.151.

E são mudanças culturais e na estrutura da sociedade que justificam, por exemplo, a defesa de que hoje uma criança pode ter, por exemplo, dois pais ao lado de uma mãe ou duas mães ao lado de um pai, todos exercendo a autoridade parental. "Para se atender ao princípio do melhor interesse da criança, devemos abandonar o preconceito e nos livrarmos de concepções morais e estigmatizantes."[14]

3. A MULTIPARENTALIDADE

A multiparentalidade[15] é o novo fenômeno do Direito das Famílias que busca romper o paradigma até então estabelecido: a biparentalidade. Ela se traduz na possibilidade de cumulação das diversas fontes de parentalidade ou na duplicidade de uma delas na linha ascendente materna ou paterna de primeiro grau.

Não há quem duvide que a paternidade tenha como origem a presunção legal, a biologia ou a afetividade. E mais, a doutrina e a própria jurisprudência não conseguem concluir qual delas é prevalecente, vez que depende das peculiaridades do caso concreto.

> Ação anulatória de registro civil de nascimento. Demanda ajuizada pelos irmãos da menor. Interesse exclusivamente econômico. Alegação da ocorrência de erro quanto à paternidade. Presunção de filiação estabelecida no registro que somente pode ser afastada se reconhecido o erro ou a falsidade do registro em decisão judicial. Exegese do artigo 1.604 do Código Civil. Reconhecimento voluntário da paternidade que se revela irretratável. Impossibilidade de se retificar o assento do nascimento da menor, **tendo em vista que o estado de filiação decorre da relação socioafetiva que se sobrepõe à realidade biológica.** Aplicabilidade do Enunciado nº 339 do CEJ. Precedente do STJ. Improvimento do apelo, nos termos do artigo 557, caput do CPC[16]. (grifos nossos)

> APELAÇÃO - AÇÃO DE INVESTIGAÇÃO DE PATERNIDADE C/C PETIÇÃO DE HERANÇA - PREVALÊNCIA PATERNIDADE SÓCIO-AFETIVA SOBRE BIOLÓGICA - TESE AFASTADA - NECESSIDADE DE INSTRUÇÃO PROBATÓRIA - PROVA PERICIAL - SENTENÇA CASSADA.

> - **Não deve ser aplicada a tese da prevalência da paternidade socioafetiva sobre a biológica se o próprio filho ajuíza ação requerendo a investigação da sua filiação biológica.**

> - Depois de afastada a referida tese, deve ser cassada a sentença que julgou antecipadamente a lide e dispensou a realização da fase de instrução probatória, já que o material a ser produzido, e, sobretudo, a prova pericial, é indispensável para aferição da filiação biológica pretendida.

> - Dá-se provimento ao recurso.[17] (grifos nossos)

Apenas no caso concreto é que será determinada qual das formas de parentalidade sobressairá. E aqui importante salientar que a multiparentalidade, ou seja, a declaração jurídica de uma dupla paternidade/maternidade pode colocar fim ao questiona-

---

14. PEREIRA, Rodrigo da Cunha. *Princípios fundamentais norteadores do direito de família*. 2. ed. São Paulo: Saraiva, 2012, p.161.
15. Sobre o tema sugere-se a leitura da obra *Multiparentalidade e as novas relações parentais*. VALADARES, Maria Goreth Macedo. Lumen Juris, 2016.
16. RIO DE JANEIRO, TJ, Ap. Cível 0003388-81.2007.8.19.0026, 10ª CC, Des. Rel. Celso Peres, 27.04.2011.
17. MINAS GERAIS, TJ, Ap. Cível 1.0707.10.002838-0/001, 3ª CC, Des. Rel. Kildare Carvalho 30.01.2015.

mento de qual parentalidade é a mais importante, se é que há uma resposta correta e apriorística para tal pergunta. Lisieux Borges muito bem descreve sobre a gama de parentalidades e conclui que a decisão final fica a cargo exclusivo do intérprete:

> Essa fragmentação da paternidade em razão dos diferentes critérios adotadas para o estabelecimento da filiação possibilitou que a todos se garantisse um pai, respeitando a realidade fática de cada filho. Essa paternidade pluralizada, ao mesmo tempo em que possibilita a todos os filhos buscarem um pai, em razão de diversos critérios possíveis, quais sejam, jurídico, biológico ou socioafetivo, traz também uma imprecisão quanto a sua aplicação, pois não há em lei, doutrina ou jurisprudência critérios claros para aplicação de uma ou de outra paternidade. Assim, em casos de conflitos de paternidades, os intérpretes do direito escolhem alguma ou algumas dessas paternidades como sendo a verdadeira paternidade.[18]

Em determinadas situações, as três formas de parentalidade podem estar presentes em uma só pessoa, mas também podem estar disseminadas em pessoas diferentes. Assim, um filho pode ter mais de um pai, se considerarmos todas as formas de parentalidade trabalhadas na atualidade. A multiparentalidade seria uma medida para acabar com a arbitrariedade hoje existente e para pôr fim de vez à ideia de que existe prevalência de uma parentalidade sob a outra.

A questão sobre a predominância de uma paternidade em detrimento de outra há muito deixa os operadores do Direito inquietos. Já em 1996, Fachin instigava sobre quem seria o pai:

> O marido estéril consentiu na inseminação artificial da mulher; posteriormente dela se separou de fato. A mãe passou a viver em união estável com outro homem, o qual deferiu à criança o tratamento de filho. A quem essa criança designará de pai? Pela presunção legal de paternidade, pai jurídico é o marido da mãe. Segundo a origem genética, é o pai o doador. E, de acordo com a verdade socioafetiva da filiação, é aquele que tem relação paterno-filial calcada na posse de estado de filho.[19]

E apesar dos anos, o questionamento permanece atual, inclusive com decisão do Supremo Tribunal Federal, que reconheceu ser a discussão sobre a prevalência da socioafetividade um tema de repercussão geral. No caso em debate, o filho pedia a anulação de seu registro de nascimento para constar o nome do pai biológico. O pai biológico interpôs recurso extraordinário, alegando que a decisão do STJ de que a paternidade biológica deveria prevalecer em detrimento da afetiva não atendia aos anseios da família, nos moldes do art. 226 da Constituição Federal.

A Procuradoria Geral da República, no parecer relativo ao Recurso Extraordinário acima mencionado, com toda proficiência afirmou que não há como definir de antemão, em abstrato, qual paternidade deve prevalecer. E mais do que isso, concluiu pela possibilidade da multiparentalidade:

---

18. BORGES, Lisieux Nidimar Dias. O princípio da igualdade entre os filhos. In: SÁ, Maria de Fátima Freire de; NAVES, Bruno Torquato de Oliveira. *Direito civil*: Atualidades III – princípios jurídicos no direito privado. Belo Horizonte: Del Rey, 2009, p. 195.
19. FACHIN, Luis Edson. *Da paternidade* – relação biológica e afetiva. Belo Horizonte: Del Rey, 1996, p. 51.

É possível o reconhecimento jurídico da existência de mais de um vínculo parental em relação a um mesmo sujeito, pois não admite a Constituição restrições injustificadas à proteção dos diversos modelos familiares, cabendo à análise em cada caso concreto se presentes elementos para a coexistência dos vínculos ou para a prevalência de um deles.[20]

Em decisão inédita, mas também polêmica, o STF, por maioria, entendeu cabível a multiparentalidade:

> A omissão do legislador brasileiro quanto ao reconhecimento dos mais diversos arranjos familiares não pode servir de escusa para a negativa de proteção a situações de pluriparentalidade. É imperioso o reconhecimento, para todos os fins de direito, dos vínculos parentais de origem biológica e afetiva, a fim de prover a mais completa e adequada tutela aos sujeitos envolvidos.[21]

A decisão do STF a um só tempo reconheceu a paternidade socioafetiva, a inexistência de hierarquia entre a biologia e a afetividade e a possibilidade de cumulação entre elas. O Ministro Luiz Fux, em seu voto[22] de relatoria concluiu que o Direito deve atender às expectativas humanas, ainda que não estejam elas encaixadas nas concepções da maioria:

> Transportando-se a racionalidade para o Direito de Família, o direito à busca da felicidade funciona como um escudo do ser humano em face de tentativas do Estado de enquadrar a sua realidade familiar em modelos pré-concebidos pela lei. É o direito que deve ser curvar às vontades e necessidades das pessoas, não o contrário, assim como um alfaiate, ao deparar-se com uma vestimenta em tamanho inadequado, faz ajustes na roupa e não no cliente.

Com a recente decisão, comprovou-se que a dicotomia entre biologia e afetividade pode não ser a solução mais benéfica para pais e filhos. Ademais, prematuro é dizer de antemão, sem a análise cuidadosa do caso *in concreto*, que existe uma paternidade mais importante do que a outra.

E, de fato, é isso o que se espera do Direito: que seja dinâmico e que consiga responder aos anseios da sociedade. O Direito existe em função da sociedade e a ela deve dar um retorno positivo diante de novas situações. A lei não consegue acompanhar a tempo e modo a evolução da sociedade e isso não impede uma atuação do Estado, por meio do aplicador do Direito, que também não deve ficar preso à cultura positivista, o que impediria a quebra do paradigma da biparentalidade.

Imatura será qualquer decisão que escolha de antemão uma ou outra paternidade, principalmente se tal escolha for feita sem levar em conta a realidade fática dos envolvidos, ou seja, se for uma escolha em abstrato.

Acolhida a tese da multiparentalidade, a discussão sobre qual das parentalidades é a mais importante ou sobre qual delas deve prevalecer perde a razão de ser, já que "todos os pais" podem ser a um só tempo responsáveis por um filho. E é essa responsabilização conjunta que se espera quando do exercício da autoridade parental. No

---
20. PROCURADORIA GERAL DA REPÚBLICA, RE 898060, 2016.
21. BRASIL. STF, RE 898060, Min. Rel. Luiz Fux, 21.09.2016.
22. BRASIL. STF, RE 898060, Min. Rel. Luiz Fux, 21.09.2016.

atual estágio em que se encontra o Direito das Famílias e a parentalidade, a decisão que determinar a coexistência de duas fontes ou mais de parentalidade pode, sem dúvida, ser a mais coerente.

É fato que os paradigmas sociais se modificam, sendo papel do aplicador do Direito reinterpretar a legislação, que, apesar de inspirada no passado, deve servir ao presente e ao futuro.

Logo, o fato de não haver uma norma prevendo expressamente que uma pessoa pode ter mais de um pai e de uma mãe não significa que a multiparentalidade esteja excluída do ordenamento. A análise deve ser feita de maneira integrada com todas as normas do sistema.

> Certo é que o legislador não pode a tudo prever, por isto o Código nunca será completo, aliás, o próprio Direito, enquanto ciência, também não pode ser tido por completo. Há, sem ressalvas, muitos espaços não alcançados pela malha jurídica os quais, na seara de família, devem ser valorizados, até porque o que ocorre, no mais das vezes, é que o direito codificado está em permanente mora como os fatos sociais.[23]

No entanto, a decisão do STF não limitou quando e como poderá a multiparentalidade ser reconhecida, o que fez com inúmeros questionamentos surgissem, como no caso no exercício da autoridade parental. Teriam todos os pais os mesmos direitos e deveres com relação aos filhos?

4. A AUTORIDADE PARENTAL NA MULTIPARENTALIDADE

A ideia central da multiparentalidade é exatamente a possibilidade de coexistência de pelo menos três pessoas na linha reta ascendente de primeiro grau. A multiparentalidade não é castradora, muito pelo contrário. Ela permite ao filho conviver com o pai socioafetivo, bem como com o pai biológico, sem a necessidade de ter que escolher um ou outro. E o mais importante: essa duplicidade de vínculos gera efeitos para todos os envolvidos, pais e filhos, inclusive no que afeta ao exercício da autoridade parental.

Maria Berenice Dias afirma:

> Para o reconhecimento da filiação pluriparental, basta flagrar o estabelecimento do vínculo de filiação com mais de duas pessoas. A pluriparentalidade é reconhecida sob prisma da visão do filho, que passa a ter dois ou mais novos vínculos familiares. Coexistindo vínculos parentais afetivos e biológicos mais do que apenas um direito, é uma obrigação constitucional reconhecê-los, na medida em que preserva direitos fundamentais de todos os envolvidos, sobretudo, o direito à afetividade.[24]

---

23. ESTROUGO, Mônica Guazzelli. O princípio da igualdade aplicado à família. In: WELTER, Belmiro Pedro; MADALENO, Rolf Hanssen (coords.). *Direitos fundamentais do direito de família*. Porto Alegre: Livraria do Advogado, 2004, p. 338-339.
24. DIAS, Maria Berenice. *Manual de direito das famílias*. 11. ed. São Paulo: Revista dos Tribunais, 2016, p. 405.

O reconhecimento da multiparentalidade pode ser a saída encontrada para garantir direitos e exigir deveres dos envolvidos, reconhecendo a um só tempo as diversas fontes de parentalidade. Fazemos nossas as palavras de Ana Carolina Brochado Teixeira e Renata Lima:

> Nosso entendimento é que os efeitos da múltipla vinculação parental operam da mesma forma e extensão como ocorre nas tradicionais famílias biparentais. Por força do princípio da isonomia, não há hierarquia entre os tipos de parentesco. Portanto, com o estabelecimento do múltiplo vínculo parental, serão emanados todos os efeitos de filiação e de parentesco com a família estendida, pois, independente da forma como esse vínculo é estabelecido, sua eficácia é exatamente igual, principalmente porque irradia do princípio da solidariedade, de modo que instrumentaliza a impossibilidade de diferença entre suas consequências.[25]

Assim, a autoridade parental deverá ser exercida por todos os envolvidos, sempre levando em conta os Princípios da Paternidade Responsável e do Melhor Interesse do Menor. Os pais deverão se conscientizar e buscar o que for melhor para os filhos, reunindo esforços para que o exercício conjunto da autoridade parental seja o mais ameno possível, respeitando os interesses do filho fruto de uma relação pluriparental.

Belmiro Pedro Welter afirma que a condição humana é tridimensional, devendo o homem ser considerado nas dimensões genética, afetiva e ontológica. Assim, defende o autor a possibilidade de cumulação das parentalidades e de seus efeitos jurídicos:

> Com a adoção da teoria tridimensional do direito de família, que sustenta a possibilidade de o ser humano ter direito aos três mundos, genético, afetivo e ontológico, é preciso repensar o Direito de Família nas seguintes questões, por exemplo: a) na ação de adoção, não será mais possível o rompimento dos vínculos genéticos; b) afasta-se a ação de destituição de poder familiar, mantendo-se apenas a ação de suspensão, enquanto perdurar a desafetividade dos pais contra o filho; c) o filho terá direito a postular alimentos contra os pais genéticos e o socioafetivos; d) o filho terá direito à herança dos pais genéticos e afetivos; e) o filho terá direito ao nome dos pais genéticos e afetivos; f) o filho terá direito ao parentesco dos pais genéticos e afetivos; g) o filho terá o direito ao poder/dever dos pais genéticos e afetivos; h) o filho terá direito à guarda compartilhada e/ou unilateral dos pais genéticos e afetivos; i) o filho terá o direito à visita dos pais/parentes genéticos e afetivos; j) deverão ser observados os impedimentos matrimoniais e convivenciais dos parentes genéticos e afetivos; k) a adoção será proibida aos parentes genéticos e afetivos; l) o filho poderá propor ação de investigação de paternidade genética e afetiva, obtendo todos os direitos decorrentes de ambas as paternidades.[26]

Como guardião das relações sociais, o Direito deve se ater às mudanças advindas das relações familiares, tendo uma postura ativa. Uma vez reconhecida a multiparentalidade, a concessão de efeitos jurídicos para todos os envolvidos é medida que

---

25. TEIXEIRA, Ana Carolina Brochado; RODRIGUES, Renata de Lima. *O direito das famílias entre a norma e a realidade*. São Paulo: Atlas, 2010, p. 207.
26. WELTER, Belmiro Pedro. *Teoria tridimensional do direito de família*. Porto Alegre: Livraria do Advogado, 2009, p. 222.

se impõe. E tal como ocorre na biparentalidade, em caso de discordância entre os múltiplos pais, a decisão deverá ser tomada pelo Judiciário.[27]

O Superior Tribunal de Justiça[28] em um caso de multiparentalidade já decidiu pela possibilidade da cumulação da pensão alimentícia, ou seja, parte do conteúdo fático da autoridade parental, o dever de sustento, será exercido por todos os responsáveis:

> A igualdade entre as paternidades biológica e afetiva amplia proteção dos interesses dos filhos, de modo que todos os pais devem assumir as responsabilidades decorrentes da paternidade. Ou seja, **os pais, não importando sua origem, têm obrigações, tais como fornecer ao filho um sobrenome, ainda que outrem tenha registrado a criança, prover a pensão alimentícia e assegurar-lhe o direito de herança**. (...)

> Ante o exposto, dou provimento ao recurso especial para determinar a averbação do nome do pai biológico no registro de nascimento da autora, assegurados todos os direitos inerentes à filiação que não exclui a socioafetiva do assentamento em virtude da segurança jurídica[29].

Foi o que aconteceu também em um caso de Florianópolis,[30] onde a juíza fixou alimentos provisórios a serem pagos pelo padrasto, mesmo ciente de que o pai biológico também pagava pensão alimentícia.

Restou provado nos autos que o padrasto tinha com a enteada um vínculo socioafetivo e que durante o tempo em que foi casado com sua mãe participava efetivamente de suas despesas, pagando inclusive sua escola.

O Tribunal de Justiça de São Paulo conferiu a guarda de uma criança para seu padrasto, considerado pai socioafetivo. A mãe do menor faleceu e o pai biológico buscou a criança, se recusando a devolvê-la ao pai socioafetivo. O Tribunal entendeu que o Melhor Interesse da Criança estaria resguardado com o pai socioafetivo, com quem a criança sempre viveu até a morte da mãe. Esse é um exemplo de que no caso de litígio entre os pais, a intervenção judicial se faz necessária, buscando uma decisão que atenda aos interesses do menor, levando em consideração critérios que vão muito além da biologia, já que há muito ela não é o fator determinante das relações parentais.

---

27. Art. 1631 – (...)
    Parágrafo único: Divergindo os pais quanto ao exercício do poder familiar, é assegurado a qualquer deles recorrer ao juiz para solução do desacordo.
28. Também no mesmo sentido: Cinge-se a questão a determinar se alguém usufruído de uma relação filial socioafetiva, por imposição de terceiros que consagram tal situação em seu registro de nascimento, ao conhecer sua verdade biológica, tem direito ao reconhecimento da sua ancestralidade, bem como a todos os efeitos patrimoniais inerentes ao vínculo genético. A resposta é desenganadamente positiva. (...) No caso concreto, conquanto tenha o recorrente desfrutado de uma relação socioafetiva com seu pai registrário, já falecido, o ordenamento pátrio lhe garante a busca da verdade real, o que, por óbvio, não poderia se limitar ao mero reconhecimento, sem maiores consequências no plano fático. (Resp 1.618.230 – RS (2016/0204124-4), Min. Rel. Ricardo Villas Bôas, julg. 28/03/2017)
29. REsp1.622.330 – RS (2013/0004282-2), Min. Rel. Ricardo Villas Bôas, julg. 26/07/2017.
30. Notícia disponível em: <http://noticias.uol.com.br/cotidiano/ultimas-noticias/2012/10/10/justica-catarinense-condena-padrasto-a-pagar-pensao-para-ex-enteada.htm>. Acesso em: 22 out. 2012.

Tal decisão[31] comprova a paternidade socioafetiva pela efetiva prestação dos atos de criar, educar e assistir, ou seja, pelo exercício fático da autoridade parental. Em casos de guarda, o Estatuto da Criança e do Adolescente afirma que o grau de parentesco, bem como a afinidade e afetividade dos envolvidos deve ser levada em consideração.[32]

O reconhecimento da multiplicidade de vínculos e, consequentemente, o compartilhamento dos efeitos jurídicos decorrentes da autoridade parental, dever ser exigido não só da família, como também da sociedade e do Estado, aqui representado pelo Poder Judiciário. Tal posicionamento também é defendido por Teixeira e Rodrigues:

> Defendemos a multiparentalidade como alternativa de tutela jurídica para um fenômeno já existente em nossa sociedade, que é fruto, precipuamente, da liberdade de (des)constituição familiar e da consequente formação de famílias reconstituídas. A nosso sentir, a multiparentalidade garante aos filhos menores que, na prática, convivem com múltiplas figuras parentais, a tutela jurídica de todos os efeitos que emanam tanto da vinculação biológica como da socioafetiva, que, como demonstrado, em alguns casos, não são excludentes, e nem haveria razão para ser, se tal restrição exclui a tutela dos menores, presumidamente vulneráveis.[33]

O MM. Juiz Sérgio Luiz Kreuz, da Vara da Infância e Juventude da Comarca de Cascavel/PR, julgou pela multiparentalidade e muito bem retratou a importância da concessão de todos os efeitos jurídicos oriundos do vínculo parental, destacando que "uma vez reconhecida a paternidade, esta não pode ser uma meia paternidade ou uma paternidade parcial. Se é pai, obviamente, é pai para todos os efeitos e não apenas para alguns efeitos".[34]

Se a realidade fática mostra que um filho tem dois pais, a declaração jurídica da multiparentalidade, com o registro dos dois pais, é medida que se impõe.

---

31. Guarda de menor. Decisão que concedeu a guarda provisória do menor em favor do agravado, pai afetivo. Reconhecimento da paternidade socioafetiva. Menor que desde o seu nascimento residiu com o agravado e sua genitora. Insurgência do agravante, pai biológico da criança. Falecimento da genitora do menor. Preservação do melhor interesse da criança. (SÃO PAULO, TJ, AI 2225968-02.2015.8.26.0000, Des. Rel. Carlos Alberto Garbi, julg. 09.08.2016)
32. Art. 28 do ECA: A colocação em família substituta far-se-á mediante guarda, tutela ou adoção, independentemente da situação jurídica da criança ou adolescente, nos termos desta Lei. [...] § 3º - Na apreciação do pedido levar-se-á em conta o grau de parentesco e a relação de afinidade ou de afetividade, a fim de evitar ou minorar as consequências decorrentes da medida. (BRASIL, 1990).
33. TEIXEIRA, Ana Carolina Brochado; RODRIGUES, Renata de Lima. *O direito das famílias entre a norma e a realidade*. São Paulo: Atlas, 2010, p. 103.
34. CASCÁVEL/PR, sentença proferida pelo MM. Juiz de Direito Sérgio Luiz Kreuz, nos autos 0038958-54.2012.8.16.0021, da Vara da Infância e Juventude. E finalizando a sentença, salientou o magistrado: "Por tais razões, levando também em consideração a importância que o registro representa para o adotando, que não há prevalência entre a paternidade exercida pelo requerente (socioafetiva) e pelo genitor (biológica e socioafetiva), em especial, que o registro deve representar o que ocorre na vida real, não vejo razão para que não constem do registro o nome dos dois pais. Nenhum prejuízo advirá ao adolescente em razão deste fato, pelo contrário, só lhe trará benefícios".

Esse foi o fundamento de uma decisão[35] da Comarca de São Francisco de Assis/RS, que declarou a maternidade socioafetiva sem a exclusão da biológica, afirmando:

> Nesse contexto, se cabe ao Estado, ao mesmo tempo, assegurar os direitos das crianças, o deferimento do pedido é medida que se impõe, pois revela-se a melhor solução à medida em que ficará preservado o laço com a mãe biológica e o direito de convívio com a família da genitora, bem como resguardará os direitos relativos a alimentos e à sucessão, em caso de eventual separação ou falecimento.
>
> Cumpre pontuar que a acolhida da manifestação de vontade dos menores no sentido de preservar a maternidade biológica na certidão de nascimento configura respeito à memória da genitora, falecida em razão de ser portadora de doença grave, e de sua família. (RIO GRANDE DO SUL, 2013).

Na mesma linha de ideias, Maria Berenice Dias (2004) afirma que

> Vetar a possibilidade de juridicizar dito envolvimento só traz prejuízo à própria criança, pois ela não conseguirá cobrar qualquer responsabilidade nem fazer valer qualquer direito com relação a quem de fato também exercita o "pátrio poder", isto é, desempenha função paternal, hoje nominado de "poder familiar".[36]

Ora, muito mais coerente se mostra a cumulação das parentalidades com a corresponsabilização da autoridade parental. Foi o que fez o então MM. Juiz da 10ª Vara de Família da Comarca de Belo Horizonte em um caso em que disputavam o registro da paternidade o pai biológico e o afetivo:

> [...] Consequentemente, o melhor para L. é manter ambos como "pais", sendo insensato e prejudicial ao menor privá-lo da convivência de qualquer um deles, pois é certo que uma decisão favorável apenas a um resultaria no afastamento do outro, o que causaria a ele grande desgaste emocional.
>
> Caso não fossem mantidos o autor e o suplicado como pais, ocasionaria uma decisão injusta, pois F. não poderia ser privado de cuidar da criança à qual se dedicou durante tantos anos, enquanto L. F. também não poderia ser impedido de continuar um relacionamento afetivo com seu filho que começou há pouco tempo, mas que já se mostra intenso.
>
> No mais, diante da realidade em que vivemos hoje, na qual tantas crianças nem ao menos conhecem seus pais, pode-se dizer que L. é um privilegiado por ter dois pais que se preocupem com ele e querem o seu bem, além do que ambos têm condições e atributos materiais e afetivos necessários ao exercício da paternidade.
>
> Assim, **o melhor é que tanto L.F. quanto F. exerçam a paternidade de L., os quais terão iguais direitos e deveres em relação ao menor, que também terá direitos de herança com relação aos dois, sendo que os pais deverão esquecer as divergências e refletir sobre as necessidades da criança, buscando dar a ele todo o apoio emocional e material de que necessita.** Quanto à certidão de nascimento de L., serão feitas modificações como a adição do patronímico do pai biológico ao nome atual do menor, a inclusão do nome do pai e avós biológicos e a ex-

---

35. SÃO FRANCISCO DE ASSIS/RS, Sentença prolatada pela MM. Juíza Carine Labres, nos autos 125/1.12.0001221-8. Trata-se de ação declaratória de maternidade socioafetiva sem exclusão da biológica. A mãe dos menores faleceu e desde tenra idade residem com a madrasta, que não tinha como objetivo desfazer o vínculo biológico, inclusive em respeito à memória da falecida mãe biológica.
36. DIAS, Maria Berenice. Investigando a parentalidade. *Revista CEJ*, Brasília, n. 27, p. 67, out./dez. 2004.

clusão dos avós afetivos, devendo ser averbado na certidão o nome e F. com a denominação de pai afetivo[37].

A decisão acima foi baseada, inclusive, em estudo psicossocial, que concluiu:

> Ao contato, L. revelou-se um menino meigo e dócil, apresentando facilidade em estabelecer contatos interpessoais, mostrando-se bem cuidado em sua aparência pessoal. Seu desenvolvimento psicomotor e cognitivo apresenta-se compatível com o esperado em sua faixa etária. Ele relatou convivência com o Sr. Fe. e o Sr. Fl. Referiu-se a sua atual circunstância de vida usando a expressão: "eu tenho dois pais". Em suas expressões gráficas e nas observações realizadas, demonstrou haver uma ligação afetiva tipicamente paterno-filial em relação ao Sr. Fl., a quem denomina de "pai". Em relação ao Sr. Fe., a quem chama, carinhosamente de "Nando", demonstrou haver estabelecido uma vinculação afetiva, pautada pela amizade e a confiança. Fe. e a figura materna encontram-se ligados em sua representação atual de família. Ciente dos interesses antagônicos de Fe. e Fl. na demanda judicial, mostrou-se preocupado em não desagradar tanto um quanto o outro, externando o interesse em manter o convívio com ambos, os quais parecem ocupar lugares afetivos significativos, porém, distintos, em sua vida.[38]

5. CONCLUSÃO

a) A autoridade parental deve ser exercida em prol dos filhos, sujeitando-se os pais aos ditames constitucionais e à legislação infraconstitucional que serve como direção das condutas dos pais em relação aos filhos;

b) Com a constitucionalização da autoridade parental, pai e mãe passaram a ser juntamente responsáveis pela criação e educação dos filhos, entendidos tais deveres no mais amplo sentido e não apenas no quesito material;

c) O reconhecimento de que a família é plural implica também em aceitar a pluralidade dos vínculos parentais, com o acolhimento da multiparentalidade, com efeitos jurídicos e sem restrições de um pai em relação ao outro;

d) Dada a igualdade na direção da autoridade parental, caso reconhecida a multiparentalidade em relação a um filho, todos os pais envolvidos devem exercer a autoridade parental em igualdade de condições;

e) Uma vez identificado um ponto de controvérsia entre os pais multiparentais, a discussão deve ser levada à juízo, tal como ocorre nos litígios biparentais, devendo o aplicador do Direito se pautar pelo Princípio do Melhor Interesse da Criança e do

---

37. BELO HORIZONTE/MG, sentença prolata pelo então MM. Juiz Sérgio André da Fonseca Xavier, nos autos 0024.05.737.489-4. Trata-se de Ação de Reconhecimento de Paternidade formulada pelo pai biológico em face do pai registral e socioafetivo que conviveu durante anos com a criança. A mãe do menor foi casada com o pai registral e socioafetivo e em uma breve separação se envolveu com o pai biológico, ficando grávida do menor. O então marido registrou a criança como se filha dele fosse e a criou durante anos. Depois houve a separação definitiva e a mãe se casa com o pai biológico, que dada a semelhança física, descobre ser o pai biológico do menor e propõe a demanda, com o intuito de retificar o registro civil do filho, de modo a constar seu nome, com a exclusão do pai registral e afetivo.
38. Relatório psicossocial feito pela assistente social Imara Lúcia Santos Valadares e pela psicóloga judicial Cleide Rocha de Andrade.

Adolescente e da Paternidade Responsável, levando em consideração a afetividade e afinidade de cada um na vida do filho.

f) Enfim, a multiparentalidade deve ser reconhecida pelo Judiciário como mais um mecanismo de proteção e promoção da filiação, findando-se a escolha por uma única forma de parentalidade, imputando responsabilidade aos envolvidos, uma vez que a liberdade de ter um filho, implica responsabilidade e o pleno exercício da autoridade parental.

6. REFERÊNCIAS BIBLIOGRÁFICAS

BORGES, Lisieux Nidimar Dias. O princípio da igualdade entre os filhos. In: SÁ, Maria de Fátima Freire de; NAVES, Bruno Torquato de Oliveira. *Direito civil*: Atualidades III – princípios jurídicos no direito privado. Belo Horizonte: Del Rey, 2009.

CERQUEIRA, Thales Tácito. *Manual do Estatuto da Criança e do Adolescente*: teoria e prática. Niterói: Impetus, 2010.

DIAS, Maria Berenice. Investigando a parentalidade. *Revista CEJ*, Brasília, n. 27, p. 67, out./dez. 2004.

DIAS, Maria Berenice. *Manual de direito das famílias*. 11. ed. São Paulo: Revista dos Tribunais, 2016.

ESTROUGO, Mônica Guazzelli. O princípio da igualdade aplicado à família. In: WELTER, Belmiro Pedro; MADALENO, Rolf Hanssen (coords.). *Direitos fundamentais do direito de família*. Porto Alegre: Livraria do Advogado, 2004.

FACHIN, Luis Edson. *Da paternidade* – relação biológica e afetiva. Belo Horizonte: Del Rey, 1996.

LOBO, Paulo Do poder familiar.. In: DIAS, Maria Berenice; PEREIRA, Rodrigo da Cunha (coords.). *Direito de Família e o Novo Código Civil*. 4. ed. Belo Horizonte: Del Rey, 2005.

MADALENO, Rolf. *Curso de Direito de Família*. 3. ed. Rio de Janeiro: Forense, 2009.

PEREIRA, Caio Mário da Silva. *Instituições de direito civil*. 17. ed. Rio de Janeiro: Forense, 2009, v. V.

PEREIRA, Rodrigo da Cunha. *Princípios fundamentais norteadores do direito de família*. 2. ed. São Paulo: Saraiva, 2012.

PEREIRA, Sumaya Saady Morhy. Direitos e deveres nas relações familiares, uma abordagem a partir da eficácia direta dos direitos fundamentais. In: PEREIRA, Tânia da Silva; PEREIRA, Rodrigo da Cunha (Coords.). *A ética da convivência familiar*. Rio de Janeiro: Forense, 2006.

PEREIRA, Tânia da Silva. *Direito da criança e do adolescente: uma proposta interdisciplinar*. 2. ed. Rio de Janeiro: Renovar, 2008.

TEIXEIRA, Ana Carolina Brochado. Autoridade parental. In: TEIXEIRA, Ana Carolina Brochado; RIBEIRO, Gustavo Pereira Leite (coords.).*Manual de direito das famílias e das sucessões*. 3. ed. Rio de Janeiro: Processo, 2017.

TEIXEIRA, Ana Carolina Brochado; RODRIGUES, Renata de Lima. *O direito das famílias entre a norma e a realidade*. São Paulo: Atlas, 2010.

VALADARES, Maria Goreth Macedo. Multiparentalidade e as novas relações parentais. Rio de Janeiro: Lumen Juris, 2016.

WELTER, Belmiro Pedro. *Teoria tridimensional do direito de família*. Porto Alegre: Livraria do Advogado, 2009.

PARADOXOS ENTRE AUTONOMIA E PROTEÇÃO DAS VULNERABILIDADES: EFEITOS JURÍDICOS DA UNIÃO ESTÁVEL ENTRE ADOLESCENTES

Ana Carla Harmatiuk Matos

Doutora em Direito pela Universidade Federal do Paraná (2003). Mestra em Direito pela Universidade Federal do Paraná (1999) e mestra em Derecho Humano pela Universidad Internacional de Andalucía (1997). Tuttora Diritto na Universidade di Pisa-Italia (2002). Professora na graduação, mestrado e doutorado em Direito da Universidade Federal do Paraná. Vice-Coordenadora do Programa de Pós-graduação em Direito da Universidade Federal do Paraná. Diretora Regional Sul do Instituto Brasileiro de Direito de Família. Professora de Direito Civil, de Direitos Humanos e de Novos Direitos. Advogada com ênfase em Direito de Família

Lígia Ziggiotti de Oliveira

Doutoranda em Direitos Humanos e Democracia pelo Programa de Pós-Graduação da Universidade Federal do Paraná. Mestra em Direito das Relações Sociais pela mesma instituição (2015). Professora de Direito Civil da graduação em Direito do Centro Universitário Autônomo do Brasil. Pesquisadora visitante do Instituto Max-Planck de Direito Comparado e Direito Internacional Privado em Hamburgo, na Alemanha. Advogada

Sumário: 1. Introdução – 2. Breve contextualização da conjugalidade juvenil no país – 3. Aspectos problemáticos entre autonomia e proteção das vulnerabilidades – 4. Peculiaridades da união estável e os efeitos pertinentes à temática – 5. Considerações finais – 6. Referências bibliográficas

1. INTRODUÇÃO

A posição jurídica contemporânea da criança e da(o) adolescente no país é resultado de amplo processo de transformação. Para se utilizar o marcador do Código Civil Brasileiro de 1916, é possível afirmar que, até a Constituição da República de 1988, predominava a regulamentação punitivista quanto ao chamado *menor em situação irregular*.

Neste sentido, a legislação e as políticas públicas dedicadas à infância e à juventude não comportavam tom protetivo. A circunstância só se altera, no plano positivado, efetivamente, ao final do século XX, que ainda contou, em 1990, com a promulgação do Estatuto da Criança e do Adolescente (Lei 8.069 de 1990). Mesmo assim, os desafios de concretização dos direitos humanos e fundamentais destas personagens seguem absolutamente latentes.

Em paralelo, o Código Civil Brasileiro que atualmente vigora data de 2002. Não obstante, o projeto pelo qual se originou retrocede à década de 70, quando à Comissão supervisionada por Miguel Reale foi transmitido o desafio de preservar o que fosse possível da versão codificada anterior, reformando, apenas, aquilo que já não fosse compatível com a racionalidade do século XIX.[1]

Não por menos, diversas previsões constantes no Código Civil Brasileiro contemporâneo não dialogam, de modo apropriado, com a efetiva proteção das vulnerabilidades. Por tal motivo é que parece necessário conferir uma interpretação atenta à realização dos direitos humanos e fundamentais de determinadas personagens em situações contratuais, proprietárias e familiares.

No Direito das Famílias, são variados os exemplos desta afirmação. A regulamentação do matrimônio contraído por crianças e adolescentes abaixo de 18 anos é ilustrativa. Embora os dispositivos codificados causem impacto a quem se alinha à defesa dos direitos desta população, a temática não se aciona com frequência em sede doutrinária e jurisprudencial.

A solenidade com que se caracteriza o casamento, contudo, parece mitigar a aplicabilidade prática dos ensinamentos acerca da capacidade matrimonial. Todavia, ao se enveredar pelas peculiaridades da união estável, aporta-se a um contexto especialmente complexo, e cujo potencial de debate e de relevância social procuramos apresentar nesta oportunidade.

Sem os parâmetros que há para as entidades familiares matrimonializadas, no Código Civil Brasileiro, crianças e adolescentes têm composto agrupamentos sociais reconhecidos, por elas e pelos círculos em que se inserem, como maritais. Diante da autonomia dos fatos, os quais se desenrolam às margens do controle estatal, é possível valorar os elementos que caracterizam, ou não, a união, do ponto de vista do Direito, e, ademais, modular as consequências destes encaminhamentos interpretativos.

Assim, o objetivo consiste em se identificarem os contornos da conjugalidade infantojuvenil no país, chamando também a atenção para os marcadores de gênero e socioeconômicos daí decorrentes, com o propósito de se definirem os graus de vulnerabilidade envolvidos contextualmente.

Neste ponto, contrastar a necessidade de proteção da criança e da(o) adolescente e a garantia da autonomia destas mesmas personagens parece oferecer interessantes premissas para a chave hermenêutica que soluciona as principais dúvidas acerca da valoração jurídica da união estável formada por adolescentes.

Explicitadas, por fim, as peculiaridades desta entidade familiar, que costuma se visibilizar, ao Direito, apenas quando se finaliza, torna-se possível testar limitações e possibilidades para que os critérios de sua constituição, e os seus efeitos, satisfaçam,

---

1. ALVES, José Carlos Moreira. Aspectos gerais do novo Código Civil brasileiro. In: AGUIAR, Ruy Rosado (org.). *III Jornada de Direito Civil*. Brasília: CJF, 2005, p. 16.

minimamente, o princípio da proteção integral da infância e da juventude no caso concreto.

2. BREVE CONTEXTUALIZAÇÃO DA CONJUGALIDADE JUVENIL NO PAÍS

Das invalidades matrimoniais às exceções direcionadas aos que se casam com menos de 16 anos, o Código Civil Brasileiro revela anacronismos. A leitura dos dispositivos relativos à capacidade matrimonial conduz a premissas arcaicas e descoladas contextualmente. Exemplo disso é a gravidez, apresentada como causa legítima para o matrimônio de quem ainda não tem 16 anos, e mesmo para evitar a imposição de pena criminal de quem incide em estupro de vulneráveis – hipótese considerada tacitamente revogada em função da reformulação recente do Código Penal, mas ainda presente no art. 1.520 do Código Civil. Nada consta, porém, sobre a possibilidade de união estável entre adolescentes.

As conclusões a que pode conduzir uma análise crítica deste arcabouço normativo são de variadas ordens. Por primeiro, mais uma vez, o legislador dedica desmedido fôlego para a regulamentação do casamento – esforço que não se reproduz quando trata, timidamente, em título composto de cinco artigos, acerca da união estável.

Para Rodrigo da Cunha Pereira, este disparate condensa um paradoxo da união estável.[2] Silenciar ou pouco produzir, na esfera legislativa, quanto a ela pode significar aproximá-la, fatalmente, da normativa matrimonial. Proliferar a regulamentação específica, por outro lado, significa aguçar a intervenção estatal sobre uma realidade que se apresenta, desde sempre, como informal.

Paralelamente, parece ocorrer verdadeira ausência de diálogo entre situações fáticas e previsões jurídicas. Aos contextos de conjugalidade juvenil registrados restam regulamentações controversas quanto ao casamento, em contraste com os vazios normativos quanto à união estável.

Todavia, o diagnóstico inicial não permite concluir pela ausência de interesse em se promover a discussão a este propósito – a despeito de o país, a exemplo da América Latina em geral, ter se omitido, sistematicamente, da discussão internacional relativa às relações maritais na infância e na juventude. Pelo contrário, a composição de união estável por adolescentes em nosso contexto não parece rara.

Conforme a Plan International Brasil, o país consta como quarto lugar no ranking mundial de conjugalidades infantis.[3] Os dados do Censo de 2010 oferecem importante panorama a este propósito. Contabilizados os meninos, entre 10 a 14 anos, que compunham uniões estáveis, civis ou religiosas no país, chegava-se à

---

2. PEREIRA, Rodrigo da Cunha. União estável. In: PEREIRA Rodrigo da Cunha (org.). *Tratado de Direito das Famílias*. Belo Horizonte: IBDFAM, 2015, p. 207.
3. PLANO INTERNATIONAL BRASIL. *Participe da campanha "Casamento infantil não"*. Disponível em: https://plan.org.br/news/2017-09-25-participe-da-campanha-casamento-infantil-nao. Acesso em 05 de março de 2018.

marca de 22.849. Entre 15 e 17 anos, eram 78.997. Já as meninas, no primeiro grupo, contabilizavam 65.709, ao passo que, no segundo grupo, atingiam a marca de 488.381. Destas, as que estavam em uniões estáveis configuravam 60.200 e 430.396 dos casos, respectivamente.

Os números revelam que a circunstância está informada por imbricações de gênero, porque há diferença abissal de tais possibilidades entre meninos e meninas. Em pesquisa realizada pelo Instituto Promundo, restou evidente que dentre os fatores que influenciavam o estabelecimento destas uniões constam a gravidez indesejada, que atrita com o moralismo familiar e social; o controle da sexualidade das meninas por seus familiares; o anseio de segurança financeira; a perspectiva de linha de fuga do lar de origem, para as meninas, especialmente quando há violência intrafamiliar; e o desejo dos companheiros de estabelecerem relações com meninas mais jovens.[4] Observadas as experiências das meninas de 15 anos, constatou-se que os seus companheiros tinham, em média, 09 anos a mais que elas.[5]

Como ainda se observa, a via da união estável ultrapassa substancialmente a via matrimonial quando se trata de conjugalidade juvenil. Tal dado parece compreensível, vez que a formalidade exigida para o matrimônio de quem ainda não completou 18 anos parece mitigar o interesse nesta via.[6] De acordo com o Código Civil Brasil, podem contrair matrimônio os maiores de 16 anos, desde que com o consentimento parental ou o suprimento judicial. A capacidade plena para tanto, sem a necessidade de autorização, só se atinge aos 18 anos.

Assim, a composição familiar informal e considerada consensual lidera os casos e torna mais complexa a discussão da temática.[7] Em outras palavras, o Brasil tem saído da rota de discussão da conjugalidade infantojuvenil por se considerarem as uniões aqui estabelecidas distantes da realidade de casamentos forçados, os quais encontram terreno em outros países.

---

4. TAYLOR, Alice; LAURO, Giovanna; SEGUNDO, Márcio; GREENE, Margaret. *"Ela vai no meu barco"*: casamento na infância e na adolescência no Brasil. Rio de Janeiro: Instituto Promundo, 2015, p. 11.
5. MONOLEY, Anastasia. *Prática comum no país, casamento infantil é usado por meninas para evitar violência doméstica, diz estudo*. Disponível em: http://oglobo.globo.com/sociedade/pratica-comum-no-pais-casamento-infantil-usado-por-meninas-para-evitar-violencia-domestica-diz-estudo-16763674. Acesso em 05 de março de 2018.
6. Mesmo com a formalidade presente, é possível ilustrar situações em que o casamento ocorre, através do exercício da autoridade parental: "[...] tu quer casar mesmo?", ela [a lha] disse que queria. Aí eu peguei [...] e disse: -"olha [...] 'de tarde' a gente vai lá para o casamento comunitário." [...] Só que a juíza não aceitou por- que ela era de menor e tava sem o consentimento do pai dela, o pai dela não estava lá. [...] Aí então eu tive que "coisar" um alvará, lá na Primeira Vara da Família, o juiz teve que liberar o al- vará para ela poder casar. Aí, como o juiz liberou, ele só liberou o alvará, foi na mesma semana do casamento. O casamento seria sábado, ele liberou o alvará na quarta-feira" (TAYLOR, Alice; LAURO, Giovanna; SEGUNDO, Márcio; GREENE, Margaret. *"Ela vai no meu barco"*: casamento na infância e na adolescência no Brasil. Rio de Janeiro: Instituto Promundo, 2015, p. 54)
7. TAYLOR, Alice; LAURO, Giovanna; SEGUNDO, Márcio; GREENE, Margaret. *"Ela vai no meu barco"*: casamento na infância e na adolescência no Brasil. Rio de Janeiro: Instituto Promundo, 2015, p. 17.

Para além de inexistência de marcadores legislativos de um limite etário mínimo para a configuração desta última entidade familiar, a valorização do aspecto consensual implica em se aventurar pelos limites da autonomia e da proteção das vulnerabilidades, tema que "enseja, não raras vezes, difíceis e delicadas ponderações".[8]

Conforme se delimitou acima, há graves contextos que pressionam a ideia clássica de liberdade para a condução dos próprios rumos, a qual pressupõe indivíduos em situação de igualdade. Apenas dos fatores acima descritos como relevantes para a conjugalidade infantojuvenil, ressoam como evidentes as vulnerabilidades relativas ao gênero, à idade e, em determinados casos, à condição socioeconômica de uma das partes. Por outro lado, é certo que estes indivíduos, sobretudo meninas, também detêm graus de agência, e renegá-los pode significar uma nova violação de seus direitos.

Em outras palavras, faz-se preciso pontuar os aspectos considerados problemáticos entre autonomia e proteção das vulnerabilidades, a fim de que não se recaia em irresponsabilidade, avalizando quaisquer condutas que transpareçam como consensuais, e tampouco em paternalismo, descreditando todos os elementos decisórios de sujeitos em situação de vulnerabilidade.

3. ASPECTOS PROBLEMÁTICOS ENTRE AUTONOMIA E PROTEÇÃO DAS VULNERABILIDADES

"Eu me relacionei com ele, namorei com ele três meses, ele me convidou pra morar na casa dele, aí eu fui pra casa dele. Não gostava muito dele, eu só fui mesmo pelo fato do meu padrasto, aí na convivência nossa ele me fez aprender a gostar dele, e hoje eu sou louca por ele"[9].

O relato, que participa de robusta pesquisa sobre relações maritais infantojuvenis no Brasil, é de uma menina que, aos 12 anos, passou a conviver em união estável com um sujeito que então contava com 19 anos, com o intuito de se afastar da violência impetrada pelo padrasto. À ocasião da entrevista, ela tinha 16 anos e estava grávida do companheiro.

Como se observa, o viés puramente negativo de liberdade,[10] pelo qual se abstém de investigar o contexto e as possibilidades de reinvenção dos próprios rumos dos agentes em questão, não informa suficientemente a complexidade da tomada de decisão da entrevistada. A ausência de *affectio maritalis*, quando decidiu proceder a coabitação, causa desconfortos. Em contrapartida, é certo que a valoração objetiva do contexto, em caso de sujeitos adultos, prepondera.

---

8. BARBOZA, Heloisa Helena; ALMEIDA, Vitor. A tutela das vulnerabilidades na legalidade constitucional. In: *Da dogmática à efetividade do Direito Civil*. Belo Horizonte: Fórum, 2017, p. 44.
9. TAYLOR, Alice; LAURO, Giovanna; SEGUNDO, Márcio; GREENE, Margaret. *"Ela vai no meu barco"*: casamento na infância e na adolescência no Brasil. Rio de Janeiro: Instituto Promundo, 2015, p. 62.
10. A este respeito, confira-se: PIANOVSKI RUZYK, Carlos Eduardo. *Institutos fundamentais do direito civil e liberdade(s)*: repensando a dimensão funcional do contrato, da propriedade e da família. Rio de Janeiro: GZ Editora, 2011.

Por certo, a ausência de interesse em conviver com o companheiro contrastou com outros elementos, como o abuso intrafamiliar, para o estabelecimento efetivo da união. A ponderação efetuada pela criança em questão, portanto, não é desprovida de sentido e revela graves falências na atuação do Estado, da sociedade civil e da família em seu favor, contradizendo as premissas do texto constitucional, cujo art. 227 impõe que tais agentes salvaguardem a infância e a juventude de negligência, discriminação, exploração, violência, crueldade e opressão.

Consequentemente, este dado ainda descredencia a eficácia protetiva da responsabilidade parental de quem a detivesse em relação à menina de 12 anos, que era vítima de violações em sua rotina familiar. Em acréscimo, ainda em idade escolar, a entrevistada encontrava-se fora deste ambiente, distante do mercado laboral e prestes a ingressar no registro da família parental.

Por outro lado, é certo que há componentes decisórios, por parte dos agentes em questão, que não podem ser completamente ignorados, especialmente em razão dos aspectos existenciais que contornam o envolvimento conjugal.

A agência relacionada à infância e à juventude pode ser repensada em termos contemporâneos, conforme sugere Maria Celina Bodin de Moraes:

> Visa-se a compartilhar esse saber já há muito consolidado para o incremento de um consistente pensamento jurídico no que tange às relações paterno-filiais, em que às crianças e aos adolescentes deve ser atribuída, como titulares de direitos, a capacidade do seu exercício, em prol da realização de seus interesses, através de prerrogativas e direitos específicos. Tudo isso em direta oposição à concepção que ainda os reduz a meros sujeitos-objeto de direito, que se sujeitam às escolhas de outrem – essencialmente dos pais e, na falta de acordo entre eles, do juiz – e demandam, passivamente, assistência moral e material, proteção e limites.[11]

Aporta-se, portanto, a um relevante paradoxo entre autonomia e proteção das vulnerabilidades. É preciso, enfim, proteger a adolescente de suas próprias escolhas para não incorrer em violações ainda mais graves de seus direitos humanos e fundamentais?

Destrinchando os termos a que se faz referência acima, é possível afirmar que, para Luiz Edson Fachin, a autonomia se caracteriza como ações humanas voluntárias, configuradas, estas, como patrimoniais ou como existenciais.[12] De outra banda, a proteção das vulnerabilidades é a via que potencializa a participação de grupos e de indivíduos social, cultural e historicamente excluídos em seus espaços.

Conforme dispõe Judith Butler, em lição válida para a análise das vulnerabilidades, desde o momento do nascimento, é necessário o cuidado alheio para que alguém não desvaneça.[13] Há dependência em relação a pessoas, instituições e ambientes externos que definem, portanto, toda a existência humana como precária.

---

11. BODIN DE MORAES, Maria Celina. A nova família de novo: estruturas e funções das famílias contemporâneas. In: *Pensar*. Fortaleza, v. 18, n. 2, Maio/Agosto 2013, p. 611.
12. FACHIN, Luiz Edson. *Teoria Crítica do Direito Civil*. Rio de Janeiro: Renovar, 2003, p. 70-71.
13. BUTLER, Judith. *Quadros de guerra*: quando a vida é passível de luto? Trad. Sérgio Tadeu de Niemeyer Lamarão; Arnaldo Marques da Cunha. Rio de Janeiro: Civilização Brasileira, 2015.

Porém, a condição precária acrescenta elementos mais instigantes, porque diz respeito à "condição politicamente induzida na qual certas populações sofrem com redes sociais e econômicas de apoio deficientes e ficam expostas de forma diferenciada às violações, à violência e à morte", em uma situação de "maximização de precariedade".[14] É nesta esfera que orbita a compreensão mais acertada da vulnerabilidade, dentro da qual se podem incluir critérios relativos a gênero, idade, situação socioeconômica, entre outros.

Autonomia e vulnerabilidade "são pilares que funcionam em articulação, devendo a autonomia ser pensada em função da vulnerabilidade, como seu componente indispensável, sendo esta entendida como pedido de apoio ou de suporte".[15] Aplicada a lição para as uniões estáveis estabelecidas entre adolescentes, é possível questionar de que modo o apoio ou o suporte podem se articular à configuração da união estável.

Deste panorama, extraem-se complicadores relativos a esta entidade familiar e que tornam a temática ainda mais envolvente. Uma conclusão razoável consistiria em preservar a esfera existencial da decisão pela conjugalidade e incrementar a tutela relativa à esfera patrimonial decorrente desta decisão.

Soluções hermenêuticas discutidas, especialmente, para os casos de pessoa com deficiência, poderiam ser funcionalizadas à circunstância da infância e da juventude. Neste sentido, experiências como a de tomada de decisão apoiada, que atestam o anacronismo do sistema de representação e de assistência, poderiam ser inovadoras para a hipótese de composição conjugal por adolescentes, em particular, para o melhor direcionamento patrimonial.

Todavia, resgatado o conceito de autonomia, tem-se que o elemento volitivo resta complexo em situações informais como estas, que predominam no país entre as(os) jovens. Isso porque, ao contrário do casamento, a união estável não se constitui por ato de vontade, mas, ao revés, pela força dos fatos.

A par de uma manifestação expressa, ao Estado, do consentimento das partes, neste caso, há, em geral, uma valoração jurídica posterior à dissolução da união. Por isso é que, não raras vezes, compara-se a união estável a um casamento às avessas: a apreciação de sua constituição pelo Direito costuma se dar de modo contemporâneo ao seu término.

Também as consequências jurídicas patrimoniais desta relação se extraem independentemente de expressa vontade das partes, as quais não costumam estabelecer pactos de convivência definindo regimes de bens diversos do supletivo.

Pelo contrário, os contornos socioeconômicos e de eventual hipossuficiência informativa das partes parecem mitigar a relevância deste instrumento, bem como da

---

14. BUTLER, Judith. *Quadros de guerra:* quando a vida é passível de luto? Trad. Sérgio Tadeu de Niemeyer Lamarão; Arnaldo Marques da Cunha. Rio de Janeiro: Civilização Brasileira, 2015, p. 46.
15. BARBOZA, Heloisa Helena; ALMEIDA, Vitor. A tutela das vulnerabilidades na legalidade constitucional. In: *Da dogmática à efetividade do Direito Civil.* Belo Horizonte: Fórum, 2017, p. 46.

autorização dos pais ou dos representantes legais, como exigido para os casamentos. Assim sendo, é preciso destrinchar as peculiaridades da união estável para que se discutam a constituição e os efeitos relativos àquela formada por adolescentes.

4. PECULIARIDADES DA UNIÃO ESTÁVEL E OS EFEITOS PERTINENTES À TEMÁTICA

"Não se admite, como causa de extinção da punibilidade, nos crimes contra os costumes, a união estável de vítima menor de 16 (dezesseis) anos, por ser esta incapaz de consentir validamente acerca da convivência marital".[16]

A ementa compõe decisão emplacada pelo Superior Tribunal de Justiça e contrasta com as experiências de conjugalidade juvenil colhidas com frequência no contexto nacional. No caso apreciado judicialmente, o réu comprovou relacionamento de oito anos com a vítima, bem como o advento de três filhos desta união.

Todavia, a ausência da idade núbil dela para o matrimônio conduziu a Corte a negar o *habeas corpus* impetrado pelo companheiro que, à ocasião, já se encontrava preso. Conforme se decidiu, não haveria como se caracterizar o consentimento marital por motivo etário.

Se, no aspecto penal, o entendimento do Superior Tribunal de Justiça confere tom protetivo à infância e à juventude, é necessário questionar se as mesmas premissas aplicadas ao Direito das Famílias comportam coerência com o regramento jurídico da união estável e, acima de tudo, efetiva proteção das personagens vulneradas em questão, que são as crianças e as(os) adolescentes.

O art. 226, § 3º, da Constituição e o art. 1.723 do Código Civil conduzem a critérios abertos para a caracterização da união estável. Para tanto, basta a comprovação da relação afetiva de modo público, contínuo e duradouro, reveladora de objetivo de constituição de família. Ao passo que o consentimento compõe a constituição do casamento, e até mesmo modula a sua validade, "por ser ato-fato jurídico (ou ato real), a união estável não necessita de qualquer manifestação de vontade para que produza seus jurídicos efeitos".[17]

Consequentemente, é necessário averiguar o teor que se confere ao elemento volitivo, quando não se trata de critério equivalente àquele exigido para o matrimônio, formal e solene. Quando muito se poderia afirmar que o objetivo de constituição de família condensa o ânimo marital dos agentes.

Contudo, o relato disposto no tópico anterior expõe as fissuras de uma análise subjetiva da ponderação que acompanha a escolha de crianças e de adolescentes que se encontram em referida circunstância. A entrevistada indicou que, ao início da

---

16. BRASIL. Superior Tribunal de Justiça. Habeas Corpus 85604-SP 2007-0146484-0. Rel. Min. Félix Fischer. Julgado em 18 de novembro de 2008.
17. LÔBO, Paulo. *Famílias*. 2. ed. São Paulo: Saraiva, 2009, p. 152.

coabitação,[18] não tinha desejo de conviver com o companheiro, mas se conduziu a tanto em razão de violência no lar de origem e, após anos, já tendo inclusive atingido a idade núbil, entendia como acertada a sua escolha.

Ao que parece, uma interpretação recorrente deste quadrante não ingressaria nos meandros psíquicos da decisão, tomando-se, dali, apenas os indícios objetivos de existência, ou não, de união estável. E, mesmo que assim se desejasse, até mesmo no âmbito do matrimônio, em que as questões etárias conduzem a hipóteses restritas de anulabilidade, há possibilidade de convalidação futura pelas partes.

Em acréscimo, como temos argumentado, a "união estável ou união livre, como o próprio nome indica, é aquela livre de regulamentação, registros e controles oficiais".[19] Se não há validação do Estado, portanto, contemporânea à constituição da união estável, a qual se estabelece por meio da convivência, como devem reagir as(os) operadoras(es) jurídicas(os) quando se deparam com um arcabouço fático consolidado envolvendo adolescentes em união estável?

Para se aprofundar nesta questão, imaginem-se outros desdobramentos para o relato apresentado no tópico acima. Pode-se aventar que a entrevistada tivesse reunido as condições para o reconhecimento de união estável aos 12 anos, mas, ao invés de ter dado continuidade à relação, tivesse a rompido aos 16 anos. Ainda, imagine-se que, neste período de tempo, tivesse ocorrido aquisição onerosa de patrimônio imobiliário, registrado em nome de seu companheiro – mais velho e já inserido no mercado laboral.

Deste cenário, pode-se chegar a resultados distintos a depender da linha argumentativa adotada. Em diálogo com a decisão do Superior Tribunal de Justiça, cuja ementa se colacionou, é possível, de modo apressado, concluir que não se admite, em qualquer hipótese, o reconhecimento de união estável envolvendo crianças ou adolescentes.

Tal compreensão, contudo, significaria excluir os efeitos jurídicos daí decorrentes, o que pode não condensar a melhor articulação entre autonomia e proteção das vulnerabilidades em apreço. Na digressão fictícia que propusemos, definir o contexto como *ajurídico* barraria a partilha dos bens adquiridos onerosamente na constância da união, e, de modo paradoxal, prejudicaria, na esfera patrimonial, a jovem, que, no caso concreto, até mesmo se afastou dos ambientes escolar e laboral em função da união.

O mesmo exemplo serve para a exposição das fragilidades em torno da aplicação automática do regime legal de separação de bens, em equiparação à previsão do art. 1.641, III, do Código Civil Brasileiro, que impõe esta via quando ocorrem casamentos com suprimento judicial – nubentes entre 16 e 18 anos sem a autorização dos pais ou dos representantes legais.

---

18. Conforme se pode notar, a coabitação não configura como critério necessário à caracterização da união estável, mas se trata de importante elemento probatório de sua existência.
19. PEREIRA, Rodrigo da Cunha. União estável. In: PEREIRA Rodrigo da Cunha (org.). *Tratado de Direito das Famílias*. Belo Horizonte: IBDFAM, 2015, p. 207.

A versão anterior do Código Civil Brasileiro, de 1916, ao fixar a separação obrigatória para todos os casos envolvendo crianças e adolescentes, já revelava disparates práticos relevantes. A propósito, Pontes de Miranda vislumbrava os efeitos devastadores da aplicação da incomunicabilidade patrimonial em casos de menores incapazes, quando considerava que "esses princípios rígidos, aprioristicos, têm, por vezes, resultados lastimáveis".[20] Não por menos, a Súmula 377 do Supremo Tribunal Federal[21] aproxima o regime de separação obrigatória de bens ao de comunhão parcial de bens, mitigando soluções frequentemente injustas.

Porém, tampouco a implementação automática do regime de comunhão parcial de bens, como supletivo à ausência de regramento próprio dos companheiros, e em equiparação às demais modalidades de união estável reconhecidas juridicamente, encontra-se livre de implicações nocivas aos interesses das crianças e das(os) adolescentes envolvidas(os) em situação de conjugalidade.

Neste sentido, suponha-se que a entrevistada, igualmente, tivesse composto união estável aos 12 anos e, três anos após, fosse contemplada por prêmio de loteria que rompesse a sua dependência econômica do companheiro e, ainda, mantivesse desnecessária a reaproximação com o padrasto abusivo. Traduzida a situação para o vocabulário jurídico, trata-se de fato eventual, cuja comunicabilidade é contemplada, no regime de comunhão parcial de bens, no art. 1.660, II, do Código Civil.

A hipótese subverte o modelo anteriormente aventado – e provavelmente preponderante – em que a ausência de reconhecimento da união estável conduz a prejuízos patrimoniais à parte vulnerada. Nesta última, a garantia de efeitos jurídicos à união estável poderia aviltar o patrimônio da adolescente.

Por fim, um esforço hermenêutico poderia conduzir a uma inusitada via que ressuscita a Súmula 380 do Supremo Tribunal Federal,[22] editada em 1964, e responsável por surtir efeitos de partilha para as chamadas sociedades de fato. Como é sabido, este posicionamento superou a completa invisibilidade jurídica relativa às uniões estáveis, as quais, sem previsão legal à época, incorriam, por vezes, em ausência total de efeitos jurídicos. Pinçou-se uma figura codificada alheia ao Direito das Famílias para se oferecerem respostas paliativas aos casos concretos.

Parte da doutrina ainda aproxima agrupamentos sociais que não considera familiares à categoria de sociedade de fato, como se direciona Rolf Madaleno ao tratar das famílias simultâneas.[23] Todavia, a redação há décadas proposta pela Corte envolve variadas problemáticas, como a ausência de modulação de diversas consequências

---

20. PONTES DE MIRANDA, Francisco Cavalcanti. *Tratado de direito privado*. v. 8. Rio de Janeiro: Borsoi, 1971, p. 280.
21. Súmula 377 do Supremo Tribunal Federal: "No regime de separação legal de bens, comunicam-se os adquiridos na constância do casamento".
22. Súmula 380 do Supremo Tribunal Federal: "Comprovada a existência de sociedade de fato entre os concubinos, é cabível a sua dissolução judicial, com a partilha do patrimônio adquirido pelo esforço comum".
23. MADALENO, Rolf. *Curso de direito de família*. 5. ed. Rio de Janeiro: Forense, 2013.

pertinentes ao Direito das Famílias e Sucessório, bem como a controversa aplicação dada historicamente, na jurisprudência, à prova do esforço comum.[24]

Em resumo, as soluções que se poderiam formatar no plano abstrato não servem completamente para a articulação mais satisfatória entre autonomia e vulnerabilidade. A chave hermenêutica que parece possibilitar o encaminhamento apropriado de um conflito com estes contornos reside, com efeito, na principiologia, que homenageia a proteção integral da infância e da juventude.

Nesta esfera, cabe ao aplicador do Direito identificar qual das respostas acima realiza o melhor interesse da criança e da(o) adolescente, e legitimá-la, justamente, a partir de sua promoção. Consequentemente, não apenas os instrumentos relativos ao Direito das Famílias podem ser direcionados para este fim, como, ainda, aqueles relativos à responsabilidade civil.

Novos diálogos poderiam surgir caso se debatesse acerca da possibilidade de adolescentes firmarem pactos de união estável, inclusive elegendo outro regime de bens diverso do supletivo, e acionando as categorias da representação, da assistência e até mesmo, de maneira inovadora, da *ratio* da tomada de decisão apoiada para evitar o prejuízo patrimonial das partes mais vulneradas.

Todavia, a coloração que, em geral, acompanha as uniões estáveis de crianças e de adolescentes no país torna improvável a via pactuada. Pelo contrário, é às margens de qualquer controle prévio que parece se identificar a circunstância conjugal, e, a este propósito, uma análise crítica impõe que não se reduzam, as nossas considerações, apenas em funcionalizar as soluções codificadas.

É preciso, ainda, que as vulnerabilidades de gênero, etárias e socioeconômicas, entre outras tantas, sejam propriamente consideradas, de modo a se produzirem políticas públicas que barrem os atentados aos direitos da infância e da juventude, para que seja possível enveredar por um cenário de amplas escolhas educacionais, profissionais e afetivas às meninas brasileiras, em dimensões que as permitam vislumbrar oportunidades que ultrapassem aquelas precariamente oferecidas por uniões estáveis.

5. CONSIDERAÇÕES FINAIS

A proteção integral da infância e da juventude é celebrada, com frequência, como linha mestra para a resolução de conflitos em que crianças e adolescentes figuram. De acordo com o que anuncia a doutrina, ao retratar os avanços representados pela Constituição de 1988 e pelo Estatuto da Criança e do Adolescente de 1990, estes anos condensaram "a vanguarda do mundo jurídico, bem como setores sensíveis do empresariado".[25]

---

24. A este respeito, confira-se: MATOS, Ana Carla Harmatiuk. *As famílias não fundadas no casamento e a condição feminina*. Rio de Janeiro: Renovar, 2000.

25. VOGEL, Arno. Do Estado ao Estatuto: propostas e vicissitudes da política de atendimento à infância e à adolescência no Brasil contemporâneo. In: RIZZINI, Irene; PILOTTI, Francisco. *A arte de governar crianças:*

Contudo, um contexto capaz de realizá-la não envolve, apenas, o manejo de respostas jurídicas às violações de que tais personagens são protagonistas. Por certo, é preciso refletir acerca das medidas preventivas deste contexto, as quais envolvem elementos ainda mais desafiadores do que as soluções para a união estável que não raras vezes estabelecem.

Precariedade da educação pública, ausência de horizonte profissional, fetichização da infância e da juventude femininas, miserabilidade familiar exemplificam tópicos relacionados à conjugalidade entre crianças e adolescentes para os quais as ideias empreendidas neste artigo não se mostraram suficientes.

Conforme se observa, a composição marital, para a infância e para a juventude, ultrapassa a discussão acerca da responsabilidade parental de impedir ou de permitir a conjugalidade para as(os) filhas(os) e ultrapassa a discussão acerca da valoração jurídica do seu consentimento. Trata-se, efetivamente, de grave contexto de falência da família, do Estado e da sociedade civil que exige ampliar a análise crítica.

Consequentemente, é preciso rememorar a relevância de políticas públicas dedicadas à efetivação destes direitos humanos e fundamentais, bem como explicitar a gravidade do cenário contemporâneo, o qual tem se apresentado avesso a estas iniciativas e adepto de progressivo desmantelamento das providências estatais.

Assim, é preciso acionar, de modo insistente, diversificadas formas de proteção dos grupos vulnerados, em articulação à autonomia dos sujeitos, a fim de que se aproxime, tanto quanto possível, de um ideal de realização amplo de seus melhores interesses.

6. REFERÊNCIAS BIBLIOGRÁFICAS

ALVES, José Carlos Moreira. Aspectos gerais do novo Código Civil brasileiro. In: AGUIAR, Ruy Rosado (org.). *III Jornada de Direito Civil*. Brasília: CJF, 2005.

BARBOZA, Heloisa Helena; ALMEIDA, Vitor. A tutela das vulnerabilidades na legalidade constitucional. In: *Da dogmática à efetividade do Direito Civil*. Belo Horizonte: Fórum, 2017.

BODIN DE MORAES, Maria Celina. A nova família de novo: estruturas e funções das famílias contemporâneas. In: *Pensar*. Fortaleza, v. 18, n. 2, Maio/Agosto 2013.

BRASIL. Superior Tribunal de Justiça. Habeas Corpus 85604-SP 2007-0146484-0. Rel. Min. Félix Fischer. Julgado em 18 de novembro de 2008.

BUTLER, Judith. *Quadros de guerra: quando a vida é passível de luto?* Trad. Sérgio Tadeu de Niemeyer Lamarão; Arnaldo Marques da Cunha. Rio de Janeiro: Civilização Brasileira, 2015.

FACHIN, Luiz Edson. *Teoria Crítica do Direito Civil*. Rio de Janeiro: Renovar, 2003.

LÔBO, Paulo. *Famílias*. 2. ed. São Paulo: Saraiva, 2009.

MADALENO, Rolf. *Curso de direito de família*. 5. ed. Rio de Janeiro: Forense, 2013.

---

a historia das políticas sociais, da legislação e da assistência à infância no Brasil. 3. ed. São Paulo: Cortez, 2011, p. 310.

MATOS, Ana Carla Harmatiuk. *As famílias não fundadas no casamento e a condição feminina*. Rio de Janeiro: Renovar, 2000.

MONOLEY, Anastasia. *Prática comum no país, casamento infantil é usado por meninas para evitar violência doméstica, diz estudo*. Disponível em: http://oglobo.globo.com/sociedade/pratica-comum-no-pais-casamento-infantil-usado-por-meninas-para-evitar-violencia-domestica-diz-estudo-16763674. Acesso em 05 de março de 2018.

PEREIRA, Rodrigo da Cunha. União estável. In: PEREIRA Rodrigo da Cunha (org.). *Tratado de Direito das Famílias*. Belo Horizonte: IBDFAM, 2015.

PIANOVSKI RUZYK, Carlos Eduardo. *Institutos fundamentais do direito civil e liberdade(s)*: repensando a dimensão funcional do contrato, da propriedade e da família. Rio de Janeiro: GZ Editora, 2011.

PLANO INTERNATIONAL BRASIL. *Participe da campanha "Casamento infantil não"*. Disponível em: https://plan.org.br/news/2017-09-25-participe-da-campanha-casamento-infantil-nao. Acesso em 05 de março de 2018.

PONTES DE MIRANDA, Francisco Cavalcanti. *Tratado de direito privado*. v. 8. Rio de Janeiro: Borsoi, 1971.

TAYLOR, Alice; LAURO, Giovanna; SEGUNDO, Márcio; GREENE, Margaret. *"Ela vai no meu barco"*: casamento na infância e na adolescência no Brasil. Rio de Janeiro: Instituto Promundo, 2015.

VOGEL, Arno. Do Estado ao Estatuto: propostas e vicissitudes da política de atendimento à infância e à adolescência no Brasil contemporâneo. In: RIZZINI, Irene; PILOTTI, Francisco. *A arte de governar crianças:* a historia das políticas sociais, da legislação e da assistência à infância no Brasil. 3. ed. São Paulo: Cortez, 2011.

ADOÇÃO *INTUITU PERSONAE* E AUTORIDADE PARENTAL

Dimas Messias de Carvalho

Mestre em Direito Constitucional pela FDSM. Professor no curso de direito na UNIFENAS e em cursos de pós-graduação. Promotor de Justiça aposentado MG. Advogado. Autor de obras jurídicas. Palestrante.

Sumário: 1. Autoridade parental; 1.1. Conceito – autoridade parental e poder familiar; 1.2. Titularidade e exercício da autoridade parental; 1.3. Extinção e perda da autoridade parental – 2. Adoção *intuitu personae*; 2.1. Conceito e subsidiariedade da adoção; 2.2. Princípio do melhor interesse e a proteção integral da criança e do adolescente, 2.3. Adoção *intuitu personae* – 3. Referências bibliográficas

1. AUTORIDADE PARENTAL

1.1. Conceito – autoridade parental e poder familiar

Autoridade parental é a expressão utilizada na doutrina em substituição ao poder familiar, denominação que foi introduzida no ordenamento jurídico brasileiro pelo Código Civil de 2002, em substituição ao pátrio poder. Poder familiar é o exercício da autoridade dos pais sobre os filhos menores e importa em mais deveres que poderes, observando o melhor interesse das crianças e adolescentes, por isso Rodrigo da Cunha Pereira leciona que a expressão autoridade parental é mais adequada que poder familiar, pois "incorpora muito mais o espírito e princípios constitucionais (arts. 226, § 7º e 227, CR) e do Estatuto da Criança e do Adolescente (Lei 8.069/1990), em que os filhos receberam um lugar de sujeitos de direitos".[1]

Conrado Paulino da Rosa ressalta que o Código Civil de 1916 carregava muito da origem do *pater famílias* centrada no autoritarismo e no poder absoluto do pai. Considerando que hoje se vive uma nova visão na criação da prole e uma horizontalidade no seio familiar, nos arranjos construídos pelo diálogo, defende a adoção do termo "função parental" em substituição ao poder familiar. Fundamenta, diante do atual direito de família, que como "nem a expressão 'poder familiar', muito menos 'autoridade parental' representam a melhor designação para o instituto, trazemos a ideia de ser denominada 'função parental'."[2]

---

1. PEREIRA, Rodrigo da Cunha. *Dicionário de Direito de Família e Sucessões*. São Paulo: Saraiva, 2015, p. 114.
2. ROSA, Conrado Paulino da. *Direito de Família Contemporâneo*. 7ª edição. Salvador: JusPODIVM, 2020, p. 455.

A autoridade parental significa o complexo, o conjunto de direitos e deveres dos pais quanto à pessoa e os bens dos filhos menores, para o exercício dos deveres de sustento, guarda e educação (art. 22, ECA),[3] sempre observando o melhor interesse da criança e do adolescente, diante de sua condição peculiar de pessoa em crescimento e falta de maturidade. Com efeito:

> O ser humano necessita, durante os primeiros anos de sua vida de cuidados essenciais para sua sobrevivência e, durante o crescimento, de orientação e educação. Não basta, portanto, apenas alimentar e dar abrigo ao menor, sendo necessário ampará-lo e protegê-lo integralmente, proporcionando-lhe um ambiente saudável e afetivo para seu desenvolvimento físico e psicológico, conferindo a incumbência prioritariamente aos pais, que exercem o poder familiar. O poder familiar ou parental não se resume, ainda apenas quanto à criação, educação e proteção do filho, estendendo-se para a defesa e administração de seus bens e direitos, no seu melhor interesse.[4]

O exercício da autoridade parental deve ser para a efetiva proteção do filho. A relação paterno/filial, assentada na doutrina da proteção integral e no princípio da paternidade responsável, determina e orienta para o bem do menor, assegurando todos os cuidados necessários para desenvolver suas potencialidades, para que consiga se estruturar enquanto pessoa humana, e chegar à condição adulta sob as melhores condições psíquicas, morais, profissionais e materiais. Os interesses dos maiores estão em segundo plano quando conflitantes com os interesses dos infantes. Zelar pelos interesses da criança e adolescente é garantir o direito de ter uma família, cuidar de sua boa formação, proporcionar uma boa convivência familiar em ambiente afetivo, enfim, prestar os cuidados necessários para seu pleno desenvolvimento.[5]

Ensinam Ana Carolina Brochado Teixeira e Maria de Fátima Freire de Sá que a criança e o adolescente receberam relevante proteção da Constituição Federal, no art. 227, posto que elevado ao *status* de sujeitos de direitos fundamentais, alvo da proteção integral da família, do Estado e da sociedade, devendo ser buscado seu melhor interesse a qualquer custo, de modo a lhes proporcionar um crescimento biopsíquico saudável. O menor assumiu papel relevante, passando a ser protagonista, exatamente por estar em condições de desenvolvimento e de construções de sua personalidade. A família consubstancia-se hoje no lugar privilegiado para o desenvolvimento psicofísico do menor, tornando-se na sua atual faceta, em núcleo de realização do ser humano, de afetividade, sonho e amor. Nos princípios previstos no art. 6º do Estatuto da Criança e do Adolescente, destaca-se a "condição peculiar da criança e do adolescente como pessoas em desenvolvimento", antevendo a relevância do princípio do melhor interesse da criança, veiculador da doutrina da proteção

---

3. Art. 22. Aos pais incumbe o dever de sustento, guarda e educação dos filhos menores, cabendo-lhes ainda, no interesse destes, a obrigação de cumprir e fazer cumprir as determinações judiciais.
4. CARVALHO, Dimas Messias de. *Direito das Famílias*. 8ª. ed. São Paulo: Saraiva, 2020, p. 780.
5. PEREIRA, Rodrigo da Cunha. *Princípios Fundamentais Norteadores do Direito de Família*. 2. ed. São Paulo: Saraiva, 2012, p. 151-162.

integral, que inclui o princípio da paternidade responsável,[6] expressada no exercício da autoridade parental.

O Código Civil, como dito, adotou a denominação de poder familiar, que não é a mais adequada, pois o instituto mudou substancialmente nos últimos tempos, acompanhando a evolução das famílias. A pequena modificação de pátrio poder para poder familiar, ou seja, o poder compartilhado por ambos os pais e não mais apenas pelo pai, não retrata as profundas mudanças ocorridas na proteção e na doutrina do melhor interesse da criança e do adolescente, que passaram a ser sujeitos de direitos, nos termos do art. 100, parágrafo único, do Estatuto da Criança e do Adolescente, e não mais assujeitados pelos pais, sendo-lhes conferidos direitos fundamentais com absoluta prioridade, conforme expressamente garante o art. 3º da Lei 8.069/1990 e o art. 227 da Constituição Federal. Os pais não exercem mais um poder, mas um múnus, uma autoridade sobre os filhos com inúmeros deveres.

Paulo Lôbo lembra que a mudança foi muito mais intensa, pois os interesses dos pais estão condicionados aos interesses dos filhos, que prevalecem, notadamente no interesse de sua plena realização, física e psíquica, como pessoa em formação. Ressalta que as legislações estrangeiras, como França e Estados Unidos, optam pela denominação autoridade parental e acrescenta que:

> Com o efeito, parece-me que o conceito de autoridade, nas relações privadas, traduz melhor o exercício de função ou de múnus, em espaço delimitado, fundado na legitimidade e no interesse do outro. "Parental" destaca melhor a relação de parentesco por excelência que há entre pais e filhos, o grupo familiar, de onde deve ser haurida a legitimidade que fundamenta a autoridade. O termo "parental" sofreria a mesma inadequação do termo tradicional.[7]

Ana Carolina Brochado Teixeira ressalta que o poder familiar, em razão das atribuições dos poderes e deveres atribuídos pelo Estado, exercidos em benefício do outro sujeito da relação jurídica, melhor se enquadraria como um poder jurídico para ser exercido em função dos interesses dos filhos. Nesse sentido, na autoridade parental, tanto o poder quanto o dever são usados pelos pais em benefício dos outros sujeitos da relação, os filhos menores, os receptores dos benefícios do poder jurídico. Os filhos menores, pessoas em desenvolvimento, atualmente são o foco da família, mesmo devendo obediência aos pais e não possuindo liberdade irrestrita, dentro de um ambiente familiar de colaboração, reciprocidade e solidariedade. Conclui que:

> Constata-se, portanto, que o enquadramento do poder familiar como situação jurídica é muito mais condizente com os princípios constitucionais, uma vez que acarretou a despatrimonialização do instituto, o qual passou a assumir sua verdadeira essência: o aspecto existencial, em consonância com a família contemporânea solidarista, cujo maior valor é a afetividade. Assim,

---

6. TEIXEIRA, Ana Carolina Brochado; SÁ, Maria de Fatima Freire de. Fundamentos Principiológicos do Estatuto da Criança e do Adolescente e do Estatuto do Idoso. *Revista Brasileira de Direito de Família*, n. 26. Porto Alegre: Síntese IBDFAM, out/nov, 2004, p. 22-26.
7. LÔBO, Paulo Luiz Netto. Do Poder Familiar. *Revista Síntese Direito de Família*. v. 13, n. 67, ago/set, 2011. São Paulo: IOB, 2011, p. 19-20.

os laços parentais vêm ganhando importância cada vez maior, por terem se tornado fonte de aprendizado, que alimenta o afeto e molda a dignidade de pais e filhos. Afinal, "ninguém cresce sem fazer crescer, nem destrói sem se autodestruir". Não poderia ser diferente, em face da função dialógica assumida pela autoridade parental.

Essa nova "missão" dos pais está embutida no conteúdo da autoridade parental.[8]

O Código Civil de 2002 regula a autoridade parental, sob a denominação de poder familiar, nos arts.1.630 a 1.638.

1.2. Titularidade e exercício da autoridade parental

O poder familiar ou autoridade parental é exercido pelos pais em face dos filhos menores,[9] não emancipados, cabendo a ambos os pais o exercício, nos termos do art. 1.631, *caput*, do Código Civil:

> Art. 1.631. Durante o casamento e a união estável, compete o poder familiar aos pais; na falta ou impedimento de um deles, o outro o exercerá com exclusividade.

O Código Civil refere-se ao poder familiar exercido em conjunto por ambos os pais durante o casamento ou união estável, entretanto, o exercício conjunto independe da união dos genitores. A titularidade não se dá em razão de casamento ou união estável, mas em razão da filiação, ocorrendo também com os pais solteiros, divorciados ou mesmo se algum deles possuir outro núcleo familiar. É exercício simultâneo, em igualdade de condições, exceto se um deles não for conhecido, for suspenso ou destituído do poder familiar. Na hipótese de discordância, qualquer um dos genitores pode recorrer ao juiz para decidir e solucionar o desacordo.

O filho não reconhecido pelo pai, ou pela mãe, ou adotado unilateralmente, ficará sob o poder familiar exclusivo do genitor que o reconheceu.

Incumbe aos pais, no exercício do poder familiar quanto à pessoa dos filhos, nos termos do art. 1.634 do Código Civil, dirigir-lhes a criação e educação (dever de sustento, guarda e educação – art. 22, ECA); exercer a guarda compartilhada ou unilateral; conceder-lhes ou negar-lhes consentimento para casarem; conceder-lhes ou negar-lhes consentimento para viajarem ao exterior; conceder-lhes ou negar-lhes consentimento para mudarem sua residência permanente para outro município; nomear-lhes tutor por testamento ou documento autêntico, se o outro dos pais não lhe sobreviver, ou o sobrevivo não puder exercer o poder familiar; representá-los judicial e extrajudicialmente até os 16 (dezesseis) anos, nos atos da vida civil, e assisti-los, após essa idade, nos atos em que forem partes, suprindo-lhes o consentimento; reclamá-los de quem ilegalmente os detenha; exigir que lhes prestem obediência, respeito e os serviços próprios de sua idade e condição.

---

8. TEIXEIRA, Ana Carolina Brochado. *Família, Guarda e Autoridade Parental*. 2ª ed. Rio de Janeiro: Renovar, 2009, p. 97-103.
9. Art. 1.630. Os filhos estão sujeitos ao poder familiar, enquanto menores.

Também incumbe aos pais, no exercício do poder familiar, consentir a adoção dos filhos.

Além dos direitos e deveres inerentes à pessoa do filho menor, incumbe aos pais a administração de seus bens e possuem direito ao usufruto (art. 1.689, CC), à exceção dos excluídos por lei ou disposição expressa do doador ou do testador, como forma de compensação dos encargos decorrentes da criação e educação.

1.3. Extinção e perda da autoridade parental

A autoridade parental se extingue pela capacidade do filho, por maioridade ou emancipação, não necessitando mais ser cuidado pelos pais; pela morte; quanto ao pai biológico pela adoção, transferindo o poder familiar para os pais adotivos; e por decisão judicial ao decretar a perda, conforme previsto no art. 1.635 do Código Civil.

A suspensão da autoridade parental é permitida quando os pais descumprem ou abusam de seus deveres em atos de menor gravidade e podem ser corrigidos, possibilitando a recuperação e manutenção da família de origem. A suspensão é temporária, pois "deixa intacto o poder familiar, excluindo apenas o exercício".[10]

A perda do poder familiar difere da simples suspensão, tratando-se de sanção muito mais grave e, em regra, permanente. O procedimento de perda da autoridade parental tem como objetivo maior proteger os direitos fundamentais da criança e do adolescente, e não punir os pais, somente podendo ser decretada mediante sentença judicial, em procedimento contraditório, possibilitando ampla defesa, nos casos taxativos previstos no art. 1.638 do Código Civil, como castigar imoderadamente o filho; deixar o filho em abandono; praticar atos contrários à moral e aos bons costumes; incidir, reiteradamente, nas faltas previstas no artigo antecedente; e entregar de forma irregular o filho a terceiros para fins de adoção.

O inciso V, "entregar de forma irregular o filho a terceiros para fins de adoção", foi acrescido pela Lei 13.509/2017, que facilita e acelera o processo de adoção, dispõe sobre o programa de apadrinhamento, a entrega voluntária pela gestante ou mãe do filho para adoção e qualifica, como causa de perda do poder familiar, a entrega de forma irregular do filho a terceiros para fins de adoção. A vedação expressa de entregar filho a terceiros é extremante salutar para coibir o tráfico de crianças, mas também se torna um obstáculo para a adoção *intuitu personae*, tema que será abordado a seguir.

A Lei 13.715/2018 promoveu alterações no ECA, no Código Penal e acrescentou parág. único ao art. 1.638 do Código Civil para autorizar a perda do poder familiar para quem praticar contra o outro titular do mesmo poder familiar, ou contra descendente, crimes de homicídio, feminicídio, lesão corporal grave ou seguida de morte, envolvendo violência doméstica e familiar ou menosprezo ou discriminação à condição de mulher, estupro, estupro de vulnerável ou crime contra a dignidade sexual.

---

10. CARVALHO, Dimas Messias de. *Direito das Famílias*. 8ª. ed. São Paulo: Saraiva, 2020, p. 794.

2. ADOÇÃO *INTUITU PERSONAE*

2.1. Conceito e subsidiariedade da adoção

A adoção é uma das formas de colocação da criança ou adolescente em família substituta, tratando-se de medida excepcional, somente aplicável na absoluta impossibilidade de manter ou reintegrar o menor à sua família natural ou extensa. É um ato jurídico solene e bilateral que gera laços de paternidade e filiação entre pessoas naturalmente estranhas umas às outras. Estabelece um vínculo fictício de filiação, trazendo para a sua família, na condição de filho, pessoa que geralmente lhe é estranha. É uma ficção legal que possibilita que se constitua entre o adotante e o adotado um laço de parentesco de 1º grau na linha reta, estendendo-se para toda a família do adotante.[11] É ato complexo que depende de intervenção judicial, de caráter irrevogável e personalíssimo, quando impossibilitada a manutenção da criança e do adolescente na família natural.

A recuperação da família natural para manutenção da criança ou do adolescente é a prioridade, somente sendo deferida a adoção em caráter subsidiário, após esgotados todos os meios para manter ou reintegrar o menor na sua família de origem, observando, entretanto, o prazo de noventa dias, prorrogável por igual período, para a busca de pessoas na família extensa em condições de receber a criança ou adolescente (art. 19-A, § 3º, ECA). O § 1º do art. 39 do Estatuto da Criança e do Adolescente[12] reafirma o caráter de excepcionalidade e irrevogabilidade da adoção, a qual só deve ser buscada diante da impossibilidade de manter ou reintegrar o menor na família de origem.[13] A Lei 13.257/2016 fortaleceu o direito das crianças e adolescentes de convivência com a família de origem, incumbindo ao poder público a adoção de medidas, prioritariamente, voltadas para a orientação, apoio e promoção social da família natural.

A adoção cria laços de parentesco civil em linha reta entre adotante e adotado e entre este e a família daquele, análogo ao que resulta da filiação biológica, entretanto, constitui um parentesco eletivo, pois decorre exclusivamente de um ato de vontade, tratando-se de filiação construída no amor, vínculo de parentesco por opção, consagrando a paternidade socioafetiva.[14]

Na doutrina atual da proteção integral e vedação de qualquer forma de discriminação, a adoção significa a busca de uma família para uma criança, de forma excepcional em razão da impossibilidade de manutenção na família natural ou extensa,

---

11. DINIZ, Maria Helena. *Curso de Direito Civil Brasileiro – Direito de Família*. 22. ed. São Paulo: Saraiva, 2007, v. 5, p. 483-484.
12. Art. 39. A adoção de criança e de adolescente reger-se-á segundo o disposto nesta Lei.
    § 1º. A adoção é medida excepcional e irrevogável, à qual se deve recorrer apenas quando esgotados os recursos de manutenção da criança ou adolescente na família natural ou extensa, na forma do parágrafo único do art. 25 desta Lei.
13. CARVALHO, Dimas Messias de. *Direito das Famílias*. 8. ed. São Paulo: Saraiva, 2020, p. 728.
14. DIAS, Maria Berenice. *Manual de Direito das Famílias*. 4. ed. São Paulo: Revista dos Tribunais, 2007, p. 426.

e uma criança para uma família, é sempre via de mão dupla, em que os filhos e os pais se adotam e não apenas os pais adotam o filho, razão de tratar-se de ato jurídico bilateral. A relação de troca e afeto vai se dando também de forma mais ampla na órbita familiar, com os irmãos, avós, tios, primos e até nas relações afetivas com os amigos, ampliando e multiplicando as adoções recíprocas. O filho é também sujeito ativo na relação e não assujeitado, pois os pais também precisam do afeto do filho para legitimar a paternidade, pois só serão pais se o filho os legitimar.[15]

2.2. Princípio do melhor interesse e a proteção integral da criança e do adolescente[16]

O princípio do melhor interesse da criança e do adolescente, incluído na doutrina da proteção integral, preserva e protege, com absoluta prioridade, as pessoas em desenvolvimento, que necessitam de cuidados para sua criação, orientação, formação da personalidade, educação e plena assistência familiar e comunitária. Possui estreita relação com os direitos e garantias fundamentais da criança e do adolescente, que são de prioridade absoluta.[17]

A Convenção Internacional dos Direitos da Criança e do Adolescente, adotada pela Assembleia Geral das Nações Unidas no dia 20 de novembro de 1989 e ratificada no Brasil, consagrou no art. 3º, I, que:

> Todas as ações relativas às crianças, levadas a efeito por instituições públicas ou privadas de bem-estar social, autoridades administrativas ou órgãos legislativos, devem considerar, primordialmente, o interesse maior da criança.

O princípio do melhor interesse é de difícil determinação, não possuindo uma definição rígida, devendo ser observado o caso concreto, mas é o corolário da doutrina da proteção integral, considerando, sobretudo, as necessidades do infante em detrimento dos interesses dos pais. Atrela-se à estabilidade de condições de vida do menor, de seu ambiente físico e social e das suas relações afetivas, norteando os responsáveis por sua educação e orientação. Tratando-se de pessoas em desenvolvimento, possuem condição prioritária e proteção não apenas da família, mas do Estado e da sociedade.[18]

Assim, criança e o adolescente são merecedores de proteção especial no direito de família, com absoluta prioridade, incumbindo o dever de proteção aos pais, à família, à sociedade e ao poder público. Com efeito, dispõe o art. 227 da Constituição Federal:

---

15. FREITAS, Lúcia Maria de Fátima. Adoção – quem em nós quer um filho? *Revista Brasileira de Direito de Família*. n. 10. Porto Alegre: Síntese/IBDFAM, jul.-set, 2001, p. 153.
16. CARVALHO, Dimas Messias de. *Direito das Famílias*. 8ª ed. São Paulo: Saraiva, 2020, p. 115-118 e 717-721.
17. PEREIRA, Rodrigo da Cunha. *Princípios Fundamentais Norteadores do Direito de Família*. 2. ed. São Paulo: Saraiva, 2012, p.148-149.
18. TEIXEIRA, Ana Carolina Brochado. *Família, Guarda e Autoridade Parental*. 2. ed. Rio de Janeiro, 2009, p.75.

Art. 227. É dever da família, da sociedade e do Estado assegurar à criança e ao adolescente, com absoluta prioridade, o direito à vida, à saúde, à alimentação, à educação, ao lazer, à profissionalização, à cultura, à dignidade, ao respeito, à liberdade e à convivência familiar e comunitária, além de colocá-los a salvo de toda forma de negligência, discriminação, exploração, violência, crueldade e opressão.

O mandamento constitucional materializa a doutrina da proteção integral da criança e do adolescente, que irradia para todos os ramos do direito e não apenas no direito de família.

É no direito de família, entretanto, que a doutrina da proteção à criança e ao adolescente encontra maior amplitude, estabelecendo um leque de princípios orientadores de regras, valores e direitos a serem observados pela família, sociedade e poder público, assegurando o pleno desenvolvimento da criança e do adolescente.

A garantia dos direitos fundamentais e a proteção integral infantojuvenil impõem considerar sempre o melhor interesse da criança e do adolescente, recebendo atenção prioritária. O princípio do melhor interesse possui sentido amplo tanto nas questões familiares quanto nas políticas públicas, devendo as decisões serem orientadas para efetivar e preservar o que melhor atende ao desenvolvimento sadio da pessoa em formação, sob todos os aspectos.

A Lei 13.509/2017 reafirma o princípio do melhor interesse da criança e do adolescente ao acrescentar o § 3º ao art. 39, da Lei 8.069/1990 (ECA), dispondo, ao tratar da adoção, que "em casos de conflito entre direitos e interesses do adotando e de outras pessoas, inclusive seus pais biológicos, devem prevalecer os direitos e os interesses do adotando".

O Estatuto da Criança e do Adolescente garante no art. 3º os direitos fundamentais ao desenvolvimento do infante, ao dispor que:

Art. 3º. A criança e o adolescente gozam de todos os direitos fundamentais inerentes à pessoa humana, sem prejuízo da proteção integral de que trata esta Lei, assegurando-se-lhes, por lei ou por outros meios, todas as oportunidades e facilidades, a fim de lhes facultar o desenvolvimento físico, mental, moral, espiritual e social, em condições de liberdade e de dignidade.

A proteção integral e a garantia de todos os direitos fundamentais à pessoa humana são prioritárias, estabelecendo o princípio da prioridade absoluta, que deve ser assegurada pela família, sociedade e poder público, na órbita administrativa ou no judiciário, em razão da fragilidade da pessoa em desenvolvimento, garantindo a efetivação de todos os seus direitos e a primazia no atendimento de seus interesses.

Maria Berenice Dias ensina que a maior vulnerabilidade e fragilidade das pessoas em desenvolvimento as fazem destinatários de um tratamento especial, exigindo um leque de direitos e garantias que devem ser assegurados com absoluta prioridade pela família, pela sociedade e pelo Estado, para colocá-los a salvo de toda forma de negligência, discriminação, exploração, violência, crueldade e opressão, permitindo gozar de forma plena dos seus direitos fundamentais,[19] indispensáveis para a formação da pessoa em desenvolvimento.

A prevalência do princípio do melhor interesse e a proteção integral da criança e do adolescente evidentemente sobrepõe a ordem dos cadastros de adoção, que têm por objetivo justamente proteger o adotando, o que autoriza, em circunstâncias especiais, a adoção *intuitu personae*.

2.3. Adoção intuitu personae

A adoção *intuitu personae* ou consentida, ocorre quando os pais biológicos escolhem e entregam o filho diretamente ao adotante, sem interferência do Poder Judiciário, ignorando a ordem cronológica do cadastro das pessoas habilitadas para adoção. Existe uma escolha direta dos adotantes pelos genitores biológicos, pessoas que confiam e acreditam que serão os pais mais indicados para seu filho biológico. É uma escolha pessoal dos adotantes pelos genitores.

A Lei 12.010/2009 incluiu o parág. único ao art.13 do Estatuto da Criança e do Adolescente dispondo que "as gestantes ou mães que manifestem interesse em entregar seus filhos para adoção serão obrigatoriamente encaminhados à Justiça da Infância e da Juventude". A Lei 13.257/2016 remunerou o parág. único, passando para § 1º, e acrescentou o § 2º ao art. 13, tratando sobre os serviços de saúde. A Lei 13.509/2017 acrescentou o art.19-A ao Estatuto da Criança e do Adolescente, prevendo o procedimento da gestante ou da mãe que quer entregar seu filho para adoção, o sigilo do parto, o acolhimento da criança, a decretação da extinção do poder familiar e a entrega do menor sob guarda provisória para quem estiver habilitado a adotar. O *caput* do art. 19-A reproduziu a redação do atual § 1º do art. 13 do Estatuto Menorista, determinando o encaminhamento da gestante ou da mãe à Justiça da Infância e Juventude, enquanto o § 4º determina a entrega da criança para pessoa habilitada a adoção, conforme adiante transcrito:

> Art. 19-A. – A gestante ou mãe que manifeste interesse em entregar seu filho para adoção, antes ou logo após o nascimento, será encaminhada à Justiça da Infância e da Juventude.
>
> (...)
>
> § 4º Na hipótese de não haver a indicação do genitor e de não existir outro representante da família extensa apto a receber a guarda, a autoridade judiciária competente deverá decretar a extinção do poder familiar e determinar a colocação da criança sob a guarda provisória de quem estiver habilitado a adotá-la ou de entidade que desenvolva programa de acolhimento familiar ou institucional.

É inequívoco que o objetivo da lei é evitar a comercialização, o tráfico de crianças e vedar a burla do cadastro de adoção, nas situações em que a gestante ou a mãe logo após o parto demonstre desejo de dar o filho em adoção. Para tanto, o art. 258-B impõe multa apenas ao médico, enfermeiro ou dirigente de unidade de saúde que deixar

---

19. DIAS, Maria Berenice. *Manual de Direito das Famílias*. 4. ed. São Paulo: Saraiva, 2007, v. 5, p. 65.

de fazer comunicação à autoridade judiciária, bem como ao servidor de programa oficial ou comunitário que atua em órgãos de defesa da criança e do adolescente.

A lei veda a maléfica intermediação de terceiros em hospitais e pelos próprios agentes de defesa da criança e adolescente, evitando-se comercialização ou favorecimento. Mas essa regra deve ser interpretada de forma absoluta, em todas as situações? Fora das hipóteses de gestante ou recém-nascido é obrigatório aos pais encaminharem os filhos que desejam dar em adoção à Justiça da Infância e Juventude? Considerando o princípio do melhor interesse da criança e do adolescente e o exercício responsável da autoridade parental, parece que a resposta é negativa. Não se pode imaginar que os pais não queiram o melhor para seus filhos, tolhendo-os completamente da escolha dos pais adotivos.

É requisito essencial o consentimento dos pais conhecidos e não destituídos do poder familiar para o deferimento da adoção. Da mesma forma que podem os pais indicar por testamento ou documento autêntico, para após a morte, os tutores de seus filhos, também deve ser permitido, se no exercício responsável da autoridade parental, escolher os adotantes de sua confiança e que entendem possuir as melhores qualificações para serem os pais de seus filhos.

Não estando os filhos abandonados, entregues pelos genitores logo após o parto ou em situação de risco para exigir atuação da Justiça da Infância e da Juventude e, se for o caso, serem inscritos nos cadastros de crianças e adolescentes em condições de serem adotados, não se vislumbra nenhuma razão para impedimento aos próprios pais optarem pelos adotantes em que confiam e entregarem seus filhos para adoção direta, permitindo-se aos pretensos adotantes, preliminarmente, requerer a guarda para regularizar a posse de fato, nos termos do art. 33 do ECA, e, após, requerer a adoção, ainda que não esteja presente a situação do art. 50, § 13, III, da Lei 8.069/1990.

Rolf Madaleno critica o exacerbado rigor do cadastro e a cega obediência ao cumprimento da lista de preferências pelos juízes nas comarcas, desconsiderando o desejo dos pais, no exercício regular da autoridade parental, o que acaba incentivando a entrega sorrateira dos filhos até deixar que o transcurso do tempo crie o vínculo da socioafetividade. Ressalta que:

> O exacerbado rigor da lei brasileira em seguir à risca uma lista de pessoas inscritas previamente como candidatas à adoção, em completo e inexplicável detrimento de escolhas conscientes realizadas por gestantes que entregam seus filhos a pais que conhecem e nos quais confiam que o filho enjeitado terá o carinho, os cuidados, o afeto, a proteção e as oportunidades materiais que a mãe biológica não teve, não pode ou não quis dar ao filho por ela gestado. Esse rigor, portanto, não se explica quando confrontado com instituto da tutela testamentária, regulado pelo artigo 1.729 do Código Civil, que permite e prefere que os pais nomeiem, em conjunto, o tutor de seus filhos.[20]

Evidentemente que ninguém é melhor que pais conscientes para escolher aqueles que consideram ideal para tornarem-se os pais afetivos de seus filhos biológicos,

---
20. MADALENO, Rolf. *Curso de direito de família.* 5. ed. Rio de Janeiro: Forense, 2013, p. 649.

pois o consentimento para adoção, na maioria das vezes, é um ato de amor extremo, buscando o melhor para os filhos que não podem cuidar.

O art. 197-E, § 1º, do Estatuto da Criança e do Adolescente, prevê expressamente a possibilidade de não ser observada a ordem cronológica das habilitações nos cadastros, sempre no melhor interesse da criança, nas hipóteses previstas no art. 50, § 13. São três as hipóteses:

I – quando se tratar de adoção unilateral;

II – quando formulada por parente com quem o adotando já possui vínculo de afinidade e afetividade;

III – quando formulada por quem, agindo de boa-fé, detém a guarda legal ou a tutela de criança maior de três anos, já existindo laços de afetividade e afinidade pela convivência.

A questão da ordem cronológica dos cadastros, entretanto, não é pacífica.

O Tribunal de Justiça mineiro, acolheu a adoção de criança entregue pela própria mãe, desde o nascimento, por já estar integrada ao lar substituto, devendo nele permanecer.[21] No entanto, a decisão da justiça em primeira instância foi de que, com o advento da Lei 12.010/2009, não é permitida a adoção senão por aqueles que já estejam cadastrados na lista de pretendentes da Comarca, exceto nas hipóteses legais (art. 50, § 13, do ECA), não sendo mais autorizada a entrega da criança pela mãe a terceiros, devendo ser encaminhada à Justiça da Criança e da Juventude, impondo-se ao pedido de guarda para fins de adoção do que recebeu a criança, entregue pela mãe, a extinção do processo sem resolução do mérito por ser juridicamente impossível.[22]

Diante da previsão do art. 50, § 3º, da Lei 8.069/1990, é necessária uma cuidadosa interpretação dos objetivos dos cadastros de adoção. É inequívoco que os cadastros tem por objetivo: a) evitar a venda e o tráfico de crianças para adoção; b) preparar e avaliar os interessados em adotar antecipadamente, com profissionais qualificados, excluindo os que não possuem aptidão e maturidade suficientes, indeferindo as inscrições nos cadastros; c) evitar tratamento privilegiado e desigual aos adotantes com poder, tanto na escolha das crianças a serem adotadas quanto na ordem de inscrição, evitando o que denomina popularmente de *furar a fila*.

O rigor nos cadastros, apesar de também conferir igualdade de tratamento para os interessados em adotar, possui equivocadamente o objetivo de proteger integralmente o adotando, prevalecendo o princípio do melhor interesse da criança e do adolescente (art. 227 da CF). Considerando o princípio do melhor interesse, é possível vislumbrar pelo menos três hipóteses em que a ordem dos cadastros deve ser relativizada, além das previstas no art. 50, § 13, da Lei 8.069/1990:

I – quando já existe vínculo afetivo entre adotante e adotado em razão da convivência, mesmo que em idade inferior a três anos;

---

21. TJMG, AC 1.0450.07.004670-8/001, Rel. Des. Silas Vieira, p. 2-10-2009.
22. MONTORO, Mário Paulo de Campos. Comarca de Lavras, Autos 0382.09.110116-4, j. 6-11-2009.

II – quando os adotantes conscientemente foram escolhidos pelos pais biológicos ao doar o filho;

III – quando o menor foi acolhido em situação de perigo por abandono dos pais.

Ocorrendo uma dessas hipóteses, deve ser permitida a adoção, independentemente da ordem de inscrição no cadastro. O Superior Tribunal de Justiça já decidiu que a ordem do cadastro não é absoluta. Nesse sentido:

> RECURSO ESPECIAL – AFERIÇÃO DA PREVALÊNCIA ENTRE O CADASTRO DE ADOTANTES E A ADOÇÃO *INTUITU PERSONAE* – APLICAÇÃO DO PRINCÍPIO DO MELHOR INTERESSE DO MENOR – VEROSSÍMIL ESTABELECIMENTO DE VÍNCULO AFETIVO DA MENOR COM O CASAL DE ADOTANTES NÃO CADASTRADOS – PERMANÊNCIA DA CRIANÇA DURANTE OS PRIMEIROS OITO MESES DE VIDA – TRÁFICO DE CRIANÇA – NÃO VERIFICAÇÃO – FATOS QUE, POR SI, NÃO DENOTAM A PRÁTICA DE ILÍCITO – RECURSO ESPECIAL PROVIDO.
>
> I – A observância do cadastro de adotantes, vale dizer, a preferência das pessoas cronologicamente cadastradas para adotar determinada criança não é absoluta. Excepciona-se tal regramento, em observância ao princípio do melhor interesse do menor, basilar e norteador de todo o sistema protecionista do menor, na hipótese de existir vínculo afetivo entre a criança e o pretendente à adoção, ainda que este não se encontre sequer cadastrado no referido registro;
>
> [...]
>
> IV – Mostra-se insubsistente o fundamento adotado pelo Tribunal de origem no sentido de que a criança, por contar com menos de um ano de idade, e, considerando a formalidade do cadastro, poderia ser afastada deste casal adotante, pois não levou em consideração o único e imprescindível critério a ser observado, qual seja, a existência de vínculo de afetividade da infante com o casal adotante, que, como visto, insinua-se presente.[23]

O Superior Tribunal de Justiça consolidou entendimento, em razão do princípio do melhor interesse, no sentido da primazia do acolhimento familiar em detrimento da colocação de menor em abrigo institucional, evitando acolhimento temporário da criança quando já se encontra sob a guarda de fato de interessados na adoção, preservando os laços de afetividade existentes, somente autorizando abrigamento na inocorrência de convívio e formação de vínculo afetivo.[24]

Diversos julgamentos da Corte infraconstitucional são no sentido de excepcionalmente desconsiderar a ordem dos cadastros e autorizar a *adoção intuitu personae*. Em um, fundamentou o Relator, Min. Sidnei Beneti, que a observância do cadastro, a ordem cronológica, não é absoluta. O princípio do melhor interesse da criança permite exceções, como quando já existe forte vínculo afetivo formado entre o menor e os pretendentes à adoção.[25] No outro, no mesmo sentido, ressaltou o Ministro Luís Felipe Salomão que "a observância da preferência das pessoas cronologicamente cadastradas para adotar criança não é absoluta, pois há de prevalecer o princípio do melhor interesse do menor, norteador do sistema protecionista da criança".[26]

---

23. STJ, 3ª Turma, Resp. 1.172.067/MG, Rel. Min. Massami Uyeda, j. 19-3-2010.
24. STJ, 3ª Turma, HC 602781/RS, Rel. Min. Moura Ribeiro, j. 22-09-2020.
25. STJ, 3ª Turma, REsp 1.347.228/SC, Rel. Min. Sidnei Beneti, j. 6-11-2012.
26. STJ, 4ª Turma, HC 279.059/RS, Rel. Min. Luís Felipe Salomão, j. 10-12-2013.

A ferramenta *Jurisprudência em Teses*, que consolida os entendimentos do Superior Tribunal de Justiça, na Edição n. 27: Estatuto da Criança e do Adolescente – Guarda e Adoção, apresenta a tese n.1 com o entendimento no sentido de que "a observância do cadastro de adotantes não é absoluta, podendo ser excepcionada em prol do princípio do melhor interesse da criança".

A ordem dos cadastros de adoção tem por objetivo proteger o interesse das crianças e adolescentes, não possuem um fim em si mesmos, portanto não podem contrariar seus interesses, conforme reconhece o Superior Tribunal de Justiça:

9. A disciplina do art. 50 do ECA, ao prever a manutenção dos cadastros de adotantes e adotados, tanto no âmbito local e estadual quanto em nível nacional, este último regulamentado pela Resolução n. 54/2008 do Conselho Nacional de Justiça, visa conferir maior transparência, efetividade, segurança e celeridade no processo de adoção, assim como obstar a adoção *intuitu personae*. Contudo, não se pode perder de vista que o registro e classificação de pessoas interessadas em adotar não têm um fim em si mesmos, antes devem servir, precipuamente, ao melhor interesse das crianças e adolescentes. Portanto, a ordem cronológica de preferência das pessoas previamente cadastradas para a adoção não tem um caráter absoluto, pois deverá ceder ao princípio do melhor interesse da criança e do adolescente, razão de ser de todo o sistema de defesa erigido pelo Estatuto, que tem na doutrina da proteção integral sua pedra basilar.[27]

Os Tribunais de Justiça dos Estados têm acolhido esse entendimento.

O Tribunal de Justiça de Minas Gerais decidiu que se deve ter em mente sempre o melhor interesse do menor, mitigando em casos excepcionais a habilitação nos cadastros para deferir a adoção direta ou *intuitu personae*. Fundamentou-se que é extremamente prejudicial retirar uma criança de cinco anos do seio de uma família substituta, que hoje já é sua, e da convivência com os irmãos biológicos, sob o pretexto de coibir a adoção *intuitu personae*. Devem ser preservados os laços de afetividade e preponderar o melhor interesse da criança, que possui prioridade absoluta[28].

O Tribunal de Justiça Gaúcho também autorizou excepcionalmente a adoção *intuitu personae* para preservar os interesses da criança. Nesse sentido:

> APELAÇÃO CÍVEL. ECA. DESTITUIÇÃO DO PODER FAMILIAR E ADOÇÃO *INTUITU PERSONAE*. CONCESSÃO EXCEPCIONAL. PREVALÊNCIA DO INTERESSE DA MENOR. VERIFICAÇÃO DE ABANDONO DESDE TENRA IDADE. GUARDA FÁTICA EXERCIDA PELA AUTORA. SITUAÇÃO DE FATO CONSOLIDADA. SENTENÇA CONFIRMADA.
>
> Situação de fato em que a menor foi entregue pelos genitores aos cuidados da adotante quando contava apenas 04 meses de idade, caracterizando abandono, porquanto nunca foi mantido qualquer vínculo entre os pais e a menina, que desenvolveu plenamente referência parental com a autora. Pretendente à adoção que apresenta plenas condições de manter os cuidados com a criança,

---

27. STJ, 4ª Turma, HC 468.691/SC, Rel. Min. Luis Felipe Salomão, j.12.02.2019.
28. TJMG, AC 1.0194.12.006162-8/002, Rel. Des. Hilda Teixeira Costa, j. 27-1-2015.

assumindo o poder familiar sobre ela. Adoção *intuitu personae* autorizada excepcionalmente, em preservação do *status quo*, verificando-se situação de fato consolidada há cerca de 06 anos.[29]

O Tribunal de Justiça do Rio Grande do Norte também já decidiu sobre a possiblidade da adoção *intuitu personae* (consentida), flexibilizando a regra geral de obediência ao cadastro de adoção de acordo com as peculiaridades do caso concreto, em obediência ao princípio do melhor interesse da criança.[30]

No mesmo sentido decidiu o Tribunal de Justiça de Santa Catarina, ao negar pedido do Ministério Público para abrigamento de criança que foi entregue diretamente pelos pais aos pretendentes à adoção, com os quais já estabeleceu vínculos afetivos. Ressalta que o cadastro de adoção não tem um fim em sim mesmo, mas apenas proteger os interesses da criança e do adolescente. Consta na ementa que:

> AGRAVO DE INSTRUMENTO. ESTATUTO DA CRIANÇA E DO ADOLESCENTE. AÇÃO DE ADOÇÃO *INTUITU PERSONAE*. MINISTÉRIO PÚBLICO QUE PRETENDE O ABRIGAMENTO DA ADOTANDA AO ARGUMENTO DE QUE OS AGRAVADOS QUANDO RECEBERAM A CRIANÇA, NÃO ESTAVAM CADASTRADOS NA LISTA DE PRETENDENTES À ADOÇÃO. INFANTE QUE SE ENCONTRA COM OS AGRAVADOS DESDE O NASCIMENTO. (...). PREVALÊNCIA DO LAÇO AFETIVO EM RELAÇÃO À LEGALIDADE ESTRITA. CADASTRO DE PRETENDENTES À ADOÇÃO QUE NÃO PODE SE SOBREPOR AO MELHOR INTERESSE DA CRIANÇA. (...).
> (...)
> 2 – Em casos de adoção *intuitu personae*, uma vez estabelecidos os laços socioafetivos entre adotante e adotado, respeitada a vontade da lei, em última análise, a ação do Estado deve limitar-se à averiguação da conformação do melhor interesse da criança e do adolescente, justificando-se o desfazimento do núcleo familiar (conformado ao longo do tempo) tão-somente nos casos de risco comprovado, ou em potencial, à criança.
>
> 3 – O cadastro de adotantes e o arcabouço regulatório legalmente estabelecido para a adoção (artigo 50, do Estatuto da Criança e do Adolescente) tem como único escopo a preservação da dignidade da criança ou adolescente adotado – que, por evidente, se encontra em situação de vulnerabilidade -, na medida em que o Poder Público exerce o controle prévio das condições psicossociais dos pretendentes à adoção. (...), o cadastro de pretendentes à adoção não tem o fim em si mesmo, ele é tão-somente um dos meios de preservar a incolumidade física e psíquica da criança ou adolescente em situação de abandono.[31]

Cabe à Justiça da Infância e Juventude, nos casos de filhos entregues pelos pais diretamente, examinar se a solução atende aos melhores interesses da criança e do adolescente (art. 197-E, § 1º, do ECA e demais hipóteses não previstas legalmente), considerando também a vontade dos genitores e o exercício responsável da autoridade parental, se a adoção funda-se em motivos legítimos e é benéfica ao adotando, se os requisitos legais estão preenchidos e se não ocorreu má-fé, subtração de menores, promessa ou pagamento no consentimento e entrega (arts. 237 e 238 do ECA),

---

29. TJRS, 7ª CC, AC 70065445413, Rel. Des. Sandra Brisolara Medeiros, j. 16-3-2016.
30. TJRN, 2ª CC, AC 2010.004375-7, Relª. Desª. Francimar Dias, j. 31-8-2010
31. TJSC, AIn 2011.079162-4. Relª. Desª. Denise Volpato, j. 22-5-2012

para deferir ou não a adoção, independentemente do cadastro dos habilitados para adotarem.

O interesse maior da criança deve prevalecer sobre a rigidez da ordem no cadastro, possibilitando, inclusive, como ocorre em muitos casos, a manutenção dos vínculos afetivos com a família biológica, incluindo irmãos, quando os adotantes são pessoas próximas. Assim, a adoção *intuitu personae* deve ser deferida, flexibilizando a obrigatoriedade da inscrição nos cadastros, se atender o melhor interesse da criança e do adolescente, conferindo proteção integral.

3. REFERÊNCIAS BIBLIOGRÁFICAS

CARVALHO, Dimas Messias de. *Direito das Famílias*. 8. ed. São Paulo: Saraiva, 2020.

DIAS, Maria Berenice. *Manual de Direito das Famílias*. 4. ed. São Paulo: Revista dos Tribunais, 2007.

DINIZ, Maria Helena. *Curso de Direito Civil Brasileiro – Direito de Família*. 22. ed. São Paulo: Saraiva, 2007, v. 5.

FREITAS, Lúcia Maria de Fátima. Adoção – quem em nós quer um filho? *Revista Brasileira de Direito de Família*. n. 10. Porto Alegre: Síntese/IBDFAM, jul.-set, 2001.

LÔBO, Paulo Luiz Netto. Do Poder Familiar. *Revista Síntese Direito de Família*. v. 13, n. 67, ago/set, 2011. São Paulo: IOB, 2011, p. 19-20.

MADALENO, Rolf. *Curso de direito de família*. 5. ed. Rio de Janeiro: Forense, 2013.

MONTORO, Mário Paulo de Campos. Comarca de Lavras, Autos 0382.09.110116-4, j. 6-11-2009.

PEREIRA, Rodrigo da Cunha. *Dicionário de Direito de Família e Sucessões*. São Paulo: Saraiva, 2015.

_____. *Princípios Fundamentais Norteadores do Direito de Família*. 2. ed. São Paulo: Saraiva, 2012.

ROSA, Conrado Paulino da. *Direito de Família Contemporâneo*. 7ª edição. Salvador: JusPODIVM, 2020,

STJ, 3ª Turma, REsp 1.347.228/SC, Rel. Min. Sidnei Beneti, j. 6-11-2012.

STJ, 3ª Turma, Resp. 1.172.067/MG, Rel. Min. Massami Uyeda, j. 19-3-2010

STJ, 4ª Turma, HC 279059/RS, Rel. Min. Luís Felipe Salomão, j. 10-12-2013.

TEIXEIRA, Ana Carolina Brochado. *Família, Guarda e Autoridade Parental*. 2ª ed. Rio de Janeiro: Renovar, 2009.

TEIXEIRA, Ana Carolina Brochado; SÁ, Maria de Fatima Freire de. Fundamentos Principiológicos do Estatuto da Criança e do Adolescente e do Estatuto do Idoso. *Revista Brasileira de Direito de Família*, n. 26. Porto Alegre: Síntese IBDFAM, out/nov, 2004, p. 22-26.

TJMG, AC 1.0194.12.006162-8/002, Rel. Des. Hilda Teixeira Costa, j. 27-1-2015.

TJMG, AC 1.0450.07.004670-8/001, Rel. Des. Silas Vieira, p. 2-10-2009.

TJRN, 2ª CC, AC 2010.004375-7, Rel. Des. Francimar Dias, j. 31-8-2010

TJRS, 7ª CC, AC 70065445413, Rel. Des. Sandra Brisolara Medeiros, j. 16-3-2016.

TJSC, AIn 2011.079162-4. Rel. Des. Denise Volpato, j. 22-5-2012

EDUCAÇÃO E CULTURA NO BRASIL: A QUESTÃO DO ENSINO DOMICILIAR

Maria Celina Bodin de Moraes

Professora Titular de Direito Civil da Faculdade de Direito da UERJ e Professora Associada do Departamento de Direito da PUC-Rio.

Eduardo Nunes de Souza

Professor Adjunto de Direito Civil da Faculdade de Direito da UERJ. Doutor e mestre em Direito Civil pela UERJ.

The true teacher defends his pupils against his own personal influences. - A. Alcott

Sumário: 1. Introdução – 2. O *homeschooling* na experiência norte-americana: dois casos paradigmáticos – 3. O *homeschooling* nos demais países: parâmetros sociais para uma disciplina jurídica – 4. Panorama do direito-dever à educação no Brasil – 5. A relevância do reconhecimento social para o pleno desenvolvimento da dignidade humana: considerações sobre o caso brasileiro – 6. Considerações finais – 7. Referências bibliográficas

1. INTRODUÇÃO

A educação infantojuvenil no Brasil, embora poucos tenham percebido, atingiu um ponto crítico. A prática do ensino domiciliar, cuja constitucionalidade acaba de passar pelo crivo do Supremo Tribunal Federal, sempre foi ampla e publicamente rejeitada no país,[1] inclusive pelo próprio Ministério da Educação, que se mostrava frontalmente contrário a essa metodologia.[2] Recentemente, porém, o mesmo Ministério da Educação, revendo sua posição, divulgou nota informando que solicitou às suas áreas técnicas e jurídicas "um estudo técnico e aprofundado sobre o assunto e, inclusive, disse estar aberto ao diálogo".[3] O diálogo em questão tem sido travado, em particular, com a Associação Nacional de Ensino Doméstico (ANED), instituição dedicada a articular a autorização do *homeschooling* no Brasil,[4] e, ao contrário do que se esperava, não foi encerrado pela Corte Suprema, que, limitando-se a reconhecer

---

1. O mais antigo Projeto de Lei sobre o tema (PL 4.657/1994) de que se tem notícia foi rejeitado pela Comissão de Educação, Cultura e Desporto da Câmara dos Deputados ainda em 1994.
2. MARIZ, Renata; Brígido, Carolina. STF vai definir se famílias podem optar pelo ensino domiciliar. *O Globo*, 9.9.2017.
3. CASTRO, Gabriel Arruda. Ministério da Educação decide rever posição contrária ao *homeschooling*. *Gazeta do Povo*, 20.10.2017.
4. Inclusive, mas não apenas, no plano legislativo – veja-se, por exemplo, sua atuação na tramitação do Projeto de Lei 3.179/2012, que será comentado mais adiante.

que a Constituição não trata da prática, entendeu ser necessária a intervenção do legislador ordinário para sua regulamentação. Tudo indica que o Ministério da Educação já esteja se mobilizando para regulamentar a prática no País, ainda que seja mantida a obrigatoriedade da matrícula escolar.[5]

No plano legislativo, em dezembro de 2016, foi aprovado pela CCJ da Câmara dos Deputados o substitutivo ao Projeto de Lei 3.179/2012, propondo a reforma da Lei 9.394/1996 para que passe a ser "admitida a educação básica domiciliar, sob a responsabilidade dos pais ou tutores responsáveis pelos estudantes, observadas a articulação, supervisão e avaliação periódica da aprendizagem pelos órgãos próprios dos sistemas de ensino, nos termos das diretrizes gerais estabelecidas pela União e das respectivas normas locais". O Projeto foi aprovado pela Comissão de Educação da Câmara, junto à qual foram emitidos diversos pareceres favoráveis à sua aprovação, e foi recentemente apensado ao Projeto de Lei 10.185/2018, também voltado a autorizar a prática no país. Por outro lado, foram sugeridas alterações pelo Conselho Nacional de Educação ao projeto, particularmente quanto aos procedimentos de avaliação, chancela e certificação do ensino domiciliar.[6]

Também tramitam perante o Senado Federal dois outros projetos de lei favoráveis à educação domiciliar: o PLS 490/2017, que, propondo reformas na Lei de Diretrizes e Bases da Educação Nacional (Lei 9.394/1996) e no Estatuto da Criança e do Adolescente (Lei 8.069/1990), regulamenta a educação familiar, autorizando-a e estabelecendo regras como a avaliação periódica e a obrigação de seguir a Base Nacional Comum Curricular; e o PLS 28/2018, que propõe a reforma do art. 246 do Código Penal para explicitar que os pais ou responsáveis que ofertarem aos filhos educação domiciliar não incorrem no crime de abandono intelectual. Muitos especialistas, embora contrários em princípio à prática, consideram preferível que se faça alguma regulamentação do ensino domiciliar no país, em vez de se permitir o atual cenário de ausência de controle eficaz da prática.[7]

A matéria chegou à apreciação do STF em 2015 por intermédio do RE 888.815, julgado pelo plenário em setembro de 2018.[8] Os recorrentes, ao se manifestarem diante da Corte, afirmaram que "restringir o significado da palavra educar simplesmente à instrução formal numa instituição convencional de ensino é não apenas ignorar as variadas formas de ensino agora acrescidas de mais recursos com a tecnologia como

---

5. NÉRIS, Juliana. MEC pretende regulamentar *homeschooling*, mas manter matrícula obrigatória. *Gazeta do Povo*, 23.2.2018.
6. NÉRIS, Juliana. Regulamentação do *homeschooling* enfrenta resistência no CNE. *Gazeta do Povo*, 9.3.2018.
7. Cf., por exemplo, a reportagem de Idoeta, Paula Adamo. Os atrativos e as polêmicas da educação domiciliar, que virou caso de Justiça no Brasil. *BBC Brasil*, 5.2.2018.
8. Trata-se de mandado de segurança impetrado pelos pais de uma criança, então com 11 anos, contra ato da Secretaria de Educação do Município de Canela (RS) que negou pedido para que a menina fosse educada em casa, orientando-os a fazer matrícula na rede regular de ensino, onde até então a menor havia estudado. Tanto o juízo da Comarca de Canela quanto o Tribunal de Justiça do Estado do Rio Grande do Sul (TJRS) negaram a segurança, ao argumento de que, não havendo previsão legal de ensino nessa modalidade, não há direito líquido e certo a ser amparado.

afrontar um considerável número de garantias constitucionais", como os princípios da liberdade de ensino e do pluralismo de ideias e de concepções pedagógicas (art. 206, II e III), tendo-se presente a autonomia familiar assegurada pela Constituição.[9]

A tais alegações seria possível responder (e, talvez, assim se diria em um passado supreendentemente recente) que, mais do que instrução, a escola proporciona à criança e ao adolescente o convívio com os coetâneos e o conhecimento das regras sociais, ao mesmo tempo em que, confia-se, a educação será sempre objetivo primordial da família.[10] As duas instâncias atuam, portanto, em conjunto, e não alternativamente – ou, pelo menos, assim se entendia predominantemente até poucos anos atrás.

Não parecem ser mais estes, porém, os argumentos que imediatamente ocorrem ao intérprete nesse tema. De fato, ao apreciar a natureza constitucional da matéria, o relator, Min. Barroso, considerou que,

> no caso, discutem-se os limites da *liberdade dos pais na escolha* dos meios pelos quais irão prover a educação dos filhos, segundo suas convicções pedagógicas, morais, filosóficas, políticas e/ou religiosas. [...] Ressalta-se que a Constituição Federal de 1988 prevê a educação como direito fundamental, cuja efetivação é dever conjunto do Estado e da família. No art. 208 da CRFB/1988, são previstos tão-somente os meios pelos quais será efetivada a obrigação do Estado com a educação. A controvérsia envolve, portanto, a definição dos contornos da relação entre Estado e família na educação das crianças e adolescentes, bem como os *limites da autonomia privada* contra imposições estatais.[11]

Esclareceu o Ministro que o debate acerca da possibilidade de a família se desincumbir do dever de prover diretamente educação por meio de ensino domiciliar (*homeschooling*) ostenta natureza constitucional. Entendeu, ainda, o relator que o debate

> [...] não está adstrito ao interesse das partes que ora litigam. Segundo a Aned, após o reconhecimento pelo MEC da utilização do desempenho no ENEM como certificação de conclusão de ensino médio, em 2012, o número de adeptos do homeschooling no Brasil dobrou e atingiu 2.000 famílias", finalizando sua manifestação no sentido do reconhecimento de repercussão geral à matéria, "especialmente do ponto de vista social, jurídico e econômico: (i) social, em razão da própria natureza do direito pleiteado, tanto que previsto no art. 6°, caput, c/c art. 205, da Constituição, como direito de todos e meio essencial ao exercício da cidadania e à qualificação para o trabalho; (ii) jurídico, porque relacionado à interpretação e alcance das normas constitucionais

---

9. STF, RE 888.815, Rel. Min. Luís Roberto Barroso, repercussão geral julgada em 4.6.2015, com a seguinte ementa: "Direito constitucional. Educação. Ensino domiciliar. Liberdades e deveres do estado e da família. Presença de repercussão geral. 1. Constitui questão constitucional saber se o ensino domiciliar (*homeschooling*) pode ser proibido pelo Estado ou viabilizado como meio lícito de cumprimento, pela família, do dever de prover educação, tal como previsto no art. 205 da CRFB/1988. 2. Repercussão geral reconhecida".
10. "A educação, longe de ser um adorno ou o resultado de uma frívola vaidade, possibilita o pleno desenvolvimento da personalidade humana e é um requisito indispensável à concreção da própria Cidadania. Com ela, o indivíduo compreende o alcance de suas liberdades, a forma de exercício de seus direitos e a importância de seus deveres, permitindo a sua integração em uma democracia efetivamente participativa" (GARCIA, Emerson. O direito à educação e suas perspectivas de efetividade. *Iustitia*, n. 64 (197). São Paulo: jul.-dez./2007, p. 89).
11. STF, RE 888.815, acórdão de 28.5.2015. Grifou-se.

que preveem a liberdade de ensino e o pluralismo de ideias e concepções pedagógicas (art. 206, I e II, da CRFB/1988), bem como à definição dos limites da relação entre Estado e família na promoção do direito fundamental à educação; e (iii) econômico, tendo em conta que, segundo os estudos acima citados, o reconhecimento do homeschooling poderia reduzir os gastos públicos com a educação.[12]

Corroborando os dados acima mencionados, em novembro de 2016, a ANED postulou, com fundamento no art. 1.035, § 5º, do CPC/2015, a suspensão de todos os processos judiciais que versam sobre a questão, argumentando que havia, então, cerca de 18 ações em tramitação nos tribunais. Após o julgamento proferido pelo plenário do Supremo Tribunal Federal, que reconheceu a reserva de lei ordinária para disciplinar a prática, a tendência é que se venha a decidir pela ilegitimidade do ensino domiciliar nas ações que se encontravam em curso, se e enquanto perdurar a omissão legal sobre o tema.

Embora a maioria[13] da Suprema Corte tenha decidido pela impossibilidade de se ministrar o ensino domiciliar no Brasil sem a devida regulamentação legal (o que impede, portanto, a prática imediata no país), a tutela da liberdade no âmbito da família foi um ponto central do debate (e tanto assim que o relator, Min. Barroso, que restou vencido, propôs a imediata aceitação do *homeschooling* no Brasil, desde que obedecidas condições mínimas de fiscalização do desempenho dos alunos, independentemente de lei nova autorizadora). A primazia da liberdade já tem pautado, aliás, muitas outras matérias controversas submetidas à Corte nos últimos anos. É preciso, porém, neste ponto, indagar se, de fato, a questão do ensino domiciliar diz respeito a um problema de liberdades civis.

Sem que se incorra na tentativa de conceituar uma noção tão fundamental ao direito civil quanto aquela de autonomia privada, sabe-se que esta é tradicionalmente vista como a expressão da própria liberdade na ordem civil, limitada estrutural e funcionalmente pelo princípio da legalidade.[14] Os problemas atinentes à autonomia privada são, portanto, aqueles relativos ao reconhecimento jurídico de efeitos produzidos pela vontade particular: se um testamento é válido, se o exercício de uma posição contratual é abusivo, se a capacidade civil é necessária para a prática de um ato de disposição do próprio corpo, está-se, então, diante de um questionamento que diz respeito à autonomia privada.[15] Atos particulares não voltados à produção de efeitos jurídicos específicos são reputados juridicamente irrelevantes ou, em outra

---

12. O Tribunal, por maioria, reputou constitucional a questão do ensino domiciliar e reconheceu a existência de repercussão geral da questão constitucional suscitada, vencidos os Ministros Dias Toffoli e Teori Zavascki. Não se manifestaram as Ministras Cármen Lúcia e Rosa Weber.
13. Votaram nesse sentido os Ministros Alexandre de Moraes, Rosa Weber, Luiz Edson Fachin, Dias Toffoli e Cármen Lúcia.
14. A respeito, cf. SOUZA, Eduardo Nunes de. Merecimento de tutela: a nova fronteira da legalidade no direito civil. *Revista de Direito Privado*, vol. 58. São Paulo: Revista dos Tribunais, abr.-jun./2014, item 3.
15. Cf. SOUZA, Eduardo Nunes de. Categorias de atos jurídicos lícitos e seu controle de validade. *Revista dos Tribunais*, vol. 967. São Paulo: Revista dos Tribunais, 2016.

formulação, são juridicamente relevantes apenas na medida em que representam o exercício de uma liberdade conforme o direito.[16]

Do ponto de vista da garantia constitucional à liberdade, portanto, o conteúdo da autonomia individual, no que se refere às decisões pessoais, é um espaço, uma possibilidade de escolha que pode se expressar em modos variados. Trata-se aqui de uma espécie de "espaço vazio", que a lei tem que garantir, para que possa vir a ser preenchido individualmente.[17] Afirma-se, contemporaneamente, que a autonomia privada corresponde à capacidade do sujeito de autodeterminar-se, ou de determinar seu próprio comportamento individual, não se restringindo mais, como antes, à liberdade negocial. Por sua natureza, nesse sentido, a autonomia privada é quase sempre limitada negativamente, isto é, a partir da definição, pela ordem jurídica, do que *não se pode fazer*. Excepcionalmente, porém, é possível que a ordem jurídica crie deveres positivos a serem observados pelo particular em certas situações. Diz-se excepcionalmente porque, em linhas gerais, até mesmo a previsão de tais deveres positivos se insere no âmbito do exercício de uma prerrogativa individual (pense-se no cumprimento de deveres oriundos da boa-fé objetiva como pressuposto para o exercício de liberdades contratuais,[18] ou, ainda, na promoção de certos valores juridicamente relevantes como critério para a solução de controvérsias de merecimento de tutela em sentido estrito).[19]

Há, porém, uma espécie de situação jurídica subjetiva em que os deveres impostos ao seu titular desempenham papel tão relevante ou talvez ainda mais proeminente em relação às prerrogativas que lhe são reconhecidas: trata-se do *poder jurídico*, cujo exemplo mais frequente é o poder familiar. A proximidade entre a situação jurídica dos genitores e a lógica da legalidade no direito público é notória, sendo frequentes as alusões ao poder familiar como um *munus* ou um poder-dever,[20] em apropriação dos termos frequentemente associados à Administração Pública e seus agentes. Isso ocorre porque, diversamente das demais situações jurídicas subjetivas titularizadas

---

16. Perlingieri, Pietro. *O direito civil na legalidade constitucional*. Rio de Janeiro: Renovar, 2008, p. 640.
17. Alude-se frequentemente aos chamados *espaços de não direito*. A respeito, veja-se, por todos, Stefano Rodotà: "*Il legislatore deve adoperare per ciò tecniche diverse, ricorrendo sempre più spesso ad un diritto flessibile e leggero, che incontra la società, promuove l'autonomia ed il rispetto reciproco, e avvia così la creazione di principi comuni. Deve divenire consapevole dei limiti del diritto, dell'esistenza di aree dove la norma giuridica non deve entrare*" (*La vita e le regole: tra diritto e non diritto*. Milano: Feltrinelli, 2006, p. 58). No mesmo sentido, BODIN DE MORAES, Maria Celina. Do juiz boca-da-lei à lei boca-de-juiz: notas sobre a aplicação-interpretação do direito no início do século XXI. *Revista de Direito Privado*. Volume 56. São Paulo: Revista dos Tribunais, out.-dez./2013, item 5.
18. TEPEDINO, Gustavo; BARBOZA, Heloisa Helena; BODIN DE MORAES, Maria Celina. *Código Civil interpretado conforme a Constituição da República*, vol. I. Rio de Janeiro: Renovar, 2007, p. 231-232.
19. SOUZA, Eduardo Nunes de. Merecimento de tutela: a nova fronteira da legalidade no direito civil. *Revista de Direito Privado*, vol. 58. São Paulo: Revista dos Tribunais, abr.-jun./2014, itens 4-5.
20. De acordo com Pietro Perlingieri: "Esta constitui um verdadeiro ofício, uma situação de direito-dever (*diritto-dovere*): como fundamento da atribuição dos poderes existe o dever de exercê-los. O exercício da *potestà* não é livre, arbitrário, mas necessário no interesse de outrem ou, mais especificamente, no interesse de um terceiro ou da coletividade" (*O direito civil na legalidade constitucional*. Rio de Janeiro: Renovar, 2008, p. 700).

por particulares, no poder jurídico o exercício deve estar voltado necessariamente, do ponto de vista funcional, ao interesse exclusivo de uma outra pessoa, diversa do seu titular.[21] Tão incomum no direito privado é esse tipo de raciocínio – cuja difusão se intensificou, particularmente, com o progressivo reconhecimento internacional dos direitos fundamentais da criança e do adolescente[22] – que ele acabou por se tornar a nota diferencial dessas situações jurídicas, por oposição às demais.[23]

Dentre o amplo espectro de deveres inseridos no conteúdo do poder familiar está o dever de prover a devida educação aos filhos, conforme preveem o art. 229 da Constituição e o art. 1.634 do Código Civil. Causa estranheza, portanto, que qualquer controvérsia relativa ao tema da educação dos filhos seja abordada prioritariamente pelo prisma de uma suposta *liberdade* do titular do poder jurídico – ou, ao menos, de uma liberdade funcionalmente voltada ao interesse desse titular, em lógica completamente alheia à configuração da situação jurídica subjetiva denominada poder jurídico.[24]

Não causa, porém, surpresa que o problema do *homeschooling* venha a ser tratado no Brasil como um problema (exclusivamente) de liberdades civis.[25] Esta tem sido, aliás, a tônica da argumentação em diversos casos, de grande repercussão, julgados nos últimos anos pelo Supremo Tribunal Federal, e não sem razão: o enfoque da liberdade parece simplificar a discussão porque, ao que tudo indica, no entender da Corte, esse princípio já conta, de antemão, com ampla primazia sobre todos os

---

21. Sobre a caracterização funcional do poder jurídico em face às demais situações jurídicas subjetivas, particularmente com a crescente valorização da vontade da pessoa que a ele se sujeita, cf. SOUZA, Eduardo Nunes de. Situações jurídicas subjetivas: aspectos controversos. *Civilistica.com*, a. 4, n. 1.2015, pp. 14 e ss.
22. A propósito, cf. MENEZES, Joyceane Bezerra de; BODIN DE MORAES, Maria Celina. Autoridade parental e privacidade do filho menor: o desafio de cuidar para emancipar. *Revista Novos Estudos Jurídicos*, vol. 20, mai.-ago./2015, pp. 505-506.
23. Sobre a evolução dessa noção e a insuficiência das demais categorias de situações jurídicas subjetivas para caracterizá-la, cf. LEWICKI, Bruno. Poder parental e liberdade do menor. *Direito, Estado e Sociedade*, n. 17, ago.-dez./2000, pp. 14-15.
24. Até neste ponto o debate travado perante o STF assume características da experiência norte-americana. Nos Estados Unidos, defensores do ensino domiciliar também deslocam o foco da discussão, saindo do direito fundamental (dos filhos) à educação para um suposto direito (dos pais) de afastarem seus filhos das escolas formais: "*homeschooling advocates increasingly have urged courts to identify not a right to a public education but a right to avoid one – not a right to the benefits of this project so central to civil society, but a right to exit it*" (West, Robin. A Tale of Two Rights. *Boston University Law Review*, vol. 94, 2014, p. 900). Até mesmo na doutrina da *common law*, porém, tal perspectiva é refutada: "*Although some scholars have described compulsory attendance laws as infringing upon children's liberty rights, such claims are illogical from a parens patriae perspective. Children do not have liberty rights at common law. Compulsory schooling laws apply to adults with custodial authority, not to the children on whose behalf their substitute decision-making authority is exercised. If children have an interest in custodial arrangements that safeguard and promote their welfare and development, compulsory schooling laws safeguard this interest, particularly where schoolteachers provide minimally discontinuous formative influences*" (BLOKHUIS, J. C. Whose custody is it, anyway? 'Homeschooling' from a *parens patriae* perspective. *Theory and Research in Education*, 8(2), 2010, p. 212).
25. Esse enfoque também é encontradiço na doutrina da *common law*. Ilustrativamente: MERRY, Michael S.; Karsten, Sjoerd. Restricted Liberty, Parental Choice and Homeschooling. *Journal of Philosophy of Education*, vol. 44, n. 4, 2010.

outros.[26] Um dos melhores exemplos talvez consista na questão das biografias não autorizadas, decidida pelo STF nos termos de uma proteção prioritária à liberdade de expressão em face de todos os outros princípios e valores do ordenamento, em detrimento inclusive de alguns considerados "fundamentos da República".[27] Claramente influenciada por uma concepção norte-americana de liberdade, em que a liberdade de expressão figura como uma espécie de superprincípio,[28] a Corte brasileira declarou, sem maiores reservas, a preferência *a priori* desse valor, reputado pressuposto indissociável do Estado Democrático de Direito: em outros termos, na ponderação empreendida pelo STF, já se sabe que a liberdade de expressão sempre ganha, em face de qualquer outro princípio. Esta não parece ter sido, porém, a opção do constituinte de 1988, que não elevou qualquer liberdade, nem particularmente a liberdade de expressão, a um patamar diferenciado.[29]

---

26. Ilustrativamente, na ADPF 130, o Min. Carlos Britto afirmou que "a Constituição brasileira se posiciona diante de bens jurídicos de personalidade para, de imediato, cravar uma primazia ou precedência: a das liberdades de pensamento e de expressão lato senso". Na ADPF 187, o Min. Luiz Fux consignou que: "a liberdade de expressão [...] merece proteção qualificada, de modo que, quando da ponderação com outros princípios constitucionais, possua uma dimensão de peso prima facie maior", em razão da sua "preeminência axiológica" sobre outras normas e direitos. No Recurso Extraordinário 685.493, o Relator Min. Marco Aurélio declarou que: "é forçoso reconhecer a prevalência da liberdade de expressão quando em confronto com outros direitos fundamentais, raciocínio que encontra diversos e cumulativos fundamentos. [...] A liberdade de expressão é uma garantia preferencial em razão da estreita relação com outros princípios e valores fundantes, como a democracia, a dignidade da pessoa humana, a igualdade". Na Reclamação 18.638, o Ministro Luís Roberto Barroso entendeu que: "Da posição de preferência da liberdade de expressão deve resultar a absoluta excepcionalidade da proibição prévia de publicações, reservando-se essa medida aos raros casos em que não seja possível a composição posterior do dano que eventualmente seja causado aos direitos da personalidade. A opção pela composição posterior tem a inegável vantagem de não sacrificar totalmente nenhum dos valores envolvidos, realizando a ideia de ponderação. [...] A conclusão a que se chega, portanto, é a de que o interesse público na divulgação de informações – reiterando-se a ressalva sobre o conceito já pressupor a satisfação do requisito da verdade subjetiva – é presumido. A superação dessa presunção, por algum outro interesse, público ou privado, somente poderá ocorrer, legitimamente, nas situações-limite, excepcionalíssimas, de quase ruptura do sistema. Como regra geral, não se admitirá a limitação de liberdade de expressão e de informação, tendo-se em conta a já mencionada posição preferencial (*preferred position*) de que essas garantias gozam".
27. STF, ADIn 4.815, Pleno, Rel. Min. Cármen Lúcia, julg. 10.6.2015.
28. Nesse sentido, afirma Giorgio Ripetto: "*assai ricorrente in dottrina è la contrapposizione tra un modello europeo-continentale di libertà di espressione, incentrato appunto sulla dignità e sui suoi nessi comunitari nel dare corpo alle clausole limitative di detta libertà, e quello statunitense, maggiormente rispettoso delle esigenze della liberty come ambito di libera esplicazione dell'individualità nel marketplace of ideas*" (La dignità umana e la sua dimensione sociale nel diritto costituzionale europeo. *Diritto pubblico*, n. 1/2016, p. 286). O autor relata como, nos últimos anos, a dignidade humana tem adquirido, ao lado de uma função de garantia de valores de ordem pública (sobretudo em matéria de direitos sociais), também um papel de fundamento para restrição de liberdades individuais; critica o autor, nesse sentido, que a força semântica da noção de dignidade tenha servido, na jurisprudência europeia, para justificar essa função repressiva independente de qualquer ponderação (Ibid., item 6), crítica que se coaduna com a perspectiva ora proposta, em que se sustenta a impossibilidade de privilegiar, *a priori*, seja a orientação pró-liberdade, seja a orientação contrária.
29. Veja-se, a esse propósito, a análise de Ingo Sarlet: "Por mais que se seja simpático também a tal linha de entendimento, a atribuição de uma função preferencial à liberdade de expressão não parece, salvo melhor juízo, compatível com as peculiaridades do direito constitucional positivo brasileiro, que, neste particular, diverge em muito do norte-americano e mesmo do inglês. Aliás, o nosso sistema, nesse domínio, está muito mais afinado com o da Alemanha, onde a liberdade de expressão não assume uma prévia posição preferencial na arquitetura dos direitos fundamentais. Mesmo uma interpretação necessariamente amiga da liberdade de expressão (indispensável num ambiente democrático) não poderia descurar o fato de que a CF

Também em matéria de ensino domiciliar, portanto, a liberdade não pode ser considerada um princípio intangível, devendo estar sujeita a uma ponderação efetiva com outros princípios, tais como a solidariedade social e outros corolários da dignidade humana.[30] Esta é, de fato, a orientação que parece mais consentânea com o exercício do poder familiar, o qual, como se afirmou acima, não é, em princípio, um exercício de autonomia, mas sim a observância de um poder-dever. Não por acaso, o *homeschooling*, como sugere o próprio vernáculo do qual se origina o termo, tornou-se prática amplamente difundida nos países anglo-saxões, sobretudo nos Estados Unidos – país cuja influência tem se tornado, infelizmente, cada vez mais decisiva nos julgamentos do nosso Supremo Tribunal Federal, e em cujo sistema jurídico o princípio da liberdade figura como valor quase absoluto (ou, ao menos, "superior" aos demais).

No Brasil, contudo, assim como em diversos países que figuram em nossa matriz jurídica (Portugal, Espanha, Itália, Alemanha, entre outros), se há um princípio maior a ser utilizado como critério para a solução deste e de tantos outros temas, tal princípio não pode ser outro que não a dignidade da pessoa humana (CF, art. 1º, III).[31] Uma breve exposição de algumas das controvérsias surgidas em torno do tema no direito estrangeiro permitirá uma compreensão mais nítida dos valores envolvidos na defesa ou na vedação do ensino domiciliar.

2. O *HOMESCHOOLING* NA EXPERIÊNCIA NORTE-AMERICANA: DOIS CASOS PARADIGMÁTICOS

Segundo dados oficiais, no ano de 2012 os Estados Unidos já tinham quase dois milhões de crianças e adolescentes submetidos ao regime de ensino domiciliar.[32] Embora essa seja a última estatística divulgada pelo NCES (*National Center for Edu-*

---

expressamente assegura a inviolabilidade dos direitos à privacidade, intimidade, honra e imagem (artigo 5º, inciso X), além de assegurar expressamente um direito fundamental à indenização em caso de sua violação e consagrar já no texto constitucional o direito de resposta proporcional ao agravo. Importa sublinhar, ainda no contexto, que a vedação de toda e qualquer censura por si só não tem o condão de atribuir à liberdade de expressão a referida posição preferencial" (Liberdade de expressão e biografias não autorizadas — notas sobre a ADI 4.815.https://www.conjur.com.br/2015-jun-19/direitos-fundamentais-liberdade-expressao-biografias-nao-autorizadas. Acesso em 19 jun. 2015).

30. Como sustentado em outra sede, "Ao direito de liberdade da pessoa, porém, será contraposto – ou com ele sopesado – o dever de solidariedade social, [...] já definitivamente marcado pela consciência de que, se por um lado, já não se pode conceber o indivíduo como um *homo clausus* – concepção mítica e ilusória –, por outro lado, tampouco existem direitos que se reconduzam a esta figura ficcional. Os direitos existem para serem exercidos em contextos sociais, contextos nos quais ocorrem as relações entre as pessoas, seres humanos 'fundamentalmente organizados' para viverem uns em meio a outros" (BODIN DE MORAES, Maria Celina. *O princípio da dignidade humana*. Princípios do direito civil contemporâneo. Rio de Janeiro: Renovar, 2006, p. 34).
31. Como registra Ana Paula de Barcellos, a inserção da dignidade humana e dos direitos fundamentais nas Constituições desses países no pós-guerra, ao representar a incorporação de valores e de opções políticas do texto constitucional, constitui uma marca do neoconstitucionalismo (Neoconstitucionalismo, direitos fundamentais e controle das políticas públicas. *Revista Diálogo Jurídico*, n. 15, jan.-mar./2007, p. 4).
32. Disponível em: <https://nces.ed.gov/programs/digest/d15/tables/dt15_206.10.asp>. Acesso em 14.10.2017.

cation Statistics), estima-se que esse número venha aumentando de 2 a 8% a cada ano, o que levaria a um total aproximado de 3,5 milhões de crianças e adolescentes na atualidade.[33]

Os sete filhos da família Angulo faziam parte desse universo. A mãe, Susanne, formou-se professora e recebia do Estado para ensinar aos filhos, de comum acordo com seu marido, Oscar Angulo, imigrante sul-americano. A família sempre viveu no mesmo endereço: um edifício enorme no *Lower East End*, em Manhattan, Nova Iorque. Os irmãos, porém, pouco conheciam o bairro. Foram criados dentro de casa, assistindo filmes. Saíam, desde que acompanhados dos pais, poucas vezes por ano. Houve anos, porém, em que não saíram nem uma vez, lembra Govinda Angulo, o irmão mais velho, esboçando um triste esgar. A principal diversão dos meninos era encenar seus filmes preferidos, aqueles que conheciam de cor, como *Pulp Fiction* e *Batman*.

Na metáfora idealizada por Mukunda Angulo, outro irmão, o pai seria o patrão, o dono da terra, e os filhos os peões – ou melhor, ele se corrige: o carcereiro e os presidiários. Era o único a ter a chave da casa. A história veio a lume pelo documentário de Crystal Moselle, intitulado *The Wolfpack*,[34] que estreou em 2015 no *Sundance Festival*. Aos irmãos é dada voz plena e são eles, principalmente os mais velhos, a contarem sua história. Os pais aparecem somente para responder perguntas pontuais. Os espectadores não ficam sabendo nem sequer como a diretora obteve permissão para filmar o dia a dia da família, muito menos como a família se sustenta (a mãe recebe como professora dos filhos), embora fique claro que o pai não trabalha "porque não quer dar nada ao governo".

The Wolfpack é impactante. O cenário ali retratado parece materializar todos os temores sentidos pelos opositores ao sistema de ensino domiciliar, dando forma ao paradoxo de um sequestro social de crianças pelos próprios pais no opaco ambiente da privacidade domiciliar – um pesadelo que os defensores do método insistem em dizer que não existe. O filme mostra o amor e o respeito que os filhos sentem pela mãe, também ela prisioneira do marido, e a imensa raiva que têm do pai. Ao final do documentário, a diretora pergunta a Oscar Angulo se ele se arrepende do que fez nos últimos 17 anos. Em resposta, ele afirma que sempre temeu o ambiente permissivo da cidade e a perspectiva de os filhos virarem drogados ou sofrerem violência; quis apenas protegê-los. Sua última fala talvez explique o porquê da prisão em que converteu o próprio lar: *ele* tinha medo, muito medo, daquela cidade; fora criado no campo na Bolívia e, no passado, sonhara em emigrar para a Escandinávia com sua mulher americana. O dinheiro acabou e o casal estacionou onde estava, trancando-se dentro de casa.

---

33. Dados do National Home Education Research Institute, disponíveis em: <https://www.nheri.org/research/research-facts-on-homeschooling.html>. Acesso em 14.10.2017.
34. O filme recebeu o *U.S. Documentary Grand Jury Prize*. Mais informações no sítio eletrônico oficial: <http://www.thewolfpackfilm.com/>.

Embora a educação ministrada em casa constitua prática relativamente comum nos Estados Unidos,[35] sua admissibilidade nem sempre foi pacífica. Ao longo do século XIX, muitos Estados editaram leis instituindo a frequência compulsória à escola, em geral impulsionados pela crença, muito difundida, de que a escola pública gratuita contribuía para socialização de diversos povos (particularmente com o crescente número de imigrantes que o país recebia) e os imbuía dos valores associados à "cidadania americana".[36] Tais leis nem sempre logravam efetividade no meio social, em parte diante das dificuldades do Estado em efetivá-las, e em parte diante das inúmeras críticas que recebiam, acusando-as de ampliar em demasia o poder estatal e de interferir ilegitimamente no direito dos pais de dirigir a criação de seus filhos.[37]

Após relativa paz a partir dos anos 1890, quando os movimentos contrários à frequência escolar compulsória começaram a diminuir, a educação pública nos Estados Unidos passou por verdadeira crise com a chegada da década de 1960. A explosão demográfica advinda do pós-guerra acarretava índices astronômicos de matrículas nas escolas públicas, que passaram a lutar para a obtenção de mais recursos. Simultaneamente, intensificou-se a pressão pela modificação do currículo e da filosofia escolares, reformas em geral pretendidas por grupos liberais inspirados nos direitos civis e nos movimentos antiguerra, mas também influenciadas por grupos políticos e religiosos conservadores, que criticavam a forma como o Estado controlava o que era ensinado nas instituições oficiais.[38]

Foi em meio a este cenário que, ao final dos anos 1960, chegou aos tribunais norte-americanos o caso que serviria de paradigma para o tema do *homeschooling* nos Estados Unidos. Trata-se do caso *Wisconsin versus Yoder*, julgado pela Suprema Corte de Wisconsin em 1972.[39] Dois dos réus, Jonas Yoder e Wallace Miller, eram membros da religião Old Order Amish, e o terceiro, Adin Yutzy, pertencia à Conservative Amish Mennonite Church. Habitantes de Green County, Wisconsin, eles se recusavam a

---

35. O *homeschooling*, vale registrar, difere do *unschooling*, prática surgida nos Estados Unidos na segunda metade do século XX que propõe o completo afastamento de qualquer controle estatal sobre a educação proporcionada às crianças (ANDRADE, Édison Prado de. *A educação familiar desescolarizada como um direito da criança e do adolescente*: relevância, limites e possibilidades na ampliação do direito à educação. Tese de doutorado. USP. 2014, p. 552). Estima-se que a prática esteja crescendo, *pari passu* ao *homeschooling*, também na realidade brasileira (COSTA, Lorena. *Unschooling*: famílias estão tirando os filhos da escola. *Gazeta do Povo*, 24.3.2018).
36. A análise é de PETERS, Shawn Francis. *The Yoder Case*: religious freedom, education and parental rights. Lawrence: University Press of Kansas, 2003, p. 37.
37. "*Nowhere were these debates more vociferous than in Wisconsin. Opponents such as state school superintendent Edward Searing maintained that statutes mandating school attendance were terribly impractical, in that the state lacked the means to rigorously enforce them. [...] he claimed that the laws compromised his rights as a parent. 'The mere consciousness of the existence of a law compelling the attendance of my children would be intolerable', he explained. 'I want no statute laws telling me how to feed, dress, or to educate my children*" (PETERS, Shawn Francis. *The Yoder Case*: religious freedom, education and parental rights. Lawrence: University Press of Kansas, 2003, p. 38).
38. Relato detalhado do período foi realizado por PETERS, Shawn Francis. *The Yoder Case*: religious freedom, education and parental rights. Lawrence: University Press of Kansas, 2003, *passim* e, especialmente, capítulo 3.
39. *Wisconsin v. Yoder*, 406 U.S. 205.

matricular na escola os respectivos filhos, com idades entre 14 e 15 anos, depois que completaram a oitava série, embora a lei de Wisconsin determinasse a frequência escolar compulsória de menores até os 16 anos de idade.[40]

A comunidade Amish caracteriza-se historicamente por seus hábitos conservadores e por sua desconfiança em relação ao Estado.[41] Com efeito, no julgamento do caso *Wisconsin versus Yoder* a opinião de especialistas em religião e em educação, cujo testemunho restou incontroverso, permitiu afirmar que os Amish acreditavam que:

> their children's attendance at high school, public or private, was contrary to Amish religion and way of life. They believed that, by sending their children to high school, they would not only expose themselves to the danger of the censure of the church community, but, as found by the country court, also endanger their own salvation and that of their children.[42]

Na decisão do caso restou ainda consignado que a educação Amish dirigia-se à formação de pessoas capazes de lerem a Bíblia, de serem bons fazendeiros e cidadãos e de lidar com pessoas de fora da comunidade quando necessário. Por isso, não se fazia, de modo geral, objeção às primeiras oito séries do ensino fundamental, que visavam a ensinar as habilidades mais básicas. Ademais, até a oitava série era comum que as crianças contassem com escolas da própria comunidade Amish, o que lhes permitia o convívio escolar dentro de padrões aceitáveis pelos pais. O aprendizado posterior, porém, segundo a crença Amish, desenvolveria valores indesejáveis, na medida em que "afastam o homem de Deus" e "afastam as crianças de sua comunidade, física e emocionalmente, durante o crucial e formativo período da adolescência", podendo causar-lhes "grande dano psicológico".[43]

Com base fundamentalmente na liberdade de religião, o *Chief Justice* Burger julgou favoravelmente aos réus, reconhecendo que não haveria razão para julgar que padrões razoáveis não pudessem ser estabelecidos pelo Estado quanto ao conteúdo da educação domiciliar das crianças Amish, desde que não prejudicassem o livre exercício da religião, e proporcionassem uma educação vocacional para a agricultura,

---

40. Relatório extraído da *Opinion of Court* proferida pelo J. Burger no caso *Wisconsin v. Yoder*.
41. No relato de Shawn Francis Peters, em estudo específico sobre o caso Yoder: "*The Amish share with political conservatives an abiding wariness of the coercive powers of the state. The roots of this fear among the Amish stretch back almost half a millennium. [...] From it arose an enduring reluctance among members of the faith to interact with government or participate in the affairs of state. [...] Members of the faith thus quietly accede to most manifestations of state authority. They pay taxes and adhere to most secular laws. Yet the Amish generally avoid doing much more to participate in the 'worldly' realm of civic affairs. An Amishman would never run for public office, for instance, or serve on a jury*" (PETERS, Shawn Francis. *The Yoder Case*: religious freedom, education and parental rights. Lawrence: University Press of Kansas, 2003, pp. 43-44). Esse entendimento restou registrado na *Opinion of Court* do caso *Wisconsin v. Yoder*, em que o J. Burger afirmou: "*As a result of their common heritage, Old Order Amish communities today are characterized by a fundamental belief that salvation requires life in a church community separate and apart from world and wordily influence. This concept of life aloof from the world and its values is central to their faith*".
42. Excerto da *Opinion of Court* proferida pelo J. Burger no caso *Wisconsin v. Yoder*.
43. Todas as expressões foram extraídas da *Opinion of Court* proferida pelo J. Burger no caso *Wisconsin v. Yoder*.

sob a orientação dos pais e da igreja. A decisão tornou-se *leading case*, sem embargo de julgados anteriores que já prenunciassem tal entendimento.[44]

Paradigma do ensino domiciliar no mundo, os Estados Unidos não ostentam a mesma qualificação no que tange à proteção dos direitos da criança e do adolescente. Trata-se, atualmente, do único país dentre todos das Nações Unidas que não ratificou a Convenção dos Direitos da Criança de 1990. Afirma-se que o *lobby* de grupos de cristãos fundamentalistas, inclusive a célebre HSLDA (*Home School Legal Defense Association*), em certa medida correspondente à nossa ANED, impediram a ratificação da convenção, ao argumento de que suas previsões lesavam seus *direitos parentais* e liberdades religiosas sob a Constituição americana – com particular referência ao caso *Yoder*.[45]

3. O *HOMESCHOOLING* NOS DEMAIS PAÍSES: PARÂMETROS SOCIAIS PARA UMA DISCIPLINA JURÍDICA

Se nos Estados Unidos a prática de ensino domiciliar tornou-se aceita, em diversos outros países trata-se de costume a ser reprimido. A prática é admitida no Reino Unido, na Itália, na França, nos Países Baixos, em Portugal, na Espanha. Nos países em que é permitida, submete-se, em geral, a uma série de rigorosas regulamentações, sendo previstas, com frequência, avaliações periódicas das crianças pelo Poder Público para fins de acompanhamento da sua formação. Em outros países, é vedada, como na Suécia, Alemanha, Islândia e Grécia.[46] Em ambos os grupos de países, porém, a questão suscita as mais variadas controvérsias.

Caso célebre na Europa foi o do casal Konrad, moradores da cidade alemã de Herbolzheim e membros de uma comunidade cristã frontalmente contrária à educação escolar, cujo pleito foi julgado em 2006 pela Corte Europeia de Direitos Humanos.[47] A Justiça alemã havia determinado que as crianças da família Konrad fossem submetidas ao ensino institucional, contra a vontade dos pais, decisão que foi reiterada pela Corte Europeia de Direitos Humanos.[48] O casal pretendia educar seus filhos em casa, sob a alegação de que não desejavam que as crianças se submetessem à educação sexual compulsória, nem entrassem em contato com histórias de personagens míticos (tais

---

44. Como pondera Shawn Francis Peters (*The Yoder Case:* religious freedom, education and parental rights. Lawrence: University Press of Kansas, 2003, p. 151): "*Americans of all faiths consider religious liberty to be one of the most important individual freedoms safeguarded by the Constitution. Chief Justice Burger's majority opinion in Wisconsin v. Yoder was a landmark because it protected that cherished right as it had never been protected before. [...] The Chief Justice's analysis showed an unprecedented deference to the beliefs and practices of religious objectors, and his application of strict scrutiny placed a heavy burden on states to justify neutral laws that nonetheless infringed on those dissenters' right to the free exercise of religion*".
45. BLOKHUIS, J. C. Whose custody is it, anyway? 'Homeschooling' from a *parens patriae* perspective. *Theory and Research in Education*, 8(2), 2010, p. 213-214.
46. Dados disponíveis em < https://www.hslda.org>. Acesso em 19.11.2017.
47. Corte Europeia dos Direitos Humanos, Quinta Seção, Application n. 35504/03, julg. 18.9.2006.
48. O caso encontra-se disponível em: <http://www.hslda.org/hs/international/Germany/KONRAD_Decision.pdf>. Acesso em 1.10.2017.

como feiticeiras e fadas) ligados ao ocultismo e à superstição. Alegavam, ainda, a crescente violência física e moral entre alunos nas escolas convencionais e afirmavam que, de acordo com sua crença religiosa, a educação das crianças em casa consistia em um dever divino, imposto pela Bíblia, que não poderia ser delegado a terceiros.

O caso é particularmente interessante porque, de acordo com o relatório do julgamento proferido pela Corte Europeia, o casal usava o material didático fornecido pela *Philadelphia School*, uma instituição situada em Siegen especializada em assistir famílias daquela comunidade cristã na educação de seus filhos. A despeito do nome, a instituição não era reconhecida pelo Estado alemão como uma escola particular. Parte do material utilizado correspondia aos mesmos livros didáticos utilizados na rede tradicional de ensino, mas outra parte era produzida especificamente pela instituição, que dispõe de funcionários treinados para supervisionarem o ensino fornecido pelos pais.

A Corte Europeia considerou que não houve violação pelo Estado da Convenção Europeia de Direitos Humanos, que alberga, no art. 2º de seu Protocolo I, o direito à educação, mas resguarda o direito dos pais de garantir que tal educação esteja em conformidade com suas crenças religiosas e filosóficas.[49] Na ocasião, afirmou-se, que o casal Konrad tinha a possibilidade de educar seus filhos de acordo com suas próprias convicções nos finais de semana e tempos livres, de tal modo que não haveria violação de seus direitos parentais de educadores. Outros argumentos do casal, também fundados na Convenção, tais como a liberdade de pensamento e crença e o respeito à vida privada e familiar também foram refutados pela Corte, que afastou, ainda, alegações de discriminação.

Muito antes disso, a Comissão Europeia de Direitos Humanos já havia julgado improcedente o pedido[50] de um casal britânico que solicitava que sua filha, portadora de lesões cerebrais em função de complicações durante a gestação, obtivesse permissão para frequentar uma escola convencional; a família da menina argumentou que uma educação diferenciada, a qual resultaria no afastamento da menor do convívio social normal, seria prejudicial ao seu desenvolvimento. À semelhança do que depois ocorreria no caso Konrad, os demandantes alegaram a violação do art. 2º do Protocolo I à Convenção Europeia de Direitos Humanos e do art. 14 da referida Convenção (já que as crianças portadoras de deficiência gozam de menores opções no tocante ao estudo). O Estado, por sua vez, representando as autoridades locais

---

49. No original: "*No person shall be denied the right to education. In the exercise of any functions which it assumes in relation to education and to teaching, the State shall respect the right of parents to ensure such education and teaching in conformity with their own religious and philosophical convictions*". De acordo com a Corte Europeia, para o direito alemão, a segunda parte do dispositivo deve ser lida em consonância com a primeira, de tal modo que os pais não podem se eximirem do dever de matricularem seus filhos na escolar invocando suas próprias convicções pessoais, pois estas não podem ser contrárias à própria Convenção. Registrou-se, por outro lado, não haver consenso entre os países signatários da Convenção a respeito da possibilidade de o Estado impor a frequência escolar.
50. Trata-se do caso P. and L. D. v. United Kingdom. Comissão Europeia de Direitos Humanos, Application n. 14135/88, julg. 2.10.1989.

em matéria de educação, afirmou que a menina deveria ser submetida a um ensino especializado, em instituição voltada para o atendimento a crianças com dificuldade de aprendizado. Afirmou também que a demanda dos pais já havia sido atendida, na medida em que havia sido concedido à menina o direito de comparecer a uma instituição convencional duas vezes na semana e a uma instituição especializada três vezes na semana, de forma alternada.

O entendimento da Comissão nesse caso foi de que, efetivamente, não houvera violação dos dispositivos legais mencionados, bem como que o pleito da família havia sido suficientemente considerado pelas autoridades britânicas ao permitirem estas a alternância entre ensino convencional e especializado. A decisão julgou também justificável a intervenção estatal na questão – a qual não poderia, no entendimento da Comissão, ser deixada exclusivamente ao arbítrio dos pais por uma questão de proteção aos interesses da menor – por estar ela em conformidade com a lei nacional e dentro dos padrões democráticos.

Na Alemanha, a repressão ao ensino domiciliar tem se tornado cada vez mais severa. Grupos favoráveis ao *homeschooling* alegam que a repressão à prática tem por base um edito de 1938, da lavra de Adolf Hitler, banindo o ensino doméstico e garantindo a educação compulsória.[51] Em 2007, Melissa Busekros, jovem de 15 anos, foi apreendida pelas autoridades alemãs por ser educada em casa, e somente pôde voltar a morar com seus pais, por iniciativa própria, ao completar 16 anos, ainda assim enfrentando verdadeira batalha judicial.[52] Em 2012, a família Wanderlich teve a guarda de seus filhos perdida para o *Jugendamt*, órgão governamental alemão responsável pela proteção de crianças e adolescentes, após peregrinarem por diversos países europeus na tentativa de preservar a educação domiciliar de seus filhos.[53]

Na Suécia, o Parlamento aprovou, em 2010, lei que torna o *homeschooling* legal apenas muito excepcionalmente, excluindo razões filosóficas ou religiosas como fundamento para a prática.[54] Na ocasião, aprovou-se uma reforma abrangente do sistema nacional de educação, na forma de um projeto de lei de 1.500 páginas, sendo que em apenas duas delas se abordou o tema da educação em casa. A lei manteve a regulamentação anterior, mas acrescentou uma cláusula altamente restritiva: os pais só podem praticar a educação em casa depois de terem demonstrado sua necessidade com base em "circunstâncias extraordinárias". Apesar de o Conselho do Supremo Tribunal Sueco, encarregado de revisar as leis do país, ter recomendado o esclarecimento do significado do termo ambíguo "circunstâncias excepcionais", o governo continuou sem fazê-lo.

---

51. Disponível em: <http://www.lifesitenews.com/news/german-homeschool-student-placed-in-foster-care--parents-not-told-location>. Acesso em 1.10.2017.
52. Disponível em: <http://www.lifesitenews.com/news/german-homeschooler-melissa-busekros-home-with-family-after-3-month-ordeal>. Acesso em 1.10.2017.
53. Disponível em: <http://www.lifesitenews.com/news/german-parents-lose-custody-of-their-children-for--homeschooling>. Acesso em 19.11.2017.
54. Disponível em: <http://www.hslda.org/hs/international/Sweden/201007070.asp>. Acesso em 19.11.2017.

A regulamentação anterior especificava que o ensino em casa era uma "alternativa inteiramente satisfatória" em relação ao ensino escolar, e os funcionários podiam consultar as famílias que praticavam o *homeschooling* para se certificar de que eles estavam mantendo o ritmo dos estudos. Enquanto essas famílias suecas já enfrentaram perseguições e multas punitivas dos oficiais da escola para a educação escolar em casa, a nova lei essencialmente deu carta branca aos ditos "oficiais escolares" para negarem pedidos em qualquer circunstância. Dentre inúmeros outros casos, o casal Johansson perdeu, em 2012, o poder familiar sobre seu filho Dominic, tendo o menor sido detido pelas autoridades minutos antes de a família embarcar para a Índia, ao argumento de que o menor era educado em domicílio.[55]

Como se percebe, o ensino domiciliar permanece como tema polêmico, adotando os países posturas bastante diversificadas em seu tratamento, sem parâmetros seguros para sua admissão ou vedação. Nesse sentido, torna-se necessário ponderar que papel a frequência escolar e o consequente convívio social na instituição de ensino desempenham para o desenvolvimento da personalidade da criança, de modo a delinear caminho mais nítido para o tratamento jurídico do tema. No cenário da "modernidade líquida", como registra Zygmunt Bauman, quando o conhecimento deixa de ser associado a uma construção lenta, que demanda tempo e conhecimento, e passa a ser consumido de modo equiparável à *fast food*, em pequenas porções facilmente esquecíveis, parece ser uma tendência a perda de importância do ensino curricular formal, substituído pela supervalorização de um aprendizado *flexível*.[56] O papel da escola, porém, como afirmado mais acima, não é apenas o de instruir, mas também o de socializar – e parece ser neste ponto que deve residir o núcleo da controvérsia sobre o ensino domiciliar no Brasil.

---

55. Disponível em: <http://www.lifesitenews.com/news/sweden-revokes-parental-rights-of-homeschooling-family-after-three-year-ord>. Acesso em 19.11.2017.
56. Na análise de Bauman: "*All this militates against the very essence of school-centred education, known for its predilection for a stiff curriculum and predetermined succession of learning. In a liquid-modern setting, centres of teaching and learning are subjected to a 'de-institutionalizing' pressure and prompted to surrender their loyalty to 'canons of knowledge' (whose very existence, not to mention utility, is increasingly cast in doubt), thus putting the value of flexibility above the surmised inner logic of scholarly disciplines. Pressures come from above (from the governments eager to catch up with the volatile and capricious shifts in 'business needs') as much as from below (from prospective students exposed to the equally capricious demands of labour markets and bewildered by their apparently haphazard and unpredictable nature). [...] A most prominent effect of the above pressures on the theorists and practitioners of education is the marked shift of emphasis from 'teaching' to 'learning.' Transferring to individual students the responsibility for the composition of the teaching=learning trajectory (and, obliquely, for its pragmatic consequences) reflects the growing unwillingness of learners to make long-term commitments that constrain the range of future options and limit the field of manoeuver. Among the conspicuous effects of de-institutionalizing pressures are the 'privatization' and 'individualization' of the teaching-learning settings and situations, as well as a gradual yet relentless replacement of the orthodox teacher-student relationship with the supplier-client, or shopping-mall-shopper pattern*" (Education in Liquid Modernity. The Review of Education, Pedagogy and Cultural Studies, vol. 27, 2005, pp. 316-317).

4. PANORAMA DO DIREITO-DEVER À EDUCAÇÃO NO BRASIL

A muitos quilômetros dos países mencionados, também no Brasil começaram a surgir casos de repressão ao ensino domiciliar. Ilustrativamente, Cléber e Bernadeth Nunes, moradores da cidade de Timóteo, Minas Gerais, foram processados civil e criminalmente em 2010 por terem mantido seus dois filhos adolescentes fora da escola por mais de dois anos.[57] As crianças, cuja educação ministrada em casa compreendia estudos de retórica, dialética, gramática, aritmética, geometria, astronomia e ainda duas línguas estrangeiras, estudavam em média seis horas por dia e foram aprovadas em 7° e 13° lugares no vestibular de uma faculdade particular da região. Não obstante tais resultados, apresentados na instrução processual em defesa dos pais, o casal foi condenado em primeira instância a pagar uma multa de R$9 mil e a matricular os filhos, Davi e Jônatas, em escola formal. Ouvidos anos depois, já adultos, os filhos narram ter conseguido grande projeção profissional com o desenvolvimento de projetos de informática, e Davi afirma que pretende educar seus filhos do mesmo modo.[58]

O caso não foi a primeira tentativa de ensino domiciliar que alcançou os tribunais no Brasil. Em Mandado de Segurança impetrado contra o Ministério da Educação e julgado pelo STJ, em 2002, o casal goiano Carlos e Márcia Coelho tentaram obter autorização judicial, negada pelo MEC, para educar os filhos em casa. As crianças apresentavam excelente rendimento em seus estudos, encontrando-se, segundo avaliação, pelo menos um ano à frente das séries correspondentes às suas idades, embora nunca tenham frequentado a escola, e recebiam aulas de música, inglês, hipismo, tênis, matemática e religião. A autorização pretendida pelos pais foi negada, por maioria, pela 1ª Seção do STJ.[59]

Nessa mesma esteira coloca-se o caso já narrado do casal do município de Canela, que pretendeu ministrar ensino domiciliar à sua filha – objeto do RE 888.815. A pretensão a uma educação diferenciada, questão aparentemente singela e de pouca relevância para a realidade brasileira, merece, como se percebe, análise mais detida pela doutrina. Afinal, se a simples transmissão eficaz de conhecimentos não se mostrou suficiente, como parece, para a admissão da prática do *homeschooling* pelo

---

57. COLLUCCI, Cláudia. Casal luta na Justiça para que os filhos só estudem em casa. *Folha de São Paulo*, 27.6.2008.
58. SOUZA, Mateus Luiz de. Ex-alunos contam experiência de ensino domiciliar, que cresce no país. *Folha de São Paulo*, 25.2.2015.
59. V. STJ, MS 7.407/GO, 1ª S., Rel. Min. Francisco Peçanha Martins, julg. 24.4.2002. O acórdão foi assim ementado: "Mandado de segurança. Ensino fundamental. Currículo ministrado pelos pais independente da frequência à escola. Impossibilidade. Ausência de direito líquido e certo. Ilegalidade e/ou abusividade do ato impugnado. Inocorrência. Lei 1.533/51, art. 1°, CF, arts. 205 e 208, § 3°; lei 9.394/60, art. 24, vi e lei 8.096/90, arts. 5°, 53 e 129. 1. Direito líquido e certo é o expresso em lei, que se manifesta inconcusso e insuscetível de dúvidas. 2. Inexiste previsão constitucional e legal, como reconhecido pelos impetrantes, que autorizem os pais ministrarem aos filhos as disciplinas do ensino fundamental, no recesso do lar, sem controle do poder público mormente quanto à frequência no estabelecimento de ensino e ao total de horas letivas indispensáveis à aprovação do aluno. 3. Segurança denegada à míngua da existência de direito líquido e certo".

Judiciário nos casos citados, cumpre identificar que outros valores estão envolvidos na avaliação do merecimento de tutela dessa prática à luz do ordenamento jurídico. Apenas a investigação dos fatores ponderados por nossa jurisprudência e das circunstâncias em que a prática do ensino domiciliar é permitida ou vedada em outros países permitirá delinear parâmetros que definam a admissibilidade do *homeschooling* na ordem jurídica brasileira.

Nem sempre, por outro lado, o ensino domiciliar tem sido refutado pelo Poder Judiciário no Brasil. O casal Dias, pais da jovem Lorena, também optaram por manter sua filha adolescente em regime de ensino domiciliar entre os anos de 2011 e 2014. Afirmam os pais que a filha sofria *bullying* na escola e que as greves e a presença de drogas no colégio eram motivo de preocupações constantes. Tendo sido aprovada no Exame Nacional do Ensino Médio de 2014 e ingressado no curso de Jornalismo de uma universidade em Brasília, onde mora atualmente, Lorena não conseguiu obter o certificado de aprovação do por ser menor de idade. Recorreu, então, à via judicial, tendo obtido tutela antecipada favorável à sua pretensão junto ao Tribunal Federal Regional da 1ª Região.[60]

Será este um passo em direção ao reconhecimento do ensino domiciliar no país? O certificado de aprovação no Exame Nacional do Ensino Médio é considerado pela Associação Nacional de Ensino Domiciliar como "a forma mais prática para que um aluno domiciliar receba certificação oficial após a conclusão do Ensino Médio".[61] Se, contudo, a prática do *homeschooling* for corroborada em sede jurisprudencial em casos semelhantes, estar-se-á diante de postura de vanguarda dos tribunais brasileiros, à frente da própria legislação, que não dispõe de qualquer norma específica a respeito e, em mais de uma norma, pode ser interpretada para se exigir a educação escolar formal.

O direito à educação previsto no art. 208 da Constituição Federal trata diretamente do desenvolvimento da personalidade humana.[62] Seu exercício perfaz-se

---

60. SOUZA, Mateus Luiz de. Decisão inédita coloca jovem que estudou em casa na faculdade. *Folha de São Paulo*, 13.4.2015.
61. Disponível em: <http://www.aned.org.br/portal/index.php/documentos/orientacoes-para-certificacao-via--enem>. Acesso em: 1.10.2015. De acordo com o art. 2º da Portaria Normativa n. 4/2010 do Ministério da Educação, o interessado em obter a certificação de conclusão do ensino médio com base no Exame Nacional do Ensino Médio deve preencher apenas três requisitos: ter mais de 18 anos de idade, ter atingido no mínimo 400 pontos em cada área do conhecimento do ENEM e ter atingido no mínimo 500 pontos na redação. Entende-se que a não exigência de diploma escolar formal dentre esses requisitos corresponderia a uma forma tácita de admissão do ensino domiciliar: "Assim, aquele que foi educado em casa poderá fazer o ENEM e, caso preencha os requisitos, conseguir um certificado de conclusão do ensino médio. Implicitamente, o Ministério da Educação reconheceu como válida a educação domiciliar, adotando uma noção material de ensino médio (determinado nível de desenvolvimento intelectual) ao invés da tradicional concepção formal (número de séries frequentadas pelo aluno na escola)" (AGUIAR, Alexandre Magno Fernandes Moreira. *A situação jurídica do ensino domiciliar no Brasil*. Disponível em: <http://www.aned.org.br/portal/downloads/A_situacao_juridica_do_ensino_domiciliar_no_Brasil.pdf>).
62. A respeito, cf. BARCELLOS, Ana Paula de. Normatividade dos princípios e o princípio da dignidade da pessoa humana na Constituição de 1988. *Revista de Direito Administrativo*, n. 221. Rio de Janeiro: jul.-set./2000, pp. 182 e ss.

no âmbito da autonomia existencial conferida a cada indivíduo pelo ordenamento; trata-se, porém, de exercício realizado, de modo geral, pelos pais no melhor interesse de seus filhos menores. As eventuais restrições que se reconheçam ao exercício do direito à educação, tais como a obrigatoriedade da frequência à escola formal, justificam-se à luz da realização do melhor interesse do educando, a representar a tutela mais efetiva de sua dignidade.[63]

A temática da educação encontra-se regulada por diversas disposições no ordenamento jurídico brasileiro. Destaca-se, inicialmente, que o direito à educação está previsto na Constituição Federal, em seu art. 6º, *verbis*: "São direitos sociais a educação, a saúde, a alimentação, o trabalho, a moradia, o lazer, a segurança, a previdência social, a proteção à maternidade e à infância, a assistência aos desamparados, na forma desta Constituição". Mais ainda, no art. 205, esclarece o constituinte que a educação é dever do Estado e da família e visa ao pleno desenvolvimento da pessoa humana: "A educação, direito de todos e dever do Estado e da família, será promovida e incentivada com a colaboração da sociedade, visando ao pleno desenvolvimento da pessoa, seu preparo para o exercício da cidadania e sua qualificação para o trabalho".

Tais disposições, porém, não constituem inovação do constituinte de 1988. Refletem ideal já expressado na Declaração Universal dos Direitos Humanos de 1948, que, em seu art. XXVI, afirma que todos têm o direito à educação, que deve ser gratuita ao menos nos ensinos fundamental e médio e obrigatória no nível fundamental, além de aduzir que a educação deve dirigir-se ao "completo desenvolvimento da personalidade humana e ao fortalecimento do respeito pelos direitos humanos e das liberdades fundamentais.[64] Em redação que pode gerar dúvidas quanto ao ensino regular compulsório, o mesmo artigo da Declaração Universal dos Direitos Humanos reconhece que os pais têm o direito de "escolher o tipo de educação que será oferecida a seus filhos".[65]

No plano infraconstitucional, o conceito de educação é fornecido pela Lei de Diretrizes e Bases da Educação (Lei 9.394/1996), no *caput* de seu art. 1º: "A educação abrange os processos formativos que se desenvolvem na vida familiar, na convivência humana, no trabalho, *nas instituições de ensino* e pesquisa, nos movimentos sociais

---

63. "O estudo jurídico do tema *homeschooling* é uma forma de analisar se o exercício do poder familiar pelos genitores das crianças os legitima ou não a oferecer a instrução em casa. No momento em que os pais optam pela educação domiciliar estariam deslegitimando o Estado no que tange ao direito que lhes cabe de oferecer instrução às crianças no ambiente escolar?" (COSTA, Fabrício Veiga. *Homeschooling* no Brasil: constitucionalidade e legalidade do Projeto de Lei 3179/12. *Revista de Pesquisa e Educação Jurídica*, vol. 1, n. 2, jul.-dez./2015, p. 88).
64. "Article XXVI. (1) Everyone has the right to education. Education shall be free, at least in the elementary and fundamental stages. Elementary education shall be compulsory. Technical and professional education shall be made generally available and higher education shall be equally accessible to all on the basis of merit. (2) Education shall be directed to the full development of the human personality and to the strengthening of respect for human rights and fundamental freedoms. It shall promote understanding, tolerance and friendship among all nations, racial or religious groups, and shall further the activities of the United Nations for the maintenance of peace".
65. "Article XXVI. [...] (3) Parents have a prior right to choose the kind of education that shall be given to their children".

e organizações da sociedade civil e nas manifestações culturais".[66] Trata-se, como se percebe, de conceito bem mais abrangente do que aquele adstrito à educação escolar formal. Justamente por esse fato, cabe perquirir em que medida o direito à educação depende da frequência do aluno em escola regular e em que medida extrapola os limites da sala de aula. A esse propósito, a imperatividade do ensino escolar foi prevista pela Constituição de 1988 em dispositivo específico: "Art. 208. O dever do Estado com a educação será efetivado mediante a garantia de: I – educação básica obrigatória e gratuita dos 4 (quatro) aos 17 (dezessete) anos de idade, assegurada inclusive sua oferta gratuita para todos os que a ela não tiveram acesso na idade própria [...]. §1º O acesso ao ensino obrigatório e gratuito é direito público subjetivo [...]".

A obrigatoriedade da matrícula escolar também se encontra prevista no Estatuto da Criança e do Adolescente (Lei 8.068/1990): "Art. 55. Os pais ou responsável têm a obrigação de matricular seus filhos ou pupilos na rede regular de ensino". E diversas outras disposições normativas ainda fazem referência ao controle da frequência escolar como um valor juridicamente relevante. A própria Constituição Federal alude expressamente ao tema: "Art. 208. [...] §3º - Compete ao Poder Público recensear os educandos no ensino fundamental, fazer-lhes a chamada e zelar, junto aos pais ou responsáveis, pela frequência à escola". Assim também a Lei de Diretrizes e Bases da Educação: "Art. 24. [...] VI - o controle de frequência fica a cargo da escola, conforme o disposto no seu regimento e nas normas do respectivo sistema de ensino, exigida a frequência mínima de setenta e cinco por cento do total de horas letivas para aprovação".

Tais dispositivos, porém, não afastam totalmente a controvérsia quanto à imprescindibilidade da matrícula na rede regular de ensino. Assim, por exemplo, no julgamento do caso do casal goiano que pretendia autorização para educar seus filhos em casa, alegava o casal que "as normas da LDB, restringindo a liberdade garantida no texto constitucional, dirige[m]-se estritamente às crianças cujos pais são incapazes de ministrar ensino domiciliar".[67] No mesmo sentido, afirmou em seu voto o Min. Franciulli Netto que "a regulamentação específica, sobretudo no que tange à carga horária de cada curso e jornada diária em sala de aula, diz respeito apenas à educação tradicional, que, entretanto, segundo se depreende pela análise sistemática do diploma em questão, não é a única forma de aprendizado".[68]

Resulta evidente que o conceito amplo do termo "educação" abre margem para dúvidas quanto à interpretação das disposições legais que determinam expressamente a obrigatoriedade da matrícula escolar. Com efeito, há quem diga até mesmo que o ensino domiciliar encontraria abrigo no texto constitucional, a partir de dispositivo da Lei Maior que preceitua: "Art. 206. O ensino será ministrado com base nos

---

66. Grifou-se.
67. STJ, MS 7.407/GO, 1ª S., Rel. Min. Francisco Peçanha Martins, julg. 24.4.2002, voto do Rel. Min. Francisco Peçanha Martins.
68. STJ, MS 7.407/GO, 1ª S., Rel. Min. Francisco Peçanha Martins, julg. 24.4.2002, voto do Min. Franciulli Netto.

seguintes princípios: [...] II - liberdade de aprender, ensinar, pesquisar e divulgar o pensamento, a arte e o saber; III - pluralismo de ideias e de concepções pedagógicas, e coexistência de instituições públicas e privadas de ensino [...]".[69] Assim entende o Min. Franciulli Netto, para quem, à luz de tais dispositivos, a Constituição autorizaria ao indivíduo "a faculdade de se educar segundo a própria determinação, desde que o método escolhido proporcione seu pleno desenvolvimento, seu preparo para o exercício da cidadania e sua qualificação para o trabalho".[70] A permissão decorreria, ainda, do direito ao livre planejamento familiar (art. 226, § 7º CF) e do dever que têm os pais de "assistir, criar e educar os filhos menores" (art. 229 CF). Conclui, assim, que, se é dever do Estado e da família garantir o acesso à educação, "a vontade familiar prevalece na determinação dos métodos e concepções pedagógicos".[71]

Em dezembro de 2016, foi aprovado pela CCJ o substitutivo ao Projeto de Lei 3.179/2012, propondo a reforma da Lei 9.394/1996 para estipular:

> Art. 23. [...] §3º É admitida a educação básica domiciliar, sob a responsabilidade dos pais ou tutores responsáveis pelos estudantes, observadas a articulação, supervisão e avaliação periódica da aprendizagem pelos órgãos próprios dos sistemas de ensino, nos termos das diretrizes gerais estabelecidas pela União e das respectivas normas locais, que contemplarão especialmente:
>
> I - obrigatoriedade de matrícula do estudante em escola pública;
>
> II – manutenção de registro oficial das famílias optantes pela educação domiciliar;
>
> III – participação do estudante nos exames realizados nacionalmente e exames do sistema estadual ou sistema municipal de avaliação da educação básica quando houver;
>
> IV- previsão de inspeção educacional, pelo órgão competente do sistema de ensino, no ambiente em que o estudante estiver recebendo a educação domiciliar.

O substitutivo prevê, ainda, a alteração do art. 129, V do ECA, coerentemente com as demais disposições, de modo a autorizar a prática do ensino domiciliar. Durante a análise de sua constitucionalidade pelo Congresso Nacional, invocou-se o já mencionado art. 208 da Constituição Federal como óbice à implementação do sistema de ensino domiciliar; ressaltou-se, ainda, "que os estudantes em educação domiciliar estariam privados dos processos pedagógicos desenvolvidos no espaço escolar, que promovem a socialização e a formação para a cidadania, além de se tratar de alternativa elitista, pois sua prática seria possível apenas para famílias de mais alto capital cultural".[72]

---

69. O dispositivo foi invocado pelo Min. Franciulli Netto em seu voto no julgamento do MS 7.407/GO (STJ, 1ª S., Rel. Min. Francisco Peçanha Martins, julg. 24.4.2002), como fundamento para a admissibilidade da prática do *homeschooling*.
70. FRANCIULLI NETTO, Domingos. *Aspectos constitucionais e infraconstitucionais do ensino fundamental em casa pela família*. Disponível em: <http://bdjur.stj.gov.br>. Acesso em 19 nov. 2017, p. 6.
71. FRANCIULLI NETTO, Domingos. *Aspectos constitucionais e infraconstitucionais do ensino fundamental em casa pela família*. Disponível em: <http://bdjur.stj.gov.br>. Acesso em 19 nov. 2017, p. 7.
72. Assim relata COSTA, Fabrício Veiga. *Homeschooling* no Brasil: constitucionalidade e legalidade do Projeto de Lei 3179/12. *Revista de Pesquisa e Educação Jurídica*, vol. 1, n. 2, jul.-dez./2015, p. 98.

Enquanto tramitam este e outros projetos de lei no Congresso Nacional, entende-se que o *homeschooling* não recebe qualquer referência expressa na ordem jurídica brasileira.[73] Justamente por isso, é no princípio da liberdade (*in casu*, uma suposta liberdade de educação) que se funda a maior parte dos argumentos favoráveis à prática do ensino domiciliar – tese que, como se viu, destoa drasticamente da situação jurídica dos pais em relação aos filhos no sistema brasileiro.[74] Por ocasião do julgamento do RE 888.815 pelo STF, acima referido, restou decidido que o ensino domiciliar não é vedado pela Constituição, mas apenas pode ser exercido conforme futura regulamentação legal que preveja requisitos mínimos, tais como frequência e avaliação pedagógica.

Contra a prática, por outro lado, colocam-se diversas normas, inclusive o tipo do art. 246 do Código Penal, que criminaliza o abandono intelectual[75] – ainda que a norma tenha sido inspirada por realidade diversa da atual.[76] Recentemente, começou a tramitar junto ao Senado Federal o PLS 28/2018, que propõe a reforma do referido dispositivo legal, com vistas a descriminalizar a prática.

5. A RELEVÂNCIA DO RECONHECIMENTO SOCIAL PARA O PLENO DESENVOLVIMENTO DA DIGNIDADE HUMANA: CONSIDERAÇÕES SOBRE O CASO BRASILEIRO

A análise da admissibilidade da prática de *homeschooling* no Brasil exige a prévia consideração de seus impactos (positivos ou negativos) para a construção da identidade individual e, em última análise, para a proteção da dignidade humana, princípio

---

73. Assim sustentou o Min. Francisco Peçanha Martins em seu voto no julgamento do MS 7.407 (STJ, 1ª S., Rel. Min. Francisco Peçanha Martins, julg. 24.4.2002): "esse método educacional alternativo não se encontra regulamentado na legislação vigente, não se podendo pretender o preenchimento de tal lacuna pelo Judiciário".
74. Corroborando a crítica e sustentando que, ao revés, a educação é um direito subjetivo público titularizado pelos educandos e lesado pela prática do *homeschooling*, cf. COSTA, Fabrício Veiga. *Homeschooling* no Brasil: constitucionalidade e legalidade do Projeto de Lei 3179/12, cit., pp. 107 e ss.
75. *Verbis*: "Art. 246. Deixar, sem justa causa, de prover à instrução primária de filho em idade escolar: Pena - detenção, de quinze dias a um mês, ou multa". Segundo alguns autores, não incorreria no crime previsto nesse artigo o genitor que promove o ensino domiciliar, por se tratar de delito de natureza omissiva e não comissiva. Tratar-se-ia, assim, de "de crime omissivo puro, pois a conduta consiste em 'deixar de prover a instrução primária, sem justa causa, isto é, em omitir as medidas necessárias para que seja ministrada ao filho instrução de nível primário'" (HUNGRIA, Nelson; LACERDA, Romão Côrtes de. *Comentários ao Código Penal*, vol. VIII. Rio de Janeiro: Forense, 1959, p. 446). No ponto, cf. ainda FRANCIULLI NETTO, Domingos. *Aspectos constitucionais e infraconstitucionais do ensino fundamental em casa pela família*, cit., pp. 16-18. Já se ponderou, igualmente, que não restaria configurado o tipo penal pois, no *homeschooling*, não estaria ausente a justa causa, um dos elementos do tipo (BERNARDI, Renato; LAZARI, Rafael José Nadim de. A interferência do Estado nas relações paterno-filiais: um estudo à luz da teoria da eficácia imediata dos direitos fundamentais na esfera privada. *RIDB*, a. 1 (2012), n. 9, p. 5239).
76. Como anota Alexandre Aguiar (AGUIAR, Alexandre Magno Fernandes Moreira. *A situação jurídica do ensino domiciliar no Brasil*. Disponível em: <http://www.aned.org.br/portal/downloads/A_situacao_juridica_do_ensino_domiciliar_no_Brasil.pdf>), o dispositivo foi redigido à luz da Constituição de 1937, cujo art. 125 autorizava expressamente o ensino domiciliar, nos seguintes termos: "A educação integral da prole é o primeiro dever e o direito natural dos pais. O Estado não será estranho a esse dever, colaborando, de maneira principal ou subsidiária, para facilitar a sua execução ou suprir as deficiências e lacunas da educação particular".

maior a ser tutelado pelo ordenamento brasileiro. Como se depreende dos principais casos colhidos da experiência estrangeira, notadamente da norte-americana, trata-se de tema fundamentalmente ligado a questões identitárias e à tentativa de determinadas comunidades (socioculturais, religiosas) de preservar suas características mais fundamentais em face de um ensino formal padronizado proporcionado pelo Estado.[77]

Assim, por exemplo, o caso paradigmático sobre o ensino domiciliar nos Estados Unidos envolvia pais de comunidade Amish que não desejavam matricular seus filhos em escolas regulares, que, segundo alegavam, transmitiriam valores e conhecimentos contrários ou mesmo nocivos àquela religião e provocariam seja o afastamento daqueles jovens do seio da comunidade seja a rejeição dos mesmos pelo corpo comunitário. Também os casos mais recentes de *homeschooling* na Europa envolvem alegações a respeito da preservação de certas identidades culturais ou da discordância dos pais quanto à transmissão de certos conhecimentos ou valores pela escola formal. Nesse sentido, a filosofia do reconhecimento social desponta como ferramenta útil à compreensão da importância que a identificação comunitária apresenta no processo de desenvolvimento da personalidade humana. A questão do reconhecimento pode ser definida, em uma visão contemporânea, como "esforços politicamente organizados por grupos culturais para encontrar reconhecimento para suas próprias convicções de valores e estilos de vida".[78]

Mas não apenas isso. Não caberia, neste ponto, menosprezar a relevância das discussões acerca do *homeschooling*, sob a alegação de que se trata de modelo educacional ainda pouco praticado no país (distante, portanto, de nossa realidade social). Este tipo de perspectiva reduziria o problema do reconhecimento social aos movimentos político-culturais organizados, vale dizer, às demandas sociais perceptíveis, produzindo em consequência a exclusão de determinados indivíduos cujas aspirações de reconhecimento, não organizadas coletivamente, tornam-se invisíveis ao cientista político e ao jurista. Nesse sentido, o pensamento de Axel Honneth parece especialmente sensível às demandas individuais sem visibilidade social, na medida em que desloca o foco do problema do reconhecimento para o sofrimento humano independente de sua notoriedade como movimento coletivo. Para Honneth, as demandas políticas de identificação em geral associadas ao termo "multiculturalismo" não são suficientes para a construção de uma renovada teoria social crítica, tornan-

---

77. *"The parents chose to school their children because of the religious beliefs and because they did not believe in certain public school policies"* (OLSEN, Chad. Constitutionality of Home Education: How the Supreme Court and American History Endorse Parental Choice. *Brigham Young University Education and Law Journal*. BYU Educ. & L.J.: Provo, 2009, p. 400).
78. *"What we face first and foremost in the framework of a critical social theory is a multitude of politically organized efforts by cultural groups to find social recognition for their own value convictions and lifestyles. [...] The struggle thus aims to change a country's majority culture by overcoming stereotypes and ascriptions in a way that can also in the end win social recognition for one's own traditions and way of life"* (HONNETH, Axel. Redistribution as Recognition: A Response to Nancy Fraser. In Fraser, Nancy e Honneth, Axel. *Redistribution or recognition: a political-philosophical exchange*. London: Verso, 2003, pp. 117-118).

do-se necessário investigar as fontes de descontentamento e resistência humanos em todas as suas manifestações.[79]

Chega-se, assim, a um novo conceito de injustiça social, a partir do qual certos procedimentos oficiais passam a ser considerados injustos à luz de expectativas objetivamente apreciáveis de reconhecimento.[80] A questão do reconhecimento mostra-se fundamental para a construção da personalidade humana, na medida em que se compreende, a partir de obras tão diversas quanto a filosofia de Hegel e a psicologia social de Mead, que "a reprodução da vida social se efetua sob o imperativo de um reconhecimento recíproco porque os sujeitos só podem chegar a uma autorrelação prática quando aprendem a se conceber, da perspectiva normativa de seus parceiros de interação, como seus destinatários sociais".[81] Trata-se de enfoque que parte do convívio intersubjetivo como elemento anterior ao indivíduo, uma espécie de base natural do processo de socialização humana.[82]

O pleno desenvolvimento da pessoa, portanto, pressupõe um reconhecimento de base emocional ou afetiva no plano da coletividade (identificação comunitária), considerando-se a identificação do plano estritamente familiar uma etapa a ser superada.[83] Nessa direção, percebe-se que o reconhecimento é, sim, essencial à construção da identidade humana, mas que as balizas de tal reconhecimento não podem ser as

---

79. Explica o autor: "*normatively orienting a critical social theory toward the publicly perceptible demands of social movements has the unintended consequence of reproducing political exclusions. [...] Quite apart from the fact that the whole idea of a 'politics of identity' seems to me a sociological artifact, I instead have to justify the conceptual framework of recognition apart from any reference to social movements. [...] I assume it is not the rise of identity-political demands – let alone the goals of multiculturalism – that justifies recasting the basic concepts of critical social theory in terms of a theory of recognition, but rather an improved insight into the motivational sources of social discontent and resistance*" (HONNETH, Axel. Redistribution as Recognition: A Response to Nancy Fraser. In Fraser, Nancy e Honneth, Axel. *Redistribution or recognition*: a political-philosophical exchange. London: Verso, 2003, p. 125).
80. Ainda Segundo Honneth, "*the basic concepts through which social injustice comes to bear in a theory of society must be tailored to subjects' normative expectations regarding the social recognition of their personal integrity. [...] According to the knowledge now available to us, what those affected regard as 'unjust' are institutional rules or measures they see as necessarily violating what they consider to be well-founded claims to social recognition*" (Redistribution as Recognition: A Response to Nancy Fraser. In Fraser, Nancy e Honneth, Axel. *Redistribution or recognition*: a political-philosophical exchange. London: Verso, 2003 132-133).
81. A síntese é de HONNETH, Axel. *A luta pelo reconhecimento*: a gramática moral dos conflitos sociais. Rio de Janeiro: 34, 2009, p. 155.
82. Segundo Honneth, "um indivíduo só está em condições de identificar-se integralmente consigo mesmo na medida em que ele encontra para suas peculiaridades e qualidades aprovação e apoio também de seus parceiros na interação: o termo 'honra' caracteriza, portanto, uma relação afirmativa consigo próprio, estruturalmente ligada ao pressuposto do reconhecimento intersubjetivo da particularidade sempre individual" (*A luta pelo reconhecimento*: a gramática moral dos conflitos sociais. Rio de Janeiro: 34, 2009, p. 56).
83. "Na relação de 'pais e filhos', uma relação de 'ação recíproca universal e de formação dos homens', os sujeitos se reconhecem reciprocamente como seres amantes, emocionalmente carentes; o elemento da personalidade individual que encontra reconhecimento por parte do outro é o 'sentimento prático', ou seja, a dependência do indivíduo relativa às dedicações e aos bens necessários para a vida. No entanto, o 'trabalho' da educação, que para Hegel constitui a determinação interna da família, dirige-se à formação da 'negatividade interna' e da independência do filho, de sorte que seu resultado deve ser a 'superação' daquela 'unificação do sentimento'" (HONNETH, Axel. *A luta pelo reconhecimento*: a gramática moral dos conflitos sociais. Rio de Janeiro: 34, 2009, p. 49).

do simples convívio familiar. Transposto para a temática do ensino domiciliar, tal raciocínio conduz à conclusão de que o *homeschooling* poderia ter como fundamento a pretensão da preservação de uma identidade comunitária, mas que dificilmente os parâmetros ético-culturais da família do educando, isoladamente considerados, serviriam a fundamentar essa prática se a educação formal oferecida pelo Estado não contraria a identidade da comunidade de valores na qual determinada família esteja inserida.

A fase do reconhecimento familiar, embora essencial para a construção da capacidade individual de relacionar-se intersubjetivamente, deve figurar sempre como etapa a ser superada no processo de construção da identidade. Isso porque o sucesso obtido no campo do reconhecimento afetivo depende da capacidade, surgida a partir dos contatos intersubjetivos da primeira infância (sobretudo o contato materno), de equilibrar a simbiose e a autoafirmação, vale dizer, a dependência em face do outro indivíduo e a dimensão emocional independente da pessoa como sujeito autônomo.[84] Vale dizer, o reconhecimento familiar deve ser um ponto de partida, e não de chegada, no desenvolvimento das identidades pessoais.

Tais considerações, ainda que breves, sobre a questão do reconhecimento e sua relevância para a construção da identidade da pessoa humana permitem traçar balizas mais precisas para a prática do *homeschooling*, bem como adaptar o debate ao caso brasileiro. Em primeiro lugar, como se afirmou, se o reconhecimento social representa fator de imensa importância para a construção da identidade individual (a justificar a proteção de determinadas identidades culturais em face de uma educação padronizada proposta pelo Estado e difusora de valores contrários a tais identidades), esse mesmo reconhecimento social em seu estágio mais desenvolvido relaciona-se à identificação do indivíduo com uma comunidade, e não ao tipo de reconhecimento, de base afetiva e intuitiva, estabelecido em face dos membros familiares. Deste modo, os casos brasileiros antes apresentados não configuram situações em que se justifique exceção à determinação legal da obrigatoriedade da matrícula escolar. Ora, a frequência à escola regular oferece ao aluno a oportunidade de convívio social e compartilhamento de valores necessários à construção da cidadania dentro dos parâmetros compartilhados pela comunidade na qual estão inseridos. Os pais, nos casos em questão, não lograram demonstrar estarem vinculados a comunidades díspares, contraditórias aos valores difundidos pelo ensino regular. Não há qualquer tentativa de salvaguarda de uma identidade comunitária paralela.

---

84. HONNETH, Axel. *A luta pelo reconhecimento*: a gramática moral dos conflitos sociais. Rio de Janeiro: 34, 2009, p. 163: "[...] a teoria psicanalítica das relações de objeto representa então a primeira tentativa de uma resposta conceitual; ela leva em conta sistematicamente a intuição desenvolvida acerca do valor psíquico das experiências interativas na primeira infância, na medida em que, complementando a organização das pulsões libidinosas, a relação afetiva com outras pessoas é considerada um segundo componente do processo de amadurecimento. [...] [a teoria psicanalítica das relações de objeto] só permite uma ilustração do amor como uma forma determinada de reconhecimento em virtude do modo específico pelo qual o sucesso das ligações afetivas se torna dependente da capacidade, adquirida na primeira infância, para o equilíbrio entre a simbiose e a autoafirmação".

A simples discordância dos pais em relação a determinados aspectos do ensino regular não pode servir de fundamento para o afastamento dos filhos da rede formal de ensino. Afinal, a formação da identidade individual também será influenciada pela família, mas o desenvolvimento da personalidade baseado exclusivamente nas relações intersubjetivas decorrentes dos laços familiares, como se expôs, mostra-se insuficiente para a plena formação da identidade.[85] Nesse sentido, práticas como o *homeschooling* somente poderiam ser admitidas quando a frequência escolar se mostrasse incompatível, não com aquele primeiro estágio do reconhecimento social (estabelecido com os membros familiares e baseado em laços afetivos), mas sim o último estágio, atinente à estima social. Apenas na hipótese em que o ensino formal afastasse a criança daquela comunidade de valores à qual pertence, antagônica aos valores difundidos pela escola regular, caberia, portanto, falar-se em ensino domiciliar sob a supervisão dos pais.

Não caberia, por outro lado, alegar que o ensino regular impõe a afirmação de valores pelo Estado à revelia dos valores relevantes para a família da criança. O processo de reconhecimento social pressupõe o conflito entre particularidades, como elemento essencial para o reconhecimento recíproco dos indivíduos. A apresentação à criança de determinados valores e pontos de vista diferentes daqueles difundidos no ambiente doméstico permite o acesso à comunidade de valores na qual aquela criança se encontra inserida, sem prejuízo da educação que receberá de seus pais e familiares; ao revés, o confronto em face da educação escolar pode acabar por reafirmar os valores transmitidos em casa, que, desse modo, continuarão a fazer parte da construção da identidade da criança. Apenas, portanto, na hipótese em que o ensino regular ameaçar o pertencimento da criança a uma comunidade de valores que transborde os limites domiciliares ou que se mostre totalmente contrária aos conhecimentos e pontos de vista transmitidos pela rede escolar formal seria possível pretender tutela jurídica à prática do *homeschooling*, na medida em que, neste caso, estaria de fato ameaçada a dignidade do educando, sobretudo em seu aspecto fundamental da solidariedade social, a afastar a criança da comunidade que lhe serviria de referência para a construção de sua identidade.[86]

No caso brasileiro, como se percebe com facilidade, estas não são, em absoluto, as questões por trás das demandas relativas ao ensino domiciliar. Ao contrário, em

---

85. Em proposta intermediária, parte da doutrina chega a sustentar que caberia ao magistrado investigar, no caso concreto, se o ensino domiciliar está ou não prejudicando o convívio comunitário e o preparo da criança para interagir com o mundo; apenas nesse caso, sustentam tais autores, deveria cessar a prática (BERNARDI, Renato; LAZARI, Rafael José Nadim de. A interferência do Estado nas relações paterno-filiais: um estudo à luz da teoria da eficácia imediata dos direitos fundamentais na esfera privada. *RIDB*, a. 1 (2012), n. 9, p. 5244).

86. Esse caráter relativo do conteúdo da dignidade, a depender da comunidade em que a pessoa se encontre inserida, é ressaltado por Giorgio Ripetti: "*Gli sforzi di distillarne un contenuto valevole a livello quasi universale, l'insistenza su variabili assiologiche sempre più astratte e disincarnate, sembrano allontanare i significati del principio da quel collegamento con le istanze concrete di tutela dell'individuo situato nella comunità sociale e politica*" (La dignità umana e la sua dimensione sociale nel diritto costituzionale europeo. *Diritto pubblico*, n. 1/2016, p. 248).

um país com índices tão preocupantes de escolaridade, todos os fatores parecem indicar a direção oposta: a necessidade de garantir que as crianças e adolescentes *estejam em sala de aula*.[87] De acordo com dados divulgados pelo sítio eletrônico do INEP, a partir do Censo Escolar dos anos 2014-2015, as taxas de evasão escolar no país foram de 12,9% e 12,7% dos alunos matriculados na 1ª e 2ª série do ensino médio, respectivamente; o 9º ano do ensino fundamental teve a terceira maior taxa de evasão. A evasão é maior nas escolas rurais, em todas as etapas de ensino.[88] Segundo pesquisa divulgada pelo IBGE, o país ainda tinha, em 2016, 11,8 milhões de analfabetos.[89] No início de 2017, o Brasil tinha impressionantes 2.486.245 jovens entre 4 e 17 anos fora da escola, dos quais 62% tinham entre 15 e 17 anos.[90] Nessas circunstâncias, soa no mínimo artificial afirmar que o foco das atenções do jurista brasileiro deva ser a permissão do ensino domiciliar no país.

Há quem diga que o ensino domiciliar produz melhor desempenho acadêmico de crianças e adolescentes do que o ensino escolar – argumento que poderia encontrar solo fértil diante das inúmeras deficiências do ensino público brasileiro. O argumento, porém, decorre de uma leitura equivocada das estatísticas: como já se demonstrou em doutrina, crianças educadas em casa têm desempenho melhor porque suas famílias tendem a dispor de mais recursos financeiros e a ter maior comprometimento para com sua educação, o que acarretaria melhores resultados também se ministrado o ensino escolar.[91] Já foram igualmente desmentidos argumentos simplificadores sobre a suposta maior eficiência econômica do ensino domiciliar (como, por exemplo, a noção de que as famílias que seguem essa prática pagariam os mesmos impostos mas onerariam menos a rede pública de ensino, ou de que o ensino domiciliar seria mais barato do que o ensino escolar em termos de custo-benefício). Como já se concluiu, por trás de tais argumentos há, com frequência, o impulso de justificar cortes de recursos destinados à educação pública[92] – talvez uma das piores consequências possíveis que poderiam advir ao cenário brasileiro.

---

87. Sobre as dificuldades de implementação do direito fundamental à educação no País, cf. GARCIA, Emerson. O direito à educação e suas perspectivas de efetividade. *Iustitia*, n. 64 (197). São Paulo: jul.-dez./2007, pp. 110 e ss.
88. Disponível em: <http://portal.inep.gov.br/artigo/-/asset_publisher/B4AQV9zFY7Bv/content/inep-divulga-dados-ineditos-sobre-fluxo-escolar-na-educacao-basica/21206>. Acesso em 15.12.2017.
89. VETTORAZZO, Lucas. País tem 11,8 milhões de analfabetos; taxa entre negros dobra ante brancos. *Folha de São Paulo*, 21.12.2017.
90. Disponível em: <http://www.todospelaeducacao.org.br/reportagens-tpe/41690/brasil-ainda-tem-25-milhoes-de-criancas-e-jovens-fora-da-escola-a-maioria-entre-15-e-17-anos/>. Acesso em 15.12.2017.
91. A respeito, já se ponderou que, "*although there may be a correlation between the act of homeschooling and higher academic outcomes, researchers, and advocates have yet to demonstrate a causal relationship between these two factors. What is more likely is that those parents who choose to homeschool are more invested in the educational outcomes of their children, can afford supplemental materials, have the financial flexibility and benefits to forgo a secondary income, and have higher educational attainment*" (LUBIENSKI, Christopher; PUCKETT, Tiffany; BREWER, T. Jameson. Does Homeschooling 'Work'? A Critique of the Empirical Claims and Agenda of Advocacy Organizations. *Peabody Journal of Education*, vol. 88, 2013, pp. 383-384).
92. LUBIENSKI, Christopher; PUCKETT, Tiffany; BREWER, T. Jameson. Does Homeschooling 'Work'? A Critique of the Empirical Claims and Agenda of Advocacy Organizations. *Peabody Journal of Education*, vol. 88, 2013, p. 386).

6. CONSIDERAÇÕES FINAIS

O drama *Capitão Fantástico*, filme lançado em 2016 e dirigido por Matt Ross, parece ilustrar a lógica do ensino domiciliar no Brasil. Na trama, o casal Ben e Leslie Cash, ativistas liberais desencantados com o estilo de vida norte-americano, decide criar seus seis filhos nas florestas do Estado de Washington, longe da civilização, em uma rotina rígida de atividades físicas e uma educação fortemente embasada na filosofia. A morte de Leslie obriga a família a retornar para a cidade, ocasião em que os filhos são expostos, pela primeira vez, à vida em sociedade; as famílias de Ben e de Leslie começam a insistir para que as crianças passem a frequentar a escola, e Ben sofre a ameaça de perder a guarda de seus filhos. Em um dos momentos mais impactantes do filme, Bodevan, o filho mais velho, acusa o pai de não os ter preparado para o mundo real e desabafa: "exceto pelo que se possa tirar de um livro, eu não conheço nada".[93]

O ensino domiciliar no Brasil, não muito distante da trama do filme, não parece estar embasado, prioritariamente, em questões culturais ou identitárias, diversamente do que ocorre nos Estados Unidos. Ao contrário, ao que parece, a prática do *homeschooling* poderia acabar ensejando, como efeito adverso, ela própria um problema de reconhecimento. De fato, justamente por não estar baseado em uma questão comunitária mais profunda, o ensino domiciliar no Brasil corresponde tão somente ao afastamento do menor daquele espaço de convívio que seria típico à sua fase de desenvolvimento – escolha que, segundo boa parte dos especialistas, prejudicaria sua inserção na comunidade no futuro –, sem a respectiva questão identitária que justifica, alhures, esse afastamento.

O problema assumiu novos contornos com a recente decisão do Governo Federal de reincorporar o ensino religioso à Base Nacional Comum Curricular referente à educação infantil e ao ensino fundamental.[94] A medida resultou da crescente pressão exercida por grupos religiosos sobre o Ministério da Educação, fomentada pelo posicionamento manifestado em setembro de 2017 pelo STF, que declarou constitucional o ensino religioso nas escolas públicas por ocasião do julgamento da ADIn 4.439. Na ação, a Procuradoria Geral da República pretendia interpretação conforme a Constituição Federal ao art. 33, *caput* e §§ 1º e 2º da Lei de Diretrizes e Bases da Educação e ao art. 11, § 1º de acordo firmado entre o Brasil e a Santa Sé (promulgado por meio do Decreto 7.107/2010), para declarar que o ensino religioso nas escolas públicas não poderia ser vinculado a religião específica, bem como para que restasse vedada a admissão de professores na qualidade de representantes das confissões religiosas.

O relator, Min. Luís Roberto Barroso, votara pela procedência da ação, entendendo inconstitucional o ensino religioso; prevaleceu, porém, o entendimento oposto, por estreita maioria. O relator designado para redigir o acórdão, Min. Alexandre de

---

93. Mais informações em: <https://bleeckerstreetmedia.com/captainfantastic>. Acesso em 19.11.2017.
94. MARIZ, Renata. Governo decide reincorporar ensino religioso na Base Nacional Curricular. *O Globo*, 9.11.2017.

Moraes, registrou em seu voto que "será permitido aos alunos que voluntariamente se matricularem o pleno exercício de seu direito subjetivo ao ensino religioso como disciplina dos horários normais das escolas públicas de ensino fundamental, ministrada de acordo com os princípios de sua confissão religiosa, por integrantes da mesma, devidamente credenciados e, preferencialmente, sem qualquer ônus para o Poder Público"; a hipótese não violaria a laicidade do Estado e protegeria a liberdade de crença, na medida em que se admite ao "Estado Laico garantir a todas as crenças, em igualdade de condições, a possibilidade de ministrarem o ensino religioso de acordo com a confissão do aluno, mediante matrícula facultativa".

A admissão do ensino religioso, porém, suscitou diversas críticas, sendo certo que, em um país como o Brasil, no qual a educação pública é notoriamente deficitária, seria duvidosa, em muitos casos, a liberdade de matrícula em certa escola que ministre ensino religioso, já que talvez não haja vaga para o aluno em outra escola na mesma localidade. Por outro lado, cumpre destacar que, diversamente do exemplo da comunidade Amish nos Estados Unidos, nos casos conhecidos de ensino domiciliar brasileiro não parece estar em jogo uma identidade religiosa da família; ainda que assim o fosse, a existência de escolas públicas que ofertassem o ensino religioso ao lado de escolas sem ensino confessional deveria servir como mais um motivo para tornar desnecessária a prática do *homeschooling* no país.

A questão do ensino domiciliar permanece em aberto, à espera de definição legislativa que garanta alguma segurança jurídica à prática. Nesse ínterim, estima-se que cerca de 2.000 famílias adotem o *homeschooling* no Brasil, segundo dados da Associação Nacional de Educação Domiciliar.[95] Os partidários da admissibilidade da educação doméstica citam as graves deficiências do sistema educacional brasileiro, sobretudo da rede pública de ensino, como argumento legitimador.[96] A dúvida, porém, persiste quanto à viabilidade de se transigir com a integração comunitária promovida pela escola para o menor diante da falha na prestação estatal de um serviço constitucionalmente previsto e, mais ainda, a adequação da transferência, na prática, desse serviço para a família.

No cenário atual, a resistência ao ensino institucional por algumas famílias brasileiras parece radicada em discordâncias puramente ideológicas quanto a algumas das disciplinas ministradas (o ensino religioso é apenas um dos exemplos, como também a educação sexual),[97] ou na crença de que é possível proteger as crianças de

---

95. SOUZA, Mateus Luiz de. Decisão inédita coloca jovem que estudou em casa na faculdade. *Folha de São Paulo*, 13.4.2015.
96. Segundo Domingos Franciulli Netto, "no Estado brasileiro, como é sabido, a deficiência do sistema educacional é crônica [...] e, muitas vezes, as famílias têm mais condições intelectuais, financeiras, afetivas etc. para realizar tudo aquilo que a Constituição Federal preceitua" (*Aspectos constitucionais e infraconstitucionais do ensino fundamental em casa pela família*. Disponível em: <http://bdjur.stj.gov.br>. Acesso em 19 nov. 2017, pp. 14-15).
97. Um dentre muitos exemplos pode ser encontrado na notícia disponível em: <https://g1.globo.com/mato-grosso/noticia/tj-suspende-lei-que-proibia-cartilha-de-orientacao-sexual-em-escolas-de-cidade-de-mt.ghtml>. Acesso em 19.11.2017.

"influências ruins" exercidas por outros alunos. No Brasil, em uma palavra, tem-se associado a questão a famílias que se mostram contrárias à escolarização em todos os seus aspectos.[98] Em um contexto no qual crescem vertiginosamente manifestações por todo o país em oposição a manifestações culturais legítimas[99] ou até mesmo a campanhas de inclusão social de minorias,[100] parece salutar proporcionar às crianças e adolescentes a oportunidade de contato com um ambiente de diversidade e de tolerância à diferença, apenas proporcionado pelo espaço público da escola.

Este não é, frise-se, um posicionamento contrário à autonomia privada dos pais, porque, em matéria de exercício do poder familiar, como se viu, a questão que se põe simplesmente não é, por definição, de autonomia privada dos titulares. Ainda, porém, que a matéria dissesse respeito ao exercício de uma liberdade (o que não se coaduna com qualquer aspecto da situação jurídica subjetiva denominada poder jurídico), fato é que, na legalidade constitucional brasileira, e a despeito dos recentes desenvolvimentos da jurisprudência de nossas Cortes Superiores, não há fundamento efetivo para privilegiar a tutela de certas liberdades sobre todas as outras, nem se admite que o exercício de uma liberdade prepondere sobre a própria dignidade humana, fundamento da República – sobretudo, registre-se, quando a dignidade em questão é de pessoas particularmente vulneráveis, como crianças e adolescentes. Em termos simples, como falar em tutela da liberdade quando o resultado obtido consistiria em negar às crianças e adolescentes um universo infinito de oportunidades, conhecimentos e visões de mundo que lhes permitiriam, quando adultos, exercerem escolhas verdadeiramente autônomas de vida?

De fato, é do confronto entre a ética familiar, que deve ser ensinada em casa, com o ensino formal e o convívio social, oferecidos pela instituição de ensino, que o menor poderá extrair, em uma síntese única e extremamente pessoal, sua própria identidade, que carregará consigo ao longo de toda sua vida adulta. Apenas quando essas duas instâncias, tão drasticamente formativas da identidade pessoal, complementam-se e caminham em conjunto é possível aspirar a que os jovens educandos usufruam, quando adultos, de uma vida autônoma. Assim também parece ter entendido o personagem principal de *Capitão Fantástico*. A família permanece fiel à sua filosofia de vida e é mostrada, na última cena do filme, vivendo em uma fazenda e desempenhando sua rotina habitual, fundada nos valores que sempre pautaram a comunidade familiar. A essas atividades continuam a se dedicar os filhos todos os dias – apenas, porém, até o horário de chegada do ônibus escolar.

---

98. IDOETA, Paula Adamo. Os atrativos e as polêmicas da educação domiciliar, que virou caso de Justiça no Brasil. *BBC Brasil*, 5.2.2018.
99. Para dois exemplos eloquentes, cf. MENDONÇA, Heloísa. Queermuseu: O dia em que a intolerância pegou uma exposição para Cristo. *El País Brasil*, 13.9.2017; Interação de criança com homem nu gera polêmica após abertura de exposição no MAM. *O Estado de São Paulo*, 29.9.2017.
100. Ilustrativamente, cf. CASTRO, Gabriel Arruda de. Justiça obriga prefeito a distribuir livro didático com menções a casal gay. *Gazeta do Povo*, 1.9.2017.

7. REFERÊNCIAS BIBLIOGRÁFICAS

ANDRADE, Édison Prado de. *A educação familiar desescolarizada como um direito da criança e do adolescente*: relevância, limites e possibilidades na ampliação do direito à educação. Tese de doutorado. USP. 2014.

AGUIAR, Alexandre Magno Fernandes Moreira. *A situação jurídica do ensino domiciliar no Brasil*. Disponível em: <http://www.aned.org.br/portal/downloads/A_situacao_juridica_do_ensino_domiciliar_no_Brasil.pdf>

BARCELLO, Ana Paula de. Neoconstitucionalismo, direitos fundamentais e controle das políticas públicas. *Revista Diálogo Jurídico*, n. 15, jan.-mar./2007.

_____. Normatividade dos princípios e o princípio da dignidade da pessoa humana na Constituição de 1988. *Revista de Direito Administrativo*, n. 221. Rio de Janeiro: jul.-set./2000.

BAUMAN. Education in Liquid Modernity. *The Review of Education, Pedagogy and Cultural Studies*, vol. 27, 2005.

BERNARDI, Renato; LAZARI, Rafael José Nadim de. A interferência do Estado nas relações paterno-filiais: um estudo à luz da teoria da eficácia imediata dos direitos fundamentais na esfera privada. *RIDB*, a. 1 (2012), n. 9.

BLOKHUIS, J. C. Whose custody is it, anyway? 'Homeschooling' from a *parens patriae* perspective. *Theory and Research in Education*, 8(2), 2010.

_____. Do juiz boca-da-lei à lei boca-de-juiz: notas sobre a aplicação-interpretação do direito no início do século XXI. *Revista de Direito Privado*. Volume 56. São Paulo: Revista dos Tribunais, out.-dez./2013, item 5.

BODIN DE MORAES, Maria Celina. *O princípio da dignidade humana*. Princípios do direito civil contemporâneo. Rio de Janeiro: Renovar, 2006.

CASTRO, Gabriel Arruda. Ministério da Educação decide rever posição contrária ao *homeschooling*. *Gazeta do Povo*, 20.10.2017.

COLLUCCI, Cláudia. Casal luta na Justiça para que os filhos só estudem em casa. *Folha de São Paulo*, 27.6.2008.

COSTA, Fabrício Veiga. *Homeschooling* no Brasil: constitucionalidade e legalidade do Projeto de Lei 3179/12. *Revista de Pesquisa e Educação Jurídica*, vol. 1, n. 2, jul.-dez./2015.

COSTA, Lorena. *Unschooling*: famílias estão tirando os filhos da escola. *Gazeta do Povo*, 24.3.2018.

FRANCIULLI NETTO, Domingos. *Aspectos constitucionais e infraconstitucionais do ensino fundamental em casa pela família*. Disponível em: <http://bdjur.stj.gov.br>. Acesso em 19 nov. 2017.

GARCIA, Emerson. O direito à educação e suas perspectivas de efetividade. *Iustitia*, n. 64 (197). São Paulo: jul.-dez./2007.

HONNETH, Axel. *A luta pelo reconhecimento*: a gramática moral dos conflitos sociais. Rio de Janeiro: 34, 2009.

_____. Redistribution as Recognition: A Response to Nancy Fraser. In Fraser, Nancy e Honneth, Axel. *Redistribution or recognition*: a political-philosophical exchange. London: Verso, 2003.

HUNGRIA, Nelson; LACERDA, Romão Côrtes de. *Comentários ao Código Penal*, vol. VIII. Rio de Janeiro: Forense, 1959.

IDOETA, Paula Adamo. Os atrativos e as polêmicas da educação domiciliar, que virou caso de Justiça no Brasil. *BBC Brasil*, 5.2.2018.

LEWICKI, Bruno. Poder parental e liberdade do menor. *Direito, Estado e Sociedade*, n. 17, ago.-dez./2000.

LUBIENSKI, Christopher; PUCKETT, Tiffany; BREWER, T. Jameson. Does Homeschooling 'Work'? A Critique of the Empirical Claims and Agenda of Advocacy Organizations. *Peabody Journal of Education*, vol. 88, 2013.

MARIZ, Renata; Brígido, Carolina. STF vai definir se famílias podem optar pelo ensino domiciliar. *O Globo*, 9.9.2017.

MENDONÇA, Heloísa. Queermuseu: O dia em que a intolerância pegou uma exposição para Cristo. *El País Brasil*, 13.9.2017.

MENEZES, Joyceane Bezerra de; BODIN DE MORAES, Maria Celina. Autoridade parental e privacidade do filho menor: o desafio de cuidar para emancipar. *Revista Novos Estudos Jurídicos*, vol. 20, mai.-ago./2015.

MERRY, Michael S.; Karsten, Sjoerd. Restricted Liberty, Parental Choice and Homeschooling. *Journal of Philosophy of Education*, vol. 44, n. 4, 2010.

National Home Education Research Institute, disponíveis em: <https://www.nheri.org/research/research-facts-on-homeschooling.html>. Acesso em 14.10.2017..

NÉRIS, Juliana. MEC pretende regulamentar *homeschooling*, mas manter matrícula obrigatória. *Gazeta do Povo*, 23.2.2018.

NÉRIS, Juliana. Regulamentação do *homeschooling* enfrenta resistência no CNE. *Gazeta do Povo*, 9.3.2018.

OLSEN, Chad. Constitutionality of Home Education: How the Supreme Court and American History Endorse Parental Choice. *Brigham Young University Education and Law Journal*. BYU Educ. & L.J.: Provo, 2009.

PERLINGERI, Pietro. *O direito civil na legalidade constitucional*. Rio de Janeiro: Renovar, 2008.

PETERS, Shawn Francis. *The Yoder Case:* religious freedom, education and parental rights. Lawrence: University Press of Kansas, 2003.

SOUZA, Eduardo Nunes de. Categorias de atos jurídicos lícitos e seu controle de validade. *Revista dos Tribunais*, vol. 967. São Paulo: Revista dos Tribunais, 2016.

_____. Situações jurídicas subjetivas: aspectos controversos. *Civilistica.com*, a. 4, n. 1.2015.

_____. Merecimento de tutela: a nova fronteira da legalidade no direito civil. *Revista de Direito Privado*, vol. 58. São Paulo: Revista dos Tribunais, abr.-jun./2014, item 3.

SOUZA, Mateus Luiz de. Ex-alunos contam experiência de ensino domiciliar, que cresce no país. *Folha de São Paulo*, 25.2.2015.

SOUZA, Mateus Luiz de. Decisão inédita coloca jovem que estudou em casa na faculdade. *Folha de São Paulo*, 13.4.2015.

TEPEDINO, Gustavo; BARBOZA, Heloisa Helena; BODIN DE MORAES, Maria Celina. *Código Civil interpretado conforme a Constituição da República*, vol. I. Rio de Janeiro: Renovar, 2007.

AUTORIDADE PARENTAL E LEI DA PALMADA

Luciana Fernandes Berlini

Pós-doutora em Direito das Relações Sociais pela UFPR. Doutora e Mestre em Direito Privado pela PUC/Minas. Professora Adjunta do Curso de Direito da Universidade Federal de Lavras. Professora do Curso de Direito Médico do IEC- PUC/Minas. Associada Fundadora do Instituto Brasileiro de Responsabilidade Civil. Presidente da Comissão de Responsabilidade Civil da OAB/MG. Pesquisadora líder do grupo Terra Civilis. Autora de livros e artigos jurídicos. Advogada. luciana@berlini.com.br

Iara Antunes de Souza

Doutora e Mestra em Direito Privado pela PUC Minas. Especialista em Direito Processual e Direito Civil. Pesquisadora do Centro de Estudos em Biodireito – CEBID. Professora da Graduação em Direito e do mestrado acadêmico "Novos Direitos, Novos Sujeitos" da Universidade Federal de Ouro Preto – UFOP. Membro do IBDFAM MG e das comissões de Direito de Família, Direito das Sucessões e Responsabilidade Civil da OAB MG. Associada Titular do Instituto Brasileiro de Estudos de Responsabilidade Civil – IBER. iara@ufop.edu.br

Sumário: 1. Introdução – 2. Da autoridade parental – 3. Lei da Palmada: contornos sobre o exercício da autoridade parental; 3.1. Lei da Palmada – 4. Considerações finais – 5. Referências

1. INTRODUÇÃO

Das relações paterno-materno-filiais decorre a autoridade parental, como pressuposto para o exercício dialético da parentalidade, vez que a nuança dessas relações ultrapassa o caráter de dependência da prole para atingir o fundamento principal de promoção dos vínculos familiares, qual seja, o afeto e o respeito estabelecidos entre os sujeitos dessa relação.

E dessa noção pode-se inferir que, ainda que incapazes, vulneráveis e dependentes, os filhos menores de idade são sujeitos de direitos, excluindo qualquer possibilidade de subserviência nessa relação de parentalidade.

Assim, a razão de ser da autoridade parental, hoje em dia, decorre da relação parental em si, na qual os filhos não podem ser concebidos como objetos de uma relação jurídica. Há uma precedência na determinação externa da vida dos filhos,[1] precedência essa que deve ser dada aos filhos, apenas sucessivamente aos pais e ao

---

1. Expressão utilizada pela professora Giselda Hironaka (HIRONAKA, Giselda. *Direito e Responsabilidade*. Belo Horizonte: Del Rey, 2002, p.417).

Estado, pois os filhos, ainda que juridicamente incapazes,[2] são sujeitos de direitos. Assim, como já foi dito, atenta-se que tal precedência variará de acordo com a idade e a maturidade dessa prole, representada pela aferição de seu discernimento, sempre em consonância com o melhor interesse da criança e do adolescente.

Dessa forma, a autoridade parental tem por escopo conformar a relação parental, de forma a promover e estimular o pleno desenvolvimento dos filhos, bem como protegê-los e representá-los. E mais, é conteúdo da autoridade parental "propiciar ao filho sua autonomia de forma responsável equivale exatamente a respeitar o processo de aquisição de discernimento e de maturação da criança e do adolescente, de modo que, paulatinamente, ele tenha condições de fazer escolhas por conta própria."[3] Exatamente por isso, qualquer tipo de violência praticada pelos genitores mostra-se incompatível com o adequado exercício da autoridade parental.

O que ocorre, no entanto, é que muitas vezes o limite entre o exercício regular e o exercício abusivo dessa autoridade parental é bastante tênue, o que já causou, inclusive, várias divergências doutrinárias e jurisprudenciais sobre o tema. Para se ter uma ideia, , o juízo da Comarca de Guarulhos-SP entendeu que espancar uma filha de 13 anos com fio elétrico, porque perdeu a virgindade com o namorado, é "apenas mero exercício do direito de correção".[4]

Ao que parece, a Lei da Palmada, que já completou mais de seis anos e tem como pressuposto basilar delimitar os castigos e a disciplina no exercício da autoridade parental, ainda não cumpriu seus objetivos.

Nesse ínterim, defende-se o exercício da autoridade parental, sempre em benefício dos filhos e da consecução de seu discernimento, daí sua limitação e, por conseguinte, a vedação a qualquer tipo de violência dos pais para com seus filhos. Ademais, a violência, em hipótese alguma, traz benefício à criança e ao adolescente e, também, afronta a condição de sujeitos de direitos autônomo e discernido já defendida.

Cumpre destacar que o exercício da autoridade parental evoca a responsabilidade do pai e da mãe na criação e proteção dos filhos de forma a assegurar os direitos básicos previstos no art. 227 da Constituição da República de 1988.[5]

---

2. Em que pese a incapacidade em razão da idade ser questionada, da forma como disposta no Código Civil (SOUZA, Iara Antunes de. *Estatuto da pessoa com deficiência:* curatela e saúde mental – Conforme a Lei: 13.146/2015 – Estatuto da Pessoa com Deficiência / 13.105/2015 – Novo Código de Processo Civil. Belo Horizonte: D'Plácido, 2016, p. 373), adotar-se-á aqui a previsão legal dos artigos 3º e 4º.
3. SÁ, Maria de Fátima Freire de; TEIXEIRA, Ana Carolina Brochado; SOUZA, Iara Antunes de. Anorexia, autoridade parental e cuidado. In.: PEREIRA, Tânia da Silva; OLIVEIRA, Guilherme; MELO, Alda Marina de Campos (org.). *Cuidado e sustentabilidade.* São Paulo: Atlas, 2014, p. 251-265.
4. Revista Consultor Jurídico. Espancar filha com fio elétrico é "medida corretiva", diz juiz de Guarulhos. Disponível em: https://www.conjur.com.br/2017-set-15/espancar-filha-fio-medida-corretiva-juiz-guarulhos. Acesso em: 22 dez.2017.
5. BERLINI, Luciana Fernandes. Responsabilidad civil y relaciones matrimoniales en el derecho brasileño. In: MERCADER, Jesús; SANTOS, Maria Jose; DEL OMO, Pedro. Nuevos Retos Del Derecho De Daños En Iberoamérica. Valencia: Tirant Lo Blanc, 2020.

Portanto, a análise ora proposta, de cunho teórico-dogmático, será de traçar o atual alcance e conteúdo da autoridade parental tendo como pano de fundo e limite a Lei da Palmada, que traz os pressupostos limitadores do exercício dessa autoridade, em consonância com o melhor interesse da criança e do adolescente.

2. DA AUTORIDADE PARENTAL

O que se denomina aqui de autoridade parental é aquilo que o Código Civil de 2002 chama de Poder Familiar em seu capítulo V (arts. 1.630 e seguintes). Trata-se da "autoridade jurídica dos pais sobre os filhos menores no propósito de preservação e promoção dos interesses destes".[6]

No Código Civil de 1916 o instituto denominava-se pátrio poder, ou seja, considerava-se o poder atribuído ao pai, diante de sua hierarquia e soberania sobre os filhos. Afinal, essa era a visão de família da época: matrimonializada, patriarcal e hierarquizada.

A reviravolta paradigmática instaurada pela Constituição da República de 1988, ao alocar no centro do ordenamento jurídico a Dignidade da Pessoa Humana (art. 1º, III), de forma que toda interpretação jurídica deve ser no sentido de proteger e fomentar a dita dignidade, efetiva-se, no Direito das Famílias, em alguns dispositivos constitucionais, como no art. 229: "cabe aos pais criar, educar e assistir seus filhos enquanto menores de idade." No caso, o princípio que rege as relações entre os pais e os filhos será o do melhor interesse da criança e do adolescente.

Na verdade, a crítica vai além, pois, após a Constituição não se pode mais falar em poder, seja do pai ou da mãe, eis que os pais não teriam poder sobre os filhos, mas sim direitos e deveres atinentes ao livre desenvolvimento da personalidade, em uma visão eudemonista de família. Não há mais que se falar, também, em familiar, pois os titulares são o pai e a mãe, não cabendo a qualquer outro parente as prerrogativas inerentes à questão.

Logo, de um lado "o antigo pátrio poder apresentou graves dificuldades funcionais para sua aplicação nesta nova estrutura familiar, de modo que a relação parental foi juridicamente remodelada para adequação às novas relações familiares"[7]; e, de outro, o poder familiar encontra críticas.

Diante disso, entende-se adequada a nomenclatura autoridade parental, que corresponde a uma maior carga de deveres do que poderes[8] que os pais têm, em igualdade, para com os filhos menores de idade, propiciando-os o pleno desenvolvimento.

---

6. ALMEIDA, Renata Barbosa de; RODRIGUES JÚNIOR, Walsir Edson. *Direito Civil:* Famílias. Rio de Janeiro: Lumen Juris, 2010, p.473.
7. TEIXEIRA, Ana Carolina Brochado. Autoridade Parental. In.: TEIXEIRA, Ana Carolina Brochado; RIBEIRO, Gustavo Pereira Leite (coords.). *Manual de direito das famílias e das sucessões.* Rio de Janeiro: Processo, 2017, p.226.
8. TEIXEIRA, Ana Carolina Brochado. Autoridade Parental. In.: TEIXEIRA, Ana Carolina Brochado; RIBEIRO, Gustavo Pereira Leite (coords.). *Manual de direito das famílias e das sucessões.* Rio de Janeiro: Processo, 2017, p.226.

Na verdade, a mudança de compreensão da nomenclatura tem impacto direto junto ao seu próprio conteúdo. Afinal, toda a reviravolta paradigmática das famílias e do Direito das Famílias pós Constituição de 1988 determina a concretização do próprio conceito de família, qual seja, o ambiente propício ao livre desenvolvimento da personalidade dos membros que a compõe.[9] Família é o *locus* de realização pessoal onde, solidariamente, busca-se discernimento e autonomia para a consecução do próprio projeto de vida.

Nesse cenário, as crianças e os adolescentes, como sujeitos de direitos autônomos, devem encontrar e vivenciar na família o ambiente que lhes propicie gradativamente construírem sua autonomia plena, de acordo com discernimento angariado, de forma supervisionada pelos pais e na medida necessária.

Se o Direito positivo reconhece as crianças e os adolescentes como incapazes, em razão da idade, para exercer, por si só, os atos da vida civil; eles não podem se sujeitar a uma proteção como se fossem objetos de direito. Essa é a razão e a lógica de ser da autoridade parental, ou seja, ela não serve apenas para a proteção da criança e do adolescente como pessoas vulneráveis, mas serve, especialmente, para a promoção[10] de sua autonomia, do seu discernimento, isso é, de seus direitos próprios, não podendo ser exercida de maneira autoritária:

> [...] a função protetora dos pais deve ser inversamente proporcional ao desenvolvimento físico intelectual, emocional, moral e social dos filhos. É o que parece dispor o art. 5º, da Convenção sobre Direitos da Criança, integrada ao ordenamento jurídico brasileiro por meio do Decreto n.º 99.710, de 21 de novembro de 1990.[11]
>
> A autoridade paterna existe somente enquanto corresponde a uma obrigação, obrigação fundamentalmente de prover o sustento e a formação; mas essa obrigação é definida cada vez mais pelas necessidades dos filhos e cada vez menos pelos arbítrios dos pais ou do pai.[12]

A autoridade parental incute nos pais o dever de reger a formação e garantir o pleno livre desenvolvimento da personalidade dos filhos menores de idade, incutindo-lhes a liberdade e responsabilidade, na medida do discernimento advindo.

O art. 1634 do Código Civil traz o conteúdo legal da autoridade parental, que, em apertada síntese, é composto pelo dever de proteção e suporte para manutenção

---

9. ALMEIDA, Renata Barbosa de; RODRIGUES JÚNIOR, Walsir Edson. *Direito Civil:* Famílias. Rio de Janeiro: Lumen Juris, 2010.
10. Acerca da função promocional das vulnerabilidades, recomenda-se a leitura de: NOGUEIRA, Roberto Henrique Pôrto; SOUZA, Iara Antunes de. PESSOA COM DEFICIÊNCIA: O DIREITO AO CASAMENTO A PARTIR DA ABORDAGEM DAS VULNERABILIDADES. In: *XXVIII CONGRESSO NACIONAL DO CONPEDI BELÉM/PA, 2019*, Belém – PA. Direito de família e das sucessões [Recurso eletrônico on-line] organização CONPEDI/CESUPA. Florianópolis – SC: CONPEDI, 2019. v. 1. p. 177-194. Disponível em: http://conpedi.danilolr.info/publicacoes/048p2018/wh5rju9z/cxGMTg1E3fTbucC8.pdf. Acesso em: 15 dez. 2020.
11. RIBEIRO, Gustavo Pereira Leite; BERLINI, Luciana Fernandes. A participação da criança nos processos decisórios relativos aos cuidados de saúde: entre o código civil e a convecção sobre direitos da criança. In.: LIMA, Taisa Maria Macena de; SÁ, Maria de Fátima Freire de; MOUREIRA, Diogo Luna (orgs.). *Autonomia e vulnerabilidade*. Belo Horizonte: Arraes Editores, 2017, p.186.
12. HIRONAKA, Giselda. *Direito e Responsabilidade*. Belo Horizonte: Del Rey, 2002, p. 426-427.

de seu discernimento nos atos da vida civil e no dever se acompanhamento material e psicológico:

> Art. 1.634. Compete a ambos os pais, qualquer que seja a sua situação conjugal, o pleno exercício do poder familiar, que consiste em, quanto aos filhos:
> I – dirigir-lhes a criação e a educação;
> II – exercer a guarda unilateral ou compartilhada nos termos do art. 1.584;
> III – conceder-lhes ou negar-lhes consentimento para casarem;
> IV – conceder-lhes ou negar-lhes consentimento para viajarem ao exterior;
> V – conceder-lhes ou negar-lhes consentimento para mudarem sua residência permanente para outro Município;
> VI – nomear-lhes tutor por testamento ou documento autêntico, se o outro dos pais não lhe sobreviver, ou o sobrevivo não puder exercer o poder familiar;
> VII – representá-los judicial e extrajudicialmente até os 16 (dezesseis) anos, nos atos da vida civil, e assisti-los, após essa idade, nos atos em que forem partes, suprindo-lhes o consentimento;
> VIII – reclamá-los de quem ilegalmente os detenha;
> IX – exigir que lhes prestem obediência, respeito e os serviços próprios de sua idade e condição.

Interessa aqui o disposto nos incisos I e IX que tratam do dever/direito que têm os pais de dirigir a criação e educação, e de exigir dos filhos obediência e respeito. Educação, obediência e respeito estão contidos no conteúdo da autoridade parental, afinal educar é promover no filho o desenvolvimento de sua personalidade e sua autonomia responsável,[13] para que ele obtenha o discernimento necessário para a consecução de suas escolhas, entretanto, sob supervisão e coordenação dos pais, que merecem respeito.

A concretização do respeito e da obediência aos pais, no âmbito da autoridade parental, pode apresentar consequências jurídicas. Se restou demonstrada a desvinculação de hierarquização (quando se fala em obediência), a norma legal trabalha com a ideia de que os pais, detentores da autoridade parental, podem exigir dos filhos obediência, nesse diapasão, de forma respeitosa, ou seja, sem qualquer atitude que gere ofensa à autonomia adquirida e aos seus direitos fundamentais. Percebe-se a necessidade da construção dialógica da obediência por meio do próprio respeito.

Tanto é assim que, nos termos do art. 1638, I do Código Civil, caso haja abuso por parte dos pais, no exercício da autoridade parental, no que tange à exigência de respeito, com aplicação de castigo imoderado, ou seja, atos de violência, é possível a perda da autoridade parental. Por ser uma pena civil, capaz de gerar a sua própria extinção, a decretação de sua perda demanda processo judicial com garantia de contraditório e de ampla defesa.

---

13. TEIXEIRA, Ana Carolina Brochado. Autoridade Parental. In.: TEIXEIRA, Ana Carolina Brochado; RIBEIRO, Gustavo Pereira Leite (coords.). *Manual de direito das famílias e das sucessões*. Rio de Janeiro: Processo, 2017. p.229.

O castigo imoderado, o uso de violência, como ação visando a fazer concreto o conteúdo da autoridade parental, é regulado no Brasil pela chamada lei da palmada (Lei 7672/2010). Trata-se, de limitação ao exercício da autoridade parental? Ou trata-se, na verdade, de conformação aos anseios constitucionais incutidos no novo paradigma de família?

3. LEI DA PALMADA: CONTORNOS SOBRE O EXERCÍCIO DA AUTORIDADE PARENTAL

A Lei da Palmada, publicada em 2014, oriunda do projeto de Lei 7672/2010, alterou o Estatuto da Criança e do Adolescente para estabelecer o direito da população infantojuvenil de serem educados e cuidados sem o uso de castigos físicos ou de tratamento cruel ou degradante.

Isso porque, no Brasil, a proteção à criança e ao adolescente está comprometida pela violência familiar, que ainda ocorre, como resquício de um longo percurso histórico de invisibilidade e abusos sofridos.

A dificuldade em combater a violência infantil no Brasil é alarmante. O Poder Público encontra dificuldades para diagnosticar o problema, a sociedade quase sempre prefere não se intrometer em relações particulares e defende que o Estado não pode interferir. Alguns pais, por sua vez, defendem que o castigo físico é forma de educar, ao considerarem que as agressões físicas e psicológicas constituem uma faculdade a eles concedida pela autoridade parental.

Mas a proteção à criança e ao adolescente ganhou respaldo constitucional com a adoção do sistema de proteção integral, que culminou com a elaboração do Estatuto da Criança e do Adolescente em 1990, com a Lei da Palmada em comento, entre outras normas protetivas.

Embora polêmica, em razão da ingerência estatal no seio familiar permitida pela Lei da Palmada, sua real incidência se refere à promoção de políticas públicas voltadas à infância e à conscientização da população sobre a prescindibilidade da violência na educação de crianças e adolescentes.

No que se refere às sanções, o que se observa é a adoção das medidas já previstas no Estatuto da Criança e do Adolescente, que tem caráter pedagógico e não punitivo para quem castigar os filhos.

Assim, sob o enfoque desta legislação, analisa-se o tratamento jurídico dispensado às crianças e aos adolescentes vitimizados por relações parentais abusivas.

As poucas pesquisas realizadas no Brasil sobre a violência doméstica praticada pelos pais contra seus filhos menores de idade demonstram que a situação é grave e os índices revelam uma questão de saúde pública.[14]

---

14. Segundo o 'Ending Violence in Childhood: Global Report 2017'., 57% dos casos de violência contra a criança e o adolescente acontecem no ambiente doméstico (ENDING VIOLENCE IN CHILDHOOD: Global Report 2017 Disponível em: content/uploads/2018/07/global_report_2017_ending_violence_in_childhood.pdf Acesso em: 03nov. 2020).

Para se ter uma ideia, a violência doméstica de gênero e sua repercussão com o advento da Lei Maria da Penha também chamaram a atenção para a violência praticada contra a criança e o adolescente, até porque, como se verificou, pesquisas realizadas em vários países como China, Egito, Colômbia, México, Filipinas e África do Sul demonstram a direta relação entre a violência de gênero e a violência infantil; na Índia, por exemplo, a violência doméstica perpetrada contra a mulher duplica as chances de a criança e o adolescente também sofrerem violência.[15]

A Lei, popularmente conhecida como Lei da Palmada, foi tratada de forma pejorativa por grande parte da população. Isso porque, a utilização dos castigos físicos como forma de educação é largamente defendida, tentando demonstrar a imprestabilidade legislativa.

No entanto, o que se verifica é que não só a violência parental, mas mesmo a palmada, nela contida, deseduca[16] e, por isso, necessária se faz a análise do tema ora proposto, de forma a sanar as dúvidas que ainda pairam sobre a utilização de castigos físicos como forma de educar. Além disso, por trás da aparente redução da discussão à palmada está a séria situação de violência infantil praticada pelos pais contra crianças e adolescentes.

É sabido que a lei, por si só, não tem o condão de solucionar o problema. Exatamente por isso, mesmo após o advento da Lei Maria da Penha mulheres continuam sendo vitimizadas, mesmo com o surgimento do Estatuto da Criança e do Adolescente os direitos da população infantojuvenil continuam sendo desrespeitados.

A pergunta que surge então é em relação à necessidade desta nova legislação e sua repercussão. Acredita-se que a responsabilização penal para os pais em hipóteses como estas não seja a mais adequada, pois acaba por punir também a vítima. Ademais, a tipificação também não deixa tão claro o que vem a ser os maus-tratos, motivo pelo qual muitos pais não se identificam com a norma em comento.

Esta a noção que vem sendo difundida pelas decisões da Corte Europeia,

> [...] se examinarmos a jurisprudência atual da Corte Europeia de Direitos Humanos veremos uma preocupação dirigida à permanência da criança, dentro do possível, em seu núcleo familiar, pois em suas decisões tem considerado que, em princípio, a tutela dos serviços sociais ou da polícia, significam uma lesão ao direito da criança a uma vida familiar, cabendo estas medidas quando forem condizentes com o melhor interesse da criança. Por conseguinte, a institucionalização, se não tem adequado fundamento, representa uma violação aos termos da Convenção Europeia sobre Direitos Humanos.[17] (tradução nossa)

---

15. ASSEMBLEIA GERAL DAS NAÇÕES UNIDAS. Estudo das Nações Unidas sobre a violência contra crianças. Disponível em: <http://www.unicef.org/brazil/pt/Estudo_PSP_Portugues.pdf.> Acesso em: 03 nov. 2020.
16. Expressão que deu nome à campanha promovida pelo Instituto de Psicologia da USP.
17. Si examinamos la jurisprudencia actual de la Corte Europea de Derechos Humanos veremos una preocupación dirigida a que el niño permanezca dentro de lo posible en su ámbito familiar, pues em sus resoluciones há considerado que, em principio, la tutela de los servicios sociales o de la policía, significan una lesión al derecho del niño a uma vida familiar y solo caben estas guardas cuando fueren otorgadas en el interes del niño. Por conseguinte, la institucionalización, si no tiene adecuado fundamento, representa uma viola-

Na verdade, assim como a Lei Maria da Penha, a Lei em comento visa trazer à sociedade a importância de coibir um tipo de violência que tanto compromete a dignidade e os direitos fundamentais.

O Brasil, buscando experiências positivas vem aos poucos tentando inovar no campo legislativo para alcançar resultados igualmente positivos. Novas legislações também apontam mudanças substanciais, tais como a Lei de Adoção e a Lei de Alienação Parental aprovadas respectivamente em 2009 e 2010.

O que se observa é que a legislação não estava sendo suficiente para inibir os pais de utilizarem a violência na educação e criação de seus filhos, motivo pelo qual foi publicada a Lei da Palmada, inspirada em diversos países. Para se ter uma ideia, contando com o Brasil, 53 países[18] têm atualmente legislação específica proibindo a violência contra a criança e o adolescente no âmbito familiar.

Em verdade, a preocupação com a violência infantil ocorre no mundo todo, pois atinge milhões de crianças. Só na América Latina, segundo estimativas, cerca de 6 milhões de crianças são vítimas de violência doméstica.[19]

Fala-se apenas em estimativa, mas sabe-se que os números são ainda mais alarmantes, haja vista que este tipo de violência é de difícil constatação:

> Atualmente, 40,16% da população brasileira tem de 0 a 19 anos. Apesar da grandeza desse dado, o país integra o triste contingente das nações que não possuem estatísticas confiáveis relacionadas ao fenômeno da violência doméstica contra os jovens, ao lado de países como Equador, Bangladesh, Paquistão e Tunísia. Os dados são esparsos, fragmentários, quase episódicos. Dizem respeito mais à incidência e quase nunca à prevalência. Cobrem a realidade de algumas modalidades do fenômeno (violência física e sexual), enquanto outras continuam maquiavelicamente ocultas (violência psicológica e negligência). Mesmo a violência doméstica fatal, aquela que leva a criança ou o jovem à morte, recebe outras denominações e acaba encoberta. Diante desse quadro, a construção do perfil contemporâneo da violência doméstica contra crianças e adolescentes no país tem de se apoiar em dados de pesquisa, assim como em relatos de casos, depoimentos e outras fontes. O retrato emergente revela um fenômeno extenso, grave, desigual e endêmico.[20]

---

ción a los términos de la Convención Europea sobre los Derechos Humanos. " (CADOCHE, Sara Noemi; MARCOS AZVALINSKY, Alejandro. *Violencia familiar.* Santa Fe: RubinzalCulzoni, 2002. p. 183).

18. Suécia (1979), Finlândia (1983), Noruega (1987), Áustria (1989), Chipre (1994), Dinamarca (1997), Letônia (1998), Croácia (1999), Bulgária (2000), Israel (2000), Alemanha (2000), Islândia (2003), Ucrânia (2004), Romênia (2004), Hungría (2005), Grécia (2006), Holanda (2007), Portugal (2007), Espanha (2007), Nova Zelândia (2007), Uruguai (2007), Venezuela (2007), Costa Rica (2008), Moldova (2008), Polônia(2010), Quênia(2010), Tunísia(2010) República do Congo (2010), Albânia (2010), Sudão do Sul (2011), Cabo Verde (2013), Honduras (2013), Macedônia (2013), Andorra (2014), Estónia (2014), Nicarágua (2014), San Marino (2014), Argentina (2014), Bolívia (2014), Brasil (2014), Malta (2014), Benin (2015), Irlanda (2015), Peru (2015), Mongólia (2016), Montenegro (2016), Paraguai (2016), Eslovênia (2016), Lituânia (2017), Nepal (2018), Geórgia (2019), África do Sul (2019), França (2019), República do Kosovo (2019), Japão (2020) e Seychelles (2020).

19. ASSEMBLEIA GERAL DAS NAÇÕES UNIDAS. *Estudo das Nações Unidas sobre a violência contra crianças.* 23 ago. 2006. Disponível em: http://www.unicef.org/brazil/pt/Estudo_PSP_Portugues.pdf. Acesso em: 20 jun.2015.

20. AZEVEDO, Maria Amélia. *Violência doméstica contra crianças e adolescentes* (VDCA): abrindo novos horizontes de prevenção na cidade de São Paulo. 2010. Disponível em: http://www.ip.usp.br/laboratorios/lacri/pqlacri/projeto_fapesp_2010_.pdf. Acesso em: 11 dez. 2017.

Trata-se de um problema social que a partir do Direito é possível vislumbrar uma solução, tal qual ocorreu na Suécia, primeiro país a adotar uma legislação proibindo toda e qualquer forma de castigo físico.

Segundo o estudo, o número de pais que defendem o castigo físico caiu de mais de 50% a quase 10% desde 1960, assim como o número de crianças em idade pré-escolar que recebem palmadas caiu de mais de 90% a cerca de 10% no mesmo período.[21]

No Brasil os castigos imoderados e cruéis já estão proibidos por legislação específica há muito tempo. A promulgação do Estatuto da Criança e do Adolescente em consonância com a Constituição, por sua vez, embora tenha trazido a doutrina da proteção integral e importantes medidas de combate ao exercício abusivo da autoridade parental, não diminuiu a incidência dos danos causados à prole, aliás, a violência intrafamiliar tem crescido no Brasil.

Tal crescimento não decorre necessariamente do aumento efetivo dos casos de violência infantil, mas do aumento de denúncias desses casos, o que de certa maneira favorece o combate à abusividade no exercício da parentalidade, haja vista que a simples verificação da existência de violência já é o primeiro e fundamental passo para tentar solucioná-la, já que, dificilmente o Estado consegue detectar o que acontece na privacidade de cada família[22].

A dificuldade de constatação dos danos causados pelos pais à criança e ao adolescente somada às poucas pesquisas sobre o tema é um dos objetivos a serem alcançados pela nova legislação, até para que se possa investir em políticas públicas de enfretamento:

> O que se pode depreender de tudo isto é que não há um plano de enfrentamento nacional para a violência física doméstica e a violência sexual tem sido enfrentada, prioritariamente, a partir da prostituição, da pornografia, do turismo sexual. O debate sobre a VDCA ainda é um debate difícil de ser sustentado em nossa sociedade embora devêssemos lutar por esta sustentação devido à gravidade de suas consequências. É um debate que, como enfatizamos anteriormente, remete de forma direta a questões de poder familiar, ao adultocentrismo nas relações domésticas, à ausência de uma escuta atenta das vozes de crianças e adolescentes enquanto portadores de direitos e vítimas muitas vezes de tal fenômeno.[23]

Muitos são os objetivos pretendidos pela nova legislação, assim como muitos são os desafios, mas o maior deles é conscientizar as pessoas – pais, Estado e sociedade – sobre a importância do adequado exercício da autoridade parental, para que uma nova lei não seja apenas uma publicação inutilizada.

---

21. CADOCHE, Sara Noemí. *Violência familiar*. Buenos Aires: Rubinzal-Culzoni Editores, 2002, p.183.
22. AZEVEDO, Maria Amélia. *Violência doméstica contra crianças e adolescentes* (VDCA): abrindo novos horizontes de prevenção na cidade de São Paulo. 2010. Disponível em: http://www.ip.usp.br/laboratorios/lacri/pqlacri/projeto_fapesp_2010_.pdf. Acesso em: 11 dez. 2017. p.25.
23. AZEVEDO, Maria Amélia. *Violência doméstica contra crianças e adolescentes* (VDCA): abrindo novos horizontes de prevenção na cidade de São Paulo. 2010. Disponível em: http://www.ip.usp.br/laboratorios/lacri/pqlacri/projeto_fapesp_2010_.pdf. Acesso em: 11 dez. 2017.

Na verdade, entre os fatores determinantes para que a violência infantil ainda seja praticada no âmbito familiar estão a confusão que se faz de que bater é forma de disciplinar e educar, como pressuposto da autoridade parental; a incapacidade das crianças e dos adolescentes, que são representados pelos seus pais (os que estão praticando a violência), como também decorre do silêncio das vítimas e da sociedade, que muitas vezes desconhece a violência perpetrada ou prefere se omitir:

> Este projeto de Lei lida, portanto, com uma questão cult: a da palmada que alguns apoiam em termos de abolição imediata e sobre a qual outros têm dúvidas, considerando-a adequada no processo educativo das novas gerações. Portanto, representa um projeto polêmico e não pacífico quanto à aceitação da totalidade de suas ideias. Mas sempre é importante lembrar que o LACRI – USP – fez recentemente (anos 2004/05) uma pesquisa de opinião em 25 estados brasileiros, com uma população de 16.719 pessoas, das mais diferentes idades, etnias, classes sociais (63.40% tinham idades que variavam entre menos de 20 a 34 anos; 69.39% eram do gênero feminino e 27.93% do masculino) e constatou que 77.24% desta população consideram que a palmada pode ser evitada na educação de crianças e adolescentes. Isto quer dizer que a nossa população mais jovem vem participando ativamente de debates sobre a questão e manifestando sua opinião mais favorável a este tipo de abolição.[24]

A questão cultural que o Brasil ainda enfrenta, conjugada com a falta de uma aplicação adequada da legislação específica, pode ser um dos motivos pelos quais o Brasil tenha índices alarmantes de violência infantil.

É preciso superar a confusão que se faz de que bater é forma de disciplinar e educar. Desta premissa é que surgiu a Lei da Palmada e a própria Convenção Internacional sobre os Direitos da Criança, para estabelecer de uma vez por todas que o conteúdo da autoridade parental não contempla e nem pode contemplar a violência infantil.

3.1. Lei da Palmada

Do ponto de vista estritamente jurídico, a lei não inova, no sentido de que o ordenamento jurídico, como pode ser observado pela atual Constituição, Estatuto da Criança e do Adolescente e Código Penal, coíbem a violência contra a criança e o adolescente.

A Lei da Palmada inova, no entanto, ao trazer vedação expressa e específica contra castigos físicos praticados contra crianças e adolescentes, especialmente nas hipóteses em que são justificados para fins pedagógicos.[25]

Para tanto, acrescenta o artigo 18-A ao Estatuto da Criança e do Adolescente:

> A criança e o adolescente têm o direito de ser educados e cuidados sem o uso de castigo físico ou de tratamento cruel ou degradante, como formas de correção, disciplina, educação ou qualquer

---

24. AZEVEDO, Maria Amélia. *Violência doméstica contra crianças e adolescentes* (VDCA): abrindo novos horizontes de prevenção na cidade de São Paulo. 2010. Disponível em: http://www.ip.usp.br/laboratorios/lacri/pqlacri/projeto_fapesp_2010_.pdf. Acesso em: 11 dez. 2017.
25. Nesse sentido: BERLINI, Luciana Fernandes. *Lei da palmada*: uma análise sobre a violência doméstica infantil. Belo Horizonte: Arraes Editores, 2014.

outro pretexto, pelos pais, pelos integrantes da família ampliada, pelos responsáveis, pelos agentes públicos executores de medidas socioeducativas ou por qualquer pessoa encarregada de cuidar deles, tratá-los, educá-los ou protegê-los.

Assim, pode-se especificar que o castigo corporal e o tratamento cruel ou degradante configuram-se como violência, que é um tipo de constrangimento, capaz de violar o direito do outro, seja a sua liberdade, seja a sua integridade.

A palavra violência vem do termo latino *vis*, que significa força. Assim, a violência é o abuso da força, usar de violência é agir sobre alguém ou fazê-lo agir contra sua vontade, empregando a força ou a intimidação. É forçar, obrigar. É também brutalidade: força brutal para submeter alguém. É sevícia e maus-tratos, quando se trata de violência psíquica e moral. É cólera, fúria, irascibilidade, quando se trata de uma disposição natural à expressão brutal dos sentimentos. É furor, quando significa o caráter daquilo que produz efeitos brutais. Tem como seus contrários a calma, a doçura, a medida, a temperança e a paz.[26]

Muito embora já exista vedação legal para a violência de uma forma geral, pretende-se com a nova legislação afastar de uma vez por todas a confusão que se faz entre educar e bater. Para tanto, a lei esclarece a noção de castigo físico e de tratamento cruel ou degradante:

> I – castigo físico: ação de natureza disciplinar ou punitiva aplicada com o uso da força física sobre a criança ou o adolescente que resulte em:
>
> a) sofrimento físico; ou
>
> b) lesão;
>
> II – tratamento cruel ou degradante: conduta ou forma cruel de tratamento em relação à criança ou ao adolescente que:
>
> a) humilhe; ou
>
> b) ameace gravemente; ou
>
> c) ridicularize.

O maior alcance a ser atingido decorre da sensibilização dos pais no exercício da autoridade parental.

Trata-se, na verdade, de uma dificuldade a ser superada, pois os pais fazem uma associação com a educação recebida. Isso porque, segundo o IBGE, 78% da população adulta sofreu algum tipo de violência praticada pelos pais durante a infância.

Daí a importância da implementação das políticas públicas previstas na Lei da Palmada:

> Art. 70-A. A União, os Estados, o Distrito Federal e os Municípios deverão atuar de forma articulada na elaboração de políticas públicas e na execução de ações destinadas a coibir o uso de

---

26. VERONESE, Josiane Rose Petry; DA COSTA, Marli Marlene Moraes. *Violência doméstica*: quando a vítima é criança ou adolescente – uma leitura interdisciplinar. Florianópolis: OAB/SC, 2006, p.101-102.

castigo físico ou de tratamento cruel ou degradante e difundir formas não violentas de educação de crianças e de adolescentes, tendo como principais ações:

I – a promoção de campanhas educativas permanentes para a divulgação do direito da criança e do adolescente de serem educados e cuidados sem o uso de castigo físico ou de tratamento cruel ou degradante e dos instrumentos de proteção aos direitos humanos;

II – a integração com os órgãos do Poder Judiciário, do Ministério Público e da Defensoria Pública, com o Conselho Tutelar, com os Conselhos de Direitos da Criança e do Adolescente e com as entidades não governamentais que atuam na promoção, proteção e defesa dos direitos da criança e do adolescente;

III – a formação continuada e a capacitação dos profissionais de saúde, educação e assistência social e dos demais agentes que atuam na promoção, proteção e defesa dos direitos da criança e do adolescente para o desenvolvimento das competências necessárias à prevenção, à identificação de evidências, ao diagnóstico e ao enfrentamento de todas as formas de violência contra a criança e o adolescente;

IV – o apoio e o incentivo às práticas de resolução pacífica de conflitos que envolvam violência contra a criança e o adolescente;

V – a inclusão, nas políticas públicas, de ações que visem a garantir os direitos da criança e do adolescente, desde a atenção pré-natal, e de atividades junto aos pais e responsáveis com o objetivo de promover a informação, a reflexão, o debate e a orientação sobre alternativas ao uso de castigo físico ou de tratamento cruel ou degradante no processo educativo;

VI – a promoção de espaços intersetoriais locais para a articulação de ações e a elaboração de planos de atuação conjunta focados nas famílias em situação de violência, com participação de profissionais de saúde, de assistência social e de educação e de órgãos de promoção, proteção e defesa dos direitos da criança e do adolescente. Parágrafo único. As famílias com crianças e adolescentes com deficiência terão prioridade de atendimento nas ações e políticas públicas de prevenção e proteção.

No entanto, em relação às sanções aplicadas aos pais que pratiquem a violência familiar a lei não inova, utilizando as sanções já previstas no Estatuto da Criança e do Adolescente. Veja-se:

Art. 18-B. Os pais, os integrantes da família ampliada, os responsáveis, os agentes públicos executores de medidas socioeducativas ou qualquer pessoa encarregada de cuidar de crianças e de adolescentes, tratá-los, educá-los ou protegê-los que utilizarem castigo físico ou tratamento cruel ou degradante como formas de correção, disciplina, educação ou qualquer outro pretexto estarão sujeitos, sem prejuízo de outras sanções cabíveis, às seguintes medidas, que serão aplicadas de acordo com a gravidade do caso:

I – encaminhamento a programa oficial ou comunitário de proteção à família;

II – encaminhamento a tratamento psicológico ou psiquiátrico;

III – encaminhamento a cursos ou programas de orientação;

IV – obrigação de encaminhar a criança a tratamento especializado;

V – advertência.

Parágrafo único. As medidas previstas neste artigo serão aplicadas pelo Conselho Tutelar, sem prejuízo de outras providências legais.

Desse modo, aos pais que abusarem no exercício da autoridade parental e causarem danos aos seus filhos, serão aplicadas as medidas já elencadas no art. 129

do Estatuto da Criança e do Adolescente, mas não todas. Algumas medidas como inclusão, orientação e tratamento a alcoólatras e toxicômanos, perda da guarda, destituição da tutela e suspensão ou destituição do poder familiar (autoridade parental) não foram incluídas na nova legislação, de forma injustificada, ao que parece. Mas, por se tratar de rol exemplificativo, não compromete a aplicação de outras medidas.

Cumpre mencionar que o art. 130 do Estatuto da Criança e do Adolescente estabelece que "verificada a hipótese de maus-tratos, opressão ou abuso sexual impostos pelos pais ou responsável, a autoridade judiciária poderá determinar, como medida cautelar, o afastamento do agressor da moradia comum".

A mencionada medida cautelar, segundo a lei, poderá ser aplicada ainda no caso de descumprimento reiterado das medidas impostas nos termos do art. 18-B.

A finalidade dessas medidas é dar um suporte psicológico aos familiares e reestruturar o núcleo familiar, reabilitando a convivência e o afeto.

A ideia é que os pais se conscientizem dos problemas ocasionados aos filhos pela adoção da violência na dinâmica familiar. Demonstrando sua inutilidade na relação parental e os prejuízos por ela trazidos, transformando as práticas adotadas pelos pais.

Nesse sentido,

> [...] a reforma da legislação brasileira com objetivo de coibir toda e qualquer punição corporal em face de crianças tem a ambição maior de combater o legado autoritário da mania de bater, que tanto naturaliza a violência. Ao explicitar que a punição corporal, ainda que sob pretensos propósitos pedagógicos, é absolutamente inaceitável, tem a potencialidade de transformar práticas e atitudes. Surge como exigência da Constituição Brasileira de 1988, do Estatuto da Criança e do Adolescente e da Convenção sobre os Direitos da Criança, ratificada pelo Brasil em 1990. Estes documentos convergem ao fomentar a doutrina da proteção integral à criança e da primazia de seus interesses. A proposta fortalece o novo paradigma que vê na criança um verdadeiro sujeito de direito, assegurando-lhe o direito a uma educação não violenta, essencial ao pleno desenvolvimento de sua personalidade. Afinal, como consagra a Constituição, é dever da família, da sociedade e do Estado assegurar à criança, com absoluta prioridade, o direito ao respeito e à dignidade, protegendo-a de qualquer forma de violência, crueldade e opressão[27].

O suporte, assistencial e psicológico, é fundamental para a mudança, com o intuito de solucionar o conflito familiar e superar os traumas.

Lembre-se que as medidas serão adotadas de acordo com a necessidade de cada caso, podendo ser cumuladas, admitindo, inclusive, a responsabilização civil e penal.

4. CONSIDERAÇÕES FINAIS

A autoridade parental tem a função de dotar os pais de responsabilidade para guiarem o alcance de discernimento para que seus filhos menores possam autono-

---

27. PIOVESAN, Flávia. *Mania de bater.* Disponível em: http://www.fundabrinq.org.br/portal/noticias/ano/2010/agosto/mania-de-bater.aspx. Acesso em: 17 dez. 2017.

mamente vivenciar seus projetos de vida. Por mais que se depreenda de seu conteúdo o direito dos pais de exigir dos filhos respeito e obediência, tal somente pode ser concretizado à luz dos anseios do próprio instituto.

À Lei da Palmada restou o compromisso de tutelar as situações em que os genitores são os responsáveis por violar os direitos dos seus filhos, extrapolando os limites da autoridade parental. De forma que o melhor interesse da criança e do adolescente seja respeitado, prioritária e absolutamente.

A violência infantojuvenil, portanto, é uma afronta à dignidade da pessoa humana, principalmente quando direcionada à pessoa em desenvolvimento; não é forma de educação, não é pressuposto da autoridade parental, motivo pelo qual não pode ser tolerada.

Logo, a vedação de violência contra os filhos no castigo imoderado incutido pelos pais ao buscarem obediência e respeito não é uma limitação à autoridade parental, mas sim uma conformação do próprio instituto à sua função constitucional.

5. REFERÊNCIAS

ALMEIDA, Renata Barbosa de; RODRIGUES JÚNIOR, Walsir Edson. *Direito Civil:* Famílias. Rio de Janeiro: Lumen Juris, 2010.

ASSEMBLEIA GERAL DAS NAÇÕES UNIDAS. Estudo das Nações Unidas sobre a violência contra crianças. Disponível em: <http://www.unicef.org/brazil/pt/Estudo_PSP_Portugues.pdf.> Acesso em: 03 nov. 2020. AZEVEDO, Maria Amélia. *Violência doméstica contra crianças e adolescentes* (VDCA): abrindo novos horizontes de prevenção na cidade de São Paulo. 2010. Disponível em: http://www.ip.usp.br/laboratorios/lacri/pqlacri/projeto_fapesp_2010_.pdf. Acesso em: 11 dez. 2017.

AZEVEDO, Maria Amélia; GUERRA, Viviane Nogueira de Azevedo. *Palmada já era.* 3. ed. São Paulo: LACRI/USP, 2006.

BERLINI, Luciana Fernandes. Responsabilidad civil y relaciones matrimoniales en el derecho brasileño. In: MERCADER, Jesús; SANTOS, Maria Jose; DEL OMO, Pedro. *Nuevos Retos Del Derecho De Daños En Iberoamérica.* Valencia: Tirant Lo Blanc, 2020. ISBN: 978-84-1355-413-6

BERLINI, Luciana Fernandes. *Lei da palmada:* uma análise sobre a violência doméstica infantil. Belo Horizonte: Arraes Editores, 2014.

BORZONE, Graciela. La protecion contra toda forma de violencia en la convencion de los derechos del niño. In: *Maltrato Y Violência Infantil.* Buenos Aires: Nuevo Pensamiento Judicial, 2003.

BRASIL. Presidência da República. Casa Civil. Subchefia para Assuntos Jurídicos. Lei nº 8.069, de 13 de julho de 1990: dispõe sobre o Estatuto da Criança e do Adolescente, e dá outras providências. *Diário Oficial da União*, Brasília, 16 jul., 1990a. Disponível em: http://www.planalto.gov.br/ccivil_03/leis/L8069.htm. Acesso em: 03 dez. 2017.

BRASIL. Ministério da Saúde. *Projeto de vigilância de violências e acidentes.* 2009. Disponível em: http://portal.saude.gov.br/portal/arquivos/pdf/vivapres1.pdf. Acesso em: 19 dez. 2017.

CADOCHE, Sara Noemí. *Violência familiar.* Buenos Aires: Rubinzal-Culzoni Editores, 2002.

COMISSÃO INTERAMERICANA DE DIREITOS HUMANOS. Informe sobre el castigo corporal de niñas, niños y adolescentes en el derecho interno de los Estados Americanos. 2006. Disponível em:

http://www.cidh.oas.org/Ninez/CastigoCorporal2009/CastigoCorporal.1.htm#VI. Acesso em: 07 dez. 2017.

GALLEGO, Juan Pablo. *Niñez maltrada y violencia de género*. Buenos Aires: Ad-Hoc, 2007.

GARBARINO, James. ECKENRODE, John. *Por qué las familias abusan de sus hijos*. Espanha: Granica; 1999.

HÅGGLUND, Göran. *Violência jamais*: trinta anos da abolição do castigo físico na Suécia. Governo da Suécia e Save the Children Suécia: 2009. Trad. Ariadne Costa. Disponível em: http://www.naobataeduque.org.br/documentos/Viol__ncia%20Jamais.pdf. Acesso em: 25 dez. 2017.

HIRONAKA, Giselda. *Direito e Responsabilidade*. Belo Horizonte: Del Rey, 2002.

LONGO, Cristiano da Silveira. *A punição corporal doméstica de crianças e adolescentes:* o olhar de autores de livros sobre educação familiar no Brasil (1981-2000). São Paulo: Ieditora, 2002.

PIOVESAN, Flávia. *Mania de bater*. Disponível em: http://www.fundabrinq.org.br/portal/noticias/ano/2010/agosto/mania-de-bater.aspx. Acesso em: 17 dez. 2017.

NOGUEIRA, Roberto Henrique Pôrto; SOUZA, Iara Antunes de. PESSOA COM DEFICIÊNCIA: O DIREITO AO CASAMENTO A PARTIR DA ABORDAGEM DAS VULNERABILIDADES. In: *XXVIII CONGRESSO NACIONAL DO CONPEDI BELÉM/PA, 2019*, Belém – PA. Direito de família e das sucessões [Recurso eletrônico on-line] organização CONPEDI/CESUPA. Florianópolis – SC: CONPEDI, 2019. v. 1. p. 177-194. Disponível em: http://conpedi.danilolr.info/publicacoes/048p2018/wh5rju9z/cxGMTg1E3fTbucC8.pdf. Acesso em: 15 dez. 2020.

Revista Consultor Jurídico. *Espancar filha com fio elétrico é "medida corretiva", diz juiz de Guarulhos*. Disponível em: https://www.conjur.com.br/2017-set-15/espancar-filha-fio-medida-corretiva-juiz-guarulhos. Acesso em 22 dez.2017.

RIBEIRO, Gustavo Pereira Leite; BERLINI, Luciana Fernandes. A participação da criança nos processos decisórios relativos aos cuidados de saúde: entre o código civil e a convecção sobre direitos da criança. In.: LIMA, Taisa Maria Macena de; SÁ, Maria de Fátima Freire de; MOUREIRA, Diogo Luna (orgs.). *Autonomia e vulnerabilidade*. Belo Horizonte: Arraes Editores, 2017. p.180-191.

SÁ, Maria de Fátima Freire de; TEIXEIRA, Ana Carolina Brochado; SOUZA, Iara Antunes de. Anorexia, autoridade parental e cuidado. In.: PEREIRA, Tânia da Silva; OLIVEIRA, Guilherme; MELO, Alda Marina de Campos (org.). *Cuidado e sustentabilidade*. São Paulo: Atlas, 2014.

SOUZA, Iara Antunes de. *Estatuto da pessoa com deficiência:* curatela e saúde mental – Conforme a Lei: 13.146/2015 – Estatuto da Pessoa com Deficiência / 13.105/2015 – Novo Código de Processo Civil. Belo Horizonte: D'Plácido, 2016.

TEIXEIRA, Ana Carolina Brochado. Autoridade Parental. In.: TEIXEIRA, Ana Carolina Brochado; RIBEIRO, Gustavo Pereira Leite (coords.). *Manual de direito das famílias e das sucessões* Rio de Janeiro: Processo, 2017.

VERONESE, Josiane Rose Petry; DA COSTA, Marli Marlene Moraes. *Violência doméstica:* quando a vítima é criança ou adolescente – uma leitura interdisciplinar. Florianópolis: OAB/SC, 2006.

DANO MORAL E ALIENAÇÃO PARENTAL

Juliana de Sousa Gomes Lage

Professora-Adjunta de Direito Civil da UFRJ. Doutoranda em Teorias Jurídicas Contemporâneas pela UFRJ. Mestre em Direito Civil pela UERJ. Especialista em Direito Civil Constitucional pela UERJ.

Sumário: 1. Introdução – 2. Da alienação parental como exercício abusivo da autoridade parental – 3. Danos morais decorrente da alienação parental – 4. Considerações finais – 5. Referências bibliográficas

1. INTRODUÇÃO

A aplicação do princípio da dignidade da pessoa humana e do princípio do melhor interesse da criança e do adolescente no ordenamento jurídico brasileiro consagra a família como lugar de proteção e desenvolvimento da personalidade dos filhos. Com isso, surge como necessária a indenização dos danos morais, pelo menos os causados pelos atos ilícitos dos pais em relação aos filhos.

Não se discute que crianças e adolescentes são pessoas em desenvolvimento, que, no mais das vezes, por conta de sua fragilidade, não têm capacidade de se autodesenvolver nos aspectos intelectual, moral, social e afetivo, como também não têm condições de, sozinhos, com meios próprios, atender às suas necessidades básicas, razão pela qual são vulneráveis e necessitam de atenção e cuidados especiais.

Exatamente por isso, cumpre ressaltar, que para a relação entre pais e filhos não convergem as mesmas razões aduzidas quanto à relação conjugal no que diz respeito a possibilidade de reparação de danos.[1] Ao contrário do matrimônio, no qual vigoram

---

1. Josep Ferrer Riba declara: "*En la relación entre padres e hijos no concurren las mismas razones que se aducen en la relación conyugal para postergar las acciones indemnizatorias frente a otros remedios desvinculadores de las partes. A diferencia del matrimonio, la relación entre los padres y sus hijos sujetos a potestad es una relación entre partes desiguales, no formada consensualmente (salvo en el caso – poco relevante a los efectos que ahora examinamos – de la adopción de mayores de 12 años: art. 177.1 CC, art. 121 CF), caracterizada típicamente por la dependencia de los segundos respecto de los primeros (aspecto que conlleva, para los hijos, una particular vulnerabilidad) y por el carácter excepcional y costoso de los mecanismos de salida de la relación, pues aunque el derecho de familia contempla la intervención externa de la Administración o de los tribunales para corregir situaciones de incumplimiento de los deberes parentales, estos remedios sólo operan en casos de riesgo elevado y de abuso o abandono de funciones persistente y grave. Pese a ello, también se aprecian motivos sustanciales para privilegiar el ejercicio de la potestad de los padres y, en particular, para limitar la exposición de éstos a acciones de daños, aunque los límites de dicho privilegio parental sean variables en la jurisprudencia comparada y muy discutidos doctrinalmente, tanto en Europa como en Estados Unidos*" (RIBA, Josep Ferrer. *Relaciones familiares y limites del derecho de daños*. Disponível em: <http://www.indret.com.>. Acesso em: 19 nov. 2005).

os princípios da liberdade e da igualdade entre os cônjuges,[2] na parentalidade, o filho é sujeito a uma relação entre desiguais, caracterizada, tipicamente, pela vulnerabilidade e pela dependência do segundo em relação aos primeiros, uma vez que se trata de pessoa em formação.

Assevera a esse respeito Maria Celina Bodin de Moraes que, além da vulnerabilidade dos filhos menores, a relação entre as esferas pública e privada nesse ambiente também é diferenciada, uma vez que

> Na conjugalidade, caracteriza-se atualmente por uma substancial aceitação das escolhas e autonomia do indivíduo, bem como pela renúncia à exigência e ao cumprimento coercitivo dos direitos e deveres entre os cônjuges. Por outro lado, na parentalidade distingue-se pela ampliação, cada vez maior, das intervenções jurídicas nas relações de filiação, com vistas à proteção dos menores.[3]

Quando se trata da reparação dos danos morais indenizáveis na relação entre pais e filhos, sendo o nosso posicionamento afirmativo, é imperioso verificar quais seriam as condutas causadoras de danos morais indenizáveis nessa relação e de que maneiras essa indenização se daria.

Eduardo Sambrizzi enumera várias hipóteses em que haveria danos morais decorrentes da relação paterno-filial a serem indenizados: danos derivados da procriação assistida e de outros aspectos relacionados à manipulação genética, danos pré-natais transmitidos por herança, danos por enfermidades transmitidas geneticamente aos filhos, danos derivados da negativa de reconhecer o filho extramatrimônio e danos derivados da violência familiar.[4]

No entanto, embora a doutrina e a jurisprudência brasileira não tenham chegado ainda ao desenvolvimento de todas essas hipóteses de responsabilização parental, especificamente neste trabalho será abordada uma das condutas geradoras de danos morais indenizáveis na relação paterno-filial: a reparação moral por alienação parental.

De suma importância se apresenta o tema, uma vez que, por força das mudanças ocorridas no direito de família, torna-se cada vez mais corrente o questionamento acerca da possibilidade de o descumprimento de deveres parentais ensejar aos filhos danos morais a serem indenizados pelos pais.

---

2. Para maior aprofundamento, v. VILLELA, João Baptista. Sobre a igualdade de direitos entre homem e mulher. In: TEIXEIRA, Sálvio de Figueiredo. *Direitos de família e do menor*. Belo Horizonte: Del Rey, 1993, p. 133-154; GONTIJO, Segismundo. A igualdade conjugal. In: TEIXEIRA, Sálvio de Figueiredo. *Direitos de família e do menor*. Belo Horizonte: Del Rey, 1993, p. 155-172; PEREIRA, Sérgio Gischkow. Algumas reflexões sobre a igualdade dos cônjuges. In: TEIXEIRA, Sálvio de Figueiredo. *Direitos de família e do menor*. Belo Horizonte: Del Rey, 1993, p. 117-132.
3. MORAES, Maria Celina Bodin de. Danos Morais em Família? Conjugalidade, parentalidade e responsabilidade civil. p. 423-455. In: MORAES, Maria Celina Bodin de. *Na medida da pessoa humana*. Rio de Janeiro: Renovar, 2010, p. 447.
4. SAMBRIZZI, Eduardo A. *Daños en el derecho de familia*. Buenos Aires: La Ley, 2001.

2. DA ALIENAÇÃO PARENTAL COMO EXERCÍCIO ABUSIVO DA AUTORIDADE PARENTAL

No âmbito da família democrática e solidarista, a autoridade paterna cedeu espaço à afetividade e à igualdade entre os cônjuges e os filhos. Assim, a cada dever do filho corresponde um direito do pai ou da mãe; a cada dever do pai ou da mãe corresponde um direito do filho.[5] Em outras palavras, o poder familiar já não é o âmbito de competência delegada ou reconhecida pelo Estado para exercício do poder do pai sobre o filho, mas, concebido como múnus, é um complexo de direitos e deveres.[6]

Com a finalidade de se alcançar os novos valores familiares e sociais constitucionalmente assegurados, os direitos e deveres dos pais inerentes ao poder familiar devem dirigir-se à proteção da pessoa humana do filho e à dignidade.[7]

Nas palavras de Luciana Cristina de Souza,

> Forma-se um novo arcabouço do direito de família, a partir do qual a liberdade dos cônjuges na condução do grupo familiar submete-se a um direito civil constitucionalizado. Há a socialização dos deveres familiares nesse novo contexto normativo brasileiro. O exercício da autoridade materna e paterna se sujeita, então, a princípios novos que garantem o melhor desenvolvimento humano – físico, emocional e psíquico – da criança e do adolescente.[8]

Durante o casamento, exercem ambos os genitores o dever de sustento, guarda e educação dos filhos. Importante ressaltar que, mesmo após a separação e o divórcio, na forma do art. 1.579 do CC/2002, não se modificam os deveres dos pais em relação aos filhos, de forma que o genitor que não ficar com a guarda fática do filho deve sustentá-lo e educá-lo, apesar do afastamento físico cotidiano entre eles.[9]

---

5. LÔBO, Paulo Luiz Netto. Do poder familiar. In: DIAS, Maria Berenice; PEREIRA, Rodrigo da Cunha (Coord.). *Direito de Família e o novo Código Civil*. Belo Horizonte: Del Rey, 2002, p. 153-165
6. Gustavo Tepedino assevera que a função delineada pela ordem jurídica para a autoridade parental, que justifica o espectro de poderes conferidos aos pais só mercê tutela se exercida como múnus privado, um complexo de direitos e deveres visando ao melhor interesse dos filhos, sua emancipação como pessoa, na perspectiva de sua futura independência (TEPEDINO, Gustavo. A disciplina constitucional das relações familiares. In: *Temas de Direito Civil*. Rio de Janeiro: Renovar, 2004, p. 182-183).
7. Para um maior estudo do tema recomenda-se a leitura de TEIXEIRA, Ana Carolina Brochado. *Família, guarda e autoridade parental*. Rio de Janeiro: Renovar, 2009.
8. SOUZA, Luciana Cristina de. *O princípio da responsabilidade parental no Direito brasileiro*. Disponível em: <http://www.ibdfam.com.br>. Acesso em: 26 jul. 2005
9. Paulo Luiz Netto Lobo assevera: "A tendência mundial, que consulta o princípio do melhor interesse da criança, recomenda a máxima utilização da guarda compartilhada, da manutenção da coparentalidade, de modo que o filho sinta a presença constante de ambos os pais, apesar da separação física deles. Neste sentido, o 'direito à companhia' é relativo e não pode ser exercido contrariamente ao interesse do filho, que deve ter assegurado o direito à companhia do pai ou mãe que não seja o guardião. Em suma, o direito de um não exclui o direito do outro e o filho tem direito à companhia de ambos. No caso da guarda compartilhada, por ser modo de preservação das relações familiares, entre pais e filhos, tendo ambos os pais direitos/deveres equivalentes, a regra de exclusão do novo Código não pode ser aplicada" (LÔBO, Paulo Luiz Netto. Do poder familiar. In: DIAS, Maria Berenice; PEREIRA, Rodrigo da Cunha (Coord.). *Direito de Família e o novo Código Civil*. Belo Horizonte: Del Rey, 2002, p.161).

Após a separação e o divórcio, marido e esposa já não existem. Pai e mãe, no entanto, permanecem para sempre. Rolf Madaleno acentua:

> Mesmo à frente da separação dos pais, seguem os genitores responsáveis pelo íntegro exercício do seu poder familiar, dirigindo-lhes a criação e a educação, além de tê-los em sua companhia e guarda, participando na formação e construção da personalidade dos filhos, como obra prioritária de resguardo de sua dignidade.[10]

No tocante à guarda, ela era tradicionalmente tratada como um direito subjetivo a ser atribuído na separação a um dos genitores, em contrapartida ao direito de visita, deferido ao genitor que não fosse outorgado com esta posição de vantagem, o qual teria o dever de a ela submeter-se.[11]

Dessa forma, no entendimento de Gustavo Tepedino, o instituto da guarda era desvirtuado, retirando-se-lhe a função primordial de salvaguardar o melhor interesse da criança ou do adolescente; tal perspectiva, nitidamente inspirada na dogmática do direito subjetivo, própria das relações patrimoniais, torna-se ainda mais inadequada quando a legislação leva em conta a conduta (culpada ou inocente) dos cônjuges antes da separação como critério para a atribuição da guarda.[12] Entretanto, o Estatuto da Criança e do Adolescente (ECA) garante ao filho o direito de convivência com ambos os pais. Essa disposição tem sido resolvida com a regulamentação de visitas ao genitor que não tem a guarda contínua – ou seja, nos tempos modernos, conforme a maioria dos casos, ao pai.[13]

No entanto, o desenvolvimento da criança e do adolescente se processa em resposta às influências a que estiver exposta. No Direito de Família constitucionalizado, já não se admite contemplar-se o filho enquanto objeto do poder familiar dos pais. A tendência doutrinária mais acertada caminha para o amplo reconhecimento do filho como sujeito de seus direitos, cuja vontade, no limite de sua capacidade de compreensão dos fatos e de sua maturidade, deverá ser acatada, reconhecendo, quanto aos menores, direitos fundamentais próprios – previstos na CRFB/1988, no ECA e no CC/2002 – derivados de sua condição específica na relação familiar, tais como: respeito à vida e à integridade física, psíquica e emocional; direito à convivência familiar sadia; direito ao nome e à verdade biológica, dentre outros.[14]

Infelizmente, isso nem sempre ocorre na realidade. Muitos são os casos em que o exercício dessa parentalidade se dá de forma abusiva, incompatível com o melhor interesse da prole, gerando portanto a necessária intervenção estatal no âmbito fa-

---

10. MADALENO, Rolf. O preço do afeto. In: PEREIRA, Tânia da Silva; PEREIRA, Rodrigo da Cunha (Coord.). *A ética da convivência familiar e sua efetividade no cotidiano dos tribunais*. Rio de Janeiro: Forense, 2006, p. 167.
11. TEPEDINO, Gustavo. A disciplina constitucional das relações familiares. In: *Temas de Direito Civil*. Rio de Janeiro: Renovar, 2004, p. 177.
12. Id., ibid., p. 177-178.
13. BARROS, Fernanda Otoni de. *Do direito ao pai*. Belo Horizonte: Del Rey, 2005, p. 67.
14. SOUZA, Luciana Cristina de. *O princípio da responsabilidade parental no Direito brasileiro*. Disponível em: <http://www.ibdfam.com.br>. Acesso em: 26 jul. 2005.

miliar, seja com o intuito de garantir o respeito à dignidade dos filhos, como também para se evitar ou compensar os danos sofridos nesse contexto.[15]

Por sua vez, Heloisa Helena Barboza assevera:

> Foram reconhecidos no âmbito internacional direitos próprios da criança, que deixou de ocupar o papel de apenas parte integrante do complexo familiar para ser mais um membro individualizado da família humana que, em virtude de sua falta de maturidade física e mental, necessita de proteção e cuidados especiais, inclusive da devida proteção legal, tanto antes quanto após o seu nascimento, [...] é certa hoje a existência do que se podem denominar direitos fundamentais da criança, não menos certo é que se a efetividade de tais direitos esteja incluída na preocupação atual dos estudiosos do tema.[16]

Exatamente por compartilhar do entendimento acima exposto, trataremos a alienação parental como hipótese de exercício abusivo da autoridade parental geradora de responsabilização civil pelo descumprimento dos deveres parentais.

Neste sentido, Luciana Fernandes Berlini defende que

> A alienação parental, por exemplo, representa um exercício abusivo da autoridade parental, de tal forma que foi criada legislação específica para tutelar a hipótese com a consequente imposição de sanções para o genitor alienante. E mais, há previsão expressa da possibilidade de se conjugar a responsabilidade civil com tais sanções,[17] o que retira qualquer dúvida sobre a possibilidade de incidir danos morais na espécie, desde que os pressupostos da responsabilidade civil sejam preenchidos.[18]

Nos termos do art. 227 da CRFB/1988, a convivência familiar encontra-se garantida como um dever da família, da sociedade e do Estado para com a criança e o adolescente. Tal convivência não se esgota na manutenção dos filhos na companhia e guarda dos genitores, na constância da sociedade conjugal como prerrogativa do poder familiar, tampouco na possibilidade de tê-los em sua companhia e de visitá-los após o desenlace.[19]

---

15. BERLINI, Luciana Fernandes. Da responsabilidade civil nas relações paterno-filiais: a compensação por danos morais em razão do exercício abusivo da autoridade parental. In: ROSENVALD, Nelson; MILAGRES, Marcelo (coords.). *Responsabilidade Civil: novas tendências*. São Paulo: Foco Jurídico, 2017, p. 438.
16. BARBOZA, Heloísa Helena. O princípio do melhor interesse da criança e do adolescente. In: PEREIRA, Rodrigo da Cunha (Coord.). II Congresso de Direito de Família. A Família na Travessia do Milênio. *Anais*. Belo Horizonte: Del Rey, 2000, p. 202-214.
17. Art. 6º – Caracterizados atos típicos de alienação parental ou qualquer conduta que dificulte a convivência de criança ou adolescente com genitor, em ação autônoma ou incidental, o juiz poderá, cumulativamente ou não, sem prejuízo da decorrente responsabilidade civil ou criminal e da ampla utilização de instrumentos processuais aptos a inibir ou atenuar seus efeitos, segundo a gravidade do caso: I – declarar a ocorrência de alienação parental e advertir o alienador; II – ampliar o regime de convivência familiar em favor do genitor alienado; III – estipular multa ao alienador; IV – determinar acompanhamento psicológico e/ou biopsicossocial; V – determinar a alteração da guarda para guarda compartilhada ou sua inversão; VI – determinar a fixação cautelar do domicílio da criança ou adolescente; VII – declarar a suspensão da autoridade parental.
18. BERLINI, Luciana Fernandes. Da responsabilidade civil nas relações paterno-filiais: a compensação por danos morais em razão do exercício abusivo da autoridade parental. In: ROSENVALD, Nelson; MILAGRES, Marcelo (coords.). *Responsabilidade Civil: novas tendências*. São Paulo: Foco Jurídico, 2017, p. 439
19. SILVA, Cláudia Maria. Descumprimento do dever de convivência familiar e indenização por danos à personalidade do filho. *Revista Brasileira de Direito de Família*. Porto Alegre, v. 6, n. 25, ago./set. 2004, p. 139.

Nas palavras de Cláudia Maria da Silva:

> Por intermédio da convivência familiar os filhos resguardam o "direito ao pai"[20] na acepção mais sagrada e ampla da palavra, que vai muito além, por exemplo, do direito ao conhecimento da origem genética, como também da coexistência com o genitor (que não se confunde com o pai), [uma vez que] garantir ao filho a convivência familiar significa respeitar seu direito de personalidade e garantir-lhe a dignidade, na medida em que depende de seus genitores não só materialmente.[21]

Conforme previsto no art. 2º da Lei nº 12.318, de 26 de agosto de 2010: Considera-se ato de alienação parental a interferência na formação psicológica da criança ou do adolescente promovida ou induzida por um dos genitores, pelos avós ou pelos que tenham a criança ou adolescente sob a sua autoridade, guarda ou vigilância para que repudie genitor ou que cause prejuízo ao estabelecimento ou à manutenção de vínculos com este.[22]

Vale ressaltar que, a síndrome da alienação parental (SAP)[23] é uma possível consequência emocional e comportamental apresentada pelo filho, vítima dos atos de alienação praticados de forma reiterada durante certo lapso temporal,[24] e que sua

---

20. Neste sentido, leciona Giselda Maria Novaes Hironaka: "Por direito ao pai, na sua valoração juridicamente relevante, deve-se entender o direito atribuível a alguém de conhecer, conviver, amar e ser amado, de ser cuidado, alimentado e instruído, de colocar-se em situação de aprendizado e de apreensão dos valores fundamentais da personalidade e da vida humanas, de ser posto a caminhar e a falar, de ser ensinado a viver, a conviver e a sobreviver, o que ocorre com a maioria dos animais que habita a face da Terra. Na via reversa, encontra-se o dever que tem o pai – leia-se também, sempre, a mãe – de produzir tal convívio, de modo a buscar cumprir a tarefa relativa ao desenvolvimento de suas crias, que é, provavelmente, a mais valiosa de todas as tarefas incumbidas à raça humana" (HIRONAKA, Giselda Maria Fernandes Novaes. *Os contornos jurídicos da responsabilidade afetiva na relação entre pais e filhos: além da obrigação legal de caráter material*. Disponível em: <http://www.direitodafamilia.net>. Acesso em: 28 maio 2006).
21. SILVA, Cláudia Maria. Descumprimento do dever de convivência familiar e indenização por danos à personalidade do filho. *Revista Brasileira de Direito de Família*. Porto Alegre, v. 6, n. 25, ago./set. 2004, p. 139.
22. Sendo ainda previstas na própria lei formas exemplificativas de alienação parental, além dos atos assim declarados pelo juiz ou constatados por perícia, praticados diretamente ou com auxílio de terceiros: I – realizar campanha de desqualificação da conduta do genitor no exercício da paternidade ou maternidade; II – dificultar o exercício da autoridade parental; III – dificultar contato de criança ou adolescente com genitor; IV – dificultar o exercício do direito regulamentado de convivência familiar; V – omitir deliberadamente a genitor informações pessoais relevantes sobre a criança ou adolescente, inclusive escolares, médicas e alterações de endereço; VI – apresentar falsa denúncia contra genitor, contra familiares deste ou contra avós, para obstar ou dificultar a convivência deles com a criança ou adolescente; VII – mudar o domicílio para local distante, sem justificativa, visando a dificultar a convivência da criança ou adolescente com o outro genitor, com familiares deste ou com avós.
23. Para melhor conceituar a síndrome de alienação parental, vamos adotar o conceito de seu descobridor, Dr. Richard A. Gardner. M.D. do Departamento de Psiquiatria Infantil da Faculdade de Medicina e Cirurgia da Universidade de Columbia, New York, EUA. Segundo o referido autor: " A Síndrome de Alienação Parental (SAP) é um distúrbio da infância que aparece quase exclusivamente no contexto de disputas de custódia de crianças. Sua manifestação preliminar é a campanha denegritória contra um dos genitores, uma campanha feita pela própria criança e que não tenha nenhuma justificação. Resulta da combinação das instruções de um genitor (o que faz a "lavagem cerebral, programação, doutrinação") e contribuições da própria criança para caluniar o genitor-alvo." GARDNER, Richard A. *O DSM-IV tem equivalente para o diagnóstico de Síndrome de Alienação Parental (SAP)* Tradução para o português por Rita Rafaeli. Disponível em http://www.alienacaoparental.com.br/textos-sobre-sap-1/o-dsm-iv-tem-equivalente. Acesso em 21 mar. 2018.
24. Para maior compreensão das nocivas consequências da alienação parental recomenda-se o análise do seguinte documentário: Minas, A. (Diretor). *A morte inventada: alienação parental* [Filme-vídeo]. Niterói, Caraminholas Produções, 2009.

ocorrência qualifica o dano causado. Ou seja, a constatação da ocorrência de SAP[25] pode ser utilizada como fundamento de possível majoração do dano moral no momento da sua quantificação, mas não é obrigatória para caracterização e incidência de danos morais indenizáveis, uma vez que a prática de atos de alienação já é suficiente para ocorrência da lesão a dignidade da pessoa do filho e do consequente dever de reparação pelo genitor alienador.[26]

Corroborando com esse entendimento, o art. 3º da Lei 12.318, dispõe que a prática de ato de alienação parental fere direito fundamental da criança ou do adolescente de convivência familiar saudável, prejudica a realização de afeto nas relações com genitor e com o grupo familiar, constitui abuso moral contra a criança ou o adolescente e descumprimento dos deveres inerentes à autoridade parental ou decorrentes de tutela ou guarda, razão pela qual os pais devem ser compelidos à responsabilização compensatória dos danos morais causados aos filhos.

3. DANOS MORAIS DECORRENTE DA ALIENAÇÃO PARENTAL

Sob a nova perspectiva atribuída à família pela CRFB/1988,[27] passa a ser de grande importância o estudo sobre a responsabilidade civil dos pais por danos morais causados à prole, uma vez que, por força do reconhecimento constitucional do princípio do melhor interesse da criança e do adolescente, os filhos, nessa relação específica, constituem a parte mais vulnerável, por se tratar de pessoas em formação.[28]

Comprovada a alienação parental por um dos genitores, este poderá perder inclusive a guarda da criança/adolescente em favor do genitor alienado. No entanto,

---

25. Importante destacar o papel da perícia nesses casos. É por meio de perícia psicológica ou biopsicossocial que normalmente se constata a existência da síndrome da alienação parental, por parte do genitor, avós ou guardião.
26. Nesse sentido: ALIENAÇÃO PARENTAL PRATICADA PELO PAI EM RELAÇÃO À GENITORA – PRESCRIÇÃO AFASTADA – MATÉRIA PRECLUSA – EX-MARIDO QUE REALIZOU VÁRIOS BOLETINS DE OCORRÊNCIA SEM FUNDAMENTAÇÃO CONTRA A GENITORA – PROVAS CONTUNDENTES NOS AUTOS – DANOS CAUSADOS À GENITORA E À FILHA – QUANTUM INDENIZATÓRIO – FIXADO EM R$ 50.000,00 (CINQUENTA MIL REAIS) – INVERSÃO DOS ÔNUS DA SUCUMBÊNCIA – APELO PROVIDO (...) *Verificada a prática de atos de alienação parental pelo apelado, os quais geraram prejuízos de grande monta a filha e danos morais à sua genitora, verificam-se os danos morais*. In casu, tem-se que R$ 50.000,00 constitui "quantum" capaz de compensar os efeitos do prejuízo moral sofrido, bem como de inibir que o requerido torne-se reincidente, atendendo aos princípios da razoabilidade e proporcionalidade. Prescrição afastada. Recurso provido. (TJ-MS – AC: 08272991820148120001 MS 0827299-18.2014.8.12.0001, Relator: Des. João Maria Lós, Data de Julgamento: 03/04/2018, 1ª Câmara Cível, Data de Publicação: 05/04/2018) (grifos nossos).
27. Para esclarecimento do tema, indica-se a leitura de TEPEDINO, Gustavo. A disciplina constitucional das relações familiares. In: *Temas de Direito Civil*. Rio de Janeiro: Renovar, 2004, p. 395-416.
28. Sobre o tema, Ana Carolina Brochado Teixeira afirma: "O Princípio do Melhor Interesse da Criança é o corolário da doutrina da proteção integral, inaugurada pela Constituição Federal de 1988. Tal doutrina prega que a criança, o adolescente, bem como seus direitos, devem ser protegidos, além de garantir-lhes as mesmas prerrogativas que cabe aos adultos. O dever de proteção não se limita ao Estado, mas também à sociedade e à família, conforme determina o artigo 277 da Carta Constitucional, constituindo-se, destarte, um dever social. Sua condição prioritária deve-se ao fato de serem pessoas em desenvolvimento, cuja personalidade deve ser protegida, mediante o exercício dos direitos fundamentais" (TEIXEIRA, Ana Carolina Brochado. *Família, guarda e autoridade parental*. Rio de Janeiro: Renovar, 2009, p. 76).

além das sanções previstas na Lei 12.318/2010, há que se cogitar a hipótese de indenização com fundamento nos princípios da responsabilidade civil, uma vez que a própria Lei 12.318, em seu art. 6º, prevê a aplicabilidade da responsabilidade civil e também criminal, sem prejuízo as demais sanções previstas na lei acima mencionada.

Infelizmente, a ocorrência de desqualificação de um genitor pelo outro, quando da separação ou divórcio do casal de forma litigiosa, é uma pratica recorrente, principalmente, quando um deles reconstitui sua vida afetiva. A alienação parental surge diante do desejo de vingança e, acaba por traduzir um exercício abusivo ou disfuncional do poder familiar por impedir que o outro genitor exerça os deveres que lhe cabem como pai/mãe e por obstaculizar o direito fundamental à convivência familiar.[29]

Nas palavras de Maria Berenice Dias:

> o filho é utilizado como instrumento de agressividade, sendo induzido a odiar um dos genitores. Trata-se de verdadeira campanha de desmoralização. A criança é levada a afastar-se de quem ama e quem também a ama. Esse fenômeno manifesta-se principalmente no ambiente da mãe, devido a tradição de que a mulher seria mais indicada pra exercer a guarda dos filhos, notadamente quando ainda pequenos. O alienador também pode ser o pai, em relação à mãe ou ao se companheiro.[30]

Embora o dano moral, no caso da alienação parental, decorra principalmente do descumprimento de deveres para com os filhos, conforme explicitado acima, "não se deve esquecer o genitor alienado, que sem o convívio do filho também se torna vítima"[31].

A doutrina argentina encontrou a solução para essa questão na responsabilização desse genitor alienador por sua conduta danosa ao filho e ao genitor alienado. Assim, a responsabilidade poderia derivar do comportamento da mãe ou do pai convivente que impede, obstrui ou perturba a comunicação do não convivente com o filho.[32] É acertada a diferenciação que eles estabelecem no que diz respeito a essa conduta de

---

29. MORAIS, Maria Celina Bodin; TEIXEIRA, Ana Carolina Brochado. O abandono moral e alienação parental como causadores de danos morais indenizáveis nas relações paterno-filiais. In: TEIXEIRA, Ana Carolina Brochado; RIBEIRO, Gustavo Pereira Leite (coord.) Manual de Direito das Famílias e das Sucessões, 3a ed. Rio de Janeiro: Processo, 2017. p.545-547.
30. DIAS, Maria Berenice. *Manual de Direito das Famílias*. 12 ed. rev., atual e ampl. São Paulo: Revista dos Tribunais, 2017, p. 573.
31. CORREIA, Eveline de Castro Correia. *A alienação parental e o dano moral nas relações de família*. Disponível em http://www.publicadireito.com.br/artigos/?cod=38913e1d6a7b94cb. Acesso em 21 fev. 2018.
32. Afirmam Maria Famá e Nancy Stein: "*Si bien nuestro Código Civil no contiene norma alguna que, expresamente, señale el deber del progenitor, que ostenta la guarda del hijo, de no impedir el contacto personal del niño con el progenitor no conviviente, tal obligación se desprende de las diversas normas que se refieren al tema, aún de manera indirecta, según lo señalado al exponer sobre derecho-deber de comunicación [...] La normativa citada nos permite concluir, tal como lo adelantáramos, que existe un derecho subjetivo de los progenitores no convivientes y de los niños a mantener una adecuada comunicación, y un correlativo deber en cabeza del padre que conserva la guarda del hijo de hacer efectivo tal derecho, cuyo incumplimiento constituye un hecho antijurídico susceptible de generar reparación pecuniaria*" (FAMÁ, Maria V.; STEIN, Nancy Feier. *Daños y perjuicios derivados de las conductas de uno de los padres que impiden el contacto del otro con el hijo*. Disponível em: <http://www.aaba.org.ar>. Acesso em: 14 out. 2005.).

um dos pais, que impede o contato do outro com o filho: de um lado, o dano ocasionado ao filho e, de outro, o sofrido pelo progenitor não convivente.

Nos ensinamentos de Maria V. Famá e Nancy Feier Stein, o filho, por direito próprio, poderá reivindicar ressarcimento pelo dano moral que este afastamento produz, pelos danos psíquicos causados ante a falta de contato pessoal e pela deterioração progressiva da relação paterno-filial. Similar direito teria o genitor não convivente, cujo direito de visitas foi obstaculizado – razão pela qual ele poderia pretender buscar igual reparação do progenitor guardião[33].

No Brasil, apesar da expressa previsão legal, tímida a jurisprudência nesse sentido. Cita-se, primeiramente, uma decisão da 2ª vara Cível de Taquatinga/DF, na qual a mãe de uma menor e autora do processo acabou sendo condenada a indenizar o pai da criança no valor de R$ 1.500,00 (um mil e quinhentos reais) a título de danos morais pela prática de alienação parental. A genitora ingressou com a ação alegando que o pai não comparecera nos dias designados para visitação da filha, mas o juiz entendeu que, diferente do que alegou a autora, era ela quem não colaborava para a aproximação do genitor, in verbis:

> O que se vê é um pai em busca quase que desesperada de se aproximar da filha, enquanto a mãe, por razões injustificáveis, em nada contribuiu com a plena realização do direito da filha de conviver com seu genitor. Muito pelo contrário, o que sugerem os autos é que a fragilização dos laços afetivos entre pai e filha pode ter sido potencializada pela conduta da mãe.[34]

No mesmo sentido, destaca-se uma segunda decisão, versando sobre a possibilidade de indenização por danos morais a um genitor na hipótese da criação de obstáculos ao exercício de regular direito de visitação ao filho:

> Responsabilidade civil. Ação de indenização. Alienação parental. Ré condenada ao pagamento de indenização fixada em R$ 5.000,00 a título de reparação por danos morais. Boletins de ocorrência que revelam patente recalcitrância da ré em permitir que o autor exercesse seu regular direito de visitação ao filho comum das partes, chegando inclusive a ponto de levar terceiro à residência paterna para desempenhar função de segurança durante as visitas. Conduta da ré que justificou o arbitramento de astreintes com o fim de preservar o vínculo entre pai e filho, bem como a extração de cópias dos autos para a instauração de inquérito policial a fim de apurar crime de desobediência, medidas de ultima ratio em ações desta natureza. Alienação parental reconhecida pelo Ministério Público e por profissionais responsáveis pela elaboração de estudo social e laudo psicológico. Alienação parental caracterizada, nos termos do art. 2º, caput e par. único, I a IV da Lei nº 12.318/2010. Dano moral configurado. Indenização mantida em R$ 5.000,00. Sentença preservada (art. 252 do RITJSP). Recursos desprovidos (TJ-SP – AC: 10349832620158260602 SP

---

33. Continuam as autoras: "*Además, es posible que se admita la reparación del daño material que pudiera ocasionar la obstrucción o perturbación de tal derecho. Ello podría darse, por ejemplo, por inconvenientes laborales, problemas de asistencia al trabajo, viajes infructuosos desde lugares lejanos, pérdida de una oportunidad laboral, o cualquier otro daño emergente de carácter patrimonial*" (Id., ibid.).
34. TJDFT, 2ª vara Cível de Taquatinga, Processo nº: 2013.07.1.041045-7. https://www.tjdft.jus.br/institucional/imprensa/noticias/2016/janeiro/alienacao-parental-gera-indenizacao-por-danos-morais. Acesso em 22.01.2016.

1034983-26.2015.8.26.0602, Relator: Alexandre Marcondes, Data de Julgamento: 10/12/2019, 3ª Câmara de Direito Privado, Data de Publicação: 11/12/2019).

Por fim, um terceiro julgado, aonde foi decidido pela ocorrência de dano moral indenizável ao genitor quando da falsa acusação de prática de crime sexual de um pai contra seus filhos.[35]

> DANO MORAL. CALÚNIA. ACUSAÇÃO DE PRÁTICA DE PELO AUTOR CONTRA SEUS FILHOS. REQUERIDA QUE ADMITE TER FEITO TAL AFIRMAÇÃO, LEVANDO O FATO AO CONHECIMENTO DE TERCEIROS. AUSÊNCIA DE PROVAS DA VERACIDADE DA IMPUTAÇÃO. OCORRÊNCIA DE ABALO MORAL. DEVER DE INDENIZAR. RECURSO DESPROVIDO. Dano moral. Calúnia. Acusação de prática de crime sexual pelo autor contra seus filhos. [...] ausência da veracidade da imputação. Ocorrência de abalo moral. Dever de indenizar[36]

Outra questão relevante nesta matéria, refere-se ao fato que vários casos de abandono paterno são casos de alienação parental em que a mãe, na imensa maioria dos casos titular da guarda, impediu a visita e a convivência com os filhos.[37] Esta, contudo, segundo assevera Maria Celina Bodin de Moraes é claramente uma questão de prova:

> Se o pai foi impedido de se relacionar com seu filho, não lhe cabe a responsabilidade pelo afastamento, que incidirá sobre quem impossibilitou a relação. Se, porém, o afastamento foi devido à negligência paterna, não se vê porque deveria o dano moral neste caso ter que ser provado através de perícia médica. A prova a se exigir, portanto, não é a do dano psíquico em si mesmo, mas a do fato danoso e da titularidade da ofensa. Esta última, geralmente atribuída à mãe, também gera indenização ao impedir o normal desenvolvimento da relação paterno-filial.[38]

Não há dúvida quanto à ofensa à dignidade, à integridade psicofísica e ao dano à personalidade do filho, que deve ser, sim, reparado pelo pai ou pela mãe, quando forem os causadores, uma vez que o filho deve ser protegido inclusive dos atos lesivos de seus próprios genitores.

A visualização primeira deve ser o dano em si, e não a sua origem ou causa propriamente dita, pois o que ocorre à frente é a circunstância da vítima do dano. É pela vítima e pela expectativa de reorganizar a essência lesada, tanto quanto seja possível, que se procura sistematizar um novo perfil para a responsabilidade civil.

---

35. Infelizmente, essas falsas denúncias de abuso sexual e que são consideradas atos de alienação parental são bastante frequentes no Brasil. Em 2012, nas 13 Varas de Família da capital do Rio de Janeiro, por exemplo, 80% das denúncias eram falsas, segundo afirmação da psicóloga do Tribunal de Justiça Glícia Barbosa de Mattos Brazil. Dias, Thamyres. Nas Varas de Família da capital, falsas denúncias de abuso sexual podem chegar a 80% dos registros. Disponível em https://extra.globo.com/noticias/rio/nas-varas-de-familia-da--capital-falsas-denuncias-de-abuso-sexual-podem-chegar-80-dos-registros-5035713.html. Acesso em 27.05.2012.
36. TJRS, 3ª Turma Recursal Cível, RC 71002402675, Rel. Eugênio Facchini Neto, DJ 29/04/2010.
37. Exemplificamos com o grave caso estudado por Fernanda Otoni de Barros, em que o pai biológico entra com processo na justiça requerendo regulamentação de visitas, porque a mãe, depois da separação, proibiu suas visitas, e quando recebe o alvará para visitar a filha, descobre que esta foi adotada em tempo recorde pelo atual companheiro da mãe (BARROS, Fernanda Otoni de. *Do direito ao pai*, cit., p. 79-86).
38. MORAES, Maria Celina Bodin de.. Deveres parentais e responsabilidade civil. *Revista Brasileira de Direito de Família*. Porto Alegre: Síntese, v. 7, n. 31, p. 39-66, ago./set. 2005, p. 63.

Cumpre ressaltar que, embora alguns autores afirmem que o dano moral decorrente do abandono paterno filial deveria ser provado por meio da realização de perícia técnica do dano sofrido pelo filho – para o qual, exatamente por isso, haveria a necessidade de acompanhamento psicológico[39] –, esse não é o melhor entendimento, uma vez que, em regra, o dano moral existe *in re ipsa*, isto é, deriva, inexoravelmente, do próprio fato lesivo, não carecendo de outra prova para sua reparação.

Reforça nossa tese o entendimento de Pietro Perlingieiri no sentido de que as obrigações familiares são igualmente qualificáveis como *in re ipsa* quando contraídas no interesse da família, enquanto devidas em cumprimento de deveres inderrogáveis e constitucionalmente relevantes.[40] Dessa forma, parece portanto correto afirmar que, neste caso, a conduta do alienador deve ser qualificável como dano moral *in re ipsa*, uma vez que, para sua configuração, será suficiente a violação de um interesse constitucionalmente protegido, relativo ao princípio da dignidade humana, independentemente de qualquer outra prova.[41]

Maria Celina Bodin de Moraes e Ana Carolina Brochado Teixeira, no mesmo sentido, de não haver necessidade da prova do dano – bastando a prova da alienação, defendem que por meio da perícia prevista pela lei 12.318/2010[42], será possível evidenciar danos existentes, com vistas ao tratamento psicoterápico: e que, em ultima análise, embora a alienação tenha como escopo, atingir o outro genitor, os filhos são os que sofrem, infelizmente, os maiores danos, razão pela qual imprescindível a prevenção e o combate a prática de alienação parental.[43]

---

39. Nesse sentido, TA-MG, 7ª C. C., Ap. Cív. nº 408550, rel. Juiz Unias Silva, j. 01/04/2004, v.u, *apud Revista Trimestral de Direito Civil*, n. 20, p. 177-179, 2004: e TJ-SP, Capital, Proc. nº 000.01.36747, 31ª V. C., rel. Juiz Luis Fernando Cirillo, j. 07/06/2004. Nos dois processos, perícias comprovaram os danos psíquicos sofridos por Alexandre e Melka, respectivamente. Na sentença de São Paulo, o juiz chega a afirmar, conforme assevera Maria Celina Bodin de Moraes, que a decisão da demanda depende necessariamente do exame do caso concreto, "para que se verifique, primeiro, se o réu teve efetivamente condições de estabelecer relacionamento afetivo maior do que a relação que afinal se estabeleceu e, em segundo lugar, se as vicissitudes do relacionamento entre as partes efetivamente provocaram dano relevante à autora" (CirillO, Luiz Fernando *apud* MORAES, Maria Celina Bodin de.. Deveres parentais e responsabilidade civil. *Revista Brasileira de Direito de Família*. Porto Alegre: Síntese, v. 7, n. 31, p. 39-66, ago./set. 2005, p. 59-61).
40. O referido autor toma como exemplo os deveres de instruir, educar e manter a prole, e a obrigação de pagar os livros escolares para os filhos (PERLINGIERI. Pietro. *Perfis de Direito Civil*. Trad. Maria Cristina De Cicco. Rio de Janeiro: Renovar, 2002, p. 273).
41. O mesmo entendimento é defendido no caso de abandono afetivo por MORAES, Maria Celina Bodin de. Deveres parentais e responsabilidade civil. *Revista Brasileira de Direito de Família*. Porto Alegre: Síntese, v. 7, n. 31, p. 39-66, ago./set. 2005, p. 61-64.
42. Lei 12.318/2010, Art. 5, § 1o - "O laudo pericial terá base em ampla avaliação psicológica ou biopsicossocial, conforme o caso, compreendendo, inclusive, entrevista pessoal com as partes, exame de documentos dos autos, histórico do relacionamento do casal e da separação, cronologia de incidentes, avaliação da personalidade dos envolvidos e exame da forma como a criança ou adolescente se manifesta acerca de eventual acusação contra genitor."
43. MORAIS, Maria Celina Bodin; TEIXEIRA, Ana Carolina Brochado. O abandono moral e alienação parental como causadores de danos morais indenizáveis nas relações paterno-filiais. In: TEIXEIRA, Ana Carolina Brochado; RIBEIRO, Gustavo Pereira Leite (coord.). *Manual de Direito das Famílias e das Sucessões*, 3. ed. Rio de Janeiro: Processo, 2017. p.548-549.

4. CONSIDERAÇÕES FINAIS

As relações familiares na sociedade brasileira passaram por inúmeras transformações, desde sua origem no Brasil colônia até os dias atuais. O modelo de família consagrado no CC/1916 retratava uma realidade bem diversa da que nos é apresentada hoje. A família, fundada exclusivamente pelo casamento, era considerada, como fim em si mesma, a sua base organizada sobre a estrutura de sujeição da mulher e dos filhos à vontade do marido e pai. O pai era o provedor, a mãe era cuidadora. A imunidade familiar estava fundada no pressuposto da paz doméstica e da proteção da família, acima de qualquer direito individual.

Múltiplos fatores contribuíram para a transformação deste quadro, principalmente o ingresso da mulher no mercado de trabalho; o surgimento de métodos anticoncepcionais seguros; o processo de urbanização da família; a industrialização; além da revolução da afetividade e do estabelecimento do lugar preponderante concedido ao filho.

No intuito de atender às novas diretrizes, a CRFB/1988 consagrou como princípio fundamental do ordenamento jurídico brasileiro a dignidade da pessoa humana (art. 1º, III). Além disso, reconheceu a fragilidade e a vulnerabilidade das crianças e adolescentes, dedicando-lhes o art. 227, por meio do qual estabelece ser da família o dever precípuo "de assegurar a criança e ao adolescente, com absoluta prioridade, o direito à vida, à saúde, à alimentação, à educação, ao lazer, à profissionalização, à cultura, à dignidade, ao respeito, à liberdade e à convivência familiar e comunitária, além de colocá-los a salvo de toda forma de negligência, discriminação, exploração, violência, crueldade e opressão".

Diante desse contexto, não se pode deixar de aplicar esses princípios aos institutos clássicos do direito de família, muitos deles ainda impregnados da influência da Igreja Católica e de paradigmas que não se sustentam nos dias atuais. Por esta razão, é necessária uma releitura do conteúdo da autoridade parental e dos deveres inerentes a pais e filhos, a fim de verificar quais seriam os novos conteúdos aplicáveis a essas novas relações e quais os instrumentos jurídicos do Direito Civil disponíveis para o penalizar o descumprimento de tais deveres familiares.

A própria doutrina pátria e a jurisprudência, além dos instrumentos tradicionais, discutem a possibilidade da aplicação dos princípios da responsabilidade civil às relações familiares. Não se pode negar que existem na organização familiar características que facilitam o surgimento de comportamentos causadores de possíveis danos aos seus membros, comportamentos esses cujos efeitos podem se traduzir pela ocorrência de danos físicos ou psicológicos.

Os dados empíricos mostram a família como uma organização que tende a ser conflitiva, por suas características de intimidade e privacidade. Entre os fatores que podem aumentar o risco potencial de violência dentro da família estão: a duração do período de risco (quantidade de tempo que os membros de uma família passam juntos); a intensidade dos vínculos interpessoais; a diferença de opinião nas decisões que afetam todos os membros; as diferenças de idade e sexo; o caráter privado do meio familiar; o pertencimento involuntário, quer dizer, o fato de não se ter escolhido aquela família; a organização hierárquica da família, na qual a estrutura do poder tende a ser vertical, segundo critérios de gênero e idade, conformando relações autoritárias de domínio e subordinação.[44]

Infelizmente, na atualidade são noticiados numerosos casos de danos causados entre familiares, como maus-tratos, abusos sexuais, estupros, tentativas de homicídio, homicídios, abandono moral e material, que, cometidos entre pais e filhos, sempre foram protegidos pelo princípio da imunidade familiar – situação essa que já não pode perdurar.

Na parentalidade, o filho é sujeito a uma relação entre desiguais, caracterizada pela vulnerabilidade e pela dependência do segundo quanto aos primeiros, uma vez que se trata de pessoa em formação.

Exatamente por isso, quando se trata da relação paterno-filial, com o objetivo de realizar a aplicação do princípio da dignidade da pessoa e do princípio do melhor interesse da criança e do adolescente ao ordenamento jurídico brasileiro – que consagra a família como lugar de proteção e desenvolvimento da personalidade da prole –, surge como necessária a indenização dos danos morais decorrentes alienação parental como exercício abusivo da autoridade parental.

O genitor que pratica atos de alienação parental ofende o direito, constitucionalmente assegurado ao filho, de convivência familiar, atingindo e lesionando um direito subjetivo do menor e impedindo o saudável desenvolvimento e a perfeita formação da verdadeira personalidade da criança. Além disso, a partir do momento da concepção, é que ambos os genitores têm o dever de agir com responsabilidade na estruturação biopsíquica do filho. Por isso, os pais devem arcar não somente com os deveres materiais em relação aos filhos, mas também com as funções paternas, que englobam as searas psíquica, afetiva e emocional da criança, inerentes ao poder familiar.

Assim, encontra-se configurado o dano moral sofrido pelo filho em relação à sua dignidade e a conduta ilícita praticada pelo alienador ao deixar de cumprir seu dever parental de permitir o convívio familiar, plantando memórias falsas na prole. Esse dano moral e intrinsecamente pessoal existe *in re ipsa*, isto é, deriva, inexoravelmente, do próprio fato lesivo, não carecendo de outra prova para sua reparação, sendo materializado na personalidade do menor, pois atinge seus valores mais valiosos, dos quais depende a sua estruturação enquanto pessoa em desenvolvimento.

---

44. PALMERO, Zulma Mariel; PIPPI, Sonia Cristina; BECERRA, Guarania Barbero. *Violencia familiar. El hecho violento intrafamiliar: reparación del daño*. Disponível em: <http://www.aaba.org.ar>. Acesso em: 14 out. 2005.

5. REFERÊNCIAS BIBLIOGRÁFICAS

BARBOZA, Heloísa Helena. O princípio do melhor interesse da criança e do adolescente. In: PEREIRA, Rodrigo da Cunha (Coord.). II Congresso de Direito de Família. A Família na Travessia do Milênio. Anais. Belo Horizonte: Del Rey, 2000.

BARROS, Fernanda Otoni de. *Do direito ao pai*. Belo Horizonte: Del Rey, 2005.

BERLINI, Luciana Fernandes. Da responsabilidade civil nas relações paterno-filiais: a compensação por danos morais em razão do exercício abusivo da autoridade parental. In: ROSENVALD, Nelson; MILAGRES, Marcelo (coords.). *Responsabilidade Civil: novas tendências*. São Paulo: Foco Jurídico, 2017.

BRASIL. Código Civil (2002). *Código Civil Brasileiro*, 2002. Brasília: Senado Federal. 10ªed. São Paulo: Revista dos Tribunais, 2008.

BRASIL. Constituição (1988). *Constituição da República Federativa do Brasil*, 1988. Brasília: Senado Federal. 19ªed. Saraiva. São Paulo: Saraiva, 1988.

BRASIL. *Estatuto da Criança e do Adolescente*. Lei Federal 8.069, de 13 de julho de 1990. Dispõe sobre o estatuto da criança e do adolescente, e dá outras providências. Disponível em: <http://www.planalto.gov.br/ccivil_03/Leis/L8069.htm>. Acesso em: 11 de março de 2013.

BRASIL. *Lei nº 12.318, de 26 de agosto de 2010*. Dispõe sobre a alienação parental e altera o art. 236 da Lei nº 8.069, de 13 de julho de 1990. Disponível em: <http://www.planalto.gov.br/ccivil_03/_Ato2007-2010/2010/Lei/L12318.htm>. Acesso em: 11 de março de 2013.

CAVALIERI FILHO, Sérgio. *Programa de responsabilidade civil*. 9. ed. São Paulo: Atlas, 2010.

CORREIA, Eveline de Castro Correia. *A alienação parental e o dano moral nas relações de família*. Disponível em http://www.publicadireito.com.br/artigos/?cod=38913e1d6a7b94cb. Acesso em 21 fev. 2018.

DIAS, Maria Berenice. *Manual de Direito das Famílias*. 12. ed. rev., atual e ampl. São Paulo: Revista dos Tribunais, 2017.

_____. *Alienação parental e suas consequências*. Disponível em <http://www.mariaberenice.com.br/uploads/aliena%E7%E3o_parental_e_suas_consequencias.pdf>. Acesso em 04 mar. 2018.

DIAS, Thamyres. *Nas Varas de Família da capital, falsas denúncias de abuso sexual podem chegar a 80% dos registros*. Disponível em https://extra.globo.com/noticias/rio/nas-varas-de-familia-da-capital--falsas-denuncias-de-abuso-sexual-podem-chegar-80-dos-registros-5035713.html. Acesso em 27 maio 2018.

FAMÁ, Maria V.; STEIN, Nancy Feier. *Daños y perjuicios derivados de las conductas de uno de los padres que impiden el contacto del otro con el hijo*. Disponível em: <http://www.aaba.org.ar>. Acesso em: 14 out. 2005.

GARDNER, Richard A. *O DSM-IV tem equivalente para o diagnóstico de Síndrome de Alienação Parental (SAP)* Tradução para o português por Rita Rafaeli. Disponível em http://www.alienacaoparental.com.br/textos-sobre-sap-1/o-dsm-iv-tem-equivalente. Acesso em 21 mar. 2018.

GONTIJO, Segismundo. A igualdade conjugal. In: TEIXEIRA, Sálvio de Figueiredo. *Direitos de família e do menor*. Belo Horizonte: Del Rey, 1993.

HIRONAKA, Giselda Maria Fernandes Novaes. *Os contornos jurídicos da responsabilidade afetiva na relação entre pais e filhos: além da obrigação legal de caráter material*. Disponível em: <http://www.direitodafamilia.net>. Acesso em: 28 maio 2006.

LÔBO, Paulo Luiz Netto. Do poder familiar. In: DIAS, Maria Berenice; PEREIRA, Rodrigo da Cunha (Coord.). *Direito de Família e o novo Código Civil*. Belo Horizonte: Del Rey, 2002.

MADALENO, Rolf. O preço do afeto. In: PEREIRA, Tânia da Silva; PEREIRA, Rodrigo da Cunha (Coord.). *A ética da convivência familiar e sua efetividade no cotidiano dos tribunais*. Rio de Janeiro: Forense, 2006.

MINAS, A. (Diretor). *A morte inventada: alienação parental* [Filme-vídeo]. Niterói, Caraminholas Produções, 2009.

MORAES, Maria Celina Bodin de. Danos Morais em Família? Conjugalidade, parentalidade e responsabilidade civil. p. 423-455. In: MORAES, Maria Celina Bodin de. *Na medida da pessoa humana*. Rio de Janeiro: Renovar, 2010.

_____. Deveres parentais e responsabilidade civil. *Revista Brasileira de Direito de Família*. Porto Alegre: Síntese, v. 7, n. 31, p. 39-66, ago./set. 2005.

_____; TEIXEIRA, Ana Carolina Brochado. O abandono moral e alienação parental como causadores de danos morais indenizáveis nas relações paterno-filiais. In: TEIXEIRA, Ana Carolina Brochado; RIBEIRO, Gustavo Pereira Leite (coord.). *Manual de Direito das Famílias e das Sucessões*, 3. ed. Rio de Janeiro: Processo, 2017.

PALMERO, Zulma Mariel; PIPPI, Sonia Cristina; BECERRA, Guarania Barbero. *Violência familiar. El hecho violento intrafamiliar: reparación del daño*. Disponível em: <http://www.aaba.org.ar>. Acesso em: 14 out. 2005.

PEREIRA, Sérgio Gischkow. Algumas reflexões sobre a igualdade dos cônjuges. In: TEIXEIRA, Sálvio de Figueiredo. *Direitos de família e do menor*. Belo Horizonte: Del Rey, 1993.

PERLINGIERI. Pietro. *Perfis de Direito Civil*. Trad. Maria Cristina De Cicco. Rio de Janeiro: Renovar, 2002.

RIBA, Josep Ferrer. *Relaciones familiares y limites del derecho de daños*. Disponível em: <http://www.indret.com.>. Acesso em: 19 nov. 2005.

SAMBRIZZI, Eduardo A. *Daños en el derecho de familia*. Buenos Aires: La Ley, 2001.

SILVA, Cláudia Maria. Descumprimento do dever de convivência familiar e indenização por danos à personalidade do filho. *Revista Brasileira de Direito de Família*. Porto Alegre, v. 6, n. 25, ago./set. 2004.

SOUZA, Euclydes de. *Alienação Parental – Perigo Iminente*. Disponível em:<http://www.pailegal.net/chicus.asp?rvTextoId=-435121337>. Acesso em: 27 out. 2012.

SOUZA, Luciana Cristina de. *O princípio da responsabilidade parental no Direito brasileiro*. Disponível em: <http://www.ibdfam.com.br>. Acesso em: 26 jul. 2005.

TEIXEIRA, Ana Carolina Brochado. *Família, guarda e autoridade parental*. Rio de Janeiro: Renovar, 2009.

TEPEDINO, Gustavo. A disciplina constitucional das relações familiares. In: *Temas de Direito Civil*. Rio de Janeiro: Renovar, 2004.

_____. A disciplina jurídica da guarda e da autoridade parental na ordem civil-constitucional. In: *Temas de Direito Civil*. Rio de Janeiro: Renovar, T. II, 2006.

VILLELA, João Baptista. Sobre a igualdade de direitos entre homem e mulher. In: TEIXEIRA, Sálvio de Figueiredo. *Direitos de família e do menor*. Belo Horizonte: Del Rey, 1993.

INTERNET OF TOYS: OS BRINQUEDOS CONECTADOS À INTERNET E A NECESSÁRIA PROTEÇÃO DA CRIANÇA E DO ADOLESCENTE

Livia Teixeira Leal

Doutoranda e Mestre em Direito Civil pela UERJ. Pós-Graduada pela EMERJ. Professora da PUC-Rio, da EMERJ e da ESAP. Assessora no Tribunal de Justiça do Rio de Janeiro – TJRJ.

Sumário: 1. O desenvolvimento da Internet das coisas e os novos desafios – 2. *Internet of toys*: os brinquedos conectados à Internet e os riscos para a criança e o adolescente – 3. Instrumentos jurídicos de proteção – 4. Considerações finais – 5. Referências bibliográficas

1. O DESENVOLVIMENTO DA INTERNET DAS COISAS E OS NOVOS DESAFIOS

É inegável que o desenvolvimento tecnológico vem ocupando posição de destaque nos debates mundiais, em razão das profundas transformações proporcionadas pela Internet. Originada de um sistema desenvolvido com fins militares, na década de 1960, pela Agência de Projetos de Pesquisa Avançada do Departamento de Defesa dos Estados Unidos (Darpa),[1] a Internet foi, posteriormente, difundida para as mais variadas formas de utilização humana e vem revolucionando de forma significativa diversos setores da sociedade.

Uma das promessas ligadas ao desenvolvimento das novas tecnologias refere-se à facilitação das atividades humanas, incluídas aquelas mais cotidianas e simples, como ligar a televisão, acender a luz, preparar a comida, utilizar o elevador, etc. Se, durante algum tempo, a existência de uma programação dos utensílios domésticos e também dos próprios carros permeou o imaginário humano como uma chance de obter um ideal de praticidade e conforto – como um bater de palmas para acionar a iluminação ou até mesmo o chuveiro –, esse desejo nunca esteve tão próximo de se tornar realidade.

A concretização da ideia de conectar de forma organizada e programada diversos objetos e utilidades advém de estudos desenvolvidos por um grupo do *Massachusetts Institute of Technology* (MIT), dos Estados Unidos.[2] A interação entre uma varieda-

---

1. CASTELLS, Manuel. *A sociedade em rede*. 17. ed. São Paulo: Paz e Terra, 2016, p. 65.
2. EVANS, Dave. *The Internet of Things*: How the Next Evolution of the Internet Is Changing Everything. Cisco Internet Business Solutions Group (IBSG), 2011. Disponível em: <http://www.cisco.com/c/dam/en_us/about/ac79/docs/innov/IoT_IBSG _0411FINAL.pdf>. Acesso em: 20 mar. 2017.

de de objetos por meio de conexões e esquemas de endereçamento para alcançar determinados objetivos vem sendo denominado de Internet das Coisas (*Internet of Things – IoT*),[3] abrangendo não apenas as funcionalidades do ambiente doméstico, mas também da própria cidade. Importa observar que a Internet das Coisas também vem sendo identificada com outras nomenclaturas, como inteligência artificial, ambientes conectados, cidades inteligentes, etc.[4]

Sem dúvida, a interconexão de diversos dispositivos e a coleta e análise de dados em larga escala podem representar um grande avanço em termos de facilitação de tarefas diárias e, também, de planejamento estatal para a elaboração de políticas públicas direcionadas à promoção do bem-estar da população.

Em 2005, a Internet das Coisas foi debatida como um novo e interativo ecossistema pela *International Telecommunication Union* (ITU), agência da ONU especializada em tecnologias de informação e comunicação, sendo apontada como um mecanismo de desenvolvimento humano e de transformação econômica.[5]

No Brasil, a Agência Nacional de Telecomunicações – ANATEL vem buscando implementar o protocolo IPv6, que confere o suporte técnico para a implementação em larga escala da interconexão proposta pela Internet das Coisas,[6] o que indica a necessidade cada vez maior de se discutir os possíveis impactos dessas novas utilidades.

Isso porque, apesar da sensação de controle e eficiência transmitida pela possibilidade de gerenciar objetos diversos por meio de um simples dispositivo, a confiabilidade da Internet das Coisas vem sendo questionada em relação a aspectos de privacidade e segurança, sobretudo em relação à coleta de dados pessoais dos usuários.

No que se refere ao direito à privacidade, cabe ressaltar que o art. 12º da Declaração Universal dos Direitos Humanos[7] e o art. 17 do Pacto Internacional sobre Direitos Civis e Políticos, internalizado pelo Brasil por meio do Decreto 592/92,[8] dispõem sobre a garantia de proteção da pessoa em relação a quaisquer ingerências

---

3. AIOTI – Alliance for Internet of Things Innovation. *Internet of Things Applications*. WG01 – IERC – Release 1.0. 2015. Disponível em: <http://www.aioti.org/wp-content/uploads/2016/10/AIOTIWG01Report2015.pdf>. Acesso em: 20 mar. 2017.
4. Postscapes. *Best Internet of Things Definition*. Disponível em: <https://www.postscapes.com/internet-of-things-definition/>. Acesso em: 7 abr. 2017.
5. International Telecommunication Union. *ITU Internet Reports: The Internet of Things*, November 2005. Disponível em: <https://www.itu.int/net/wsis/tunis/newsroom/stats/The-Internet-of-Things-2005.pdf>. Acesso em: 7 abr. 2017.
6. BRASIL. Agência Nacional de Telecomunicações – ANATEL. *Avaliação de suporte ao IPv6 em produtos com interface para redes móveis será compulsória*. Disponível em: <http://www.anatel.gov.br/institucional/ultimas-noticiass/496-avaliacao-de-suporte-ao-ipv6-em-produtos-com-interface-para-redes-moveis-sera--compulsoria>. Acesso em: 21 mar. 2017.
7. Estabelece o artigo 12º da Declaração Universal dos Direitos Humanos que "Ninguém sofrerá intromissões arbitrárias na sua vida privada, na sua família, no seu domicílio ou na sua correspondência, nem ataques à sua honra e reputação. Contra tais intromissões ou ataques toda a pessoa tem direito a proteção da lei".
8. No mesmo sentido, determina o art. 17 do Pacto Internacional sobre Direitos Civis e Políticos – Decreto 592/92 que "1. Ninguém poderá ser objeto de ingerências arbitrárias ou ilegais em sua vida privada, em sua família, em seu domicílio ou em sua correspondência, nem de ofensas ilegais às suas honra e reputação. 2. Toda pessoa terá direito à proteção da lei contra essas ingerências ou ofensas".

arbitrárias ou ilegais em sua vida privada, em sua família, em seu domicílio ou em sua correspondência. No Brasil, o art. 5º da Constituição da República de 1988, em seu inciso X, prevê a inviolabilidade da intimidade e da vida privada, assegurando o direito à indenização pelo dano material ou moral decorrente de sua violação.

Stefano Rodotà, ao afirmar que o direito à privacidade não pode mais ser restrito ao tradicional *right to be left alone*,[9] associando-o ao direito à autodeterminação informativa, ou seja, à possibilidade do indivíduo de controlar as informações que lhe dizem respeito, identifica a insuficiência da autorregulação das relações no âmbito da circulação das informações pessoais, reconhecendo a necessidade da intervenção do Estado, sobretudo com a finalidade de reequilibrar as relações de poder.[10]

No entanto, muitas dificuldades surgem, também, no que tange ao tratamento jurídico a ser previsto para a regulamentação da Internet das Coisas. O equilíbrio entre o estímulo ao desenvolvimento de novas utilidades por meio da livre iniciativa e a proteção da privacidade e dos dados pessoais dos usuários vem sendo um ideal buscado. Além disso, o caráter global da rede desafia os limites territoriais da aplicação das normas jurídicas, sendo necessário um diálogo entre os diversos ordenamentos jurídicos para que sejam estabelecidas diretrizes comuns, bem como a construção de mecanismos técnicos que auxiliem na garantia de integridade do sistema utilizado.[11]

Diante da inevitabilidade desse avanço e dos riscos que já vêm gerando inúmeras discussões, sobretudo em decorrência da vulnerabilidade do usuário, que muitas vezes não tem acesso às informações indispensáveis para utilizar de forma segura a plataforma, emerge uma preocupação ainda maior em relação às crianças e adolescentes, reconhecida sua hipervulnerabilidade, decorrente de sua condição peculiar de pessoa em desenvolvimento.[12]

---

9. A privacidade foi definida, inicialmente, por Warren e Brandeis como "direito de ser deixado só". BRANDEIS, Louis; WARREN, Samuel. The right to privacy. *Harvard Law Review*, vol. 4, n. 5, 1890.
10. RODOTÀ, Stefano. *A vida na sociedade da vigilância:* a privacidade hoje. In: MORAES, Maria Celina Bodin de (org.). Tradução Danilo Doneda e Luciana Cabral Doneda. Rio de Janeiro: Renovar, 2008, p. 128.
11. Patricia Peck e Coriolano Almeida Camargo destacam que "A nacionalização dos dados não é caminho para promover a governança global, e sim convenções e tratados internacionais que fortaleçam a confiança e a transparência no ambiente neutro mundial que deveria ser a Internet. O que viabiliza isso hoje é a nuvem (*cloud*) que pode garantir um espaço digital neutro que não está em um ou outro Estado mas sim no espaço coletivo digital, com regras comuns que todos devam seguir e não país a país, o que é inviável". PECK, Patricia; CAMARGO, Coriolano Almeida. Livre fluxo de dados é caminho sustentável para a economia digital. *Revista Consultor Jurídico*, 7 de abril de 2017. Disponível em: <http://www.conjur.com.br/2017-abr-07/livre-fluxo-dados-caminho-sustentavel-economia-digital>. Acesso em: 9 abr. 2017.
12. "Diante da realidade, impõe-se o reconhecimento de que as crianças estão em posição de maior debilidade em relação à vulnerabilidade reconhecida ao consumidor-padrão. Cuida-se de uma vulnerabilidade fática (física, psíquica e social) agravada ou dupla vulnerabilidade, isto é: o consumidor-criança, em razão de suas qualidades específicas (reduzido discernimento, falta de percepção) são mais susceptíveis aos apelos dos fornecedores". CARVALHO, Diógenes Faria de; OLIVEIRA, Thaynara de Souza. A categoria jurídica de 'consumidor-criança' e sua hipervulnerabilidade no mercado de consumo brasileiro. *Revista Luso-Brasileira de Direito do Consumo*, vol. V, n. 17, mar. 2015, p. 224.

Sob esse aspecto, relevantes discussões têm girado em torno dos brinquedos conectados à Internet – o que se vem denominando de *Internet of toys* –, o que será abordado a seguir.

2. *INTERNET OF TOYS*: OS BRINQUEDOS CONECTADOS À INTERNET E OS RISCOS PARA A CRIANÇA E O ADOLESCENTE

Os brinquedos conectados à Internet vêm prometendo uma experiência única e uma verdadeira inovação para os produtos direcionados às crianças.[13] Trata-se de uma variedade de produtos capazes de interagir com o usuário infante de forma inteligente – não apenas por meio de repetição simples de frases ou músicas em uma gravação, como os produtos tradicionais, mas sim de forma interativa. Assim, pode-se pensar em bonecos e ursinhos que respondem ao que é falado pela criança, reproduzindo uma resposta individualizada, por meio de microfones e sistemas de reconhecimento de voz.

Em 2015, uma empresa chamada *Elemental Path* anunciou o lançamento de uma linha de brinquedos inteligentes chamada de *CogniToys*, apresentando um dinossauro verde falante, com um supercomputador integrado, capaz de reconhecer e interpretar comandos de voz de forma conectada à Internet e à nuvem, dando respostas de acordo com a idade da criança.[14]

A ideia parece ser bem interessante de início, mas a comercialização e a utilização desse tipo de produto vêm sendo questionadas pelas fragilidades ainda existentes no que se refere à segurança e à privacidade dos usuários, sobretudo levando-se em consideração a vulnerabilidade desses.

No início de 2017, a Agência Federal de Redes, *Bundesnetzagentur*, responsável pelas telecomunicações na Alemanha, alertou sobre possíveis falhas de privacidade na boneca falante *Cayla*, fabricada pela empresa *Genesis Toys*, e orientou que os pais desativassem o brinquedo interativo.[15]

Foram apontados alguns problemas de segurança, como o fato de uma pessoa que esteja utilizando a mesma rede poder se conectar ao brinquedo e falar com a criança por meio dele. De fato, invasores mal-intencionados podem utilizar esse recurso como forma de ter fácil acesso à criança ou ao adolescente, sem a intermediação ou vigilância dos pais.

---

13. Valor Econômico. *Disney aposta forte em internet "vestível" e brinquedos conectados*. 2015. Disponível em: <http://www.valor.com.br/empresas/4081076/disney-aposta-forte-em-internet-vestivel-e-brinquedos-conectados>. Acesso em: 22 mar. 2017.
14. EXAME. *Supercomputador Watson é o cérebro deste dinossauro falante de brinquedo*. Disponível em: <http://exame.abril.com.br/tecnologia/supercomputador-watson-e-o-cerebro-deste-dinossauro-falante-de-brinquedo/>. Acesso em: 08 abr. 2017.
15. BBC. *Autoridades alemãs fazem alerta contra boneca que pode ser hackeada para espionar crianças*. Disponível em: <http://www.bbc.com/portuguese/internacional-39007610>. Acesso em: 22.3.2017. ISTOÉ. *Alemanha proíbe boneca conectada à internet por risco de espionagem*. Disponível em: <http://istoe.com.br/alemanha-proibe-boneca-conectada-a-internet-por-risco-de-espionagem/>. Acesso em: 22 mar. 2017.

Há, ainda, riscos de que o brinquedo conectado via *bluetooth* ou *wi-fi* possa se transformar em um espião dentro do quarto da criança, enviando seus dados sem o consentimento dos pais, e há preocupações relacionadas à possível utilização de propagandas nos brinquedos, que podem ser feitas de forma pouco clara.[16]

A possibilidade de dano é potencializada por essa espécie de "invasão" de um dispositivo coletor de dados justamente no local mais íntimo e que deveria ser de maior proteção para o infante. Além disso, quando uma criança ou um adolescente utiliza um computador ou um telefone celular, por exemplo, há minimamente uma ideia dos potenciais riscos da utilização do aparelho, como o acesso a páginas inadequadas ou a possível interação com pessoas desconhecidas. Contudo, quando se presenteia a criança com um brinquedo, ou seja, um produto direcionado ao público infantojuvenil, a percepção a respeito de tais riscos se torna mais dificultosa, de modo que o dever de informação do fornecedor acerca dos riscos se torna especialmente importante.

Questiona-se, ainda, a segurança dos dados coletados pelas empresas por intermédio desse tipo de produto, sobretudo pela falta de transparência ainda existente em relação aos mecanismos de recepção e tratamento dessas informações, associada à vulnerabilidade fática e técnica do próprio usuário.

Outras indagações surgem quanto à responsabilidade da empresa em decorrência do conhecimento de alguma situação de risco vivenciada pelo infante. Se a criança ou o adolescente relatar algum crime ou violência que esteja sofrendo e a empresa tomar ciência disso, ela poderá/terá que denunciar? Como compatibilizar o dever jurídico de proteção integral com esse tipo de situação?

Além das questões apresentadas, também podem ser observadas críticas associadas aos possíveis impactos psicológicos dessa interação da criança com o brinquedo, considerando-se que também faz parte do desenvolvimento infantil que a criança interaja com o boneco de forma a ela mesma elaborar e responder às perguntas. Os novos mecanismos relacionais estabelecidos com os brinquedos interativos promovem modificações até mesmo na construção do brincar, gerando reflexos a serem considerados.

A instituição *DataEthics*, situada na Dinamarca, apresentou algumas dificuldades atinentes ao uso desses produtos, esclarecendo que os brinquedos conectados são "inteligentes" porque possuem um perfil detalhado da criança, utilizando-se dessas informações para "interagir" com o infante. Dessa forma, questiona-se: onde esse

---

16. A Resolução 163/14 do CONANDA prevê a necessidade de um cuidado especial às características psicológicas do adolescente e sua condição de pessoa em desenvolvimento em relação à publicidade e à comunicação mercadológica dirigida a ele (art. 3º, II). Conforme estabelece o art. 36 do CDC, "a publicidade deve ser veiculada de tal forma que o consumidor, fácil e imediatamente, a identifique como tal". Além disso, é considerada abusiva a publicidade que se aproveite da deficiência de julgamento e experiência da criança, ou que seja capaz de induzir o consumidor a se comportar de forma prejudicial ou perigosa à sua saúde ou segurança (art. 37, § 2º, CDC). O fato de a publicidade poder ser feita por meio da fala do brinquedo, de modo a dificultar a sua identificação, é, sem dúvida, um risco para a criança.

perfil fica armazenado? Quem pode acessá-lo? Como esses dados se relacionam com outros? Eles podem ser deletados?

Ainda, a interação do brinquedo com a criança é baseada em algoritmos, que precisam ser transparentes, assim como o desenvolvimento tecnológico deve estar de acordo com os preceitos legais de proteção às crianças e adolescentes, considerando sua vulnerabilidade e condição peculiar de pessoa em desenvolvimento. Até mesmo o monitoramento dos pais sobre a criança por meio desses objetos deve ser pensado, para que não constitua uma verdadeira invasão à privacidade do filho.[17]

Buscando regular de forma mais eficiente a coleta de dados de crianças menores de 13 anos,[18] a *Federal Trade Commission*, agência de defesa do consumidor dos Estados Unidos, promoveu, em 2013, uma atualização da lei americana de proteção de dados das crianças na Internet, conhecida como COPPA – *Children's Online Privacy Protection Act*. As alterações tiveram por finalidade aprimorar a transparência, a segurança e o consentimento na coleta e no tratamento dos dados, evitando que esses fossem repassados a terceiros e alertando aos pais diretamente a respeito da obtenção dessas informações, de modo a permitir que eles solicitem a exclusão desses dados a qualquer tempo.[19]

São considerados dados pessoais protegidos pela COPPA o nome completo, CPF, endereço, número de telefone, contato eletrônico – como *e-mail*, *IP*, *cookie*, etc. –, o nome de usuário, localização, fotos, vídeos ou arquivos de áudio que contenham a imagem ou voz da criança, e outras informações coletadas que possam ser combinadas para gerar a identificação do usuário.

Em dezembro de 2016, o Conselho dos Consumidores da Noruega publicou o relatório *#Toyfail*, que apontou violações relacionadas à privacidade e à segurança em brinquedos que se conectam à Internet. Foi constatado que as empresas reivindicam licenças amplas para usar e distribuir dados de voz de crianças, sem identificar e restringir adequadamente os propósitos para os quais essas informações poderiam ser usadas, além de não comunicarem aos usuários alterações potenciais nos termos de uso.

Observou-se, também, que os termos são geralmente vagos sobre a retenção de dados, e que alguns brinquedos transferem informações pessoais para um terceiro comercial, que se reserva o direito de usar essa informação para praticamente qualquer propósito, não relacionado à funcionalidade dos brinquedos. Além disso, foram relatadas falhas na segurança, na medida em que qualquer pessoa consegue conectar-se ao brinquedo por meio de um telefone celular, podendo falar com a criança e ouvi-la

---

17. DATAETHICS. *Internet of toys*: data ethical considerations. Workshop, Gry Hasselbalch, DataEthicsEU, 2016. Disponível em: <https://dataethics.eu/wp-content/uploads/INTERNET-OF-TOYS-data-ethical-considerations.pdf>. Acesso em: 8 abr. 2017.
18. Deve-se ressaltar que, pela legislação brasileira, *criança* é a pessoa até doze anos de idade incompletos.
19. COPPA – Children's Online Privacy Protection Act. Disponível em: <http://www.coppa.org/coppa.htm>. Acesso em: 8 abr. 2017.

à distância por intermédio do brinquedo, e foram verificadas indicações publicitárias, como o fato de o brinquedo falar para a criança o quanto ela deseja ir à *Disney*.[20]

Foi, ainda, apresentada, em dezembro de 2016, uma reclamação com pedido de providências perante a *Federal Trade Commission,* por organizações que defendem os direitos do consumidor, que também apontaram problemas existentes nos brinquedos conectados.[21]

Essas são algumas questões que vêm sendo apontadas como potenciais riscos para os usuários, sendo imprescindível estabelecer normativas que determinem a adequação dos produtos às regras de proteção para que possam ser comercializados, e também conscientizar e informar os adultos que adquirem esse tipo de produto sobre as peculiaridades de sua utilização pelas crianças.

É inegável que os brinquedos conectados serão o futuro – sem contar que, no presente, a maioria dos videogames e outros produtos já apresentam algum sistema de conexão com a Internet. Resta, enfim, o estabelecimento de normas que permitam a adequação desses produtos à segurança e à proteção que se espera quando se trata de crianças e adolescentes.

3. INSTRUMENTOS JURÍDICOS DE PROTEÇÃO

A respeito dos instrumentos jurídicos de proteção já existentes, cabe ressaltar, em primeiro lugar, o art. 227 da Constituição da República de 1988 e o art. 4º do Estatuto da Criança e do Adolescente – Lei 8.069/1990, que estabelecem uma corresponsabilização do Estado, da família e da sociedade em relação à garantia dos direitos fundamentais das crianças e dos adolescentes. Considerados como sujeitos de direitos pela nova ordem constitucional, aos infantes é conferida proteção integral e prioridade absoluta, buscando-se contemplar seu melhor interesse nas situações concretas que lhe dizem respeito.

É nesse contexto jurídico que deve ser pensada a relação das novas tecnologias com o universo infantil. É imprescindível compreender como a Internet pode potencializar a vulnerabilidade da criança e do adolescente, devendo-se buscar formas de neutralizar os perigos da rede, sem, contudo, que haja uma invasão completa no espaço de privacidade e autonomia do filho.

Não se pode ignorar que a tecnologia constitui um potencial instrumento de operacionalização do controle parental, o que pode ser verificado com os novos aplicativos por meio dos quais os pais podem obter a localização dos filhos em tempo real

---

20. NORWEGIAN CONSUMER COUNCIL. *#Toyfail: An analysis of consumer and privacy issues in three internet-connected toys.* Dez. 2016. Disponível em: <https://consumermediallc.files.wordpress.com/2016/12/toyfail_report_desember2016.pdf>. Acesso em: 8.4.2017.
21. Disponível em: <https://epic.org/privacy/kids/EPIC-IPR-FTC-Genesis-Complaint.pdf>. Acesso em: 8 abr. 2017.

(o aplicativo *Life360*[22] é um exemplo) ou mesmo ver o que os filhos estão postando nas redes sociais, as mensagens privadas que estão enviando e com quem conversam pelo celular (como se pode verificar pela proposta do aplicativo *TeenSafe*,[23] que atua como uma espécie de espião infiltrado no celular do adolescente).

Sem dúvida, a exposição das crianças e dos adolescentes aos novos recursos tecnológicos gera riscos consideráveis, o que demanda uma especial atenção dos pais, que possuem o dever jurídico de cuidado conforme estabelece o art. 229 da Constituição Federal. A questão perpassa, ainda, pelo dever de educar (art. 1.634, I do CC/02), não se podendo esquecer que os pais respondem pelos atos praticados pelos filhos menores que estiverem sob sua autoridade e em sua companhia (conforme estabelece o art. 932, I do CC/02).

Contudo, ao mesmo tempo em que essa proteção adquire novas feições, é preciso atentar para que ela não se torne na verdade uma invasão do espaço de autonomia e privacidade do filho. A educação dos filhos quanto à utilização das novas tecnologias deve se operar para que eles mesmos possam adquirir a autonomia necessária para uma utilização consciente e adequada dos serviços e produtos disponíveis.

No mesmo sentido deve ser a regulamentação jurídica sobre esse aspecto. Danilo Doneda e Carolina Rossini observam que a normativa direcionada à proteção de dados deve "ser colocada a serviço do livre desenvolvimento da criança e do adolescente não somente ao protegê-los dos riscos da utilização abusiva de seus próprios dados pessoais, mas também ao lhes proporcionar instrumentos para que eles próprios controlem, com maior proficiência, o destino de seus dados na rede".[24]

O art. 29 do Marco Civil da Internet (Lei 12.965/2014), reconhecendo a necessidade de compatibilizar a utilização da rede com a proteção direcionada à criança e ao adolescente, estabelece que "o usuário terá a opção de livre escolha na utilização de programa de computador em seu terminal para exercício do controle parental de conteúdo entendido por ele como impróprio a seus filhos menores, desde que respeitados os princípios desta lei e da Lei 8.069/1990".

Ressalta Patrícia Peck Pinheiro a importância de que os pais estejam atentos aos perigos relacionados ao uso da Internet pelos filhos. A autora utiliza a expressão "abandono digital" para referir-se à omissão dos pais quanto ao dever de vigilância no âmbito da utilização da rede.[25]

---

22. Para mais informações, acessar: <https://www.life360.com/>. Acesso em: 29 jan. 2018.
23. Para mais informações, acessar: <https://www.teensafe.com/>. Acesso em: 29 jan. 2018.
24. DONEDA, Danilo; ROSSINI, Carolina. Proteção de dados de crianças e adolescentes na Internet. In: *Pesquisa sobre o uso da Internet por crianças e adolescentes no Brasil* [livro eletrônico]. São Paulo: Comitê Gestor da Internet no Brasil, 2015, p. 39.
25. PINHEIRO, Patrícia Peck. Abandono digital. In: PINHEIRO, Patrícia Peck (coord.). *Direito Digital Aplicado 2.0*. 2. ed. São Paulo: RT, 2016, p. 98/99.
    No mesmo sentido, ao abordar o impacto das mídias eletrônicas sobre a constituição da infância, Aldo Pontes ressalta que "a falta de uma educação mediadora aumenta a possibilidade de manipulação" através desses meios, em decorrência do maior tempo de exposição do infante sem um processo educativo que transmita

Com efeito, como já apontado, não se pode negar que uma das facetas da parentalidade responsável, hoje, direciona-se à proteção dos filhos em face das potencialidades lesivas geradas pelas novas tecnologias. Na verdade, a supervisão moderada e adequada ao que a criança e o adolescente acessa encerra dever decorrente do exercício do poder familiar.[26]

Um dos maiores desafios, assim, diz respeito ao grau de independência que a criança e o adolescente adquirem no uso das novas tecnologias, potencializado pelo fato de que, muitas vezes, os pais não têm sequer acesso ou conhecimento sobre as formas de utilização dos produtos.[27]

Prevê o Estatuto da Criança e do Adolescente, em seu art. 71, o direito do infante ao lazer, e ao acesso a produtos e serviços, que devem considerar sua condição peculiar de pessoa em desenvolvimento, importando em responsabilidade da pessoa física ou jurídica a inobservância das normas de prevenção. Além disso, dispõe o art. 70 do ECA como dever de todos prevenir a ocorrência de ameaça ou violação dos direitos da criança e do adolescente.

Ao lado da atuação dos pais ou responsáveis, dirige-se o parágrafo único do art. 29 do Marco Civil ao Poder Público, que, em conjunto com os provedores de internet e a sociedade civil, deve promover a educação e fornecer informações sobre o uso de programas de computador, inclusive para a definição de boas práticas para a inclusão digital de crianças e adolescentes.

O Marco Civil da Internet congrega como fundamentos da disciplina do uso da internet no Brasil tanto o respeito à liberdade de expressão e à livre iniciativa, quanto a proteção dos direitos humanos, o desenvolvimento da personalidade, o exercício da cidadania em meios digitais, e a defesa do consumidor, devendo ser observada a finalidade social da rede (art. 2º). Pelo art. 3º da lei, a disciplina do uso da internet no Brasil tem como princípios a proteção da privacidade e dos dados pessoais, bem como a liberdade dos modelos de negócios promovidos na internet, resguardados, ainda outros princípios previstos no ordenamento jurídico pátrio ou nos tratados internacionais em que o Brasil seja parte.

O Decreto 8.771/2016, que regulamenta o Marco Civil, define, em seu art. 14, *dado pessoal* como "dado relacionado à pessoa natural identificada ou identificável, inclusive

---

orientações para um consumo autônomo e crítico da mídia por parte das crianças e adolescentes. PONTES, Aldo. A constituição da infância na sociedade midiática: notas para compreensão de outro universo infantil. *Rev. Estud. Comun.*, Curitiba, v. 8, n. 17, set./dez. 2007, p. 215.

26. Destaca Kátia Regina Maciel que o poder familiar "é instituto regido por normas de ordem pública, de modo que é fundamental que o Poder Público coopere neste papel, dotando a família para exercer estes deveres em favor dos filhos". MACIEL, Kátia Regina Ferreira Lobo Andrade (Coord.). *Curso de Direito da Criança e do Adolescente: aspectos teóricos e práticos*. 5. ed. Rio de Janeiro: Lumen Juris, 2011, p. 164. Dessa forma, é de suma relevância que o Poder Público atue para efetivar o dever de informação no mercado de consumo quanto aos brinquedos conectados, proporcionando um entendimento maior dos pais sobre os produtos.
27. A esse respeito, ver: FERREIRA, Mayra Fernanda. *A (in)formação da infância na cultura de mídia tecnológica*. Disponível em: <http://encipecom.metodista.br/mediawiki/images/0/06/19_-_A_informacao_da_infancia_-_Mayra.pdf>. Acesso em: 8 abr. 2017.

números identificativos, dados locacionais ou identificadores eletrônicos, quando estes estiverem relacionados a uma pessoa", entendendo por *tratamento de dados pessoais* "toda operação realizada com dados pessoais, como as que se referem a coleta, produção, recepção, classificação, utilização, acesso, reprodução, transmissão, distribuição, processamento, arquivamento, armazenamento, eliminação, avaliação ou controle da informação, modificação, comunicação, transferência, difusão ou extração".[28]

O Decreto estabelece alguns padrões de segurança e sigilo, prevendo que os provedores devem reter a menor quantidade possível de dados pessoais, comunicações privadas e registros de conexão e acesso a aplicações, excluindo os registros tão logo atingida a finalidade de seu uso ou quando encerrado o prazo estabelecido pelo Marco Civil.

Além disso, de acordo com a disposição constante no art. 7º do Marco Civil da Internet, são assegurados ao usuário a inviolabilidade de sua intimidade e vida privada e a indenização pelo dano material ou moral decorrente de sua violação, além do sigilo do fluxo das comunicações privadas armazenadas, salvo por ordem judicial, bem como o direito ao não fornecimento dos dados pessoais a terceiros.

Exige a lei que sejam apresentadas informações claras e completas sobre coleta, uso, armazenamento, tratamento e proteção dos dados pessoais do usuário, que somente poderão ser utilizados para finalidades que justifiquem sua coleta, que não sejam vedadas pela legislação e estejam especificadas nos contratos de prestação de serviços ou em termos de uso de aplicações de internet (art. 7º, VIII). É necessário o consentimento expresso do usuário, que deverá ocorrer de forma destacada das demais cláusulas contratuais (art. 7º, IX), prevendo-se a exclusão dos dados pessoais fornecidos ao término da relação entre as partes, ressalvadas as hipóteses de guarda obrigatória de registros (art. 7º, XI).

Em agosto de 2018, foi publicada a Lei Geral de Proteção de Dados Pessoais (LGPD) brasileira – a Lei nº 13.709/18, a qual, além de apresentar um arcabouço normativo direcionado à proteção de dados pessoais, prevê, em seu art. 14, que o tratamento de dados pessoais de crianças e de adolescentes deverá ser realizado *em seu melhor interesse*, estabelecendo que "[o] tratamento de dados pessoais de crianças deverá ser realizado com o *consentimento específico e em destaque dado por pelo menos um dos pais ou pelo responsável legal*", cabendo ao controlador[29] realizar todos os esforços razoáveis para verificar a origem do consentimento, consideradas as tecnologias disponíveis. Além disso, os controladores devem informar de forma clara e

---

28. Cabe ressaltar que a Lei 12.414/2011, que trata dos bancos de dados relacionadas ao crédito, em seu art. 3º, § 3º, II, aponta como *informações sensíveis* aquelas "pertinentes à origem social e étnica, à saúde, à informação genética, à orientação sexual e às convicções políticas, religiosas e filosóficas". No mesmo sentido, o PL 5276/2016, traz em seu art. 5º, III como dados sensíveis os "dados pessoais sobre a origem racial ou étnica, as convicções religiosas, as opiniões políticas, a filiação a sindicatos ou a organizações de caráter religioso, filosófico ou político, dados referentes à saúde ou à vida sexual e dados genéticos ou biométricos".
29. O art. 5º, VI, da LGPD define controlador como a "pessoa natural ou jurídica, de direito público ou privado, a quem competem as decisões referentes ao tratamento de dados pessoais"

acessível os tipos de dados coletados, a forma de sua utilização e os procedimentos para o exercício dos direitos previstos pela LGPD ao titular dos dados.

Questiona-se, contudo, de que forma e em que momento seria observado o consentimento nos brinquedos conectados. O pai ou a mãe, ao adquirir o brinquedo na loja, já estaria automaticamente autorizando a coleta de dados por meio da plataforma? Haveria a necessidade de alguma manifestação posterior, mediante alertas e informações quanto à coleta, armazenamento e tratamento de dados? Deve-se lembrar que os menores de 16 anos são considerados absolutamente incapazes pelo ordenamento jurídico brasileiro (art. 3º, CC/02), de modo que essa atuação dos pais se faz relevante.

Aplica-se, ainda, o Código de Defesa do Consumidor (Lei 8.078/1990 – CDC) às relações de consumo realizadas na internet, como ressalta o art. 7º, XIII do Marco Civil. O art. 10 do CDC, com viés preventivo, estabelece que o fornecedor não poderá inserir no mercado de consumo produto ou serviço que sabe ou deveria saber apresentar alto grau de nocividade ou periculosidade à saúde ou segurança, e, caso o produto já esteja em circulação, deve comunicar o fato imediatamente às autoridades competentes e aos consumidores, mediante anúncios publicitários.

Em se tratando de produto potencialmente perigoso à saúde ou segurança, o fornecedor tem o dever de informar, de forma clara e ostensiva, a existência de riscos, que não podem extrapolar os considerados normais e previsíveis. Trata-se de direito básico do consumidor à informação adequada e clara sobre os diferentes produtos e serviços, com especificação correta sobre os riscos que apresentem (art. 6º, III).

Indaga-se, assim, se os riscos existentes quanto à segurança nos brinquedos conectados exacerbariam o que seria considerado normal, ou se as deficiências ainda existentes seriam suficientes para que fossem retirados de circulação, em prol da garantia de proteção integral das crianças e adolescentes.

Não obstante toda a dificuldade que esse dilema apresenta, certo é que não se pode negar a imprescindibilidade de transparência das informações e dos termos de uso do produto, de modo a viabilizar de fato a manifestação de um consentimento livre e esclarecido por parte dos pais que adquirem o produto. Em termos de privacidade, deve ser reforçado o controle dos indivíduos sobre a forma como os dados estão sendo coletados e tratados, bem como sobre quem realiza o gerenciamento dessas informações.[30]

Como destacam Ronaldo Lemos e Carlos Affonso de Souza, é preciso que a regulação "possa preservar os direitos fundamentais e garantir que o desenvolvimento tecnológico se torne um elemento que aprimore o desenvolvimento da personalidade e as condições econômicas e sociais dos indivíduos e coletividades, e não o contrário".[31] E esse é o desafio atual.

---

30. ATZORI, Luigi et al. *The Internet of Things:* A survey. Comput. Netw. (2010). Disponível em: <https://www.researchgate.net/publication/222571757_The_Internet_of_Things_A_Survey>. Acesso em: 9 abr. 2017.
31. Souza, Carlos Affonso; Lemos, Ronaldo. *Marco civil da internet:* construção e aplicação. Juiz de Fora: Editar Editora Associada Ltda, 2016, p. 16.

4. CONSIDERAÇÕES FINAIS

A ideia de interconectar funcionalidades diversas a fim de facilitar a vida por meio da Internet das coisas é uma realidade cada vez mais próxima, que vem gerando questionamentos e reflexões em nível mundial. Em paralelo ao crescimento da utilização de dispositivos conectados, surgem preocupações relacionadas aos potenciais riscos e danos dessas novas tecnologias, o que demanda especial atenção quando crianças e adolescentes são os usuários.

Além da necessidade de transparência em relação ao tratamento dos dados pessoais e de instrumentos que garantam a segurança quanto à origem, destino e gerenciamento dessas informações, os brinquedos conectados à Internet (*Internet of toys*) precisam adequar-se às peculiaridades atinentes ao universo infantojuvenil, sendo certo que, nas questões que envolvem crianças e adolescentes, deve prevalecer o seu melhor interesse.

Ao lado da conscientização dos pais a respeito da relevância de acompanhar e observar a utilização que os filhos fazem da Internet, tendo-se esse cuidado como uma das facetas da parentalidade responsável no mundo atual, é preciso que os desenvolvedores e fornecedores de produtos conectados direcionados aos infantes tenham uma preocupação efetiva com a segurança no tratamento dos dados coletados e também com a transparência das informações atinentes à utilização dos brinquedos, de forma clara e acessível para a população.

Na verdade, ainda que não seja por meio dos brinquedos conectados, cada vez mais cedo as crianças têm acesso à rede, seja por meio de computadores, seja mediante o contato com dispositivos móveis, como celulares e tablets. A própria educação como um todo tem se voltado à conscientização das crianças e adolescentes e dos pais quanto ao uso adequado das novas tecnologias, a fim de reduzir os potenciais riscos de violação de seus direitos.

Apenas com informações claras e expressas é possível promover um debate sério a respeito da proteção da criança e do adolescente no âmbito da Internet. Neste sentido, transparência, informação e empoderamento do usuário a respeito de seus dados pessoais parecem ser os pilares para uma regulação adequada dos brinquedos conectados.

5. REFERÊNCIAS BIBLIOGRÁFICAS

AIOTI – Alliance for Internet of Things Innovation. *Internet of Things Applications*. WG01 – IERC – Release 1.0. 2015. Disponível: <http://www.aioti.org/wp-content/uploads/2016/10/AIOTIWG01Report2015.pdf>. Acesso em: 20 mar. 2017.

ATZORI, Luigi et al. *The Internet of Things:* A survey. Comput. Netw. (2010). Disponível: <https://www.researchgate.net/publication/222571757_The_Internet_of_Things_A_Survey>. Acesso em: 9 abr. 2017.

BBC. *Autoridades alemãs fazem alerta contra boneca que pode ser hackeada para espionar crianças*. Disponível: <http://www.bbc.com/portuguese/internacional-39007610>. Acesso em: 22 mar. 2017.

BRANDEIS, Louis; WARREN, Samuel. The right to privacy. *Harvard Law Review*, vol. 4, n. 5, 1890.

BRASIL. Agência Nacional de Telecomunicações – ANATEL. *Avaliação de suporte ao IPv6 em produtos com interface para redes móveis será compulsória*. Disponível: <http://www.anatel.gov.br/institucional/ultimas-noticiass/496-avaliacao-de-suporte-ao-ipv6-em-produtos-com-interface-para-redes-moveis-sera-compulsoria>. Acesso em: 21 mar. 2017.

CARVALHO, Diógenes Faria de; OLIVEIRA, Thaynara de Souza. A categoria jurídica de 'consumidor--criança' e sua hipervulnerabilidade no mercado de consumo brasileiro. *Revista Luso-Brasileira de Direito do Consumo*, vol. V, n. 17, mar. 2015.

CASTELLS, Manuel. *A sociedade em rede*. 17. ed. São Paulo: Paz e Terra, 2016.

COPPA – Children's Online Privacy Protection Act. Disponível: <http://www.coppa.org/coppa.htm>. Acesso em: 8 abr. 2017.

DATAETHICS. *Internet of toys:* data ethical considerations. Workshop, Gry Hasselbalch, DataEthicsEU, 2016. Disponível: <https://dataethics.eu/wp-content/uploads/INTERNET-OF-TOYS-data-ethical--considerations.pdf>. Acesso em: 8 abr. 2017.

DONEDA, Danilo; ROSSINI, Carolina. Proteção de dados de crianças e adolescentes na Internet. In: *Pesquisa sobre o uso da Internet por crianças e adolescentes no Brasil* [livro eletrônico]. São Paulo: Comitê Gestor da Internet no Brasil, 2015.

EVANS, Dave. *The Internet of Things:* How the Next Evolution of the Internet Is Changing Everything. Cisco Internet Business Solutions Group (IBSG), 2011. Disponível: <http://www.cisco.com/c/dam/en_us/about/ac79/docs/innov/IoT_IBSG _0411FINAL.pdf>. Acesso em: 20 mar. 2017.

EXAME. *Supercomputador Watson é o cérebro deste dinossauro falante de brinquedo*. Disponível: <http://exame.abril.com.br/tecnologia/supercomputador-watson-e-o-cerebro-deste-dinossauro-falante--de-brinquedo/>. Acesso em: 08 abr. 2017.

FERREIRA, Mayra Fernanda. *A (in)formação da infância na cultura de mídia tecnológica*. Disponível: <http://encipecom.metodista.br/mediawiki/images/0/06/19_-_A_informacao_da_infancia_-_Mayra.pdf>. Acesso em: 8 abr. 2017.

International Telecommunication Union. *ITU Internet Reports: The Internet of Things*, November 2005. Disponível: <https://www.itu.int/net/wsis/tunis/newsroom/stats/The-Internet-of-Things-2005.pdf>. Acesso em: 7 abr. 2017.

ISTOÉ. *Alemanha proíbe boneca conectada à internet por risco de espionagem*. Disponível: <http://istoe.com.br/alemanha-proibe-boneca-conectada-a-internet-por-risco-de-espionagem/>. Acesso em: 22 mar. 2017.

MACIEL, Kátia Regina Ferreira Lobo Andrade (Coord.). *Curso de Direito da Criança e do Adolescente: aspectos teóricos e práticos*. 5. ed. Rio de Janeiro: Lumen Juris, 2011.

NORWEGIAN CONSUMER COUNCIL. *#Toyfail: An analysis of consumer and privacy issues in three internet-connected toys*. Dez. 2016. Disponível: <https://consumermediallc.files.wordpress.com/2016/12/toyfail_report_desember2016.pdf>. Acesso em: 8 abr. 2017.

PECK, Patricia; CAMARGO, Coriolano Almeida. Livre fluxo de dados é caminho sustentável para a economia digital. *Revista Consultor Jurídico*, 7 de abril de 2017. Disponível: <http://www.conjur.com.br/2017-abr-07/livre-fluxo-dados-caminho-sustentavel-economia-digital>. Acesso em: 9 abr. 2017.

PINHEIRO, Patrícia Peck. Abandono digital. In: PINHEIRO, Patrícia Peck (coord.). *Direito Digital Aplicado 2.0*. 2. ed. São Paulo: RT, 2016.

PONTES, Aldo. A constituição da infância na sociedade midiática: notas para compreensão de outro universo infantil. *Rev. Estud. Comun.*, Curitiba, v. 8, n. 17, set./dez. 2007.

Postscapes. *Best Internet of Things Definition*. Disponível: <https://www.postscapes.com/internet-of-things-definition/>. Acesso em: 7 abr. 2017.

RODOTÀ, Stefano. *A vida na sociedade da vigilância:* a privacidade hoje. In: MORAES, Maria Celina Bodin de (org.). Tradução Danilo Doneda e Luciana Cabral Doneda. Rio de Janeiro: Renovar, 2008.

Souza, Carlos Affonso; Lemos, Ronaldo. *Marco civil da internet:* construção e aplicação. Juiz de Fora: Editar Editora Associada Ltda, 2016.

Valor Econômico. *Disney aposta forte em internet "vestível" e brinquedos conectados*. 2015. Disponível: <http://www.valor.com.br/empresas/4081076/disney-aposta-forte-em-internet-vestivel-e-brinquedos-conectados>. Acesso em: 22 mar. 2017.

AUTORIDADE PARENTAL: A AUTONOMIA DOS FILHOS MENORES E A RESPONSABILIDADE DOS PAIS PELA PRÁTICA DE *CYBERBULLYING*

Adriano Marteleto Godinho

Professor adjunto da Universidade Federal da Paraíba. Doutor em Ciências Jurídicas pela Universidade de Lisboa. Mestre em Direito Civil pela Universidade Federal de Minas Gerais.

Marcela Maia de Andrade Drumond

Acadêmica em Direito pela Universidade Federal da Paraíba

Sumário: 1. Notas introdutórias – 2. Autoridade parental; 2.1. Direitos fundamentais do filho menor; 2.2. Deveres fundamentais dos pais; 2.3. Autoridade parental versus autonomia: o direito à autorrealização dos filhos menores – 3. A prática do *cyberbullying*; 3.1. O *cyberbullying* na perspectiva do ofensor; 3.2. O *cyberbullying* na perspectiva da vítima – 4. Responsabilidade civil decorrente do *cyberbullying* – 5. Considerações finais – 6. Referências bibliográficas

1. NOTAS INTRODUTÓRIAS

Em matéria de autoridade parental, poucas discussões se revelam tão turbulentas quanto a que se propõe a debater o papel desempenhado pelos genitores sobre o modo como seus filhos menores interagem na internet – particularmente, nas diversas redes sociais de amplo acesso e disseminação de informações. Por mais vigilantes que sejam os pais, e ainda que tais redes tencionem limitar o acesso de menores de idade ao seu conteúdo, é difícil exercer amplo controle sobre as atividades dos filhos no âmbito virtual.

Entre os diversos dilemas que concernem à utilização destas redes por crianças e adolescentes, emerge um fato de amplo alcance e difícil controle: a prática do denominado *cyberbullying*, a partir da qual incontáveis ofensas e graves danos podem ser sistematicamente dirigidos a outros usuários da internet, muitos deles, por igual, menores de idade e, portanto, particularmente vulneráveis.

As linhas que se seguem se propõem ao enfrentamento do tema, perpassando pelo paradoxo verificado entre a autoridade parental, de um lado, e o direito à autorrealização dos filhos menores, de outro lado, para que caiba verificar, afinal, quando e de que modo os pais podem se tornar civilmente responsáveis pelo cometimento de atos de *cyberbullying*, quando praticados por crianças e adolescentes que estejam sob sua autoridade.

2. AUTORIDADE PARENTAL

Quando se pensa em autoridade familiar, em uma perspectiva histórica, tem-se em mente a imagem de um homem, o pai, como provedor financeiro e detentor de poder sobre os demais membros da família. Tal cenário mudou muito com o passar do tempo, tanto em relação à estrutura familiar quanto à situação de hierarquia e de controle paternal outrora prevalecente.

Apesar de a Constituição Federal brasileira de 1988, em seu art. 226, apresentar a composição da família como a união entre homem e mulher, o Supremo Tribunal Federal, órgão máximo da Justiça no país, vem sistematicamente decidindo, particularmente a partir de 2011, pela ampliação de tal conceito, pautando-se os julgados no princípio constitucional da isonomia, de forma a aproximar os entendimentos judiciais da realidade da sociedade atual, que não revela uma fórmula fixa e limitada de família, tendo em vista o reconhecimento legal das relações homoafetivas e a forte e crescente atuação da figura feminina no núcleo familiar, no mercado de trabalho e nos demais meios sociais.

Ademais, o poder familiar, que antes era sinônimo de autoritarismo e coerção, hoje se apresenta como autoridade parental, por meio de diálogo e afeto entre todos os membros da família, de forma a valorizar e preservar concomitantemente os direitos fundamentais dos filhos e os deveres fundamentais dos pais. A autoridade parental, portanto, é o meio pelo qual os adultos, pais ou responsáveis legais, exercendo seus deveres, auxiliam os menores na promoção e no gozo de seus direitos, resultando na construção e no aumento gradativo de sua autonomia e no respeito à sua dignidade.[1]

O conceito de dignidade, a propósito, ganhou força no Brasil com a promulgação da Constituição Federal de 1988, tido aquele como principal fundamento da referida Carta, cujos preceitos promovem maior harmonia e justiça em sociedade, assim como a valorização dos indivíduos que a compõem. A família, como alicerce desta sociedade, encontra-se amparada nos princípios constitucionais responsáveis pela promoção da dignidade.

Com a valorização do indivíduo no ordenamento jurídico, um ente, em especial, mereceu particular destaque: a pessoa em desenvolvimento, como são chamados crianças e adolescentes, também definidos como incapazes pelo Código Civil Brasileiro de 2002. Tal incapacidade pode ser absoluta ou relativa, de acordo com os critérios etários definidos pelo Código, com base numa presunção de menor e maior discernimento entre as faixas de idade estipuladas: são absolutamente incapazes os menores de 16 anos, e relativamente incapazes aqueles que se acharem entre os 16 e 18 anos. Justamente por não possuírem total discernimento, maturidade, desenvolvimento pessoal, moral e psíquico, os menores passaram a merecer prioridade quanto

---

1. TEIXEIRA, Ana Carolina Brochado. *Família, guarda e autoridade parental*. 2 ed. rev. e atual. Rio de Janeiro: Renovar, 2009, p. 136-140.

à tutela de seus direitos, principalmente os relativos à dignidade,[2] como também preceitua o Estatuto da Criança e do Adolescente (ECA), de 1990.

Apesar de legalmente incapazes, os filhos menores não são membros inertes na relação familiar. Em defesa de seus direitos fundamentais e de sua dignidade, e também da valorização da afetividade e da democracia no âmbito familiar, instaurou-se a sua participação ativa na própria criação, de modo a permitir que eles desenvolvam livremente sua personalidade e, com supervisão e apoio dos pais, maior autonomia, de forma responsável e sadia. Tem-se, aí, a atual e verdadeira finalidade do poder familiar.[3]

A edição de um novo texto constitucional no Brasil representou uma revolução que permitiu rever não apenas os modos de constituição das entidades familiares, mas também a sua estruturação interna, que pressupõe a união entre todos os seus componentes, com idênticas prerrogativas e dignidades. A desigualdade que marcava a família patriarcal de outrora cede espaço ao livre desenvolvimento dos seus membros, à isonomia e à prevalência da solidariedade e do afeto. Em atenção ao princípio constitucional da liberdade, concede-se a todos, entre outros, o direito à autonomia para a constituição, realização e extinção de entidade familiar, à administração do patrimônio familiar, à livre formação dos filhos e ao planejamento familiar, respeitadas suas dignidades como pessoas humanas.[4]

O giro valorativo operado pelo texto constitucional termina por afetar, enfim, o próprio sentido da entidade familiar, que deixa de ser tutelada pelo só fato de existir como mera instituição, passando a ser valorada na medida em que seja capaz de promover o desenvolvimento da personalidade dos filhos, a realização espiritual e a promoção da dignidade de todos os seus integrantes.[5] Equacionar e assegurar a dignidade dos filhos menores, todavia, exige o reconhecimento e o respeito a seus direitos fundamentais, o que requer pormenorizada análise.

2.1. Direitos fundamentais do filho menor

De acordo com o teor da Constituição Federal, são fundamentais e inerentes a toda pessoa os direitos à vida, à liberdade, à igualdade e à segurança, entre outros, explícitos ou implícitos ao longo do seu texto. A criança e o adolescente são indivíduos dotados de todos os direitos fundamentais assegurados constitucionalmente à pessoa humana, como reforça o art. 3º do ECA. Por serem os menores pessoas em

---

2. TEIXEIRA, Ana Carolina Brochado. *Família, guarda e autoridade parental*. 2 ed. rev. e atual. Rio de Janeiro: Renovar, 2009, p. 75-77.
3. MENEZES, Joyceane Bezerra De; MORAES, Maria Celina Bodin de. Autoridade parental e privacidade do filho menor: o desafio de cuidar para emancipar. In: *Revista Novos Estudos Jurídicos* - Eletrônica, v. 20, n. 2, p. 501-532, mai./ago. 2015.
4. LÔBO, Paulo Luiz Netto. Novas perspectivas da constitucionalização do direito civil. *Revista Jus Navigandi*, ISSN 1518-4862, Teresina, ano 18, n. 3754, 11 out. 2013. Disponível em: https://jus.com.br/artigos/25361/novas-perspectivas-da-constitucionalizacao-do-direito-civil. Acesso em: 16 jan. 2018.
5. TEPEDINO, Gustavo. *Temas de direito civil*. 4. ed. Rio de Janeiro: Renovar, 2008, p. 422.

desenvolvimento, é primordial que possam gozar e exercer tais direitos, a fim de que tenham sua dignidade respeitada e possam edificar-se enquanto membros também do meio social. Todo infante deve ter espaço de opinar e se expressar – noção que também se consagra no texto do art. 16, II do ECA –, de construir sua própria personalidade e buscar sua realização, sendo oportunizado pelos pais o franco diálogo, sempre com vistas à promoção do melhor interesse do menor.

Ademais, sobrelevam duas regras imprescindíveis no bojo do aludido Estatuto protetor: consoante seu art. 15, "a criança e o adolescente têm direito à liberdade, ao respeito e à dignidade como pessoas humanas em processo de desenvolvimento e como sujeitos de direitos civis, humanos e sociais garantidos na Constituição e nas leis"; já o art. 17 preconiza que "o direito ao respeito consiste na inviolabilidade da integridade física, psíquica e moral da criança e do adolescente, abrangendo a preservação da imagem, da identidade, da autonomia, dos valores, ideias e crenças, dos espaços e objetos pessoais". Destes dispositivos, em particular, emerge a percepção da necessidade de plena tutela e promoção da dignidade e da personalidade de crianças e adolescentes.

Quando o assunto é autoridade parental, alguns desses direitos fundamentais se destacam, eis que podem gerar insegurança e conflito na relação entre pais e filhos. É o caso dos direitos à liberdade, à intimidade, ou privacidade, ao respeito e à dignidade, no que tange à criação e educação. Como o menor, enquanto pessoa em desenvolvimento, é amparado de forma especial pelo ordenamento jurídico, seu direito fundamental à liberdade é expressamente assegurado, tendo por objetivo proporcionar-lhe o direito de criar, aprender, significar e ressignificar, se expressar e construir suas próprias crenças e personalidade. Assim, vai se desenvolvendo enquanto sujeito e adquirindo maior grau de discernimento, responsabilidade e capacidade de autonomia.[6]

Quanto ao direito à intimidade e, como decorrência, à privacidade, assegura-se, como preceitua o ECA, que o menor deva ter sua imagem, identidade e autonomia preservadas, de forma que seu espaço pessoal – que remete ao seu íntimo e à construção de quem se é – não pode ser violado. Assim também prevê a própria Carta Magna, de forma mais ampla, a toda e qualquer pessoa, referindo-se, inclusive, a questões de correspondência e comunicação.[7]

Chega-se, aqui, ao ponto mais sensível do debate: o direito ao sigilo dos meios de comunicação dos filhos menores. Esta é uma questão bastante problemática, tendo em vista que, nos tempos atuais, com todo o avanço tecnológico, os aparelhos eletrônicos estão cada vez mais presentes na vida das pessoas, principalmente das crianças e dos adolescentes. De forma cada vez mais individualizada, tais aparelhos não são

---

6. TEIXEIRA, Ana Carolina Brochado. *Família, guarda e autoridade parental*. 2 ed. rev. e atual. Rio de Janeiro: Renovar, 2009, p. 213-214.
7. TEIXEIRA, Ana Carolina Brochado. *Família, guarda e autoridade parental*. 2 ed. rev. e atual. Rio de Janeiro: Renovar, 2009, p. 204.

mais tão comumente compartilhados entre os membros da família, e as crianças a eles têm acesso cada vez mais precocemente, antes mesmo de terem consciência dos potenciais riscos a que estão expostas. Estas questões serão mais aprofundadas adiante, porém, fato é que, como qualquer pessoa, os menores também merecem o resguardo de sua privacidade.

Tratar dos direitos à liberdade e à intimidade necessariamente remete a outros dois direitos fundamentais, de extrema relevância, correspondentes ao respeito e à dignidade. O filho menor, ao ter sua liberdade e intimidade preservadas pelos pais, consequentemente tem assegurados seus direitos ao respeito e à dignidade, pois estes estão intimamente ligados à individualidade e ao crescimento de cada indivíduo, em especial a pessoa em desenvolvimento, que se encontra em fase de descoberta e formação de sua personalidade. Poder descobrir-se, fazer-se respeitar, ser e tornar-se quem é também são, enfim, projeções da dignidade de uma pessoa.

2.2. Deveres fundamentais dos pais

Se, por um lado, impõe-se o reconhecimento da necessidade de preservação do direito ao desenvolvimento e à realização dos valores e anseios de crianças e adolescentes, por outro lado, é igualmente forçoso reconhecer que os pais devem assistir, criar e educar os filhos menores, conforme preceituam os arts. 229 da Constituição, 1.566, IV, e 1.634, I, do Código Civil.

Sendo os menores pessoas em desenvolvimento, os pais, ao mesmo tempo em que têm o dever de acompanhar o crescimento de seus filhos menores, devem também possibilitar-lhes o exercício de seus direitos, particularmente os qualificados como fundamentais, para que assim tenham pleno desenvolvimento moral e psíquico, de forma responsável e sadia.

De forma geral, tanto a Constituição Federal quanto o Código Civil, tendo o apoio e reforço do ECA, preceituam que os deveres dos pais, além da criação, educação, saúde, segurança e suprimento de necessidades básicas à vida, configuram-se na implementação dos direitos fundamentais dos filhos, calcados no respeito e no melhor interesse dos menores, promovendo sua dignidade. Como bem definiu Ana Carolina Brochado Teixeira, o verdadeiro conteúdo da autoridade parental se encontra nos aludidos deveres de assistir, criar e educar os filhos menores.[8]

Criar e educar são deveres complexos, tendo em vista sua amplitude; porém, relacionam-se diretamente, tanto entre si, quanto com a construção da personalidade dos menores. Criar um filho, mais do que alimentá-lo, dedicar-lhe afeto e cuidar de sua saúde, implica fornecer-lhe os meios, sejam eles materiais ou morais, para seu crescimento em todos os âmbitos, até que ele atinja idade e maturidade suficientes para se tornar responsável pelas próprias decisões.

---

8. TEIXEIRA, Ana Carolina Brochado. *Família, guarda e autoridade parental*. 2 ed. rev. e atual. Rio de Janeiro: Renovar, 2009, p. 140.

Para efetivar tais deveres, três elementos são essenciais: limites impostos por parte dos pais; obediência, por parte dos filhos; e, o principal, diálogo entre ambas as partes, pois, consoante já se salientou, os menores não são membros passivos na relação familiar.

Ao estipular limites às atitudes e quereres dos filhos, os pais se valem de sua autoridade para demonstrar presença e segurança e, assim, preparar os menores para a realidade social, para o mundo externo ao meio familiar. Ao aprender sobre os próprios limites, as crianças e os adolescentes compreenderão também sobre os limites e os valores do outro, sobre o que é conviver e ser tolerante, adquirindo maior autonomia e fortalecendo seus laços identitários.[9] Isso significa educar e contribuir para o crescimento dos filhos menores.

Com efeito, os filhos devem obediência aos pais, visto que, além de serem seus responsáveis legais, estes devem agir – mesmo que tal implique a imposição de limites – sempre em favor do melhor interesse dos menores, mantido o respeito aos seus direitos fundamentais, ainda que, à partida, eles não entendam ou concordem com a atuação dos pais. Neste momento de atrito, impõe-se o diálogo, também como forma de fazer presente a autonomia dos filhos menores, à medida em que os pais fazem valer sua autoridade parental. Afinal, autoridade não implica pura, simples e desmedida imposição; a atuação limitadora dos pais deve proporcionar educação e reflexão aos filhos menores, aproximando-os de conceitos como maturidade, responsabilidade, ética e cidadania. O dever de educar se revela, portanto, como natural reflexo do exercício do diálogo no seio familiar.

2.3. Autoridade parental versus autonomia: o direito à autorrealização dos filhos menores

Postos os devidos esclarecimentos a respeito dos direitos fundamentais dos filhos menores e dos deveres fundamentais atinentes aos pais, resta evidente que há momentos em que eles podem colidir, sendo necessária a mediação pelo diálogo. Em momentos adversos, os pais têm maior oportunidade de instruir os filhos, levando-os a reconhecer os limites necessários à sua proteção e à boa convivência social.

Entretanto, com os avanços tecnológicos e a presença cada vez mais constante e individualizada dos aparelhos eletrônicos na vida das pessoas, especialmente os *smartphones* e *tablets*, com acesso à rede de internet e à sua infinidade de conteúdo, uma grande crise de autoridade vem se instaurando no meio familiar. Além de contribuir para distanciar as relações e interações entre familiares, o acesso constante aos meios tecnológicos cria maior insegurança aos pais, que muitas vezes não conseguem lidar com os novos hábitos dos filhos. O resultado deste distanciamento é o acesso

---

9. REGHELIN, Michele Melo. Quando a autoridade toca a alma considerações acerca da presença da função parental para o crescimento dos filhos resumo. In: OUTEIRAL, J. O. ; TREIGUER, J. (Orgs). *Psicanálise de crianças e adolescentes*. Curitiba: Maresfield Gardens, 2013, p.227-239.

precoce dos menores a conteúdos indevidos, o que influencia de forma negativa a construção de sua personalidade, fazendo com que etapas da vida e do amadurecimento sejam antecipadas ou mesmo, na pior das hipóteses, expondo-os a riscos de violência física e psicológica.

Diante deste cenário, o grande desafio do momento é os pais conservarem sua autoridade, de forma a não se omitirem das responsabilidades trazidas por seus deveres fundamentais. Os filhos menores têm direito à participação ativa em sua criação e educação, assim como o direito à liberdade e privacidade; porém, como pessoas em desenvolvimento, não possuem o necessário discernimento para a tomada de decisões. Cabe aos pais, portanto, analisar quando e como ceder, com extremo cuidado para que não haja uma inversão de papéis, em que os filhos menores não recebem limites e os pais perdem o controle de seu real papel na família, o de educar e auxiliar.[10]

Ademais, ao contrário do que possa parecer, pais omissos e permissivos demais não contribuem para a efetivação dos direitos dos filhos, visto que estes não recebem os valores e limites advindos da educação dada por genitores presentes e atentos. Nesse contexto, os menores terão dificuldade para edificar sua personalidade, perderão a noção de respeito e a capacidade de discernir entre o certo e o errado, e crescerão pessoas potencialmente instáveis e incapazes de lidar com a realidade.[11]

Destarte, é imprescindível que haja harmonia entre a autonomia dos filhos menores na efetivação de seus direitos fundamentais e a autoridade parental, que se realiza através do cumprimento dos deveres fundamentais dos pais. Tal harmonia se dá por meio do diálogo, apoio e respeito dos pais em relação aos filhos menores, incentivando seu crescimento e amadurecimento de forma responsável e propiciando sua dignidade e realização enquanto pessoas. O grande desafio dos pais, neste domínio, consiste em "criar e educar seus filhos, garantindo a eles a proteção integral e, ao mesmo tempo, garantindo a liberdade, o direito de 'ser'".[12]

Por mais zelosos que sejam os pais, todavia, é impossível que tenham, a todo instante, completo controle sobre todas as condutas adotadas pelos filhos menores, mormente enquanto usuários da internet. Como resultado, práticas como o *cyberbullying* tornam-se corriqueiras, e muitas vezes tanto os ofensores quanto os ofendidos são menores de idade. Daí decorrem diversas consequências – entre eles, a potencial responsabilização dos pais pelo comportamento lesivo de seus filhos incapazes –, que suscitam a necessidade de investigação apartada.

---

10. TEIXEIRA, Ana Carolina Brochado. *Família, guarda e autoridade parental*. 2 ed. rev. e atual. Rio de Janeiro: Renovar, 2009, p. 160.
11. REGHELIN, Michele Melo. Quando a autoridade toca a alma considerações acerca da presença da função parental para o crescimento dos filhos resumo. In: OUTEIRAL, J. O. ; TREIGUER, J. (Orgs). *Psicanálise de crianças e adolescentes*. Curitiba: Maresfield Gardens, 2013, p.227-239.
12. DENSA, Roberta. Controle parental de conteúdo na internet para filhos menores. In: LEITE, George Salomão; LEMOS, Ronaldo (Coord.). *Marco Civil da Internet*. São Paulo: Atlas, 2014, p. 989.

3. A PRÁTICA DO *CYBERBULLYING*

Diante da massificação do uso das tecnologias da informação, inúmeras atividades do cotidiano se tornaram mais ágeis: facilidade na comunicação instantânea e massificada e o acesso constante à informação são exemplos das mudanças que se tornaram parte indissociável do hábito humano. Porém, ao mesmo tempo em que as ferramentas tecnológicas propiciam inegáveis benefícios, seu uso desmedido e desarrazoado inaugurou um cenário de potenciais danos em série, particularmente verificados por meio de ofensas a direitos da personalidade, como a imagem, o nome, a honra e a privacidade.

Como bem pontua Luiz Carlos Vieira Segundo:

> Não há dúvidas em afirmar que a internet é imprescindível para a sociedade. Comunicações, envios de documentos, acesso a informações, enfim, coisas que antes demoravam certo tempo para a efetiva realização, hoje, com o uso da internet ocorrem imediatamente. Entretanto, a internet também é um instrumento utilizado para disseminar o mal, e o mais comum deles e assunto da pauta é o Cyberbullying.[13]

Atribui-se a Bill Belsey a criação da expressão "*cyberbullying*". Belsey, para além de cunhar o termo, que ganhou notoriedade mundial, cuidou também de precisar seu significado:

> O *cyberbullying* envolve o uso de informações e de tecnologias da comunicação como o e-mail, o telefone celular e aparelhos de envio de mensagens de texto, as mensagens instantâneas, os *sites* pessoais difamatórios e os *sites* difamatórios de votações na internet com o objetivo de apoiar o comportamento deliberado, repetido e hostil por parte de um indivíduo ou de um grupo que tem a intenção de prejudicar outros indivíduos.[14]

O termo *cyberbullying* advém da conjunção das expressões "*cyber*" e "*bullying*": enquanto esta indica o "comportamento agressivo e persistente com a intenção de causar dano físico ou moral"[15] a outrem, aquela sugere a prática de atos de intimidação, assédio, maledicência, humilhação, opressão e ofensa em âmbito virtual. Assim compõe-se o termo em apreço, que traduz a ideia de violência exercida nos domínios virtuais. Tal prática constantemente se apoia na aparente fragilidade, baixa autoestima e vulnerabilidade das vítimas, frequentemente crianças e adolescentes.

O *cyberbullying* é, pois, a virtualização do *bullying*, ou seja, o agente ofensor se utiliza de ferramentas virtuais para perpetrar ameaças ou ofensas contra terceiros. O aparente anonimato dos usuários de internet – aliado ao distanciamento físico entre agressor e vítima, o que impede a contraofensiva imediata por parte desta –

---

13. VIEIRA SEGUNDO, Luiz Carlos Furquim; SPERANZA, Henrique de Campos Gurgel. Cyberbullying. *Revista Síntese Direito de Família*, São Paulo, Síntese. Ano XI, n. 81, p. 220-221, dez./jan., 2014, p. 221.
14. SHARIFF, Shaheen. *Cyberbullying: questões e soluções para a escola, a sala de aula e a família*. Porto Alegre: Artmed, 2010, p. 58.
15. BANDEIRA, Cláudia de Moraes; HUTZ, Claudio Simon. As implicações do bullying na auto-estima de adolescentes. *Psicol. Esc. Educ. (Impr.)*, vol.14, n.1, Campinas. Jan./Jun. 2010.

propicia ao autor do ilícito a sensação de impunidade, que serve como força motriz para a prática em apreço, que, de forma preocupante, vai se tornando cada vez mais corriqueira. A potencialidade dos danos daí derivados é imensurável: agressões que transgridem fronteiras e podem ser disseminadas ilimitadamente afetam a construção da identidade do indivíduo (sobretudo de crianças e adolescentes, cuja personalidade se encontra em estágio de constante modelagem), abalam suas relações e podem se revelar irreversíveis.

De fato, o potencial destrutivo das ofensas praticadas em redes virtuais é inequivocamente avassalador:

> Antes, as condutas não ultrapassavam os muros das escolas ou, pelo menos, não adentravam ao local de segurança das vítimas (seus lares). Hoje, o agressor pode atingir a vítima em qualquer lugar e momento, por meio das facilidades e recursos tecnológicos que permitem rápida replicação e permanência das informações. Exemplo: com rapidez e comodidade o agressor pode copiar e colar mensagens e imagens e reenviá-las, no mesmo instante, para grupos de pessoas constantes em sua lista de contatos. As motivações dos agressores para a prática do *cyberbullying* costumam ser frívolas, como o rompimento de um relacionamento, inveja, um dissabor entre o agressor e a vítima. Também constituem brincadeiras de mau gosto, mas que ganham proporções imensuráveis, devido às características de persistência ou permanência das informações na rede e de replicabilidade dos conteúdos, ocasionando, muitas vezes, danos irreparáveis ou de difícil superação pelo ofendido.[16]

O *cyberbullying* se revela, assim, um dos mecanismos mais cruéis de violação a direitos personalíssimos; trata-se de um odioso mecanismo de deterioração da dignidade da pessoa humana. Especialmente quando a ofensa é propagada por meio das redes virtuais, ambiente em que inexiste pleno controle sobre o alcance e impacto do conteúdo disseminado, o registro danoso poderá promover danos em caráter permanente.

É fundamental enquadrar o tema, de notável relevância, sob dupla perspectiva, ora da vítima, ora do ofensor, para, enfim, verificar as possíveis repercussões jurídicas em tema de responsabilidade civil pelos danos derivados do *cyberbullying*.

3.1. O *cyberbullying* na perspectiva do ofensor

A presença da autoridade parental, consoante apontado outrora, é de extrema importância para a efetivação de direitos fundamentais das crianças e dos adolescentes, como, por exemplo, a descoberta e edificação da própria personalidade, assim como a apropriação de valores morais e, consequentemente, a conquista de maior responsabilidade e discernimento. Porém, a omissão dos pais com relação à educação dos filhos menores, como a falta de limites e de diálogo, pode ser considerada como

---

16. CONTE, Christiany Pegorari; ROSSINI, Augusto Eduardo de Souza. Aspectos jurídicos do cyberbullying. *Revista FMU Direito*, São Paulo, ano 24, n. 34, 2010, p. 52. Disponível em: http://www.revistaseletronicas.fmu.br/index.php/RMDIR/article/view/94. Acesso em: 05 de janeiro de 2018.

fator de motivação para atitudes irresponsáveis dos jovens, como ocorre no caso da prática de *cyberbullying*.

Os praticantes do *cyberbullying* apresentam, em seu perfil geral, alguns possíveis sintomas que desencadeiam esta conduta: a falta de limites, inconsequência, crise de identidade, juntamente com a necessidade de autoafirmação e de aceitação por determinado grupo. Suas atitudes se caracterizam por ataques e perseguições às vítimas em redes sociais e podem ser perpetradas de forma individual ou orquestrada por um grupo. Conforme se depreende do texto "Cyberbullying: um desafio à investigação e à formação",[17] há estudiosos[18] que segregam os autores de *cyberbullying* de acordo com uma perspectiva de consciência do ato, em que um perfil de ofensor não manifesta ter perfeita noção dos reflexos causados por seu comportamento, e o outro perfil, que age por pura diversão e satisfação com as consequências nocivas decorrentes de sua conduta.

O distanciamento relacional com a família, juntamente com a sensação de anonimato gerada pela internet, permitem que menores, com dificuldades na formação identitária e na assimilação de valores e regras de convivência, suponham que, no ambiente virtual – em princípio, reservado e oculto –, tudo é permitido, e que suas identidades jamais serão descobertas. Ademais, o fato de as perseguições serem cometidas mediante o uso de aparelhos eletrônicos, e não diante da presença do ofendido, atua como mais um elemento encorajador para as agressões. Tal elemento também pode ser considerado como causa para a falta de empatia que acomete muitos praticantes do *cyberbullying*, pois, ocultos e afastados pela tela de um dispositivo eletrônico, não se mantêm diretamente em contato com as consequências causadas pelos seus atos.[19]

O escritor João Pedro Roriz, em entrevista ao periódico "Folha Dirigida",[20] afirma que a prática de *cyberbullying* não se dá necessariamente em razão de grande liberdade proporcionada pelos pais aos filhos menores; segundo ele, no momento em que os jovens conquistam gradualmente algum espaço para tomar suas próprias decisões, estão sujeitos a erros e desvios, mormente por serem pessoas em desenvolvimento. A propósito, uma pesquisa realizada pela Organização Mundial da Saúde em 2012 para países da Europa e América do Norte constatou que essa prática agressiva possui

---

17. AMADO, J. et al. Cyberbullying: um desafio à investigação e à formação. *Interacções*, Portugal, v. 5, n. 13, p. 311, jan. 2009.
18. Vide NEVES, J. P.; PINHEIRO, L. *A emergência do cyberbullying: uma primeira aproximação*. Comunicação às Conferências Lusófona, VI SOPCOM/IV IBÉRICO, 2009; também assim para PINHEIRO, L. O. *Cyberbullying em Portugal: uma perspectiva sociológica*. (Tese de Mestrado não publicada). Universidade do Minho: Braga, 2009.
19. AMADO, J. et al. Cyberbullying: um desafio à investigação e à formação. *Interacções*, Portugal, v. 5, n. 13, p. 311, jan. 2009.
20. NASCIMENTO, Gabriel. O bullying é uma violência invisível. *Folha Dirigida*, Rio de Janeiro, 4 a 10 de abril de 2013. Disponível em: https://www.paulus.com.br/portal/wp-content/uploads/2013/04/Folha-Dirigida-04-a-10-de-abril.pdf. Acesso em: 14 jan. 2018.

menor ocorrência com o avanço da idade dos jovens,[21] o que leva a crer que, quanto maior o grau de discernimento adquirido, igualmente maior a consciência moral e responsabilidade diante dos atos e escolhas.

De todo modo, ainda que os autores do *cyberbullying* sejam incapazes e imaturos, a ponto de não compreenderem plenamente os efeitos maléficos de seu comportamento, não se pode ignorar o fato de que a ausência de diálogo com os pais possivelmente levará o menor a incorporar ao seu crescimento as noções de respeito, tolerância, cooperação, dignidade e convivência com o outro.[22] Muitas vezes, estes são valores que faltam por omissão dos pais, pelo distanciamento dos seus filhos menores – que passam a maior parte do tempo envoltos em um ambiente virtual e artificial –, ou mesmo como reflexo de agressões já sofridas, inclusive pela prática de *bullying* ou *cyberbullying* que possa tê-los vitimado.

Particularmente, quando um menor toma a decisão de ferir a dignidade alheia por prazer ou diversão, tendo plena ciência das consequências de seu comportamento, a motivação para o ato precisa ser identificada e devidamente combatida. Crianças e adolescentes, como pessoas em desenvolvimento, estão mais propensos a erros e desvios de conduta; porém, educação, constante monitoramento parental e diálogo são medidas imprescindíveis para que os menores tomem consciência de suas consequências.

3.2. O *cyberbullying* na perspectiva da vítima

Uma vez compreendidas as dimensões da nefasta prática do *cyberbullying*, faz-se imperioso discutir acerca dos direitos das vítimas mais vulneráveis de sua prática – crianças e adolescentes –, às quais cumpre deferir instrumentos especiais de proteção jurídica. Afinal,

> a Constituição Federal protege os direitos fundamentais da criança e do adolescente, especialmente no tocante à dignidade do menor e a tutela de sua liberdade e integridade físico-psíquica, tendo em vista a sua condição especial de pessoa em desenvolvimento. Os direitos da criança e do adolescente são protegidos por normas constitucionais de natureza obrigatória (e não meramente programáticas – conforme o art. 5º, parágrafo 1º, CF/88), isto é, são dotadas de aplicabilidade direta e imediata.[23]

Seja na condição de ofensores ou, sobretudo, no papel de vítimas, crianças e adolescentes são frequentemente envolvidos em atos de *cyberbullying*. Quando ofen-

---

21. IBGE – INSTITUTO BRASILEIRO DE GEOGRAFIA E ESTATÍSTICA. Pesquisa Nacional de Saúde do Escolar, 2012. Disponível em: https://biblioteca.ibge.gov.br/visualizacao/livros/liv64436.pdf. Acesso em: 14 jan. 2018.
22. COSTA, Ivna Maria Mello; SOARES, Saulo C. de Aguiar. *Cyberbullying: a violência no ambiente virtual*. Universidade Federal do Piauí – UFPI, PI, 2010. Disponível em: http://leg.ufpi.br/subsiteFiles/ppged/arquivos/files/VI.encontro.2010/GT.7/GT_07_07_2010.pdf. Acesso em: 14 jan. 2018.
23. CONTE, Christiany Pegorari; ROSSINI, Augusto Eduardo de Souza. Aspectos jurídicos do cyberbullying. *Revista FMU Direito*, São Paulo, ano 24, n. 34, 2010, p. 52. Disponível em: http://www.revistaseletronicas.fmu.br/index.php/RMDIR/article/view/94. Acesso em: 05 jan. 2018.

didos, os menores podem desenvolver traumas permanentes, cujas consequências podem chegar ao extremo do cometimento de suicídio. No Brasil e no mundo, diversos relatos de casos que tiveram desfecho fatal são noticiados com frequência, em alerta à seriedade com que se deve tratar o comportamento destrutivo de reputações e biografias de inúmeros indivíduos.[24]

A gravidade do impacto do *cyberbullying* no cotidiano de suas vítimas pode ser avassaladora: pesquisas científicas revelam que os ofendidos têm duas vezes mais chances de necessitar de apoio de profissionais de saúde mental e três vezes mais probabilidade de abandonar a escola que crianças e adolescentes que jamais sofreram *cyberbullying*.[25]

Tais consequências, profundamente nocivas, se explicam precisamente pelo fato de crianças e adolescentes se encontrarem em um estágio de suas vidas em que estão moldando suas personalidades e edificando seus valores e sua autoestima; para que tal ocorra de forma saudável, é fundamental cercá-los de um ambiente de desenvolvimento social, familiar e psicológico harmonioso.

O acompanhamento familiar – e, possivelmente, também profissional – é importante tanto para evitar que crianças e adolescentes pratiquem ou facilitem a ocorrência desse tipo de violência, quanto, sobretudo, para reagir de maneira rápida e eficaz nos casos em que filhos menores sejam vítimas de *cyberbullying*.

Mais do que simplesmente atuar para conter os efeitos já consumados, é preciso adotar comportamentos proativos e preventivos na abordagem da questão: impõe-se a atuação coletiva de pais, professores, estudantes e instituições de ensino para fazer com que a *ação* informativa contra o *cyberbullying* prevaleça sobre a *reação* à sua prática.[26] Com efeito, mesmo sendo inequívoco que a ocorrência de ofensas virtuais possa desencadear a responsabilidade civil (e quiçá penal) do agente ou de seus responsáveis legais – o que se analisará cuidadosamente no tópico final deste texto –, impõe-se, por meio da educação familiar e escolar, a necessidade de promover a redução e a prevenção de casos de *cyberbullying*. A vigilância e o apoio (pessoal e virtual) de familiares e colegas de escola, a denúncia pontual quando da ocorrência de hipóteses de ofensas em âmbito eletrônico e a constante conscientização dos riscos

---

24. Eis, como exemplo, o relato publicado na página virtual da Agência Fiocruz de Notícias: "Em novembro de 2013, nas ondas da internet, (...) o óbito de duas adolescentes, uma de 16 e outra de 17 anos, chocou o país. O motivo foi o mesmo: *cyberbullying*. As meninas não resistiram à vergonha e à humilhação de verem suas fotos íntimas circulando nas mídias sociais, especialmente o Facebook, e se suicidaram. Os dois casos trouxeram à tona a questão do *cyberbullying* e seus efeitos nas vítimas" (PORTELA, Graça. *Cyberbullying e casos de suicídio aumentam entre jovens*. Agência Fiocruz de Notícias. Disponível em https://agencia.fiocruz.br/cyberbullying-e-casos-de-suic%C3%ADdio-aumentam-entre-jovens. Acesso em: 18 jan. 2018).
25. CONNOLY, Maureen; GIOUROUKAKIS, Vicky. Cyberbullying: taking control through research-based letter writing. *English Journal*, 101.6, 2012, p. 70.
26. HOZIEN, Hafa. Cyberbullying: a proactive approach. *Education News*, out. 2016. Disponível em http://www.educationviews.org/cyberbullying-proactive-approach/. Acesso em: 14 jan. 2018.

da internet e das consequências maléficas do *cyberbullying* são os instrumentos mais eficazes de combate à sua prática.[27]

Haverá circunstâncias, todavia, em que as medidas preventivas serão incapazes de evitar a ocorrência de *cyberbullying*. Se a prática for imputada a pessoas incapazes, restará, enfim, tentar remediar os danos infligidos a terceiros, emergindo, como primordial instrumento de reparação, a figura da responsabilidade civil, que poderá recair particularmente sobre os responsáveis legais dos ofensores, ainda que de sua parte não tenha havido negligência na criação e educação de seus filhos menores.

4. Responsabilidade civil decorrente do *cyberbullying*

A partir do momento em que um indivíduo, com seu comportamento, causa dano a outrem, ficará sujeito à correspondente reparação – sendo este, a propósito, o sentido fulcral do texto do art. 927 do Código Civil: "aquele que, por ato ilícito (arts. 186 e 187), causar dano a outrem, fica obrigado a repará-lo". Esta é, portanto, a função primordial da responsabilidade civil: a de reparar danos, seja por meio da restituição "*in natura*" do desfalque provocado (o que ocorrerá, por exemplo, com a reposição do mesmo bem sobre o qual recaiu a ofensa), seja por meio do pagamento de uma indenização por prejuízo econômico, quando se tornar inviável a medida anterior, ou da compensação de danos imateriais. Há, com efeito, certas consequências lesivas que não admitem plena reconstituição: é o caso das situações em que uma pessoa sofre danos extrapatrimoniais, tais como os morais, estéticos, ou psíquicos, mediante afrontas graves à sua dignidade, que não permitirão à vítima retornar ao estado em que se achava antes de sofrê-los.

A tradicional visão da responsabilidade civil, de viés marcantemente subjetivo, considerava que o dever de reparar um dano somente emergiria quando se verificasse que o seu causador, deliberadamente ou por descuido, havia deixado de cumprir com os deveres gerais de cautela impostos a toda a sociedade, contrariando, assim, os ditames do ordenamento jurídico, que não permitem, a quem quer que seja, lesar terceiros impunemente. Assim, a responsabilidade civil, em sua concepção original, partia da verificação de dois elementos essenciais: a prática de um ato ilícito e o comportamento doloso – ou ao menos culposo – do ofensor, o que fazia com que o instituto tivesse por objetivo, essencialmente, estabelecer uma sanção para o responsável pela ocorrência de um dano.

A Constituição da República de 1988 cuidou de ditar parâmetros diversos para reger a matéria, permitindo rever a função a ser desempenhada pelo instituto da responsabilidade civil. Em primeiro lugar, consagrou-se o princípio da solidariedade, que inaugurou nova concepção no contexto daquela figura. A partir do momento em que o texto constitucional erige a construção de uma sociedade livre, justa e *solidária* entre

---

27. COWIE, Helen; COLLIETY, Pat. Cyberbullying: sanctions or sensitivity? *Pastoral Care in Education:* An International Journal of Personal, Social and Emotional Development, 28:4, 261-268, 2010.

os objetivos fundamentais da República, desloca-se o cerne da questão, que passa a abstrair do comportamento do ofensor para se concentrar sobre o dano (sobretudo quando ofensivo à personalidade)[28] sofrido pela vítima, que, à partida, não pode ficar privada da reparação a que faz jus. Assim, concebeu-se a noção de que também os comportamentos não culposos ou dolosos, e até mesmo os atos lícitos, podem acarretar a obrigação de reparar. Com isso, foi-se aos poucos abandonando a noção de culpa, para atingir o conceito de responsabilidade objetiva, centrada no dano e na necessidade de haver a sua reparação, o que, em última instância, altera o propósito do instituto, que não mais visa à punição do ofensor, mas ao socorro da vítima, em razão do dano que experimentou.

A necessária consagração de um sistema que passa a permitir o ressarcimento em ampla escala dos danos sofridos pelos indivíduos somente se tornou possível com o deslocamento do eixo da responsabilidade civil, que, em larga medida, se desvinculou da culpa para enfocar o próprio dano – e, não por acaso, sugere-se constantemente o emprego da expressão "direito de danos" para definir este particular regime de atenção e amparo à vítima de ofensas alheias.

A objetivação da responsabilidade civil e a imposição da tutela das vítimas de danos imateriais – e não apenas puramente econômicos – representam, enfim, aspectos da releitura do Direito Civil em conformidade com os princípios constitucionais, que contribuíram para *humanizar* o instituto. Esses fenômenos conferem à figura contornos que autorizam a afirmação de que a responsabilidade civil passa a ter de cumprir uma função social, sensível à necessidade de se estabelecer uma justa repartição dos riscos da existência e de não permitir que as vítimas arquem com as consequências dos danos que sofreram.

Todo este cenário de ressignificação do conceito de responsabilidade civil contribui para amparar vítimas de *cyberbullying*, que, consoante explanado algures, podem sofrer danos morais e psíquicos e desenvolver, a partir daí, quadros de severa depressão, donde podem emanar tentativas de suicídio. A propósito, esclareça-se que, sob a perspectiva da profusão de danos imateriais, impõe-se a distinção entre danos morais e psíquicos: enquanto aqueles, em sentido amplo, afligem os direitos da personalidade e representam, afinal, um atentado à dignidade humana, estes se manifestam pela

> constituição de uma patologia, a se desenvolver a partir de uma lesão ou de um trauma ao funcionamento do cérebro, do sistema nervoso (o substrato orgânico da psique) ou das reações e desenvolvimentos psicológicos que podem modificar o equilíbrio psíquico básico ou agravar um desequilíbrio já instaurado. Fala-se, portanto, de um dano que atinge a saúde do indivíduo, ao provocar uma patologia psíquica, acarretando, por consequência, uma lesão à integridade mental da pessoa humana.[29]

---

28. FARIAS, Cristiano Chaves de; BRAGA NETTO, Felipe; ROSENVALD, Nelson. *Novo tratado de responsabilidade civil*. 2. ed. São Paulo: Saraiva, 2017, p. 49.
29. BARROSO, Lucas Abreu; DIAS, Eini Rovena. O dano psíquico nas relações civis e de consumo. *Revista de Direito do Consumidor*, vol. 94, jul. 2014, p. 8.

A regra geral da responsabilidade civil implica a atribuição do dever de reparar danos ao seu próprio causador. Assim, à partida, ao praticante do *cyberbullying* caberá responder pelas ofensas dirigidas a terceiros.

Em certas situações, todavia, a lei impõe que alguns indivíduos devam responder pelos danos causados por outros, o que se justifica pela existência de uma relação jurídica prévia entre as partes, seja de parentesco, de representação legal ou de natureza contratual. Tais circunstâncias, qualificadas como "responsabilidade indireta" ou "por fato de terceiro", se encontram previstas no art. 932 do Código Civil, das quais se destacam duas, para fins deste estudo: a responsabilidade que compete aos pais, pelos filhos menores que estiverem sob sua autoridade e em sua companhia (inciso I) e aquela que se dirige às instituições de ensino, pela conduta de seus educandos (inciso IV). Importa, desde logo, afirmar que a responsabilidade das pessoas que respondem por outrem é objetiva, nos termos do art. 933 do Código Civil, o que significa que os pais ou as instituições de ensino podem ser chamados a responder pelos atos de seus filhos ou estudantes menores, independentemente de culpa. Assim, não importa perquirir se, por parte das escolas ou dos genitores, houve negligência no acompanhamento das crianças e adolescentes que estejam sob seu cuidado: sendo estas praticantes de *cyberbullying*, respondem aqueles pelos danos morais, psíquicos e mesmo materiais daí decorrentes.

A responsabilidade pela reparação dos danos provocados por incapazes recai, num primeiro momento, sobre seus representantes legais – os pais, primordialmente –, e poderá ser também imputada às instituições de ensino, se houver nexo de causalidade entre a ofensa e os deveres de cuidado que se impõem a tais entidades, nos casos em que as ofensas são perpetradas em ambiente escolar ou para ele se estendem. Todavia, o art. 928 do Código Civil permite que o próprio incapaz seja responsabilizado civilmente pelos danos que causar a outrem. A responsabilidade do incapaz, contudo, será sempre subsidiária (incidirá apenas quando as pessoas por ele responsáveis não tiverem a obrigação de responder pelos danos que ele causar, ou quando não tiverem condições econômicas de suportar a reparação) e mitigada (mesmo quando o incapaz vier a responder com seu próprio patrimônio, a indenização será equitativa, jamais se permitindo que a indenização venha a privar o incapaz ou as pessoas que dele dependem de um mínimo patrimonial suficiente para a sua subsistência). Verifica-se, portanto, que em última análise – ainda que raros sejam os casos em que a medida se imponha – os próprios incapazes, agentes do *cyberbullying*, podem ser pessoalmente responsabilizados pelas consequências lesivas de seu comportamento.

Está-se, pois, diante de um sistema de responsabilidade civil que, calcado no princípio constitucional da solidariedade, no primado da dignidade humana e na necessidade primordial de socorrer a vítima e evitar que ela sofra em desamparo, termina por atribuir o dever de reparar os danos derivados do *cyberbullying* aos pais, às instituições de ensino e, em última instância, aos próprios ofensores, ainda que incapazes. Em sendo possível impedir que as ofensas ocorram – o que corresponde à medida ideal, capaz de evitar a consumação dos danos – restará, ao menos, recorrer às regras civis da responsabilidade civil, com o fito de satisfatoriamente repará-los.

5. CONSIDERAÇÕES FINAIS

Sendo cada vez mais corriqueira a nefasta prática do *cyberbullying*, cumpre tornar igualmente frequente sua discussão nos âmbitos familiar e escolar, sempre com o intuito tanto de despertar nas crianças e adolescentes um sentido de responsabilidade, que possa prevenir sua ocorrência, quanto de amparar suas vítimas, nos casos em que os danos já se tenham verificado. Educação e diálogo tornam-se, neste domínio, mecanismos fundamentais de disseminação de informações que podem contribuir para criar um ambiente de convivência saudável entre os pais e seus filhos menores, e entre estes e seus pares, sem que se sacrifique a autoridade parental ou o direito ao livre desenvolvimento da personalidade das crianças e adolescentes.

Uma vez constatada a prática de *cyberbullying*, restará, enfim, recorrer ao sistema protetivo da lei: quando infrutífero o propósito de precaver, em primeiro lugar, pelo diálogo e educação, caberá imputar o dever de reparar os danos, por mais drásticos que sejam, aos pais, às instituições escolares, se o ato tiver relação com as atividades educacionais nelas empreendidas, ou, finalmente, aos próprios ofensores, mesmo que incapazes.

Fundamental, neste âmbito, é jamais permitir que as vítimas de *cyberbullying* tenham de sofrer solitariamente com a dor da humilhação, da diminuição de sua dignidade e do isolamento, que somente contribuem para agravar os lesivos sintomas desta degradante prática.

6. REFERÊNCIAS BIBLIOGRÁFICAS

AMADO, J. et al. Cyberbullying: um desafio à investigação e à formação. *Interacções*, Portugal, v. 5, n. 13, p. 311, jan. 2009.

BANDEIRA, Cláudia de Moraes; HUTZ, Claudio Simon. As implicações do bullying na autoestima de adolescentes. *Psicol. Esc. Educ. (Impr.)*, vol.14, n.1, Campinas. Jan./Jun. 2010.

BARROSO, Lucas Abreu; DIAS, Eini Rovena. O dano psíquico nas relações civis e de consumo. *Revista de Direito do Consumidor*, vol. 94, jul. 2014, p. 8.

CONNOLY, Maureen; GIOUROUKAKIS, Vicky. Cyberbullying: taking control through research-based letter writing. *English Journal*, 101.6, 2012, p. 70.

CONTE, Christiany Pegorari; ROSSINI, Augusto Eduardo de Souza. Aspectos jurídicos do cyberbullying. *Revista FMU Direito*, São Paulo, ano 24, n. 34, 2010, p. 52. Disponível em: http://www.revistaseletronicas.fmu.br/index.php/RMDIR/article/view/94. Acesso em: 05 jan. 2018.

COSTA, Ivna Maria Mello; SOARES, Saulo C. de Aguiar. *Cyberbullying: a violência no ambiente virtual*. Universidade Federal do Piauí–UFPI, PI, 2010. Disponível em: http://leg.ufpi.br/subsiteFiles/ppged/arquivos/files/VI.encontro.2010/GT.7/GT_07_07_2010.pdf. Acesso em: 14 jan. 2018.

COWIE, Helen; COLLIETY, Pat. Cyberbullying: sanctions or sensitivity? *Pastoral Care in Education: An International Journal of Personal, Social and Emotional Development*, 28:4, 261-268, 2010.

DENSA, Roberta. Controle parental de conteúdo na internet para filhos menores. In: LEITE, George Salomão; LEMOS, Ronaldo (Coord.). *Marco Civil da Internet*. São Paulo: Atlas, 2014.

FARIAS, Cristiano Chaves de; BRAGA NETTO, Felipe; ROSENVALD, Nelson. *Novo tratado de responsabilidade civil*. 2. ed. São Paulo: Saraiva, 2017.

HOZIEN, Hafa. Cyberbullying: a proactive approach. *Education News*, out. 2016. Disponível em http://www.educationviews.org/cyberbullying-proactive-approach/. Acesso em: 14 jan. 2018.

IBGE – INSTITUTO BRASILEIRO DE GEOGRAFIA E ESTATÍSTICA. Pesquisa Nacional de Saúde do Escolar, 2012. Disponível em: https://biblioteca.ibge.gov.br/visualizacao/livros/liv64436.pdf. Acesso em: 14 jan. 2018.

LÔBO, Paulo Luiz Netto. Novas perspectivas da constitucionalização do direito civil. *Revista Jus Navigandi*, ISSN 1518-4862, Teresina, ano 18, n. 3754, 11 out. 2013. Disponível em: https://jus.com.br/artigos/25361/novas-perspectivas-da-constitucionalizacao-do-direito-civil. Acesso em: 16 jan. 2018.

MENEZES, Joyceane Bezerra De; MORAES, Maria Celina Bodin de. Autoridade parental e privacidade do filho menor: o desafio de cuidar para emancipar. In: *Revista Novos Estudos Jurídicos* - Eletrônica, v. 20, n. 2, p. 501-532, mai./ago. 2015.

NASCIMENTO, Gabriel. O bullying é uma violência invisível. *Folha Dirigida*, Rio de Janeiro, 4 a 10 de abril de 2013. Disponível em: https://www.paulus.com.br/portal/wp-content/uploads/2013/04/Folha-Dirigida-04-a-10-de-abril.pdf. Acesso em: 14 jan. 2018.

NEVES, J. P.; PINHEIRO, L. *A emergência do cyberbullying: uma primeira aproximação*. Comunicação às Conferências Lusófona, VI SOPCOM/IV IBÉRICO, 2009.

PINHEIRO, L. O. *Cyberbullying em Portugal: uma perspectiva sociológica*. (Tese de Mestrado não publicada). Universidade do Minho: Braga, 2009.

PORTELA, Graça. *Cyberbullying e casos de suicídio aumentam entre jovens*. Agência Fiocruz de Notícias. Disponível em https://agencia.fiocruz.br/cyberbullying-e-casos-de-suic%C3%ADdio-aumentam-entre-jovens. Acesso em: 18 jan. 2018.

REGHELIN, Michele Melo. Quando a autoridade toca a alma considerações acerca da presença da função parental para o crescimento dos filhos resumo. In: OUTEIRAL, J. O. ; TREIGUER, J. (Orgs). *Psicanálise de crianças e adolescentes*. Curitiba: Maresfield Gardens, 2013.

SHARIFF, Shaheen. *Cyberbullying: questões e soluções para a escola, a sala de aula e a família*. Porto Alegre: Artmed, 2010.

TEIXEIRA, Ana Carolina Brochado. *Família, guarda e autoridade parental*. 2 ed. rev. e atual. Rio de Janeiro: Renovar, 2009.

TEPEDINO, Gustavo. *Temas de direito civil*. 4. ed. Rio de Janeiro: Renovar, 2008.

VIEIRA SEGUNDO, Luiz Carlos Furquim; SPERANZA, Henrique de Campos Gurgel. Cyberbullying. *Revista Síntese Direito de Família*, São Paulo, Síntese. Ano XI, n. 81, p. 220-221, dez./jan., 2014.

AUTORIDADE PARENTAL E SEXUALIDADE DAS CRIANÇAS E ADOLESCENTES

Marianna Chaves

<small>Doutoranda em Direito Civil pela Universidade de Coimbra. Mestra em Ciências Jurídicas pela Universidade de Lisboa. Pesquisadora do THD – Ulisboa. Presidente da Comissão de Biodireito e Bioética do IBDFAM. Advogada</small>

Raphael Carneiro Arnaud Neto

<small>Doutorando em Ciências Jurídicas pela Universidade de Lisboa. Mestre em Ciências Jurídicas pela Universidade de Lisboa. Vice-Presidente da Comissão de Direito e Arte do IBDFAM. Advogado</small>

Sumário: 1. Introdução – 2. Conteúdo da autoridade parental – 3. Sexualidade de crianças e adolescentes – 4. Direitos de personalidade de crianças e adolescentes – 5. Conclusões – 6. Referências bibliográficas

1. INTRODUÇÃO

As últimas gerações têm sido protagonistas do florescer de novas entidades familiares na sociedade brasileira, tendo assistido a uma genuína repersonalização dos vínculos, onde a funcionalização, a afetividade, o eudemonismo e a pluralidade passaram a ser elementos identificáveis nas famílias. Há quem afirme ter existido – nos últimos tempos – uma "rebelião dos costumes"[1] no âmbito da família e da filiação.

Os vínculos parentais deixaram paulatinamente os caracteres egoístas e individualistas de outrora, assumindo feições mais altruístas, solidárias, menos dicotômicas, mais complementares e cimentadas pelo afeto. Há algum tempo, a autonomia pessoal ou a liberdade individual das crianças podia ser comparada a dos escravos, cujo gozo dependia da benevolência do seu Senhor.[2] No passado, o "pátrio poder"[3]

---

1. NALINI, José Renato. Ética e família na sociedade pós-moralista. In: *Estudos jurídicos em homenagem ao centenário de Edgard de Moura Bittencourt*: a revisão do direito de família. Rio de Janeiro: GZ, 2009, p. 386; GOMES, Carla Amado. Direito das famílias na jurisprudência portuguesa: filiação, adopção e protecção de menores In: TEIXEIRA, Ana Carolina Brochado; RIBEIRO, Gustavo Pereira Leite; COLTRO, Antônio Carlos Mathias; TELLES, Marília Campos Oliveira e (orgs.). *Problemas da família no direito/* Belo Horizonte: Del Rey, 2012, p. 77.
2. Cfr. MALLOY, Robin Paul. Market Philosophy in the Legal Tension between Children's Autonomy and Parental Authority. *Indiana Law Review* vol. 21, n. 4, pp. 889-900, 1988, p. 890. Na Roma Antiga, crianças, mulheres e escravos estavam na mesma condição que as *res*, eram propriedade do *pater familias*.
3. Vocabulário utilizado no Código Civil Brasileiro de 1916.

ou "poder paternal"[4] era entendido como "o império dado e permitido por lei sobre a pessoa, bens e acções dos filhos, ou porque estes eram partes e porções do corpo dos pais, ou porque pertenciam à casa e à família do pai",[5] ou simplesmente porque se presumia que não poderiam ser educados sem que suas ações fossem comandadas por terceiros. Nessa lógica, deveriam estar sob a responsabilidade e, principalmente, sob o poder de alguém, nomeadamente do pai.

Algumas circunstâncias podem ser apontadas como cruciais para a consolidação da transformação no conteúdo da autoridade parental,[6] como o fato de os mandamentos constitucionais da isonomia e liberdade terem acentuado os laços de solidariedade entre pais e filhos, a igualdade entre homem e mulher no exercício conjunto das responsabilidades parentais[7] e a viragem do seu âmago para a tutela do melhor interesse da criança.

De certa maneira, a parentalidade foi reinventada e a infância emancipada. As crianças foram reposicionadas "como actores morais nas suas próprias vidas e na vida das suas famílias, mais do que objectos passivos de preocupação ou remediação".[8] Os infantes passaram a ser sujeitos de direito.

A maternidade e a paternidade deixaram de se pautar por uma lógica de dominação e a família passou a materializar o refúgio afetivo e o primeiro espaço de socialização das crianças. É o *lócus* de formação do indivíduo e da sua personalidade. Afinando por esse diapasão, a roupagem e a própria terminologia do cuidado parental passaram por uma série de transformações na sociedade brasileira e em tantas outras.

Em razão do fenômeno da constitucionalização do direito civil ou, como preferem alguns, o do direito constitucional da família, que existe para proteger os direitos

---

4. Locução adotada pela legislação portuguesa até 2008. Jorge Duarte Pinheiro critica a escolha legislativa, afirmando que se trata de equívoco, já que "parental, no português jurídico, é o que diz respeito a parentes, ou seja, a pessoas unidas por um vínculo decorrente de uma delas descender da outra ou de ambas procederem de um progenitor comum; ora, as responsabilidades parentais são originariamente exercidas apenas por certos parentes, os pais, parentes do menor no primeiro grau de linha recta ascendente". PINHEIRO, Jorge Duarte. *Estudos de Direito da Família e das Crianças*. Lisboa: AAFDL, 2015, p. 331-332. Não obstante a terminologia não seja jurídica, não parece que tal argumento seja suficiente para colocá-la em causa. Por um lado, o vocábulo "parental" parece afastar o sexismo dos termos "paterno" e "materno", pautando-se pela lógica de que os papéis parentais – a cada dia mais – se afastam da rigidez de outrora, muito vinculada às diferenças de gênero. Por outro lado, é preciso atentar também que Brasil, Portugal e diversos outros países reconheceram a possibilidade de casais do mesmo sexo adotarem conjuntamente crianças ou recorrerem às técnicas de procriação medicamente assistida. Como falar em "poder paternal" em uma família com duas mães e nenhum pai? Por fim, deve-se lembrar que muito embora os pais sejam titulares das responsabilidades parentais, o exercício pode ser atribuído aos padrinhos civis, por exemplo, que sequer são parentes. De igual maneira, quando a filiação só tiver sido estabelecida em relação à mãe, o cuidado parental também poderá ser exercido pelo padrasto, que em Portugal tampouco é considerado parente, sendo apenas afim em linha reta (se casado com a mãe) ou sem qualquer vínculo jurídico com a criança, caso ele e a mãe vivam apenas em união de facto.
5. MIRANDA, Jorge. *Escritos Vários Sobre Direitos Fundamentais*. Estoril: Principia, 2006, p. 18.
6. Nomenclatura utilizada na França e na Bélgica.
7. Terminologia adotada em Portugal, na Inglaterra, no País de Gales, na Holanda e na legislação comunitária europeia.
8. WILLIAMS, Fiona. *Repensar as Famílias*. Cascais: Princípia, 2010, p. 27.

fundamentais de todos os membros da entidade familiar, afastou-se o caráter tirânico, despótico e irrestrito do "poder paternal" ou "pátrio poder" de outrora.[9]

Como corolário dessa nova visão do Direito das Famílias, assiste-se a uma vigorosa crítica à permanência do termo "poder" no domínio das responsabilidades parentais, como ocorre no Brasil e na Itália.[10] O vocábulo poder remete à ideia de arbítrio e à perspectiva do "sinistro período pré-filiocêntrico" do cuidado parental "em que o filho nada mais era do que um objecto pertencente ao pai".[11] Na opinião de Paulo Lôbo, "o conceito de autoridade, nas relações privadas traduz melhor o exercício de função ou de múnus, em espaço delimitado, fundado na legitimidade e no interesse do outro".[12]

Todavia, é preciso notar que esse movimento liberatório das crianças e jovens (materializado por instrumentos como a Convenção da ONU sobre os Direitos das Crianças) trouxe consigo dilemas relativos às mudanças das fronteiras e relações de poder entre pais e filhos, além da reestruturação das relações geracionais dentro das famílias. Alguma doutrina[13] afirma que as responsabilidades parentais passaram a estar algures entre a participação e a emancipação.

Fala-se em dinamização da juventude, ou seja, no reconhecimento de que crianças e jovens são seres humanos em processo de desenvolvimento, possuidores de uma autonomia que deve ser reconhecida e respeitada, de acordo com a maturidade deles.[14] Partiremos desse pressuposto (de que o cuidado parental traz consigo um dever de respeito à autonomia progressiva das crianças e jovens) para colocar o questionamento central do presente artigo.

Será que um maior grau de independência ou liberdade das crianças e jovens deve existir no âmbito da sua intimidade, especificamente no domínio da sexualidade? Como harmonizar eventuais colisões entre os parâmetros educativos dos pais (aí incluída a sua noção de educação sexual e de gênero) e a sexualidade do filho?

2. CONTEÚDO DA AUTORIDADE PARENTAL

De acordo com o art. 229 da Constituição Federal, os pais têm o dever de assistir, criar e educar os filhos durante a menoridade, ou seja, no lapso temporal entre o seu nascimento e o alcance da maioridade civil. Nos termos do art. 1.634 do Código

---

9. Nesse sentido, viu-se um movimento de criminalizar os castigos físicos imoderados dos pais em relação aos filhos, sob a roupagem de maus tratos.
10. Que adotam "poder familiar" e *"potestà dei genitori"*, respectivamente.
11. PINHEIRO, Jorge Duarte. *Direito da Família e das Sucessões*, Vol. II: Direito da Filiação: Filiação biológica, adoptiva e por consentimento não adoptivo. Constituição, efeitos e extinção. Lisboa: AAFDL, 2005, p. 82.
12. LÔBO, Paulo Luiz Netto. Do Poder Familiar. In: DIAS, Maria Berenice; PEREIRA, Rodrigo da Cunha Pereira (coords). *Direito de Família e o novo Código Civil*/ 4. ed. 2. tir. rev. atual. Belo Horizonte: Del Rey, 2006, p.148.
13. TOMANOVIC, Smiljka. Negotiating Children's Participation and Autonomy within Families. *International Journal of Children's Rights*, vol. 11, n. 1, pp. 51-72, 2003, p. 51.
14. LANÇA, Hugo Cunha. *A Regulação dos Conteúdos Disponíveis na Internet*: A Imperatividade de Proteger as Crianças. Tese [Doutorado]. Porto: Universidade Católica, 2014, p. 192.

Civil, os filhos serão representados até os dezesseis anos e a partir daí serão assistidos pelos pais, caso não sejam emancipados pelos representantes legais ou adquirido capacidade por outros fatores que não a maioridade (a exemplo da colação de grau em curso superior, casamento, tenha economia própria ou exerça função pública efetiva, como prescreve o art. 5º do CC).

É importante sublinhar que muito embora os filhos deixem de estar sujeitos à autoridade parental aos dezoito anos, tal fato não é suficiente para afastar automaticamente as responsabilidades parentais (mormente em relação ao dever de sustento), sendo comum que a obrigação de manutenção dos filhos seja alargada pelos tribunais até o momento em que concluam o ensino superior.

Feitas essas breves considerações sobre o conteúdo das responsabilidades parentais, é imperioso destacar que os cotitulares da autoridade parental devem observar o respeito à liberdade das crianças e jovens e zelar pelo fiel atendimento de suas vontades, contanto que não coloquem em causa a sua educação e o seu desenvolvimento saudável.

Questiona-se com frequência, por exemplo, quais seriam os limites do poder funcional de ação e de decisão dos representantes dos infantes e adolescentes impúberes relativamente à integridade psicofísica. Não se tem uma resposta pronta e uma doutrina homogênea para o questionamento. Os casos concretos devem ser estudados à luz da principiologia constitucional e dos princípios gerais do direito.[15]

A família, muito embora se sujeite ao direito infraconstitucional, possui o centro difusor da sua regulação na Lei Fundamental. É a partir dessa ideia que se fala na aplicação dos princípios constitucionais não somente às relações familiares, mas em todos os vínculos interprivados; não somente no âmbito dos direitos fundamentais, mas em todas as perspectivas das relações interprivadas: na propriedade, nos contratos, na família. Os princípios passam a ter incidência imediata e direta, afastando-se da visão anacrônica na qual a principiologia constitucional era reduzida a um "conteúdo programático de políticas públicas".[16]

Devem ser levadas em conta as regulamentações existentes em outros ordenamentos jurídicos, que percebam e respeitem o valor que a sociedade dá às crianças e adolescentes e o alcance da intervenção do Estado sobre a atuação dos titulares da representação dos menores de 18 anos. Os pais, em geral, representantes legais das crianças e jovens, devem respeitar a personalidade dos filhos e, de acordo com a maturidade deles, considerar sua opinião nos assuntos familiares importantes, reconhecendo-lhes autonomia na organização da própria vida. Parece-nos que essa liberdade também deve estar presente no âmbito do desenvolvimento da sexualidade, desde que não coloque em risco a saúde ou a vida do adolescente.

---

15. NUNES, Lydia Neves Bastos Telles. "Respeito aos direitos de personalidade das crianças e adolescentes". Disponível em: seer.fclar.unesp.br/seguranca/article/download/5027/4169 Acesso em: 28 jan. 2018.
16. FACHIN, Luiz Edson. "Princípios constitucionais do direito de família brasileiro contemporâneo", em *A família além dos mitos/* Eliene Freire Bastos; Maria Berenice Dias (coords.). Belo Horizonte: Del Rey, pp. 121-130, 2008, p. 123.

3. SEXUALIDADE DE CRIANÇAS E ADOLESCENTES

Boa parte das investigações sobre comunicação sexual familiar busca identificar o que os pais dizem aos filhos sobre sexo e sexualidade. A sexualidade infantil é um estado que muitos de nós desconhecem e outros tantos ignoram ou negam. Mesmo nos atuais tempos pós-modernos, a sexualidade, quando relacionada à infância, é pouco debatida e clarificada, permanecendo uma "terra incógnita"[17] para os adultos que a consideram um tema terrificante e, não raras vezes, censurado.

O debate usual sobre a sexualidade da infância gira em torno da percepção de que o sexo representa um "perigo" do qual as crianças precisam de proteção. Além disso, há uma crença de que a educação sexual para crianças poderia ativar e possivelmente desencadear a capacidade sexual da criança.[18]

No Século XIX, a sexualidade infantil – nomeadamente a prática da masturbação – era considerada um "mal social",[19] não apenas um problema individual, mas uma ameaça ao Estado e à sociedade, que deveria ser combatida com medidas drásticas em busca da sua erradicação. Entretanto, até o século anterior, a sexualidade infantil era basicamente ignorada, mesmo por aqueles que tendencialmente se preocupavam com a referida questão da sexualidade: os moralistas religiosos.

> Como mal a ser expurgado da vida das crianças, a sexualidade passa a ser perseguida e proibida por moralistas e confessores em nome da preservação da inocência infantil, atributo que institui a infância na modernidade. Nessa lógica, a criança só é inocente porque está afastada do sexo, experiência possível e permitida apenas para a vida adulta. Por meio das penitências religiosas, dos tratados de boas maneiras e da literatura infantil, a moral burguesa ensina as crianças a sentirem culpa por seus desejos, ideias e práticas sexuais, traduzindo-se em valor inabalável, que constitui os sujeitos, crianças e adultos, e demarca suas relações com o próprio corpo e com o mundo.[20]

Estudos relativos a tempos mais recentes revelam que os pais tendem a evitar tópicos como a mecânica do sexo, centrando as suas lições na moral sexual e, em menor medida, na contracepção e nas doenças sexualmente transmissíveis. Alguma doutrina adverte que tais pesquisas se concentram no conteúdo dos diálogos e não nos fatores que podem moldar o conteúdo das conversas, ignorando um contexto maior que inclui "pânico moral e mensagens altamente contraditórias sobre a sexualidade".[21]

---

17. SCHINDHELM, Virginia Georg. *A sexualidade na educação infantil*. Disponível em: http://www.uff.br/revistaleph/pdf/art9.pdf Acesso em: 29 jan. 2018.
18. DAIGLE, Maureen; HARRIS, Donna. Attitudes towards Child Sexuality *Medicine and Law*, vol. 8, pp. 379-390, 1989, p. 380.
19. FISHMAN, Sterling. The History of Childhood Sexuality. *Journal of Contemporary History*, vol. 17, n. 2, pp. 269–283, 1982, p. 270.
20. CARVALHO, Cíntia de Sousa *et. al*. Direitos sexuais de crianças e adolescentes: avanços e entraves. *Psicologia Clínica*, vol. 24, n. 1, pp. 69-88, 2012, p. 71.
21. DAIGLE, Maureen; HARRIS, Donna. Attitudes towards Child Sexuality *Medicine and Law*, vol. 8, pp. 379-390, 1989, p. 380.

Michel Foucault[22] sugeriu que o desenvolvimento global da sexualidade pode ser melhor compreendido em uma lógica de vários subdesenvolvimentos ou "unidades estratégicas". Uma dessas unidades estratégicas foi denominada pelo autor como "pedagogia do sexo infantil", cuja análise girou primacialmente ao redor da já mencionada campanha do século XIX contra a masturbação infantil. No seu entendimento, a sexualidade infantil e juvenil se tornou a partir do século XVIII uma importante "área de contenção" em torno da qual diversos "dispositivos institucionais" e "estratégias discursivas" foram implementados. Ainda para o filósofo francês,[23] a masturbação infantil e a consequente intervenção dos pais revelam uma questão de moralidade, ética e autoridade que, pelo seu caráter interdito, gerava uma enorme ansiedade tanto nos adultos como nas próprias crianças.

Essa ansiedade ainda se faz muito presente na vida dos adultos que convivem com crianças, a exemplo dos pais, professores e cuidadores. O desassossego dos adultos vincula-se, na atualidade, na identificação de padrões de comportamento sexuais normais nas crianças. É importante referir que condutas sexuais nas crianças não possuem o mesmo significado que tais práticas representam para os adultos, podendo ser diferenciados em: brincadeira e curiosidade *versus* conhecimento e comportamento consequente; espontaneidade e capacidade receptiva *versus* autoconsciência e privacidade; sensualidade e excitação *versus* paixão e erotismo.[24]

Na atualidade, as investigações científicas expandiram a percepção sobre os comportamentos sexuais típicos na infância, onde se inclui: autoestimulação, interesse em tópicos sexuais, exibicionismo, voyeurismo, conhecimento sobre os órgãos sexuais e o funcionamento desses órgãos, etc.[25] Trata-se de uma evolução natural do ser humano, já que a sexualidade é uma "dimensão humana a serviço da vida porque traz ganhos vinculados às bases fundamentais da felicidade como exercício do prazer e do amor".[26] É preciso, todavia, que não se confunda sexualidade com sexualização ou erotização precoce das crianças, que termina expondo-as a conteúdos para os quais ainda não possui capacidade de assimilação, já que não fazem parte daquela fase de desenvolvimento da pessoa.

---

22. FOUCAULT, Michel. *The History of Sexuality*, vol. I: An Introduction. New York: Vintage Books, 1980, p. 30.
23. FOUCAULT, Michel. *Politics, Philosophy, Culture, Interviews and Other Writings, 1977-1984*. London: Routledge, 1988, p. 9. O autor afirma ainda que se tratava de uma questão de prazer, prazer na intervenção, fazendo com que a repressão intensificasse tanto as ansiedades, como os prazeres.
24. ROTHBAUM, Fred, *et al*. Becoming Sexual: Differences between Child and Adult Sexuality. *Young Children*, vol. 52, n. 6, pp. 22–28, 1997, p. 22. Na p. 26 do mesmo artigo, os autores asseveram que a maior parte de demonstrações físicas de afeto iniciadas por crianças pequenas – como beijos, abraços e outras carícias – estão muito mais ligadas à necessidade de vinculação do que ao Eros.
25. THIGPEN, Jeffry W.; FORTENBERRY, J. Dennis. Understanding Variation in Normative Childhood Sexual Behavior: The Significance of Family Context. *Social Service Review*, vol. 83, n. 4, pp. 611–631, 2009, p. 612.
26. SCHINDHELM, Virginia Georg. *A sexualidade na educação infantil*. Disponível em: http://www.uff.br/revistaleph/pdf/art9.pdf Acesso em: 29 jan. 2018.

Relativamente à sexualidade, os estudos indicam que os infantes se envolvem em brincadeiras sexuais com crianças do mesmo gênero e do sexo oposto.[27] Como adverte alguma doutrina, "criança e sexualidade são instituições sociais ligadas a práticas relacionais e modos de educação, que caminham e convivem juntas sob influências do meio cultural".[28]

Por uma construção social, a sexualidade na adolescência parece ser vista com mais ou menos incômodo pelos adultos, a depender do gênero do filho. Salvo raras exceções, a reação dos pais ao descobrirem que a filha adolescente perdeu a virgindade não seria a mesma da que teriam diante da notícia de que o filho teve a sua primeira relação sexual.

Enquanto ainda são relativamente comuns os casos em que pais, tios ou parentes mais velhos induzem – orgulhosos – os meninos para a sua primeira experiência sexual em prostíbulos, também continuam usuais as situações em que a iniciação na vida sexual da menina causa graves conflitos familiares, principalmente com figuras masculinas.

Tome-se como exemplo um caso em que um pai, ao descobrir que a filha adolescente se encontrava em um relacionamento sério com um rapaz, cortou os seus cabelos e agrediu-a com um fio elétrico. Foi apresentada queixa ao juizado de violência doméstica e o julgador entendeu que as lesões físicas não configuravam ilícito, sendo antes "o mero exercício do direito de correção"[29] paterno.

Tal cenário parece entrar em confronto direto com diversas normas e princípios constitucionais e infraconstitucionais. O art. 227 da Constituição Federal é de clareza meridiana no sentido de que é dever da família e do Estado assegurar à criança e ao jovem, com absoluta primazia, o direito à saúde, à dignidade, ao respeito, à liberdade, além de colocá-los a salvo de quaisquer formas de opressão, crueldade, discriminação ou violência.

Duas questões, de plano, se colocam ao analisar o caso: será que o juiz teria decidido de igual maneira se ao invés de uma menina fosse um menino que tivesse mantido relações sexuais com outra jovem? Será que aquele pai teria agredido o seu filho da mesma idade que tivesse iniciado a vida sexual com outra adolescente?

Em outra situação veiculada pela mídia, uma adolescente igualmente de 13 anos sofreu violência física de ambos os pais após contar-lhes que havia perdido a virgin-

---

27. Apesar de ser uma parcela minoritária da população, também há pessoas que durante toda a sua vida não terão desejo sexual por pessoas do sexo oposto ou do mesmo sexo: são os denominados assexuais. A assexualidade passou a ser considerada a quarta orientação sexual, ao lado da heterossexualidade, homossexualidade e bissexualidade. Sobre o assunto, ver EMENS, Elizabeth F. Compulsory Sexuality. *Stanford Law Review* vol. 66, n. 2, pp. 303-386, 2014, p. 308 e ss.
28. SCHINDHELM, Virginia Georg. *A sexualidade na educação infantil*. Disponível em: http://www.uff.br/revistaleph/pdf/art9.pdf Acesso em: 29 jan. 2018.
29. Cfr. AGÊNCIA ESTADO. *Bater em filha com fio após ela perder a virgindade é 'correção', diz juiz*. Disponível em: http://www.correiobraziliense.com.br/app/noticia/brasil/2017/09/19/internas_polbraeco,627057/para-juiz-bater-em-filha-com-fio-eletrico-e-mero-exercicio-de-correc.shtml Acesso em: 29 jan. 2018.

dade com um rapaz de 19 anos. Note-se que, não obstante fosse um caso de estupro de vulnerável de acordo com o Código Penal, os responsáveis da jovem agrediram a ela e não ao abusador.[30]

Um estudo sobre a sexualidade de crianças e adolescentes entre 10 e 14 anos indicou que o início da sexualidade nessa época da vida é bastante superior no sexo masculino, havendo igualmente uma superioridade em relação ao número de parceiros(as). "No contexto brasileiro, esse achado tem sido explicado por questões sociais e culturais, como a valorização da masculinidade pela idade da iniciação sexual e pelo número de relacionamentos vivenciados".[31]

A diferença no tratamento e na consideração da sexualidade de meninos e meninas no âmbito da família, das escolas e da sociedade é um reflexo da desigualdade entre homens e mulheres de uma maneira geral, não obstante exista uma igualdade formal a partir da Carta Magna de 1988.

A igualdade material é um objetivo que ainda está a ser perseguido no Brasil. O tratamento desigual da sexualidade de meninos e meninas, no que tange à educação, orientação e à liberdade para o exercício antes da maioridade (no caso de adolescentes), termina por reforçar a misoginia e o sexismo que ainda impregnam a sociedade brasileira.

Nessa lógica, as crianças "crescem ainda sob uma nuvem espessa de machismo em que sexo é um direito apenas do homem. A sexualidade da mulher se torna alvo de ataques. O menino é sempre o garanhão. A menina é sempre a vadia".[32] Não raras vezes, homens se gabam dos seus feitos varonis enquanto meninos quando, na realidade, sofreram assédio sexual.

O outro lado da moeda da discriminação entre meninos e meninas também é perverso: o menino que for abusado por uma mulher e reclamar, poderá ser tachado de *gay* (independentemente da sua orientação sexual), fraco ou qualquer outro adjetivo que implique diminuição da sua masculinidade. A nefasta cultura machista espera que o homem esteja sempre pronto para impor o seu poder à mulher, independentemente de ser um menino ainda muito jovem, afastando-o da condição de vítima.[33] O garoto, assim, receia "o estigma da homossexualidade, bem como busca

---

30. Cfr. *Adolescente é agredida em RO pelos próprios pais após perder a virgindade*. Disponível em: https://www.portaljipa.com.br/noticias/policial-8/adolescente-e-agredida-em-ro-pelos-proprios-pais-apos-perder-virgindade-22342 Acesso em: 28 jan. 2017.
31. GONCALVES, Helen et al . Início da vida sexual entre adolescentes (10 a 14 anos) e comportamentos em saúde. *Revista Brasileira de Epidemiologia*, vol. 18, n. 1, pp. 1-18, 2015, p. 11.
32. PEREIRA, Mariliz. *Segurem suas cabras que meu bode está solto*. Disponível em:
    http://www1.folha.uol.com.br/saopaulo/2015/06/1638192-segurem-suas-cabras-que-meu-bode-esta-solto.shtml
33. MENDONÇA, Renata. *Campanha #PrimeiroAssédio expõe tabu de violência sexual contra meninos*. Disponível em: http://www.bbc.com/portuguese/noticias/2015/11/151105_abuso_sexual_meninos_rm Acesso em: 29 jan. 2018.

manter na sociedade o perfil que dele se espera: um indivíduo forte e sem medos. Daí o pequeno número de denúncias envolvendo vítimas do sexo masculino".[34]

Mais uma vez e sempre, é imperioso relembrar que a Constituição impõe às famílias, à sociedade e ao Estado uma obrigação inafastável de proteger as crianças de todas as formas de crueldade, opressão e discriminação odiosa. A educação sexual pautada por uma lógica de igualdade é um direito fundamental das crianças e jovens.

De nada serve, portanto, uma aula destinada a ensinar crianças e jovens a colocarem um preservativo em uma banana, se esses mesmos infantes e adolescentes não forem orientados sobre a igualdade entre os gêneros, sobre o dever de respeito a todos, sobre o fato de que meninos podem chorar e meninas podem ser super-heroínas, sem que isso afete a masculinidade e a feminilidade.

Qualquer ser de mínima compreensão da realidade a sua volta parece concordar que está na hora dos pais, professores e quaisquer adultos aposentarem os ditos populares no estilo "segurem as suas cabritas que o meu bode está solto". A virgindade feminina deve ser tão valorizada quanto à masculina que, por sua vez, não deve ser encarada como uma menos-valia, uma "doença" da qual os meninos tão logo ultrapassem a puberdade devem se livrar.

Como, quando e com quem iniciar a vida sexual deve ser uma escolha pessoal de cada um e não dos pais, dos parentes ou quaisquer outras pessoas. Assim, além do exercício (ou não) da sexualidade ser uma prerrogativa dos jovens, a orientação sexual e a identidade de gênero são elementos pessoais que não estão disponíveis ao arbítrio dos adultos.

4. DIREITOS DE PERSONALIDADE DE CRIANÇAS E ADOLESCENTES

Quando se analisam os direitos da personalidade, não raras vezes, se está a analisar, no fundo, direitos fundamentais, mas sob o ângulo do direito privado, onde busca-se salvaguardar esses referidos direitos "já não contra a usurpação pela autoridade, mas contra ataques dos particulares".[35]

É preciso sublinhar, como adverte Pontes de Miranda, que não são apenas direitos de personalidade aqueles que nasceram no direito privado. Já há muitos anos, o jurista alagoano ressaltava que não se poderia negar "a existência de direitos públicos entre particulares" e que exceto "uma ou outra imperfeição do sistema, o direito de personalidade é ubíquo".[36]

---

34. MACHADO, Talita Ferreira Alves. *Criança vítima de pedofilia*: fatores de risco e danos sofridos. Dissertação [Mestrado]. Medicina Forense. São Paulo: USP, 2013, p. 42.
35. CHAVES, Antônio. Direitos da personalidade. *Doutrinas essenciais*: direito civil, parte geral, v. III – Pessoas e domicílio/ Gilmar Ferreira Mendes; Rui Stoco (orgs.). São Paulo: Revista dos Tribunais, pp. 89-111, 2011, p. 93.
36. MIRANDA, Pontes de. *Tratado de direito privado*, t. VII: Direito de personalidade. Direito de família. Atual. por Rosa Maria de Andrade Nery. São Paulo: Revista dos Tribunais, 2012, p. 59.

Partindo-se da premissa de que os direitos de personalidade podem ser considerados direitos fundamentais a partir de uma visão de direito civil-constitucional, a universalidade impõe a noção de que "os direitos fundamentais previstos na Constituição são direitos de todas as pessoas e, assim, de todas as crianças".[37] Muito embora a noção dos direitos de personalidade como direitos fundamentais não seja assente na doutrina, há um reconhecimento quase universal de que os direitos de personalidade possuem extrema afinidade com os direitos fundamentais, que salvaguardam direitos, liberdades e garantias, favorecendo a independência pessoal e a autonomia dos seus titulares.[38]

Afinando por esse diapasão, esclarece o art. 15 do ECA que as crianças e jovens "têm direito à liberdade, ao respeito e à dignidade como pessoas humanas em processo de desenvolvimento e como sujeitos de direitos civis, humanos e sociais garantidos na Constituição e nas leis". Os infantes são titulares dos direitos de personalidade e fundamentais, mas relativamente a direitos cujo o conteúdo primacial seja referido a ações, o exercício é mitigado, algumas vezes de forma razoável e proporcional, noutras nem tanto.

De acordo com o art. 1º do Código Civil, toda pessoa é capaz de deveres e direitos na ordem civil. Todavia, as crianças e jovens com idade abaixo de dezesseis anos são consideradas absolutamente incapazes (art. 3º) e os adolescentes entre dezesseis e dezoito anos são reputados como relativamente incapazes para o exercício pessoal dos atos da vida civil (art. 4º, I).

As crianças e jovens abaixo dos dezesseis anos, em uma concepção tradicional, são vistos como pessoas carentes de tutela, com as suas capacidades relacionais, físicas e intelectuais diminuídas em razão da idade, e sem habilidades para participarem do tráfico jurídico, como adverte Maria Clara Sottomayor.[39]

Aos poucos, a noção arcaica dos infantes e jovens como "menores" está dando lugar a uma concepção mais autônoma, realista e voltada para o livre desenvolvimento da personalidade das crianças e adolescentes. Entretanto, essa percepção ainda precisa ser apanhada com mais precisão pelo Direito, nomeadamente no âmbito da capacidade que, como alerta Nelson Rosenvald, "é concedida pelo ordenamento, variável em graus, sujeita, portanto, aos humores do legislador e sobremaneira ao estágio cultural de cada sociedade".[40]

Aliás, essa dependência do estado de espírito da sociedade e do poder legislativo, é verificada na feitura das legislações em geral. Como afirma Jorge Miranda, mesmo

---

37. ALEXANDRINO, José de Melo. *Os direitos das crianças*. Disponível em: https://portal.oa.pt/comunicacao/publicacoes/revista/ano-2008/ano-68-vol-i/doutrina/jose-de-melo-alexandrino-os-direitos-das-criancas/ Acesso em: 29 jan. 2018.
38. Por todos, ver NUNES, Lydia Neves Bastos Telles. *Respeito aos direitos de personalidade das crianças e adolescentes*. Disponível em: seer.fclar.unesp.br/seguranca/article/download/5027/4169 Acesso em: 28 jan. 2018.
39. SOTTOMAYOR, Maria Clara. *Temas de Direitos das Crianças*. Coimbra: Almedina, 2014, pp. 59-60.
40. ROSENVALD, Nelson. A necessária revisão da teoria das incapacidades. *Família*: entre o público e o privado/ Rodrigo da Cunha Pereira (coord.). Porto Alegre: Magister/IBDFAM, pp. 225-243, 2012, p. 235.

os direitos fundamentais "dependem das filosofias políticas, sociais e econômicas e das circunstâncias de cada época e lugar".[41] De toda sorte, o pertencimento ao grupo familiar não exclui a titularidade dos direitos fundamentais dos seus membros e o Direito das Famílias deve evitar que os conflitos intrafamiliares possam lesionar esses direitos fundamentais.[42]

A noção de autonomia está intimamente ligada à dignidade da pessoa humana. Aliás, a manifesta convergência de uma série de normas de direitos humanos, de direitos fundamentais e de direitos de personalidade presentes em diversos instrumentos internacionais sobre os direitos das crianças, na Lei Fundamental e no Código Civil, revela um mesmo fundamento subjacente: a dignidade da pessoa humana.[43]

A autonomia, uma das três dimensões do conteúdo mínimo da dignidade humana (ao lado do valor intrínseco e do valor comunitário), representa o direito de cada sujeito, como um ente moral e como um indivíduo livre e igual, tomar decisões e arbitrar o seu próprio ideal de boa existência.[44] É preciso sublinhar "que a menoridade não é um estado monolítico e que as crianças passam por diferentes graus de desenvolvimento, nos quais adquirem, progressivamente, capacidades".[45]

Alinhamos com a noção defendida por Hugo Cunha Lança de uma visão personalista do cuidado parental, na qual o infante não é um mero patrimônio a ser tutelado, mas uma pessoa e, como tal, dotada de emoções, direitos, sentimentos e necessidades. A partir dessa percepção da criança como pessoa e sujeito de direitos, deve-se reconhecer uma esfera de autonomia e autogoverno, mediado pela maturidade e pelo discernimento apresentado por cada infante.

> E atacar a visão dogmática maniqueísta do menor/maior, a dicotomia incapacidade/capacidade, em que a maioridade se atinge de forma abrupta por mera verificação de um requisito formal, edificando uma visão atualista, conciliadora com uma sociedade que mudou e para a qual são inaptos os conceitos rígidos do passado. Como não podemos persistir em interpretar a menoridade como um bloco, aplicando as mesmas normas e princípios a infantes e adolescentes; parece-nos evidente a imperatividade de revisitar a infância e procurar construir uma teoria, que se deseja sólida, sustentada na criação de diferentes patamares, com divergentes estatutos jurídicos, com desiguais modelos e intensidades no exercício da autoridade parental, que procure compatibilizar a necessidade de proteger o menor e a promoção salutar do desenvolvimento da personalidade.[46]

---

41. MIRANDA, Jorge. *Manual de direito constitucional*, t. I. Coimbra: Coimbra, 1996, p. 90.
42. Como adverte ROCA i TRIAS, Encarna. *Libertad y familia*. Valencia: Tirant Lo Blanch, 2014, p. 155.
43. Como assevera, relativamente a Portugal, ALEXANDRINO, José de Melo. *Os direitos das crianças*. Disponível em: https://portal.oa.pt/comunicacao/publicacoes/revista/ano-2008/ano-68-vol-i/doutrina/jose-de-melo--alexandrino-os-direitos-das-criancas/ Acesso em: 29 jan. 2018.
44. Cfr. BARROSO, Luís Roberto. *A dignidade da pessoa humana no direito constitucional contemporâneo*: a construção de um conceito jurídico à luz da jurisprudência mundial/ Humberto Laport de Mello (trad.). 1ª reimp. Belo Horizonte: Fórum, 2013, pp. 81-82.
45. SOTTOMAYOR, Maria Clara. Abuso sexual de crianças por adolescentes inimputáveis em razão da idade: um desafio ao processo tutelar educativo. In: OLIVEIRA, Guilherme de (coord.). *Textos de direito da família para Francisco Pereira Coelho/*. Coimbra: Imprensa da Universidade de Coimbra, 2016, p. 504.
46. LANÇA, Hugo Cunha. *A Regulação dos Conteúdos Disponíveis na Internet*: A Imperatividade de Proteger as Crianças. Tese [Doutorado]. Porto: Universidade Católica, 2014, p. 17.

O livre desenvolvimento da personalidade implica, como parece óbvio, um direito à edificação da personalidade sem imposição de modelos estanques, pré-determinados. Trata-se, afinal, de "um direito subjetivo fundamental do indivíduo, garantindo-lhe um direito à formação livre da personalidade ou liberdade de ação como sujeito autónomo dotado de autodeterminação decisória, e um direito de personalidade fundamentalmente garantidor da sua esfera jurídico pessoal e, em especial, da integridade desta".[47]

O art. 5º da Convenção da ONU sobre os Direitos das Crianças é explícito no sentido de que os pais ou responsáveis legais devem proporcionar às crianças e jovens "instrução e orientação adequadas e acordes com a evolução de sua capacidade no exercício dos direitos reconhecidos" no instrumento.

O direito à opinião e à liberdade de expressão das crianças e jovens são reconhecidos e valorizados pelo Estatuto da Criança e do Adolescente (art. 16, II). O art. 17 do mesmo diploma reconhece os direitos à autonomia e à inviolabilidade da integridade física, psíquica e moral dos infantes e adolescentes como substrato do dever geral de respeito.

Reforçando os vetores trazidos pela Constituição Federal, o ECA adverte que é obrigação de todos salvaguardar a dignidade de crianças e jovens, protegendo-os de tratamentos violentos, constrangedores ou desumanos (art. 18). A titularidade das responsabilidades parentais não atribui direitos ilimitados dos pais sobre os filhos.

Muito embora o Código Civil preveja um dever de respeito e obediência dos filhos em relação aos pais (art. 1.634, IX), as crianças e jovens têm o direito de ser educados e cuidados sem a sujeição a castigos físicos ou tratamentos cruéis como formas de educação ou correção (ECA, art. 18-A). Portanto, castigar fisicamente uma filha porque ela perdeu a virgindade antes do casamento ou da maioridade ou um filho porque ele é homossexual ou não quer manter relações sexuais sem ter vontade, poderá configurar os tipos de maus-tratos previstos no art. 136 do Código Penal (no caso de castigos físicos que coloque em risco a vida ou saúde do filho) ou art. 232 do Estatuto da Criança e do Adolescente (no caso de exposição a vexame ou constrangimento).

O respeito à autonomia e à autodeterminação das crianças vem ganhando enorme relevo jurídico, sendo inclusive prescrito pela Convenção da ONU de 1989 (art. 12, n. 1) que deve ser assegurado ao infante que estiver capacitado a edificar os seus próprios juízos o direito de expressar livremente a sua opinião sobre os assuntos que lhe disserem respeito.

5. CONCLUSÕES

Como dissemos, é necessário, primeiramente, que não se confunda sexualidade com sexualização ou erotização precoce das crianças, o que acabaria por expô-las a conteúdos para os quais ainda não possuem capacidade de assimilação, já que não fazem parte daquela fase de desenvolvimento.

---

47. CANOTILHO, J.J. Gomes; MOREIRA, Vital. *Constituição da República Portuguesa Anotada*. Vol. I. 4. ed., rev. Coimbra: Coimbra, 2007, p. 463.

Feito esse alerta, parece-nos forçoso reconhecer a necessidade de que as famílias se afastem, de uma vez por todas, desse modelo de iniciação sexual compulsória para os meninos e castidade forçada para as meninas. O pertencimento ao grupo familiar não exclui a titularidade dos direitos fundamentais dos seus membros, ainda que menores, e o Direito das Famílias deve evitar que os conflitos intrafamiliares possam lesionar esses mesmos direitos fundamentais.

Como, quando e com quem iniciar a vida sexual deve ser uma escolha pessoal de cada um e não dos pais, dos parentes ou quaisquer outras pessoas. Assim, além do exercício (ou não) da sexualidade ser uma prerrogativa dos jovens, a orientação sexual e a identidade de gênero são elementos pessoais que não estão disponíveis ao arbítrio dos adultos.

O corpo pertence aos adolescentes e a sexualidade de cada um deve ser exercitada de acordo com as suas vontades e a sua autodeterminação, sem constrangimentos ou imposições por parte de terceiros, inclusive dos pais. Estes têm, no entanto, o dever de promover uma comunicação aberta, de maneira a orientar os filhos e estimular achegamento emocional, confiança e cumplicidade entre os adultos e os jovens.

Fica claro, portanto, que alinhamos com uma visão personalista do cuidado parental, na qual o infante não é um mero patrimônio a ser tutelado, mas uma pessoa e, como tal, dotada de emoções, direitos, sentimentos e necessidades. A partir dessa percepção da criança como pessoa e sujeito de direitos, deve-se reconhecer uma esfera de autonomia e autogoverno, mediado pela maturidade e pelo discernimento apresentado por cada infante.

Assim, a consideração das convicções expostas pelos jovens deve ser levada em consideração em função da sua maturidade. Não faz qualquer sentido que aqueles que podem marcar suas posições perante os tribunais não tenham respeito e espaço no âmbito privado e familiar, mormente em relação à sua própria sexualidade.

Nessa lógica, parece ser razoável a proposta que, ao lado da atribuição generalizada da capacidade de direito, também se conceda às crianças e jovens a habilidade para gozar do direito ao livre desenvolvimento da personalidade, ou seja, capacidade de fato para exercer esse direito, sem necessidade de representação ou assistência, desde que não coloquem em causa a sua segurança, a sua saúde ou a sua vida.

6. REFERÊNCIAS BIBLIOGRÁFICAS

AGÊNCIA ESTADO. *Bater em filha com fio após ela perder a virgindade é 'correção', diz juiz*. Disponível em: http://www.correiobraziliense.com.br/app/noticia/brasil/2017/09/19/internas_polbraeco,627057/para-juiz-bater-em-filha-com-fio-eletrico-e-mero-exercicio-de-correc.shtml Acesso em: 29 jan. 2018.

ALEXANDRINO, José de Melo. *Os direitos das crianças*. Disponível em: https://portal.oa.pt/comunicacao/publicacoes/revista/ano-2008/ano-68-vol-i/doutrina/jose-de-melo-alexandrino-os-direitos-das-criancas/ Acesso em: 29 jan. 2018.

BARROSO, Luís Roberto. *A dignidade da pessoa humana no direito constitucional contemporâneo*: a construção de um conceito jurídico à luz da jurisprudência mundial/ Humberto Laport de Mello (trad.). 1ª reimp. Belo Horizonte: Fórum, 2013.

CANOTILHO, J.J. Gomes; MOREIRA, Vital. *Constituição da República Portuguesa Anotada*. Vol. I. 4. ed., rev. Coimbra: Coimbra, 2007.

CARVALHO, Cíntia de Sousa et. al. Direitos sexuais de crianças e adolescentes: avanços e entraves. *Psicologia Clínica*, vol. 24, n. 1, pp. 69-88, 2012.

CHAVES, Antônio. Direitos da personalidade. *Doutrinas essenciais*: direito civil, parte geral, v. III – Pessoas e domicílio/ Gilmar Ferreira Mendes; Rui Stoco (orgs.). São Paulo: Revista dos Tribunais, pp. 89-111, 2011.

DAIGLE, Maureen; HARRIS, Donna. Attitudes towards Child Sexuality *Medicine and Law*, vol. 8, pp. 379-390, 1989.

EMENS, Elizabeth F. Compulsory Sexuality. *Stanford Law Review* vol. 66, n. 2, pp. 303-386, 2014.

FACHIN, Luiz Edson. Princípios constitucionais do direito de família brasileiro contemporâneo. In: BASTOS, Eliene Freire; DIAS, Maria Berenice (coords.). *A família além dos mitos*/ Belo Horizonte: Del Rey, pp. 121-130, 2008.

FISHMAN, Sterling. The History of Childhood Sexuality. *Journal of Contemporary History*, vol. 17, n. 2, pp. 269–283, 1982.

FOUCAULT, Michel. *Politics, Philosophy, Culture, Interviews and Other Writings, 1977-1984*. London: Routledge, 1988.

_____. *The History of Sexuality*, vol. I: An Introduction. New York: Vintage Books, 1980.

GOMES, Carla Amado. Direito das famílias na jurisprudência portuguesa: filiação, adopção e protecção de menores In: TEIXEIRA, Ana Carolina Brochado; RIBEIRO, Gustavo Pereira Leite; COLTRO, Antônio Carlos Mathias; TELLES, Marília Campos Oliveira e (orgs.). *Problemas da família no direito*/ Belo Horizonte: Del Rey, 2012.

GONCALVES, Helen et al. Início da vida sexual entre adolescentes (10 a 14 anos) e comportamentos em saúde. *Revista Brasileira de Epidemiologia*, vol. 18, n. 1, pp. 1-18, 2015.

LANÇA, Hugo Cunha. *A Regulação dos Conteúdos Disponíveis na Internet:* A Imperatividade de Proteger as Crianças. Tese [Doutorado]. Porto: Universidade Católica, 2014.

LÔBO, Paulo Luiz Netto. Do Poder Familiar. In: DIAS, Maria Berenice; PEREIRA, Rodrigo da Cunha Pereira (coords). *Direito de Família e o novo Código Civil*/ 4. ed. 2. tir. rev. atual. Belo Horizonte: Del Rey, 2006.

MACHADO, Talita Ferreira Alves. *Criança vítima de pedofilia*: fatores de risco e danos sofridos. Dissertação [Mestrado]. Medicina Forense. São Paulo: USP, 2013.

MALLOY, Robin Paul. Market Philosophy in the Legal Tension between Children's Autonomy and Parental Authority. *Indiana Law Review* vol. 21, n. 4, pp. 889-900, 1988.

MENDONÇA, Renata. *Campanha #PrimeiroAssédio expõe tabu de violência sexual contra meninos*. Disponível em: http://www.bbc.com/portuguese/noticias/2015/11/151105_abuso_sexual_meninos_rm Acesso em: 29 jan. 2018.

MIRANDA, Jorge. *Escritos Vários Sobre Direitos Fundamentais*. Estoril: Principia, 2006.

MIRANDA, Jorge. *Manual de direito constitucional*, t. I. Coimbra: Coimbra, 1996.

MIRANDA, Pontes de. *Tratado de direito privado*, t. VII: Direito de personalidade. Direito de família. Atual. por Rosa Maria de Andrade Nery. São Paulo: Revista dos Tribunais, 2012.

NALINI, José Renato. Ética e família na sociedade pós-moralista. In: *Estudos jurídicos em homenagem ao centenário de Edgard de Moura Bittencourt*: a revisão do direito de família. Rio de Janeiro: GZ, 2009.

NUNES, Lydia Neves Bastos Telles. *Respeito aos direitos de personalidade das crianças e adolescentes*. Disponível em: seer.fclar.unesp.br/seguranca/article/download/5027/4169 Acesso em: 28 jan. 2018.

PINHEIRO, Jorge Duarte. *Direito da Família e das Sucessões*, Vol. II: Direito da Filiação: Filiação biológica, adoptiva e por consentimento não adoptivo. Constituição, efeitos e extinção. Lisboa: AAFDL, 2005.

PINHEIRO, Jorge Duarte. *Estudos de Direito da Família e das Crianças*. Lisboa: AAFDL, 2015.

PINHEIRO, Jorge Duarte. *Direito da Família e das Sucessões*, Vol. II: Direito da Filiação: Filiação biológica, adoptiva e por consentimento não adoptivo. Constituição, efeitos e extinção. Lisboa: AAFDL, 2005.

ROCA i TRIAS, Encarna. *Libertad y familia*. Valencia: Tirant Lo Blanch, 2014.

ROSENVALD, Nelson. A necessária revisão da teoria das incapacidades. *Família*: entre o público e o privado/ Rodrigo da Cunha Pereira (coord.). Porto Alegre: Magister/IBDFAM, pp. 225-243, 2012.

ROTHBAUM, Fred, *et al.* Becoming Sexual: Differences between Child and Adult Sexuality. *Young Children*, vol. 52, n. 6, pp. 22–28, 1997.

SCHINDHELM, Virginia Georg. *A sexualidade na educação infantil*. Disponível em: http://www.uff.br/revistaleph/pdf/art9.pdf Acesso em: 29 jan. 2018.

SOTTOMAYOR, Maria Clara. Abuso sexual de crianças por adolescentes inimputáveis em razão da idade: um desafio ao processo tutelar educativo. In: OLIVEIRA, Guilherme de (coord.). *Textos de direito da família para Francisco Pereira Coelho/*. Coimbra: Imprensa da Universidade de Coimbra, 2016.

SOTTOMAYOR, Maria Clara. *Temas de Direitos das Crianças*. Coimbra: Almedina, 2014.

THIGPEN, Jeffry W.; FORTENBERRY, J. Dennis. Understanding Variation in Normative Childhood Sexual Behavior: The Significance of Family Context. *Social Service Review*, vol. 83, n. 4, pp. 611–631, 2009.

TOMANOVIC, Smiljka. Negotiating Children's Participation and Autonomy within Families. *International Journal of Children's Rights*, vol. 11, n. 1, pp. 51-72, 2003.

WILLIAMS, Fiona. *Repensar as Famílias*. Cascais: Princípia, 2010.

TUTELA DO DIREITO À INTIMIDADE DE ADOLESCENTES NAS CONSULTAS MÉDICAS[1]

Taysa Schiocchet

Pós-doutora pela UAM, Espanha. Doutora em Direito pela UFPR, com estudos doutorais na Université Paris I–Panthéon Sorbonne e na FLACSO, Buenos Aires. Professora do Programa de Pós-Graduação em Direito da UFPR. Líder do grupo de pesquisa Clínica de Direitos Humanos (UFPR). Contato: taysa_sc@hotmail.com

Amanda Souza Barbosa

Doutora em Jurisdição Constitucional e Novos Direitos pela UFBA. Mestre em Direito Público pela UNISINOS. Professora de Direito Civil da UNIFACS. Pesquisadora nos grupos Vida (UFBA) e Clínica de Direitos Humanos (UFPR). Consultora jurídica em Direito Médico e Bioética. Contato: amandabarbosa.pesquisa@gmail.com

Sumário: 1. Introdução – 2. Panorama normativo sobre a tutela do direito à intimidade de adolescentes na esfera da assistência à saúde; 2.1 Disciplina normativa da intimidade de adolescentes em âmbito nacional: o paciente-adolescente; 2.2 Proteção do direito à intimidade do paciente-adolescente: em direção à especificação do dever de sigilo profissional – 3. Análise da tutela do direito à intimidade de adolescentes na assistência à saúde: seus contornos e viabilidade; 3.1 A incapacidade civil do adolescente: mecanismo disciplinar e biopolítico de controle dos corpos; 3.2 Críticas à teoria das incapacidades do direito civil: o adolescente como agente decisor na esfera existencial – 4. Considerações finais – Referências.

1. INTRODUÇÃO

A relação médico-paciente tem passado por transformações sensíveis a partir da segunda metade do século XX. A postura paternalista do profissional da saúde vem cedendo espaço a uma conduta direcionada a viabilizar que o paciente, alçado a protagonista no processo decisório em saúde, determine o que (não) fazer em termos terapêuticos. Essa transição, por si só, traz uma série de desafios nessa dinâmica relacional. Tal complexidade é agrava quando se está diante de um paciente que é adolescente e, por isso, depende de um representante legal para tomar decisões *a priori*.

Em atenção a esse contexto, propõe-se a análise dos contornos do exercício do direito à intimidade de adolescentes no contexto da assistência à saúde no Brasil.

---

1. Registramos nossos agradecimentos à colaboração da colega Suéllyn de Aragão no processo de atualização do texto. Ela é médica, servidora da UFPR e MPPR, especialista em Medicina do Trabalho (UNIVALI), mestre em Saúde Coletiva (UFPR) e Doutoranda em Direito (UFPR). Pesquisadora associada da Clínica de Direitos Humanos/Biotecjus (UFPR); do grupo de pesquisa Política, Avaliação e Gestão em Saúde (UFPR) e do grupo de pesquisa em Direitos Humanos do MPPR.

Em outras palavras, será colocado sob análise como o profissional da saúde deve se comportar quanto à preservação da intimidade do paciente-adolescente, em especial na observância do dever de sigilo profissional. Para tanto, dividiu-se a explanação em duas partes: a primeira dedicada a um panorama normativo sobre a tutela do direito à intimidade de adolescentes na esfera assistencial, e a segunda referente ao estudo da teoria das incapacidades.

Na primeira parte, o direito à intimidade foi situado enquanto direito da personalidade que se traduz, na esfera assistencial, nos deveres de confidencialidade e sigilo profissional. Após análise do panorama normativo brasileiro, em sentido amplo, percebeu-se que as regras sobre o assunto se concentram na deontologia médica e, assim como a teoria das incapacidades do Direito Civil, carece de especificações para oferecer diretrizes mais precisas aos atores dessa relação sobre o que se entende por boa ou má prática nesse contexto.

A este desafio foi dedicado o segundo momento do trabalho. Percebeu-se que a possível quebra do sigilo profissional, enfraquecendo-se a tutela do direito à intimidade do paciente-adolescente, está assentada na premissa de que esse sujeito não apresenta capacidade decisória. Sendo assim, fez-se uma análise da teoria das incapacidades do Direito Civil – que taxa os adolescentes de absoluta ou relativamente incapazes a depender da faixa etária – a partir do marco teórico do biopoder, na perspectiva foucaultiana, e a partir da doutrina bioética-jurídica.

Esse caminho foi orientado pela metodologia dialética e subsidiado por pesquisas do tipo documental e bibliográfica. Ao final, chegou-se a considerações a respeito do estado da arte, sistematizando-se as análise e propostas colacionadas ao longo do texto, destacando-se o quanto um tratamento geral e abstrato da (in)capacidade decisória do paciente-adolescente é incompatível com a complexidade da vida real e seus mais variados matizes, podendo redundar em situações de desproteção e descumprir o mandamento de proteção integral deste grupo social.

2. PANORAMA NORMATIVO SOBRE A TUTELA DO DIREITO À INTIMIDADE DE ADOLESCENTES NA ESFERA DA ASSISTÊNCIA À SAÚDE

Para a execução do objetivo proposto, é fundamental mapear o que a norma jurídica, em sentido lato, tem a dizer a respeito do exercício do direito à intimidade por adolescentes. De início, algumas premissas devem ser esclarecidas: os contornos do direito à intimidade e o que significa, no âmbito normativo, falar-se em adolescentes. Cumpre destacar que o direito à intimidade conta com previsão no art. 5º, X da Constituição Federal[2], assegurando-se sua inviolabilidade e o direito à indenização pelos danos morais e materiais decorrentes de sua violação.

---

2. BRASIL. *Constituição da República Federativa do Brasil de 1988*. Disponível em: <http://www.planalto.gov.br/ccivil_03/constituicao/constituicao.htm>. Acesso em: 21 jan. 2018.

Como explica Borges, a intimidade – enquanto direito da personalidade – vem sendo compreendida como uma esfera de proteção à intromissão alheia de um âmbito ainda mais restrito de sua vida do que aquele correspondente à noção de privacidade. Seria da ordem da intimidade, por exemplo, a revelação de doença ou deformidade somente perceptível num convívio íntimo. O direito à privacidade, por sua vez, se refere ao direito de excluir do conhecimento de terceiros determinados comportamentos – culturais, sexuais, domésticos etc – preferências, características, dentre outros[3].

Pode-se dizer que o dever de sigilo profissional deriva da proteção ao direito à intimidade. Quando um paciente compartilha informações sensíveis sobre si com o médico, tem a legítima expectativa de que tais informações não serão transmitidas para terceiros sem que expressamente o autorize. Essa ideia de compartilhamento de dados e acesso limitado a terceiros é traduzida em termos de confidencialidade na esfera assistencial[4]. Seria ela "uma forma de privacidade informacional que acontece no âmbito de uma relação especial entre o médico e seu paciente"[5]. No Brasil, essa noção ganha contornos ainda mais delimitados e precisos a partir da promulgação e vigência da Lei Geral de Proteção de Dados Pessoais (Lei 13.709/18), que estipulou regras sobre coleta, armazenamento, tratamento e compartilhamento de dados pessoais.

Enquanto do direito à privacidade e à intimidade, em suas respectivas esferas de abrangência, deriva a confiança e segurança para a revelação de algo privado/íntimo, a confidencialidade garante que a revelação será mantida em sigilo. Na relação médico-paciente, essa promessa de não revelação é qualificada, consistindo em um dever profissional de natureza legal e deontológica, como se verá. Trata-se, portanto, de um dever de sigilo qualificado[6]. Mesmo havendo uma diretriz normativa, a ser explorada na primeira parte deste texto, as hipóteses de quebra do sigilo demandam reflexões.

Quando o paciente está na adolescência, tem-se uma complexidade adicional no desenvolvimento desses estudos, pois somente podem prestar consentimento pessoas plenamente capazes, regime jurídico a ser explicitado a seguir. Entende-se por adolescente pessoa com idade entre os 12 anos completos e 18 anos incompletos. Assim determina o art. 2º do Estatuto da Criança e do Adolescente (ECA)[7] para fins de incidência da sua tutela protetiva.

De acordo com a tutela das incapacidades do Código Civil brasileiro (arts. 3º e 4º), pessoas até os 16 anos incompletos são consideradas absolutamente incapazes para a prática dos atos da vida civil. Já entre os 16 e 18 anos incompletos, uma pessoa

---

3. BORGES, Roxana Cardoso Brasileiro. *Direitos de personalidade e autonomia privada*. São Paulo: Saraiva, 2007. p. 163-167.
4. LOCH, Jussara de Azambuja. Confidencialidade: natureza, características e limitações no contexto da relação clínica. *Revista Bioética*, Brasília, v. 11, n. 1, p. 51-64, 2003. p. 52.
5. LOCH, Jussara de Azambuja. Confidencialidade: natureza, características e limitações no contexto da relação clínica. *Revista Bioética*, Brasília, v. 11, n. 1, p. 51-64, 2003. p. 53.
6. LOCH, Jussara de Azambuja. Confidencialidade: natureza, características e limitações no contexto da relação clínica. *Revista Bioética*, Brasília, v. 11, n. 1, p. 51-64, 2003. p. 54.
7. BRASIL. *Lei 8.069, de 13 de julho de 1990*. Dispõe sobre o Estatuto da Criança e do Adolescente e dá outras providências. Disponível em: <http://www.planalto.gov.br/ccivil_03/leis/L8069.htm>. Acesso em: 11 dez. 2017.

é considerada relativamente capaz para tanto. A capacidade aqui referida é a de fato, ou seja, corresponde à habilidade de exercício direto, livre e consciente dos direitos e cumprimento das obrigações de que se é titular[8].

Sendo assim, a depender da faixa etária em que se encontre, um adolescente pode ser considerado absoluta ou relativamente incapaz na ordem civil. Diante de tais restrições ao exercício direto de direitos, também indica o *codex* as pessoas responsáveis por representar ou assistir o adolescente na prática de tais atos. São eles os pais, no exercício do poder familiar (arts. 1.630 ss. do CC) e, na ausência ou impossibilidade destes, um tutor (arts. 1.728 ss. do CC).

Nos últimos anos, avolumaram-se críticas ao critério etário enquanto marco para a atribuição de capacidade de fato a uma pessoa. Considerações a respeito serão tecidas no segundo momento deste trabalho. Por ora, cabe salientar que a própria disciplina normativa atualmente em vigor a respeito do direito à intimidade de adolescentes na esfera da assistência à saúde denuncia os limites desse regime jurídico.

2.1 DISCIPLINA NORMATIVA DA INTIMIDADE DE ADOLESCENTES EM ÂMBITO NACIONAL: O PACIENTE-ADOLESCENTE

No âmbito do ECA[9], o termo "intimidade" somente aparece em dois momentos. Primeiramente, no art. 100, parágrafo único, inciso V, constando o "respeito pela intimidade, direito à imagem e reserva de sua vida privada" entre os princípios que devem orientar a aplicação de medidas específicas de proteção. Tais medidas, elencadas no art. 101 do mesmo diploma legal, são aquelas providenciadas, inclusive, quando o adolescente tenha cometido ato infracional (art. 105 do ECA).

Em um segundo momento, assegurar a intimidade de crianças e adolescentes aparece como objetivo de ações de infiltração de agentes de polícia na internet para a investigação de crimes contra a dignidade sexual deste grupo (art. 190-E do ECA)[10]. No tocante ao exercício do direito à saúde, assegurado no art. 7º e seguintes do mesmo diploma legal, nada é dito especificamente sobre a intimidade de crianças e adolescentes na esfera assistencial. Normas específicas a respeito são encontradas na deontologia médica.

De acordo com o art. 74 do Código de Ética Médica – CEM (Resolução CFM nº 1.931/2009), é vedado ao médico "revelar sigilo profissional relacionado a paciente menor de idade, inclusive a seus pais ou representantes legais, desde que o menor

---

8. AGUIAR, Mônica. 2002+10. Para além da capacidade: o impacto da vulnerabilidade em matéria de autonomia em questões de saúde. In: LOTUFO, Renan; NANNI, Giovanni Ettore; MARTINS, Fernando Rodrigues. (Coord.) *Temas relevantes do direito civil contemporâneo*: reflexões sobre os 10 anos do Código Civil. São Paulo: Atlas, 2012. p. 88.
9. BRASIL. *Lei 8.069, de 13 de julho de 1990*. Dispõe sobre o Estatuto da Criança e do Adolescente e dá outras providências. Disponível em: <http://www.planalto.gov.br/ccivil_03/leis/L8069.htm>. Acesso em: 11 dez. 2017.
10. BRASIL. *Lei 8.069, de 13 de julho de 1990*. Dispõe sobre o Estatuto da Criança e do Adolescente e dá outras providências. Disponível em: <http://www.planalto.gov.br/ccivil_03/leis/L8069.htm>. Acesso em: 11 dez. 2017.

tenha capacidade de discernimento, salvo quando a não revelação possa acarretar dano ao paciente"[11]. É curioso notar que o CEM recorre ao discernimento como critério, elemento este abandonado pela lei civil no a partir do Estatuto da Pessoa com Deficiência[12], tópico a não ser explorado pela ausência de modificações quanto ao critério etário.

Os contornos gerais do dever de sigilo profissional encontram-se no art. 73 do CEM. É vedado ao médico: "Revelar fato de que tenha conhecimento em virtude do exercício de sua profissão, salvo por motivo justo, dever legal ou consentimento, por escrito, do paciente"[13]. Tal proibição permanece hígida mesmo sendo fato de conhecimento público ou caso o paciente tenha falecido; quando intimado para depor como testemunha, devendo comparecer e declarar seu impedimento; ou quando a revelação possa expor o paciente a processo penal.

Vale dizer que a relativização do dever de sigilo médico possui, portanto, hipóteses deontológicas particularizadas, inclusive porque estudos empíricos demonstram que quando o sigilo e a confidencialidade não são garantidos, a maioria dos adolescentes não revela a totalidade das informações ao médico, reluta em passar por atendimento e pode interromper o acompanhamento nos serviços de saúde, o que pode comprometer, incontestavelmente, as chances de sucesso diagnóstico e terapêutico dos casos[14].

Também no parágrafo único do art. 101 do CEM, referente ao contexto da realização de pesquisas em seres humanos, determina-se que: "No caso do sujeito de pesquisa ser menor de idade, além do consentimento de seu representante legal, é necessário seu assentimento livre e esclarecido na medida de sua compreensão"[15]. Embora esteja aí localizada tal previsão, sabe-se que o consentimento livre e esclarecido é pressuposto de qualquer ato médico, sendo-lhe correspondente o assentimento para os incapazes nos âmbitos assistencial e de pesquisa.

Nas palavras de Roberto D'Ávila, ex-presidente do CFM, faz-se importante "a obtenção do assentimento de menor de idade em qualquer ato médico a ser realizado,

---

11. CONSELHO FEDERAL DE MEDICINA. *Resolução nº 1.931, de 17 de setembro de 2009*. Aprova o Código de Ética Médica. Brasília: Conselho Federal de Medicina, 2010. Disponível em: <http://www.cremers.org.br/pdf/codigodeetica/codigo_etica.pdf>. Acesso em: 13 jan. 2018. p. 61.
12. Cf. LAGO JÚNIOR, Antonio; BARBOSA, Amanda Souza. Primeiras análises sobre o sistema de (in)capacidades, interdição e curatela pós estatuto da pessoa com deficiência e código de processo civil de 2015. *Revista de Direito Civil Contemporâneo*, São Paulo, n. 3, v. 8, p. 49-89, jul.-set. 2016.
13. CONSELHO FEDERAL DE MEDICINA. *Resolução nº 1.931, de 17 de setembro de 2009*. Aprova o Código de Ética Médica. Brasília: Conselho Federal de Medicina, 2010. Disponível em: <http://www.cremers.org.br/pdf/codigodeetica/codigo_etica.pdf>. Acesso em: 13 jan. 2018. p. 61.
14. REDDY, Diane, FLEMING, Raymond; SWAIN, Carolyne. Effect of Mandatory Parental Notification on Adolescents Girls' Use of Sexual Health Care Services. *JAMA*, v. 288, n.6, p.710-714, 2002. Disponível em: <https://jamanetwork.com/journals/jama/fullarticle/195185>. Acesso em: 15 jan. 2021.
15. CONSELHO FEDERAL DE MEDICINA. *Resolução nº 1.931, de 17 de setembro de 2009*. Aprova o Código de Ética Médica. Brasília: Conselho Federal de Medicina, 2010. Disponível em: <http://www.cremers.org.br/pdf/codigodeetica/codigo_etica.pdf>. Acesso em: 13 jan. 2018. p. 69.

pois a criança tem o direito de saber o que será feito com o seu corpo"[16]. À primeira vista, estaria reservado ao assentimento a conotação de tomar conhecimento, dar ciência da prática de um ato previamente autorizado – via consentimento livre e esclarecido – por um representante legal. Contudo, na disciplina sobre sigilo profissional, o CEM vai muito além, resguardando o sigilo em lugar de exigir o consentimento do representante legal[17].

Frise-se que o art. 74 do CEM, já mencionado, se refere a discernimento. No tocante à proteção da intimidade do adolescente em consultas médicas, portanto, pressupõe-se uma análise mais apurada de sua capacidade decisória, em concomitância a ausência de riscos de dano à sua saúde, para que o dever de sigilo profissional se perfaça. Loch destaca que a deontologia médica oferece fórmulas gerais que não contemplam as dificuldades inerentes à prática assistencial, daí ser este um ponto cuja elucidação ainda se faz necessária[18].

Nessa linha, para a autora seria necessária uma interpretação sob a perspectiva beneficente-autonomista da confidencialidade, de modo que as exceções ao dever de sigilo profissional contribuam para o fortalecimento de uma relação médico-paciente eticamente adequada. Se a preservação do sigilo visa uma boa relação entre médico e paciente, deixando o segundo à vontade para compartilhar informações sensíveis importantes para o cuidado de sua saúde, a revelação precisa se justificar enquanto melhor meio de atingir este mesmo objetivo[19].

2.2 PROTEÇÃO DO DIREITO À INTIMIDADE DO PACIENTE-ADOLESCENTE: EM DIREÇÃO À ESPECIFICAÇÃO DO DEVER DE SIGILO PROFISSIONAL

Apesar da tímida disciplina estritamente legal quanto ao respeito à intimidade do paciente adolescente na esfera da assistência à saúde, sendo a produção normativa mais abundante nas esferas administrativa e deontológica, indubitavelmente a preservação da confidencialidade e privacidade do adolescente é fundamental, *ab initio*, para viabilizar o próprio acesso ao sistema de saúde. Viu-se que as hipóteses de sigilo foram traduzidas em conceitos indeterminados, como justa causa, cuja significação depende do caso concreto.

Certamente por isso, na publicação "Saúde do adolescente: competências e habilidades", publicada pelo MS em 2008, indica-se como diretriz que: "O sigilo

---

16. CONSELHO FEDERAL DE MEDICINA. *Resolução nº 1.931, de 17 de setembro de 2009*. Aprova o Código de Ética Médica. Brasília: Conselho Federal de Medicina, 2010. Disponível em: <http://www.cremers.org.br/pdf/codigodeetica/codigo_etica.pdf>. Acesso em: 13 jan. 2018. p. 23.
17. ROSA, Carlos Alberto Pessoa. (Coord.) *Relação médico-paciente* – um encontro. São Paulo: Conselho Regional de Medicina do Estado de São Paulo, 2017. p. 95.
18. LOCH, Jussara de Azambuja. Confidencialidade: natureza, características e limitações no contexto da relação clínica. *Revista Bioética*, Brasília, v. 11, n. 1, p. 51-64, 2003. p. 57.
19. LOCH, Jussara de Azambuja. Confidencialidade: natureza, características e limitações no contexto da relação clínica. *Revista Bioética*, Brasília, v. 11, n. 1, p. 51-64, 2003. p. 54-58.

da consulta deve ser assegurado por meio de um debate nos serviços visando a um consenso entre os profissionais sobre as situações onde deva ser violado"[20]. Destaca-se que a família precisa compreender a importância da confidencialidade na relação médico-adolescente, preservando-se a comunicação e encaminhamentos de seus cuidados, ficando eventual quebra do sigilo condicionada a uma razão clara e consensual entre o profissional e o paciente[21].

Em outras palavras, de antemão, é preciso estabelecer com o paciente-adolescente que a sua intimidade será preservada, havendo alguns limites. Há determinações legais, por exemplo, que obrigam o profissional a realizar denúncia para preservar a integridade do adolescente – casos de abuso sexual, violência, dependência de drogas, doença mental em que haja risco de auto ou heteroagressão etc. Tais exceções devem ser pontuadas desde o início, para que, em hipótese de quebra do sigilo profissional, não haja repercussão entre os demais usuários do sistema de saúde em termos de perda da confiança na relação com a equipe[22].

Diante da identificação de pesquisas que apontam ser a preocupação com a confidencialidade – revelação à família de informações sensíveis – o principal motivo para que adolescentes retardem a busca de auxílio especializado, Loch, Clotet e Goldim desenvolveram pesquisa para identificar quais seriam os limites éticos à confidencialidade e em quais situações a sua quebra seria admitida na ótica dos jovens. Foram entrevistados 711 universitários da Pontifícia Universidade Católica do Rio Grande do Sul em dezembro de 2000, entre os 16 e 21 anos de idade[23].

Após análise dos dados obtidos, os autores identificaram que, de acordo com os jovens entrevistados, as informações obtidas em consulta podem ser comunicadas a terceiros quando o próprio paciente der autorização, ou quando se encontrarem em situação de risco para si ou terceiros. Mais de 80% admite a quebra do sigilo em situações de ideação suicida, violência física, aneroxia nervosa e abuso sexual. Ter uma doença sexualmente transmissível, usar drogas ou ter HIV fez com que o grupo manifestasse opiniões diversas, estando o percentual em torno de 50%[24].

---

20. BRASIL. Ministério da Saúde. Secretaria de Atenção em Saúde. Departamento de Ações Programáticas Estratégicas. *Saúde do adolescente*: competências e habilidades. Brasília: Editora do Ministério da Saúde, 2008. Disponível em: <http://bvsms.saude.gov.br/bvs/publicacoes/saude_adolescente_competencias_habilidades.pdf>. Acesso em: 13 jan. 2018. p. 28.
21. BRASIL. Ministério da Saúde. Secretaria de Atenção em Saúde. Departamento de Ações Programáticas Estratégicas. *Saúde do adolescente*: competências e habilidades. Brasília: Editora do Ministério da Saúde, 2008. Disponível em: <http://bvsms.saude.gov.br/bvs/publicacoes/saude_adolescente_competencias_habilidades.pdf>. Acesso em: 13 jan. 2018. p. 28.
22. BRASIL. Ministério da Saúde. Secretaria de Atenção em Saúde. Departamento de Ações Programáticas Estratégicas. *Saúde do adolescente*: competências e habilidades. Brasília: Editora do Ministério da Saúde, 2008. Disponível em: <http://bvsms.saude.gov.br/bvs/publicacoes/saude_adolescente_competencias_habilidades.pdf>. Acesso em: 13 jan. 2018. p. 28-29.
23. LOCH, Jussara de Azambuja; CLOTET, Joaquim; GOLDIM, José Roberto. Privacidade e confidencialidade na assistência à saúde do adolescente: percepções e comportamentos de um grupo de 711 universitários. *Revista da Associação Médica Brasileira*, São Paulo, v. 53, n. 3, p. 240-246, 2007. p. 240-241.
24. LOCH, Jussara de Azambuja; CLOTET, Joaquim; GOLDIM, José Roberto. Privacidade e confidencialidade na assistência à saúde do adolescente: percepções e comportamentos de um grupo de 711 universitários. *Revista da Associação Médica Brasileira*, São Paulo, v. 53, n. 3, p. 51-64, 2007. p. 61.

Já em relação a questões afeitas à sexualidade, a admissibilidade da quebra do sigilo foi menor. Dentre eles, 33% admitem a quebra da confidencialidade em casos de gestação, 20,7% em caso de homossexualidade e apenas 15,6% quanto à manutenção de relações sexuais[25]. Compreender a percepção do adolescente a respeito contribui para uma relação médico-adolescente dialógica e afasta o temor da revelação inesperada, que pode levá-lo a omitir informações importantes para se chegar a um diagnóstico adequado e condução do tratamento correspondente[26].

Não sendo o direito à intimidade absoluto, o desafio reside, justamente, em determinar quais seriam os princípios e circunstâncias que justificariam a quebra do sigilo profissional. Há situações em que a quebra do sigilo é imperativa, como a notificação de doenças transmissíveis, casos de lesão por agressão e suspeitas de abuso infantil. Noutras, é preciso levar em consideração se a preservação do segredo traz preocupações acerca da segurança de terceiras partes conhecidas, ou ainda com o bem-estar público e social[27].

Há diferenças também quanto ao receptor do sigilo revelado, se familiar responsável legítimo, se tutor, se Estado ou seus representantes (escola, conselho tutelar da infância, delegacia de polícia etc.). A depender de quem será o destinatário da informação gerada pela quebra do sigilo e de suas relações com o paciente poderá haver maior ou menor resistência do adolescente quanto à revelação.

Em documentos e normas técnicas publicadas pelo Ministério da Saúde (MS) é possível perceber um esforço no sentido de oferecer aos profissionais de saúde diretrizes mais específicas a respeito da preservação ou quebra do sigilo profissional no atendimento a adolescentes. Alguns deles serão abordados a título exemplificativo, como demonstração do estado da arte em situações específicas. Vide o documento intitulado "Cuidando de Adolescentes: orientações básicas para a saúde sexual e a saúde reprodutiva", publicado em 2016.

Neste, o dever de sigilo profissional foi reiterado em alguns momentos. Quando realizado o teste rápido de gravidez, deve a paciente ser informada "que o atendimento é sigiloso e confidencial para que ela possa retornar a unidade independente do resultado"[28]. Em caso de gestação, apresentando-se sinais de alerta, a adolescente deve

---

25. LOCH, Jussara de Azambuja; CLOTET, Joaquim; GOLDIM, José Roberto. Privacidade e confidencialidade na assistência à saúde do adolescente: percepções e comportamentos de um grupo de 711 universitários. *Revista da Associação Médica Brasileira*, São Paulo, v. 53, n. 3, p. 51-64, 2007. p. 61.
26. ALMEIDA, Renata Acioli de; LINS, Liliane; ROCHA, Matheus Lins. Dilemas éticos e bioéticos na atenção à saúde do adolescente. *Revista Bioética*, Brasília, v. 23, n. 2, p. 320-330, 2015. p. 321.
27. LOCH, Jussara de Azambuja; CLOTET, Joaquim; GOLDIM, José Roberto. Privacidade e confidencialidade na assistência à saúde do adolescente: percepções e comportamentos de um grupo de 711 universitários. *Revista da Associação Médica Brasileira*, São Paulo, v. 53, n. 3, p. 51-64, 2007. p. 62.
28. BRASIL. Ministério da Saúde. Secretaria de Atenção em Saúde. Departamento de Ações Programáticas Estratégicas. *Cuidando de Adolescentes*: orientações básicas para a saúde sexual e a saúde reprodutiva. Brasília: Ministério da Saúde, 2015. Disponível em: <http://bvsms.saude.gov.br/bvs/publicacoes/cuidando_adolescentes_saude_sexual_reproductiva.pdf>. Acesso em: 13 jan. 2018. p. 24.

ser encaminhada ao hospital mais próximo, sob a proteção do sigilo profissional[29].. Somente com a sua anuência, a família e parceiro poderão comparecer ao atendimento pré-natal, na qualidade de apoiadores afetivos[30].

Neste último ponto, percebe-se que a adolescente gestante é colocada como protagonista no processo decisório. Sua família, o que abrange seus pais – assistentes legais de acordo com a lei civil – são referidos como "apoiadores afetivos". Seu papel, portanto, seria acompanhar e dar afeto, e não ter a decisão final a respeito da condução do acompanhamento. Contudo, quando abordada a circunstância do abortamento legal, uma vez havendo a indicação de sua realização, prevê o documento ora sob análise que:

> Havendo indicação desse procedimento invasivo, torna-se necessária a presença de um dos pais ou responsável, excluindo-se as situações de urgência, quando há risco de vida iminente, e em casos de violência sexual. A ausência dos pais ou responsável não deve impedir o atendimento pela equipe de saúde em nenhuma consulta[31].

A exposição ao risco tem sido o principal fator justificador para quebra do sigilo profissional no atendimento de adolescentes. Na publicação "Proteger e cuidar da saúde de adolescentes na atenção básica", também de autoria do MS, esse entendimento é ratificado, dando-se como exemplos de situação de risco: violência sexual, ideia de suicídio e informação de homicídios[32]. Esse também é o entendimento adotado pela Sociedade Brasileira de Pediatria (SBP) e Federação Brasileira das Sociedades de Ginecologia e Obstetrícia (Febrasgo)[33].

Em parecer lavrado em 2015, o Conselho Federal de Medicina (CFM) assumiu entendimento semelhante em relação aos menores de 14 anos: o médico, ao atender pessoas nessa faixa etária com vida sexual ativa, deverá acolhê-los e orientá-los, podendo decidir a respeito da prescrição de anticoncepcional, devendo comunicar o fato aos pais ou representantes legais obrigatoriamente. *In casu*, parte-se da ilicitude da

---

29. Em parecer, o CFM demarca o respeito ao sigilo profissional como imperativo em casos de orientação sexual para pessoas maiores de 14 anos até os 18 anos incompletos. CONSELHO FEDERAL DE MEDICINA. *Parecer nº 55, de 11 de dezembro de 2015*. Disponível em: <https://sistemas.cfm.org.br/normas/visualizar/pareceres/BR/2015/55>. Acesso em: 14 jan. 2021. p. 5-8.
30. BRASIL. Ministério da Saúde. Secretaria de Atenção em Saúde. Departamento de Ações Programáticas Estratégicas. *Cuidando de Adolescentes*: orientações básicas para a saúde sexual e a saúde reprodutiva. Brasília: Ministério da Saúde, 2015. Disponível em: <http://bvsms.saude.gov.br/bvs/publicacoes/cuidando_adolescentes_saude_sexual_reprodutiva.pdf>. Acesso em: 13 jan. 2018. p. 31.
31. BRASIL. Ministério da Saúde. Secretaria de Atenção em Saúde. Departamento de Ações Programáticas Estratégicas. *Cuidando de Adolescentes*: orientações básicas para a saúde sexual e a saúde reprodutiva. Brasília: Ministério da Saúde, 2015. Disponível em: <http://bvsms.saude.gov.br/bvs/publicacoes/cuidando_adolescentes_saude_sexual_reprodutiva.pdf>. Acesso em: 13 jan. 2018. p. 33.
32. BRASIL. Ministério da Saúde. Secretaria de Atenção em Saúde. Departamento de Ações Programáticas Estratégicas. *Proteger e cuidar da saúde de adolescentes na atenção básica*. Brasília: Ministério da Saúde, 2017. Disponível em: <http://bvsms.saude.gov.br/bvs/publicacoes/proteger_cuidar_adolescentes_atencao_basica.pdf>. Acesso em: 14 jan. 2018. p. 106.
33. ROSA, Carlos Alberto Pessoa. (Coord.) *Relação médico-paciente* – um encontro. São Paulo: Conselho Regional de Medicina do Estado de São Paulo, 2017. p. 96.

atividade sexual com menores de 14 anos a partir da lei penal e da proteção integral dos interesses da criança e do adolescente[34].

Considera-se que a prescrição de anticoncepcional não estimula a prática, e sim protege a saúde, sobretudo diante do histórico de abuso sexual. Ademais, na faixa etária referida, entendeu-se que o cérebro das crianças ainda está em fase de desenvolvimento, de modo que o dever de assistência torna imperativo o compartilhamento do atendimento e orientações com o representante legal, a despeito do direito à privacidade. Há, portanto, justa causa para a quebra do sigilo profissional[35].

Em outras oportunidades, Conselhos de Classe de Medicina se manifestaram acerca do grau de autonomia que deve ser conferido a adolescentes. Vide sistematização de alguns posicionamentos abaixo:

Tabela: Manifestações dos Conselhos de Classe de Medicina a respeito da autonomia bioética a ser conferida a adolescentes

ORIGEM	IDENTIFICADOR	MANIFESTAÇÃO
Conselho Federal de Medicina	Processo consulta nº 40/13 – Parecer nº 25/13[36]	Garantia de acesso à assistência à saúde a crianças e adolescentes desacompanhados
Conselho Regional de Medicina – Paraná	Protocolo nº 19.199/2009 – Parecer nº 2255/2010[37]	Garantia de acesso à assistência à saúde a crianças e adolescentes desacompanhados
Conselho Regional de Medicina – Bahia	Expediente consulta nº 210.107/11 – Parecer nº 14/12[38]	Necessidade de acompanhante em atendimento de crianças de até 12 anos incompletos
Conselho Regional de Medicina – Ceará	Processo consulta nº 5121/2014 – Parecer nº 13/2014[39]	A manutenção da privacidade e do sigilo do atendimento deve ser a regra no atendimento de adolescentes
Conselho Regional de Medicina – Mato Grosso	Processo consulta nº 01/2015 – Parecer nº 07/2015[40]	Garantia de acompanhante para maiores de 12 anos em atendimentos e procedimentos em pronto socorro
Conselho Regional de Medicina – Pernambuco	Processo Consulta: 28/2017 – Parecer nº 10/2018[41]	A quebra do sigilo se justifica diante da presença de indícios de abuso sexual praticado contra adolescente

Fonte: elaborado pelas autoras (2021)

---

34. CONSELHO FEDERAL DE MEDICINA. *Parecer nº 55, de 11 de dezembro de 2015*. Disponível em: < https://sistemas.cfm.org.br/normas/visualizar/pareceres/BR/2015/55>. Acesso em: 14 jan. 2021. p. 5-8.
35. "Criança de idade inferior a 14 anos, com certeza, não possui capacidade de compreender os seus problemas e resolvê-los por si, sem nenhum auxílio, em nome de um dever de confidencialidade que comporta temperamento e flexibilização". CONSELHO FEDERAL DE MEDICINA. *Parecer nº 55, de 11 de dezembro de 2015*. Disponível em: < https://sistemas.cfm.org.br/normas/visualizar/pareceres/BR/2015/55>. Acesso em: 14 jan. 2021. p. 10.
36. CONSELHO FEDERAL DE MEDICINA. *Parecer nº 25, de 18 de setembro de 2013*. Disponível em: <http://old.cremerj.org.br/anexos/ANEXO_PARECER_CFM_25.pdf>. Acesso em: 15 jan. 2021.
37. CONSELHO REGIONAL DE MEDICINA DO PARANÁ. *Parecer nº 2.255, de 17 de setembro de 2020*. Disponível em: <https://sistemas.cfm.org.br/normas/arquivos/pareceres/PR/2010/2255_2010.pdf>. Acesso em: 15 jan. 2021.
38. CONSELHO REGIONAL DE MEDICINA DO ESTADO DA BAHIA. *Parecer nº 14, de 30 de março de 2012*. Disponível em: <http://www.cremeb.org.br/wp-content/uploads/2015/12/Par-Cremeb-14-2012.pdf>. Acesso em: 15 jan. 2021.
39. CONSELHO REGIONAL DE MEDICINA DO ESTADO DO CEARÁ. *Parecer nº 13, de 21 de julho de 2014*. Disponível em: <https://www.cremec.org.br/pareceres/2014/par1314.pdf>. Acesso em: 15 jan. 2021.
40. CONSELHO REGIONAL DE MEDICINA DO ESTADO DO MATO GROSSO. Parecer nº 07, de 13 de março de 2015. Disponível em: <https://sistemas.cfm.org.br/normas/visualizar/pareceres/MT/2015/7>. Acesso em: 15 jan. 2021.
41. CONSELHO REGIONAL DE MEDICINA DE PERNAMBUCO. Parecer nº 10, de 15 de maio de 2018. Disponível em: <https://sistemas.cfm.org.br/normas/visualizar/pareceres/PE/2018/10>. Acesso em 15 jan. 2021.

Segundo a Academia Americana de Pediatria, há diretrizes que podem guiar a quebra do sigilo e a eventual tomada de decisão de terceiro em substituição à decisão do paciente infantojuvenil: (a) padrão de melhor interesse – o substituto deve ter como objetivo maximizar os benefícios e minimizar os danos ao paciente; (b) princípio de dano – identificação de um limite de dano abaixo do qual as decisões dos pais não serão toleradas; (c) autonomia parental restrita – os pais podem equilibrar o melhor interesse do paciente com o melhor interesse da família desde que as necessidades básicas do pacientes sejam atendidas; d) tomada de decisão compartilhada e centrada na família – processo que se baseia no mecanismo de colaboração entre famílias e médico[42].

Na Norma Técnica "Atenção Humanizada ao Abortamento", publicada pelo MS em 2011, diante do abortamento espontâneo ou provocado, a quebra do sigilo profissional deve ser alvo de ponderação[43]. A mesma reflexão é suscitada na Norma Técnica "Prevenção e tratamento dos agravos resultantes da violência sexual contra mulheres e adolescentes":

> O atendimento de crianças e adolescentes em situação de violência sexual também se submete aos mesmos fundamentos éticos e legais. A assistência à saúde da menor de 18 anos deve observar ao princípio de sua proteção. *Se a revelação dos fatos for feita para preservá-la de danos, está afastado o crime de revelação de segredo profissional. Entretanto, a revelação do ocorrido também pode lhe acarretar danos*, em algumas circunstâncias. Entre outros prejuízos ainda mais graves, ela pode afastar-se do serviço e perder a confiança nos profissionais que a assistem. Nesse caso, a decisão do profissional de saúde deve estar justificada no prontuário da criança ou da adolescente. A negociação da quebra de sigilo com as adolescentes poderá evitar os prejuízos [...][44] (grifos nossos)

No Sistema Único de Saúde (SUS), a realização do abortamento é disciplinada pela Portaria 2.561/2020. É previsto um procedimento de justificação e autorização da interrupção da gravidez nos casos previstos em lei, composto por quatro fases: a) relato circunstanciado do evento pela gestante; b) intervenção médica acompanhada de parecer técnico; c) assinatura de termo de responsabilidade pela gestante, contendo advertências sobre os crimes de falsidade ideológica e aborto; d) assinatura do termo de consentimento livre e esclarecido[45].

---

42. AMERICAN ACADEMY OF PEDIATRICS. Committee on Bioethics. Informed Consent in Decision-Making in Pediatric Practice. *Pediatrics*, v. 138, n. 2, 2016. Disponível em: https://pediatrics.Aappublications.org/content/pediatrics/138/2/e20161484.full.pdf. Acesso em: 15 jan. 2021.
43. BRASIL. Ministério da Saúde. Secretaria de Atenção em Saúde. Departamento de Ações Programáticas Estratégicas. *Atenção humanizada ao abortamento*: norma técnica. Brasília: Ministério da Saúde, 2011. Disponível em: <http://bvsms.saude.gov.br/bvs/publicacoes/atencao_humanizada_abortamento_norma_tecnica_2ed.pdf>. Acesso em: 14 jan. 2018. p. 19-20.
44. BRASIL. Ministério da Saúde. Secretaria de Atenção em Saúde. Departamento de Ações Programáticas Estratégicas. *Prevenção e tratamento dos agravos resultantes da violência sexual contra mulheres e adolescentes*: norma técnica. Brasília: Ministério da Saúde, 2012. Disponível em: <http://bvsms.saude.gov.br/bvs/publicacoes/prevencao_agravo_violencia_sexual_mulheres_3ed.pdf>. Acesso em: 21 jan. 2018. p. 27.
45. BRASIL. Ministério da Saúde. *Portaria nº 2.561, de 23 de setembro de 2020*. Dispõe sobre o Procedimento de Justificação e Autorização da Interrupção da Gravidez nos casos previstos em lei, no âmbito do Sistema

A Portaria 2.561/2020 revogou a Portaria 2.282/2020 após forte reação da sociedade civil ante o conteúdo da segunda. Ela estabelecia, em seu art. 1º, a obrigatoriedade de médicos e demais profissionais de saúde notificarem a interrupção da gravidez à autoridade policial em casos de estupro, dando notória conotação de investigação e não de acolhimento aos atendimentos em saúde. Na prática, a Portaria 2.561/2020 manteve a exigência, apenas substituindo a palavra *notificação* pela palavra *comunicação* (art. 7º, II).

Nas duas últimas etapas referidas, exige-se assinatura do representante legal caso a paciente seja incapaz[46]. A portaria, portanto, parece assumir um viés mais restritivo do que as publicações que lhe antecederam nesta análise. A partir dos exemplos colacionados, foi possível demonstrar os esforços para especificação da boa prática médica no tocante à preservação do direito à intimidade do paciente-adolescente. O segundo momento desse trabalho se dedica a tais esforços e a justificar a sua premente necessidade.

3. ANÁLISE DA TUTELA DO DIREITO À INTIMIDADE DE ADOLESCENTES NA ASSISTÊNCIA À SAÚDE: SEUS CONTORNOS E VIABILIDADE

Indica-se que, no plano ideal, o atendimento deve se dar em dois momentos: com o adolescente sozinho e, posteriormente, na presença de familiares ou acompanhantes. O primeiro momento é importante para que o adolescente se sinta à vontade para expressar a sua percepção sobre o que está lhe acometendo, abordando aspectos sigilosos, bem como para que se torne progressivamente responsável por sua saúde e condução de vida. Já o segundo momento contribui para o entendimento da dinâmica e estrutura familiar, bem como eventuais esclarecimentos[47].

Viu-se que, em âmbito normativo, tem-se como regra geral que o paciente-adolescente precisa de acompanhamento dos seus pais ou responsável legal para que receba tratamento médico, pois estes têm a capacidade necessária e o dever legal de prestar consentimento livre e esclarecido. Porém, nem sempre esta é uma alternativa viável. Não raro há conflitos de interesse entre o adolescente e seus responsáveis, estes não estão presentes e sua identificação é inviável ou, ainda, a família existente não é capaz de fornecer qualquer tipo de auxílio[48].

Único de Saúde – SUS. Disponível em: <https://www.in.gov.br/en/web/dou/-/portaria-n-2.561-de-23-de-setembro-de-2020-279185796>. Acesso em: 15 jan. 2021.

46. BRASIL. Ministério da Saúde. *Portaria nº 2.561, de 23 de setembro de 2020*. Dispõe sobre o Procedimento de Justificação e Autorização da Interrupção da Gravidez nos casos previstos em lei, no âmbito do Sistema Único de Saúde – SUS. Disponível em: <https://www.in.gov.br/en/web/dou/-/portaria-n-2.561-de-23-de-setembro-de-2020-279185796>. Acesso em: 15 jan. 2021.

47. BRASIL. Ministério da Saúde. Secretaria de Atenção em Saúde. Departamento de Ações Programáticas Estratégicas. *Saúde do adolescente*: competências e habilidades. Brasília: Editora do Ministério da Saúde, 2008. Disponível em: <http://bvsms.saude.gov.br/bvs/publicacoes/saude_adolescente_competencias_habilidades.pdf>. Acesso em: 13 jan. 2018. p. 44.

48. TAQUETTE, Stella R.; VILHENA, Marília Mello de. Aspectos éticos e legais no atendimento à saúde de adolescentes. Adolescência & Saúde, Rio de Janeiro, v. 2, n. 2, p. 10-14, 2005. Disponível em: <http://www.adolescenciaesaude.com/detalhe_artigo.asp?id=169>. Acesso em: 21 jan. 2018. p. 11-12.

Como reconhecido em publicação do MS, frequentemente tal exigência não é observada, pois o profissional, impelido pelo seu dever de cuidado, aproveita o comparecimento do adolescente e o atende sem formalidades. Sugere-se que seja solicitado ao próprio adolescente a assinatura do termo de consentimento livre e esclarecido, buscando o envolvimento familiar quando possível. Parte-se da premissa de que o adolescente pode se responsabilizar por seu tratamento em circunstâncias especiais – gravidez, paternidade precoce, evasão da residência familiar – mesmo ainda sendo legalmente incapazes[49].

Nessas circunstâncias, o profissional de saúde se questiona a respeito da capacidade decisória do paciente-adolescente, sobretudo quando desacompanhado, e se põe a refletir sobre a necessidade da quebra do sigilo profissional ou não. De um lado, o ECA garante o direito à inviolabilidade da integridade física, psíquica e moral da criança e do adolescente, mesmo tratando-se de pessoas em desenvolvimento[50]. De outro, a teoria das incapacidades do Direito Civil parte do pressuposto de que pessoas menores de 18 anos não tem capacidade plena.

Em meio a esse contexto, é importante elucidar as críticas que têm sido feitas à teoria das incapacidades no âmbito do Direito Civil e da Bioética. O marco etário como referencial geral e abstrato para a determinação da (in)capacidade de fato desagrada muitos estudiosos, para os quais o caso concreto revela particularidades inalcançáveis pela norma. Da mesma forma, estudar a percepção do adolescente enquanto pessoa em desenvolvimento revela premissas importantes desta lógica, permitindo que ela seja discutida com mais propriedade.

3.1 A incapacidade civil do adolescente: mecanismo disciplinar e biopolítico de controle sobre os corpos

A partir da análise da normativa em vigor, é possível perceber que, ainda que pautada numa premissa protetiva, nivela todas as pessoas com menos de 18 anos à mesma condição de incapacidade, diferenciando-se a incapacidade absoluta e relativa no tocante à extensão dos poderes do representante legal. Cria-se, portanto, a necessidade de se ter atores aptos a decidir e responder por eles, como se tivessem, sempre, as melhores condições de fazê-lo meramente por terem ultrapassado um determinado número de aniversários[51].

---

49. BRASIL. Ministério da Saúde. Secretaria de Atenção em Saúde. Departamento de Ações Programáticas Estratégicas. *Saúde do adolescente*: competências e habilidades. Brasília: Editora do Ministério da Saúde, 2008. Disponível em: <http://bvsms.saude.gov.br/bvs/publicacoes/saude_adolescente_competencias_habilidades.pdf>. Acesso em: 13 jan. 2018. p. 29.
50. BRASIL. Ministério da Saúde. Secretaria de Atenção em Saúde. Departamento de Ações Programáticas Estratégicas. *Saúde do adolescente*: competências e habilidades. Brasília: Editora do Ministério da Saúde, 2008. Disponível em: <http://bvsms.saude.gov.br/bvs/publicacoes/saude_adolescente_competencias_habilidades.pdf>. Acesso em: 13 jan. 2018. p. 29.
51. LEONE, Cláudio. A criança, o adolescente e a autonomia. *Revista Bioética*, Brasília, v. 6, n. 1, p. 1-4, 1998. p. 2.

Em normas do CFM, em questões afeitas à tomada de decisão em saúde, costuma-se seguir o padrão normativo da lei civil brasileira, exigindo-se o consentimento dos pais ou representante legal e assentimento do adolescente. Tal diretriz pode ser conferida, a título exemplificativo, nas resoluções sobre recusa terapêutica[52], tratamento cirúrgico de obesidade mórbida[53], uso compassivo do canabidiol para o tratamento de epilepsias da criança e do adolescente refratárias aos tratamentos convencionais[54], cuidado específico à pessoa com incongruência de gênero ou transgênero[55] e na recomendação sobre consentimento livre e esclarecido[56].

Essa tutela protetiva, por vezes apontada como justificativa da representação legal, surgiu tempos depois. O próprio reconhecimento do adolescente enquanto sujeito de direito remonta aos fins do século XX. Por muito tempo, como esclarece Taysa Schiocchet, o Direito apenas se ocupava do adolescente para tratar da sua incapacidade para, em regra, praticar atos de cunho patrimonial. Tais parâmetros

---

52. O direito à recusa terapêutica proposta em tratamento eletivo é reservado ao paciente ao paciente maior de idade, capaz, lúcido, orientado e consciente. Em situações de risco relevante à saúde, o médico não deve aceitar a recusa de paciente menor de idade que não esteja em pleno uso de suas faculdades mentais, independentemente de estarem representados legalmente. Havendo discordância insuperável entre médico e representante legal, deve-se comunicar o fato às autoridades competentes, com vistas ao melhor interesse do paciente. CONSELHO FEDERAL DE MEDICINA. *Resolução nº 2.232, de 16 de setembro de 2019*. Estabelece normas éticas para a recusa terapêutica por pacientes e objeção de consciência na relação médico-paciente. Disponível em: < https://sistemas.cfm.org.br/normas/visualizar/resolucoes/BR/2019/2232>. Acesso em: 14 jan. 2021.
53. Adolescentes com 16 anos completos e menores de 18 anos poderão ser operados mediante concordância dos pais ou representante legal. A cirurgia em menores de 16 anos é considerada tratamento experimental, estando sujeita às normas do sistema CEP/CONEP. CONSELHO FEDERAL DE MEDICINA. *Resolução nº 2.131, de 12 de novembro de 2015*. Altera o anexo da Resolução CFM nº 1.942/10, publicada no D.O.U. de 12 de fevereiro de 2010, Seção I, p. 72. Disponível em: <https://sistemas.cfm.org.br/normas/visualizar/resolucoes/ BR/2015/2131>. Acesso em: 14 jan. 2021.
54. No modelo de termo de consentimento livre e esclarecido consta espaço para indicação e assinatura do representante legal, embora o termo e a redação do art. 3º, § 2º, refiram-se a paciente *ou* representante legal, quando devem assentir e consentir cumulativa e respectivamente. CONSELHO FEDERAL DE MEDICINA. *Resolução nº 2.113, de 16 de dezembro de 2014*. Aprova o uso compassivo do canabidiol para o tratamento de epilepsias da criança e do adolescente refratárias aos tratamentos convencionais. Disponível em: <https://sistemas.cfm.org.br/normas/visualizar/resolucoes/BR/2014/2113>. Acesso em: 14 jan. 2021.
55. "Art. 12. Na atenção médica especializada ao transgênero os procedimentos clínicos e cirúrgicos descritos nesta assinatura de termo de consentimento livre e esclarecido e, no caso de menores de 18 (dezoito) anos, também do termo de assentimento. CONSELHO FEDERAL DE MEDICINA. *Resolução nº 2.265, de 20 de setembro de 2019*. Dispõe sobre o cuidado específico à pessoa com incongruência de gênero ou transgênero e revoga a Resolução CFM nº 1.955/2010. Disponível em: <https://sistemas.cfm.org.br/normas/visualizar/resolucoes/BR/2019/2265>. Acesso em: 14 jan. 2021.
56. "Assim, incluem-se no grupo daqueles que não possuem capacidade para outorgar o consentimento as crianças, os adolescentes menores de 18 anos, os portadores de doenças físicas ou mentais que comprometam o entendimento, pessoas inconscientes ou severamente debilitadas. [...] O termo de assentimento livre e esclarecido, indicado para pacientes incapazes, deve conter os mesmos elementos acima, mas sua linguagem deve estar adaptada ao entendimento por menores e adolescentes." CONSELHO FEDERAL DE MEDICINA. Recomendação nº 1, de 21 de janeiro de 2016. Dispõe sobre o processo de obtenção de consentimento livre e esclarecido na assistência médica. Disponível em: <https://sistemas.cfm.org.br/normas/ visualizar/ recomendacoes/BR/2016/1>. Acesso em: 14 jan. 2021.

se tornam passíveis de questionamento, sobretudo, a partir do reconhecimento dos direitos fundamentais e da doutrina da proteção integral[57].

A inscrição do adolescente enquanto sujeito incapaz na ordem civil pode ser explicada, sob uma perspectiva foucaultiana, como resultado das redes de poder que circulam na sociedade. Taysa Schiocchet aponta que a demarcação de diferenças, ordenamentos e hierarquias, permeando e dando o tom ao binômio permitido/proibido, delimita o lugar social a ser ocupado por esses sujeitos – *in casu*, os adolescentes. Trata-se de um discurso reproduzido em diversos espaços, inclusive nos consultórios, afinado com o chamado poder disciplinar[58], a ser explicitado a seguir com base na obra de Michel Foucault.

O poder disciplinar é uma das manifestações do biopoder, cuja incidência sobre a vida remonta ao século XIX. Trata-se da primeira tomada de poder sobre os corpos, numa perspectiva individual, através de técnicas e sistemas de vigilância que visam preservar a docilidade-utilidade. A dominação passou a ser exercida por meio de formulações gerais, de modo a ser possível o domínio sobre o corpo alheio para maximizar seu desempenho[59].

Tais mecanismos de vigilância operam sem recorrer à força ou violência. Seu funcionamento é contínuo, discreto[60] e, por vezes, revestidos de legalidade. Essa dinâmica também é atravessada pela diversidade cultural. Há países em que esse exercício de poder sobre os corpos é limitado por tradições que conferem maior respeito ao início da maturidade, por exemplo, há normas que decretam a perda de autoridade de pais sobre filhos caso seja comprovada má-fé ou imprudência na ingerência indevida[61]. Tal contrasta com posicionamento do STJ, que considerou a recusa dos pais à realização de transfusão de sangue em adolescente de 13 anos como exercício legítimo da liberdade religiosa e poder familiar, sendo dever da equipe médica agir em contrariedade a tal manifestação[62].

---

57. SCHIOCCHET, Taysa. Autonomia de adolescentes e interrupção voluntária da gravidez: um olhar sobre capacidade civil, direitos da personalidade e direitos humanos. In: ENGELMANN, Wilson; SCHIOCCHET, Taysa. (Coord.) *Sistemas jurídicos contemporâneos e constitucionalização do direito*: releituras do princípio da dignidade humana. Curitiba: Juruá, 2013. p. 38.
58. SCHIOCCHET, Taysa. Marcos normativos dos direitos sexuais: uma perspectiva emancipatória. In: BRAUNER, Maria Claudia Crespo. (Org.). *Biodireito e gênero*. Ijuí: Unijuí, 2007, v., p. 61-106. Disponível em: <https://unisinos.academia.edu/TaysaSchiocchet>. Acesso em: 30 jan. 2018. p. 77.
59. FOUCAULT, Michel. *Vigiar e punir*: o nascimento da prisão. Tradução de Raquel Ramalhete. 29. ed. Petrópolis: Vozes, 2004. p. 117-119.
60. FOUCAULT, Michel. *Vigiar e punir*: o nascimento da prisão. Tradução de Raquel Ramalhete. 29. ed. Petrópolis: Vozes, 2004. p. 148-149.
61. PARSAPOOR, Alireza; PARSAPOOR, Mohammad-Bagher; REZAEI, Nima; ASGHARI, Fariba. *Autonomy of Children and Adolescents in Consent to Treatment*: Ethical, Jurisprudential and Legal Considerations. Iranian Journal of Pediatrics, v. 24, n. 3, p. 241-248, 2014. Disponível em: <https://www.ncbi.nlm.nih.gov/pmc/articles/PMC4276576/>. Acesso em: 15 jan. 2021.
62. SUPERIOR TRIBUNAL DE JUSTIÇA. *Habeas corpus nº 268.459 – SP*. Relatora: Ministra Maria Thereza de Assis Moura. Brasília, 02 de setembro de 2014.

Pode-se dizer que a teoria das incapacidades, ao retirar do adolescente a possibilidade de exercício direto e imediato de seus direitos, se revela um mecanismo de vigilância desse sujeito. Pessoas adultas, na condição de representantes legais, passam a gerir a tomada de decisões do adolescente nos mais diversos âmbitos, inclusive na esfera da saúde, relacionada à esfera extrapatrimonial das relações jurídicas. Essa limitação ao exercício de direitos vem sendo exercida de maneira restritiva, pautada numa proteção que, muitas vezes, resulta num paternalismo injustificado.

Ainda de acordo com Michel Foucault, o disciplinamento dos corpos se dá pela via da normalização, a saber, processo geral de normalização social, política e técnica cujos reflexos se manifestam em diversos âmbitos, inclusive na medicina. Ao assumir a forma de regra natural, a disciplina põe a norma[63] em relação com fenômenos ligados não só ao corpo individual, mas também com a população em geral. Por isso, pode-se dizer que a norma implanta e induz a segunda tomada de poder sobre os corpos – agora, numa perspectiva coletiva e populacional – a biopolítica da espécie humana[64].

Enquanto a disciplina controla corpos individuais, a biopolítica se dedica à medição de fenômenos globais – como o nascimento, a morte, a doença – no intuito de controlar a sua probabilidade e seus efeitos, mantendo-se uma certa regularidade[65]. Também a teoria das incapacidades se articula nessa lógica, ao se traduzir numa norma jurídica geral e abstrata que retira de uma parte da população a possibilidade de tomar decisões na ordem civil, de modo que caberá aos adultos "normalizados" tomar decisões compatíveis com aquilo que se espera em dada situação.

Ocorre que essa subtração da capacidade de decidir não se coaduna com a doutrina da proteção integral, proteção esta compreendida sob uma perspectiva emancipatória. Taysa Schiocchet aponta a necessária ruptura com a superioridade adulta, paternalista e de infantilismo socialmente difundida. Ao mesmo tempo, deve ser ampliado o leque de direitos individuais, sociais e coletivos direcionados aos adolescentes[66]. Em direção a essa construção, passa-se à explicitação de críticas à teoria das incapacidades do código civil, enquanto meios de resistência à lógica disciplinar e biopolítica já instalada.

---

63. Entenda-se norma como o elemento fundante do exercício do poder, no qual ele se legitima, estando sempre relacionada a uma técnica positiva de intervenção ou transformação. FOUCAULT, Michel. Os anormais: curso no Collège de France (1974-1975). Tradução Eduardo Brandão. São Paulo: Editora WMF, 2010. p. 42-45.
64. FOUCAULT, Michel. Em defesa da sociedade: curso no Collège de France (1975-1976). Tradução Maria Ermantina Galvão. São Paulo: Martins Fontes, 1999. p. 293-294.
65. FOUCAULT, Michel. Em defesa da sociedade: curso no Collège de France (1975-1976). Tradução Maria Ermantina Galvão. São Paulo: Martins Fontes, 1999. p. 294-295.
66. SCHIOCCHET, Taysa. Exercício de direitos sexuais e reprodutivos por adolescentes no contexto brasileiro: repensando os fundamentos privatistas de capacidade civil a partir dos direitos humanos. In: ASENSI, Felipe Dutra; PINHEIRO, Roseni. (Org.) Direito sanitário. Rio de Janeiro: Elsevier, 2011. v. 1. p. 382-401. p. 388.

3.2 Críticas à teoria das incapacidades do direito civil: o adolescente como agente decisor na esfera existencial

Como já referido, a teoria das (in)capacidades do Direito Civil vem sendo alvo de duras críticas. Diversos autores, a exemplo de Pithan, Bernardes e Pires Filho, destacam a ausência de correspondência entre capacidade civil e a capacidade para a tomada de decisões em saúde, esta última denominada de "autonomia bioética". A lei civil, por ser excessivamente geral e abstrata, não permitiria uma análise individualizada, tornando-se insuficiente para uma aferição detida da capacidade decisória do paciente[67].

Tal inadequação é atribuída à vocação patrimonial da teoria das incapacidades, pois fora concebida para salvaguardar a segurança jurídica no trânsito de relações jurídicas patrimoniais, e não existenciais[68]. Diante dessa constatação, têm sido desenvolvidas propostas direcionadas à avaliação da capacidade decisória de crianças e adolescentes. Uma delas é ter no "discernimento" critério paralelo às noções de capacidade, a ser aferido casuisticamente e sujeito a exame jurisdicional. Assim sugere Luciana Dadalto, como forma de relativização do regime legal[69].

Uma forma alternativa de maioridade, relativa à tomada de decisões sobre o próprio corpo e à saúde foi proposta por Mônica Aguiar. Para a autora, com base no art. 28, §§ 1º e 2º do ECA, a idade de 12 anos representaria um marco adequado para gerar a presunção absoluta de capacidade para a prática de atos relacionados ao direito à vida e à saúde. Esta seria a maioridade bioética, que também encontraria amparo no art. 74 do CEM, que garante ao adolescente o direito ao sigilo profissional. Dessa forma, haveria base legal para uma mudança de marco etário[70].

Segundo a autora, passaria a haver mais uma hipótese de capacidade específica, ao lado da capacidade eleitoral, tributária, penal, dentre outras. Por guardar proximidade com o regime em vigor, este seria um meio factível para conferir ao adolescente plena capacidade para decidir a respeito de seu próprio corpo e saúde: "as questões referentes à vida e à saúde da pessoa devem ser por ela mesma decididas, quando ainda não atingida a maioridade civil"[71]. Ficaria a noção de capacidade civil restrita às questões de ordem patrimonial.

---

67. PITHAN, Lívia Haygert; BERNARDES, Fabrício Benites; PIRES FILHO, Luiz Alberto B. Simões. Capacidade decisória do paciente: aspectos jurídicos e bioéticos. In: GAUER, Gabriel José Chittó; ÁVILA, Gerson Antônio de; ÁVILA, Gustavo Noronha de (Org.). Ciclo de conferências em Bioética I. Rio de Janeiro: Lumen Juris, 2005. p. 121-132.
68. RODRIGUES, João Vaz. O consentimento informado para o acto médico no ordenamento jurídico português: elementos para o estudo da manifestação da vontade do paciente. Coimbra: Coimbra Editora, 2001. p. 25-26.
69. DADALTO, Luciana. Capacidade versus discernimento: quem pode fazer diretivas antecipadas de vontade? In: DADALTO, Luciana. (Coord.) Diretivas antecipadas de vontade: ensaios sobre o direito à autodeterminação. Belo Horizonte: Letramento, 2013. p. 224-226.
70. AGUIAR, Mônica. 2002+10. Para além da capacidade: o impacto da vulnerabilidade em matéria de autonomia em questões de saúde. In: LOTUFO, Renan; NANNI, Giovanni Ettore; MARTINS, Fernando Rodrigues. (Coord.) Temas relevantes do direito civil contemporâneo: reflexões sobre os 10 anos do Código Civil. São Paulo: Atlas, 2012. p. 98-101.
71. AGUIAR, Mônica. O paradoxo entre a autonomia e a beneficência nas questões de saúde: quando o poder encontra a vulnerabilidade. In: ALBUQUERQUE, Letícia; SILVA, Mônica Neves Aguiar; POZZETTI, Valmir César. (Org.)

Afastando-se ainda mais da teoria das incapacidades, Taysa Schiocchet aponta que o regime civil não se coaduna com a linguagem dos direitos humanos e da proteção integral, na medida em que reconhecer o adolescente como sujeito de direito deveria pressupor a viabilização do exercício de direitos e edificação de sua autonomia. Reconhecê-lo como digno de proteção e, ao mesmo tempo, lhe retirar a possibilidade de exercício direto em nome desta proteção é paradoxal. Por isso, sustenta que os adolescentes gozam de autonomia plena para a prática de direitos fundamentais – tal como o direito à saúde[72].

Em contraposição a uma incapacidade civil geral e abstrata, vozes defendem uma capacidade específica e casuisticamente aferida. Este é o cerne da chamada teoria do menor maduro. Carlos Maria Casabona explica que uma pessoa pode ser considerada madura "quando possui uma capacidade natural de juízo ou suficiente maturidade para compreender a natureza e transcendência do ato ao qual consente e as consequências mais relevantes que se derivarão dele"[73]. Em uma fase como a adolescência, marcada por intenso dinamismo, poderá haver grande variabilidade quanto à maturidade[74].

Nesse sentido, José Carlos Martins e outros destacam que o tipo de tarefa e seu grau de complexidade interferem na definição da capacidade de a realizar. A capacidade de decidir sobre a própria vida e saúde estaria assentada em três capacidades: a) compreender o diagnóstico, opções de tratamento, riscos associados e prognóstico; b) apreciar o impacto dessas ações sobre si próprio; c) formular e comunicar a decisão, pautada em seus valores individuais. Seria preciso, portanto, desenvolver ferramentas de avaliação da capacidade decisória[75].

Uma análise casuística, pautada nos quatro princípios da bioética principialista, é a proposta de Maria de Fátima Santos, Thalita dos Santos e Ana Laís dos Santos para preservação da confidencialidade na relação do médico com o paciente adolescente[76]. De certa forma, percebe-se a necessidade de especificação em meio à amplitude dos marcos etários. Em resposta à consulta realizada perante o Conselho Federal de Medicina (CFM), referente à necessidade de acompanhamento de adolescentes por responsáveis em consulta, foram indicados os seguintes parâmetros:

Biodireito e direito dos animais. Florianópolis: Conpedi, 2016. p. 347-363. Disponível em: <http://www.conpedi.org.br/publicacoes/y0ii48h0/tvu736t8/V23M4aJu4nz88o20 .pdf>. Acesso em: 30 jan. 2018. p. 352.

72. SCHIOCCHET, Taysa. Exercício de direitos sexuais e reprodutivos por adolescentes no contexto brasileiro: repensando os fundamentos privatistas de capacidade civil a partir dos direitos humanos. In: ASENSI, Felipe Dutra; PINHEIRO, Roseni. (Org.) *Direito sanitário.* Rio de Janeiro: Elsevier, 2011. v. 1. p. 397-398.
73. CASABONA, Carlos Maria Romeo. O consentimento informado na relação entre médico e paciente: aspectos jurídicos. In: CASABONA, Carlos Maria Romeo; QUEIROZ, Juliane Fernandes (Coord.) Biotecnologia e suas implicações ético-jurídicas. Belo Horizonte: Del Rey, 2005. p. 150.
74. ROSA, Carlos Alberto Pessoa. (Coord.) *Relação médico-paciente* – um encontro. São Paulo: Conselho Regional de Medicina do Estado de São Paulo, 2017. p. 94-95.
75. MARTINS, José Carlos Amado et. al. Capacidade do doente para decidir. Avaliar para maximizar a autonomia. *Revista Portuguesa de Bioética,* Lisboa, a. 51, n. 9, p. 307-319, dez. 2009. p. 311-312.
76. SANTO, Maria de Fátima Oliveira dos; SANTOS, Thalita Esther Oliveira dos; SANTOS, Ana Laís Oliveira dos. A confidencialidade médica na relação com o paciente adolescente: uma visão teórica. *Revista Bioética,* Brasília, v. 20, n. 2, p. 318-25, 2012. p. 319.

1. Nos casos de pré-adolescentes (faixa entre nove e 12 anos incompletos) que procurarem o serviço espontaneamente, o atendimento poderá ser efetuado e, simultaneamente, estabelecido contato com os responsáveis. 2. A partir dos 12 anos e 14 anos e 11 meses, poderá ser realizado, devendo, se necessário, serem chamados os responsáveis legais. 3. A partir de 14 anos e 11 meses, a privacidade é garantida por consenso internacional reconhecido pela lei brasileira [...] principalmente se considerados "maduros", ou seja, capacitados a entender e cumprir as orientações recebidas[77].

Percebe-se claramente que, a despeito do marco etário legal, a deontologia médica se aproxima da identificação de marcos mais flexíveis, pautados numa análise casuística da maturidade do paciente-adolescente. Perante o adolescente maduro de 14 anos ou mais, conforme a orientação supramencionada, deve o médico preservar a privacidade do paciente, não revelando informações a ele confiadas durante a consulta para seus responsáveis legais que, sequer, precisariam ser chamados para acompanhar o processo terapêutico.

Em documento do MS publicado em 2016, intitulado "Cuidando de Adolescentes: orientações básicas para a saúde sexual e a saúde reprodutiva", adotou-se um marco etário que não reflete os parâmetros do CC, nem do ECA. Vide o que diz a informação abaixo, posta em destaque no referido texto:

> Adolescentes, de 10 a 19 anos de idade, têm direitos a serem atendidos sem discriminação, de qualquer tipo, com garantia de consentimento informado e esclarecido, de privacidade e de sigilo. Na mesma faixa etária – 10 a 19 – podem ser atendidos sem a presença dos pais, se assim preferirem. No entanto, se esses adolescentes ainda não têm o discernimento e autonomia necessários para tomar decisões, é preciso negociar com eles e elas a presença de pais ou responsáveis[78].

Observe-se que foi adotado o marco etário da Organização Mundial de Saúde (OMS), não coincidente com os parâmetros da legislação brasileira. Além disso, para além da privacidade e sigilo, garante-se o direito ao consentimento informado – instituto reservado aos plenamente capazes de acordo com a deontologia médica, cabendo aos incapazes o assentimento informado. Destaque-se, ainda, a necessidade de investigação do discernimento e autonomia. Na falta destes, ainda assim, seria possível negociar a presença dos pais ou responsáveis legais.

Sem se apoiar em faixas de idade, Cláudio Leone aponta o risco desse recurso, qual seja, classificar o adolescente como capaz ou incapaz de uma maneira dicotômica, sem atenção à sua real capacidade. Para o pediatra, uma análise individualizada seria a única forma de respeito à autonomia da criança ou adolescente. A própria interpretação da legislação e devido dimensionamento da decisão dos pais ou responsáveis estariam condicionados à análise detida da autonomia do paciente. Em situações de

---

77. ROSA, Carlos Alberto Pessoa. (Coord.) *Relação médico-paciente* – um encontro. São Paulo: Conselho Regional de Medicina do Estado de São Paulo, 2017. p. 94.
78. BRASIL. Ministério da Saúde. Secretaria de Atenção em Saúde. Departamento de Ações Programáticas Estratégicas. *Cuidando de Adolescentes*: orientações básicas para a saúde sexual e a saúde reprodutiva. Brasília: Ministério da Saúde, 2015. Disponível em: <http://bvsms.saude.gov.br/bvs/publicacoes/cuidando_adolescentes_ saude_sexual_reprodutiva.pdf>. Acesso em: 13 jan. 2018. p. 17.

conflito, será requerido um maior esforço para que se chegue a uma decisão amadurecida e isenta, que respeite a posição do paciente e lhe traga benefícios[79].

Neste processo de avaliação da maturidade, deve-se ter atenção às características do adolescente, ao seu grau de compreensão, à gravidade do tratamento proposto, bem como aos fatores familiares e restrições legais[80]. Há relatos científicos apontando que a compreensão sobre as consequências de seus próprios atos é adquirida pelo ser humano, em regra, entre os seis anos e o final da adolescência, de maneira progressiva[81]. A despeito desses e outros dados, muitos profissionais de saúde ainda se sentem inseguros, temendo eventual responsabilização caso a família seja alijada do processo decisório.

Porém, mesmo em situações nas quais se faz presente o risco à vida ou integridade física, podem ser identificados exemplos em que é dada primazia à vontade do paciente-adolescente, inclusive quando em conflito com a decisão manifestada por seus pais. Vide caso analisado pelo Conselho Regional de Medicina do Ceará, no qual uma adolescente de 17 anos se recusou a realizar amputação de membro inferior esquerdo mesmo havendo indicação médica e liberação formal dos pais. Concluiu-se que: "adolescente em gozo de suas faculdades mentais tem livre direito de recusar tratamento cirúrgico mutilador, mesmo contrariando o consentimento dos genitores"[82].

Pesquisadores indicam que o processo de tomada de decisão é sustentado pelo desenvolvimento de um sistema integrado, cognitivo e psicossocial complexo, e para entendê-lo no contexto da adolescência se faz fundamental a integração da investigação psicológica, neuropsicológica e neurobiológica de cada caso[83]. Sabe-se, por exemplo, que ao longo do curso da adolescência, ocorrem alterações significativas e não simultâneas em várias regiões do cérebro em relação à mielinização e às sinapses, o que impacta diretamente no processo decisório.

Uma das teorias afirma que os adolescentes possuem um modelo que contém dois sistemas de tomada de decisão. Um sistema socioemocional, localizado nas regiões límbica e paralímbica do cérebro, que se desenvolve em torno da puberdade, com atividade dopaminérgica aumentada, e se manifesta como comportamento de busca de recompensas. E o sistema de controle cognitivo, que promove a autorregulação e controle de impulso, localizado no córtex pré-frontal[84].

79. LEONE, Cláudio. A criança, o adolescente e a autonomia. *Revista Bioética*, Brasília, v. 6, n. 1, p. 1-4, 1998. p. 3.
80. SANTO, Maria de Fátima Oliveira dos; SANTOS, Thalita Esther Oliveira dos; SANTOS, Ana Laís Oliveira dos. A confidencialidade médica na relação com o paciente adolescente: uma visão teórica. *Revista Bioética*, Brasília, v. 20, n. 2, p. 318-25, 2012. p. 319-321.
81. HIRSCHHEIMER, Mário Roberto; CONSTANTINO, Clóvis Francisco; OSELKA, Gabriel Wolf. Consentimento informado no atendimento pediátrico. *Revista Paulista de Pediatria*, São Paulo, v. 28, n. 2, p. 128-133. jun. 2010. Disponível em: <http://www.scielo.br/pdf/rpp/v28n2/v28n2a01.pdf>. Acesso em: 21 jan. 2018.
82. CONSELHO REGIONAL DE MEDICINA DO CEARÁ. *Parecer-Consulta nº 16, de 26 de dezembro de 2015*. Disponível em: <http://www.cremec.com.br/pareceres/2005/par1605.htm>. Acesso em: 19 jan. 2018.
83. STEINBERG, Laurence. Cognitive and affective development in adolescence. *Trends Cogn Sci*, v. 9, n.2, p.69-74, 2005. Disponível em: https://pubmed.ncbi.nlm.nih.gov/15668099/. Acesso em: 15 jan. 2021.
84. GARANITO, Marlene Pereira; ZAHER-RUTHERFORD, Vera Lucia. O PACIENTE ADOLESCENTE E A DELIBERAÇÃO CLÍNICA SOBRE A SUA SAÚDE. *Revista Paulista de Pediatria*, v. 37, n. 4, p. 503-509, 2019.

A remodelação do cérebro geralmente ocorre na terceira década da vida, sendo que o córtex pré-frontal, local das funções executivas e controle de impulsos está entre os últimos a amadurecer. Este desequilíbrio temporal entre os dois sistemas pode levar a variações importantes da capacidade de tomada de decisão de pacientes adolescentes. Esses dados sustentam o conceito de capacidade progressiva, que envolve o reconhecimento da evolução da capacidade infantojuvenil no exercício de direitos ao longo dos anos[85].

Entre o paciente, seus representantes e profissionais de saúde pode se instalar a discordância a respeito de como conduzir o tratamento. Quanto ao conflito entre o paciente e seus representantes, Carlos Maria Casabona esboça algumas soluções. Tratando-se de caso urgente e grave, sugere o autor que se recorra ao Poder Judiciário. Não havendo tempo hábil para tanto, deverá prevalecer a decisão do responsável, desde que tomada no melhor interesse do menor. Não havendo urgência, o médico deverá buscar a resolução do impasse em concurso com as partes[86]. Poder-se-ia envolver, ainda, o Comitê de Bioética do estabelecimento de saúde em questão, o Conselho Regional ou Federal de Medicina, o Ministério Público e o Conselho Tutelar nessa mediação.

Por outro lado, Veloso observa que mesmo o judiciário apresenta limitação para decidir sobre a questão, pois, embora seja certo que na prática há adolescentes que adquirem conhecimento e capacidade de determinação com menos idade, da mesma forma há jovens com mais idade e que ainda não assimilaram o suficiente para uma segura manifestação de vontade. Por tal forma, não seria o Judiciário a melhor instância decisória, vez que isso seria inassimilável pela sociedade e implicaria discriminação contra os jovens, justamente pela incerteza de sua condição[87].

Sobre o conflito entre a vontade dos responsáveis legais e a do profissional de saúde, Hirschheimer, Constantino e Osalka entendem que a vontade dos primeiros pode ser contestada na Justiça da Infância e Juventude se o profissional de saúde verificar que a decisão por eles tomada está em conflito com o melhor interesse do paciente menor de idade – a exemplo de situações em que a não realização de algum procedimento implicaria em risco de morte, perda da qualidade de vida ou de função de um determinado órgão ou sistema[88].

A despeito de diferentes entre si, a doutrina ora reunida aponta para a direção da possível suficiência da manifestação de vontade do adolescente em saúde, afas-

---

Disponível em: <https://www.scielo.br/scielo.php?pid=S0103-05822019005012105&script=sci_arttext&tlng=pt>. Acesso em: 15 jan. 2021.

85. GARANITO, Marlene Pereira; ZAHER-RUTHERFORD, Vera Lucia. O PACIENTE ADOLESCENTE E A DELIBERAÇÃO CLÍNICA SOBRE A SUA SAÚDE. *Revista Paulista de Pediatria*, v. 37, n. 4, p. 503-509, 2019. Disponível em: <https://www.scielo.br/scielo.php?pid=S0103-05822019005012105&script=sci_arttext&tlng=pt>. Acesso em: 15 jan. 2021.

86. CASABONA, Carlos Maria Romeo. O consentimento informado na relação entre médico e paciente: aspectos jurídicos. In: CASABONA, Carlos Maria Romeo; QUEIROZ, Juliane Fernandes (Coord.) Biotecnologia e suas implicações ético-jurídicas. Belo Horizonte: Del Rey, 2005. p. 152.

87. VELOSO, Zeno. *Invalidade do negócio jurídico*: nulidade e anulabilidade. 2. ed. Belo Horizonte: Del Rey, 2005.

88. HIRSCHHEIMER, Mário Roberto; CONSTANTINO, Clóvis Francisco; OSELKA, Gabriel Wolf. Consentimento informado no atendimento pediátrico. *Revista Paulista de Pediatria*, São Paulo, v. 28, n. 2, p. 128-133. jun. 2010. Disponível em: <http://www.redalyc.org/pdf/4060/406038933001.pdf>. Acesso em: 30 jan. 2018. p. 129.

tando-se, nesses casos, a quebra do sigilo profissional. Essa tendência se aproxima do art. 12 da Convenção dos Direitos da Criança, ratificada pelo Brasil por meio do Decreto nº 99.710/1990[89]: deve ser assegurado aos menores de 18 anos o direito de expressar livremente as suas opiniões sobre os assuntos relacionados a si, as quais devem ser levadas em consideração em função de sua idade e maturidade.

4. CONSIDERAÇÕES FINAIS

O direito à intimidade de adolescentes na esfera da assistência à saúde é tema que requer cautela e revisão de institutos tradicionais do Direito Civil. A partir do panorama normativo realizado em âmbito nacional, percebe-se que tanto o tratamento na deontologia médica, quanto a teoria das incapacidades civilista carecem de maiores especificações para que se tornem diretrizes mais precisas de boas práticas no tocante à viabilização do exercício do direito à intimidade por adolescentes na relação médico-paciente.

Dentre as diretrizes identificadas na literatura, desponta a importância de estabelecer com o paciente-adolescente, desde o início, que a sua intimidade será preservada, havendo situações excepcionais em que se fará necessária a quebra do sigilo profissional. Quais seriam essas situações é o cerne da questão. Circunstâncias em que o adolescente se encontra em risco ou representa risco para terceiros parecem ser amplamente aceitas enquanto exceção ao sigilo profissional, aumentando as divergências quando apontado um contexto específico, com destaque à fluidez e dinâmica que marcam as interações entre os campos médico e jurídico.

Viu-se que há publicações do MS que se posicionam sobre determinadas hipóteses. Enquanto a quebra do sigilo não seria admitida em atendimentos para realização de teste de gravidez e pré-natal, ela poderia ser justificada em casos de abortamento legal. Nesse percurso investigativo, percebeu-se que as hipóteses de quebra do sigilo profissional – logo, de vulneração do direito á intimidade do adolescente – estão assentadas na premissa da incapacidade decisória desse paciente. Por isso, passou-se a estudar a teoria das incapacidades numa perspectiva crítica.

A partir da ótica foucaultiana, percebeu-se a teoria das incapacidades enquanto engrenagem do biopoder. Retirar a capacidade decisória sobre si, sobre a própria saúde, e conferi-la a outrem é dispositivo que se coaduna com a dinâmica das duas tomadas de poder sobre os corpos descritas por Michel Foucault em sua fase genealógica. O nivelamento do adolescente como pessoa, necessariamente, incapaz para a tomada de decisões incorre numa generalização que favorece os mecanismos de controle e, por outro lado, esmaece a sua identidade.

A doutrina bioética-jurídica aponta a necessidade de revisão dos critérios para aferição da capacidade decisória, sobretudo em âmbitos eminentemente existenciais

---

89. BRASIL. *Decreto n. 99.710, de 21 de novembro de 1990.* Promulga a Convenção sobre os Direitos da Criança. Disponível em: <http://www.planalto.gov.br/ccivil_03/decreto/1990-1994/d99710.htm>. Acesso em: 31 jan. 2018.

como o da saúde. Dentre as propostas aqui reunidas, algumas mantém a lógica do marco etário, enquanto outras dela se afastam completamente em direção a uma análise individual e casuística. A despeito das diferenças entre elas, certo é que a generalização não alcança a complexidade dos fatos e pode resultar em situações de desproteção, devendo-se continuar a busca por alternativas em direção à construção e valorização da autonomia do adolescente.

Um dos grandes limitadores da desejável superação do paradigma que conecta a capacidade decisória estritamente à idade biológica é a dificuldade de operacionalizar a avaliação fidedigna da capacidade de crianças e adolescentes. O fato de não haver ferramentas validadas e universalmente aplicáveis em pediatria para determinação da capacidade decisória é, certamente, um fator complicador. Parece despontar como alternativa a tomada de decisão baseada em escalas e critérios ampliados e validados cientificamente, analisando-se *idade*, *contexto* e *desenvolvimento* do adolescente, tais como as escalas de maturidade mental ou escalas de capacidade funcional.

REFERÊNCIAS

AMERICAN ACADEMY OF PEDIATRICS. Committee on Bioethics. Informed Consent in Decision-Making in Pediatric Practice. *Pediatrics*, v. 138, n. 2, 2016. Disponível em: <https://pediatrics.aappublications.org/content/pediatrics/138/2/e20161484.full.pdf>. Acesso em: 15 jan. 2021.

AMERICAN ACADEMY OF PEDIATRICS. Bioethics Resident Curriculum: Case-Based Teaching Guides, 2017. Disponível em: <https://www.aap.org/en-us/Documents/Bioethics-MinorsAsDecisionMakers.pdf>. Acesso em: 15 jan. 2021.

AGUIAR, Mônica. 2002+10. Para além da capacidade: o impacto da vulnerabilidade em matéria de autonomia em questões de saúde. In: LOTUFO, Renan; NANNI, Giovanni Ettore; MARTINS, Fernando Rodrigues. (Coord.) *Temas relevantes do direito civil contemporâneo*: reflexões sobre os 10 anos do Código Civil. São Paulo: Atlas, 2012. p. 86-101.

_____. O paradoxo entre a autonomia e a beneficência nas questões de saúde: quando o poder encontra a vulnerabilidade. In: ALBUQUERQUE, Letícia; SILVA, Mônica Neves Aguiar; POZZETTI, Valmir César. (Org.) *Biodireito e direito dos animais*. Florianópolis: Conpedi, 2016. p. 347-363. Disponível em: <http://www.conpedi.org.br/publicacoes/ y0ii48h0/tvu736t8/V23M4aJu4nz88o20 .pdf>. Acesso em: 30 jan. 2018. p. 352.

ALMEIDA, Renata Acioli de; LINS, Liliane; ROCHA, Matheus Lins. Dilemas éticos e bioéticos na atenção à saúde do adolescente. *Revista Bioética*, Brasília, v. 23, n. 2, p. 320-330, 2015. p. 321.

BORGES, Roxana Cardoso Brasileiro. *Direitos de personalidade e autonomia privada*. São Paulo: Saraiva, 2007. p. 163-167.

BRASIL. *Constituição da República Federativa do Brasil de 1988*. Disponível em: <http://www.planalto.gov.br/ccivil_03/constituicao/constituicao.htm>. Acesso em: 21 jan. 2018.

BRASIL. *Decreto n. 99.710, de 21 de novembro de 1990*. Promulga a Convenção sobre os Direitos da Criança. Disponível em: <http://www.planalto.gov.br/ccivil_03/decreto/ 1990-1994/d99710.htm>. Acesso em: 31 jan. 2018.

BRASIL. *Lei 8.069, de 13 de julho de 1990*. Dispõe sobre o Estatuto da Criança e do Adolescente e dá outras providências. Disponível em: <http://www.planalto.gov.br /ccivil_03/leis/L8069.htm>. Acesso em: 11 dez. 2017.

BRASIL. Ministério da Saúde. *Portaria nº 2.561, de 23 de setembro de 2020*. Dispõe sobre o Procedimento de Justificação e Autorização da Interrupção da Gravidez nos casos previstos em lei, no âmbito do Sistema Único de Saúde – SUS. Disponível em: <https://www.in.gov.br/en/web/dou/-/portaria-n-2.561-de-23-de--setembro-de-2020-279185796>. Acesso em: 15 jan. 2021.

BRASIL. Ministério da Saúde. Secretaria de Atenção em Saúde. Departamento de Ações Programáticas Estratégicas. *Saúde do adolescente*: competências e habilidades. Brasília: Editora do Ministério da Saúde, 2008. Disponível em: <http://bvsms.saude.gov.br/bvs/publicacoes/saude_adolescente_competencias_habilidades.pdf>. Acesso em: 13 jan. 2018. p. 28.

BRASIL. Ministério da Saúde. Secretaria de Atenção em Saúde. Departamento de Ações Programáticas Estratégicas. *Cuidando de Adolescentes*: orientações básicas para a saúde sexual e a saúde reprodutiva. Brasília: Ministério da Saúde, 2015. Disponível em: <http://bvsms.saude.gov.br/bvs/publicacoes/cuidando_adolescentes_saude_sexual_reprodutiva.pdf>. Acesso em: 13 jan. 2018. p. 24.

BRASIL. Ministério da Saúde. Secretaria de Atenção em Saúde. Departamento de Ações Programáticas Estratégicas. *Proteger e cuidar da saúde de adolescentes na atenção básica*. Brasília: Ministério da Saúde, 2017. Disponível em: <http://bvsms.saude.gov.br/bvs/publicacoes/proteger_cuidar_adolescentes_atencao_basica.pdf>. Acesso em: 14 jan. 2018. p. 106.

BRASIL. Ministério da Saúde. Secretaria de Atenção em Saúde. Departamento de Ações Programáticas Estratégicas. *Atenção humanizada ao abortamento*: norma técnica. Brasília: Ministério da Saúde, 2011. Disponível em: <http://bvsms.saude.gov.br/bvs/publicacoes/atencao_humanizada_abortamento_norma_tecnica_2ed.pdf>. Acesso em: 14 jan. 2018. p. 19-20.

BRASIL. Ministério da Saúde. Secretaria de Atenção em Saúde. Departamento de Ações Programáticas Estratégicas. *Prevenção e tratamento dos agravos resultantes da violência sexual contra mulheres e adolescentes*: norma técnica. Brasília: Ministério da Saúde, 2012. Disponível em: <http://bvsms.saude.gov.br/bvs/publicacoes/prevencao_agravo_violencia_sexual_mulheres_3ed.pdf>. Acesso em: 21 jan. 2018. p. 27.

BRASIL. Ministério da Saúde. Secretaria de Atenção em Saúde. Departamento de Ações Programáticas Estratégicas. *Saúde do adolescente*: competências e habilidades. Brasília: Editora do Ministério da Saúde, 2008. Disponível em: <http://bvsms.saude.gov.br/bvs/publicacoes/saude_adolescente_competencias_habilidades.pdf>. Acesso em: 13 jan. 2018. p. 44.

BRASIL. Ministério da Saúde. Secretaria de Atenção em Saúde. Departamento de Ações Programáticas Estratégicas. *Cuidando de Adolescentes*: orientações básicas para a saúde sexual e a saúde reprodutiva. Brasília: Ministério da Saúde, 2015. Disponível em: <http://bvsms.saude.gov.br/bvs/publicacoes/cuidando_adolescentes_saude_sexual_reprodutiva.pdf>. Acesso em: 13 jan. 2018. p. 17.

CARLISLE, Jane; SHICKLE, Darren; CORK, Michael; McDONAGH, Andrew. Concerns over confidentiality may deter adolescents from consulting their doctors. A qualitative exploration. *Journal of Medical Ethics*, v. 32, n. 3, p. 133-137, 2006. Disponível em: <https://www.ncbi.nlm.nih.gov/pmc/articles/PMC2564464/>. Acesso em: 15 jan. 2021.

CASABONA, Carlos Maria Romeo. O consentimento informado na relação entre médico e paciente: aspectos jurídicos. In: CASABONA, Carlos Maria Romeo; QUEIROZ, Juliane Fernandes (Coord.) Biotecnologia e suas implicações ético-jurídicas. Belo Horizonte: Del Rey, 2005. p. 128-172.

CONSELHO FEDERAL DE MEDICINA. *Parecer nº 25, de 18 de setembro de 2013*. Disponível em: <http://old.cremerj.org.br/anexos/ANEXO_PARECER_CFM_25.pdf>. Acesso em: 15 jan. 2021.

CONSELHO FEDERAL DE MEDICINA. *Parecer nº 55, de 11 de dezembro de 2015*. Disponível em: <https://sistemas.cfm.org.br/normas/visualizar/pareceres/BR/2015/55>. Acesso em: 14 jan. 2021.

CONSELHO FEDERAL DE MEDICINA. *Recomendação nº 1, de 21 de janeiro de 2016*. Dispõe sobre o processo de obtenção de consentimento livre e esclarecido na assistência médica. Disponível em: <https://sistemas.cfm.org.br/normas/visualizar/recomendacoes/BR/2016/1>. Acesso em: 14 jan. 2021.

CONSELHO FEDERAL DE MEDICINA. *Resolução nº 1.931, de 17 de setembro de 2009*. Aprova o Código de Ética Médica. Brasília: Conselho Federal de Medicina, 2010. Disponível em: <http://www.cremers.org.br/pdf/codigodeetica/codigo_etica.pdf>. Acesso em: 13 jan. 2018. p. 61.

CONSELHO FEDERAL DE MEDICINA. *Resolução nº 2.113, de 16 de dezembro de 2014*. Aprova o uso compassivo do canabidiol para o tratamento de epilepsias da criança e do adolescente refratárias aos tratamentos convencionais. Disponível em: <https://sistemas.cfm.org.br/normas/visualizar/resolucoes/BR/2014/2113>. Acesso em: 14 jan. 2021.

CONSELHO FEDERAL DE MEDICINA. *Resolução nº 2.131, de 12 de novembro de 2015*. Altera o anexo da Resolução CFM nº 1.942/10, publicada no D.O.U. de 12 de fevereiro de 2010, Seção I, p. 72. Disponível em: <https://sistemas.cfm.org.br/normas/visualizar/resolucoes/BR/2015/2131>. Acesso em: 14 jan. 2021.

CONSELHO FEDERAL DE MEDICINA. *Resolução nº 2.232, de 16 de setembro de 2019*. Estabelece normas éticas para a recusa terapêutica por pacientes e objeção de consciência na relação médico-paciente. Disponível em: <https://sistemas.cfm.org.br/normas/visualizar/resolucoes/BR/2019/2232>. Acesso em: 14 jan. 2021.

CONSELHO FEDERAL DE MEDICINA. *Resolução nº 2.265, de 20 de setembro de 2019*. Dispõe sobre o cuidado específico à pessoa com incongruência de gênero ou transgênero e revoga a Resolução CFM nº 1.955/2010. Disponível em: <https://sistemas.cfm.org.br/normas/visualizar/resolucoes/BR/2019/2265>. Acesso em: 14 jan. 2021.

CONSELHO REGIONAL DE MEDICINA DO ESTADO DA BAHIA. *Parecer nº 14, de 30 de março de 2012*. Disponível em: <http://www.cremeb.org.br/wp-content/uploads/2015/12/Par-Cremeb-14-2012.pdf>. Acesso em: 15 jan. 2021.

CONSELHO REGIONAL DE MEDICINA DO ESTADO DO CEARÁ. *Parecer-Consulta nº 16, de 26 de dezembro de 2015*. Disponível em: <http://www.cremec.com.br/pareceres/2005/par1605.htm>. Acesso em: 19 jan. 2018.

CONSELHO REGIONAL DE MEDICINA DO ESTADO DO CEARÁ. *Parecer nº 13, de 21 de julho de 2014*. Disponível em: <https://www.cremec.org.br/pareceres/2014/par1314.pdf>. Acesso em: 15 jan. 2021.

CONSELHO REGIONAL DE MEDICINA DO ESTADO DO MATO GROSSO. *Parecer nº 07, de 13 de março de 2015*. Disponível em: <https://sistemas.cfm.org.br/normas/visualizar/pareceres/MT/2015/7>. Acesso em: 15 jan. 2021.

CONSELHO REGIONAL DE MEDICINA DO PARANÁ. *Parecer nº 2.255, de 17 de setembro de 2020*. Disponível em: <https://sistemas.cfm.org.br/normas/arquivos/pareceres/PR/2010/2255_2010.pdf>. Acesso em: 15 jan. 2021.

CONSELHO REGIONAL DE MEDICINA DE PERNAMBUCO. *Parecer nº 10, de 15 de maio de 2018*. Disponível em: <https://sistemas.cfm.org.br/normas/visualizar/pareceres/PE/2018/10>. Acesso em 15 jan. 2021.

DADALTO, Luciana. Capacidade versus discernimento: quem pode fazer diretivas antecipadas de vontade? In: DADALTO, Luciana. (Coord.) Diretivas antecipadas de vontade: ensaios sobre o direito à autodeterminação. Belo Horizonte: Letramento, 2013. p. 223-230.

FOUCAULT, Michel. *Em defesa da sociedade*: curso no Collège de France (1975-1976). Tradução Maria Ermantina Galvão. São Paulo: Martins Fontes, 1999.

_____. *Os anormais*: curso no Collège de France (1974-1975). Tradução Eduardo Brandão. São Paulo: Editora WMF, 2010.

_____. *Vigiar e punir*: o nascimento da prisão. Tradução de Raquel Ramalhete. 29. ed. Petrópolis: Vozes, 2004.

GARANITO, Marlene Pereira; ZAHER-RUTHERFORD, Vera Lucia. O PACIENTE ADOLESCENTE E A DELIBERAÇÃO CLÍNICA SOBRE A SUA SAÚDE. *Revista Paulista de Pediatria*, v. 37, n. 4, p. 503-509, 2019. Disponível em: <https://www.scielo.br/scielo.php?pid=S0103-05822019005012105&script=sci_arttext&tlng=pt>. Acesso em: 15 jan. 2021.

HIRSCHHEIMER, Mário Roberto; CONSTANTINO, Clóvis Francisco; OSELKA, Gabriel Wolf. Consentimento informado no atendimento pediátrico. *Revista Paulista de Pediatria*, São Paulo, v. 28, n. 2, p. 128-133. jun. 2010. Disponível em: <http://www.scielo.br/pdf/rpp/v28n2/v28n2a01.pdf>. Acesso em: 21 jan. 2018.

LAGO JÚNIOR, Antonio; BARBOSA, Amanda Souza. Primeiras análises sobre o sistema de (in)capacidades, interdição e curatela pós estatuto da pessoa com deficiência e código de processo civil de 2015. *Revista de Direito Civil Contemporâneo*, São Paulo, n. 3, v. 8, p. 49-89, jul.-set. 2016.

LEONE, Cláudio. A criança, o adolescente e a autonomia. *Revista Bioética*, Brasília, v. 6, n. 1, p. 1-4, 1998. p. 2.

LOCH, Jussara de Azambuja. Confidencialidade: natureza, características e limitações no contexto da relação clínica. *Revista Bioética*, Brasília, v. 11, n. 1, p. 51-64, 2003. p. 52.

_____; CLOTET, Joaquim; GOLDIM, José Roberto. Privacidade e confidencialidade na assistência à saúde do adolescente: percepções e comportamentos de um grupo de 711 universitários. *Revista da Associação Médica Brasileira*, São Paulo, v. 53, n. 3, p. 51-64, 2007. p. 62.

MARTINS, José Carlos Amado et. al. Capacidade do doente para decidir. Avaliar para maximizar a autonomia. *Revista Portuguesa de Bioética*, Lisboa, a. 51, n. 9, p. 307-319, dez. 2009. p. 311-312.

PARSAPOOR, Alireza; PARSAPOOR, Mohammad-Bagher; REZAEI, Nima; ASGHARI, Fariba. Autonomy of Children and Adolescents in Consent to Treatment: Ethical, Jurisprudential and Legal Considerations. *Iranian Journal of Pediatrics*, v. 24, n. 3, p. 241-248, 2014. Disponível em: <https://www.ncbi.nlm.nih.gov/pmc/articles/PMC4276576/>. Acesso em: 15 jan. 2021.

PITHAN, Lívia Haygert; BERNARDES, Fabrício Benites; PIRES FILHO, Luiz Alberto B. Simões. Capacidade decisória do paciente: aspectos jurídicos e bioéticos. In: GAUER, Gabriel José Chittó; ÁVILA, Gerson Antônio de; ÁVILA, Gustavo Noronha de (Org.). Ciclo de conferências em Bioética I. Rio de Janeiro: Lumen Juris, 2005. p. 121-132.

REDDY, Diane, FLEMING, Raymond; SWAIN, Carolyne. Effect of Mandatory Parental Notification on Adolescents Girls' Use of Sexual Health Care Services. *JAMA*, v.288, n.6, p.710-714, 2002. Disponível em: <https://jamanetwork.com/journals/jama/fullarticle/ 195185>. Acesso em: 15 jan. 2021.

RODRIGUES, João Vaz. O consentimento informado para o acto médico no ordenamento jurídico português: elementos para o estudo da manifestação da vontade do paciente. Coimbra: Coimbra Editora, 2001. p. 25-26.

ROSA, Carlos Alberto Pessoa. (Coord.) *Relação médico-paciente* – um encontro. São Paulo: Conselho Regional de Medicina do Estado de São Paulo, 2017.

SANTO, Maria de Fátima Oliveira dos; SANTOS, Thalita Esther Oliveira dos; SANTOS, Ana Laís Oliveira dos. A confidencialidade médica na relação com o paciente adolescente: uma visão teórica. *Revista Bioética*, Brasília, v. 20, n. 2, p. 318-25, 2012.

SCHIOCCHET, Taysa. Autonomia de adolescentes e interrupção voluntária da gravidez: um olhar sobre capacidade civil, direitos da personalidade e direitos humanos. In: ENGELMANN, Wilson; SCHIOCCHET, Taysa. (Coord.) *Sistemas jurídicos contemporâneos e constitucionalização do direito*: releituras do princípio da dignidade humana. Curitiba: Juruá, 2013. p. 35-51.

_____. Exercício de direitos sexuais e reprodutivos por adolescentes no contexto brasileiro: repensando os fundamentos privatistas de capacidade civil a partir dos direitos humanos. In: ASENSI, Felipe Dutra; PINHEIRO, Roseni. (Org.) *Direito sanitário*. Rio de Janeiro: Elsevier, 2011. v. 1. p. 382-401.

_____. Marcos normativos dos direitos sexuais: uma perspectiva emancipatória. In: BRAUNER, Maria Claudia Crespo. (Org.). *Biodireito e gênero*. Ijui: Unijui, 2007, v., p. 61-106. Disponível em: <https://unisinos.academia.edu/TaysaSchiocchet>. Acesso em: 30 jan. 2018.

SUPERIOR TRIBUNAL DE JUSTIÇA. *Habeas corpus nº 268.459 – SP*. Relatora: Ministra Maria Thereza de Assis Moura. Brasília, 02 de setembro de 2014.

STEINBERG, Laurence. Cognitive and affective development in adolescence. *Trends Cogn Sci*, v. 9, n.2, p.69-74, 2005. Disponível em: <https://pubmed.ncbi.nlm.nih.gov/15668099/>. Acesso em: 15 jan. 2021.

TAQUETTE, Stella R.; VILHENA, Marília Mello de. Aspectos éticos e legais no atendimento à saúde de adolescentes. *Adolescência & Saúde*, Rio de Janeiro, v. 2, n. 2, p. 10-14, 2005. Disponível em: <http://www.adolescenciaesaude.com/detalhe_ artigo.asp?id=169>. Acesso em: 21 jan. 2018. p. 11-12.

VELOSO, Zeno. *Invalidade do negócio jurídico:* nulidade e anulabilidade. 2. ed. Belo Horizonte: Del Rey, 2005.

O USO DE PLACEBO E A PARTICIPAÇÃO DE CRIANÇAS E ADOLESCENTES COM TRANSTORNOS MENTAIS EM ENSAIOS CLÍNICOS

Paula Moura Francesconi de Lemos Pereira

Doutora e mestre em Direito Civil pela Universidade do Estado do Rio de Janeiro (UERJ). Pós-graduada em Advocacia Pública pela CEPED-UERJ. Pós-graduada em Direito da Medicina pelo Centro de Direito Biomédico da Universidade de Coimbra. Professora da Pós-Graduação *Lato Sensu* do Curso de Direito Civil-Constitucional do Centro de Estudos e Pesquisas no Ensino de Direito (CEPED-UERJ) e da Pontifícia Universidade Católica do Rio de Janeiro (PUC-Rio). Membro da comissão da OAB-RJ de Direito Civil e de Órfãos e Sucessões. Coordenadora Adjunta de Direito Civil da ESA-RJ. Advogada.

Sumário: 1. Introdução – 2. A regulação dos ensaios clínicos no ordenamento jurídico brasileiro – 3. A participação de crianças e adolescentes com transtornos mentais em ensaios clínicos – 4. O uso de placebo em ensaios clínicos com crianças e adolescente com transtornos mentais – 5. Conclusão – 6. Referências bibliográficas

1. INTRODUÇÃO

Em março de 2017, a Gazeta do Povo iniciou reportagem com a seguinte pergunta: "Placebo pode ser usado contra depressão em crianças e adolescentes?".[1] A matéria tratava de tema que em uma primeira leitura estaria afeto apenas aos profissionais de saúde, mas com um olhar mais atento percebe-se que por envolver direitos de pessoas potencialmente vulneráveis merece especial reflexão pelos operadores do direito, que podem atuar de forma a mostrar caminhos para maior proteção das crianças e adolescentes em situações especiais.

Para além dos casos assistenciais em que têm sido frequente psiquiatras tratarem seus pacientes crianças e adolescentes com placebo ao invés de uso de medicamentos que podem causar dependência,[2] estão os ensaios clínicos[3] terapêu-

---

1. Disponível em: https://www.gazetadopovo.com.br/viver-bem/saude-e-bem-estar/depressao-em-criancas--e-adolescentes-remedio-ou-terapia/ Acesso em: 28 fev. 2021.
2. Há estudos que já concluíram que a "demonstração da dimensão da superioridade dos antidepressivos sobre o placebo reassegura pacientes e profissionais de saúde da eficácia deste tratamento apesar das altas taxas de resposta com placebo". Disponível em: https://portugues.medscape.com/verartigo/6502117#vp_2 Acesso em: 15 abril 2018.
3. Segundo a definição da Organização Mundial da Saúde, "para efeitos de registro, um ensaio clínico significa qualquer pesquisa que seleciona prospectivamente participantes humanos, indivíduos ou grupos de pessoas, para participarem de intervenções relacionadas à saúde humana para avaliar efeitos e resultados na saúde. Essas intervenções incluem, mas não se restringem a pesquisas com drogas, células e outros produtos

ticos com uso de placebo em grupo-controle quando há participação de crianças e adolescentes.[4]

As crianças e adolescentes, em razão da falta de medicamentos desenvolvidos especificamente para sua faixa etária até pela dificuldade de sua participação em pesquisa com novos fármacos, utilizam os de adultos em doses menores, mas nem sempre essa seria a melhor forma de tratamento. Eles são vistos como pequenos adultos, no entanto não necessariamente a aceitação é igual devido a várias especificidades do organismo humano em determinada idade.

A falta de medicamentos específicos para tratamento de crianças e adolescentes e o aumento dos transtornos[5] mentais,[6] acaba por demandar estudos clínicos mais específicos e direcionados. No entanto, alguns questionamentos surgem e serão enfrentados no presente estudo como: i) a legitimidade e forma de autorização da

---

biológicos, procedimentos cirúrgicos ou radiológicos, aparelhos, tratamentos terapêuticos, mudanças no processo de atenção, cuidados preventivos etc." CASTRO, Regina Celia Figueiredo. Registros de ensaios clínicos e as consequências para as publicações científicas. *Revista da Faculdade de Medicina de Ribeirão Preto e do Hospital das Clínicas da FMRP Universidade de São Paulo*, Ribeirão Preto: Faculdade de Medicina de Ribeirão Preto, v. 42, n. 1, 2009. p. 31-35.

4. O tema envolvendo ensaios clínicos em crianças e adolescente ganha relevo no momento atual em virtude da pandemia de Covid-19, doença causada pelo novo coronavírus (Sars-Cov-2), declarada em março de 2020 pela Organização Mundial da Saúde – OMS, que impulsionou a realização de pesquisas clínicas com novos medicamentos, vacinas, dispositivos médicos em busca da imunização, do tratamento e da cura da Covid-19. A Comissão Nacional de Ética em Pesquisa – CONEP tem divulgado boletins das pesquisas aprovadas e em andamento, que podem ser acompanhados no site: Disponível em: http://conselho.saude.gov.br/publicacoes-conep?view=default . Acesso em: 28 fev. 2021. Recentemente já foram divulgadas notícias de ensaios clínicos de vacina com a participação de crianças e adolescentes, como é o caso da farmacêutica britânica AstraZeneca e a Universidade de Oxford que fará teste em crianças a partir dos seis anos de idade e da Pfizer que começou a recrutar pessoas com idade entre 12 e 15 anos e crianças a partir de 5 anos. Disponível em: https://noticias.uol.com.br/saude/ultimas-noticias/redacao/2021/02/13/vacina-de-oxford-sera-testada-em-criancas-e-adolescentes-pela-primeira-vez.htm?cmpid=copiaecola . https://www.cnnbrasil.com.br/saude/2021/02/26/pfizer-testara-vacina-em-criancas-a-partir-dos-5-anos Acesso em: 28 fev. 2021. A questão traz à baila alguns questionamentos brevemente apontados em artigo de autoria de Ana Carolina Brochado e Paula Moura Francesconi de Lemos Pereira em coluna publicada no Migalhas, intitulada: "É possível ensaios clínicos de vacina para covid-19 em crianças?". Disponível em: https://migalhas.uol.com.br/coluna/migalhas-de-vulnerabilidade/333778/e-possivel-ensaios-clinicos-de-vacina-para-covid-19-em--criancas. Acesso em: 28 fev. 2021.

5. "Um transtorno mental é uma síndrome caracterizada por perturbação clinicamente significativa na cognição, na regulação emocional ou no comportamento de um indivíduo que reflete uma disfunção nos processos psicológicos, biológicos ou de desenvolvimento subjacentes ao funcionamento mental. Transtornos mentais estão frequentemente associados a sofrimento ou incapacidade significativos que afetam atividades sociais, profissionais ou outras atividades importantes. Uma resposta esperada ou aprovada culturalmente a um estressor ou perda comum, como a morte de um ente querido, não constitui transtorno mental. Desvios sociais de comportamento (p. ex., de natureza política, religiosa ou sexual) e conflitos que são basicamente referentes ao indivíduo e à sociedade não são transtornos mentais a menos que o desvio ou conflito seja o resultado de uma disfunção no indivíduo, conforme descrito." AMERICAN PSYCHIATRIC ASSOCIATION. Manual diagnóstico e estatístico de transtornos mentais: DSM-5. Disponível em: http://aempreendedora.com.br/wp-content/uploads/2017/04/Manual-Diagn%C3%B3stico-e-Estat%C3%ADstico-de-Transtornos--Mentais-DSM-5.pdf. Acesso em: 20 abr. 2018.

6. FEITOSA, Helvécio Neves; RICOU, Miguel; REGO, Sergio; NUNES, Rui. A saúde mental das crianças e dos adolescentes: considerações epidemiológicas, assistenciais e bioéticas. *Revista Bioética* (Impresso), v. 19, 2011, p. 259-275.

participação de crianças e adolescentes com transtornos mentais em ensaios clínicos terapêuticos, e ii) o uso de placebo nessas pesquisas clínicas.

2. A REGULAÇÃO DOS ENSAIOS CLÍNICOS NO ORDENAMENTO JURÍDICO BRASILEIRO

Os ensaios clínicos[7] no Brasil não são regulados por lei específica mas tão somente por normas deontológicas,[8] normas de cunho administrativo, e internacionais,[7] algumas já internalizadas, e outras consideradas supralegais.

A[9] despeito do vácuo legislativo,[10] as pesquisas em seres humanos encontram respaldo na legalidade constitucional, que confere *status* de direitos e garantias fundamentais a liberdade científica (art. 5º, IX da CF), garante a livre iniciativa (art. 1º, IV, e art. 170 da CF) enquadrando a ciência como atividade individual e de interesse coletivo, abrindo todo um capítulo autonomizado referente à Ciência, Tecnologia e Inovação (capítulo IV do título VIII – arts. 218 e 219), em que dispõe sobre o dever do Estado mediante edição de normas para promover e incentivar o desenvolvimento científico, a pesquisa e a capacitação tecnológicas, como o direito à liberdade (Lei 10.973/2004). Tudo sem deixar de assegurar a tutela dos direitos dos participantes da pesquisa, consubstanciados na proteção da vida (art. 5º, *caput*), da saúde (art.

---

7. Nos termos do artigo 6º, XXII, da Resolução RDC nº 9/2015 da ANVISA, ensaios clínicos são pesquisas conduzidas para "confirmar os efeitos clínicos e/ou farmacológicos e/ou qualquer outro efeito farmacodinâmico do medicamento experimental e/ou identificar qualquer reação adversa ao medicamento experimental e/ou estudar a absorção, distribuição, metabolismo e excreção do medicamento experimental para verificar sua segurança e/ou eficácia." BRASIL. Agência Nacional de Vigilância Sanitária. Resolução da Diretoria Colegiada – RDC nº 9, de 20 de fevereiro de 2015. Dispõe sobre o Regulamento para a realização de ensaios clínicos com medicamentos no Brasil. Diário Oficial da União, Brasília, DF, 3 de março de 2015, seção 1, n. 41, p. 69.
8. Resoluções do Conselho Nacional de Saúde (CNS), em especial a Resolução nº 466/2012, que estabelece as diretrizes e normas regulamentadoras de pesquisas envolvendo seres humanos; Resolução nº 251/97, que dispõe sobre pesquisa envolvendo seres humanos para a área temática de pesquisa com novos fármacos, medicamentos, vacinas e testes diagnósticos; Resoluções do Ministério da Saúde (MS); do Conselho Federal de Medicina (CFM) – entre elas o Código de Ética Médica (artigos 99 a 110); da ANVISA; do Sistema Único de Saúde (SUS), além de Portarias e outras normas deontológicas.
9. Código de Nuremberg – 1947; Relatório de Belmont -1978; Declaração Universal dos Direitos Humanos -1948; Declaração de Helsinque – 1964 – 2013; Declaração Universal sobre o Genoma Humano e os Direitos Humanos – 1997; Declaração Internacional sobre os Dados Genéticos Humanos – 2003; Declaração Universal sobre Bioética e Direitos Humanos – 2004; Convenção sobre Direitos Humanos e Biomedicina – CDHB; Diretivas (Regulamento da UE, nº 536/2014 do Parlamento Europeu e do Conselho de 16 de abril de 2014 relativo aos ensaios clínicos de medicamentos para uso humano e que revoga a Diretiva 2001/20/CE); Regras para Boa Prática Clínica – Good Clinical Practice – GCP; Diretrizes Éticas Internacionais para Pesquisas Biomédicas envolvendo Seres Humanos – CIOMS/OMS, etc.
10. Deu início no Senado Federal a tramitação e aprovação, com emendas, do Projeto de Lei 200 de 2015, que "dispõe sobre princípios, diretrizes e regras para a condução de pesquisas clínicas em seres humanos por instituições públicas ou privadas", e que está em tramitação na Câmara dos Deputados, Projeto nº 7.082/2017, "Dispõe sobre a pesquisa clínica com seres humanos e institui o Sistema Nacional de Ética em Pesquisa Clínica com Seres Humanos.", recentemente aprovado pela Comissão de Ciência e Tecnologia, Comunicação e Informática, com emendas. Disponível em: http://www.camara.gov.br/proposicoesWeb/fichadetramitacao?idProposicao=2125189 Acesso em 26 abril 2018.

196), da autonomia, da liberdade (art. 5º, II); da integridade psicofísica (art. 5º, III), amparados na dignidade da pessoa humana, fundamento da República Federativa do Brasil (art. 1º, III). Esses direitos ecoam na lei civil que protege os direitos da personalidade (art. 11 do Código Civil), muito embora restrinja em alguns casos a livre disposição do corpo (arts. 13 e 15, ambos do Código Civil).

A pesquisa com novos fármacos é essencial na busca de soluções para doenças, prevenção, tratamento, diminuição do sofrimento humano, da mortalidade, aumento da longevidade, além de outros interesses envolvidos e que propulsionam os avanços científicos, e mesmo os não científicos como o lucro da indústria farmacêutica.

Os ensaios clínicos passam por quatro fases,[11] cada uma com finalidade específica e dirigida a determinado grupo, e podem ser classificados em terapêuticos e não terapêuticos. Os primeiros são aqueles cuja finalidade é diagnóstica, voltada para o benefício direto da pessoa submetida à pesquisa, enquanto que o não terapêutico ou puro não tem fins terapêuticos imediatos para o voluntário, é realizado em pessoas saudáveis ou doentes que não tenham a doença alvo de combate com a pesquisa.[12]

No entanto, quando participam da pesquisa clínica pessoas consideradas potencialmente vulneráveis, entre elas os legalmente incapazes, como as crianças e adolescentes, e adultos com capacidade reduzida, alguns cuidados devem ser observados para legitimar o estudo.

3. A PARTICIPAÇÃO DE CRIANÇAS E ADOLESCENTES COM TRANSTORNOS MENTAIS EM ENSAIOS CLÍNICOS

A participação de crianças e adolescentes[13] com transtorno mental[14] em pesquisa clínica terapêutica passa primeiramente pela questão da possibilidade de se submeterem ao estudo em razão da sua capacidade civil para manifestação de sua vontade.

---

11. As fases dos ensaios clínicos estão definidas na Resolução nº 251/97 do CNS. BRASIL. Conselho Nacional de Saúde. Resolução nº 251, de 7 de agosto de 1997. Aprova normas de pesquisa envolvendo seres humanos para a área temática de pesquisa com novos fármacos, medicamentos, vacinas e testes diagnósticos. Diário Oficial da União, Brasília, DF, 23 de setembro de 1997. Sonia Vieira e William Saad Hossne apontam as quatro fases de experimentação com drogas e vacinas que são: i) farmacologia clínica, ii) pesquisa clínica, iii) experimentos básicos; e iv) experimentos clínicos após a comercialização. HOSSNE, William Saad; VIEIRA, Sonia. *Pesquisa médica: a ética e a metodologia*. São Paulo: Pioneira, 1998, p. 70-72.
12. Enunciado nº 38 da I Jornada de Direito da Saúde Conselho Nacional de Justiça (CNJ): "Nas pesquisas envolvendo seres humanos deve ser assegurada a proteção dos direitos fundamentais dos participantes da pesquisa, além da avaliação da necessidade, utilidade e proporcionalidade do procedimento, com o máximo de benefícios e mínimo de danos e riscos." BRASIL. Conselho Nacional de Justiça. I Jornada de Direito da Saúde, de 15 de maio de 2014. Disponível em: http://www.cnj.jus.br/images/ENUNCIADOS_APROVADOS_NA_JORNADA_DE_DIREITO_DA_SAUDE_%20PLENRIA_15_5_14_r.pdf&gt. Acesso em: 5 dez. 2016.
13. O critério adotado pelo Estatuto da Criança e do Adolescente, Lei 8.069/90, para definir criança e adolescente é etário e está previsto no artigo 2º que dispõe: "Art. 2º. Considera-se criança, para os efeitos desta Lei, a pessoa até doze anos de idade incompletos, e adolescente aquela entre doze e dezoito anos de idade. Parágrafo único. Nos casos expressos em lei, aplica-se excepcionalmente este Estatuto às pessoas entre dezoito e vinte e um anos de idade."
14. "De encontro com este posicionamento, a Lei 10.216/01, em consonância com o capítulo V do Código Internacional de Doenças (CID-10), dispõe sobre a proteção e os direitos dos portadores de transtornos

Os menores acabam por sofrer restrições legais decorrentes do critério etário (art. 3º, *caput*, e art. 4º, I, ambos do Código Civil) para prática de certos atos, pelo qual dependerão de representação ou assistência por seus representantes legais (art. 1.634, VII, do Código Civil).

As crianças e adolescentes são enquadrados como potencialmente vulnerados asseverando sua posição o fato de poderem apresentar deficiência, merecendo maior proteção de interesses e garantia da observância de sua autonomia para prática de atos existenciais, do exercício dos direitos fundamentais da personalidade.

A lei civil confere aos pais o dever de tutela dos menores, o que acaba por deixar a seu cargo o poder de decisão sobre a participação em pesquisas clínicas. Contudo, mesmo que tecnicamente sejam os representantes legais que concedem o consentimento, as crianças e adolescentes não podem ser afastados da decisão, e devem ser amplamente informados em linguagem própria e por meio de amplo diálogo acerca dos riscos e benefícios envolvidos na pesquisa. As informações sobre os ensaios clínicos abrangem esclarecimentos sobre a enfermidade, o prognóstico e os procedimentos diagnósticos e terapêuticos, tempo de duração do estudo, efeitos colaterais, o método utilizado, entre outros.[15] Assim, caberá ao pesquisador além de aferir a capacidade do participante colher o seu assentimento,[16] possibilitando sua participação no processo decisório acerca de sua saúde para legitimar o ato. Nesses casos a doutrina defende haver um consentimento por "substituição" também chamado de consentimento por "representação".[17]

A capacidade civil deve ser lida à luz da autonomia existencial e da solidariedade social, tendo em mira os ensinamentos de Stefano Rodotà em artigo intitulado "*Dal soggetto ala persona*",[18] e que remete à desconstrução da ideia do sujeito abstrato que

---

mentais e redireciona o modelo assistencial no tratamento destas pessoas, entendendo as doenças mentais como uma das espécies de diagnósticos que caracterizam os chamados transtornos mentais. Por este ordenamento legal, devem ser entendidas como transtornos mentais todas as alterações no funcionamento da mente que prejudiquem o desempenho da pessoa na vida familiar, social e pessoal, no trabalho, nos estudos, na compreensão de si, no respeito aos outros e na tolerância aos problemas." COHEN, C; SALGADO, M. T. M. Reflexão sobre a autonomia civil das pessoas portadoras de transtornos mentais. *Revista Bioética* (Impresso), v. 17, 2009, p. 224-225.

15. O conteúdo das informações prestadas no termo de consentimento livre e esclarecido está previstos nos seguintes dispositivos e diplomas legais: Artigo 16º, alínea "v", da Convenção de Oviedo, artigo 2º, alínea "j", Declaração de Helsinque, item 24, e Capítulo IV da Resolução nº 466/2012 do CNS, itens 4.3 e 4.4 do Documento das Américas, item 4.8 do Manual da ICH.
16. TEIXEIRA, Ana Carolina Brochado; PEREIRA, Paula Moura Francesconi de Lemos. A participação de crianças e adolescentes em ensaios clínicos: uma reflexão baseada nos princípios do melhor interesse, solidariedade e autonomia. In: TEPEDINO, Gustavo; TEIXEIRA, Ana Carolina Brochado; ALMEIDA, Vitor. (orgs.). *O direito civil entre o sujeito e a pessoa: Estudos em homenagem ao professor Stefano Rodotà*. 1. ed. Belo Horizonte: Fórum, 2016, v. 1, p. 191-215.
17. SANCHEZ, Yolanda Gómez; ABELLÁN, Fernando (coords.). La libertad de dreación y producción científica en la ley de investigación biomédica: objeto, âmbito de aplicación y princípios generales de la ley. In: *Investigación biomédica en España: aspectos bioéticos, jurídicos y científicos*. Publicac Granada: Comares, 2007, p. 511.
18. RODOTÁ, Stefano. *Dal soggeto ala persona*. Napoli: Scientifica, 2007.

durante muito tempo ocupou o pensar do jurista para uma análise do sujeito em concreto, da pessoa real.[19]

Os avanços biotecnológicos e o crescimento da autonomia da criança e do adolescente em detrimento do poder familiar para decisões existenciais têm modificado a forma de interpretar o instituto da capacidade civil. Por isso, a importância da obtenção direta do seu consentimento livre e esclarecido para intervenções em seu próprio corpo, ou seu assentimento quando não podem dar direto sua autorização para participarem de ensaios clínicos.

No que tange à criança e adolescente, a regra permanece em estabelecer a incapacidade em conformidade com a idade, o que já vinha sendo objeto de críticas pela doutrina em razão da lei civil não diferenciar a aplicação do regime para atos patrimoniais e existenciais, trazendo ao debate à diferenciação entre a autonomia[20] para prática de certos atos atinentes à livre disposição do corpo e a capacidade civil para prática de certos atos que refletem na esfera patrimonial.[21]

De acordo com parte da doutrina, o discernimento, o grau de compreensão[22] seria o critério determinante para possibilitar maior participação da criança e do adolescente no processo decisório.[23]

As decisões relacionadas ao corpo físico, à saúde não podem ser dadas sem ouvir as crianças e os adolescentes, como assegura a legislação pátria, podendo eles, inclusive, se oporem à participação em pesquisa (Constituição Federal – art. 227; Estatuto da Criança e do Adolescente – Lei 8.069/90 – arts 3, 4, 11, 15 a 17, 21; Código Civil; Convenção Internacional sobre os Direitos da Criança – Decreto 99.710/90, arts. 12 e 13, etc.).

---

19. TEIXEIRA, Ana Carolina Brochado; PEREIRA, Paula Moura Francesconi de Lemos. A participação de crianças e adolescentes em ensaios clínicos: uma reflexão baseada nos princípios do melhor interesse, solidariedade e autonomia. In: TEPEDINO, Gustavo; TEIXEIRA, Ana Carolina Brochado; ALMEIDA, Vitor. (orgs.). *O direito civil entre o sujeito e a pessoa: Estudos em homenagem ao professor Stefano Rodotà*. 1. ed. Belo Horizonte: Fórum, 2016, v. 1, p. 191-215.
20. ALMEIDA JUNIOR, Vitor de Azevedo. *A capacidade civil das pessoas com deficiência e os perfis da curatela*. – Belo Horizonte: Fórum, 2019.
21. GAMA, Guilherme Calmon Nogueira da, BARTHOLO, Bruno Paiva. Personalidade e capacidade jurídicas no Código Civil de 2002. *Revista Brasileira de Direito de Família /Continua Como/RIDF*, Porto Alegre, v. 8, n. 37, p. 27-41, ago./set. 2006, p. 29, et. seq. TEIXEIRA, Ana Carolina Brochado. Integridade psíquica e capacidade de exercício. *Revista Trimestral de Direito Civil* – RTDC, Rio de Janeiro, v. 33, p. 5-32, jan/mar. 2008.
22. "Portanto, o processo de compreensão das consequências de seus atos inicia-se por volta dos seis a sete anos e amadurece até o final da adolescência. Assim sendo, do ponto de vista assistencial, o menor tem direito a fazer opções sobre procedimentos diagnósticos ou terapêuticos – mas em situações de risco e frente à realização de procedimentos de alguma complexidade, tornam-se sempre necessários, além do assentimento do menor, a participação e o consentimento dos seus responsáveis legais. A criança ou o adolescente que se recusa a dar o seu assentimento deve ser ouvida, em especial quando os resultados esperados são incertos." FEITOSA, Helvécio Neves; RICOU, Miguel; REGO, Sergio; NUNES, Rui. A saúde mental das crianças e dos adolescentes: considerações epidemiológicas, assistenciais e bioéticas. *Revista Bioética (Impresso)*, v. 19, 2011, p. 267.
23. C.f MENEZES, Joyceane Bezerra de; MULTEDO, Renata Vilela. A autonomia ético-existencial do adolescente nas decisões sobre o próprio corpo e a heteronomia dos pais e do Estado no Brasil. *A&C. Revista de Direito Administrativo & Constitucional* (Impresso), v. 2, p. 187-208, 2016.

No plano ético a participação de crianças e adolescentes é feita com ressalvas e para além do consentimento se exige o assentimento do menor (Resolução 466/12, itens II.2, III. 2, "j", , IV.6, "a"; Resolução 251/97, item IV.1, "q", Código de Ética Médica, art. 101, ; Resolução 41/1995, do CONANDA – Conselho Nacional dos Direitos da Criança e do Adolescente, item 12).

Em se tratando de crianças e adolescentes com deficiência, haveria maior atenção para garantir a tutela dos seus interesses, pois nem sempre a deficiência incapacita para prática de todos os atos da vida civil, em especial, os existenciais. Aos menores deve ser resguardada sua autonomia,[24] sua capacidade de autodeterminação, de decidir livremente acerca de sua vida.

O instituto da capacidade civil sofreu consideráveis alterações e transformações com o advento do Estatuto da Pessoa com Deficiência, Lei 13.146/2015, cuja promulgação fora impulsionada pela Convenção Internacional sobre os Direitos das Pessoas com Deficiência (CDPD) e seu Protocolo Facultativo, assinados em Nova York, em 30 de março de 2007, ratificados e incorporados ao ordenamento jurídico brasileiro (Decreto 6.949/2009) com força e hierarquia constitucionais, nos termos do § 3º do art. 5º da Constituição Federal.

As pessoas que apresentam transtornos mentais[25] não são necessariamente enquadradas como pessoas com deficiência mental ou intelectual[26] para o fim de

---

24. Deve se verificar que várias questões surgem acerca da intervenção dos pais nos processos decisórios nos cuidados da saúde e autorização para participação em ensaios clínicos. A respeito do tema: TEIXEIRA, Ana Carolina Brochado; PEREIRA, Paula Moura Francesconi de Lemos. A participação de crianças e adolescentes em ensaios clínicos: uma reflexão baseada nos princípios do melhor interesse, solidariedade e autonomia. In: TEPEDINO, Gustavo; TEIXEIRA, Ana Carolina Brochado; ALMEIDA, Vitor. (orgs.). *O direito civil entre o sujeito e a pessoa: Estudos em homenagem ao professor Stefano Rodotà*. 1. ed. Belo Horizonte: Fórum, 2016, v. 1, p. 191-215.
25. "O termo retardo mental foi usado no DSM-IV. No entanto, deficiência intelectual (transtorno do desenvolvimento intelectual) é o termo que passou a ser de uso comum nas duas últimas décadas entre profissionais da Medicina, de Educação e outros profissionais e pelo público leigo e grupos de apoio. Os critérios diagnósticos enfatizam a necessidade de uma avaliação tanto da capacidade cognitiva (quociente de inteligência – QI) quanto do funcionamento adaptativo. A gravidade é determinada pelo funcionamento adaptativo, e não pelo escore do QI. [...] As características essenciais da deficiência intelectual (transtorno do desenvolvimento intelectual) incluem déficits em capacidades mentais genéricas (critério A) e prejuízo na função adaptativa diária na comparação com indivíduos pareados para idade, gênero e aspectos socioculturais (critério B). [...] O diagnóstico de deficiência intelectual baseia-se tanto em avaliação clínica quanto em testes padronizados das funções adaptativa e intelectual". AMERICAN PSYCHIATRIC ASSOCIATION. *Manual diagnóstico e estatístico de transtornos mentais*: DSM-5. Trad. de Maria Inês Corrêa Nascimento et al.; revisão técnica de Aristides Volpato Cordioli et al. 5. ed. Porto Alegre: Artmed, 2014.
26. "Consideremos, em primeiro lugar, a questão do vocábulo deficiência. Sem dúvida alguma, a tradução correta das palavras (respectivamente, em inglês e espanhol) "disability" e "discapacidad" para o português falado e escrito no Brasil deve ser deficiência. Esta palavra permanece no universo vocabular tanto do movimento das pessoas com deficiência como dos campos da reabilitação e da educação. Trata-se de uma realidade terminológica histórica. Ela denota uma condição da pessoa resultante de um impedimento ("impairment", em inglês). Exemplos de impedimento: lesão no aparelho visual ou auditivo, falta de uma parte do corpo, déficit intelectual. O termo "impairment" pode, então, ser traduzido como impedimento, limitação, perda ou anormalidade numa parte (isto é, estrutura) do corpo humano ou numa função (isto é, funções fisiológicas) do corpo, de acordo com a Classificação Internacional de Funcionalidade, Deficiência e Saúde (CIF), aprovada pela 54ª Assembleia da Organização Mundial da Saúde em 22 de maio de 2001. Segundo a CIF, as funções

aplicação do Estatuto da Pessoa com Deficiência, Lei 13.146/2015,[27] pois nem sempre a patologia apresentada significa uma deficiência que encontra uma barreira socialmente imposta. De qualquer forma, aplica-lhes a Lei 10.216/2001 referente à proteção e aos direitos das pessoas portadoras de transtornos mentais.[28][29]

Entre os transtornos mentais está o tratamento da depressão, classificada como doença, Classificação Internacional de Doenças (CID 10), cabendo trazer à colocação a reflexão de Marcio Versiani,[30] professor titular de psiquiatria da Universidade Federal do Rio de Janeiro:

> (...) Os transtornos mentais são muito heterogêneos. A chamada depressão maior da Classificação Internacional de Doenças (CID 10), p.ex., inclui desde quadros de profunda depressão endógena, psicótica ou o estupor depressivo até uma garota que terminou um namoro e há duas semanas está com leve tristeza, um pouco de insônia, ligeira diminuição da capacidade de concentração e menos apetite.

Esse quadro não está distante de muitas crianças e adolescentes que apresentam transtornos mentais em diferentes graus, incluindo esquizofrenia, transtornos do humor e ansiedade.[31]

---

fisiológicas incluem funções mentais. O termo anormalidade é utilizado na CIF estritamente para se referir a uma variação significativa das normas estatísticas estabelecidas (isto é, como um desvio da média da população dentro de normas mensuradas) e ele deve ser utilizado somente neste sentido". SASSAKI, Romeu Kazumi. Atualizações semânticas na inclusão de pessoas: Deficiência mental ou intelectual? Doença ou transtorno mental?. *Revista Nacional de Reabilitação*, ano IX, n. 43, mar./abr., 2005, p. 9.

27. Art. 2º Considera-se pessoa com deficiência aquela que tem impedimento de longo prazo de natureza física, mental, intelectual ou sensorial, o qual, em interação com uma ou mais barreiras, pode obstruir sua participação plena e efetiva na sociedade em igualdade de condições com as demais pessoas. § 1º A avaliação da deficiência, quando necessária, será biopsicossocial, realizada por equipe multiprofissional e interdisciplinar e considerará: I – os impedimentos nas funções e nas estruturas do corpo; II – os fatores socioambientais, psicológicos e pessoais; III – a limitação no desempenho de atividades; e IV – a restrição de participação. § 2o O Poder Executivo criará instrumentos para avaliação da deficiência.
28. "Primeiro, merece registro a impropriedade do termo "portador", que se refere à lógica da normalização, "reparação", que sob o manto do modelo social hoje adotado já não se mantém como apropriado. Em segundo lugar, nem todas as pessoas com transtorno mental necessariamente são pessoas com deficiência mental ou intelectual. O EPD exige para a definição de pessoa com deficiência o impedimento de longa duração que obstrui sua plena e efetiva participação na sociedade em paridade de condições com as demais pessoas em razão das barreiras sociais impostas (art. 2º). Tanto é assim que hoje o discurso psiquiátrico procura distanciar os conceitos de "doença mental", "transtorno mental" e "deficiência intelectual", contudo, não é rara sua associação." ALMEIDA JUNIOR, Vitor de Azevedo. *A capacidade civil das pessoas com deficiência e os perfis da curatela*. – Belo Horizonte: Fórum, 2019, p. 87.
29. A Resolução do CFM nº 1952/2010 estabelece diretrizes para um modelo de assistência integral em saúde mental no Brasil e a Resolução CFM nº 2.057/2013 consolida as diversas resoluções da área da Psiquiatria e reitera os princípios universais de proteção ao ser humano, à defesa do ato médico privativo de psiquiatras e aos critérios mínimos de segurança para os estabelecimentos hospitalares ou de assistência psiquiátrica de quaisquer naturezas, definindo também o modelo de anamnese e roteiro pericial em psiquiatria.
30. VERSIANI, Marcio. A necessidade do grupo-controle com placebo em pesquisas sobre a eficácia de tratamentos psiquiátricos. *Revista Bioética*. vol. 8, n 1, 2000, p. 31.
31. Existem diversos tipos de transtornos mentais que estão classificados no Manual diagnóstico e estatístico de transtornos mentais (DSM), da American Psychiatric Association, e que traz critérios associados para facilitar o estabelecimento de diagnósticos mais confiáveis desses transtornos (Transtornos do neurodesenvolvimento, Espectro da Esquizofrenia e outros Transtornos Psicóticos, transtorno bipolar e Transtornos relacionados, Transtornos Depressivos, Transtornos Relacionados a Trauma e a Estressores, Transtornos

À pessoa com deficiência, independente da idade, é assegurado o direito de não se submeter a intervenção clínica ou cirúrgica, a tratamento ou a institucionalização forçada (art. 11, da Lei 13.146/2015).

Em se tratando de pesquisa científica, na qual se incluem os ensaios clínicos, o parágrafo segundo do art. 12 do referido diploma legal restringe a participação das pessoas com deficiência às hipóteses de caráter excepcional e quando houver indícios de benefício direto para sua saúde ou para a saúde de outras pessoas com deficiência e desde que não haja outra opção de pesquisa de eficácia comparável com participantes não tutelados ou curatelados.

Em qualquer hipótese que envolva atos de disposição corporal da pessoa com deficiência é indispensável haver seu consentimento livre e esclarecido[32] e caso este não possa dar e esteja em regime de curatela será suprido (art. 11, parágrafo único, art. 12, ambos da Lei 13.146/2015, art. 11 da Lei 10.216/2001),[33] assegurando sua participação no maior grau possível, observado o caso de haver tomada de decisão apoiada.[34]

O consentimento só é dispensado em casos de risco de morte e de emergência em saúde, resguardado seu superior interesse e adotadas as salvaguardas legais cabíveis (art. 13 da Lei 13.146/2015).

As normas internacionais adotadas no Brasil que versam sobre o tema como a Convenção Internacional sobre os Direitos das Pessoas com Deficiência em seu artigo 15, item 1, parte final, é expressa quanto à proibição de submissão à experimentos médicos ou científicos sem livre consentimento da pessoa, o que abrange qualquer

---

Dissociativo, Transtorno de Sintomas Somáticos e Transtornos Relacionados, Transtornos Alimentares, Transtornos da Eliminação, Transtornos do So, Disforia de Gênero, Transtornos Disruptivos, do Controle de Impulsos e da Conduta, Transtornos Relacionados a Substâncias e Transtornos Aditivos, Transtornos Neurocognitivos , Transtornos da Personalidade, Transtornos Parafílicos, Outros Transtornos Mentais, Transtornos do Movimento Induzidos por Medicamentos e Outros Efeitos Adversos de Medicamentos.) "A classificação dos transtornos está harmonizada com a Classificação internacional de doenças (CID), da Organização Mundial da Saúde, o sistema oficial de codificação usado nos Estados Unidos, de forma que os critérios do DSM definem transtornos identificados pela denominação diagnóstica e pela codificação alfanumérica da CID. No DSM-5, as codificações da CID-9-MC e da CID-10-MC (esta última programada para entrar em vigor em outubro de 2014) estão vinculadas aos transtornos relevantes na classificação." AMERICAN PSYCHIATRIC ASSOCIATION. Manual diagnóstico e estatístico de transtornos mentais: DSM-5. Disponível em: http://aempreendedora.com.br/wp-content/uploads/2017/04/Manual-Diagn%C3%B3stico--e-Estat%C3%ADstico-de-Transtornos-Mentais-DSM-5.pdf. Acesso em: 18 abr. 2018.

32. "IV.4 – O Termo de Consentimento Livre e Esclarecido nas pesquisas que utilizam metodologias experimentais na área biomédica, envolvendo seres humanos, além do previsto no item IV.3 supra, deve observar, obrigatoriamente, o seguinte: [...] b) esclarecer, quando pertinente, sobre a possibilidade de inclusão do participante em grupo controle ou placebo, explicitando, claramente, o significado dessa possibilidade." BRASIL. Conselho Nacional de Saúde – CNS. Resolução no 466, de 12 de dezembro de 2012. Aprova as diretrizes e normas regulamentadoras de pesquisas envolvendo seres humanos. Diário Oficial da União, Brasília, DF, 13 de junho de 2013, secado 1, p. 59.

33. Art. 11. Pesquisas científicas para fins diagnósticos ou terapêuticos não poderão ser realizadas sem o consentimento expresso do paciente, ou de seu representante legal, e sem a devida comunicação aos conselhos profissionais competentes e ao Conselho Nacional de Saúde.

34. A respeito do tema, merece leitura o seguinte artigo científico: MENEZES, Joyceane Bezerra de. Tomada de decisão apoiada: instrumento de apoio ao exercício da capacidade civil da pessoa com deficiência instituído pela lei brasileira de inclusão (Lei n. 13.146/2015). *Revista Brasileira de Direito Civil*, v. 9, p. 31, 2016.

tipo de pesquisa. Da mesma forma dispõem o art. 7º, 3ª parte, do Pacto Internacional sobre Direitos Civis e Políticos, da Organização das Nações Unidas – ONU, que foi internalizado pelo Decreto 592/1992; a Declaração Universal sobre o Genoma e os Direitos Humanos;[35] a

Declaração Internacional de Dados Genéticos Humanos;[36] e a Declaração de Helsinque.[37]

Na Europa, a Convenção sobre os Direitos do Homem e Biomedicina, chamada Convenção de Oviedo, trata do tema nos arts. 6º, n 3, 7º, 16º, 17º, e prevê a possibilidade de participação de criança e pessoas com deficiência mental em pesquisa científica desde que para benefício direto e que haja seu consentimento expresso, ou de seu representante legal.

As normas deontológicas[38] brasileiras,[39] entre elas a Resolução 466/2012 do Conselho Nacional de Saúde – CNS, que versa sobre pesquisas envolvendo seres humanos, dispõe no item IV.6, alínea "a", que as pesquisas que tenham como participantes crianças, adolescentes, pessoas com transtorno ou doença mental ou em situação de substancial diminuição em sua capacidade de decisão, deverão ter justificativa clara quanto à necessidade de participação dessas pessoas, aprovação não só pelo Comitê de Ética local, mas também pela Comissão Nacional de Ética em Pesquisa – CONEP, quando pertinente, e observados o direito de informação e obtenção do consentimento livre e esclarecido pelo representante legal.[40]

---

35. Artigo 5 – (...) e) Se, de acordo com a lei, uma pessoa não tiver a capacidade de consentir, as pesquisas relativas ao seu genoma só poderão ser empreendidas com vistas a beneficiar diretamente sua própria saúde, sujeita à autorização e às condições protetoras descritas pela lei. As pesquisas que não previrem um benefício direto à saúde, somente poderão ser empreendidas a título de exceção, com restrições máximas, expondo a pessoa apenas a riscos e ônus mínimos e se as pesquisas visarem contribuir para o benefício da saúde de outras pessoas que se enquadram na mesma categoria de idade ou que tenham as mesmas condições genéticas, sujeitas às condições previstas em lei, e desde que tais pesquisas sejam compatíveis com a proteção dos direitos humanos do indivíduo.
36. Art. 8º: Consentimento (...) (b) Quando, de acordo com o direito interno, uma pessoa é incapaz de exprimir o seu consentimento informado, deverá ser obtida uma autorização do seu representante legal, de acordo com o direito interno. O representante legal deverá agir tendo presente o superior interesse da pessoa em causa. (c) Um adulto que não esteja em condições de exprimir o seu consentimento deverá participar na medida do possível no processo de autorização. A opinião de um menor deverá ser tomada em consideração como um factor cujo carácter determinante aumenta com a idade e o grau de maturidade. (d) Os rastreios e testes genéticos praticados para fins de diagnóstico e de cuidados de saúde em menores e adultos incapazes de exprimir o seu consentimento não serão em princípio eticamente aceitáveis a não ser que tenham importantes implicações para a saúde da pessoa e tenham em conta o seu superior interesse.
37. Itens 28, 29 e 30.
38. Destacam-se as normas éticas internacionais estabelecidas pelo Conselho de Organizações Internacionais de Ciências Médicas (CIOMS), as Diretrizes Éticas Internacionais para Pesquisas Biomédicas Envolvendo Seres Humanos, do Conselho de Organizações Internacionais de Ciências Médicas (CIOMS/OMS), atualizada em dezembro de 2016, que define na Diretriz 16 a participação dos adultos incapazes de conceder consentimento livre e esclarecido.
39. O Projeto de Lei que tramita na Câmara dos Deputados sobre pesquisas em seres humanos, PL 7082/2017, dispõe sobre participação de pessoas vulneráveis em pesquisas como crianças e adolescentes e adultos incapazes no art. 23.
40. O Manual Operacional para Comitês de Ética em pesquisa elaborado pela Comissão Nacional de Ética em Pesquisa do Conselho Nacional de Saúde (CONEP/CNS), vinculada ao Ministério da Saúde traz as

Para os casos específicos de ensaios clínicos realizados com pessoa que tem capacidade diminuída, a Resolução 251/97 do CNS prevê no item IV.1, alínea "r", que o protocolo de pesquisa deve conter o termo de consentimento livre e esclarecido, obtido pelo representante legal, sem contudo deixar de considerar a manifestação do próprio participante. Nos casos em que o participante for paciente psiquiátrico, a referida resolução é expressa quanto ao consentimento ter que ser obtido diretamente deste,[41] sempre que possível.[42] No mesmo sentido, a Resolução 2.057/2013 do CFM, alteradas posteriormente pelas Resoluções 2.153/2016 e 2.165/2017, ambas do CFM (art. 28).[43]

A doutrina não enfrenta muito o tema, mas cabe a reflexão de Maria do Carmo Pereira Jardim do Vale,[44] para quem antes de se iniciar qualquer investigação em doentes que padecem de perturbações mentais ou de conduta, e que não estejam em condições de prestar consentimento livre e esclarecido, deve o investigador assegurar-se de que: i) a investigação não possa ser igualmente bem realizada em pessoas com capacidade de compreender a informação e dar o consentimento informado de forma adequada; ii) o objetivo da investigação seja a obtenção de conhecimento relevante para as necessidades específicas de saúde das pessoas a recrutar; iii) tenha sido obtido

---

seguintes orientações acerca do tema: (...) "IV.3 Nos casos em que haja qualquer restrição à liberdade ou ao esclarecimento necessários para o adequado consentimento, deve-se ainda observar: a) em pesquisas envolvendo crianças e adolescentes, portadores de perturbação ou doença mental e sujeitos em situação de substancial diminuição em suas capacidades de consentimento, deverá haver justificação clara da escolha dos sujeitos da pesquisa, especificada no protocolo, aprovada pelo Comitê de Ética em Pesquisa, e cumprir as exigências do consentimento livre e esclarecido, através dos representantes legais dos referidos sujeitos, sem suspensão do direito de informação do indivíduo, no limite de sua capacidade; (...) IV.1 O protocolo deve conter todos os itens referidos no Cap. VI da Resolução 196/96 e ainda as informações farmacológicas básicas adequadas à fase do projeto, em cumprimento da Res. GMC 129/96 – Mercosul – incluindo: (...) q) o protocolo deve ser acompanhado do termo de consentimento: quando se tratar de sujeitos cuja capacidade de autodeterminação não seja plena, além do consentimento do responsável legal, deve ser levada em conta a manifestação do próprio sujeito, ainda que com capacidade reduzida (por exemplo, idoso) ou não desenvolvida (por exemplo, criança)."

41. "No caso das pesquisas com portadores de transtornos mentais, respeitar a autonomia implica, para o pesquisador, respeitar e – se necessário – ajudar o paciente a superar sua dependência, expressar os seus valores e preferências, e envolvê-lo na decisão de se submeter ou não a uma investigação. Nesse sentido, o respeito à autonomia tem como corolário o TCLE, que pode ser visto como "instrumento da beneficência", em que a pessoa toma livremente a sua decisão, devidamente esclarecida acerca dos procedimentos, consciente dos riscos, benefícios e consequências. No entanto, existem circunstâncias que limitam ou impedem a obtenção do consentimento informado, entre elas a incapacidade de adultos com diminuição sensorial ou da consciência, nas patologias neurológicas ou psiquiátricas severas." BRAZ, Marlene; SCHRAMM, F. R. . Bioética e pesquisa em saúde mental. *Ciência e Saúde Coletiva (Impresso)*, v. 16, p. 2035-2044, 2011.
42. Pesquisa em pacientes psiquiátricos: o consentimento, sempre que possível, deve ser obtido do próprio paciente. É imprescindível que, para cada paciente psiquiátrico candidato a participar da pesquisa, se estabeleça o grau de capacidade de expressar o consentimento livre e esclarecido, avaliado por profissional psiquiatra e que não seja pesquisador envolvido no projeto.
43. Art. 28. Pesquisas, ensaios clínicos e tratamentos experimentais não poderão ser realizados em qualquer paciente com doença mental sem o seu consentimento esclarecido, de acordo com o Código de Ética Médica e resoluções do Conselho Nacional de Saúde sobre pesquisas com sujeitos humanos.
44. VALE, Maria do Carmo Jardim Pereira do. *Ensaios clínicos em populações vulneráveis*. Disponível em: http://www.ceic.pt/documents/20727/57508/Ensaios+Cl%C3%ADnicos+em+Popula%C3%A7%C3%B5es+Vulner%C3%A1veis/af2ac97-4474-4d0f-98bb-6707920dff28. Acesso em: 20 abril 2018.

o consentimento de cada indivíduo, de acordo com as suas capacidades e se tenha respeitado a vontade do potencial paciente no sentido da sua não inclusão, sempre que se tenha manifestado previamente nesse sentido, ressalvando circunstâncias de exceção em que não haja alternativa médica razoável e a legislação permita invalidar a objeção; e iv) nos casos em que os potenciais sujeitos carecem da capacidade de consentir é necessária a autorização de membro da família responsável ou representante legal, de acordo com a legislação aplicável.

Não há que se vedar, portanto, de plano a participação de criança e adolescente em pesquisa terapêutica, pois esta pode ser necessária como alternativa de busca de cura, ou até mesmo auxiliar todo esse grupo de pessoas com obtenção de novos conhecimentos, novos tratamentos, novos medicamentos mais eficazes e elaborados diretamente para atendê-los. E mesmo que haja uma dupla vulnerabilidade, ou quiçá, uma tripla, já que apresentam transtornos mentais e todo participante de pesquisa pode ser considerado vulnerável, as normas analisadas não afastam esses sujeitos da pesquisa, mas estas devem observar certos requisitos.

Além das barreiras enfrentadas para participação de crianças e adolescentes com transtornos mentais em ensaios clínicos em razão das restrições decorrentes do regime da capacidade civil em situações existenciais, está a possibilidade do uso de placebo nesses experimentos.

4. O USO DE PLACEBO EM ENSAIOS CLÍNICOS COM CRIANÇAS E ADOLESCENTE COM TRANSTORNOS MENTAIS

Os ensaios clínicos podem utilizar diversos métodos, entre os quais se destacam o uso de placebo[45] de controle (substância inerte sem qualquer efeito terapêutico) e tipos de mascaramento, tais como: i) dupla ocultação (duplo cego[46]), em que o placebo, ou fármaco de referência e o novo fármaco devem ser estudados de tal modo que não possam ser reconhecidos nem pelo médico, nem pelo paciente; e ii) triplo cego, quando nem o pesquisador, nem o participante e nem a pessoa que realiza a análise sabem o grupo que recebeu; iii) ocultação simples (cego simples) quando apenas um não tem conhecimento, ou aberto, em que todos sabem; e iv)

---

45. "Art. 6º [...] XXXV– Placebo – formulação sem efeito farmacológico, administrada ao participante do ensaio clínico com a finalidade de mascaramento ou de ser comparador;" BRASIL. Agência Nacional de Vigilância Sanitária. Resolução da Diretoria Colegiada – RDC n. 9 de 20 de fevereiro de 2015. Dispõe sobre o Regulamento para a realização de ensaios clínicos com medicamentos no Brasil. Diário Oficial da União, Brasília, DF, 3 de março de 2015, seção 1, n. 41, p. 69.
46. "1.10 Caráter Cego / Mascaramento – Um procedimento no qual uma ou mais partes envolvidas no estudo é mantida desinformada sobre as indicações do tratamento. O caráter cego geralmente refere-se aos sujeitos de pesquisa e o duplo-cego aos sujeitos de pesquisa, investigadores, monitores e, em alguns casos, aos analistas de dados." INTERNACIONAL. Manual Tripartite Harmonizado da Conferência Internacional de Harmonização (ICH) para a Boa Prática Clínica (GCP), de 1º de maio de 1996. Disponível em: http://www.santacasasp.org.br/upSrv01/up_publicacoes/2579/11541_MANUAL%20DE%20BOAS%20PR%C3%81TICAS%20CLINICAS.pdf. Acesso em: 6 dez. 2016.

randomização,[47] pela qual os pacientes são atribuídos ao acaso ao grupo de placebo ou fármaco de referência e ao grupo do fármaco em ensaio, garantindo a justiça distributiva, já que todos os pacientes terão, *a priori,* os mesmos benefícios e os mesmos riscos relativamente ao tratamento em questão.

Esses métodos garantem que os desfechos observados no estudo estejam livres da influência do pesquisador ou do participante da pesquisa, e evita que os participantes tenham percepções diferentes ou distorcidas de suas condições. A vantagem é que o pesquisador não adotará condutas diferentes para os grupos controle e experimental, garantindo melhor resultado. O conhecimento da alocação do participante – se em grupo controle ou experimental – leva a percepções diferentes de suas condições clínicas. O próprio participante pode ser induzido a sentir efeitos diferentes se tiver consciência de a que grupo pertence. O mascaramento, que pode ou não usar placebo,[48] evitaria, portanto, distorções no estudo tanto por parte do participante quanto pelo pesquisador.

O uso do placebo[49] em ensaios clínicos é uma questão não só científica, mas bioética e jurídica, pois envolve conflitos de interesses dos patrocinadores da pesquisa e dos participantes contemplados na responsabilidade profissional e na integridade e autonomia do paciente. Isso porque, em ensaios terapêuticos, o uso de placebo em detrimento da continuação do participante voluntário doente que precisaria prosseguir com o tratamento pode colocar em risco sua vida, além de, eventualmente, se cogitar se tal atitude configuraria ou não uma violação de um dever de praticar ato médico.

Nas pesquisas terapêuticas com pacientes que sofrem de diferentes transtornos mentais, ou até mesmo crônicos, questiona-se se podem ficar sem tomar medicamentos ativos no grupo-controle, necessitando de controle e acompanhamento. O

---

47. "1.48 Randomização – O processo de designação dos sujeitos de pesquisa ao tratamento ou aos grupos de controle utilizando um sorteio para decidir essas designações, com o propósito de reduzir parcialidades." INTERNACIONAL. Manual Tripartite Harmonizado da Conferência Internacional de Harmonização (ICH) para a Boa Prática Clínica (GCP), de 1º de maio de 1996. Disponível em: http://www.santacasasp.org.br/upSrv01/up_publicacoes/2579/11541_MANUAL%20DE%20BOAS%20PR%C3%81TICAS%20CLINICAS.pdf. Acesso em: 6 dez. 2016.
48. FREGNANI, José Humberto Tavares Guerreiro; CARVALHO, André Lopes; PARANHOS, Flávio Rocha Lima; VIANA, Luciano de Souza; SERRANO, Sérgio Vicente; CÁRCANO, Flávio; FERREIRA, João Fernando Monteiro; ZIER, Sanda Solci; GONTIJO, Pollyana Anício Magalhães; STEFANOFF, Cláudio Gustavo; FRANÇA, Paulo Henrique Condeixa; BENDATI, Maria Mercedes de Almeida; MARODIN, Gabriela; VENÂNCIO, Jorge Alves de Almeida. Eticidade do uso de placebo em pesquisa clínica: proposta de algoritmos decisórios. *Revista Bioética,* Brasília: Conselho Federal de Medicina, v. 23, no 3, 2015, p. 456-467.
49. Alguns estudos envolvendo placebo são denominados: i) estudos do tipo *add-on,* que utiliza placebo além da terapêutica existente; e ii) estudo do tipo *dummy,* que utiliza mais de um tipo de placebo tanto no grupo controle quanto no experimental para garantir o mascaramento. Além disso, existe o período *run-in* quando o placebo é administrado por um período de tempo antes mesmo da randomização do estudo em regime unicego. O objetivo é preparar o participante para o estudo principal (*whas-out*), que consiste no ajuste de doses de medicamentos, padronização de procedimentos, realização de exames, triagem etc. Com isso, se verifica se são elegíveis antes da randomização. Nem sempre usam placebo no *run-in.*

uso de placebo em ensaios clínicos é considerado em alguns casos pela comunidade científica como essencial.[50]

A preocupação ética e sobretudo jurídica com o grupo-controle com placebo em estudos clínicos de antidepressivos é a possibilidade dele resultar em danos para os pacientes, principalmente, de ordem psicofísica, além do risco de suicídio, atraindo a aplicação do instituto da responsabilidade civil.

Em regra, o uso de placebo é justificado, cientificamente, pela necessidade metodológica de provar a eficácia de um tratamento experimental, o que não afasta a possibilidade de respostas negativas ao seu uso ("efeito-nocebo").[51]

Mas, nem sempre o uso de placebo observa os interesses dos participantes, devendo passar por uma avaliação ética prévia, à luz dos princípios constitucionais e bioéticos. Avaliam-se os riscos-benefícios pelo uso de placebo (princípio da prevenção e precaução, da beneficência e não maleficência); se haverá o acesso pós-estudo ao produto investigacional (princípio da justiça); se foi obtido o devido consentimento livre e esclarecido, dando ciência ao participante do uso de placebo (princípio da autonomia); e se o participante não foi privado de tratamento (princípio da dignidade da pessoa humana).

Geralmente, o que se observa é uma flexibilização das normas atinentes ao uso de placebo em países subdesenvolvidos em que a técnica de controle é evidentemente menos onerosa do que a aplicação de um ativo comparativo.

No plano internacional, a Declaração de Helsinque, na versão 2000, parágrafo 29[52] permitiu o uso de placebo ou de não tratamento em estudo desde que não existissem métodos diagnósticos ou terapêuticos comprovados, de forma a assegurar a saúde dos participantes. No entanto, a versão de outubro de 2008, que decorreu de encontro realizado em Seul, Coreia do Sul, na 59º Assembleia Geral

---

50. "Na psiquiatria, mais do que em outras áreas da medicina, o estudo placebo-controlado é considerado essencial em pesquisas sobre a eficácia de tratamentos, novos ou antigos, além de exigido pelos jornais científicos internacionais de 1ª linha, pelas agências reguladoras de vários países e pela comunidade técnico-científica dos melhores centros mundiais de pesquisa (7; 12-17)". VERSIANI, Marcio. A necessidade do grupo-controle com placebo em pesquisas sobre a eficácia de tratamentos psiquiátricos. *Revista Bioética*, v. 8, n.1, p. 29-42, 2000.
51. Elio Sgreccia cita três motivos para a utilização de placebo em ensaios clínicos terapêuticos: "1) eliminar qualquer possível interferência na interpretação dos efeitos atribuídos ao novo fármaco; 2) evitar as dificuldades de escolha do tratamento de confronto relativamente à terapia experimental; 3) presumível maior facilidade de demonstração do significado estatístico de um placebo em confronto com um tratamento inovador, relativamente ao comparação entre duas terapias (a experimental e a padrão)." SGRECCIA, Elio. *Manual de Bioética*: Fundamentos e Ética Biomédica. Cascais: Principia. 2009, p. 767.
52. "29. Os benefícios, riscos, encargos e eficácia de um novo método devem ser testados comparativamente com os melhores métodos atuais profiláticos, diagnósticos e terapêuticos existentes. Isso não inclui o uso de placebo ou de não-tratamento em estudo que não existam métodos profiláticos, diagnósticos ou terapêuticos comprovados." INTERNACIONAL. Associação Médica Mundial. Declaração de Helsinque, 2000. Princípios Éticos para Pesquisa Médica Envolvendo Seres Humanos. Disponível em: http://iprexole.com/pdfs/Declaration_of_Helsinki_Portuguese.pdf. Acesso em: 6 dez. 2016.

da Associação Médica Mundial, mantida pela versão de 2013,[53] tem sido alvo de acirradas críticas, por permitir o uso de intervenções menos eficazes do que a melhor intervenção, desde que justificadas por razões metodológicas, convincentes e cientificamente sólidas.

O Brasil,[54] em 2008, por meio da Resolução 404 do CNS, objetou as propostas de modificação da Declaração de Helsinque,[55] e restou expresso na Resolução 1.885/2008 do CFM, e no Código de Ética Médica (Resolução 2.217/2018 do CFM, artigos 32, 102, 106[56]), que é vedado ao médico utilizar placebo quando houver tratamento eficaz e efetivo para a doença pesquisada e que prive o participante de tratamento existente. Mas não é claro quanto ao tipo *add-on* – em que o novo tratamento e o placebo são adicionados.[57]

---

53. "33. Os benefícios, riscos, incómodos e a eficiência de uma nova intervenção têm de ser comparados com intervenção(ões) comprovadamente melhor(es), exceto nas seguintes circunstâncias: O uso de placebo, ou a não-intervenção, é aceitável em estudos onde não exista intervenção comprovada; ou quando, por razões metodológicas convincentes e cientificamente robustas, o uso de qualquer intervenção menos eficaz do que a comprovadamente melhor, o placebo ou a não-intervenção são necessários para determinar a eficácia ou segurança de uma intervenção e os doentes que recebam qualquer intervenção menos eficaz do que a comprovadamente melhor, o placebo ou a não-intervenção não sejam sujeitos a risco adicional de dano grave ou irreversível resultante de não receberem essa intervenção comprovadamente melhor. Devem ser adotadas cautelas extremas para evitar o abuso desta opção." INTERNACIONAL. Associação Médica Mundial. Declaração de Helsinque, 2013. Princípios Éticos para Pesquisa Médica Envolvendo Seres Humanos. Disponível em: http://www.amb.org.br/_arquivos/_downloads/491535001395167888_DoHBrazilianPortugueseVersionRev.pdf. Acesso em: 6 dez. 2016.
54. Para Fausto Giunta, a utilização do placebo ao mesmo tempo que facilita a eficácia da nova droga, priva o paciente do grupo de controle dos possíveis benefícios da nova terapia, não sendo o tema regulado de forma clara e unívoca pela normativa vigente na Itália. E aponta que, enquanto a Declaração de Helsinque de 1997 parece desencorajar o uso do placebo, o artigo 3.8, do Decreto Ministerial de 18 de março 1998, o exclui quando existe uma terapia eficaz ou a sua utilização implica sofrimento, doença prolongada ou risco. Para ele, a correção do método de pesquisa se inspira nas regras relativas à identificação dos grupos de pacientes a serem comparados. Por isso, admite tanto as pesquisas realizadas "ao aberto" quanto as realizadas nos chamados "duplo cego" onde nem o experimentador, nem o paciente, sabem a quem é administrada a terapia estabelecida, "ou o placebo" e a quem, no entanto, o fármaco objeto da experimentação. GIUNTA, Fausto. *Lo statuto giuridico della sperimentazione clinica e il ruolo dei comitati etici*. Diritto Pubblico. Bolonha: Il Mulino. v. 8, n. 2, 2002. passim
55. BRASIL. Conselho Nacional de Saúde. Resolução n° 404, de 1° de agosto de 2008. Propor a retirada das notas de esclarecimento dos itens relacionados com cuidados de saúde a serem disponibilizados aos voluntários e ao uso de placebo, uma vez que elas restringem os direitos dos voluntários à assistência à saúde, mantendo os seguintes textos da versão 2000 da Declaração de Helsinque. *Diário Oficial da União*, Brasília, DF, 25 de setembro de 2008. (Revogada pela Resolução n° 466/2012). Disponível em: <http://conselho.saude.gov.br/resolucoes/reso_08.htm> Acesso em: 6 dez. 2016.
56. É vedado: "Art. 32 Deixar de usar todos os meios disponíveis de promoção de saúde e de prevenção, diagnóstico e tratamento de doenças, cientificamente reconhecidos e a seu alcance, em favor do paciente. [...]. Art. 102 Deixar de utilizar a terapêutica correta quando seu uso estiver liberado no País. Parágrafo único. A utilização de terapêutica experimental é permitida quando aceita pelos órgãos competentes e com o consentimento do paciente ou de seu representante legal, adequadamente esclarecidos da situação e das possíveis consequências. [...] Art. 106 Manter vínculo de qualquer natureza com pesquisas médicas em seres humanos que usem placebo de maneira isolada em experimentos, quando houver método profilático ou terapêutico eficaz." BRASIL. Conselho Federal de Medicina – CFM. Resolução n° 2.217, de 01 de novembro de 2018. Aprova o Código de Ética Médica. Disponível em: https://sistemas.cfm.org.br/normas/visualizar/resolucoes/BR/2018/2217 Acesso em: 28 fev. 2021.
57. O Conselho Nacional de Saúde, diante da versão de 2013 da Declaração de Helsinque, que manteve a de 2008, também se posicionou contrário, como se verifica da moção n° 14, de 7 de novembro de 2013. Disponível em: <http://conselho.saude.gov.br/mocao/mocoes_13.html> Acesso em: 1 jan. 2016.

As normas vigentes acerca de pesquisa biomédica, Resolução 251/97 (item IV.1, alínea "l", V.1, alínea "b"[58]) e Resolução 466/2012 (item III.3. alínea "b"[57])[58], ambas do CNS, preveem a possibilidade do uso de placebo, mas apenas a última é clara quanto à admissão do uso tão somente quando não há outro meio de tratamento.[59-60]

O Projeto de Lei que tramita na Câmara dos Deputados sobre a pesquisa clínica com seres humanos e institui o Sistema Nacional de Ética em Pesquisa Clínica com Seres Humanos, PL 7082/2017, trata do tema no art. 29, que dispõe:

> Art. 29. O uso exclusivo de placebo só é admitido quando inexistirem métodos comprovantes de profilaxia, diagnóstico ou tratamento para a doença objeto de pesquisa clínica, conforme o caso, e desde que os riscos ou os danos decorrentes do uso de placebo não superem os benefícios de participação na pesquisa.
>
> Parágrafo único: Em caso de uso de placebo combinado com outro método de profilaxia, diagnóstico ou tratamento, o participante da pesquisa não pode ser privado de receber o melhor tratamento ou procedimento que seria habitualmente realizado na prática clínica.

O uso de placebo quando existe terapêutica eficaz acaba por privar o doente de tratamento, impondo-lhe riscos e sofrimentos evitáveis, pelo que não deve ser utilizado, já que deixa o paciente sem cuidados para com sua saúde.[61] Cabe ao Comitê de Ética em Pesquisa averiguar os motivos e a forma do uso do placebo, para fins de aprovação do ensaio clínico.

---

58. "IV.1 – O protocolo deve conter todos os itens referidos no Cap. VI da Resolução nº 196/96 e ainda as informações farmacológicas básicas adequadas à fase do projeto, em cumprimento da Res. GMC 129/96 – Mercosul – incluindo: [...] l – Justificativa para o uso de placebo e eventual suspensão de tratamento (*washout*). V.1 – O CEP assumirá com o pesquisador a corresponsabilidade pela preservação de condutas eticamente corretas no projeto e no desenvolvimento da pesquisa, cabendo-lhe ainda: [...] b – Aprovar a justificativa do uso de placebo e "*washout*";" BRASIL. Conselho Nacional de Saúde. Resolução nº 251, de 7 de agosto de 1997. Aprova normas de pesquisa envolvendo seres humanos para a área temática de pesquisa com novos fármacos, medicamentos, vacinas e testes diagnósticos. *Diário Oficial da União*, Brasília, DF, 23 de setembro de 1997.
59. "III.3 – As pesquisas que utilizam metodologias experimentais na área biomédica, envolvendo seres humanos, além do preconizado no item III.2, deverão, ainda: [...] b) ter plenamente justificadas, quando for o caso, a utilização de placebo, em termos de não maleficência e de necessidade metodológica, sendo que os benefícios, riscos, dificuldades e efetividade de um novo método terapêutico devem ser testados, comparando-o com os melhores métodos profiláticos, diagnósticos e terapêuticos atuais. Isso não exclui o uso de placebo ou nenhum tratamento em estudos nos quais não existam métodos provados de profilaxia, diagnóstico ou tratamento;" BRASIL. Conselho Nacional de Saúde. Resolução nº 251, de 7 de agosto de 1997. Aprova normas de pesquisa envolvendo seres humanos para a área temática de pesquisa com novos fármacos, medicamentos, vacinas e testes diagnósticos. *Diário Oficial da União*, Brasília, DF, 23 de setembro de 1997.
60. "III.3 – A pesquisa em qualquer área do conhecimento, envolvendo seres humanos deverá observar as seguintes exigências: [...] f) ter plenamente justificada, quando for o caso, a utilização de placebo, em termos de não maleficência e de necessidade metodológica;" BRASIL. Conselho Nacional de Saúde – CNS. Resolução nº 466, de 12 de dezembro de 2012. Aprova as diretrizes e normas regulamentadoras de pesquisas envolvendo seres humanos. *Diário Oficial da União*, Brasília, DF, 13 de junho de 2013, seção 1, p. 59.
61. Favoráveis ao uso do placebo, mas com restrições, merece citar: ALVES, Jeovanna Viana. *Ensaios Clínicos*. Coimbra: Coimbra Editora, 2003, p. 68-69. GOLDIM, José Roberto. A avaliação ética da investigação científica de novas drogas: a importância da caracterização adequada das fases da pesquisa. *Revista do Hospital de Clínicas de Porto Alegre*, [S.l.: s.n.], v. 27, n. 1, 2007, p. 66-73. Disponível em: <http://www.ufrgs.br/bioetica/fases.pd>. Acesso em: 30 jul. 2016.

O uso desses métodos, mesmo que eficazes cientificamente para a obtenção dos resultados almejados na pesquisa, não podem expor a riscos a saúde ou a vida dos pacientes com a suspensão da terapia ordinária. Além disso, os participantes da pesquisa devem ser informados previamente sobre qualquer procedimento a ser tomado,[62] e nos casos dos incapazes sobressaltam as divergências quanto sua admissão.

Para além das questões éticas, do ponto de vista jurídico, deve-se verificar se estão sendo observados os princípios constitucionais atinentes à experimentação, se há tutela e salvaguarda da saúde, da integridade psicofísica e da liberdade de escolha dos participantes, bem como ampla informação no consentimento livre e esclarecido sobre o uso do placebo.

O uso do placebo, se desrespeitados esses princípios, pode ser enquadrado como um ato antijurídico, dando ensejo à responsabilidade civil.

5. CONCLUSÃO

O aumento dos transtornos psiquiátricos na infância e na adolescência e o reconhecimento, aos poucos, do papel dos fatores psicológicos, sociais, culturais, mas também biológicos no desencadeamento e na evolução das doenças mentais propiciaram os estudos clínicos e o tratamento por meio de medicamentos.

As crianças e adolescentes têm apresentado variados transtornos mentais e que podem configurar deficiência mental ou intelectual. Para esses casos o tratamento pode ser ou não medicamentoso, o que não impede que a assistência clínica se dê com o uso de placebo, dentro dos casos cabíveis. Fora do âmbito assistencial está a pesquisa clínica terapêutica, em que os pacientes participam de estudos para desenvolvimento de novos fármacos para contribuir com o tratamento da doença, surgindo uma série de implicações quanto à admissibilidade nesses casos do uso de placebo.

A aceitabilidade de ensaios clínicos terapêuticos com uso de placebo envolvendo crianças e adolescentes com deficiência decorrente de transtornos mentais encontra diversas barreiras, seja por se tratarem de participantes triplamente vulneráveis, seja pelas restrições da utilização de substâncias inertes.

A análise das diversas questões envolvidas passa não só por reflexões éticas, mas também jurídicas acerca da autonomia, da competência dos participantes da pesquisa e dos interesses jurídicos merecedores de tutela, que podem acarretar a responsabilidade dos agentes envolvidos nas pesquisas, entre eles o pesquisador, o patrocinador.

---

62. "IV.4 – O Termo de Consentimento Livre e Esclarecido nas pesquisas que utilizam metodologias experimentais na área biomédica, envolvendo seres humanos, além do previsto no item IV.3 supra, deve observar, obrigatoriamente, o seguinte: [...] b) esclarecer, quando pertinente, sobre a possibilidade de inclusão do participante em grupo controle ou placebo, explicitando, claramente, o significado dessa possibilidade." BRASIL. Conselho Nacional de Saúde – CNS. Resolução nº 466, de 12 de dezembro de 2012. Aprova as diretrizes e normas regulamentadoras de pesquisas envolvendo seres humanos. *Diário Oficial da União*, Brasília, DF, 13 de junho de 2013, seção 1, p. 59.

Não há uma solução fechada para resolução dos diversos conflitos levantados ao longo do presente artigo, mas impedir a participação das crianças e adolescentes com transtornos mentais nas pesquisas não significa sua proteção e pode configurar exclusão desse grupo que demanda tratamentos específicos, dando continuidade a "orfandade terapêutica".

A participação quando cabível deve se dar de forma a evitar os malefícios e os efeitos adversos, permitindo que surjam medicamentos especificamente desenvolvidos para elas, além de assegurar a observância de sua vontade na participação, já que é ela quem sofrerá os resultados do ato. Dos participantes incapazes, quando possível, deve ser obtido diretamente o seu consentimento livre e esclarecido, ou seu assentimento, muito embora não se possa fugir da tutela dos responsáveis legais, cabendo ao pesquisador aferir sua capacidade, sua competência para lhe assegurar maior poder de decisão, de autodeterminação na disposição de seu próprio corpo, dando-lhes as informações necessárias acerca dos riscos e benefícios envolvidos, abrangência do estudo, entre outras, por meio de diálogo em linguagem. A eles deve ser assegurada a sua retirada do estudo a qualquer momento por sua iniciativa ou por decisão dos pesquisadores, seja em razão da ineficácia do tratamento, efeitos indesejáveis, entre outros motivos.

O uso do placebo também precisa ser bem avaliado, pois não se admite a suspensão de medicamento dos pacientes exclusivamente para participarem de experimentos, colocando em risco sua saúde, devendo seguir as normas éticas e observar os direitos humanos fundamentais à vida, à liberdade, à integridade psicofísica dos participantes.

Caberá aos profissionais de saúde, aos pesquisadores, aos Comitês de Ética em Pesquisa a decisão acerca da realização dos ensaios clínicos terapêuticos com uso de placebo envolvendo crianças e adolescentes com transtornos mentais, o que deverá ocorrer à luz dos princípios bioéticos como os da beneficência, da não maleficência, da autonomia, da precaução, cabendo aos operadores dos direitos verificar a legitimidade do ato amparados nos princípios da dignidade da pessoa humana; da autonomia; da solidariedade social; da precaução; da prevenção; da liberdade científica e da livre iniciativa, bem como do melhor interesse da população infantojuvenil.

6. REFERÊNCIAS BIBLIOGRÁFICAS

ALVES, Jeovanna Viana. *Ensaios Clínicos*. Coimbra: Coimbra Editora. 2003.

ALMEIDA JUNIOR, Vitor de Azevedo. *A capacidade civil das pessoas com deficiência e os perfis da curatela*. – Belo Horizonte : Fórum, 2019.

AMERICAN PSYCHIATRIC ASSOCIATION. Manual diagnóstico e estatístico de transtornos mentais: DSM-5. Disponível em: http://aempreendedora.com.br/wp-content/uploads/2017/04/Manual-Diagn%C3%B3stico-e-Estat%C3%ADstico-de-Transtornos-Mentais-DSM-5.pdf. Acesso em: 20 abr. 2018.

_____. *Manual diagnóstico e estatístico de transtornos mentais*: DSM-5. Trad. de Maria Inês Corrêa Nascimento et al.; revisão técnica de Aristides Volpato Cordioli et al. 5. ed. Porto Alegre: Artmed, 2014.

BRAZ, Marlene; SCHRAMM, F. R. Bioética e pesquisa em saúde mental. *Ciência e Saúde Coletiva (Impresso)*, v. 16, p. 2035-2044, 2011.

CASTRO, Regina Celia Figueiredo. Registros de ensaios clínicos e as consequências para as publicações científicas. *Revista da Faculdade de Medicina de Ribeirão Preto e do Hospital das Clínicas da FMRP Universidade de São Paulo*, Ribeirão Preto: Faculdade de Medicina de Ribeirão Preto, v. 42, n. 1, 2009. p. 31-35.

COHEN, C; SALGADO, M. T. M. Reflexão sobre a autonomia civil das pessoas portadoras de transtornos mentais. *Revista Bioética* (Impresso), v. 17, 2009.

FEITOSA, Helvécio Neves; RICOU, Miguel; REGO, Sergio; NUNES, Rui. A saúde mental das crianças e dos adolescentes: considerações epidemiológicas, assistenciais e bioéticas. *Revista Bioética* (Impresso), v. 19, 2011, p. 259-275.

FREGNANI, José Humberto Tavares Guerreiro; CARVALHO, André Lopes; PARANHOS, Flávio Rocha Lima; VIANA, Luciano de Souza; SERRANO, Sérgio Vicente; CÁRCANO, Flávio; FERREIRA, João Fernando Monteiro; ZIER, Sanda Solci; GONTIJO, Pollyana Anício Magalhães; STEFANOFF, Cláudio Gustavo; FRANÇA, Paulo Henrique Condeixa; BENDATI, Maria Mercedes de Almeida; MARODIN, Gabriela; VENÂNCIO, Jorge Alves de Almeida. Eticidade do uso de placebo em pesquisa clínica: proposta de algoritmos decisórios. *Revista Bioética*, Brasília: Conselho Federal de Medicina, v. 23, no 3, 2015.

GAZETA DO POVO. Disponível em: https://portugues.medscape.com/verartigo/6502117#vp_2 Acesso em: 15 abril 2018.

GAMA, Guilherme Calmon Nogueira da, BARTHOLO, Bruno Paiva. Personalidade e capacidade jurídicas no Código Civil de 2002. *Revista Brasileira de Direito de Família /Continua Como/RIDF*, Porto Alegre, v. 8, n. 37, p. 27-41, ago./set. 2006.

GIUNTA, Fausto. *Lo statuto giuridico della sperimentazione clinica e il ruolo dei comitati etici. Diritto Pubblico*. Bolonha: Il Mulino. v. 8, n. 2, 2002.

GOLDIM, José Roberto. A avaliação ética da investigação científica de novas drogas: a importância da caracterização adequada das fases da pesquisa. *Revista do Hospital de Clínicas de Porto Alegre*, [S.l.: s.n.], v. 27, n. 1, 2007, p. 66-73. Disponível em: <http://www.ufrgs.br/bioetica/fases.pd>. Acesso em: 30 jul. 2016.

HOSSNE, William Saad; VIEIRA, Sonia. *Pesquisa médica: a ética e a metodologia*. São Paulo: Pioneira, 1998.

EHRHARDT JR., Marcos (Coord.). *Impactos do novo CPC e do EDP no Direito Civil Brasileiro*. Belo Horizonte: Fórum, 2016.

MENEZES, Joyceane Bezerra de. Tomada de decisão apoiada: instrumento de apoio ao exercício da capacidade civil da pessoa com deficiência instituído pela lei brasileira de inclusão (Lei n. 13.146/2015). *Revista Brasileira de Direito Civil*, v. 9, p. 31, 2016.

_____. Tomada de decisão apoiada: instrumento de apoio ao exercício da capacidade civil da pessoa com deficiência instituído pela lei brasileira de inclusão (Lei n. 13.146/2015). *Revista Brasileira de Direito Civil*, v. 9, p. 31, 2016.

_____. MULTEDO, Renata Vilela. A autonomia ético-existencial do adolescente nas decisões sobre o próprio corpo e a heteronomia dos pais e do Estado no Brasil. A&C. *Revista de Direito Administrativo & Constitucional* (Impresso), v. 2, p. 187-208, 2016.

TEIXEIRA, Ana Carolina Brochado; PEREIRA, Paula Moura Francesconi de Lemos. A participação de crianças e adolescentes em ensaios clínicos: uma reflexão baseada nos princípios do melhor interesse, solidariedade e autonomia. In: TEPEDINO, Gustavo; TEIXEIRA, Ana Carolina Brochado; ALMEIDA, Vitor. (orgs.). *O direito civil entre o sujeito e a pessoa: Estudos em homenagem ao professor Stefano Rodotà*. 1. ed. Belo Horizonte: Fórum, 2016, v. 1.

_____. "É possível ensaios clínicos de vacina para covid-19 em crianças?". Disponível em: https://migalhas.uol.com.br/coluna/migalhas-de-vulnerabilidade/333778/e-possivel-ensaios-clinicos-de--vacina-para-covid-19-em-criancas Acesso em: 28 fev. 2021.

_____. Integridade psíquica e capacidade de exercício. *Revista Trimestral de Direito Civil* – RTDC, Rio de Janeiro, v. 33, p. 5-32, jan/mar. 2008.

RODOTÁ, Stefano. *Dal soggeto ala persona*. Napoli: Scientifica, 2007.

SASSAKI, Romeu Kazumi. Atualizações semânticas na inclusão de pessoas: Deficiência mental ou intelectual? Doença ou transtorno mental?. *Revista Nacional de Reabilitação*, ano IX, n. 43, mar./abr., 2005, p. 9-10.

SANCHEZ, Yolanda Gómez; ABELLÁN, Fernando (coords.). La libertad de dreación y producción científica en la ley de investigación biomédica: objeto, âmbito de aplicación y princípios generales de la ley. In: *Investigación biomédica en España: aspectos bioéticos, jurídicos y científicos*. Publicac Granada: Comares, 2007.

SGRECCIA, Elio. *Manual de Bioética*: Fundamentos e Ética Biomédica. Cascais: Principia. 2009.

VALE, Maria do Carmo Jardim Pereira do. *Ensaios clínicos em populações vulneráveis*. Disponível em: http://www.ceic.pt/documents/20727/57508/Ensaios+Cl%C3%ADnicos+em+Popula%C3%A7%-C3%B5es+Vulner%C3%A1veis/af22ac97-4474-4d0f-98bb-6707920dff28; Acesso em: 20 abril 2018.

VERSIANI, Marcio. A necessidade do grupo-controle com placebo em pesquisas sobre a eficácia de tratamentos psiquiátricos. *Revista Bioética*, v. 8, n.1, p. 29-42, 2000.

AUTONOMIA PARENTAL E VACINAÇÃO OBRIGATÓRIA

Fernanda Schaefer

Doutora em Direito. Advogada

O que mata são as doenças que as vacinas evitam (Pasteur).

Sumário: 1. Introdução – 2. Autoridade parental e autonomia parental – 3. Vacinação obrigatória e autonomia parental; 3.1. Vulnerabilidade e consentimento das crianças e dos adolescentes; 3.2. Melhor interesse da criança; 3.3. Interesse social – 4. A obrigatoriedade da vacinação infantojuvenil no STF (ARE 1.267.879 – Repercussão Geral) – 5. Considerações finais – 6. Referências bibliográficas

1. INTRODUÇÃO

As vacinas são consideradas uma das grandes conquistas da humanidade na prevenção, controle e erradicação de doenças. No entanto, desde seu surgimento em 1796 (Edward Jenner, médico inglês) diversas polêmicas insistem em diminuir e questionar o seu papel.

A Organização Mundial da Saúde (OMS[1]) estabelece que o ideal para considerar uma população imunizada é que 95% dela seja vacinada (*herd immunity/* imunidade de rebanho). Segundo estudo do Instituto de Métricas e Avaliação de Saúde (IHME) da Universidade de Washington, o Brasil está entre os países com maior taxa de imunização da população-alvo, alcançando 99,8% em 2017,[2] sendo reconhecido internacionalmente pela amplitude do Programa Nacional de Imunização (PNI) que oferece vinte e sete vacinas gratuitamente pelo Sistema Único de Saúde (SUS).

No entanto, no Brasil, assim como ocorre em outras partes do mundo, desde 2013 a taxa de vacinação vem caindo, o que preocupa as autoridades sanitárias e faz ressurgir epidemias que antes estavam sob controle, como a poliomielite e o sarampo. Dados alarmantes do Ministério da Saúde apontam queda expressiva na cobertura vacinal em todo país, chegando a alcançar apenas de 50% a 60% da imunização infantil, o que pode, inclusive, ser fruto der uma dicotomia interessante: a queda decorre

---

1. Em 2012 a OMS aprovou o Plano de Ação Global de Vacinas que contou com a adesão de 194 países, incluindo o Brasil. O plano tem prazo de implantação de dez anos e visa fomentar novas pesquisas e tecnologias em imunização, fortalecer a rotina de imunização e melhorar o controle de doenças.
2. Relatório disponível em: <https://vizhub.healthdata.org/sdg/>. Acesso em 10 jan. 2018.

do próprio sucesso do Programa, pois à medida que as pessoas deixam de conviver com as doenças acreditam não precisar mais vacinar[3].

Segundo Rosenvald, esse estado de coisas tem três aspectos que precisam ser considerados: a) a difusão de teorias anticientíficas fundamentadas no já desacreditado trabalho do médico Andrew Wakefield, de que as vacinas colocam em risco a saúde da criança; b) a influência crescente do grupo conhecido como *anti-vaxxers* e de grupos religiosos e políticos populistas que propagam a falsa ideia de que vacinas são a causa de diversas doenças, especialmente o autismo; c) pais negligentes[4] que preferem colocar a saúde dos filhos (e de outros) em risco por acreditarem em teorias que não possuem qualquer comprovação científica e médicos hesitantes que negligenciam este tipo de conversa com os pais de seus pacientes. Ao rol apresentado, pode-se ainda acrescentar: d) a resistência social a uma imposição que teria sido criada pela indústria farmacêutica; e) a dificuldade de acesso de alguns grupos sociais aos serviços de saúde; f) o desabastecimento de diversas vacinas no mercado; g) a burocratização do processo de vacinação; e h) o descaso da população gerado pelo próprio sucesso da vacinação que controlou diversas doenças infectocontagiosas que matavam ou deformavam, fazendo com que o foco saísse do risco epidêmico para se concentrar na segurança das vacinas[5-6].

Considerando as orientações da OMS, os fatores antes indicados e o ressurgimento de doenças ou epidemias de doenças antes controladas diversos países estão adotando leis que obrigam os pais a vacinar seus filhos sob pena de multa, prisão, proibição de matrícula ou exclusão da criança de escolas públicas, vedação de interação com outras crianças, proibição de acesso a unidades pediátricas, vinculação do acesso a benefícios sociais ao cumprimento do calendário de imunização obrigatória

---

3. Vide mais em: https://antigo.saude.gov.br/saude-de-a-z/vacinacao/. Acesso em 08 de out. 2020.
4. Afirma Rosenvald que "infelizmente, as pessoas esquecem o que é a morte na infância e quantas crianças morreram ou ficaram com encefalite ou terríveis doenças cerebrais que causaram atraso mental ou foram institucionalizadas para o resto da vida a partir do sarampo" (ROSENVALD, Nelson. *A obrigatoriedade da vacinação e a privacidade da família*. Disponível em: http://www.nelsonrosenvald.com.br. Acesso em 19 jun. 2017).
5. Movimentos que, infelizmente e assustadoramente, ganharam força com as discussões em torno da vacinação para prevenção da Covid-19.
6. Poucos estudos brasileiros revelam as causas da recusa vacinal. Dos estudos existentes, destaca-se o realizado por Ana Paula Sayuri Sato que a partir de estudos qualitativos afirmou a existência de três grandes grupos: pais vacinadores; pais seletivos e pais não vacinadores. "Pais vacinadores revelam a vacinação como um ato de dever e responsabilidade e a fazem sem questionamentos, sendo influenciados pela tradição familiar e pela norma social. Pais seletivos vivenciaram diferentes situações que os colocaram em dúvida sobre a decisão de vacinar ou postergar, caracterizando a singularização da vacinação dos filhos, ou seja, tornando-a particular, diante do extenso calendário vacinal do PNI. Já entre os não vacinadores predominou uma visão mais natural, ou seja, de menor intervenção médico-hospitalar em processos de saúde, bem como a autonomia das decisões parentais frente às normatizações no cuidado infantil. Dentre as justificativas para não vacinar, destacaram-se: baixa percepção do risco da doença, visto que elas já estão controladas ou são leves; medo de eventos adversos pós-vacina; questionamentos sobre sua eficácia e formulação e sobre o interesse financeiro da indústria farmacêutica; opção de outras formas de proteção da saúde" (SATO, Ana Paula. Qual a importância da hesitação vacinal na queda das coberturas vacinais no Brasil?. *Revista Brasileira de Saúde Pública*, v. 52, São Paulo, 2018).

e até agravamento de pena em caso de morte do filho (ou de terceiro que esteve em contato com este) provocada por doença causada por ausência de vacina.

O presente artigo, a partir de pesquisa bibliográfica, discute a autonomia parental em face dessas novas determinações, buscando esclarecer os limites e as consequências da vacinação obrigatória no Brasil em face dos princípios do melhor interesse da criança e do adolescente, da solidariedade familiar e do interesse social.

2. AUTORIDADE PARENTAL E AUTONOMIA PARENTAL

A compreensão das novas dimensões da autoridade parental é importante para o presente estudo. Tradicionalmente, o Direito de Família dava aos pais o direito de coisificar os filhos, consequência da mais ampla privacidade familiar. No entanto, a Constituição Federal de 1988 mudou radicalmente esse cenário, conferindo à criança e ao adolescente a condição de sujeito de direito, garantindo-lhes proteção especial em razão de sua vulnerabilidade e da promoção do desenvolvimento de sua personalidade.

Sabe-se que o poder familiar é o poder exercido pelos pais sobre os filhos menores e incapazes (arts. 1.630 a 1.638, CC). No entanto, a partir da (re)personalização do Direito Civil a ideia de poder aqui passa a estar associada à ideia de direção e de conduta, pois baseada no regime de colaboração familiar estabelecido pelo art. 227, CF, e exercido no melhor interesse da criança e do adolescente.

O poder familiar, tal qual se encontra regulamentado atualmente, não se revela em seu sentido de dominação, mas sim, no sentido de proteção, deixando claras as obrigações e deveres (patrimoniais e existenciais) dos pais com relação aos filhos menores.

Por isso, o poder familiar caracteriza-se por ser "menos um poder e mais um dever"[7] e, por essa razão, parte da doutrina prefere denominá-lo autoridade parental, refletindo, assim, a consagração do constitucional do princípio da proteção integral da criança e do adolescente que reconhece os filhos menores como sujeitos de direito e determina aos pais o dever de proporcionar o seu pleno desenvolvimento e formação (física, moral e social) integral.

Dessa forma, não se trata do exercício de um poder ou de uma autoridade propriamente dita, mas sim, de encargo imposto por lei aos pais no interesse dos filhos. Sendo um poder-função, não pode ser exercido ilimitadamente, estando sujeito, inclusive, à intervenção estatal que conduz a um ponto de constante tensão: como equilibrar a supremacia do Estado e a liberdade de crença, educação, privacidade familiar e livre planejamento familiar?

A autoridade parental é irrenunciável, intransferível, inalienável e imprescritível, portanto, as obrigações dela decorrentes são personalíssimas. Por isso, o art.

---

7. DIAS, Maria Berenice. *Manual de direito das famílias*. 11. ed. São Paulo: Revista dos Tribunais, 2016, p. 457.

1.634, CC, optou por enumerar uma série de deveres que decorrem do poder familiar, sendo o rol ali previsto meramente enumerativo, uma vez que olvidou a legislação de enunciar o maior dever dos pais com relação aos filhos, qual seja, o de dar afeto, bem como, não fez referência aos deveres constitucionalmente previstos e também enumerados no art. 22, do ECA. A violação a esses deveres pode resultar em responsabilização por ato ilícito (art. 186, CC) ou abuso de direito (art. 187, CC), além da suspensão, destituição ou até extinção do poder familiar (arts. 1.635, 1.637 e 1.638, CC), bem como, responsabilidade criminal por abandono (arts. 133, 244 a 246, CP).

Vale lembrar, que esses deveres impostos pela lei aos pais com relação aos filhos menores não são exclusivamente patrimoniais, possuem, também (e cada vez mais), natureza existencial. "A essência existencial do poder familiar é a mais importante, que coloca em relevo a afetividade do responsável que liga pais e filhos, propiciada pelo encontro, pelo desvelo, enfim, pela convivência familiar"[8].

Então, atendendo ao mandamento constitucional, a privacidade e opções familiares deixam de ser absolutas e agora se submetem ao melhor interesse da criança e à solidariedade familiar, que impõem aos genitores não apenas deveres de natureza material, mas também de natureza espiritual e social.

Dentre os deveres determinados aos pais, destaca-se o dever jurídico de cuidar[9] (arts. 227 e 229, CF), corolário do princípio constitucional da paternidade responsável. O cuidado (em suas diversas formas de manifestação) é um valor jurídico objetivo, sendo a omissão do genitor caracterizada como conduta antijurídica (violação de dever legal) que agrava a condição de vulnerabilidade da criança e do adolescente e viola o dever de solidariedade dos pais. Sendo objetivamente aferível, independe do afeto e quando não exercido no melhor interesse do menor exige intervenção direta do Estado.

Os pais que deixam conscientemente de vacinar seus filhos praticam, então, um ilícito qualificado pela negligência com o dever jurídico de cuidado. Trata-se de uma espécie de ilícito continuado que no mínimo pode estar permeado pela culpa grave do genitor que à vacinação se opõe. Pouco importa a intenção de provocar (ou não) um dano ao filho, basta que se caracterize o comportamento antijurídico pela

---

8. DIAS, Maria Berenice. *Manual de direito das famílias*. 11. ed. São Paulo: Revista dos Tribunais, 2016, p. 461.
9. "O cuidado é uma forma de amor, porém não se trata do amor que vincula um casal pelo afeto, ou do sentimento que os pais nutrem pelos filhos. O cuidado é um amor construído com dispêndio de tempo e energia – o amor proativo da pós-modernidade -, forjado em um processo diuturno de providências, e sacrifícios; ou seja, atos materiais perfeitamente sindicáveis e objetivamente aferíveis por um espectador privilegiado. [...] o inadimplemento do cuidado é fato jurídico que interessa ao ordenamento jurídico". (ROSENVALD, Nelson. *O ilícito omissivo parental: as três travessias*. Disponível em: <https://docs.wixstatic.com/ugd/d27320_47adb680219640af8c1ac8ad9be76f5b.pdf>. Acesso em 02 jan. 2018). "Cuidado implica garantir às crianças e aos adolescentes condições de desenvolvimento físico e emocional adequado, que lhes permita, inclusive, o sentimento de fazer parte de uma família, em cujo seio possam vivenciar o afeto, a confiança, a cumplicidade, proporcionando-lhes condições de estabilidade emocional" (MENEZES, Joyceane Bezerra; BODIN DE MORAES, Maria Celina. Autoridade parental e privacidade do filho menor: o desafio de cuidar para emancipar. *Revista Novos Estudos Jurídicos – Eletrônica*, vol. 20, n. 2, mai-ago 2015, p. 501-532. p. 510).

falta de observação de um dever legal. A omissão de cuidado é um dado objetivo e se evidencia pela simples contradição do comportamento dos genitores a dever imposto pela lei, como o dever de imunizar contra determinadas doenças.

Sendo missão do Direito Civil também conter comportamentos antijurídicos, a negativa de imunização não deve ser resolvida apenas pelo viés reparador da responsabilidade civil porque não seria suficiente para alcançar a verdadeira finalidade que é obrigar à vacinação. Por isso, a sanção deve se realizar por meio da análise do seu valor sintomático, ou seja, da valoração do ato que rompe com o ordenamento jurídico, utilizando-se recursos legislativos[10] que potencializem a concretização do dever de cuidado, operando-se em um verdadeiro perfil funcional da responsabilidade civil[11], inibidora de comportamento antijurídico.

3. VACINAÇÃO OBRIGATÓRIA E AUTONOMIA PARENTAL

Em 2014 em Jacareí, no estado de São Paulo, um casal negou-se a vacinar seus filhos de nove e cinco anos. As crianças se submetiam a tratamentos homeopáticos e, por isso, seus pais recusaram a imunização afirmando serem meios ineficazes, além de potencialmente colocar em risco a vida dos infantes. O Ministério Público recebeu denúncia do Conselho Tutelar (acionado pela escola na qual as crianças estudavam) e após ouvir a mãe, escutou o médico homeopata que afirmou não ter dado orientação semelhante à mãe. Diante da insistência na recusa, o Ministério Público propôs a ação e obteve liminar obrigando os pais a realizar a imunização.[12]

Em 2015 o italiano Nicola Pomaro escreveu uma carta ao Ministro Beatrice Lorenzin questionando lei (Decreto Lorenzin) que estabelecia a vacinação obrigatória. Sustentou:

---

10. Como por exemplo o uso de tutelas inibitórias de cumprimento de dever legal de fazer e imposição de astreintes; medidas que são direcionadas à realização do próprio interesse violado, garantindo-se utilidade para o titular.
11. Vale aqui a ressalva de Rosenvald: "o contraste entre a vontade do particular e a vontade da norma imperativa evidencia o ilícito. Mas, a doutrina se limita a se referir ao ato ilícito para caracterizar a responsabilidade civil e o efeito desfavorável da reparação de danos, desconhecendo a recorrência de um ilícito não danoso. A relação entre o ilícito e a responsabilidade civil é de gênero e de espécie. A obrigação de reparar danos patrimoniais ou morais é uma das possíveis eficácias do ato ilícito. Em sua estrutura, o ilícito demanda como elementos nucleares a antijuridicidade (elemento objetivo) e a imputabilidade (elemento subjetivo) do agente. O dano não é elemento categórico do ilícito, mas a ele se acresce como fato gerador de responsabilidade civil (art. 927, CC). Assim, de forma equivocada e míope, substitui-se uma noção ampla e indiscriminada de ilícito por um conceito restrito de ilícito danoso, que descuida da decisiva consideração de que a intervenção do direito se realiza no sentido de tornar possível uma reação a uma situação de contraste entre aquilo que foi estatuído e um certo comportamento, prescindindo da causa que determinou o ilícito. Portanto, a noção de ilícito se estende a uma série de *fattispecies*, nos quais a proibição de determinados atos gera a aplicação de uma sanção em sentido amplo, de forma a infligir um mal ao transgressor" (ROSENVALD, Nelson. *O ilícito omissivo parental: as três travessias*. Disponível em: <https://docs.wixstatic.com/ugd/d27320_47a-db680219640af8c1ac8ad9be76f5b.pdf>. Acesso em 02 jan. 2018).
12. FERNANDES, Suellen. *MP obtém liminar para obrigar pais a vacinar os filhos em Jacareí, SP*. Disponível em: <http://g1.globo.com/sp/vale-do-paraiba-regiao/noticia/2013/09/mp-obtem-liminar-para-obrigar-pais-vacinar-os-filhos-em-jacarei-sp.html>. Acesso em 15 jan. 2018.

Veja governador, não há nada mais imparcial que uma doença. Sem discriminar, afeta a todos, independente do *status* social, conta bancária, crenças políticas ou religiosas. Por favor, fale com os médicos que tratam de minha filha, que diariamente tratam crianças com terríveis doenças. Pergunte-os se a obrigação de vacinar é necessária.[13]

Sua filha havia passado por transplante de medula óssea para tratar doença potencialmente fatal. O transplante comprometeu o sistema imunológico da criança que caso fosse vacinada poderia morrer e, por isso, o pai questionava a obrigatoriedade imposta pela lei e as sanções aos pais previstas na norma.

Em 2016 em São José do Rio Preto, São Paulo, uma mãe foi obrigada a vacinar o filho recém-nascido ainda na maternidade. A brasileira, casada com um belga, afirmou que não recusou a imunização por ser contra a vacinação, mas, sim, porque queria mais informações, além de querer vacinar a criança na Bélgica. No entanto, no Brasil, as vacinas BCG devem ser aplicadas em no máximo três horas após o parto. Diante da recusa, o hospital manteve a criança em isolamento e denunciou a situação ao Ministério Público que, após 24h, obteve liminar determinando a imunização, uma vez que não havia nenhuma recomendação médica para que a vacina não fosse aplicada.[14]

Em 2017 a americana Rebecca Bredow recusou-se a autorizar a imunização do filho de nove anos. Alegou que quando a criança nasceu, por opção do casal e autorizada por lei do Michigan (onde residiam), retardariam o calendário de vacinação do filho. No entanto, quando o casal se separou, no acordo de separação ficou estabelecido que a mãe realizaria a imunização. Ao ser questionada afirmou preferir ser presa a vacinar seu filho porque isso violaria suas crenças. O juiz concedeu liminar ao pai para realizar a vacinação e impôs pena de reclusão de sete dias para a mãe por descumprimento de acordo judicial.[15]

Notícias como essas não são raras, mas qual é a diferença entre as situações narradas?

No primeiro caso brasileiro a imunização foi recusada porque os pais não acreditavam em sua eficácia. No caso italiano o pai não estava recusando a utilidade da vacina, mas questionava a obrigatoriedade que acabaria por matar a sua filha e as sanções impostas aos pais. No segundo caso brasileiro a imunização foi recusada porque a mãe queria mais informações para a tomada de decisão. No caso americano a mãe, adepta do movimento antivacina, não foi presa por negar a vacinação (uma vez que o Estado do Michigan garante o direito de escolha aos pais, embora só permita a matrícula em escolas públicas se houver imunização comprovada). A mãe foi presa

---

13. ROSENVALD, Nelson. *A obrigatoriedade da vacinação e a privacidade da família*. Disponível em: http://www.nelsonrosenvald.com.br. Acesso em 19 jun. 2017..
14. *Mãe obrigada a vacinar filho no Brasil diz que só queria 'ter mais informação'*. Disponível em: <http://g1.globo.com/sao-paulo/sao-jose-do-rio-preto-aracatuba/noticia/2016/02/mae-obrigada-vacinar-filho-no-brasil-diz-que-so-queria-ter-mais-informacao.html>. Acesso em 15 jan. 2018.
15. *Mulher se recusa a vacinar o filho e acaba presa nos EUA*. Disponível em: <https://veja.abril.com.br/mundo/mulher-se-recusa-a-vacinar-o-filho-e-acaba-presa-nos-eua>. Acesso em 06 out. 2017.

por descumprimento de acordo judicial firmado com o pai da criança e que previa a vacinação. Então, o que é interessante nas situações narradas são os fundamentos apresentados: autonomia parental, melhor interesse da criança, direito à informação e privacidade familiar.

No Brasil, a vacinação obrigatória (compulsória[16]) de crianças e adolescentes é imposta por lei,[17] afastando-se a autonomia parental em nome do melhor interesse da criança e interesse social[18]. Dispõem os arts. 3º e 5º, da Lei 6.259/1975 (estabelece Programa Nacional de Imunizações[19] – PNI); art. 29, 39, § 1º, 40, do Decreto 78.231/1976 (regulamenta o PNI) e o art. 14, §1º, da Lei 8.069/1990 (ECA) que a vacinação das crianças é obrigatória nos casos recomendados pelas autoridades sanitárias, garantindo-se a imunização gratuita por meio do Sistema Único de Saúde (SUS).

A vacinação é considerada um dos fundamentos da Medicina Preventiva, parte de políticas públicas e técnicas médicas universalizadas que visam a controlar doenças infectocontagiosas importantes. Por isso, as práticas regulatórias no campo das imunizações são apresentadas como indispensáveis. No entanto, advertem Lessa e Dórea[20] que "é necessário contrabalancear a história triunfalista da vacinação como ciência e tecnologia médica com o exame atento e minucioso de seu impacto e suas consequências futuras no sujeito humano como ser moral". A história da vacinação em massa não só confirma sua eficácia, como também, expõe as polêmicas que a envolvem.

Por isso, visando a desestimular o comportamento negligente dos pais, desacreditar as teorias antivacina e resguardar o melhor interesse da criança, normas brasileiras

---

16. Rosenvald questiona o uso do termo compulsório. Afirma o autor que "na maioria das jurisdições, a sanção se resume à multa, o que, em um primeiro momento gera o efeito positivo de constranger os pais à vacinação. Ocorre que, muitos optam por não pagar, entendendo aquela multa como um preço a ser pago para a aquisição do 'direito à não vacinação'. Assim, em tese, o termo 'compulsório', só se aplicaria nos casos em que a criança fosse momentaneamente separada dos pais para ser vacinada, contra a sua vontade ou a dos pais. Isso não acontece nos estados democráticos. Daí a necessidade de recorrer a métodos coercitivos que imponham sanções legais ao invés da aposta em instituições coercitivas que façam uso da força para assegurar o cumprimento de ordens" (ROSENVALD, Nelson. *A obrigatoriedade da vacinação e a privacidade da família*. Disponível em: http://www.nelsonrosenvald.com.br. Acesso em 19 jun. 2017).
17. O art. 27, do Decreto n. 78.231/76, dispõe que "serão obrigatórias, em todo o território nacional, as vacinações como tal definidas pelo Ministério da Saúde, contra as doenças controláveis por essa técnica de prevenção, consideradas relevantes no quadro nosológico nacional". O calendário de imunizações obrigatórias é definido binualmente pelo Ministério da Saúde.
18. Sobre a vacinação obrigatória lei mais: SCHAEFER, Fernanda. Vacinação obrigatória: entre o interesse individual e social. A possibilidade de responsabilização civil em caso de recusa à imunização. In: MONTEIRO FILHO, Rêgo; ROSENVALD, Nelson; DENSA, Roberta (Coords.). *Coronavírus e responsabilidade civil*. Impactos contratuais e extracontratuais. Indaiatuba, SP: 2020. p. 417-427.
19. Segundo o Ministério da Saúde o "Programa Nacional de Imunizações (PNI), criado em 1973 [sic], tem como missão organizar a Política Nacional de Vacinação, contribuindo para o controle, a eliminação e/ou erradicação de doenças imunopreviníveis. Está vinculado ao Sistema único de Saúde, sendo coordenado pelo Ministério da Saúde de forma compartilhada com as Secretarias Estaduais e Municipais de Saúde" (Disponível em: <http://portalms.saude.gov.br/sismob/instrutivo-e-legislacao-dos-programas/programa--nacional-de-imunizacao>. Acesso em 10 jan. 2018).
20. LESSA, Sérgio de Castro; DÓREA, José Garrofe. Bioética e vacinação infantil em massa. *Revista Bioética*, 2013; 21 (2). p. 226-36.

limitam a autonomia parental determinando que criança não vacinada não pode ser matriculada em instituições de ensino públicas, responsabilizando civil e criminalmente os pais (embora não haja um tipo penal específico para a ausência de vacinação).

Segundo Teixeira,

> A construção do modelo individual de saúde abrange a construção da identidade, que só pode ocorrer a partir de referências autônomas. [...]. Isso porque, no dinamismo inerente à saúde – que recebe influências do meio, mas é fruto, principalmente, de aspirações pessoais –, cada um constrói um modelo individual de saúde que persegue no decorrer da vida.[21]

O problema está em compreender qual é o limite da atuação dos pais quando se trata da saúde de seus filhos menores, uma vez que as manifestações de vontade na área da saúde são exteriorizadas pelo consentimento.

3.1. Vulnerabilidade e consentimento das crianças e dos adolescentes

"Vulnerabilidade é uma palavra de origem latina, derivando de *vulnus* (*eris*), que significa *ferida*. Assim sendo, ela é irredutivelmente definida como susceptibilidade de ser ferido".[22] O sentido etimológico não se distancia do sentido utilizado pelas leis brasileiras: vulnerável é aquele que se encontra em posição agravada de risco, podendo ter seus interesses facilmente feridos pela ação de outrem.

Crianças e adolescentes, segundo a Constituição Federal, são sujeitos de direito e por estarem em desenvolvimento são consideradas vulneráveis. Então, a expressão aqui não é utilizada apenas em seu sentido substantivo,[23] mas também adjetivante, ou seja, não é axiologicamente neutra, pois impõe à família e ao Estado o dever de defesa e promoção, bem como o respeito à autodeterminação e dignidade de crianças e adolescentes (arts. 15 e 16, ECA).

Na área da saúde a vulnerabilidade da criança é ainda mais agravada, não só pela falta de discernimento para a tomada de decisão, mas também por serem civilmente incapazes de tomar as próprias decisões, ficando dependentes do processo de decisão de seus pais ou representantes legais, o que nem sempre está em consonância com os seus interesses. A vulnerabilidade se estabelece principalmente na confusão feita pelos genitores entre o fazer o seu bem e fazer o meu bem, desconsiderando a individualidade e, principalmente, a dignidade, a privacidade e o direito à informação dos filhos menores. Assim,

---

21. TEIXEIRA, Ana Carolina Brochado. *Saúde, corpo e autonomia privada*. Rio de Janeiro: Renovar, 2010, p. 71.
22. NEVES, Maria do Céu. Sentidos da vulnerabilidade: características, condição, princípio. In: BARCHIFON-TAINE, Christian de Paul; ZOBOLI, Elma Lourdes Campos Pavone (Orgs.). *Bioética, vulnerabilidade e saúde*. Aparecida, SP: Ideias & Letras; São Paulo: Centro Universitário São Camilo, 2007, p. 29-45.
23. No sentido substantivo a vulnerabilidade tem função nominal, é ampla e compreende a ideia de que todo ser humano é vulnerável (concepção antropológica) (NEVES, Maria do Céu. Sentidos da vulnerabilidade: características, condição, princípio. In: BARCHIFON-TAINE, Christian de Paul; ZOBOLI, Elma Lourdes Campos Pavone (Orgs.). *Bioética, vulnerabilidade e saúde*. Aparecida, SP: Ideias & Letras; São Paulo: Centro Universitário São Camilo, 2007, p. 39)

No âmbito das políticas de saúde e de investigação, o princípio da vulnerabilidade exige, tanto no plano social interno como no internacional, que o benefício de alguns não seja alcançado pela exploração e fraqueza de outros, bem como, a compreensão de que a melhoria do bem-estar de apenas alguns, torna, afinal, os restantes marginalizados, ainda mais vulneráveis[24].

Dessa forma, as políticas públicas de saúde, bem como a atuação individual em nome de crenças diversas, não estão autorizadas a agravar a vulnerabilidade humana, ao contrário, na medida do possível devem contribuir para eliminá-las.

No entanto, o fundamento para qualquer intervenção de terceiro sobre o corpo humano é o consentimento de seu titular. A autodeterminação sobre o próprio corpo é, como o nome indica, pensada como liberdade de conservar ou modificar a saúde de acordo com as próprias convicções. Mas essa liberdade, moldada pela identidade pessoal, embora ampla, não é absoluta, impondo-se, por exemplo, a proibição de colocar em risco a saúde de terceiros (princípio da solidariedade). A lógica é a mesma para as imunizações. Para vacinar é preciso ter consentimento livre daquele que será vacinado.

O consentimento, decorrente da autonomia privada, é considerado um ato civil e, portanto, à luz do ordenamento brasileiro, para manifestá-lo de forma válida é preciso que o declarante possua capacidade de fato ou de exercício (arts. 3º e 4º, CC). Portanto, crianças e adolescentes para manifestar autorização para atos médicos precisam (à luz da teoria clássica) ser representadas até os dezesseis anos ou assistidas entre dezesseis e dezoito anos, por seus pais ou representantes legais (art. 1.634, VII, CC).

Dessa forma, observado estritamente o regime legal das capacidades estabelecido pela legislação civil os pais teriam legitimidade para autorizar ou negar a imunização de um menor, independente da manifestação deste, pois sua vontade, no sentido jurídico, não seria considerada em razão de uma pretensa ausência de discernimento para o ato.

Contudo, se analisada a questão sob a luz dos direitos de personalidade (integridade do corpo) e dos direitos fundamentais (saúde, especialmente), questiona-se se realmente o consentimento nessas situações deve ser equiparado ao consentimento dado para a prática de atos patrimoniais, mormente quando há conflito de interesses entre os representantes e os representados.

Ora, se a autoridade parental concedida aos genitores consiste na melhor forma de proteger os interesses dos filhos, é consequência natural que os atos praticados em decorrência desse poder sejam exclusivamente analisados a partir da salvaguarda da vida e da saúde do menor.

As imunizações representam uma intervenção sobre a integridade do corpo, por isso, só podem ser analisadas à luz do interesse exclusivo de seu titular que obrigatoriamente prevalece sobre os interesses dos representantes. Então,

---

24. NEVES, Maria do Céu. Sentidos da vulnerabilidade: características, condição, princípio. In: BARCHIFONTAINE, Christian de Paul; ZOBOLI, Elma Lourdes Campos Pavone (Orgs.). *Bioética, vulnerabilidade e saúde*. Aparecida, SP: Ideias & Letras; São Paulo: Centro Universitário São Camilo, 2007, p. 44.

Para justificar esta ruptura com a normatização geral que disciplina a matéria, caberá partir não das regras ordinárias que regem a capacidade, mas dar abertura a uma especial capacidade para consentir também conhecida como capacidade natural: em se tratando de direitos de personalidade inerentes aos incapazes, pode-se afirmar, à partida, que competirá a eles a manifestação do consentimento, caso tenham discernimento para tanto[25] [art. 12, 1, da Convenção das Nações Unidas sobre os Direitos da Criança].

Para aferir quando se manifesta a capacidade para consentir para os atos médicos é preciso refletir sobre os quatro momentos em que a capacidade se estrutura: capacidade para decidir sobre valores; capacidade para compreender os fatos e os processos causais; capacidade para compreender as alternativas; capacidade para se autodeterminar com base na informação.[26] A apuração, então, deve ser necessariamente casuística e tomada individualmente, verificando-se se a vontade exteriorizada realmente é livre e racional, pois a possibilidade de fazer escolhas autorreferentes deriva da tutela da privacidade.

Dessa forma, nas hipóteses em que se verifica a aptidão do incapaz para decidir sobre seus direitos de personalidade e respectivas limitações, deve-se dar primazia ao seu consentimento sobre o de seus representantes (teoria do menor amadurecido). No entanto, não tendo o menor discernimento[27] ou maturidade suficiente para compreender o ato e consentir, deve-se observar o interesse a ser tutelado. No caso das imunizações, estando o interesse dos pais em contraposição ao dos filhos, havendo risco de prejuízo irreversível para o menor (como os riscos de contrair doença infectocontagiosa), deve o Estado intervir no sentido de garantir o direito à saúde, no melhor interesse da criança e do adolescente, sub-rogando-se o Estado no direito-dever dos pais de salvaguardar os interesses dos filhos. Adverte Godinho[28] que,

> O congregamento entre a necessária tutela da vida e da saúde dos incapazes e o poder de decisão atribuído legalmente aos seus representantes, deve, a propósito, ser medido também quanto ao conteúdo e à maneira de se obter o consentimento informado [esclarecido]. Se, de um lado, é forçoso reconhecer autonomia para consentir aos pacientes incapazes, quando maduros o suficiente para decidirem sobre os cuidados a ter com sua saúde, não cabe ignorar, de outro lado, que os representantes legais não podem ficar alheios ao que se passa com seus representados.

Além disso, é preciso recordar que a limitação a direitos de personalidade só pode ser feita pelo seu titular, não podendo o seu representante renunciar[29] a esse direito (art. 11, CC). Portanto, tratando-se de situação que coloque em risco vida e saúde

---

25. GODINHO, Adriano Marteleto. *Direito ao próprio corpo*. Curitiba: Juruá, 2015, p. 135.
26. GODINHO, Adriano Marteleto. *Direito ao próprio corpo*. Curitiba: Juruá, 2015, p. 137.
27. A noção de discernimento do paciente diz respeito "à capacidade de tomar uma decisão racional sobre os riscos, sacrifícios dos seus próprios bens jurídicos. Só se dispensa a oitiva do incapaz, enfim, quando este estiver privado de qualquer discernimento quanto ao ato a ser praticado" (*idem*).
28. GODINHO, Adriano Marteleto. *Direito ao próprio corpo*. Curitiba: Juruá, 2015, p. 140.
29. "A irrenunciabilidade se explica pela inerência dos direitos de personalidade ao seu titular: se este não pode dispor de tais direitos, não podendo renunciar a eles, já que a renúncia é uma forma de disposição" (CORTIANO JÚNIOR, Eroulths. A teoria geral dos direitos da personalidade. *Revista da Procuradoria Geral do Estado do Paraná*, Curitiba, v. V, ano X, dez. 1996, p. 30). Portanto, se o seu titular não pode renunciar a esses direitos, embora possa não exercê-los, o seu representante, muito menos, poderá fazê-lo.

de um menor, deve-se priorizar pela tutela de sua integridade, desconsiderando-se os desejos e crenças dos pais que possam trazer prejuízo irreversível ou intolerável aos filhos.

3.2. Melhor interesse da criança

Afirma Rosenvald[30] que "o exercício da escolha por adultos competentes é pedra angular no direito médico. Em geral, a recusa ao tratamento será honrada, mesmo se irracional ou se acarrete a própria morte do paciente". No entanto, a recusa ao tratamento, expressamente autorizada pelo art. 15, Código Civil pode ser invocada pelos pais quando se destinam a proibir terapêuticas aos filhos menores ou incapazes?

A resposta parece evidente: não, e quatro são os fatores limitadores: a) a dignidade da pessoa humana associada ao direito à saúde (arts. 1º, III, 6º e 196, CF); b) o melhor interesse da criança e do adolescente (art. 227, CF); c) a solidariedade familiar e a paternidade responsável (art. 227, CF); e d) a indisponibilidade dos direitos de personalidade (art. 10, CC), especialmente por quem não é seu titular.

A Constituição Federal de 1988 estabeleceu que é dever da família, da sociedade e do Estado assegurar o direito à saúde de crianças e adolescentes. Em atenção ao mandamento constitucional o art. 3º, ECA, determina que crianças e adolescentes gozem de todos os direitos fundamentais, sem prejuízo da proteção integral, assegurando-lhes todas as oportunidades e facilidades que lhe garantam o pleno desenvolvimento físico, mental e social.

A proteção integral, cláusula geral, apresenta-se intimamente associada o princípio do melhor interesse da criança (*best interest of the child*), reconhecido também pelos arts. 1.583 e 1.584, CC, aliado ao princípio da solidariedade[31] familiar. Juntos determinam que o dever de garantir com absoluta prioridade os direitos das crianças é dever imposto primeiramente à família, depois à sociedade e por último ao Estado. Por isso, a liberdade de crença dos pais não pode ser sobrepor ao direito à saúde de seus filhos.

Destacam Lessa e Dórea que "no contexto da bioética principialista, se faz necessário respeitar o princípio da não maleficência [...]. Em paralelo, como as atividades preventivas visam, em primeira instância, a proteção das pessoas contra doenças infecciosas, partimos do princípio de que o procedimento de vacinação também cumpre o princípio da beneficência"[32]. Então, por que os pais devem acreditar que vacinar e proteger suas crianças do risco da doença é mais importante do protegê-las

---

30. *O ilícito omissivo parental: as três travessias*. Disponível em: <https://docs.wixstatic.com/ugd/d27320_47a-db680219640af8c1ac8ad9be76f5b.pdf>. Acesso em 02 jan. 2018.
31. "[...] ato humanitário de responder pelo outro, de preocupar-se e de cuidar de outra pessoa" (TARTUCE, Flávio. *Direito civil. Direito de Família*. 11. ed. Rio de Janeiro: Forense, 2016, p. 14).
32. LESSA, Sérgio de Castro; DÓREA, José Garrofe. Bioética e vacinação infantil em massa. *Revista Bioética*, 2013; 21 (2). p. 226-36.

de efeitos adversos pós-vacinação (EAPV) das vacinas? O dilema moral é presente, assim como o é o dilema jurídico.

De fato, equilibrar os direitos das crianças em receber cuidados de saúde e os direitos dos pais em educá-las conforme sua própria crença não é fácil. No entanto, aplicadas as regras de ponderação, não há dúvidas de que aqueles direitos devem prevalecer sobre estes, considerando-se que não há outros meios de se obter a proteção contra determinadas doenças.

O melhor interesse se expressa pelo modo que se promove ao máximo o bem do indivíduo. Eticamente, trata-se como "um substituto na tomada de decisões que deve determinar a maior rede de benefícios entre as opções existentes, designando diferentes pesos a cada opção e descontando ou subtraindo os riscos ou custos inerentes".[33] Juridicamente, tratando-se de cláusula geral estabelecida constitucionalmente no art. 227, CF e garantida pelo art. 13, do ECA, sua incidência sobre a autonomia parental é inafastável.

Nota-se que tanto ética quanto juridicamente o melhor interesse da criança se traduz justamente no dever dos pais e autoridades maximizarem os benefícios em seu favor. A lei, ao conferir autoridade parental aos genitores, presume que será exercida no melhor interesse da criança, no entanto, diversas são as situações vividas em que a presunção não se confirma e, por isso, a necessidade de intervenção estatal para proteção do vulnerável.

Não há dúvidas de que a natureza dos interesses e valores envolvidos é complexa, o que dificulta o debate. De fato, o melhor interesse da criança, no que diz respeito à sua saúde, não pode ser reduzido exclusivamente a objetivos médicos, porque mesmo nessas situações os interesses do facultativo, dos genitores e da criança podem estar em conflito. Deve-se levar em conta o bem-estar (físico, emocional e social) da criança, minimizando-se os efeitos negativos dos conflitos entre médicos e genitores e da própria intervenção estatal. Por isso, para além de se identificar a alternativa que melhor representa os interesses da criança, é preciso determinar o limite no qual as decisões paternas não serão toleradas pelo Estado (o que corresponderia ao princípio bioético da não maleficência).

Segundo Diekema "o único propósito para o qual pode ser exercido o poder, de forma correta, sobre qualquer membro de uma comunidade civilizada, contra sua vontade, é para prevenir danos a outros. Seu próprio bem, quer seja físico, quer seja moral, não é empecilho suficiente"[34]. Dessa forma, o Estado estará legitimado a limitar a autoridade parental quando a intervenção for justificada pela proteção da saúde da criança quando a decisão dos pais colocar em risco a sua integridade ou a saúde da coletividade.

---

33. [tradução livre] BEAUCHAMP, T.L.; CHILDRESS, J.F. *Principles of biomedical ethics*. 5. ed. New York: Oxford, 2001, p. 93-126.
34. [tradução livre] DIEKEMA, D.S. Parental refuses of medical treatment: the harm principle as threshold for state intervention. *Theor Med Bioeth*, 2004; 25(4): 243-64. p. 250.

Para verificar a legitimidade da intervenção do Estado, Diekema propõe a análise das respostas a oito questionamentos: 1) ao recursar o procedimento proposto, estão os pais colocando a criança em risco de dano significativo?; 2) o risco de dano é iminente, requerendo uma ação imediata para preveni-lo?; 3) é necessária a intervenção que foi recusada para prevenir o dano?; 4) é comprovada a eficácia da intervenção recusada e, portanto, ela é capaz de prevenir o dano?; 5) a intervenção recusada não coloca a criança em alto risco de dano, e seus benefícios seriam bem maiores do que aquela escolhida pelos pais?; 6) outra opção, que interfira menos na autonomia dos pais e, portanto, mais bem aceita por eles, não poderia prevenir o dano à criança?; 7) a intervenção do Estado pode ser generalizada a todas as outras situações semelhantes?; 8) a maioria dos pais concordará que a intervenção do Estado é razoável?[35]. Sendo positivas as respostas, o Estado estaria autorizado a intervir na garantia do melhor interesse da criança e do adolescente.

3.3. Interesse social

Teixeira afirma que,

Como os direitos fundamentais se consubstanciam em situações que podem ser contramajoritárias, em virtude de que a dignidade humana fundamenta a possibilidade de cada um viver de acordo com seu projeto existencial, essa decisão da construção da própria forma de vida é unicamente da pessoa, não podendo ela ceder nem perante a maioria[36].

A premissa é verdadeira apenas e tão somente quando essas escolhas existenciais, em especial quando se referem ao próprio corpo, não colocam em risco a coletividade. Nesse caso, os limites à autonomia deixam de ser internos, para sofrer intervenção estatal uma vez que a escolha da forma de viver, aqui, pode se tornar um grave problema de saúde pública.

Portanto, a conformação para o exercício da autonomia sobre o próprio corpo é o exercício de liberdades pelo outro, ou seja, o exercício de direitos de personalidade por terceiros. "Logo, a limitação a tais direitos é externa aos espaços de decisão pessoal (embora internas ao ordenamento jurídico), pois internamente a tais espaços, são válidas amplas manifestações de vontade".[37]

Dessa forma, a saúde, entendida como direito subjetivo público, tem inegável componente social. Já como componente do direito de liberdade impõe *erga omnes* prestações negativas também por parte do Estado e daqui nova tensão surge: como equilibrar as noções de direito à saúde como direito social e como direito individual

---
35. [tradução livre] DIEKEMA, D.S. *idem.*
36. TEIXEIRA, Ana Carolina Brochado. *Saúde, corpo e autonomia privada.* Rio de Janeiro: Renovar, 2010, p. 180.
37. TEIXEIRA, Ana Carolina Brochado. *Saúde, corpo e autonomia privada.* Rio de Janeiro: Renovar, 2010, p. 217.

intimamente ligado à autodeterminação uma vez que saúde não é apenas um estado estático e individual da pessoa?

Não há dúvidas de que o limite à autonomia sobre a saúde é a saúde pública. Não se está afirmando aqui que a mitigação da autonomia acarreta uma ideia de saúde como dever. O que se afirma é que as imunizações obrigatórias estão legitimadas pelo princípio da solidariedade social quando restar caracterizada a potencialidade de dano à coletividade pela ausência da vacinação.

Afirma o pediatra Aroldo Prohman que pais que se recusam a vacinar seus filhos colocam em risco a saúde não só da criança, mas de outras pessoas que com ela convivem,[38] especialmente porque as doenças controladas ou evitadas pela vacinação são consideradas infectocontagiosas. Por isso, a autonomia parental é restrita em face também dos interesses da coletividade, observando-se especialmente o princípio bioético da justiça e o princípio jurídico da solidariedade social (art. 3º, I, CF) e familiar (art. 227, CF). Segundo Garrafa, et al,

> De fato, a decisão de beneficiar o maior número de pessoas pelo maior espaço de tempo possível, com ações resultando nos melhores benefícios coletivos, é uma afirmação utilitarista e consequencialista [...], mas que foram incorporadas inclusive na fundamentação teórica da Bioética de Intervenção[39].

Contudo, a maximização dos benefícios e a minimização dos danos não podem ser considerados apenas argumentos utilitaristas. São, sem dúvida, imperativos categóricos e consequências do reconhecimento da dignidade da pessoa humana como fundamento axiológico do ordenamento brasileiro (art. 1º, III, CF).

A premissa de que os benefícios superam os riscos deve fundamentar a contraposição entre a liberdade de decisão (autonomia parental) e a proteção social contra surtos e epidemias. Trata-se de repartição da encargos daqueles que vivem em sociedade,[40] questão de responsabilidade e solidariedade social, uma vez que a proteção atingirá não só o grupo vacinado, mas indiretamente também poderá alcançar indivíduos não vacinados.

O respeito à autonomia parental é então mitigado em face do interesse social em prevenir e controlar doenças infectocontagiosas, cedendo, dessa forma, aos princí-

---

38. ZIEGLER, Maria Fernanda. *Não vacino meus filhos. Mas preciso mentir para não ser processada*. Disponível em: <http://saude.ig.com.br/minhasaude/2013-10-17/nao-vacino-meus-filhos-mas-preciso-mentir-para-nao-ser-processada.html>. Acesso em 10 jan. 2017.
39. GARRAFA, Volnei; AMORIM, Karla; GARCIA, Ticiana; MANCHOLA, Camilo. Bioética e vigilância sanitária. *Revista de Direito Sanitário*, São Paulo, v. 18, n. 1, p. 121-129, mar./jun. 2017, p. 127.
40. Lessa e Dórea afirmam que "há situações em que grupos de indivíduos arquem com o ônus da vacinação em favor de outro grupo que não foi vacinado. Apesar de, no contexto coletivo, considerar-se que estes pequenos riscos são equilibrados pelos benefícios da imunização da população geral, um indivíduo ocasionalmente carrega o ônus da ocorrência de um EAPV para o benefício geral da população" (LESSA, Sérgio de Castro; DÓREA, José Garrofe. Bioética e vacinação infantil em massa. *Revista Bioética*, 2013; 21 (2), p. 232).

pios bioéticos da beneficência e da proteção, sendo possível afirmar que é na tutela da saúde que se moldará a autonomia sobre o próprio corpo.[41]

Quando as políticas públicas de vacinação são estabelecidas, obrigatoriamente devem levar em conta: a promoção da saúde; a prevenção de doenças; o diagnóstico e o tratamento; a atenção em relação às sequelas e a reabilitação profissional.[42] [43] Por isso, não é razoável que campanhas de vacinação sejam boicotadas ou ignoradas em nome de teorias sem comprovação científica ou do falso preceito da absoluta autonomia parental. Não é apenas a vida da criança que está em jogo, mas a saúde de toda coletividade.

Embora o uso de responsabilização civil e criminal[44] possa incrementar a desconfiança quanto às vacinas, fragilizando a adesão voluntária aos programas governamentais estabelecidos, parece não haver outra forma de garantir o melhor interesse da criança quanto à sua saúde e o interesse social na não propagação de doenças controláveis pela imunização. "Quando ingressamos no âmbito da vacinação infantil, medidas necessárias e proporcionais exercem um papel democrático de conciliar as posições do indivíduo como parte da família e da sociedade".[45]

A imunização não decorre apenas de responsabilidade moral com a criação dos filhos e defesa de sua saúde, vai além. Trata-se de responsabilidade social que visa a evitar a perpetuação e propagação de doenças que podem ser controladas e evitadas. Por isso, importante pensar instrumentos que assegurem abordagens que induzam à vacinação, sem ferir direitos fundamentais, buscando a preservação da saúde coletiva e o respeito à dignidade da pessoa humana.

Então, o princípio da solidariedade social, como expressão de alteridade, entra em cena como limitador não só da autonomia sobre o próprio corpo, mas também da autonomia parental. Ao prever no art. 3º, I, CF, a solidariedade como um dos objetivos da República Federativa do Brasil, o constituinte desvinculou-a da mera referência a valores éticos para transformá-la em fundamento das relações sociais, ponte entre o

---

41. Segundo Teixeira "a tutela da autonomia corporal encontra guarida na proteção à saúde. O corpo, hoje, também assume uma multiplicidade de feições, porquanto é território de inovações biotecnológicas [...]" (TEIXEIRA, Ana Carolina Brochado. *Saúde, corpo e autonomia privada*. Rio de Janeiro: Renovar, 2010, p. 56-57).
42. AMATO NETO, Vicente; PASTERNAK, Jacyr. *Vacinação compulsória*. Disponível em: <https://crbm1.gov.br/bio67/artigo_67.asp>. Acesso em 08 jan. 2018.
43. Vide art. 20, da Declaração Universal de Bioética e Direitos Humanos: devem-se promover a avaliação e o gerenciamento adequado de riscos com relação à medicina, às ciências da vida e às tecnologias associadas. Afirma Garrafa, *et al*, que "é função do Estado moderno, por meio de seus poderes legislativo e normativo, regular e monitorar os possíveis efeitos adversos de um vasto e completo conjunto de exposições natural ou artificialmente criadas (medicamentos, vacinas, equipamentos, etc.) ou que podem interferir na saúde das pessoas ou coletividades (qualidade da água e dos alimentos, exposição ambiental a poluentes, etc.)" (GARRAFA, Volnei; AMORIM, Karla; GARCIA, Ticiana; MANCHOLA, Camilo. Bioética e vigilância sanitária. *Revista de Direito Sanitário*, São Paulo, v. 18, n. 1, p. 121-129, mar./jun. 2017, p. 126).
44. Em regra a responsabilização criminal dos pais no Brasil possa ser determinada por negligência no exercício de deveres legais quanto aos filhos, não se descarta a possibilidade de responsabilizá-los por tipos que passem a prever o risco e a transmissão de doenças evitáveis.
45. ROSENVALD, Nelson. *A obrigatoriedade da vacinação e a privacidade da família*. Disponível em: http://www.nelsonrosenvald.com.br. Acesso em 19 jun. 2017.

individual e o coletivo. É, portanto, a solidariedade familiar que fundamenta o dever de cuidado e limita a autoridade parental.

A autoridade parental está, portanto, funcionalizada, determinando uma ordem de cooperação entre pais e filhos, visando à proteção integral e o desenvolvimento da personalidade das crianças e adolescentes. Por isso, o exercício da autoridade parental não atende necessariamente a interesses privados dos genitores, mas sim, estabelece deveres considerados a partir do melhor interesse da criança ou adolescente e do próprio interesse social.

4. A OBRIGATORIEDADE DA VACINAÇÃO INFANTOJUVENIL NO STF (ARE 1.267.879 –REPERCUSSÃO GERAL)

No dia 06 de agosto de 2020 o Ministro do STF Luís Roberto Barroso determinou repercussão geral ao tema vacinação de crianças e adolescentes e autoridade parental no ARE 1.267.879.

O caso (que correu em segredo de justiça) é fruto de uma ação proposta pelo Ministério Público de São Paulo em face dos pais de um menino de cinco anos que se recusavam a vacinar seu filho em razão de adotarem dieta vegana. Em Primeira Instância a ação foi julgada improcedente sob o argumento de que a recusa decorre da liberdade de decisão dos genitores. Mas em Segunda Instância a decisão foi revertida pelo TJ-SP que afirmou não haver base científica que aponte os alegados riscos da cobertura vacinal, bem como, considerou que o comportamento antivacina coloca em risco a própria cobertura vacinal (como política pública de saúde) e autorizou, ainda, a busca e apreensão da criança para regularização da imunização obrigatória em caso de descumprimento da decisão pelos pais. Ao recorrer ao STF os pais sustentaram que a opção vegana os mantém saudáveis, que o filho é acompanhado regularmente por médicos e que a escolha por não vacinar tem fundamento ideológico não podendo caracterizar negligência, devendo a obrigatoriedade da vacinação ser sopesada com a liberdade de consciência e intimidade (art. 5o., VI, VIII e X, CF).

Em sua decisão em dar repercussão geral ao tema o Ministro Relator considerou o aspecto social envolvido na questão (importância das políticas de vacinação infantil desenvolvidas pelo Ministério da Saúde); o aspecto político em razão do crescimento dos movimentos antivacina; e o aspecto jurídico que envolve vários direitos constitucionais. Sustentou que,

> O texto constitucional garante a prioridade absoluta da criança, devendo a sociedade, a família e o Estado garantirem, entre outros direitos, a saúde dos menores (art. 227). Por outro lado, também assegura aos pais o dever de assistir, cuidar e educar os seus filhos, respeitando a liberdade dos genitores na condução da educação (arts. 226 e 229), bem com assegurando a liberdade de consciência, de crença e de manifestação política, religiosa e moral (art. 5o., VI e VIII, da Constituição). Por fim, o art. 196 da Constituição dispõe que o direito à saúde é garantido por políticas sociais e econômicas que visem à redução do risco de doenças, o que inclui as campanhas de vacinação obrigatória promovidas pelo Poder Público.

Diversas outras ações discutindo a vacinação foram propostas no segundo semestre de 2020 em razão das polêmicas envolvendo a imunização contra o novo coronavírus causador da mais recente pandemia. Das diversas manifestações, destaca-se a do Procurador-Geral da República (em novembro do mesmo ano) que se pronunciou na ADIn 6.586 e na ADIn 6.587[46] afirmando que obedecidos os necessários trâmites legais e considerados os critérios técnicos científicos de segurança e eficácia das vacinas "é válida a imposição à população de vacinação obrigatória em determinados contextos, previamente delineados pela legislação, nas situações a serem concretamente definidas por ato das autoridades competentes". Afirmou o Procurador-Geral que em determinadas situações a obrigatoriedade da vacina direciona-se à proteção do bem comum e garantia de direitos fundamentais e, por isso, pode o Poder Público também adotar sanções administrativas a quem recusar a imunização. Conclui afirmando que "sob a ótica dos direitos à vida e à saúde, parece não haver controvérsia relevante sobre a validade da possibilidade de instituição de vacinas de caráter obrigatório, como medida a garantir a adequada e suficiente proteção da saúde pública pelo Poder Público".

Já em sua manifestação no ARE 1.267.879 o Procurador-Geral da República afirmou que vacinar uma criança é um ato de proteção individual e coletiva que faz parte do senso de responsabilidade social. Sustentou que "o descumprimento dessa obrigação pode ensejar infrações administrativas, cíveis e até mesmo criminais. Segundo o art. 249, ECA, a negativa injustificada à vacinação de criança é infração administrativa punível com multa. Se for um caso doloso, pode resultar inclusive na suspensão do poder familiar. Quem deixa de vacinar crianças e adolescentes pode responder também pelo crime previsto no art. 248 do Código Penal". Concluiu afirmando que o direito constitucional à liberdade de convicção e de consciência (art.

---

46. A ADIn 6.586, proposta pelo PDT, que requer que o STF fixe orientação de que também compete aos Estados e Municípios a opção pela vacinação obrigatória ou não nas ações de combate ao Sars-Cov-2 e a ADIn 6.587, proposta pelo PTB, questiona a quem compete definir a obrigatoriedade ou não da vacinação. Com relação a essas ações, em 16 de dezembro de 2020, "o Plenário do Supremo Tribunal Federal (STF) decidiu que o Estado pode determinar aos cidadãos que se submetam, compulsoriamente, à vacinação contra a Covid-19, prevista na Lei 13.979/2020. De acordo com a decisão, o Estado pode impor aos cidadãos que recusem a vacinação as medidas restritivas previstas em lei (multa, impedimento de frequentar determinados lugares, fazer matrícula em escola), mas não pode fazer a imunização à força. Também ficou definido que os estados, o Distrito Federal e os municípios têm autonomia para realizar campanhas locais de vacinação" (STF, disponível em: https://portal.stf.jus.br/noticias/verNoticiaDetalhe.asp?idConteudo=457462&ori=1. Acesso em 17 dez. 2020). Nas ADIns foram fixadas as seguintes teses: Nas ADIs, foi fixada a seguinte tese: (I) A vacinação compulsória não significa vacinação forçada, facultada a recusa do usuário, podendo, contudo, ser implementada por meio de medidas indiretas, as quais compreendem, dentre outras, a restrição ao exercício de certas atividades ou à frequência de determinados lugares, desde que previstas em lei, ou dela decorrentes, e tenham como base evidências científicas e análises estratégicas pertinentes, venham acompanhadas de ampla informação sobre a eficácia, segurança e contraindicações dos imunizantes, respeitem a dignidade humana e os direitos fundamentais das pessoas; atendam aos critérios de razoabilidade e proporcionalidade; e sejam as vacinas distribuídas universal e gratuitamente. (II) Tais medidas, com as limitações expostas, podem ser implementadas tanto pela União como pelos estados, pelo Distrito Federal e pelos municípios, respeitadas as respectivas esferas de competência.

5º., VI e VIII, CF) não autoriza a disponibilidade do direito à proteção integral da criança e do adolescente e da preservação da saúde coletiva.

No julgamento do ARE 1.267.879 (em 17 dez. 2020) o Ministro Relator Luís Roberto Barroso afirmou que a controvérsia constitucional envolve os contornos da relação entre Estado e família na garantia da saúde de crianças e adolescentes, bem como, a autonomia privada em face de imposições estatais (como as políticas sanitárias preventivas de doenças infectocontagiosas).

O Relator sustentou não ser a liberdade de convicção e de consciência um direito absoluto, devendo ser ponderado em face de outros direitos e limites também constitucionais e, no caso em análise, em face da defesa da saúde (individual e coletiva) e da proteção integral da criança e do adolescente. O Relator entendeu ser constitucional a imposição da obrigatoriedade da imunização infantojuvenil, respeitadas as evidências científicas e a necessidade de registro do imunizante junto à ANVISA. Destacou que a vacinação é importante fator de proteção não só do sujeito que à imunização se submete, mas também fator de proteção de toda a sociedade, não podendo nenhuma convicção pessoal (moral, religiosa ou filosófica) colocar em risco à saúde da criança ou do adolescente ou a saúde coletiva.

Por unanimidade, o julgamento ao negar provimento ao Recurso Extraordinário fixou a seguinte tese:

> É constitucional a obrigatoriedade de imunização por meio de vacina que, registrada em órgão de vigilância sanitária, (i) tenha sido incluída no Programa Nacional de Imunizações; (ii) tenha sua aplicação obrigatória determinada em lei ou (iii) seja objeto de determinação da União, Estado, Distrito Federal ou Município, com base em consenso médico-científico. Em tais casos, não se caracteriza violação à liberdade de consciência e de convicção filosófica dos pais ou responsáveis, nem tampouco ao poder familiar.

Nota-se que da mesma forma que todo e qualquer residente no Brasil pode exigir do Poder Público a prestação da assistência à saúde (art. 196, CF), imputa-se a todos o dever de preservar a saúde alheia (individual e coletiva). Em tempos em que tantos egoísmos afloram, acertou o STF (realizando a ponderação de interesses pontuados ao longo desse trabalho) ao reconhecer o dever dos pais de vacinar seus filhos, pois não faria sentido nenhum afirmar que a norma constitucional prestigia escolhas egoístas quando se fala em saúde pública (porque de caráter supraindividual) e saúde de outrem (porque indisponível). A vacinação é, portanto, um ato de solidariedade familiar e social que não pode ser simplesmente negligenciado por escolhas morais individuais.

5. CONSIDERAÇÕES FINAIS

As novas dimensões do direito à saúde permitem a disseminação de relações de poder que admitem a sua despolitização, passando a ser estabelecida como um dever de cuidar dos estilos de vida, de manter uma conduta saudável, promovendo uma verdadeira padronização de comportamentos e de modos de conduzir a própria vida.

Os diversos mecanismos de poder passam, então, a se encarregar dos corpos, como um objetivo geral e sobre eles passam a exercer sorrateira vigilância e controle constantes. Os programas de vacinação obrigatória estabelecidos pelo Estado produzem um novo sujeito na saúde e aumentam consideravelmente os efeitos da autovigilância e do autocontrole, que se tornam cada vez mais intensos.

É nesse novo contexto e diante da quantidade de enfermidades que assolam o mundo e da possibilidade de controlar diversas delas, que o Estado torna-se intervencionista estabelecendo normas regulatórias das imunizações que, embora limitativas da autonomia, estão intimamente ligadas ao conceito de cidadania, de solidariedade e de interesse social.

Por isso "o potencial de comprometimento de direitos humanos e liberdades civis pode ser mitigado pelo desenvolvimento e aperfeiçoamento de legislações de saúde que estabeleçam proporcionais e graduadas abordagens de indução à vacinação, em variadas formas".[47] Não se está aqui a afirmar que a submissão à imunização obrigatória deva ser cegamente obedecida pelos pais ou responsáveis por menores.

Está-se afirmando que, respeitado o direito à informação dos pais e dos menores, o melhor interesse da criança, bem como, o interesse da coletividade, a obrigatoriedade da vacinação deve prevalecer sobre concepções baseadas em teorias sem qualquer comprovação científica ou crenças religiosas. Está-se afirmando que sim, os riscos devem ser considerados, mas que a autonomia parental está limitada em virtude de princípios maiores como a solidariedade social e o melhor interesse da criança.

6. REFERÊNCIAS BIBLIOGRÁFICAS

AMATO NETO, Vicente; PASTERNAK, Jacyr. *Vacinação compulsória*. Disponível em: <https://crbm1.gov.br/bio67/artigo_67.asp>. Acesso em 08 jan. 2018.

BARCHIFONTAINE, Christian de Paul; ZOBOLI, Elma Lourdes Campos Pavone (Orgs.). *Bioética, vulnerabilidade e saúde*. Aparecida, SP: Ideias & Letras; São Paulo: Centro Universitário São Camilo, 2007.

BEAUCHAMP, T.L.; CHILDRESS, J.F. *Principles of biomedical ethics*. 5. ed. New York: Oxford, 2001.

CORTIANO JÚNIOR, Eroulths. A teoria geral dos direitos da personalidade. *Revista da Procuradoria Geral do Estado do Paraná*, Curitiba, v. V, ano X, dez. 1996.

DIAS, Maria Berenice. *Manual de direito das famílias*. 11. ed. São Paulo: Revista dos Tribunais, 2016.

DIEKEMA, D.S. Parental refuses of medical treatment: the harm principle as threshold for state intervention. *Theor Med Bioeth*, 2004; 25(4): 243-64.

FERNANDES, Suellen. *MP obtém liminar para obrigar pais a vacinar os filhos em Jacareí, SP*. Disponível em: <http://g1.globo.com/sp/vale-do-paraiba-regiao/noticia/2013/09/mp-obtem-liminar-para-obrigar-pais-vacinar-os-filhos-em-jacarei-sp.html>. Acesso em 15 jan. 2018

---

47. ROSENVALD, Nelson. *A obrigatoriedade da vacinação e a privacidade da família*. Disponível em: http://www.nelsonrosenvald.com.br. Acesso em 19 jun. 2017.

GARRAFA, Volnei; AMORIM, Karla; GARCIA, Ticiana; MANCHOLA, Camilo. Bioética e vigilância sanitária. *Revista de Direito Sanitário*, São Paulo, v. 18, n. 1, p. 121-129, mar./jun. 2017.

GODINHO, Adriano Marteleto. *Direito ao próprio corpo*. Curitiba: Juruá, 2015.

LESSA, Sérgio de Castro; DÓREA, José Garrofe. Bioética e vacinação infantil em massa. *Revista Bioética*, 2013; 21 (2). p. 226-36.

Mãe obrigada a vacinar filho no Brasil diz que só queria 'ter mais informação'. Disponível em: <http://g1.globo.com/sao-paulo/sao-jose-do-rio-preto-aracatuba/noticia/2016/02/mae-obrigada-vacinar--filho-no-brasil-diz-que-so-queria-ter-mais-informacao.html>. Acesso em 15 jan. 2018.

MENEZES, Joyceane Bezerra; BODIN DE MORAES, Maria Celina. Autoridade parental e privacidade do filho menor: o desafio de cuidar para emancipar. *Revista Novos Estudos Jurídicos – Eletrônica*, vol. 20, n. 2, mai-ago 2015.

Mulher se recusa a vacinar o filho e acaba presa nos EUA. Disponível em: <https://veja.abril.com.br/mundo/mulher-se-recusa-a-vacinar-o-filho-e-acaba-presa-nos-eua>. Acesso em 06 out. 2017.

NEVES, Maria do Céu. Sentidos da vulnerabilidade: características, condição, princípio. In: BARCHIFONTAINE, Christian de Paul; ZOBOLI, Elma Lourdes Campos Pavone (Orgs.). *Bioética, vulnerabilidade e saúde*. Aparecida, SP: Ideias & Letras; São Paulo: Centro Universitário São Camilo, 2007, p. 29-45.

PNI – Programa Nacional de Imunizações. Disponível em: <http://portalms.saude.gov.br/sismob/instrutivo-e-legislacao-dos-programas/programa-nacional-de-imunizacao>. Acesso em 10 jan. 2018.

RELATÓRIO IHME. Disponível em: <https://vizhub.healthdata.org/sdg/>. Acesso em 10 jan. 2018.

ROSENVALD, Nelson. *A obrigatoriedade da vacinação e a privacidade da família*. Disponível em: http://www.nelsonrosenvald.com.br. Acesso em 19 jun. 2017.

_____. *O ilícito omissivo parental: as três travessias*. Disponível em: <https://docs.wixstatic.com/ugd/d27320_47adb680219640af8c1ac8ad9be76f5b.pdf>. Acesso em 02 jan. 2018.

SATO, Ana Paula. Qual a importância da hesitação vacinal na queda das coberturas vacinais no Brasil?. *Revista Brasileira de Saúde Pública*, v. 52, São Paulo, 2018.

SCHAEFER, Fernanda. Vacinação obrigatória: entre o interesse individual e social. A possibilidade de responsabilização civil em caso de recusa à imunização. In: MONTEIRO FILHO, Rêgo; ROSENVALD, Nelson; DENSA, Roberta (Coords.). *Coronavírus e responsabilidade civil*. Impactos contratuais e extracontratuais. Indaiatuba, SP: 2020. p. 417-427.

TARTUCE, Flávio. *Direito civil. Direito de Família*. 11. ed. Rio de Janeiro: Forense, 2016.

TEIXEIRA, Ana Carolina Brochado. *Saúde, corpo e autonomia privada*. Rio de Janeiro: Renovar, 2010.

ZIEGLER, Maria Fernanda. *Não vacino meus filhos. Mas preciso mentir para não ser processada*. Disponível em: <http://saude.ig.com.br/minhasaude/2013-10-17/nao-vacino-meus-filhos-mas-preciso-mentir--para-nao-ser-processada.html>. Acesso em 10 jan. 2017.

TRANSTORNOS ALIMENTARES NA INFÂNCIA E NA ADOLESCÊNCIA: QUAL O PAPEL DOS PAIS

Maria de Fátima Freire de Sá

Doutora e Mestre em Direito. Professora no curso de Graduação e no Programa de Pós-graduação (mestrado e doutorado) em Direito da PUC Minas. Pesquisadora do Centro de Estudos em Biodireito - CEBID. Advogada

Taísa Maria Macena de Lima

Doutora e Mestre em Direito. Professora no curso de Graduação e no Programa de Pós-graduação (mestrado e doutorado) em Direito da PUC Minas. Desembargadora do Trabalho

Diogo Luna Moureira

Doutor e Mestre em Direito. Professor da UEMG e da FUNCESI. Pesquisador do Centro de Estudos em Biodireito - CEBID. Delegado de Polícia

Sumário: 1. Os vários cenários dos transtornos alimentares na infância e na adolescência – 2. A conduta proativa dos pais na educação dos filhos; 2.1. Obesidade e *bullying*; 2.2. Anorexia e o mito da beleza – 3. Autonomia familiar e intervenção do Estado Juiz – 4. Notas conclusivas – 5. Referências bibliográficas

1. OS VÁRIOS CENÁRIOS DOS TRANSTORNOS ALIMENTARES NA INFÂNCIA E NA ADOLESCÊNCIA

Há tempos que os transtornos alimentares vêm sendo retratados nas telas dos cinemas e da televisão. Em 2007, o filme de Simon Bross, intitulado *Maus Hábitos*, teve sua estreia no Brasil trazendo o relato do drama de duas mulheres: Elena era bonita e esbelta, e não se conformava com a obesidade da filha, Linda, que vivia sob a pressão da mãe para perder peso. Prestes a fazer sua primeira comunhão, Linda já tinha o vestido da cerimônia, comprado e escolhido por sua mãe, em tamanho inferior ao seu manequim. A compra de número menor foi proposital porque, para a mãe, *ninguém gosta de gordos*. Sendo assim, não era a roupa que deveria se adaptar à criança, mas a criança à roupa. As tensões entre mãe e filha revelaram, no filme, três diferentes distúrbios alimentares: a anorexia da mãe, a obesidade e a bulimia desenvolvidas pela filha Linda.

Em estória paralela, Matilde, uma jovem freira, acreditava poder salvar a cidade de uma enchente pela força da oração e do jejum. Aqui, a anorexia foi retratada pela recusa prolongada da alimentação, sob o pretexto da fé.

Outro filme que retrata distúrbio alimentar foi produzido pela Netflix em 2017. Em *O mínimo para viver*, escrito e dirigido por Marti Noxon, Ellen é uma jovem que sofre de anorexia há muitos anos sem que nenhum tratamento tivesse dado resultado. Certa vez, sua madrasta conseguiu o contato de um médico e o drama se desenrola a partir da internação de Ellen na clínica dirigida pelo doutor William Beckham.

Se a vida imita a arte, podemos trazer, a partir dos dramas da ficção, os problemas que ocorrem na vida de inúmeras crianças e adolescentes pelo mundo. Algumas vezes, as situações escapam do âmbito pessoal, social, familiar e médico para exigir um enfrentamento pelo Direito.

Um caso emblemático foi julgado pelo Poder Judiciário da Galícia, Espanha, no ano de 2009. Um menino de nove anos, diagnosticado com obesidade mórbida, chegou a ser levado para o hospital e internado, em centro de tratamento intensivo, quarenta e oito vezes. Ao tomarem conhecimento da vida e dos hábitos desta criança, os médicos o encaminharam ao serviço social. Então, durante dois anos, de segunda a sexta-feira, o menino recebeu tratamento, que incluía reeducação alimentar, retornando a sua casa apenas nos finais de semana. Contudo, quando estava na companhia dos pais, a criança não seguia a dieta prescrita porque os progenitores não concordavam com as diretrizes do serviço social. A conduta dos pais foi considerada inadequada pondo em risco a vida do filho, razão pela qual foi-lhes retirada a guarda, mantido o direito de visita.[1]

Noutra circunstância, em caso ocorrido no estado da Carolina do Sul, Estados Unidos, uma mãe foi processada criminalmente por negligência quanto a educação alimentar de seu filho: um adolescente de catorze anos chegou a pesar duzentos e cinquenta quilos.[2]

Em 2012, Charlotte Seddon, adolescente inglesa de dezessete anos, faleceu em sua casa com apenas trinta e oito quilos. Somente após a leitura do diário da filha é que os pais souberam que Charlotte sofria de anorexia há quatro anos.[3]

Em decisão polêmica, uma juíza da alta corte de Londres negou o fornecimento de alimentação forçada a uma jovem que sofria de anorexia nervosa desde os doze anos e, a partir dos catorze, passou por várias internações. Aos vinte anos, L. pesava apenas vinte quilos. O fato é que L. não tinha a intenção de morrer, no entanto, recusava-se a se alimentar. Dizemos que a decisão foi polêmica porque, em se tratando

---

1. ROMEO, Sérgio; NICOLÁS, Pilar. Morbid obesity in children and the law. In: ROMEO-CASABONA, Carlos María; SAN EPIFANIO, Leire Escajedo; CIRIÓN, Aitziber Emaldi. *Global food security: ethical and legal challenges*. Netherlands: Wageningen Academic Publishers, 2010, p.176-183.
2. ROMEO, Sérgio; NICOLÁS, Pilar. Morbid obesity in children and the law. In: ROMEO-CASABONA, Carlos María; SAN EPIFANIO, Leire Escajedo; CIRIÓN, Aitziber Emaldi. *Global food security: ethical and legal challenges*. Netherlands: Wageningen Academic Publishers, 2010, p.176-183.
3. SÁ, Maria de Fátima Freire de; TEIXEIRA, Ana Carolina Brochado; SOUZA, Iara Antunes de. Anorexia, autoridade parental e cuidado. In: PEREIRA, Tânia da Silva; OLIVEIRA, Guilherme de; MELO, Alda Marina de Campos. *Cuidado e sustentabilidade*. São Paulo: Atlas, 2014, p. 251-265.

de pessoa anoréxica, a imagem distorcida que se tem de si, é suficiente para concluir pela falta de competência para a tomada de decisões médicas.

Todos esses casos demonstram que os distúrbios alimentares ora causados pelo excesso de alimentação, ora pela falta ou pela escolha inadequada de alimentos, estão a exigir dos pais uma conduta ativa e proativa na orientação alimentar dos filhos. Mais que isso. Estão a exigir a própria reeducação alimentar dos pais, uma vez que os hábitos dos filhos reproduzem os hábitos da própria família.

2. A CONDUTA PROATIVA DOS PAIS NA EDUCAÇÃO DOS FILHOS

As possibilidades de atuar e de decidir decorrentes da autoridade parental são muito amplas, e essa amplitude justifica-se para viabilizar a criação, a educação e a proteção dos filhos. Trata-se do exercício de um múnus, o que importa dizer que este visa a realizar os interesses da criança e do adolescente, ainda quando isso contrarie os interesses dos pais.

O exercício do poder familiar não se dá no campo da autonomia privada. A autonomia se dá quando a ação é livre. Assim, caracteriza-se como ato negocial a autorização para um tratamento médico; por exemplo, uma cirurgia de transplante de órgãos ou uma cirurgia bariátrica, autorizada pelo próprio paciente. Todavia, quando os pais tomam decisões sobre o tipo de alimentação dos filhos, está-se diante do exercício de um múnus, de modo que a decisão deve ser tomada em benefício da própria criança ou adolescente. Trata-se, portanto, de ação necessária e não de ação livre.

A distinção acima se encontra alicerçada nas lições de João Baptista Villela quando traça os contornos do ato jurídico não negocial em confronto com os negócios jurídicos:

> [...] dir-se-á que o negócio se distingue do ato em que aquele é uma ação livre, este uma ação necessária. [...] Certo que também nos negócios há submissão a vínculo. Neles, contudo, o compromisso surge, para usar a feliz observação de Rescigno, da liberdade e vontade dos sujeitos (cf. Manuale, cit., p. 261). O consentir em intervenção cirúrgica, por exemplo, só não tem natureza negocial para o agente que se encontre sob o dever de praticá-lo, como é o caso do representante do paciente incapaz. Mas é negócio próprio e verdadeiro quando o paciente é também autor da declaração, ressalvada a hipótese de um suposto dever jurídico para consigo próprio.[4]

A constatação de que o poder familiar é um múnus coloca sobre os ombros dos pais uma responsabilidade atinente às orientações alimentares, dado que elas repercutem de maneira significativa na criação de hábitos saudáveis e na saúde atual e futura do filho.

---

4. VILLELA, João Baptista. Do fato ao negócio: em busca da precisão conceitual. In: *Estudos em homenagem ao professor Washington de Barros Monteiro*. São Paulo: Saraiva, 1982, p. 265.

Há situações em que esse dever de cuidado é potencializado: aquelas em que as crianças e adolescentes dão sinais de algum tipo de distúrbio alimentar. Os mais comuns são a obesidade e a anorexia.

2.1. Obesidade e *bullying*

Necessário focar, primeiramente, na questão da obesidade infantil que, não raro, se revela nos primeiros anos de vida. O cuidado com a saúde começa com a concepção e se estende até o filho tornar-se adulto e juridicamente apto a tomar suas próprias decisões. Quanto mais cedo forem implementadas medidas para a prevenção de doenças, maiores serão as possibilidades de crianças se desenvolverem com saúde.

A obesidade é um dos grandes males do nosso século. É certo que há vários fatores no desenvolvimento desta doença, mas, certamente, os hábitos alimentares e a vida sedentária são componentes relevantes. Espera-se, portanto, no exercício da autoridade familiar, que os pais atuem decisiva e concretamente na criação dos próprios hábitos alimentares dos filhos, bem como no incentivo de atividades físicas.

No entanto, a obesidade infantil nem sempre decorre da dinâmica familiar, mas de fatores peculiares à própria criança. Centrando-nos no papel dos pais, importante destacar o múnus de buscar todos os tratamentos oferecidos pela ciência. Caso os pais não tenham condições de financiá-los, caberá a eles exigir a atuação do Estado, a quem compete a implementação de políticas públicas para a saúde da população. Os tratamentos podem variar de reeducação alimentar e exercícios físicos até procedimentos cirúrgicos.

Foi amplamente divulgado em outubro de 2013 que um menino de apenas dois anos de idade, pesando trinta e três quilos, tornou-se a pessoa mais jovem a ser submetida a uma cirurgia bariátrica. A criança tinha obesidade mórbida e apneia obstrutiva do sono. Os exames não acusaram origem genética ou hereditária da obesidade, tampouco doença proveniente de tumor no cérebro. Alternativas como dietas rígidas foram tentadas, no entanto, a criança continuou a ganhar peso. Devido ao insucesso dos tratamentos convencionais os médicos decidiram pela cirurgia bariátrica a despeito de sua pouca idade.

Não há como ignorar a relação entre a obesidade infantil e o *bullying*. As crianças obesas terão mais dificuldade de construir sua autoestima e poderão até ter prejuízo no desempenho escolar e no estabelecimento de relacionamento de amizade entre os colegas da escola, se o sobrepeso se torna motivo de chacotas e agressões.

O comportamento agressivo de colegas no ambiente escolar foi, pela primeira vez, objeto de pesquisas no período de 1978 a 1993, pelo professor de psicologia Dan Olweus, da Universidade de Bergen, na Noruega. Esse estudo sobre *bullying* repercutiu enormemente após o suicídio de três crianças entre dez e catorze anos, a ponto de as autoridades norueguesas implementarem uma campanha anti-*bullying* nas escolas em 1993. Sua pesquisa foi adaptada ao Brasil pela Associação Brasileira

Multiprofissional de Proteção à Infância e à Adolescência, de modo que o questionário pudesse refletir a cultura nacional para análise desse fenômeno.[5]

O *bullying* se manifesta de várias formas. O *bullying* físico é aquele que traz danos físicos para a vítima, que são os vestígios de beliscões, mordidas, empurrões, socos, pontapés e outros. Também se considera *bullying* físico trancafiar a vítima em algum lugar, como no banheiro da escola, em quartos, garagens e outros.

O *bullying* verbal se manifesta por meio de apelidos, ameaças, gozações e fofocas; nesses casos, o agressor se defende dizendo que se trata de brincadeira. É comum; contudo, difícil de ser identificado e levado a sério.

O *bullying* também pode se manifestar como uma forma de abuso sexual. Pode consistir em insultos ou comentários de índole sexual ou, ainda, no ato de obrigar a vítima a praticar atos sexuais.

O *cyberbullying* é a extensão do que os alunos fazem e dizem nas escolas, no entanto, o ato é praticado virtualmente. Esse tipo de *bullying* potencializa o mal porque se espalha pela rede e alcança um número infinito de pessoas. Afora isso, a internet não deixa que os fatos sejam esquecidos.

No *bullying* social todos os atos dos agressores levam ao isolamento social da vítima, afastando-a do convívio com os colegas e familiares. Esse objetivo pode ser atingido por meio de palavras dirigidas à vítima, pelo que se diz a respeito dela no meio social e até mesmo por ignorar a sua presença.

Muitas crianças e adolescentes, vítimas de *bullying*, não conseguem pedir ajuda ou não conseguem se fazer ouvir. Há uma dolorosa relação entre o *bullying* e o suicídio. Relativamente ao tema central desse estudo o trinômio, obesidade – *bullying* – suicídio é particularmente preocupante para as famílias, as instituições escolares e o próprio Estado.

O papel do Direito, aqui, não é tão significativo como o da Psicologia, da Pedagogia, da Psicopedagogia e da Psiquiatria, porquanto o Direito só vai agir quando a atuação de todos esses profissionais não foi possível ou, se aconteceu, não foi eficiente. Nessas situações, o Direito vai cuidar apenas das consequências em uma eventual responsabilização dos agressores ou seus responsáveis, na responsabilização da escola, na retirada da guarda dos pais e, até mesmo, na responsabilização criminal quando o *bullying* assume contornos de crime contra a dignidade sexual, crime contra a vida e crime contra a honra.

---

5. MARQUES, Amara Pricilia de Souza. Entre os muros da escola: um estudo sobre o bullying. In: CORDEIRO, Carlos José; GOMES, Josiane Araújo (coords.). *Diálogos entre educação e direitos humanos*. São Paulo: Pillares, 2017, p. 465-493.

2.2. Anorexia e o mito da beleza

É sabido que a anorexia nervosa é conceituada como um transtorno alimentar, consistente no comportamento obstinado à perda de peso, na busca por um corpo magro. Esse ideal de corpo é construído a partir de uma falsa percepção do próprio corpo. A pessoa, ainda que magra, imagina que está com sobrepeso e busca desesperadamente emagrecer e alcançar o modelo corporal idealizado.

Sobre o comportamento das pessoas anoréxicas:

> [...] observa-se que a totalidade dos pacientes com anorexia nervosa têm um medo intenso de ganhar peso e engordar, razão que contribui para a falta de interesse ou mesmo resistência em aderir a um tratamento. As ações que visam à perda de peso são realizadas em segredo. Os pacientes refutam situações nas quais precisam se alimentar junto a pessoas conhecidas ou em público. Atitudes como as de se livrarem dos alimentos colocados no prato, cortá-los em pedaços muito pequenos e rearranjá-los no decorrer das refeições durante a maior parte do tempo são características recorrentes junto aos portadores deste tipo de distúrbio alimentar. Alguns, por não conseguirem controlar de forma contínua a restrição alimentar autoimposta, têm episódios de comer compulsivo, seguidos de atos de purgação, como, por exemplo, indução de vômitos, abuso de laxantes e diuréticos. Exercícios físicos intensos e ritualísticos, também, são observados com frequência em anoréxicos.[6]

A anorexia manifesta-se na adolescência e, sobretudo, em meninas. É compreensível que na época em que a adolescente vai se tornando mulher sua mente seja povoada com o mito da beleza cultuado no mundo do cinema, da televisão e da moda. O trabalho infantojuvenil nas passarelas inspira essas jovens a incorporar em suas vidas as roupas, sapatos, maquiagens que são utilizados pelas modelos de sua idade e, por vezes, desejar seguir a mesma carreira. O mundo parece conspirar contra a saúde física e mental tornando frequente uma doença que há algumas décadas era desconhecida da maioria da população.

Nessa fase da vida, a presença e a orientação dos pais é fundamental para a construção da autoestima da pessoa, desviando-se de preocupações excessivas e patológicas com a própria imagem corporal. Ainda assim, o quadro de anorexia pode surgir e cabe aos pais, no exercício dos seus poderes-deveres detectar, o quanto antes, a doença, para que o tratamento adequado seja feito, tanto do ponto de vista psicológico quanto nutricional.

Retomando o caso de Charlotte Seddon, cumpre ressaltar que somente após sua morte é que seus pais tomaram conhecimento do transtorno alimentar que padecia. Ela morreu aos dezessete anos, e durante os últimos quatro conseguiu esconder a doença da família. A condição de saúde da filha só se tornou conhecida pelos pais com a leitura de seus diários. Fica a reflexão: há situações em que uma pessoa precisa ser

---

6. SÁ, Maria de Fátima Freire de; PONTES, Maíla Mello Campolina. Anorexia nervosa e interdição judicial: reflexões sobre o sentido e o alcance da medida constritiva em um contexto de releitura da teoria das incapacidades. In: TEIXEIRA, Ana Carolina Brochado; DADALTO, Luciana. *Dos hospitais aos tribunais*. Belo Horizonte: Del Rey, 2013, p. 572.

protegida de si própria. O caso concreto é que dirá quando, para efetivar o direito à saúde da criança e do adolescente, os pais poderão adentrar na esfera íntima dos filhos.

3. AUTONOMIA FAMILIAR E INTERVENÇÃO DO ESTADO JUIZ

Ao iniciarmos o artigo com relatos de casos ficcionais e reais de crianças e adolescentes com distúrbios alimentares, nossa intenção foi de lançar o debate sobre o papel dos pais na educação alimentar dos filhos, bem como na prevenção e no combate desses distúrbios. Sem dúvida, a proximidade entre pais e filhos coloca os primeiros em melhores condições, não só de ver, mas também de antever as dificuldades cotidianas destes últimos.

Só por isso, já se vê que a atuação do Estado é, necessariamente, subsidiária. As razões de fato e os argumentos jurídicos devem ser consistentes o suficiente para legitimar a intervenção do Estado no seio da família, ora afastando o filho do convívio familiar, ora punindo civil ou criminalmente os pais.

O caso ocorrido na Galícia, que culminou com a retirada da guarda dos pais, é exemplo de situação de extremo risco para a vida da criança. Retomando, ficou provado que o menino, de apenas nove anos de idade, precisava de tratamento rigoroso, tanto assim que foi afastado de seus pais durante a semana. Voltando a casa, aos finais de semana, mesmo sabedores de que deviam manter rigorosa dieta ao filho, os pais boicotaram as prescrições alimentares. Sua conduta, objetivamente considerada, representou um risco para o sucesso do tratamento. Ante a necessidade de emagrecimento da criança, impôs-se, naquele momento, a retirada da guarda, mantido, no entanto, o direito de visita.

No caso espanhol, a guarda foi dada à Administração Pública. Tal solução seria viável no direito brasileiro? Para o melhor interesse da criança e do adolescente, pode-se retirar a guarda e até mesmo, em algumas situações delineadas na Lei Civil, é possível a perda do poder familiar. Todavia, não se vê no Brasil instituições que possam, com eficiência, assumir a guarda de crianças para viabilizar um tratamento para obesidade mórbida. Teria maior aderência à realidade brasileira o deferimento da guarda, ainda que provisoriamente, a outro membro da família que revele condições de acompanhar e dar suporte à criança durante essa fase.

Resta-nos abordar o caso de L., jovem que aos vinte anos, pesava apenas vinte quilos. A decisão judicial que afastou a alimentação forçada à jovem requer uma análise mais acurada. A magistrada Eleonor King tomou uma decisão favorável ao Sistema de Saúde britânico ao permitir que os médicos não ministrassem nutrição e hidratação caso a paciente não concordasse. L. chegou a aceitar ingerir algumas calorias pela sonda, mas que não era suficiente para reverter seu quadro. O aspecto jurídico que importa mais em pacientes com transtornos alimentares, como o caso da anorexia, é saber se há, efetivamente, discernimento para um consentimento ou um dissentimento livre e esclarecido. E, o que se vê pelo diagnóstico de pessoas anoréxicas é que falta competência para decisões relativas à saúde. Um paciente anoréxico não quer morrer, mas pode tomar decisões que levam à morte desde que, na sua visão, isso os impeça de ganhar peso.

O caso L. suscita questões e instiga reflexões:

> Nesse caso, de acordo com o salientado, não se trata de respeitar a autonomia privada dessa paciente. Afinal, qual autonomia está sendo exercida? Existe uma vontade livre e esclarecida a ser externalizada ou o que se vislumbra é a exteriorização de um sintoma absolutamente pertinente com o quadro da paciente? Sabendo que há comprometimento do discernimento da paciente nos assuntos que se referem a sua saúde, será que essa juíza, de fato, proferiu decisão adequada?[7]

A questão, se voltada para o Direito brasileiro, assume contornos distintos. Sendo a anorexia um transtorno psiquiátrico, duas distintas leis precisam ser analisadas: a Lei 10.216/2001, que dispõe sobre a proteção e os direitos das pessoas com transtornos mentais e redireciona o modelo assistencial em saúde mental, e a Lei 13.146/2015 que instituiu o Estatuto da Pessoa com Deficiência. Explicando: a Lei 10.216/01 prevê a possibilidade de internação sem o consentimento do paciente, ao passo que o Estatuto da Pessoa com Deficiência traz, em seu art. 11, a proibição da "institucionalização forçada".

Aparentemente, existe uma contradição nos dois comandos legais. No entanto, há plena compatibilidade entre eles porquanto não se pode confundir um tratamento que exige um temporário afastamento da pessoa do seu meio familiar e social com políticas de asilamento rechaçadas pela ordem jurídica brasileira. A análise sobre a norma legal que redireciona o modelo assistencial em saúde mental revela que os seus objetivos convergem com os objetivos do Estatuto na medida em que ambos visam a assegurar os direitos das pessoas com transtornos mentais e do comportamento.

Diante disso, se não há discernimento, é lícita a internação não voluntária do paciente com anorexia nervosa para que receba o tratamento adequado, inclusive a alimentação forçada.

4. NOTAS CONCLUSIVAS

A denominação *autoridade parental* representa uma conquista. O feixe de poderes-deveres dos pais sobre os filhos antes, era denominado *pátrio poder*, cuja amplitude do conteúdo tornava o filho, mais um objeto do que um sujeito na relação paterno-filial.

A evolução do pensamento inspirou novas condutas e novos modelos jurídicos redesenhando a relação entre pais e filhos. O reconhecimento dos direitos da

---

7. SÁ, Maria de Fátima Freire de; PONTES, Maíla Mello Campolina. Anorexia nervosa e interdição judicial: reflexões sobre o sentido e o alcance da medida constritiva em um contexto de releitura da teoria das incapacidades. In: TEIXEIRA, Ana Carolina Brochado; DADALTO, Luciana. *Dos hospitais aos tribunais*. Belo Horizonte: Del Rey, 2013, p. 582.

personalidade da criança e do adolescente e a autonomia dialógica, se não chegam a construir uma relação paritária, afastam o modelo autoritário na criação e na educação dos filhos. As crianças e adolescentes podem ter um papel ativo na escolha da alimentação, buscando até mesmo padrões alimentares diferentes de seus pais. Hoje, com o desenvolvimento de uma consciência ecológica, muito cedo os jovens se decidem por alimentação vegetariana ou vegana, enquanto os pais continuam com a alimentação tradicional. Nessa situação espera-se respeito dos pais em relação à escolha dos filhos.

No plano nacional, o Estatuto da Criança e do Adolescente (Lei 8.069, de 13/07/1990) afirma, no art. 15, que a criança e o adolescente são sujeitos de direitos civis, humanos e sociais garantidos na Constituição e nas leis, assegurando-lhes o direito à liberdade, ao respeito e à dignidade como pessoas humanas em processo de desenvolvimento.

Portanto, não há como negar a existência de um direito de participação da criança e do adolescente em processos decisórios, nos assuntos que lhe digam respeito. Necessário aprofundar o significado desse direito de participação na tomada de decisões:

> Existem duas definições de *participação possíveis*: participação no sentido de *tomar parte em*, e participação no sentido de *saber que os actos de quem participa serão tomados em conta*. O direito em análise só faz verdadeiramente sentido se for entendido nesta segunda acepção; pois só assim se assegura à criança o direito de influenciar as decisões que lhe respeitem, só assim se garante à criança um papel activo na condução da sua vida.[8]

No entanto, quando a criança escolhe alimentar-se apenas de produtos processados, que prejudicam a saúde e levam ao sobrepeso, ou se nega a uma alimentação saudável para atender padrões estéticos, é dever dos pais interferir para redirecionar os hábitos alimentares dos filhos, e buscar auxílio profissional, uma vez que a anorexia e a obesidade mórbida são doenças e, como tal, devem ser tratadas.

No cenário internacional é importante lembrar a Convenção dos Direitos da Criança, adotada pela Assembleia Geral das Nações Unidas, em 20 de novembro de 1989, que constitui o normativo internacional mais completo e recente quanto à consagração dos direitos da criança.

O art. 24, conquanto trate o direito à saúde como um direito social[9] e não como direito da personalidade da criança e do adolescente, é importante para delinear o

---

8. MARTINS, Rosa. Responsabilidades parentais no século XXI: a tensão entre o direito de participação da criança e a função educativa dos pais. In: PEREIRA, Tânia da Silva; OLIVEIRA, Guilherme de (coords.). *Cuidado e vulnerabilidade*. São Paulo: Atlas, 2009, p. 88.

9. Artigo 24

1. Os Estados Partes reconhecem o direito da criança de gozar do melhor padrão possível de saúde e dos serviços destinados ao tratamento das doenças e à recuperação da saúde. Os Estados Partes envidarão esforços no sentido de assegurar que nenhuma criança se veja privada de seu direito de usufruir desses serviços sanitários.

2. Os Estados Partes garantirão a plena aplicação desse direito e, em especial, adotarão as medidas apropriadas com vistas a: a) reduzir a mortalidade infantil; b) assegurar a prestação de assistência médica e cuidados

papel dos pais na saúde e nos hábitos alimentares dos filhos. No item 2, alínea "e", inclui-se entre os deveres dos Estados Partes, "assegurar que todos os setores da sociedade, e em especial os pais e as crianças, conheçam os princípios básicos de saúde e nutrição das crianças, as vantagens da amamentação, da higiene e do saneamento ambiental e das medidas de prevenção de acidentes, e tenham acesso à educação pertinente e recebam apoio para a aplicação desses conhecimentos".

Para que os pais possam desempenhar bem seu papel na educação alimentar dos filhos, é necessário que eles próprios tenham conhecimento dos riscos de uma nutrição inadequada e das possibilidades terapêuticas para o enfrentamento dos distúrbios alimentares que porventura puderem ter os filhos. O dever do Estado, à evidência do que consta na Convenção, é tornar acessíveis tais informações e meios terapêuticos.

5. REFERÊNCIAS BIBLIOGRÁFICAS

Criança de dois anos é pessoa mais jovem a fazer cirurgia bariátrica. In: https://www.terra.com.br/vida-e-estilo/saude/crianca-de-dois-anos-e-pessoa-mais-jovem-a-fazer-cirurgia-bariatrica,352d86b6a-4241410VgnVCM3000009acceb0aRCRD.html. Acesso em 20 dez. 2017.

GOMES, Josiane Araújo. Direito à saúde e o programa saúde na escola. In: CORDEIRO, Carlos José; GOMES, Josiane Araújo (Coord.). *Diálogos entre educação e direitos humanos*. São Paulo: Pillares, 2017.

LIMA, Taisa Maria Macena de; SÁ, Maria de Fátima Freire de. *Ensaios sobre a infância e a adolescência*. Belo Horizonte: Arraes, 2016.

MARQUES, Amara Pricilia de Souza. Entre os muros da escola: um estudo sobre o bullying. In: CORDEIRO, Carlos José; GOMES, Josiane Araújo (coords.). *Diálogos entre educação e direitos humanos*. São Paulo: Pillares, 2017.

MARTINS, Rosa. Responsabilidades parentais no século XXI: a tensão entre o direito de participação da criança e a função educativa dos pais. In: PEREIRA, Tânia da Silva; OLIVEIRA, Guilherme de (coords.). *Cuidado e vulnerabilidade*. São Paulo: Atlas, 2009.

NAVES, Bruno Torquato de Oliveira; SÁ, Maria de Fátima Freire de. *Direitos da personalidade*. Belo Horizonte: Arraes, 2017.

---

sanitários necessários a todas as crianças, dando ênfase aos cuidados básicos de saúde; c) combater as doenças e a desnutrição dentro do contexto dos cuidados básicos de saúde mediante, inter alia, a aplicação de tecnologia disponível e o fornecimento de alimentos nutritivos e de água potável, tendo em vista os perigos e riscos da poluição ambiental; d) assegurar às mães adequada assistência pré-natal e pós-natal; e) assegurar que todos os setores da sociedade, e em especial os pais e as crianças, conheçam os princípios básicos de saúde e nutrição das crianças, as vantagens da amamentação, da higiene e do saneamento ambiental e das medidas de prevenção de acidentes, e tenham acesso à educação pertinente e recebam apoio para a aplicação desses conhecimentos; f) desenvolver a assistência médica preventiva, a orientação aos pais e a educação e serviços de planejamento familiar.

3. Os Estados Partes adotarão todas as medidas eficazes e adequadas para abolir práticas tradicionais que sejam prejudicais à saúde da criança.

4. Os Estados Partes se comprometem a promover e incentivar a cooperação internacional com vistas a lograr, progressivamente, a plena efetivação do direito reconhecido no presente artigo. Nesse sentido, será dada atenção especial às necessidades dos países em desenvolvimento.

RIBEIRO, Gustavo Pereira Leite; BERLINI, Luciana Fernandes. A participação da criança nos processos decisórios relativos aos cuidados de saúde: entre o Código Civil e a Convenção sobre Direitos da Criança. In: LIMA, Taisa Maria Macena de; SÁ, Maria de Fátima Freire de; MOUREIRA, Diogo Luna. *Autonomia e vulnerabilidade*. Belo Horizonte: Arraes, 2017. P. 180-191.

ROMEO, Sérgio; NICOLÁS, Pilar. Morbid obesity in children and the law. In: ROMEO-CASABONA, Carlos María; SAN EPIFANIO, Leire Escajedo; CIRIÓN, Aitziber Emaldi. *Global food security: ethical and legal challenges*. Netherlands: Wageningen Academic Publishers, 2010

SÁ, Maria de Fátima Freire de; TEIXEIRA, Ana Carolina Brochado. Dietary disorders and mental health: a contemporaneous debate. In: ROMEO-CASABONA, Carlos María; SAN EPIFANIO, Leire Escajedo; CIRIÓN, Aitziber Emaldi. *Global food security: ethical and legal challenges*. Netherlands: Wageningen Academic Publishers, 2010, p.194-197.

SÁ, Maria de Fátima Freire de; TEIXEIRA, Ana Carolina Brochado; SOUZA, Iara Antunes de. Anorexia, autoridade parental e cuidado. In: PEREIRA, Tânia da Silva; OLIVEIRA, Guilherme de; MELO, Alda Marina de Campos. *Cuidado e sustentabilidade*. São Paulo: Atlas, 2014.

SÁ, Maria de Fátima Freire de; PONTES, Maíla Mello Campolina. Anorexia nervosa e interdição judicial: reflexões sobre o sentido e o alcance da medida constritiva em um contexto de releitura da teoria das incapacidades. In: TEIXEIRA, Ana Carolina Brochado; DADALTO, Luciana. *Dos hospitais aos tribunais*. Belo Horizonte: Del Rey, 2013.

SÁ, Maria de Fátima Freire de; PONTES, Maíla Mello Campolina. Anorexia nervosa e interdição judicial: reflexões sobre o sentido e o alcance da medida constritiva em um contexto de releitura da teoria das incapacidades. In: TEIXEIRA, Ana Carolina Brochado; DADALTO, Luciana. *Dos hospitais aos tribunais*. Belo Horizonte: Del Rey, 2013.

VILLELA, João Baptista. Do fato ao negócio: em busca da precisão conceitual. In: *Estudos em homenagem ao professor Washington de Barros Monteiro*. São Paulo: Saraiva, 1982.

TOMADA DE DECISÃO MÉDICA EM FIM DE VIDA DO MENOR

Luciana Dadalto

Doutora em Ciências da Saúde da Faculdade de Medicina da UFMG. Mestre em Direito Privado pela PUCMinas. Professora do Centro Universitário Newton Paiva. Coordenadora do Grupo de Estudos e Pesquisa em Bioética (GEPBio). Advogada. Administradora do portal www.testamentovital.com.br

Willian Pimentel

Pós-Graduando em Direito Digital pelo Instituto de Sociedade e Tecnologia/Universidade Estadual do Rio de Janeiro. Membro Pesquisador do Grupo de Estudos e Pesquisa em Bioética (GEPBio) do Centro Universitário Newton Paiva. Advogado.

Sumário: 1. Considerações iniciais. 2. Autoridade parental e melhor interesse do menor. 3. Autoridade parental x direitos de personalidade do menor. 3.1 A recusa de transfusão sanguínea pelos pais. 3.2 Recusa de amputação de membro. 4. Decisões sobre o fim de vida do menor. 5. Zona de discricionariedade parental: uma solução bioética. 6. Considerações finais. Referências.

1. CONSIDERAÇÕES INICIAIS

2008. Hannah Jones, 13 anos, britânica, portadora de uma rara doença cardíaca desenvolvida após um transplante de medula óssea, se recusou a ser submetida a um transplante cardíaco, em razão da gravidade de seu quadro. Seus pais estavam reticentes a seguir sua vontade, mas se convenceram que o desejo da filha era legítimo.

Esse caso gerou enorme comoção no Reino Unido e acabou com um desfecho surpreendente: Hannah mudou de ideia e foi submetida a um bem-sucedido transplante cardíaco, que lhe devolveu a vida biológica e a qualidade de vida.

2016-2017 Charlie Gard, recém-nascido, britânico, portador de doença mitocondrial incurável. A equipe de saúde informa aos pais do menor que não há mais tratamento terapêutico curativo e que o paciente será submetido a Cuidados Paliativos exclusivos. Os pais desejam levar a criança para outro país afim de tentar um tratamento experimental. Os médicos não autorizam e judicializaram a questão. Depois de uma grande e tormentosa batalha judicial, a Corte Europeia de Direitos Humanos entende que o melhor para Charlie é realmente ser submetido a cuidados paliativos exclusivos. Charlie falece em 28 de julho de 2017.

2019-2020 Tinslee Lewis, um ano e três meses, diagnosticada com Anomalia de Ebstein, doença pulmonar crônica e hipertensão pulmonar crônica grave. Já foi submetida a diversos procedimentos cirúrgicos e teve algumas complicações. Precisou de suporte respiratório artificial durante todo esse tempo e desde julho está vinte e quatro horas em um respirador artificial. Desde seu nascimento está internada na UTI do Hospital Cook Children, no Texas-EUA.

Em outubro de 2019, o Comitê de Ética do Hospital recomendou a retirada do suporte artificial de vida, mas, inconformada, a mãe de Tinslee levou a questão ao Poder Judiciário alegando que (i) têm o direito de decidir se sua filha vive ou morre; (ii) e a lei Texana que regulamenta essa temática é inconstitucional porque viola o direito à vida de um paciente. O processo está, nesse momento, em fase recursal.

Em relatório datado de 15.11.2019, o hospital afirma que "nos últimos meses, ficou evidente que a saúde dela nunca melhorou. Apesar dos nossos melhores esforços, sua condição é irreversível, o que significa que nunca será curado ou eliminado e sua condição é fatal. Mais importante, porém, seus médicos acreditam que ela está em sofrimento. (...) Apesar de Tinslee às vezes parecer alerta e em movimento, seus movimentos são o resultado de dos medicamentos. Acreditamos que Tinslee está reagindo à dor quando ela não está sedada e paralisada."

No dia 14.12.2020, um grupo bastante heterogêneo composto por 11 entidades médicas, religiosas, de proteção dos direitos dos pacientes e de pessoas com deficiência pediu à Suprema Corte, como Amicus Curae, que reconheça a constitucionalidade da lei texana, pois "embora imperfeita, a lei fornece um processo razoável para resolver as diferenças entre médicos e substitutos de pacientes em relação ao tratamento de fim de vida." As entidades afirmam ainda que "se as proteções deste estatuto forem objeto de questionamento por tribunais estaduais e federais sob o pretexto de ação estadual, os hospitais e médicos privados ficarão, mais uma vez, vulneráveis a ameaças de processos judiciais ruinosos feitos por familiares enlutados." E concluem que "algumas pessoas alegam que essa é uma decisão sobre qualidade de vida, mas trata-se de uma decisão sobre avaliação da qualidade ou eficácia de um tratamento/intervenção, não sobre a qualidade de vida do paciente."[1]

Os três casos acima narrados demonstram a complexidade da tomada de decisão em fim de vida de menores, tema enfrentado por esse artigo. Para tanto, optou-se aqui por discutir a partir da perspectiva dos direitos de personalidade do menor e da autoridade parental dos pais, perpassando pelo princípio do melhor interesse e trazendo o conceito de zona de discricionariedade parental, ainda pouco usado no Brasil.

Não se pretende chegar a respostas universais, até porque elas não existem. O artigo que ora se apresenta objetiva traçar linhas mestras para a discussão tendo sempre como núcleo o direito do menor à morte digna, compreendido como uma morte sem obstinação terapêutica.

---

1. SUPREMA CORTE AMERICANA. Cook Children's Medical Center v. L, a minor, and mother, T.L., on her behalf. Disponível em: http://thaddeuspope.com/images/Cook_childrens_cert._petition_-_-_FILED_11-13-20.pdf., Aacesso em: 22 dez. 2020.

2. AUTORIDADE PARENTAL E MELHOR INTERESSE DO MENOR

O princípio da parentalidade responsável previsto no artigo 226, § 7º da Constituição Federal, se alinha com os demais princípios constitucionais e afirma os deveres dos pais em relação ao filho desde o início da gestação, visando oportunizar a chegada do novo ser humano em um ambiente digno ao qual dará a possibilidade de que os responsáveis pelo menor o assistam, criem e eduquem[2]. Esta tarefa decorre da autoridade parental[3], um múnus público que dá aos pais funções para garantir o livre desenvolvimento da personalidade da criança e do adolescente, devendo os genitores promover a autonomia do menor, para além do dever de cuidado[4], na busca da garantia dos seus direitos fundamentais, ou seja, o melhor interesse da criança[5].

Tal princípio tem origem na Declaração Universal Direitos das Crianças[6], mas coube à Convenção Internacional sobre os Direitos da Criança, documento deliberado e votado pela Organização das Nações Unidas no ano de 1989, incorporar normativamente a doutrina da proteção integral da criança e do adolescente, trazendo em seu artigo 3º a necessidade de que todas as ações que envolvam crianças devem considerar em primeiro lugar o maior interesse dos menores[7].

Esse documento começou a vigorar em setembro de 1990[8], sendo ratificado pelo Brasil no mesmo ano, contudo, a Constituição Federal de 1988 já traz em seu bojo os argumentos principiológicos da teoria da proteção integral e da dignidade da pessoa humana[9], sintetizados no artigo 227[10], que estabelece como primordial o dever da família, da sociedade e do Estado assegurar aos menores, com absoluta prioridade, o direito à vida, à saúde, à alimentação, à educação, ao lazer, à profissionalização, à cultura, à dignidade, ao respeito, à liberdade e à convivência familiar e comunitária,

---

2. BRASIL. Constituição da República Federativa do Brasil. Disponível em: <http://www.planalto.gov.br/ccivil_03/constituicao/constituicaocompilado.htm>. Acesso em: 16 set. 2018.
3. ALMEIDA JÚNIOR, Victor de Azevedo; BARBOZA, Helena Heloisa; CORRÊA, Marilena C. Dias. Morte Digna na Inglaterra: Análise do Caso Charles Gard. In: DADALTO, Luciana; SÁ, Maria de Fátima Freire (Org.). *Direito e Medicina*: A Morte Digna nos Tribunais. São Paulo: Ed. Foco, 2018, p. 141-157.
4. TEIXEIRA, Ana Carolina Brochado. *Família, guarda e autoridade parental*. 2 ed. Rio de Janeiro: Renovar, 2009. p. 85.
5. TEIXEIRA, Ana Carolina Brochado. *Família, guarda e autoridade parental*. 2. ed. Rio de Janeiro: Renovar, 2009, p. 85.
6. ORGANIZAÇÃO DAS NAÇÕES UNIDAS. Declaração dos direitos das Crianças. Disponível em: http://www2.camara.leg.br/atividade-legislativa/comissoes/comissoes-permanentes/cdhm/comite-brasileiro-de-direitos-humanos-e-politica-externa/DeclDirCrian.html. Acesso em: 16 set. 2018.
7. BRASIL. Convenção sobre os direitos da criança (1990). Disponível em: http://www.planalto.gov.br/ccivil_03/decreto/1990-1994/d99710.htm2018.
8. CHAVES, Antônio. *Comentários ao Estatuto da Criança e do Adolescente*, p. 35.
9. REIS, Suzete da Silva; CUSTÓDIO, André Viana. Fundamentos históricos e principiológicos do direito da criança e do adolescente: bases conceituais da teoria da proteção integral. *Justiça do Direito*, v. 31, n. 3, p. 621-659, set./dez. 2017.
10. PEREIRA, Tânia da Silva. Direito da criança e do adolescente. In: PEREIRA, Tânia da Silva (Coord.). *O melhor interesse da criança*: um debate interdisciplinar. Rio de Janeiro: Renovar, 1999. p. 24.

além de colocá-los a salvo de toda forma de negligência, discriminação, exploração, violência, crueldade e opressão[11].

Com o objetivo de adequar o ordenamento jurídico brasileiro à Constituição, o legislador editou a Lei nº 8.069/90, denominada de Estatuto da Criança e do Adolescente (ECA)[12], o qual disciplina sobre os direitos do menor, dando destaque ao valor intrínseco da criança como ser humano e à necessidade de especial respeito à sua condição de pessoa em desenvolvimento, levando sempre em consideração o melhor interesse do menor[13,14].

Vale destacar que a Convenção[15] recepcionada pelo nosso ordenamento e que deu a roupagem constitucional ao ordenamento proclama como seus destinatários as crianças, "todo ser humano com menos de 18 anos". Em contrapartida o legislador brasileiro utilizou critérios das ciências humanas, principalmente da psicologia, para separar os menores titulares dos Direitos Fundamentais em duas faixas de idade: criança "pessoa até 12 anos de idade incompletos" e adolescente "aquela entre 12 e 18 anos de idade". Neste sentido, qualquer menção ao princípio do melhor interesse da criança deve ser estendida aos adolescentes.

Para algumas questões, o ordenamento jurídico brasileiro já tem considerado maior maturidade aos 12 anos, valorizando a vontade do menor na participação de fatos jurídicos que sobre ele refletem diretamente, como é o caso dos arts. 28, §§ 1º e 2º, 45, § 2º, do ECA, e artigo 1.740, inciso III, do Código Civil[16], o que se torna relevante para determinadas decisões a partir desta idade.

Apesar do destaque ao menor com 12 anos completos, a Lei nº 8.069/90 reconhece a autonomia do menor mesmo antes de atingir esta idade, e cabe à autoridade parental acompanhá-lo no processo de desenvolvimento da personalidade, dando oportunidade de desenvolver sua autonomia com prioridade na promoção dos seus direitos fundamentais, independente da idade, mesmo considerando que ainda sejam pessoas em situação peculiar de desenvolvimento[17].

---

11. PEREIRA, Tânia da Silva. Direito da criança e do adolescente. In: PEREIRA, Tânia da Silva (Coord.). *O melhor interesse da criança*: um debate interdisciplinar. Rio de Janeiro: Renovar, 1999. p. 23-25.
12. BRASIL. Lei nº 8.069, de 13 de julho de 1990. Dispõe sobre o Estatuto da Criança e do Adolescente e dá outras providências. Disponível em: <http://www.planalto.gov.br/ccivil_03/LEIS/L8069.htm>. Acesso em 16 set. 2018.
13. PEREIRA, Paula Moura Francesconi de Lemos; TEIXEIRA Ana Carolina Brochado. A Participação de Crianças e Adolescentes em ensaios clínicos: uma reflexão baseada nos princípios do melhor interesse, solidariedade e autonomia. *Revista Brasileira de Direito Civil*. v. 9, Jul/Set 2016, p. 58-80.
14. COSTA, Antônio Carlos Gomes da. Natureza e implantação do novo direito da criança e do adolescente. In: Estatuto da Criança e do Adolescente: estudos sócios jurídicos, p. 17.
15. BRASIL. Convenção sobre os direitos da criança (1990). Disponível em: http://www.planalto.gov.br/ccivil_03/decreto/1990-1994/D99710.htm. Acesso em: 20 nov. 2018.
16. BRASIL. Lei 10.406, de 10 de janeiro de 2002. Disponível em: http://www.planalto.gov.br/ccivil_03/leis/2002/l10406compilada.htm. Acesso em: 16 nov. 2018.
17. ALMEIDA JÚNIOR, Victor de Azevedo; BARBOZA, Helena Heloisa; CORRÊA, Marilena C. Dias. Morte Digna na Inglaterra: Análise do Caso Charles Gard. In: DADALTO, Luciana; SÁ, Maria de Fátima Freire (Org.). *Direito e Medicina*: A Morte Digna nos Tribunais. São Paulo: Ed. Foco, 2018, p. 141-157.

Corroborando os termos acima, a Declaração de Mônaco[18], redigida no ano 2000 em um simpósio internacional sobre bioética e direitos da criança, orienta que as crianças devem tomar parte na tomada de decisão sobre sua saúde, de maneira crescente conforme o desenvolvimento de sua autonomia[19,20].

Interessante notar, ainda, que em 24.06.2020 o Comitê de Bioética do Conselho da Europa publicou um documento intitulado *Strategic Action Plan on Human Rights and Technologies in Biomedicine* (2020-2025)[21] no qual dedicou um tópico à participação das crianças nos processos de tomada de decisão em saúde, afirmando que nos últimos anos são notórias as mudanças na percepção da autonomia e proteção dos direitos das crianças e adolescentes na tomada de decisão sobre questões de saúde, mas permanecem as incertezas sobre como o reconhecimento dessa autonomia deve ser tratado. Por isso, o documento propõe o "desenvolvimento de um guia de boas práticas para a participação de crianças no processo de tomada de decisão sobre questões relacionadas à sua saúde", que reconheça a natureza evolutiva da tomada de decisão das crianças e envolva as crianças na tomada de decisões médicas, considerando "os direitos da criança, direitos e responsabilidades dos representantes legais, e os interesses da criança interconectados com os de seus familiares".

Pelo exposto acima, percebe-se que é crescente o entendimento de que a criança deve participar do processo de tomada de decisão médica e que essa participação é diretamente proporcional ao seu amadurecimento biopsicossocial, indo ao encontro do crescimento etário.

Pode-se, portanto, inferir que o melhor interesse da criança é uma cláusula geral, abstrata e indeterminada, de modo que a identificação das condutas devidas a cada criança somente poderá ser determinada no caso concreto, pensando, sempre em aplicar os preceitos deste princípio[22].

Assim, é necessário delimitar sua aplicação caso a caso, evitando seu uso *in abstrato*, afim de possibilitar que os direitos fundamentais inerentes à criança sejam direcionados de maneira sólida, colocando em prática o direito a uma vida digna, à

---

18. Organização das Nações Unidas para a Educação, a Ciência e a Cultura. Associação Mundial dos Amigos da Criança (Amade). Declaração de Mônaco. Simpósio Internacional sobre a Bioética e os Direitos da Criança; 28-30 abr. 2000; Mônaco. [Internet]. Disponível em: https://www.prefeitura.sp.gov.br/cidade/secretarias/upload/arquivos/secretarias/saude/cepsms/0007/Biotica_Direitos_Criancas.pdf. Acesso em: 16 set. 2018.
19. BRASIL. Código Civil. Lei 10.406, De 10 De Janeiro De 2002. Disponível em: http://www.planalto.gov.br/ccivil_03/leis/2002/l10406.htm. Acesso em: 16 set. 2018.
20. BRASIL. Estatuto da Criança e do Adolescente. Lei 8.069, De 13 De Julho De 1990. Disponível em: http://www.planalto.gov.br/ccivil_03/leis/L8069.htm. Acesso em: 16 set. 2018.
21. COUNCIL OF EUROPE'S COMMITTEE ON BIOETHICS. *Strategic Action Plan on Human Rights and Technologies in Biomedicine*. Disponível em: https://rm.coe.int/strategic-action-plan-final-e/16809c3af1., aAcesso em: 22 dez. 2020.
22. SÁ, Maria de Fátima F. de; OLIVEIRA, Lucas Costa de .O caso Charlie Gard: em busca da solução adequada. *Revista M*. Rio de Janerio, v. 2, n. 4. p. 456-477, jul./dez.2017. p. 456-477.

saúde, à integridade corporal, intimidade, privacidade e tantos outros que se apresentem no caso real analisado[23].

Vale lembrar que o menor, pelo ordenamento jurídico brasileiro vigente, tem a chamada incapacidade civil, tendo como regra o acompanhamento de seu representante na tomada de decisão. Em virtude disso podem decorrer dilemas de conflito de interesse entre a vontade do menor e o desejo do representante, pois nem sempre este indivíduo legalmente autorizado a tomar a decisão no lugar do menor estará apto a representar o melhor interesse da criança ou adolescente em uma específica situação, podendo ofender os seus direitos pela diferença de crenças e valores ou pela possível ausência de uma decisão autônoma[24].

Almeida Júnior, Barboza e Corrêa Almeida (2018) destacam que "no caso do direito brasileiro, o conteúdo normativo da autoridade parental tem sido reconstruído a luz do princípio do melhor interesse da criança e do adolescente, o que consiste no exercício exclusivamente em favor do filho"[25].

Como acima acentuado, o texto constitucional ratificou e explicitou o princípio do melhor interesse do menor. Sendo assim, a partir de 1988, este princípio passa as relações familiares, sendo basilar a todo o ordenamento jurídico brasileiro e imperioso na atividade interpretativa das normas jurídicas. Por essa razão, defende-se a possibilidade de, *in concreto*, o Estado intervir na tomada de decisão em relação à menores quando verificado que o princípio do melhor interesse do menor não está sendo observado pelos responsáveis[26].

3. AUTORIDADE PARENTAL X DIREITOS DE PERSONALIDADE DO MENOR

Como visto, o Direito de Família brasileiro atribui responsabilidades aos pais que são diminuídas à medida em que o menor vai se aproximando da maioridade civil. Contudo, essas responsabilidades quando tocam a decisões sobre saúde esbarram nos direitos de personalidade do menor, necessitando, assim, de maior acurácia doutrinária para delimitação dos limites.

---

23. VIEIRA, Marcelo de Mello. *Direito das Crianças e Adolescentes à convivência familiar*. Belo Horizonte: D'Plácido, 2016. p. 56.
24. ALTAMIRANO-BUSTAMANTE, Nelly F; ALTAMIRANO-BUSTAMANTE, Myriam M; HOYOS, Adalberto De. ¿Cuándo pueden tomar decisiones en su tratamiento los pacientes pediátricos? Una visión desde el derecho, la autonomía y la ética integral. Bol Med Hosp Infant Mex, Disponível em: <http://www.scielo.org.mx/pdf/bmim/v70n3/v70n3a10.pdf>. Acesso em: 16 set. 2018.
25. ALMEIDA JÚNIOR, Victor de Azevedo; BARBOZA, Helena Heloisa; CORRÊA, Marilena C. Dias. Morte Digna na Inglaterra: Análise do Caso Charles Gard. In: SÁ, Maria de Fátima Freire; DADALTO, Luciana (Org.). *Direito e Medicina*. A Morte Digna nos Tribunais. São Paulo: Ed. Foco, 2018, p. 141-157.
26. ALMEIDA JÚNIOR, Victor de Azevedo; BARBOZA, Helena Heloisa; CORRÊA, Marilena C. Dias. Morte Digna na Inglaterra: Análise do Caso Charles Gard. In: DADALTO, Luciana; SÁ, Maria de Fátima Freire (Org.). *Direito e Medicina*: A Morte Digna nos Tribunais. São Paulo: Ed. Foco, 2018, p. 141-157.

Segundo Gustavo Tepedino[27], os direitos de personalidade são construção doutrinária recente e compreendem "direitos atinentes à tutela da pessoa humana, considerados essenciais à sua dignidade e integridade".

A maior parte da doutrina civilista contemporânea entende serem estes direitos indisponíveis, intransmissíveis, irrenunciáveis, imprescritíveis e extrapatrimoniais, sendo portanto, possível questionar se a tomada de decisões de saúde pelo filho menor ferem as características da indisponibilidade e da intransmissibilidade do mesmo.

A doutrina portuguesa é frutífera na discussão sobre a capacidade para consentir, ou seja, a possibilidade de uma pessoa considerada juridicamente incapaz ter condições de manifestar vontade, chamada academicamente de teoria do menor maduro.

Segundo André Gonçalo Dias Pereira[28] para verificar se o sujeito possui capacidade para consentir é preciso analisar quatro critérios: (i) capacidade de decidir sobre valores; (ii) capacidade para compreender fatos e processos causais; (iii) capacidade para compreender alternativas; (iv) capacidade para se autodeterminar com base na informação. Apresentando o incapaz as quatro competências, reconhece-lhe a capacidade para consentir sobre cuidados, tratamentos e procedimentos médicos.

Por essa doutrina, a menoridade não incide de per si, sobre a aptidão para titularidade das situações subjetivas, podendo o exercício dessas situações ser limitado ou excluído apenas a partir de situações concreta, o que, o caso da tomada de decisão em saúde, implica em aferir, no caso concreto se ele possui condições de discernir acerca da vontade que se pretende ser tomada.

O enunciado 138 aprovado na III Jornada de Direito Civil sugere a seguinte interpretação para o artigo 3° do Código Civil:[29] "138 – Art. 3°: A vontade dos absolutamente incapazes, na hipótese do inc. I do art. 3°, é juridicamente relevante na concretização de situações existenciais a eles concernentes, desde que demonstrem discernimento bastante para tanto".

Ana Carolina Brochado Teixeira e a Renata de Lima Rodrigues corroboram com essa ideia, defendendo que

> a noção jurídica de capacidade deve estar atrelada ao discernimento e à responsabilidade que dele advém, mas não necessariamente à idade, pois, maturidade pode ser alcançada independentemente da faixa etária, porque é adquirida a partir de experiências, vivências e estímulos que o indivíduo recebe durante a vida[30].

---

27. TEPEDINO, Gustavo. A Tutela da Personalidade no Ordenamento Civil-Constitucional Brasileiro. In: TEPEDINO. *Temas de Direito Civil*. Rio de Janeiro: Renovar, 2004, p. 24.
28. PEREIRA, André Gonçalo Dias. *O Consentimento Informado na relação médico-paciente*. Coimbra: Coimbra editora, 2004.
29. Art. 3° São absolutamente incapazes de exercer pessoalmente os atos da vida civil os menores de 16 (dezesseis) anos.
30. RODRIGUES, Renata de Lima; TEIXEIRA, Ana Carolina Brochado. *O Direito das Famílias entre a Norma e a Realidade*. São Paulo: Atlas, 2010, p. 48.

Percebe-se, portanto, que a mitigação do critério etário para decisões sobre interesse do menor já é uma realidade na doutrina brasileira[31]. Realidade esta que, vagarosamente tem chegado ao Poder Judiciário, mas ainda sob uma perspectiva voltada questões da convivência com os genitores como guarda, visitas e adoção. Inexistem decisões nos tribunais sobre conflito de vontades envolvendo menores e seus genitores em casos de saúde.

Por todo o exposto, entende-se que se verificado que o menor possui condições para manifestar livre e de forma esclarecida sua vontade e se essa estiver em consonância com a indicação clínica – ou seja, inexistirem dúvidas médicas sobre o que deve ser feito – há possibilidade de afastar a opinião dos pais, quiçá a possibilidade desta sequer ser solicitada.

Todavia, nos casos em que inexiste capacidade do menor para decidir ou quando esta é duvidosa, a vontade dos pais deve ser levada em consideração, mas ponderada com a indicação clínica, não podendo presumida como absoluta, sob pena de transmitir aos pais o direito à saúde do filho, o que configuraria verdadeiro absurdo jurídico.

Afim de tornar tangível essa discussão, apresentar-se à agora, duas situações nas quais, conforme a jurisprudência brasileira, o conflito entre vontade dos pais e vontade do menor evidenciaram a possibilidade de afastar o desejo dos pais.

3.1 A RECUSA DE TRANSFUSÃO SANGUÍNEA PELOS PAIS

É tormentosa a discussão acerca do direito dos pacientes que professam a fé Testemunha de Jeová de recusarem hemotransfusão. Sem dúvidas, trata-se de um dos casos de maior divergência doutrinária no país quando o paciente que manifesta a recusa é maior de 18 anos.

Contudo, quando a recusa é feita por paciente menor a doutrina e a jurisprudência não se furtam a defender que o direito à vida suplantará o direito à liberdade religiosa, por entender que a escolha religiosa do menor está, na maior parte das vezes, ligada à escolha religiosa dos pais. Assim, a religião está no campo dos direitos personalíssimos do menor, não poderia a decisão de saúde dos pais prevalecerem.

É esse o entendimento firmado pelo Superior Tribunal de Justiça, por ocasião de habeas corpus que visava a soltura de médicos que haviam descumprido a vontade dos pais que se negavam a autorizar a transfusão sanguínea necessária ao filho menor, adolescente.

---

31. Vide: BERLINI, Luciana Fernandes; RIBEIRO, Gustavo Pereira Leite. A participação da criança nos processos decisórios relativos aos cuidados de saúde: entre o Código Civil e a Convenção sobre Direitos da Criança. In: LIMA, Taisa Maria Macena de; MOUREIRA, Diogo Luna; SÁ, Maria de Fátima Freire de Sá. *Autonomia e Vulnerabilidade*. Belo Horizonte: Arraes, 2017, p. 180-191.

PROCESSO PENAL. HABEAS CORPUS. HOMICÍDIO. (1) IMPETRAÇÃO COMO SUCEDÂNEO RECURSAL, APRESENTADA DEPOIS DA INTERPOSIÇÃO DE TODOS OS RECURSOS CABÍVEIS. IMPROPRIEDADE DA VIA ELEITA. (2) QUESTÕES DIVERSAS DAQUELAS JÁ ASSENTADAS EM ARESP E RHC POR ESTA CORTE. PATENTE ILEGALIDADE. RECONHECIMENTO. (3) LIBERDADE RELIGIOSA. ÂMBITO DE EXERCÍCIO. BIOÉTICA E BIODIREITO: PRINCÍPIO DA AUTONOMIA. RELEVÂNCIA DO CONSENTIMENTO ATINENTE À SITUAÇÃO DE RISCO DE VIDA DE ADOLESCENTE. DEVER MÉDICO DE INTERVENÇÃO. ATIPICIDADE DA CONDUTA. RECONHECIMENTO. ORDEM CONCEDIDA DE OFÍCIO.

No juízo de ponderação, o peso dos bens jurídicos, de um lado, a vida e o superior interesse do adolescente, que ainda não teria discernimento suficiente (ao menos em termos legais) para deliberar sobre os rumos de seu tratamento médico, sobrepairam sobre, de outro lado, a convicção religiosa dos pais, que teriam se manifestado contrariamente à transfusão de sangue. Nesse panorama, tem-se como inócua a negativa de concordância para a providência terapêutica, agigantando-se, ademais, a omissão do hospital, que, entendendo que seria imperiosa a intervenção, deveria, independentemente de qualquer posição dos pais, ter avançado pelo tratamento que entendiam ser o imprescindível para evitar a morte. Portanto, não há falar em tipicidade da conduta dos pais que, tendo levado sua filha para o hospital, mostrando que com ela se preocupavam, por convicção religiosa, não ofereceram consentimento para transfusão de sangue – pois, tal manifestação era indiferente para os médicos, que, nesse cenário, tinham o dever de salvar a vida. Contudo, os médicos do hospital, crendo que se tratava de medida indispensável para se evitar a morte, não poderiam privar a adolescente de qualquer procedimento, mas, antes, a eles cumpria avançar no cumprimento de seu dever profissional. (...) (HC 268.459/SP, Rel. Ministra Maria Thereza de Assis Moura, sexta turma, julgado em 02/09/2014, DJe 28/10/2014, grifos nossos)

Nota-se que nesse caso, o STJ leva ainda em consideração a vontade do adolescente que, apesar de menor, é tido como um sujeito apto a consentir no caso em tela.

Percebe-se, assim, que mitigação da autoridade parental no caso de recusa de transfusão sanguínea é realidade no direito brasileiro, sem que se questione o absurdo da mesma, possivelmente porque nesse caso, está-se preservando o direito à vida.

Assim, parece um verdadeiro contrassenso aceitar essa mitigação no caso das testemunhas de jeová e recusá-la nos demais casos, de modo que urge o reconhecimento de inexistência de fórmula apriorística sobre competência para tomada de decisão de saúde do menor. O que será necessário, sempre, é a observação ao melhor interesse do criança/adolescente e à possibilidade deste de manifestar sua opinião.

3.2 RECUSA DE AMPUTAÇÃO DE MEMBRO

A jurisprudência brasileira carece de casos sobre amputação em menores. Contudo, o Conselho Regional de Medicina do Ceará (CREMEC), em 2005, proferiu o parecer n. 16[32], reconhecendo a primazia da vontade da paciente adolescente no que tange à recusa de amputação de membro, frente à vontade de seus genitores.

---

32. CONSELHO REGIONAL DE MEDICINA DO CEARÁ. Parecer n. 16/2005. Disponível em: http://www.cremec.com.br/pareceres/2005/par1605.htm. Acesso em: 17 set. 2018.

No caso em tela, a paciente de 17 anos, portadora de Osteossarcoma de Fêmur Esquerdo necessitava de amputação de membro inferior esquerdo. Seus pais tinham autorizado a realização do procedimento, mas a adolescente se recusava. Instado a se manifestar o CREMEC entendeu que a paciente, apesar de menor de idade, estava em pleno gozo de suas faculdades mentais, razão pela qual sua vontade deveria ser respeitada.

Recentemente, o jogador de futebol júnior Isaque Souza, 14 anos, foi diagnosticado com um câncer ósseo em membro inferior e necessitava de amputação. O paciente recusou a amputação e foi respaldado pelos pais, que alegavam motivos religiosos. Segundo a imprensa, o Ministério Público foi chamado e tentou fazer a família mudar de ideia, não obtendo sucesso, vindo o menor a óbito.

Sabe-se da dificuldade em comentar um caso quando só se tem conhecimento do mesmo pela mídia. Contudo, entende-se que, caso a narrativa esteja correta, o Ministério Público agiu de forma errada ao tentar obter o consentimento dos pais do menor, uma vez que a decisão atinge à personalidade do mesmo, não podendo, portanto, ser transmitida a seus pais.

No caso em tela, dever-se-ia perquirir a capacidade para decidir do menor e, estando ela presente, acatá-la. Caso o menor não estivesse em condições – etárias ou médicas – de manifestar vontade, deveria a equipe tomar a melhor decisão afim de salvar a vida deste.

4. DECISÕES SOBRE O FIM DE VIDA DO MENOR

A possibilidade de conflito entre autoridade parental e o melhor interesse do menor torna-se mais pungente quando toca a situações de fim de vida, notadamente, à obstinação terapêutica[33]. Isso porque o desenvolvimento desenfreado das tecnologias diagnósticas e de suporte a saúde vem transformando a maneira com que a Medicina e a sociedade encaram as doenças. A ampliação do nível de informação em conjunto com a possibilidade de desenvolvimento de órgãos artificiais e fármacos cada vez mais específicos, tornou possível viver com qualidade mesmo possuindo determinadas doenças. Contudo permitiu também que apenas ocorra o prolongamento da vida biológica no caso de enfermidades incuráveis e terminais.

Assim, diante da possibilidade de prolongar a vida biológica de modo indefinido, surge a dúvida sobre como tomar decisões que envolvam obstinação terapêutica no menor, notadamente quando este não possui condições de se manifestar, seja em razão da tenra idade, seja em razão da condição clínica. Nessas situações, é de se perquirir se o direito de decidir é exclusivo dos genitores/representante, exclusivos da equipe de saúde, ou devem ser compartilhados entre eles.

---

33. Para aprofundamento nas discussões acerca do tema recomenda-se a leitura de: MEANA, Pablo Requena. ¡Doctor, no haga todo lo posible!: de la limitación a la prudência terapêutica. Granada: Editora Colmares, 2017.

Primeiramente, é preciso voltar ao conceito de autoridade parental e a seus limites frente aos direitos de personalidade. O artigo 229 da Constituição Federal estipula como termo final para a autoridade parental a maioridade, sendo esta "um poder jurídico, isto é, um feixe de poderes – deveres atribuídos pelo Estado aos pais, para serem exercidos no interesse dos filhos"[34]. Pelo ordenamento civil vigente, a maioridade, em termos gerais, acontece quando a pessoa completa dezoito anos, cabendo aos pais guiar a sua vida, bem como decidir por ou com eles, dando aos menores educação e assistindo-os[35].

Importante destacar que nossa Constituição em vigor ressalta em seu texto que as crianças e os adolescentes são detentores de direito de proteção especial, por serem pessoas em desenvolvimento da sua personalidade. Assim, para a tomada de decisão por assistência ou representação, é necessário que este responsável legal leve em consideração a possibilidade de discernimento que o menor pode ter sobre o caso concreto.

O ordenamento jurídico consagra também, conforme já visto, a necessidade de proteger o menor de situações que possam atentar contra sua dignidade, invocando o princípio do melhor interesse e as situações de cuidados de saúde em fim de vida são potencialmente atentatórias contra a dignidade do paciente[36], notadamente quando há possibilidade de se obstinar a terapêutica.

No âmbito médico, o Código de Ética Médica (CEM)[37], estabelece em seus princípios fundamentais a saúde do ser humano como

> alvo de toda atenção do médico, devendo este sempre atuar em benefício do paciente, jamais utilizando seus conhecimentos para causar sofrimento físico ou moral, devendo sempre, na tomada de decisões aceitar a escolha do paciente relativa aos procedimentos diagnósticos e terapêuticos, evitando, nas situações clínicas irreversíveis e terminais, a realização de procedimentos diagnósticos e terapêuticos desnecessários.

Estabelece ainda, no parágrafo único do artigo 101, a necessidade de assentimento do menor maduro. Todavia, é silente quanto ao poder decisório nos casos em que o menor não é maduro.

Nesse cenário, é comum entre os profissionais de saúde ao redor o entendimento de que cabe aos pais o poder decisório, por isso, o caso *Charlie Gard* gerou tanta comoção social. A ideia de que o Estado – personificado no Poder Judiciário – possa decidir melhor do que os pais parece inverter a lógica da autoridade parental, contudo, ao retomarmos a

---

34. DADALTO, Luciana; TEIXEIRA, Ana Carolina Brochado. Autoridade parental, incapacidade e melhor interesse da criança Uma reflexão sobre o caso Ashely. *Revista de Informação Legislativa*. Disponível em: http://www2.senado.leg.br/bdsf/bitstream/handle/id/176577/000860626.pdf. Acesso em: 16 set. 2018.
35. BRASIL. Código Civil. Lei 10.406, De 10 De Janeiro De 2002. Disponível em: http://www.planalto.gov.br/ccivil_03/leis/2002/l10406.htm. Acesso em: 16 set. 2018.
36. AFFONSECA, Carolina de Araújo; DADALTO, Luciana ; .Considerações médica, éticas e jurídicas sobre decisões de fim de vida em pacientes pediátricos. *Rev. Bioét.* v. 26. n. 1. Brasília Jan./Mar. 2018.
37. CONSELHO FEDERAL DE MEDICINA. *Resolução 1931/2009*. Disponível em: http://www.portalmedico.org.br/resolucoes/CFM/2009/1931_2009.pdf. Acesso em: 18 set. 2018.

ideia de que a autoridade parental não é um poder absoluto e verificarmos os exemplos dados sobre a recusa de hemotransfusão e de amputação é possível compreender as decisões dos tribunais da Inglaterra e da Corte Europeia de Direitos Humanos.

É preciso, contudo, ter em mente que o conflito entre equipe de saúde e pais do menor pode – e deve – ser evitado por meio da relação da equipe com a família, da comunicação e do diálogo. Esse tripé permite que a tomada de decisão compartilhada entre família e equipe em prol de um objetivo comum: possibilitar a morte – que nos casos, é inexorável – com o menor sofrimento possível para o paciente[38].

Assim, é certo que faz parte da autoridade parental o dever de atentar-se para o melhor interesse do menor nos momentos de decisões envolvendo a saúde[39], é certo também que as questões de saúde tocam os direitos de personalidade, devendo essas decisões serem tomadas sempre que possível de maneira compartilhada entre a equipe e a família do paciente menor.

5. ZONA DE DISCRICIONARIDADE PARENTAL: UMA SOLUÇÃO BIOÉTICA

É preciso que compreender que melhor interesse também é uma questão de bioética clínica, por isso, para além de um problema jurídico, esta-se diante de um dilema bioético:

> Todo dilema bioético contrapõe *dois valores*, e não apenas duas normas. Trata-se, assim, de um contraponto valorativo, não de mera antinomia. A depender do valor que se tem como preponderante, a solução a ser apontada para o dilema bioético se modifica. Os *valores* que guiam a resolução de um dilema bioético podem variar, mas alguns tendem a ser invocados com mais frequência: a *autonomia* do paciente ou do sujeito de pesquisa; a *beneficência* no tratamento das pessoas incapazes; a *equidade* na dispensação de tratamentos e na consideração a todos os seres humanos; a *responsabilidade* do profissional da saúde, dotado de conhecimentos técnicos; o *empoderamento* de comunidades ou de pessoas em situação de vulnerabilidade[40].

Nesse cenário, o conceito de zona de discricionariedade parental (ZPD) aparece como um importante auxílio na solução do dilema. Segundo Kcrick el al (2020)[41] há uma decisão ótima, que é o melhor interesse do menor alcançada com o consenso entre pais e profissionais de saúde, há uma decisão danosa em que a vontade dos pais de obstinar a terapêutica é contrária à dos profissionais de saúde mas prevalece porque os pais são tidos como os responsáveis pela tomada de decisão e há uma zona de discricionariedade parental, em que os profissionais de saúde podem ceder um pouco para respeitar os

---

38. FEEG, VD; KODADEK, M. Using vignettes to explore how parents approach end-of-life decision making for terminally ill infants. Pediatric Nursing 2002;28(4):333-43.
39. DADALTO, Luciana ; AFFONSECA, Carolina de Araújo .Considerações médica, éticas e jurídicas sobre decisões de fim de vida em pacientes pediátricos. *Rev. Bioét.* v. 26. n. 1. Brasília Jan./Mar. 2018. p. 12-21.
40. DADALTO, Luciana; SARSUR, Marcelo. Problemas jurídicos e dilemas bioéticos: elementos para a sua diferenciação e resolução. In: DADALTO, Luciana. *Bioética & Covid-19*. 2 ed. Indaiatuba: Foco, 2021, p. 9.
41. KRICK, Jeanne A.; HOGUE, Jacob S.; REESE, Tyler R.; STUDER, Matthew A. Uncertainty: An Uncomfortable Companion to Decision-making for Infants. Pediatrics Aug 2020, 146 (Supplement 1) S13-S17; DOI: 10.1542/peds.2020-0818E.

valores dos pais, mesmo quando estes forem contrários aos valores da medicina, desde que – e isso é importante – os valores dos pais não inflijam danos à criança.

A ZPD pode ser explicada por dois gráficos:

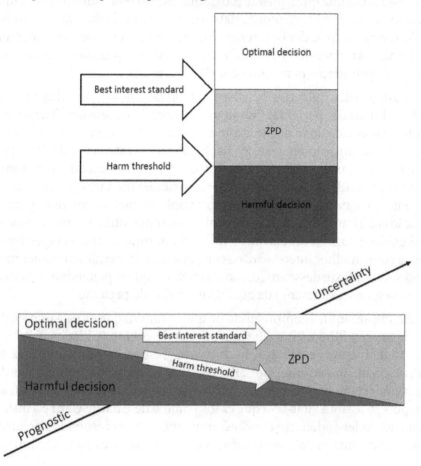

Assim, por esse conceito, "aqueles que cuidam de bebês podem estar mais bem equipados para buscar intervenção contra uma decisão quando necessário, mas também se sentir mais confortáveis – aceitando as decisões dos pais que diferem do que eles recomendariam profissionalmente"[42].

Contudo, a ZPD reconhece que quando inexistir consenso o dano for claro, cabe aos profissionais de saúde tomar a decisão sempre em benefício do menor. Posição esta que já está sendo acolhida pelos tribunais internacionais, mas que ainda não chegou na jurisprudência brasileira, notadamente quando o assunto é a obstinação terapêutica.

---

42. KRICK, Jeanne A.; HOGUE, Jacob S.; REESE, Tyler R.; STUDER, Matthew A. Uncertainty: An Uncomfortable Companion to Decision-making for Infants. Pediatrics Aug 2020, 146 (Supplement 1) S13-S17; DOI: 10.1542/peds.2020-0818E.

6. CONSIDERAÇÕES FINAIS

Sob a análise do ordenamento jurídico pátrio – e também pelas normas internacionais, resta cristalina que a presunção de que os pais têm o direito de decidir qual é o melhor interesse do filho menor é relativa e que, diante da dúvida dos profissionais de saúde acerca de qual decisão resguarda efetivamente, esse melhor interesse, é possível o acionamento do Poder Judiciário contudo, a judicialização não deve ser usada como o primeiro – nem como o melhor, caminho.

O paradigma dos Cuidados Paliativos, entendidos como "a abordagem de melhora à qualidade de vida dos pacientes (adultos ou crianças) e de seus familiares que enfrentam problemas associados a doenças que ameaçam a vida. Previne e alivia sofrimento por meio da investigação precoce, avaliação correta e tratamento da dor e de outros problemas físicos, psicossociais ou espirituais"[43], mostra-se como o caminho a ser percorrido na tomada de decisão de saúde de pacientes menores gravemente doentes. Nesse contexto, é necessário entender o princípio do melhor interesse para além da polarização entre autoridade parental e conhecimento científico, sempre sob a perspectiva da dignidade do paciente em fim de vida, – mesmo que menor. Perspectiva essa que pressupõe como melhor interesse não ser o paciente submetido a tratamento danoso, entendido, no contexto desse artigo, como aquele em que se pretende o prolongamento da vida biológica sem aumento da qualidade de vida do paciente.

Pretende-se, aqui, a compreensão de que é comum que os pais tomem decisões de saúde para seu filho menor que está em fim de vida respaldados pela cultura da obstinação terapêutica e da negação da morte, desconsiderando que essa situação gera grave sofrimento ao enfermo[44]. Por isso, é preciso que os profissionais de saúde invistam em ferramentas de comunicação e que a sociedade civil seja educada para o tema, pois só assim evitar-se-á que casos como o de Charlie Gard e Tinslee Lewis cheguem ao Poder Judiciário e, necessariamente, sejam resolvidos de uma forma ruim, aquela em que os pais são rotulados como perdedores ou vencedores.

REFERÊNCIAS

AFFONSECA, Carolina de Araújo; DADALTO, Luciana. Considerações médica, éticas e jurídicas sobre decisões de fim de vida em pacientes pediátricos. *Revista Bioética*. v. 26. n. 1. Brasília Jan./Mar. 2018.

ALMEIDA JÚNIOR, Victor de Azevedo; BARBOZA, Helena Heloisa; CORRÊA, Marilena C. Dias. Morte Digna na Inglaterra: Análise do Caso Charles Gard. In: DADALTO, Luciana; SÁ, Maria de Fátima Freire (Org.). *Direito e Medicina:* A Morte Digna nos Tribunais. Indaiatuba: editor Foco, 2018.

---

43. WORLD HEALTH ORGANIZATION. Palliative care. 2014 [revisado ago 2017]. Disponível em: http://www.who.int/en/news-room/fact-sheets/detail/palliative-care. Acesso em:18 set. 2018.
44. DADALTO, Luciana. Investir ou Desistir: Análise da Responsabilidade Civil do Médico na Distanásia. In: MILAGRES, Marcelo; ROSENVALD, Nelson. *Responsabilidade Civil Novas Tendencias*. 2.ª eEd. Indaiatuba: editoraEd. Foco, 2018, p. 503-513.

BEAUCHAMP, Tom; CHILDRESS, James F. *Princípios da ética biomédica*. Trad. Luciana Pudenzi. São Paulo: Loyola, 2002.

BRASIL. *Constituição da República Federativa do Brasil*. Disponível em: http://www.planalto.gov.br/ccivil_03/constituicao/constituicaocompilado.htm. Acesso em: 16 set. 2018.

BRASIL. *Convenção sobre os direitos da criança (1990)*. Disponível em: http://www.planalto.gov.br/ccivil_03/decreto/1990-1994/D99710.htm. Acesso em: 16 set. 2018.

BRASIL. *Lei 10.406, De 10 De Janeiro De 2002*. Disponível em: http://www.planalto.gov.br/ccivil_03/leis/2002/l10406compilada.htm. Acesso em: 16 set. 2018.

BRASIL. *Lei 8.069, de 13 de julho de 1990*. Disponível em: http://www.planalto.gov.br/ccivil_03/leis/L8069.htm. Acesso em: 16 set. 2018.

BERLINI, Luciana Fernandes; RIBEIRO, Gustavo Pereira Leite. A participação da criança nos processos decisórios relativos aos cuidados de saúde: entre o Código Civil e a Convenção sobre Direitos da Criança. In: LIMA, Taisa Maria Macena de; MOUREIRA, Diogo Luna; SÁ, Maria de Fátima Freire de Sá (Org.). *Autonomia e Vulnerabilidade*. Belo Horizonte: Arraes, 2017.

CHAVES, Antônio. *Comentários ao Estatuto da Criança e do Adolescente*. São Paulo: Ed. LTR, 1997.

CONSELHO FEDERAL DE MEDICINA. *Resolução 1931/2009*. Disponível em: http://www.portalmedico.org.br/resolucoes/CFM/2009/1931_2009.pdf. Acesso em: 18 set. 2018.

CONSELHO REGIONAL DE MEDICINA DO CEARÁ. Parecer n. 16/2005. Disponível em: http://www.cremec.com.br/pareceres/2005/par1605.htm. Acesso em: 17 set. 2018.

COSTA, Antônio Carlos Gomes da. Natureza e implantação do novo direito da criança e do adolescente. In: PEREIRA, Tânia da Silva (Coord.). *Estatuto da Criança e do Adolescente, Lei 8.069/90*: estudos sócio-jurídicos. Rio de Janeiro: Renovar, 1992.

COUNCIL OF EUROPE"S COMMITTEE ON BIOETHICS. *Strategic Action Plan on Human Rights and Technologies in Biomedicine*. Disponível em: https://rm.coe.int/strategic-action-plan-final-e/16809c3af1., aAcesso em: 22 dez. 2020.

CUSTÓDIO, André Viana; REIS, Suzéte da Silva. Fundamentos históricos e principiológicos do direito da criança e do adolescente: bases conceituais da teoria da proteção integral. *Justiça do Direito*, v. 31, n. 3, p. 621-659, set./dez. 2017.

DADALTO, Luciana; SARSUR, Marcelo. Problemas jurídicos e dilemas bioéticos: elementos para a sua diferenciação e resolução. In: DADALTO, Luciana. *Bioética & Covid-19*. 2 ed. Indaiatuba: Foco, 2021, p. 9.

DADALTO, Luciana; TEIXEIRA, Ana Carolina Brochado. Autoridade parental, incapacidade e melhor interesse da criança. Uma reflexão sobre o caso Ashely. *Revista de Informação Legislativa*. Disponível em: http://www2.senado.leg.br/bdsf/bitstream/handle/id/176577/000860626.pdf. Acesso em: 16 set. 2018.

DADALTO, Luciana. Investir ou Desistir: Análise da Responsabilidade Civil do Médico na Distanásia. In: MILAGRES, Marcelo; ROSENVALD, Nelson. *Responsabilidade Civil*: Novas Tendências. 2. ed. Indaiatuba: Ed. Foco, 2018.

KRICK, Jeanne A.; HOGUE, Jacob S.; REESE, Tyler R.; STUDER, Matthew A. Uncertainty: An Uncomfortable Companion to Decision-making for Infants. Pediatrics Aug 2020, 146 (Supplement 1) S13-S17; DOI: 10.1542/peds.2020-0818E.

MEANA, Pablo Requena. *¡Doctor, no haga todo lo posible!*: de la limitación a la prudência terapêutica. Granada: Editora Colmares, 2017.

ORGANIZAÇÃO DAS NAÇÕES UNIDAS. *Declaração de Mônaco*. Simpósio Internacional sobre a Bioética e os Direitos da Criança; 28-30 abr. 2000. Disponível: https://www.prefeitura.sp.gov.br/cidade/secretarias/upload/arquivos/secretarias/saude/cepsms/0007/Biotica_Direitos_Criancas.pdf. Acesso em: 16 set. 2018.

ORGANIZAÇÃO DAS NAÇÕES UNIDAS. *Declaração dos direitos das Crianças*. Disponível em: http://www2.camara.leg.br/atividade-legislativa/comissoes/comissoes-permanentes/cdhm/comite-brasileiro-de-direitos-humanos-e-politica-externa/DeclDirCrian.html. Acesso em: 16 set. 2018.

PEREIRA, André Gonçalo Dias. *O Consentimento Informado na relação médico-paciente*. Coimbra: Coimbra editora, 2004.

PEREIRA, Tânia da Silva. Direito da criança e do adolescente. In: PEREIRA, Tânia da Silva (Coord.). *O melhor interesse da criança*: um debate interdisciplinar. Rio de Janeiro: Renovar, 1999.

PEREIRA, Paula Moura Francesconi de Lemos; TEIXEIRA Ana Carolina Brochado. A Participação de Crianças e Adolescentes em ensaios clínicos: uma reflexão baseada nos princípios do melhor interesse, solidariedade e autonomia. *Revista Brasileira de Direito Civil*. v. 9, Jul/Set 2016, p. 58-80.

RODRIGUES, Renata de Lima; TEIXEIRA, Ana Carolina Brochado. *O Direito das Famílias entre a Norma e a Realidade*. São Paulo: Atlas, 2010.

SUPERIOR TRIBUNAL DE JUSTIÇA. *HC 268.459/SP.* Rel. Ministra Maria Thereza de Assis Moura, sexta turma, DJe 28/10/2014.

SUPREMA CORTE AMERICANA. Cook Children's Medical Center v. L, a minor, and mother, T.L., on her behalf. Disponível em: http://thaddeuspope.com/images/Cook_childrens_cert._petition_-_FILED_11-13-20.pdf, acesso em 22 dez. 2020.

TEPEDINO, Gustavo. A Tutela da Personalidade no Ordenamento Civil-Constitucional Brasileiro. In: TEPEDINO, Gustavo. *Temas de Direito Civil*. Rio de Janeiro: Renovar. 2004.

TEIXEIRA, Ana Carolina Brochado. *Família, guarda e autoridade parental*. 2 ed. Rio de Janeiro: Renovar, 2009.

TEPEDINO, Gustavo. A Tutela da Personalidade no Ordenamento Civil-Constitucional Brasileiro. In: TEPEDINO. *Temas de Direito Civil*. Rio de Janeiro: Renovar, 2004.

WORLD HEALTH ORGANIZATION. *Palliative care*. 2014 [revisado ago 2017]. Disponível em: http://www.who.int/en/news-room/fact-sheets/detail/palliative-care. Acesso em: 18 set. 2018.

SOBRE UM DOS DILEMAS PATRIMONIAIS DA AUTORIDADE PARENTAL: O USUFRUTO LEGAL PREVISTO PELO ART. 1.689, I DO CÓDIGO CIVIL

Anna Cristina de Carvalho Rettore

Mestre em Direito Privado pela PUC Minas. Advogada

Beatriz de Almeida Borges e Silva

Mestre em Direito Privado pela PUC Minas. Advogada

Sumário: 1. Introdução – 2. O usufruto legal e o pátrio poder no Código Civil de 1916 – 3. O usufruto legal e o atual conteúdo da autoridade parental – 4. Notas conclusivas – 5. Referências Bibliográficas

1. INTRODUÇÃO

O advento da Constituição de 1988 e a centralização da busca pela promoção da dignidade do homem concretamente considerado levaram à intensificação dos estudos vertidos à tutela existencial da pessoa, com vistas à superação de um modelo anterior que direcionava todas as atenções do Direito à seara patrimonial da vida humana.

Esse movimento não foi diferente no que toca às investigações doutrinárias relativas à autoridade parental, as quais teceram considerações de importância inquestionável acerca do sentido das funções parentais face ao desenvolvimento dos filhos em uma perspectiva democrática da família, pela qual todos devem ser chamados e estimulados a participar em prol tanto do desenvolvimento individual de suas personalidades quanto do compartilhamento de um objetivo comum a todos no sentido da promoção da dignidade dos demais.

Disso decorre, por exemplo, a preocupação doutrinária com a atribuição de conteúdo aos deveres parentais de assistência, criação e educação dos filhos menores, mencionados no art. 229 da Constituição, especialmente da perspectiva existencial de seus atributos, na medida em que foram até então negligenciados por uma ordem jurídica de cunho eminentemente patrimonialista.[1]

Como que pendularmente, todavia, se outrora a preocupação era excessivamente vertida aos aspectos patrimoniais de nossa vivência, os estudos atinentes aos atributos da autoridade parental passaram a se centrar no que não havia sido até então explorado, isto é, os seus aspectos existenciais, de modo tal que a seara patrimonial do exercício da autoridade parental acabou relegada a segundo plano, conquanto ainda carecesse de investigação acerca da funcionalização de seus institutos à própria perspectiva existencial.

Daí se acredita decorrer a razão para a pouca extensão dos comentários atuais acerca dos arts. 1.689 a 1.693 do Código Civil – atinentes ao usufruto e à administração de bens dos filhos menores, contidos no Subtítulo II, Título II, do Capítulo V do Código Civil[2] – que problematizem, sob foco da nova perspectiva civil-constitucional, aqueles que haviam sido feitos na vigência do Código Civil de 1916. Uma tal problematização é o que se coloca como objetivo do presente estudo, mediante recorte de objeto para enfoque do art. 1689, I da legislação civil, o qual versa sobre o usufruto legal dos pais com relação a bens dos filhos na constância do exercício da autoridade parental. Trata-se de usufruto que, em vista de sua origem, constitui um direito de família e não um direito real;[3] além disso, uma vez que decorre da lei, diferencia-se do direito real também por independer de registro para sua configuração.[4]

Busca-se empreendê-lo por meio da adoção de uma investigação jurídico-compreensiva, pela qual se utiliza o "procedimento analítico de decomposição de um problema jurídico em seus diversos aspectos, relações e níveis (...), própria das pesquisas compreensivas e não somente descritivas",[5] bem como pelo uso de fontes de natureza primária, especialmente normas brasileiras em geral, e de natureza secundária, pela análise de conteúdos da doutrina jurídica.

Assim, o trabalho tem início com a investigação sobre o alcance do usufruto legal em direito de família no Código Civil de 1916, por meio do confronto de lições

---

1. Ver, por todos: TEPEDINO, Gustavo. A disciplina da guarda e a autoridade parental na ordem civil-constitucional. In: *Revista Trimestral de Direito Civil*, v. 5, n. 17, p. 33-49, jan./mar., 2004, p. 5-10. Disponível em: <www.egov.ufsc.br/portal/sites/default/files/anexos/32356-38899-1-PB.pdf>. Acesso em: 12 mar. 2018.
2. Capítulo V: Do Poder Familiar; Título II: Do Direito Patrimonial; Subtítulo II: Do Usufruto e da Administração dos Bens de Filhos Menores.
3. Não obstante, os atributos do direito de usufruto são preenchidos pelo art. 1.394 do Código Civil, segundo o qual "o usufrutuário tem direito à posse, uso, administração e percepção dos frutos", de modo que o detentor da autoridade parental dispõe de tais possibilidades com relação a todo o patrimônio dos filhos.
4. "(...) o usufruto dos pais sobre os bens dos filhos, proveniente da autoridade de seu poder familiar não se confunde com a regra do usufruto como direito real, tratando-se de um Direito de Família, de caráter especial (...)" – MADALENO, Rolf. *Curso de direito de família*. 5. ed. rev. atual. e ampl. Rio de Janeiro: Forense, 2013, p.688. Código Civil, art. 1.227: "Os *direitos reais* sobre imóveis constituídos, ou transmitidos por atos entre vivos, só se adquirem com o registro no Cartório de Registro de Imóveis dos referidos títulos (arts. 1.245 a 1.247), salvo os casos expressos neste Código".
5. GUSTIN, Miracy Barbosa de Souza; DIAS, Maria Tereza Fonseca. *(Re)pensando a pesquisa jurídica*: teoria e prática. 2. ed. rev., ampl. e atual. Belo Horizonte: Del Rey, 2006, p. 29.

doutrinárias expostas por juristas da época, o que permitiu depreender a ocorrência, já àquela época, de evolução em contraponto à visão originalmente tida sobre o instituto pelo elaborador do Código, Clóvis Beviláqua. Em seguida, passa-se à investigação desse usufruto sob a ótica da Constituição de 1988, isto é, sob uma ótica que elevou a pessoa ao centro do ordenamento jurídico e promoveu a visão de uma família democrática, alterando o próprio conteúdo do "poder familiar". Ao final, diante do estudo empreendido, buscou-se solução ao objetivo inicialmente proposto, concluindo sobre os requisitos necessários para que o instituto do usufruto parental esteja funcionalizado aos propósitos dessa nova ordem constitucional.

2. O USUFRUTO LEGAL E O PÁTRIO PODER NO CÓDIGO CIVIL DE 1916

Dispunha o Código Civil de 1916, no art. 389, que "o usofructo dos bens dos filhos é inherente ao exercício do patrio poder (...)". Em comentário a este artigo, Clóvis Beviláqua – responsável por elaborar tal codificação – expôs tratar-se o usufruto paterno de uma "compensação dos encargos que se originam do exercicio do patrio poder com a pessôa e os bens do filho", de modo que, permitindo as circunstâncias, os esforços exigidos pelo cuidado com os filhos e a administração de seus bens deveriam ser compensados ao genitor,[6] estabelecendo-lhe, assim, um direito legal de usufruto.

Com isso, salvo no caso de poucas exceções previstas em lei e que não serão objeto do presente estudo, ao titular do pátrio poder caberia usar os bens tidos pelos filhos bem como perceber eventuais frutos, ao mesmo tempo em que seria responsável por zelar e pagar as despesas relativas a esses bens.

O exemplo prático mais claro dessa relação corresponderia ao caso de um menor que, tendo recebido alguns imóveis por doação de seu avô, residiria em um deles com sua família enquanto os demais seriam disponibilizados para locação, e os alugueis deles percebidos, por terem a qualidade de frutos, pertenceriam ao pai (pois, à época, "vigia a concepção de pátrio poder como direito subjetivo *do pai*")[7] para deles fazer uso como bem entendesse. O recebimento desses valores, na esteira do que sustenta Beviláqua, serviria de retribuição pelo esforço que este se vê obrigado a despender para criação do filho, fazendo valer uma lógica de débito e crédito na própria relação familiar.

Com igual entendimento, Candido Naves afirma que o pátrio poder, como "poder tutelar estabelecido no interesse daquelle que a elle está sujeito, é, sem duvida, um direito dos paes. Mas acarreta múltiplos encargos", razão pela qual o usufruto seria "uma compensação aos cuidados e diligencias daquelle que exerce o patrio poder".[8]

---

6. BEVILÁQUA, Clovis. *Código Civil dos Estados Unidos do Brasil*: comentado por Clovis Beviláqua. Edição histórica, v. I. Rio de Janeiro: Rio, 1940, p. 849.
7. TEIXEIRA, Ana Carolina Brochado. *Família, guarda e autoridade parental*. 2. ed. rev. e atual. Rio de Janeiro: Renovar, 2009, p. 25.
8. NAVES, Candido *apud* SANTOS, J. M. de Carvalho. *Código Civil Brasileiro interpretado*. 2. ed. Vol. VI. Rio de Janeiro: Freitas Bastos, 1937, p. 106.

Essa ideia de que o exercício do pátrio poder deveria garantir ao pai, quando a realidade fática o permitisse, uma retribuição por seus esforços, coaduna com a lógica de raciocínio jurídico então vigente no sentido de *encaixar* a maior parte das relações privadas no conceito de "direito subjetivo". Caio Mário da Silva Pereira bem resume a estrutura do direito subjetivo ao dizer que se trata de um "poder do titular de direito exigível a outrem; dever de alguém para com o titular do direito",[9] sempre com a ideia de oposição do direito de uma pessoa a um correlato dever de outra para com ela (em outras palavras, a ideia de débito *versus* crédito). Tal raciocínio era aplicado mesmo no caso de relações eminentemente pessoais, como no caso dos direitos de família – a exemplo da narrada concepção de pátrio poder – e dos direitos da personalidade:

> Nas situações em que o indivíduo realiza a liberdade, ou as suas atividades, visando a fins econômicos ou hedonísticos, vemos direitos subjetivos (os *direitos da personalidade*) tão nitidamente caracterizados quanto os que traduzem as relações de crédito, porque implicam um poder de ação do indivíduo, seja contra qualquer outro que se oponha à sua efetivação, seja contra o próprio Estado, se é um agente seu que transpõe o limite entre a harmonia social e a esfera individual.[10]

Não se pode perder de vista que o Código Civil de 1916, como marco regulatório do direito privado no Brasil, sucedeu às próprias Ordenações Filipinas – datadas de 1603. Apesar do extenso lapso temporal decorrido, o Código deixou de suplantar as Ordenações em sua tônica patriarcal e patrimonialista, mantendo-se fiel a este modelo que, em muitas de suas características, remonta às raízes do direito romano, época na qual a estrutura familiar se compunha dos seguintes moldes:

> Todos os membros do grupo familiar estavam subordinados ao *pater familias*, isto é, a mulher casada *in manu* [modelo pelo qual ela se desvincula de sua família de origem e passa a pertencer à do marido], filhos, netos, irmãos, escravos, libertos e as pessoas postas *in mancipio*. Só o grande chefe era *sui iuris*, ou seja, pessoa de direito próprio, independente. Os demais dependentes eram *alien iuris*, pessoas de direito alheio, pertencentes ao patriarca, razão pela qual não tinham nenhum direito. (...) Os filhos eram propriedade do pai, que podia deles dispor da forma que julgasse melhor. O pai podia reivindicar o filho de quem ilegalmente o detivesse, como se fosse uma coisa ou um escravo. (...) Os interesses patrimoniais também estavam no centro da *patria potestas*. Tudo o que o filho adquirisse aderia ao patrimônio coletivo da família, administrado pelo genitor. (...) Enfim, o que se visava era a garantia do direito do pai em detrimento de qualquer membro da família, inclusive em prejuízo do filho.[11]

É nesse sentido que, compreendendo-se os valores ainda em voga no momento da elaboração do Código de 1916 por Beviláqua, torna-se possível também compreender a existência de um instituto como o do usufruto legal decorrente do pátrio poder, que, a despeito de já ver o filho como pessoa distinta da do pai, coloca-o permanentemente

---

9. PEREIRA, Caio Mário da Silva. *Instituições de Direito Civil*: introdução ao Direito Civil, teoria geral de Direito Civil. 22. ed. rev. e atual. Vol. I. Rio de Janeiro: Forense, 2007, p. 36.
10. PEREIRA, Caio Mário da Silva. *Instituições de Direito Civil*: introdução ao Direito Civil, teoria geral de Direito Civil. 22. ed. rev. e atual. Vol. I. Rio de Janeiro: Forense, 2007, p. 37.
11. TEIXEIRA, Ana Carolina Brochado. *Família, guarda e autoridade parental*. 2. ed. rev. e atual. Rio de Janeiro: Renovar, 2009, p. 15-18.

em dívida para com ele (do que decorre a justificativa de "compensação" em casos nos quais a peculiaridade dos bens do filho a permitirem), passando os frutos de seu patrimônio a lhe pertencer automática e indiscriminadamente.

Miguel Reale, posteriormente, chega inclusive a comentar que o Código Beviláqua é "marcadamente individualista, sob a influência (...) de uma mentalidade patriarcal, própria de uma sociedade ainda na fase pré-industrial. Daí ser ele dominado por alguns princípios, como (...) a posição dominante do pai e do esposo na estrutura da sociedade familiar".[12]

Já no ano de 1937, Carvalho Santos aponta que muitos escritores já teriam passado a se colocar em oposição ao entendimento do usufruto como meio de compensação pelo exercício do pátrio poder, ao argumento de que, fosse essa a razão de sua existência, haveria um conflito com o próprio conceito, que afirma ser "estritamente moral" (*rectius*, existencial). Nesse sentido, afirma categoricamente: "Toda e qualquer ideia de compensação deve, por conseguinte, ser desde logo posta à margem".[13]

O autor prossegue expondo entendimento no sentido de que, àquela altura, já teria havido uma evolução desse instituto, o qual seria composto de deveres impostos ao pai para exercício em benefício do filho, e não de direitos que o primeiro teria condição de assumir mesmo que em detrimento do último. Daí porque, já nos idos da década de trinta, afirma ser o usufruto legal dos pais um "remanescente da antiga família patriarcal, que não mais se justifica na família moderna".[14]

Assim, na busca pela compreensão sobre o fundamento do usufruto legal no Código de 1916, Carvalho Santos explica discordar de doutrinadores que digam se tratar de instituto que visaria ao atendimento de interesse do menor, pois, se o fosse, deveriam os filhos poder manter para si todo o crédito de seus frutos, uma vez abatidas as suas despesas, o que não é o caso da disposição legal. Conclui, por isso, que para desenvolvê-lo coube ao legislador encarar "factos taes como se passam na vida real":

> Vivendo paes e filhos, a familia, enfim, na mesma casa, sob a mesma chefia, comendo na mesma mesa e tendo o mesmo e identico tratamento, numa communhão de interesses e de destinos dos mais acentuados, não seria possivel discriminar as despesas de uns e de outros, para levar á conta dos filhos as suas, deduzindo-as de suas rendas, pelo que optou o legislador que para as despesas concorressem paes e filhos, contribuindo todos com seus rendimentos, formando uma massa commum, para fazer face ás despesas communs.[15]

---

12. REALE, Miguel. Anteprojeto do Novo Código Civil. Conferência no Instituto dos Advogados do Distrito Federal reconstituída segundo notas taquigráficas. *In: Revista de Informação Legislativa*, 8 jun. 1972, p. 6. Disponível em: <http://www2.senado.leg.br/bdsf/bitstream/handle/id/180616/000346063.pdf?sequence=1>. Acesso em 25 fev. 2018.
13. SANTOS, J. M. de Carvalho. *Código Civil Brasileiro interpretado*. 2. ed. Vol. VI. Rio de Janeiro: Freitas Bastos, 1937, p. 106.
14. SANTOS, J. M. de Carvalho. *Código Civil Brasileiro interpretado*. 2. ed. Vol. VI. Rio de Janeiro: Freitas Bastos, 1937, p. 107-108.
15. SANTOS, J. M. de Carvalho. *Código Civil Brasileiro interpretado*. 2. ed. Vol. VI. Rio de Janeiro: Freitas Bastos, 1937, p. 108-109.

Portanto, entende Carvalho Santos que o fundamento, a razão de ser, do usufruto legal, corresponderia à viabilização da plena comunhão de vida da família, tornando indivisíveis as despesas e as receitas de todos, o que justificaria a concentração de todas as rendas na pessoa do titular do pátrio poder. Com isso, estende sua conclusão afirmando que, mais do que visar a um interesse exclusivo do filho, o propósito seria o de propiciar uma "boa administração da família".[16]

Percebe-se, com o raciocínio empreendido, o caráter de transição já existente em relação ao conceito de pátrio poder. Se, de um lado, ele já passa a ser visto como um conjunto de deveres a serem exercidos em prol do filho, não se pode deixar de reconhecer, por via de uma análise crítica, que se insere em contexto no qual ainda vigorava a ideia do pai como chefe de uma família institucionalizada, de modo tal que a conclusão a que se chega esteia-se no pressuposto de que as decisões desse chefe sempre visariam ao benefício *da família*, o qual necessariamente corresponderia a um benefício para o filho. Todavia, um tal raciocínio parece olvidar-se do fato de que, nesse cenário, interesses – ainda que individuais – desse chefe da família moldavam-se com contornos de superioridade em relação aos interesses de quaisquer dos outros membros que a integravam, tornando possível que interesses exclusivos do genitor viessem a ser legitimamente vistos como "interesses da família".

Com o mesmo caráter transicional, mas em tom um pouco mais conciliatório, Caio Mário da Silva Pereira afirma que, se alguns tratam o usufruto como compensação aos pais pelos encargos do poder parental, e outros o justificam com base na ideia de comunidade doméstica, tratam-se de duas ordens de ideias que convergem para idêntico fim: uma "finalidade harmonizadora, afastando discórdias que nasceriam de considerações pecuniárias competitivas, nas relações entre pai e filho".[17] Assim, conclui, de modo semelhante a Carvalho Santos (e com semelhante presunção de destinação dos frutos a uma boa administração pelo chefe da família): "o pai não é obrigado a consumir os créditos do filho. Poderá conservá-los acumulados ou investi-los em proveito dele. *Mas, consumindo-os, procede legitimamente*".[18]

Elaborador do Código Civil de 2002, o jurista Miguel Reale aponta na década de setenta, comentando o anteprojeto, a preocupação vertida à revisão sobre a estrutura conferida até então ao pátrio poder, a fim de elucidar que este "não constitui um direito subjetivo, que o pai exerça como uma pretensão a que deva corresponder uma contraprestação do filho. Não é normal que os pais prestem assistência aos filhos pensando em contraprestação".[19]

---

16. SANTOS, J. M. de Carvalho. *Código Civil Brasileiro interpretado*. 2. ed. Vol. VI. Rio de Janeiro: Freitas Bastos, 1937, p. 109. Sem grifo no original.
17. PEREIRA, Caio Mário da Silva. *Instituições de Direito Civil*: Direito de Família. 11. ed. rev. e atual. Vol. V. Rio de Janeiro: Forense, 1997, p. 245.
18. PEREIRA, Caio Mário da Silva. *Instituições de Direito Civil*: Direito de Família. 11. ed. rev. e atual. Vol. V. Rio de Janeiro: Forense, 1997, p. 245.
19. REALE, Miguel. Anteprojeto do Novo Código Civil. Conferência no Instituto dos Advogados do Distrito Federal reconstituída segundo notas taquigráficas. *In: Revista de Informação Legislativa*, 8 jun. 1972, p. 20.

Por outro lado, também assentou ser "todo o Direito posto sob o impacto de duas forças: uma que prende ao passado, à raiz das tradições mais vivas, e outra que se projeta para o futuro, a desvendar aquilo que deverá ser o produto do trabalho, no decorrer do tempo",[20] razão pela qual, a despeito da reformulação do instituto do pátrio poder – projetando-se para o futuro – e do esforço empreendido por parte da doutrina nesse sentido até então, o Código Civil de 2002 parece ter se apegado "às tradições mais vivas" do passado no que toca ao usufruto legal, praticamente reproduzindo o teor do art. 389 do Código de 1916 no art. 1.689, I, (mas estendendo-o a ambos os genitores, para não mais vê-lo como prerrogativa paterna e sim parental).

3. O USUFRUTO LEGAL E O ATUAL CONTEÚDO DA AUTORIDADE PARENTAL

Diante do exposto no tópico precedente e assumindo-se a própria premissa levantada por Miguel Reale ao mencionar que o Direito é alvo de uma força que o projeta para o futuro, algo a ser "desvendado" – o *produto de um trabalho no decorrer do tempo* –, é de se investigar (ou desvendar) se a repetição da estrutura textual do usufruto legal dos pais no Código de 2002 significaria, de fato, a manutenção do fundamento e sentido nele visto até então, quando encarado à luz da sistemática da nova codificação no sentido de revisar institutos superados, como o era o pátrio poder sob a fórmula de direito subjetivo.

É nesse sentido que, ainda que à primeira vista a reprodução parcial do dispositivo revogado pela atual legislação possa indicar que ao usufruto legal instituído em favor dos pais continuaria imbricada a "concepção do filho como pertença do genitor, que conferia a este um lucro"[21] ou a de "compensação ao pai pelos encargos do poder parental",[22] torna-se preciso investigar se as análises funcionalizada e sistemática desse instituto conduziriam à mesma conclusão a que se chegou no período precedente ou, dito de outra forma, se os contornos atuais da autoridade parental admitiriam a fruição dos bens dos filhos pelos pais de forma descomprometida com o melhor interesse dos primeiros.

Assim, torna-se necessário perquirir, ao se dizer de uma análise funcional, *para que serve* o usufruto legal concedido àqueles que detêm a autoridade parental, assim como investigar, no que toca à análise sistemática, como harmonicamente dialogam o usufruto legal conferido aos detentores da autoridade parental com as

---

Disponível em: <http://www2.senado.leg.br/bdsf/bitstream/handle/id/180616/000346063.pdf?sequence=1>. Acesso em 25 fev. 2018.
20. REALE, Miguel. Anteprojeto do Novo Código Civil. Conferência no Instituto dos Advogados do Distrito Federal reconstituída segundo notas taquigráficas. *In: Revista de Informação Legislativa*, 8 jun. 1972, p. 6. Disponível em: < http://www2.senado.leg.br/bdsf/bitstream/handle/id/180616/000346063.pdf?sequence=1>. Acesso em 25 fev. 2018.
21. LÔBO, Paulo Luiz Netto. *Direito civil*: famílias. 6. ed. São Paulo: Saraiva, 2015, p. 286.
22. PEREIRA, Caio Mário da Silva. *Instituições de Direito Civil*: Direito de Família. 11. ed. rev. e atual. Vol. V. Rio de Janeiro: Forense, 1997, p. 245.

demais previsões referentes a este múnus parental no Código Civil de 2002, em razão da impossibilidade (ou, em última análise, da insuficiência e incompletude) de examinar um dado instituto de forma atomística, já que "[a]s leis promulgadas não têm vida autônoma, pois se completam em outras do sistema e necessariamente na Lei Maior".[23]

Para tanto, é preciso entender, de saída, quais são os ditos novos contornos da autoridade parental, contrapondo-os ao que já se expôs sobre o conteúdo do antigo pátrio poder, para ao fim verificar se a nova roupagem dada ao poder parental a que se sujeitam os filhos menores de dezoito anos admite a preservação do mesmo sentido e alcance do usufruto legal.

Pois bem. Em superação à perspectiva outrora vigente do filho como *alien iuris* (isto é, como pessoa de direito alheio pertencente ao pai), assim como do pátrio poder como um direito subjetivo exclusivamente paterno que servia a beneficiar seu titular – superação já visada desde a década de setenta por Miguel Reale –, promoveu-se a partir da Constituição Federal de 1988 verdadeira ressignificação da agora autoridade parental para encará-la como um poder jurídico (e não mais um direito subjetivo) conferido aos pais pelo ordenamento jurídico que se mostra legítimo (e funcional) à medida que exercido a bem do interesse, existencial e patrimonial, dos filhos menores.

Nas palavras de Pietro Perlingieri, a autoridade parental, poder jurídico que é, atua como:

[U]m verdadeiro ofício, uma situação de direito-dever: como fundamento da atribuição dos poderes existe o poder de exercê-los. O exercício da *potestà* não é livre, arbitrário, mas necessário no interesse de outrem ou, mais especificamente, no interesse de um terceiro ou da coletividade.[24]

O giro de perspectiva promovido pela Constituição de 1988 em relação à autoridade parental é desdobramento do fenômeno de personalização da ordem jurídica, o qual se traduz na ideia de que "independente de deter ou não patrimônio, a pessoa passou a ter relevância ímpar para a ordem jurídica, a partir do momento em que sua dignidade deve ser preservada e promovida".[25]

Assim é que, na medida em que a pessoa, sobretudo aquelas em fase de desenvolvimento – como é o caso das crianças e adolescentes sujeitos à autoridade parental –, foi alçada ao centro do sistema jurídico, não em razão do patrimônio de que eventualmente seja titular mas da dignidade que lhe é imanente, as funções parentais

---

23. NADER, Paulo. *Curso de direito civil*: parte geral – vol. 1. Rio de Janeiro: Forense, 2009, p. 101.
24. PERLINGIERI, Pietro. *Perfis de direito civil*. 2. ed. Rio de Janeiro: Renovar, 2002, p. 129.
25. TEIXEIRA, Ana Carolina Brochado. Autoridade parental. In: TEIXEIRA, Ana Carolina Brochado; RIBEIRO, Gustavo Pereira Leite (Coords.). *Manual de direito das famílias e das sucessões*. 3. ed. rev. e atual. Rio de Janeiro: Processo, 2017, p. 227.

foram redefinidas a ponto de haver defesa no sentido de que a "autoridade parental é mais relevante na sua função educativa do que a de administração patrimonial".[26]

Sem pretender adentrar a discussão a respeito de uma dita prevalência das funções existenciais sobre as patrimoniais, certo é, uma vez que não se nega que ambas as funções compõem o conteúdo da autoridade parental, os pais tanto no exercício de funções existenciais (em relação à pessoa dos filhos) quanto patrimoniais (em relação ao seu patrimônio) da autoridade parental devem orientar-se a bem do interesse dos filhos.

Daí porque, como o poder parental deixou de ser encarado como um direito subjetivo exclusivamente paterno a beneficiar seu titular para ser visto como um feixe de poderes-deveres a ser exercido no propósito de preservação e promoção dos interesses existenciais e patrimoniais dos filhos, é legítimo questionar se o usufruto legal conferido aos pais pela condição de detentores da autoridade parental poderia autorizá-los a fruir dos bens dos filhos visando a eventuais interesses supérfluos próprios e dissociados daqueles a resguardo de quem atuam.

A resposta parece negativa, a uma porque seria anacrônico cogitar-se a esta altura do filho como propriedade paterna a autorizar que este frua do patrimônio daquele como se seu fosse. Se nem ao tempo do pátrio poder do Código Civil de 1916 – quando já havia a noção do filho como pessoa distinta da do pai e de seu patrimônio – sobrevivia tal reminiscência romana, não haveria como ressuscitá-la agora para justificar a desnecessidade de funcionalizar a atribuição do usufruto legal dos pais aos interesses dos filhos.

A duas porque, em se tratando de poder jurídico funcionalizado à pessoa do filho e não de direito subjetivo, a autoridade parental não se orienta por uma lógica de crédito e débito como se os pais – ao exercerem o direito ao livre (e responsável) planejamento familiar – pudessem pretender uma contraprestação pelos deveres que esse mesmo exercício ao livre planejamento familiar lhes impõe.

> A noção de parentalidade responsável – ou de "paternidade responsável", na expressão escolhida pelo constituinte – traz ínsita a ideia inerente às consequências do exercício dos direitos reprodutivos pelas pessoas humanas – normalmente na plenitude da capacidade de fato, mas sem excluir as crianças e os adolescentes que, em idade prematura, vêm a exercê-los – no campo do Direito de Família relacionado aos vínculos paterno-materno-filiais. Sem levar em conta outros dados limitadores – como a dignidade da pessoa humana e o melhor interesse da criança –, a parentalidade responsável representa a assunção de deveres parentais em decorrência dos resultados do exercício dos direitos reprodutivos – mediante conjunção carnal, ou recurso a alguma técnica reprodutiva. Em outras palavras: há responsabilidade individual e social das pessoas do homem e da mulher que, no exercício das liberdades inerentes à sexualidade e à procriação, vêm a gerar uma nova vida humana cuja pessoa – a criança – deve ter priorizado o seu bem estar físico, psíquico e espiritual, com todos os direitos fundamentais reconhecidos em seu favor. Daí ser importante o planejamento familiar como representativo não apenas de um simples direito fundamental, mas ao mesmo tempo constituindo responsabilidades no campo das relações de parentalidade-filiação. Ao direito individual da mulher de exercer sua sexualidade e optar

---

26. TEIXEIRA, Ana Carolina Brochado. Autoridade parental. In: TEIXEIRA, Ana Carolina Brochado; RIBEIRO, Gustavo Pereira Leite (Coords.). *Manual de direito das famílias e das sucessões.* 3. ed. rev. e atual. Rio de Janeiro: Processo, 2017, p. 228.

pela maternidade se contrapõem as responsabilidades individual e social que ela assume ao se tornar mãe. Da mesma forma, e com bastante peculiaridade em relação ao homem: ao direito individual que lhe é assegurado de exercer sua sexualidade e optar pela paternidade se opõem as responsabilidades individual e social que ele encampa na sua esfera jurídica ao se tornar pai.[27]

Vale neste ponto registrar que não se pretende promover uma interpretação *contra legem*, negando vigência à regra insculpida no art. 1.689, I do Código Civil, isto é, à condição dos pais de usufrutuários dos bens dos filhos. De igual forma, tampouco se tenciona ampliar o rol taxativo do art. 1.693, que trata das hipóteses em que o usufruto dos bens dos filhos menores não será concedido aos pais.

Isso porque não se ignora que as regras são um comando descritivo previamente determinado por quem tem legitimidade popular para fazê-lo, o Poder Legislativo, de maneira que elas não podem ser desconsideradas quando assim convier ao intérprete. Aliás, é justamente por partir da premissa de que a regra é um comando descritivo posto pelo Poder Legislativo de forma altamente inteligível a ser preservado e observado que se assume neste estudo o desafio de demonstrar que, *em não se buscando a funcionalização da regra ao atual conteúdo da autoridade parental*, haverá divergência entre seu conteúdo semântico e a justificação que a respalda.

Por tudo isso, uma vez demonstrado que houve verdadeira ressignificação do poder conferido aos pais com relação aos filhos menores, é dedutivo que as prerrogativas que lhe são atribuídas pela tão só condição de detentores deste mesmo poder também o sejam. Ou seja, a análise funcionalizada e sistemática do usufruto conduz à conclusão de que este se justifica à medida que resguardar e promover os interesses dos filhos menores.

A lição de Walsir Edson Rodrigues Jr. e Renata Barbosa de Almeida se alinha ao que aqui se defende:

> Nessa qualidade [de usufrutuário], é permitido aos pais extrair dos bens dos filhos sua utilidade, bem como os frutos que eventualmente ofereçam. Entende-se, de qualquer forma, especialmente sobre o aspecto da fruição, que, se o bem de propriedade do menor proporcionar renda, ela há de ser usada em seu benefício, não podendo ser considerada titularidade dos pais, porque usufrutuários, como acontece no usufruto padrão. Afinal, os pais só adquirem tal qualidade em favor e para proteção dos filhos, o que se contrariaria caso se entendesse que os aluguéis, por exemplo, são crédito deles e não dos menores.[28]

Dentro dessa mesma linha de ideias, Rolf Madaleno manifesta-se no sentido de que os frutos e rendas que os bens dos filhos produzam devem, primordialmente, ser vertidos ao "cumprimento dos deveres e direitos provenientes do poder familiar,

---

27. GAMA, Guilherme Calmon Nogueira da. Cuidado e planejamento familiar. In: PEREIRA, Tânia da Silva; OLIVEIRA, Guilherme (Orgs.). *Cuidado & vulnerabilidade*. São Paulo: Atlas, 2009, p. 239.
28. ALMEIDA, Renata Barbosa de; RODRIGUES JR., Walsir Edson. *Direito civil*: famílias. Rio de Janeiro: Lumen Iuris, 2010, p. 486.

cumprindo as obrigações previstas no artigo 1.634 do Código Civil, pois prevalecem os superiores interesses dos filhos e de seu amparo e proteção até sua maioridade".[29]

Destaque-se que dizer de uma análise funcionalizada do usufruto legal não implica negar aos pais o direito de recorrer aos recursos gerados por bens de que os filhos sejam nu-proprietários, isto é, não implica negar-lhes a qualidade de usufrutuários, mas apenas redimensionar o sentido de tal qualidade.

Sendo assim, de volta ao exemplo mencionado no tópico 2 do filho menor que herdou imóveis do avô e alguns deles encontram-se locados gerando renda, não se pretende que os pais, acaso porventura estejam desempregados, sejam abandonados a um estado de miserabilidade quando os frutos do patrimônio do filho seriam o suficiente para lhes assegurar a condigna mantença. Ao contrário, o que se quer assegurar é que esses mesmos frutos não sejam destinados, eventualmente, ao exclusivo deleite dos pais em prejuízo da prole e que, satisfeitas as necessidades do núcleo familiar em atenção ao padrão de vida gozado pela família, ocasional sobra seja poupada em favor do filho menor.

Comparando o instituto ao que se verifica na legislação estrangeira, é possível observar que a funcionalização do usufruto legal no ordenamento jurídico nacional equivaleria a lhe dar os poderes que lhe são conferidos pelo ordenamento jurídico português, visto que, nas palavras de Rolf Madaleno:

> [O]rdena o Direito Civil português através do artigo 1.896, I, que faculta aos pais utilizarem os rendimentos dos bens dos filhos para satisfazerem as despesas com o sustento, segurança, saúde e sua educação, bem como com outras necessidades da vida familiar, dentro de justos limites.[30]

De se notar que o usufruto, encarado de uma forma funcionalizada aos novos contornos da autoridade parental, guarda relação de extrema proximidade com o uso, que é um direito real mais restrito disciplinado pelos arts. 1.412 e seguintes do Código Civil, pois esse diz expressamente da possibilidade de utilização da coisa e percepção dos frutos, sob a ressalva de que isto acontecerá *quanto o exigirem as necessidades suas* [do usuário] *e de sua família*. Ou seja, a extensão do uso justifica-se à medida das necessidades do usuário e de sua família, que é precisamente o que se busca dentro dessa nova roupagem do usufruto conferido aos detentores da autoridade parental.

Contudo, tendo em vista que o uso não pode ser instituído *ex lege*[31] e, especialmente, que o legislador expressamente instituiu usufruto em favor dos pais, as previsões afeitas ao uso, sobretudo as do § 1º do art. 1.412 no sentido de que as necessidades são avaliadas conforme a condição social e o lugar onde viver o usuário e sua família, prestam-se tão somente de norte hermenêutico para auxiliar na veri-

---
29. MADALENO, Rolf. *Curso de direito de família*. 5. ed. rev. atual. e ampl. Rio de Janeiro: Forense, 2013, p. 686.
30. MADALENO, Rolf. *Curso de direito de família*. 5. ed. rev. atual. e ampl. Rio de Janeiro: Forense, 2013, p. 688.
31. TEPEDINO, Gustavo; BARBOZA, Heloíza Helena; MORAES, Maria Celina Bodin de. *Código Civil Interpretado conforme a Constituição da República* – vol. III. Rio de Janeiro: Renovar, 2011, p. 840.

ficação de em que medida a condição de usufrutuário dos pais está em dissonância com os interesses da prole.

De mais a mais é, em especial, a formação de reserva em favor do filho que diferencia o que aqui se defende daquela que era para Carvalho Santos a *ratio* do usufruto instituído em favor dos pais. Ao tempo do pátrio poder, justamente porque se tratava de direito subjetivo a beneficiar seu titular (o pai), seria admissível o consumo de todos os frutos gerados pelo patrimônio do menor em benefício da família, dentro de uma ideia de comunhão de interesses e destinos. Agora, ao contrário, tem-se em mira tanto quanto possível a preservação do patrimônio do filho menor para que ele possa, ao atingir a maioridade, administrar seus próprios bens de forma responsável.

Daí porque se discorda do entendimento esposado pela 10ª Câmara Cível do Tribunal de Justiça de Minas Gerais ao julgar a apelação cível 1.0325.11.001541-1/001 no sentido de que os valores securitários recebidos por filho menor poderiam ser *livremente* movimentados pela genitora, ante a qualidade de usufrutuária.[32] Mais alinhado aos atuais contornos da autoridade parental foi o entendimento consubstanciado no acórdão da 16ª Câmara Cível, também do Tribunal Mineiro, ao julgar a apelação cível 1.0290.03.005558-3/001 e assentar que "o usufruto do pai não pode ultrapassar o interesse do filho. O direito exercido pelo pai sobre usufruto do filho pressupõe que [...] esse usufruto de alguma forma iria beneficiar o filho, nu proprietário, o que não é o caso".[33]

Em arremate, tem-se que o entendimento aqui desenvolvido foi esposado pelo Superior Tribunal de Justiça em recente julgamento, de março de 2018, com a seguinte ementa:

RECURSO ESPECIAL. AÇÃO DE PRESTAÇÃO DE CONTAS. DEMANDA AJUIZADA PELO FILHO EM DESFAVOR DA MÃE, REFERENTE À ADMINISTRAÇÃO DE SEUS BENS, POR OCASIÃO DE SUA MENORIDADE (CC, ART. 1.689, I E II). CAUSA DE PEDIR FUNDADA EM ABUSO DE DIREITO. PEDIDO JURIDICAMENTE POSSÍVEL. CARÁTER EXCEPCIONAL. INVIABILIDADE DE RESTRIÇÃO DO ACESSO AO JUDICIÁRIO. RECURSO DESPROVIDO.

1. A questão controvertida neste feito consiste em saber se, à luz do CPC/1973, o pedido formulado pelo autor, ora recorrido, de exigir prestação de contas de sua mãe, na condição de administradora de seus bens por ocasião de sua menoridade, é juridicamente possível.

---

32. MINAS GERAIS. Tribunal de Justiça de Minas Gerais. *Apelação Cível 1.0325.11.001541-1/001*, 10ª Câmara Cível, Desembargador Relator Álvares Cabral da Silva, j. 04 set.2012. Disponível em <http://www5.tjmg.jus.br/jurisprudencia/pesquisaNumeroCNJEspelhoAcordao.do?numeroRegistro=1&totalLinhas=1&linhasPorPagina=10&numeroUnico=1.0325.11.001541-1%2F001&pesquisaNumeroCNJ=Pesquisar> Acesso em 25 fev.2018.

33. MINAS GERAIS. Tribunal de Justiça de Minas Gerais. *Apelação Cível 1.0290.03.005558-3/001*, 16ª Câmara Cível, Desembargador Relator Batista de Abreu, j. 03 set.2008. Disponível em <http://www5.tjmg.jus.br/jurisprudencia/pesquisaNumeroCNJEspelhoAcordao.do?numeroRegistro=1&totalLinhas=1&linhasPorPagina=10&numeroUnico=1.0290.03.005558-3%2F001&pesquisaNumeroCNJ=Pesquisar> Acesso em 25 fev.2018.

2. O pedido é juridicamente possível quando a pretensão deduzida se revelar compatível com o ordenamento jurídico, seja por existir dispositivo legal que o ampare, seja por não encontrar vedação legal. Precedente.

3. *O pai e a mãe, enquanto no exercício do poder familiar, são usufrutuários dos bens dos filhos (usufruto legal), bem como têm a administração dos bens dos filhos menores sob sua autoridade, nos termos do art. 1.689, incisos I e II, do Código Civil.*

4. Por essa razão, em regra, não existe o dever de prestar contas acerca dos valores recebidos pelos pais em nome do menor, durante o exercício do poder familiar, porquanto há *presunção de que as verbas recebidas tenham sido utilizadas para a manutenção da comunidade familiar*, abrangendo o custeio de moradia, alimentação, saúde, vestuário, educação, entre outros.

5. Ocorre que *esse munus deve ser exercido sempre visando atender ao princípio do melhor interesse do menor, introduzido em nosso sistema jurídico como corolário da doutrina da proteção integral*, consagrada pelo art. 227 da Constituição Federal, o qual deve orientar a atuação tanto do legislador quanto do aplicador da norma jurídica, vinculando-se o ordenamento infraconstitucional aos seus contornos.

Assim, o fato de os pais serem usufrutuários e administradores dos bens dos filhos menores, em razão do poder familiar, não lhes confere liberdade total para utilizar, como quiserem, o patrimônio de seus filhos, o qual, a rigor, não lhes pertence.

6. Partindo-se da *premissa de que o poder dos pais, em relação ao usufruto e à administração dos bens de filhos menores, não é absoluto*, deve-se permitir, em caráter excepcional, o ajuizamento de ação de prestação de contas pelo filho, sempre que a causa de pedir estiver fundada na suspeita de *abuso de direito no exercício desse poder*, como ocorrido na espécie.

7. Com efeito, inviabilizar, de plano, o ajuizamento de ação de prestação de contas nesse tipo de situação, sob o fundamento de impossibilidade jurídica do pedido para toda e qualquer hipótese, acabaria por cercear o direito do filho de questionar judicialmente eventual abuso de direito de seus pais, no exercício dos *encargos previstos no art. 1.689 do Código Civil, contrariando a própria finalidade da norma em comento (preservação dos interesses do menor).*

8. Recurso especial desprovido.[34]

Como se nota, as prerrogativas parentais de usufruto e de administração dos bens dos filhos foram claramente interpretadas segundo o comando constitucional da primazia do interesse desses filhos, de modo que o uso que se dê em desvio desse interesse constituirá *abuso de direito* por parte do genitor responsável. Partiu o STJ de uma interpretação que não permite que a regra do atual Código Civil, absorvida do Código de 1916, seja aplicada de forma descompassada dos atuais contornos da autoridade parental.

Assim, é autorizado afirmar que, não obstante o Código confira aos pais o direito de uso e gozo de frutos dos bens dos filhos, estes frutos *não* lhes pertencem da mesma forma que pertenceriam fosse outro o tipo de usufruto, por possuírem uma finalidade de uso específica e pré-determinada: deverão ser utilizados para manutenção da

---

34. BRASIL. Superior Tribunal de Justiça. *Recurso Especial 1623098/MG*, Terceira Turma, Rel. Ministro MARCO AURÉLIO BELLIZZE, j. 13 mar.2018, DJe 23 mar.2018. Disponível em: <https://ww2.stj.jus.br/processo/revista/documento/mediado/?componente=ITA&sequencial=1686165&num_registro=201602289140&data=20180323&formato=PDF> Acesso em 25 mar. 2018. Sem grifos no original.

família e no interesse dos filhos proprietários dos bens, e não em qualquer sentido que melhor aprouver aos pais.

4. NOTAS CONCLUSIVAS

Do estudo aqui empreendido foi possível concluir, sem qualquer pretensão de esgotar o tema, que a intensificação dos estudos vertidos à proteção existencial da pessoa a partir da Constituição de 1988 prestou-se não só a focalizar a dignidade ínsita à condição de ser humano, mas também a promover a revisitação de velhos institutos edificados sob uma lógica estritamente patrimonial.

Tal mudança de perspectiva empreendida pelo texto constitucional, conhecida como o fenômeno da personalização do Direito, deitou raízes no Direito de Família para, na seara parental, redefinir as funções parentais a ponto de elas deixarem de ser um direito subjetivo paterno para serem encaradas como um espectro de poderes-deveres conferido pelo ordenamento jurídico aos pais que se legitima quando exercido a bem dos interesses, existenciais e patrimoniais, dos filhos menores.

Com efeito, na medida em que os interesses dos filhos cujo resguardo cabe aos pais são de ordem existencial e também patrimonial, é dedutivo que a redefinição de contornos do antigo pátrio poder para a atual autoridade parental foi concernente ao seu conteúdo existencial (de criação, assistência e educação dos filhos) e, igualmente, ao seu aspecto patrimonial, no qual se inclui, a teor do art. 1.689, I do Código Civil, o usufruto dos bens dos filhos menores.

Assim é que, analisado o referido usufruto sob um viés funcional e sistemático, conclui-se não parecer atualmente sustentável que a fruição do patrimônio dos filhos por parte dos pais possa se dar de forma descomprometida com os interesses da prole. Ao revés, a condição de usufrutuário dos bens dos filhos se justifica e se legitima à medida que desempenhada em prol dos interesses das crianças e dos adolescentes, sob pena de implicar o exercício disfuncional da autoridade parental, entendimento este, como visto, incorporado pelo Superior Tribunal de Justiça no julgamento do Recurso Especial 1.623.098/MG.

Quer-se dessa forma assegurar que o usufruto não se preste a patrocinar eventuais deleites exclusivamente parentais, abandonando o filho, nu proprietário, à própria sorte ou, em última análise, voluntariamente inviabilizando a formação de reservas para o futuro do filho, sem, contudo, negar aos pais que recorram a tal patrimônio, pois isso implicaria negar-lhes a condição de usufrutuários, o que é impossível diante da expressa previsão do art. 1.689, I do Código Civil.

Daí é que, em suma, a funcionalização do usufruto ao atual conteúdo da autoridade parental parece estar em autorizar os pais a fruir do patrimônio do filho visando à satisfação das necessidades da família em atenção ao padrão de vida vivenciado (acaso não haja outros meios de provê-las), sem, contudo, consumir os frutos intencional e desnecessariamente.

5. REFERÊNCIAS BIBLIOGRÁFICAS

ALMEIDA, Renata Barbosa de; RODRIGUES JR., Walsir Edson. *Direito civil*: famílias. Rio de Janeiro: Lumen Iuris, 2010.

BEVILÁQUA, Clovis. *Código Civil dos Estados Unidos do Brasil*: comentado por Clovis Beviláqua. Edição histórica, v. I. Rio de Janeiro: Rio, 1940.

BRASIL. Superior Tribunal de Justiça. *Recurso Especial 1623098/MG*, Terceira Turma, Rel. Ministro MARCO AURÉLIO BELLIZZE, j. 13 mar.2018, DJe 23 mar.2018. Disponível em: <https://ww2.stj.jus.br/processo/revista/documento/mediado/?componente=ITA&sequencial=1686165&num_registro=201602289140&data=20180323&formato=PDF> Acesso em 25 mar. 2018.

GAMA, Guilherme Calmon Nogueira da. Cuidado e planejamento familiar. In: PEREIRA, Tânia da Silva; OLIVEIRA, Guilherme (Orgs.). *Cuidado & vulnerabilidade*. São Paulo: Atlas, 2009.

GUSTIN, Miracy Barbosa de Souza; DIAS, Maria Tereza Fonseca. *(Re)pensando a pesquisa jurídica*: teoria e prática. 2. ed. rev., ampl. e atual. Belo Horizonte: Del Rey, 2006.

LÔBO, Paulo Luiz Netto. *Direito civil*: famílias. 6. ed. São Paulo: Saraiva, 2015.

MADALENO, Rolf. *Curso de direito de família*. 5. ed. rev. atual. e ampl. Rio de Janeiro: Forense, 2013.

MINAS GERAIS. Tribunal de Justiça de Minas Gerais. *Apelação Cível 1.0325.11.001541-1/001*, 10ª Câmara Cível, Desembargador Relator Álvares Cabral da Silva, j. 04 set. 2012. Disponível em <http://www5.tjmg.jus.br/jurisprudencia/pesquisaNumeroCNJEspelhoAcordao.do?numeroRegistro=1&totalLinhas=1&linhasPorPagina=10&numeroUnico=1.0325.11.001541-1%2F001&pesquisaNumeroCNJ=Pesquisar> Acesso em 25 fev.2018.

MINAS GERAIS. Tribunal de Justiça de Minas Gerais. *Apelação Cível 1.0290.03.005558-3/001*, 16ª Câmara Cível, Desembargador Relator Batista de Abreu, j. 03 set. 2008. Disponível em <http://www5.tjmg.jus.br/jurisprudencia/pesquisaNumeroCNJEspelhoAcordao.do?numeroRegistro=1&totalLinhas=1&linhasPorPagina=10&numeroUnico=1.0290.03.005558-3%2F001&pesquisaNumeroCNJ=Pesquisar> Acesso em 25 fev.2018.

NADER, Paulo. *Curso de direito civil*: parte geral – vol. 1. Rio de Janeiro: Forense, 2009.

NAVES, Candido *apud* SANTOS, J. M. de Carvalho. *Código Civil Brasileiro interpretado*. 2. ed. Vol. VI. Rio de Janeiro: Freitas Bastos, 1937.

PEREIRA, Caio Mário da Silva. *Instituições de Direito Civil*: introdução ao Direito Civil, teoria geral de Direito Civil. 22. ed. rev. e atual. Vol. I. Rio de Janeiro: Forense, 2007.

_____. *Instituições de Direito Civil*: Direito de Família. 11. ed. rev. e atual. Vol. V. Rio de Janeiro: Forense, 1997.

PERLINGIERI, Pietro. *Perfis de direito civil*. 2. ed. Rio de Janeiro: Renovar, 2002.

REALE, Miguel. Anteprojeto do Novo Código Civil. Conferência no Instituto dos Advogados do Distrito Federal reconstituída segundo notas taquigráficas. In: *Revista de Informação Legislativa*, 8 jun. 1972, p. 6. Disponível em: <http://www2.senado.leg.br/bdsf/bitstream/handle/id/180616/000346063.pdf?sequence=1>. Acesso em 25 fev. 2018.

SANTOS, J. M. de Carvalho. *Código Civil Brasileiro interpretado*. 2. ed. Vol. VI. Rio de Janeiro: Freitas Bastos, 1937.

TEIXEIRA, Ana Carolina Brochado. Autoridade parental. In: TEIXEIRA, Ana Carolina Brochado; RIBEIRO, Gustavo Pereira Leite (Coords.). *Manual de direito das famílias e das sucessões*. 3. ed. rev. e atual. Rio de Janeiro: Processo, 2017.

TEIXEIRA, Ana Carolina Brochado. *Família, guarda e autoridade parental*. 2. ed. rev. e atual. Rio de Janeiro: Renovar, 2009.

TEPEDINO, Gustavo. A disciplina da guarda e a autoridade parental na ordem civil-constitucional. In: *Revista Trimestral de Direito Civil*, v. 5, n. 17, p. 33-49, jan./mar., 2004, p. 5-10. Disponível em: <www.egov.ufsc.br/portal/sites/default/files/anexos/32356-38899-1-PB.pdf>. Acesso em: 12 mar. 2018.

RESPONSABILIDADE CIVIL DOS PAIS PELOS ATOS PRATICADOS PELOS FILHOS MENORES

Aline de Miranda Valverde Terra

Doutora e Mestre em Direito Civil pela Universidade do Estado do Rio de Janeiro – UERJ. Professora Adjunta de Direito Civil da Faculdade de Direito da UERJ. Professora Permanente do Programa de Pós-Graduação em Direito (Mestrado e Doutorado) da UERJ. Professora de Direito Civil da Pontifícia Universidade Católica do Rio de Janeiro – PUC-Rio. Professora dos cursos de pós-graduação da PUC-Rio e do CEPED/UERJ. Coordenadora editorial da Revista Brasileira de Direito Civil – RBDCivil. Advogada

Gisela Sampaio da Cruz Guedes

Doutora e Mestre em Direito Civil pela Universidade do Estado do Rio de Janeiro – UERJ. Professora Adjunta de Direito Civil da Faculdade de Direito da UERJ. Professora Permanente do Programa de Pós-Graduação em Direito (Mestrado e Doutorado) da UERJ. Professora dos cursos de pós-graduação da Pontifícia Universidade Católica do Rio de Janeiro – PUC-Rio e do CEPED/UERJ. Advogada

"Filhos são as nossas almas desabrochadas em flores".
– Florbela Espanca[1]

Sumário: 1. Introdução – 2. A responsabilidade civil dos pais pelos atos praticados pelos filhos menores; 2.1. Natureza da responsabilidade; 2.2. Requisitos da responsabilidade dos pais – 3. Exoneração da responsabilidade dos pais – 4. Responsabilidade dos filhos menores – 5. Conclusões – 6. Referências Bibliográficas

1. INTRODUÇÃO

O sistema de responsabilidade civil se desenvolve sob a ideia segundo a qual incumbe ao agente causador do dano o dever de indenizar, o que se denomina responsabilidade por fato próprio ou responsabilidade direta. No entanto, com o propósito de oferecer maior proteção à vítima, flexibilizou-se a regra geral, e passou-se a admitir a atribuição do dever de indenizar a terceiros ligados ao agente ofensor por certa relação jurídica, configurando-se a chamada "responsabilidade indireta" ou "responsabilidade por fato de terceiro".

No contexto histórico em que emergiu, a utilidade da responsabilidade por fato de terceiro residia na presunção de culpa daquele que possuía o dever de guarda a partir da prova da culpa de quem se encontrava sob sua autoridade. Assim, a título

---

1. Florbela Espanca, *Trocando Olhares*.

de exemplo, provada a culpa do empregado, presumia-se a culpa do empregador, que passava a responder pelos prejuízos causados, em última análise, por sua própria falta de vigilância ou pela má escolha do preposto (culpa in vigilando ou in eligendo).

Atualmente, todas as hipóteses de responsabilidade civil por fato de terceiro são regidas pelas regras da responsabilidade objetiva, como se verá a seguir. Assim, tornou-se desnecessário analisar, no exemplo formulado, a conduta do empregador, porque, independentemente de ter agido ou não com culpa, responderá pelos danos causados pelos atos culposos de seus empregados.

Dentre as espécies de responsabilidade civil por fato de terceiro, destaca-se a responsabilidade dos pais "pelos filhos menores que estiverem sob sua autoridade e em sua companhia", tal qual previsto no art. 932, I, do Código Civil, tema central deste artigo.

A ausência de discernimento torna os menores de 16 anos absolutamente incapazes para os atos da vida civil (art. 4ª CC), enquanto o discernimento incompleto dos menores de 18 anos e maiores de 16 anos os qualifica como relativamente incapazes (art. 3º c/c art. 5º, CC). No primeiro caso, a vontade do menor, de regra, não é relevante para o Direito (salvo em raras hipóteses nas quais a lei expressamente a considera, a exemplo da adoção envolvendo crianças maiores de 12 anos, e naquelas referentes ao exercício de direitos existenciais, contanto que o menor apresente o necessário discernimento[2]), e os atos da vida civil que lhes digam respeito são praticados por seu representante. No segundo, a vontade do relativamente incapaz passa a ter importância, desde que acompanhada da manifestação de vontade do assistente. Em ambos os casos, todavia, a inexistência de completo discernimento acarreta a mesma consequência diante de eventual dano causado pelo menor: ausência de responsabilidade civil.

Como regra geral, os pais são responsáveis pela reparação civil decorrente de danos injustos praticados pelos filhos menores que estiverem sob sua autoridade e em sua companhia. Essa responsabilidade tem como fundamento a autoridade parental, que impõe aos pais importante feixe de deveres. Trata-se, como já se observou, "de aspecto complementar do dever de educar os filhos e sobre eles manter vigilância".[3]

Assim, à guisa de exemplo, em caso de acidente automobilístico, responderá o pai independentemente de culpa, por todos os danos que seu filho, menor de idade, vier a causar, caso dirija veículo embriagado e sem a devida habilitação. Da mesma forma, responderá na esfera cível o pai pelos prejuízos materiais causados a terceiros por furto ou roubo praticado por seu filho menor

---

2. Sobre a relevância da vontade do menor para a prática de atos existenciais, confira-se: TEIXEIRA, Ana Carolina Brochado; RODRIGUES, Renata de Lima. Relevância da autonomia privada das crianças e adolescentes: há o direito infantil à autodeterminação?. In: *O Direito das Famílias entre a Norma e a Realidade*. São Paulo: Atlas, 2010, p. 45-66.
3. VENOSA, Sílvio de Salvo, "Dever paternal: a responsabilidade dos pais pelos filhos menores". In: https://www.conjur.com.br/2008-mai-05/responsabilidade_pais_pelos_filhos_menores. Acesso em 16 abr. 2018.

Como o dano precisa ser reparado em toda a sua extensão, o Direito vem em socorro da vítima, responsabilizando os pais, independentemente de culpa. Não importa se os pais falharam ou não no seu dever de vigilância. Para se eximirem do dever de indenizar, os pais deverão provar que não houve dano, que não há nexo de causalidade ligando a conduta do filho menor ao dano, ou que houve sua interrupção, o que poderia ocorrer diante de fato exclusivo de terceiro, fato exclusivo da própria vítima ou por caso fortuito ou de força maior.

A responsabilidade civil dos pais pelos atos de seus filhos menores já foi campo de intensos debates, como se abordará adiante, sobretudo no que se refere à natureza dessa responsabilidade, e é frequentemente citada como exemplo da importância da jurisprudência para a evolução da responsabilidade civil.

2. A RESPONSABILIDADE CIVIL DOS PAIS PELOS ATOS PRATICADOS PELOS FILHOS MENORES

2.1. Natureza da responsabilidade

O Código Civil de 1916 já determinava, no art. 1.521, I, a responsabilidade dos "pais, pelos filhos menores que estiverem sob seu poder e em sua companhia". A desejada ampliação da tutela da vítima pretendida com a previsão da responsabilidade indireta se revelava, contudo, artificiosa, uma vez que o então vigente art. 1.523 requeria, para a imputação de responsabilidade aos pais, a prova de sua culpa na ocorrência do dano.[4]

De fato, o art. 1.523 do Código Civil estabelecia que as pessoas indicadas no art. 1.521 só seriam responsáveis "provando-se que elas concorreram para o dano por culpa, ou negligência de sua parte". Assim redigido, o dispositivo tornava praticamente inócuo o art. 1.521, já que exigia que a vítima demonstrasse, no caso concreto, a violação de um dever de guarda sobre o terceiro, o que na prática era quase uma prova diabólica. O dano, portanto, decorria não só do fato reprovável do menor, mas também do fato próprio dos pais, consubstanciado na omissão no dever de vigilância sobre o filho.[5] Essa constatação conduziu parte da doutrina a criticar a expressão "responsabilidade por fato de terceiro", como o fez Carvalho de Mendonça nos seguintes termos:

---

4. O art. 68, §4º, do antigo Código de Menores de 1927 complementava esse dispositivo, responsabilizando os pais ou a pessoa a quem incumbia legalmente a vigilância, salvo se provassem que, de sua parte, não tivesse havido culpa ou negligência. O Código de Menores de 1979 revogou o diploma anterior, mas não trouxe dispositivo análogo para regular a matéria. O Estatuto da Criança e do Adolescente (Lei n.º 8.069/90) também não regula a responsabilidade dos pais por atos dos seus filhos.
5. É o que se depreende do seguinte julgado: "Responsabilidade civil. Ato ilícito praticado por menor. Acesso a arma de fogo. Procede com culpa *in vigilando* e negligência o pai que guarda arma de fogo em local de fácil acesso ao filho menor. Daí o ato ilícito praticado pelo menor evidencia a responsabilidade civil prevista no art. 1.521, inciso I do Código Civil, cumprindo ao pai compor o dano que, por sua negligência, permitiu ao filho perpetrá-la" (TJRJ, 8ª CC, Rel. Des. Geraldo Batista, AC 0001122-93.1993.8.19.0000, j. 31.10.1995).

o que se chama hoje de responsabilidade por fato de outrem é, num sentido moral superior, uma responsabilidade de fato próprio, tendo por fundamento a culpa *in vigilando* ou a culpa *in eligendo* e não o direito de representação, pois que o responsável jamais pode ser presumido como tendo dado ao seu representante direitos de ofender. De modo que essa espécie de responsabilidade não é derrogatória do princípio da personalidade da culpa.[6]

O Código Civil de 1916 mantinha-se, assim, fiel à primazia da responsabilidade subjetiva bem como ao conceito subjetivo de culpa,[7] a dificultar sobremaneira a reparação dos danos causados pelos filhos menores. Coube à doutrina e à jurisprudência conferir ao art. 1.521 interpretação que prestigiasse a tutela da vítima e, ultrapassando a literalidade do art. 1.523, passou-se, paulatinamente, a entender que as situações descritas naquele dispositivo encerravam hipóteses de culpa presumida, bastando à vítima demonstrar a existência de nexo de causalidade entre o dano por ela sofrido e o fato do menor.[8] De todo modo, por se cuidar de presunção *iuris tantum*, admitia-se prova em contrário, e bastava ao pai provar que não faltara com seu dever de vigilância sobre o filho para se eximir do dever de indenizar.

No entanto, como advertia Wilson Melo da Silva, citando as lições de De Page, "presunção, em matéria de responsabilidade, vimo-lo já, e por mais de uma vez, são 'máscaras' apenas".[9] E, na sequência dessa passagem, concluía: "ter-se-ia, apenas, a 'etiqueta' da culpa, o mero rótulo, o simples arcabouço vazio, o envelope *sens contenu*, a imagem vã, o corpo sem gravidade ou o gás sem expansão do expressivo linguajar de Butera".[10]

O Código Civil de 2002 trouxe, nesse particular, importante avanço. Acompanhou a tendência contemporânea de tutelar prioritariamente a vítima e, no art. 933, transferiu a matéria para o campo da responsabilidade objetiva, declarando que as pessoas indicadas no art. 932 respondem, independentemente de culpa, pelos atos de terceiros.[11] Desloca-se, assim, da vítima para os pais o ônus de eventual fatalidade. À vítima se presta a mais eficaz garantia de que receberá o ressarcimento pelo ato do

---

6. MENDONÇA, Manuel Inácio Carvalho de. *Doutrina e Prática das Obrigações*. t. II, 4. ed. aum. e atual por José de Aguiar Dias. Rio de Janeiro: Forense, 1956, p. 462. Na mesma direção, confira-se Aguiar Dias *Da Responsabilidade Civil*. 11. ed. rev. atual. e ampl. Rio de Janeiro: Renovar, 2006, p. 741-742.
7. Clóvis Beviláqua, ao comentar o art. 1.523 do Código Civil de 1916, afirmava: "A responsabilidade dos pais, tutores, curadores, patrões, amos, comitentes, donos de hotéis e estabelecimentos, onde se albergue por dinheiro, assim como a das pessoas jurídicas, no caso previsto no art. 1.522, é indireta. Por isso o Código somente a torna efetiva, quando se lhes puder imputar culpa, isto é, quando essas pessoas não empregaram a diligência necessária, nem tomaram as precações para que o dano se não desse" (*Código Civil dos Estados Unidos do Brasil Comentado*, vol. V, 12. ed. Rio de Janeiro: Livraria Francisco Alves, 1957, p. 233).
8. LOPES, Serpa. *Curso de Direito Civil*. vol. V, 2. ed. Rio de Janeiro: Freitas Bastos, 1962, p. 272, grifos no original. Veja-se, ainda, SANTOS, J. M. Carvalho. *Código Civil Brasileiro Interpretado*. vol. XX, 9. ed. Rio de Janeiro: Freitas Bastos, 1978, p. 265-266; GOMES, Orlando. *Obrigações*. 12. ed. Rio de Janeiro: Forense, 1999, p. 290; PEREIRA, Caio Mario da Silva. *Responsabilidade Civil*. 7. ed. Rio de Janeiro: Forense, 1996, p. 89; RODRIGUES. Silvio. *Responsabilidade Civil*. v. 4, 17. ed. São Paulo: Saraiva, 1999, p. 67.
9. SILVA, Wilson Melo da. *Responsabilidade sem Culpa*. 2. ed. São Paulo: Saraiva, 1974, p. 142.
10. SILVA, Wilson Melo da. *Responsabilidade sem Culpa*. 2. ed. São Paulo: Saraiva, 1974, p. 142.
11. Enunciado n. 451, do Conselho de Justiça Federal (2012): "Arts. 932 e 933. A responsabilidade civil por ato de terceiro funda-se na responsabilidade objetiva ou independente de culpa, estando superado o modelo de culpa presumida".

menor. Não mais se valora, portanto, o comportamento dos pais, a quem se impõe o dever de indenizar provado o nexo de causalidade entre o dano e o ato do filho menor.

Assim, embora o rol de hipóteses contempladas pelo art. 932 do Código Civil de 2002 seja cópia quase literal do antigo art. 1.521 do Código Civil de 1916, contemplando a responsabilidade dos pais pelos atos dos filhos menores, dos tutores e curadores pelos pupilos e curatelados, do empregador pelo empregado e assim por diante, o art. 933 estabeleceu de forma expressa que, nas referidas hipóteses, a responsabilidade por fato de terceiro independe de culpa, contrariando a orientação estabelecida no Código anterior.

A responsabilidade subjetiva, calcada na teoria da culpa, cedeu espaço à responsabilidade objetiva, cujas hipóteses de incidência foram consideravelmente ampliadas com o Código Civil de 2002. Os pais e demais pessoas indicadas no art. 932 não mais se eximem do dever de indenizar demonstrando a ausência de omissão no seu dever de guarda. A responsabilidade por fato de terceiro assume, então, papel garantidor em prol da tutela da vítima. Nesses termos, provado o dano, basta a demonstração do nexo de causalidade com o ato do filho que surgirá para os pais, sob cuja autoridade está o menor, o dever de indenizar. Ao julgador deixa de se impor o exame do comportamento do responsável.

Para além dessa notável mudança, se comparado com o seu antecessor, o art. 932 traz também importante ajuste de redação. Segundo o art. 932 do Código Civil de 2002, os pais respondem "pelos filhos menores que estiverem sob sua autoridade e em sua companhia". Já o art. 1.521, I, do Código Civil de 1916 estabelecia a responsabilidade dos "pais, pelos filhos menores que estiverem sob seu poder e em sua companhia". Assim, no lugar de "poder", o Código Civil de 2002 se valeu da expressão "autoridade", a revelar com maior acuidade o sentido da norma, como se demonstrará no próximo item.

2.2. Requisitos da responsabilidade dos pais

A atribuição de responsabilidade aos pais exige, em primeiro lugar, a demonstração de que a conduta do menor, caso fosse imputável, seria hábil a configurar sua responsabilidade. Evidentemente, não há que se falar em conduta culposa do menor, uma vez que não há a capacidade de discernimento necessária à configuração da culpa. Impõe-se, com efeito, verificar se o menor praticou ato equivalente ao ilícito, ato que represente descumprimento de dever legal, hábil a produzir dano injusto. O dever de indenizar dos pais só surge, em definitivo, diante da prática, pelo filho menor, de conduta objetivamente contrária à ordem jurídica.[12]

---

12. Esse é, precisamente, o conteúdo do Enunciado n.º 590 da Jornada de Direito Civil promovida pelo Centro de Estudos Judiciários do Conselho da Justiça Federal: "A responsabilidade civil dos pais pelos atos dos filhos menores, prevista no art. 932, inc. I, do Código Civil, não obstante objetiva, pressupõe a demonstração de que a conduta imputada ao menor, caso o fosse a um agente imputável, seria hábil para a sua responsabilização". Na doutrina, Orlando Gomes explica: "Ora, se a responsabilidade do pai pressupõe a prática de

Requer-se, ademais, a conjugação de dois fatores: a menoridade e o fato de o filho estar sob a autoridade e na companhia dos pais. A menoridade se prova com a certidão de nascimento, e não suscita maiores problemas. Convém ressaltar que o filho deve ser menor de idade no momento em que pratica a conduta lesiva.[13] Pouco importa que o dano apenas se produza quando atingida a maioridade,[14] ou que a ação de responsabilidade civil só seja ajuizada quando cessada a menoridade.[15] O marco temporal é, sempre, a data do ato danoso.

Ocorrendo a emancipação legal do menor, cessa a responsabilidade dos pais; cuidando-se, todavia, de emancipação voluntária, mister analisar se os pais tiveram em mira se eximir da responsabilidade pelo dano causado pelo filho, hipótese em que não ficam exonerados, já que configurada inequívoca fraude à lei. Nessa direção, cuidando-se de emancipação genuína, em que o jovem passa a agir de modo completamente independente e com autonomia, produzem-se os seus regulares efeitos, liberando-se o patrimônio dos pais de qualquer responsabilidade pelos danos por ele causados.[16]

O terceiro requisito requer análise mais detida. O Código Civil de 1916 utilizava o termo *poder*, pelo que se entendia que a responsabilidade dos pais consistia em

---

ato ilícito pelo filho, isto é, ação ou omissão voluntária, negligência ou imprudência, é lógico que não há responsabilidade paterna enquanto o filho não tiver capacidade de discernimento. Um menor de quatro anos não sabe o que faz. Se a outrem causar dano, não se pode dizer que agiu culposamente; se não há culpa, ato ilícito não praticou; se não cometeu ato ilícito, o pai não responde pela reparação do dano, porque a responsabilidade indireta supõe a ilicitude no ato de quem causa prejuízo. Apesar de lógico, esse raciocínio não prevalece na prática. Verificados os pressupostos da responsabilidade paterna, nasce a obrigação de indenizar o dano causado pelo ato do filho menor" (GOMES, Orlando. *Responsabilidade civil*. Rio de Janeiro: Forense, 2011, p. 100-101). Confira-se, ainda, PORTO, Mário Moacyr. O caso da culpa como fundamento da responsabilidade civil, In: NERY JÚNIOR, Nelson; NERY, Rosa Maria de Andrade (coord.) *Doutrinas Essenciais*: responsabilidade civil. v. 1. São Paulo: Revista dos Tribunais, 2010, p. 50; e GONÇALVES, Carlos Roberto. *Direito Civil Brasileiro*: responsabilidade civil. v. 4, 11. ed. São Paulo: Saraiva, 2016, p. 120-122.

13. Acerca do assunto, o Tribunal de Justiça de São Paulo já salientou que o que importa "é a idade do responsável pelo ato ilícito à época de sua ocorrência" sendo "de todo irrelevante que ao tempo da propositura da ação o causador do dano já tenha completado a maioridade civil" (TJSP, 8ª Câmara (Extinto 1º TAC), Rel. Des. Franklin Nogueira, AC 9096782-82.2001.8.26.0000, j. 06.03.2002). No mesmo sentido: TJSP, 6ª CDPriv. AC 0126979-60.2007.8.26.0002, Rel. Des. Paulo Alcides, j. 28.09.2017.
14. A doutrina explica que "requisito também da responsabilidade indireta é a menoridade do filho à época em que praticou o ato. Se os efeitos danosos do ato se verificaram posteriormente, quando o filho alcançou a plena capacidade de fato, a responsabilidade dos pais não se descaracteriza; igualmente se a sentença cível condenatória transitou em julgado já alcançada a maioridade" (NADER, Paulo. *Curso de Direito Civil*. v. 7. Rio de Janeiro: Forense, 2010, p. 162).
15. Nessa linha, o Tribunal de Justiça de São Paulo já afirmou que "a superveniência da maioridade não interfere na responsabilização dos pais pelo ilícito praticado pelo filho menor" (TJSP, 8ª CDPriv, Rel. Des. Clara Maria Araújo Xavier, j. 28.08.2017). No mesmo sentido: TJSP, 4ª CDPub, Rel. Des. Ricardo Feitosa, AC 0537618-64.2005.8.26.0577, j. 16.09.2013.
16. Para Carvalho Santos, a emancipação voluntária não é capaz de afastar a responsabilidade dos pais, "pois a emancipação de um menor que se revela indigno da concessão que lhe foi outorgada é, no fim das contas, um ato inconsiderado e aos pais não se pode reconhecer o direito de exonerar-se por essa forma, da responsabilidade que a lei lhe impõe" (SANTOS, J. M. Carvalho. *Código Civil Brasileiro Interpretado*. vol. XX, 9. ed. Rio de Janeiro: Freitas Bastos, 1978, p. 216). Na mesma direção, confira-se: PEREIRA, Caio Mario da Silva. *Responsabilidade Civil*. 11. ed. Rio de Janeiro: Forense, 2016, p. 126.

"consequência lógica do pátrio poder".[17] Sob a égide da legislação anterior, embora já se compreendesse o pátrio poder como poder-dever, de modo que seu exercício não se submetia ao arbítrio do seu titular, mas voltava-se para a promoção do melhor interesse do filho, pouca (ou nenhuma) atenção se dava à autonomia da criança e do adolescente. Exigia, ainda, o legislador, que os pais tivessem o menor em sua companhia, o que era entendido como exigência de coabitação, pois acreditava-se que apenas assim seria possível exercer adequadamente o dever de vigilância sobre os filhos.[18]

O Código Civil de 2002, por sua vez, emprega a expressão *sob sua autoridade*, preservando a abrangência do Código anterior, mas incorporando a evolução do conceito de pátrio poder para o de autoridade parental. A mudança não é meramente vernacular; revela certa alteração na dinâmica relacional entre pais e filhos. Se sob a égide do Código Civil de 1916 o pátrio poder exigia que os pais decidissem levando em consideração o melhor interesse dos filhos menores,[19] sob as luzes do Código Civil de 2002, a autoridade parental se constrói "na bilateralidade do diálogo e do processo educacional, tendo como protagonistas os pais e os filhos, informados pela função emancipatória da educação".[20]

Nesse cenário, a função da autoridade parental consiste em permitir aos filhos menores a aquisição do necessário discernimento para o desenvolvimento de sua autonomia, condição para o pleno exercício de seus direitos fundamentais, de modo a lhes possibilitar efetivar suas próprias escolhas, com a correlata responsabilidade.[21] Com efeito, até que o filho adquira completa autonomia – o que se verifica ao

---

17. MENDONÇA, Manuel Inácio Carvalho de. *Doutrina e Prática das Obrigações*. t. II, 4. ed. aum. e atual por José de Aguiar Dias. Rio de Janeiro: Forense, 1956, p. 463.
18. MENDONÇA, Manuel Inácio Carvalho de. *Doutrina e Prática das Obrigações*. t. II, 4. ed. aum. e atual por José de Aguiar Dias. Rio de Janeiro: Forense, 1956, p. 463.
19. O conceito de "melhor interesse" tem sido objeto de críticas nas mais diversas searas, ao argumento de que pode ensejar um negativo paternalismo, com a total desconsideração dos desejos e preferências do sujeito de direito em nome de quem se decide. Para crítica à expressão no âmbito da curatela da pessoa com deficiência, veja-se KEYS, Mary. Article 12 [Equal Recognition Before the Law]. In: Della Fina et al. (eds.). *The United Nations Convention on the Rights of Persons with Disabilities*: a commentary. Switzerland: Springer International Publishing, 2017, p. 277.
20. TEPEDINO, Gustavo. A disciplina da guarda e da autoridade parental na ordem civil-constitucional. In: *Anais do IV Congresso Brasileiro de Direito de Família*, Belo Horizonte: Del Rey, IBDFAM, 2004, p. 131. Sobre essa evolução, leciona Ana Carolina Brochado Teixeira: "No âmbito da família, além de se valorizar a pessoa humana, relevou-se, também, a coexistência, reforçada que foi pela preponderância da afetividade. É nessa perspectiva que se insere a autoridade parental, enquanto relação social que transcende para o âmbito jurídico. Antes preponderantemente hierárquica e patriarcal, a relação paterno/materno-filial transmuta-se para uma perspectiva dialogal, ou seja, é perpassada pela compreensão mútua e pelo diálogo, pois a criança e o adolescente – valorizados que foram como protagonistas da família – também se tornaram sujeitos ativos no âmbito da própria educação" (TEIXEIRA, Ana Carolina Brochado. Autoridade Parental. In: TEIXEIRA, Ana Carolina Brochado; RIBEIRO, Gustavo Pereira Leite (coords.). *Manual de Direito das Famílias e das Sucessões*. Belo Horizonte: Del Rey Editora, 2010, p. 205).
21. É o que afirmam Ana Carolina Brochado Teixeira e Renata de Lima Rodrigues: "Entendemos, assim, que a principal missão da autoridade parental é conduzir os filhos à autonomia responsável, uma vez que a autonomia que ora defendemos que deva ser atribuída aos filhos, deve estar intrinsecamente atrelada à responsabilidade" (TEIXEIRA, Ana Carolina Brochado; RODRIGUES, Renata de Lima. Relevância da

completar 18 anos e atingir a maioridade civil –, os pais devem educá-los, criá-los e assisti-los, nos termos do art. 229 da Constituição da República.[22] Durante esse processo, a responsabilidade civil dos pais pelos danos causados pelos filhos menores surge como a outra face da moeda daqueles deveres.

De outro lado, a referência a *companhia*, mantida no art. 932, I, não deve ser entendida como contato físico permanente,[23] ou contato físico estrito, porque, do contrário, os pais se liberariam da responsabilidade muito facilmente, bastando, para tanto, que o menor não estivesse ao seu lado ou que se encontrasse temporariamente fora do seu campo de visão. Não se cuida, com efeito, de apurar se os filhos estavam sob o poder material e direto dos pais no preciso momento em que ocorrera o dano, mas, sim, se estavam sob sua companhia, o que nem sempre pressupõe a proximidade física. Nesse sentido, por exemplo, se o menor causa dano a terceiro quando estava em festa infantil, fora do campo de visão dos pais, ou mesmo deles desacompanhado, ou acompanhado de apenas um dos genitores, a falta de contato físico momentâneo de um ou de ambos os pais não os exime de responder solidariamente.

Questão bem mais delicada é a de se saber a quem deve ser atribuída a responsabilidade – isto é, qual dos pais deve responder – pelos danos causados pelo filho em caso de separação ou divórcio. Duas são as possibilidades em relação aos filhos menores: o estabelecimento de guarda compartilhada – o que passou a ser a regra no direito brasileiro – ou de guarda unilateral com regulamentação de visitas para o não guardião. Qualquer que seja a solução adotada, importa sublinhar que nenhuma repercussão haverá no exercício da autoridade parental,[24] já que ambos os pais conservam todo o feixe de deveres em relação ao filho, devendo assisti-lo, criá-lo e educá-lo,[25] independentemente de exercer ou não a guarda.

Cuidando-se de hipótese de guarda compartilhada, em que se verifica a estreita convivência entre filhos e genitores, a responsabilidade é solidária, respondendo

---

autonomia privada das crianças e adolescentes: há o direito infantil à autodeterminação?. In: *O Direito das Famílias entre a Norma e a Realidade*. São Paulo: Atlas, 2010, p. 57).

22. TEIXEIRA, Ana Carolina Brochado; RODRIGUES, Renata de Lima. Relevância da autonomia privada das crianças e adolescentes: há o direito infantil à autodeterminação?. In: *O Direito das Famílias entre a Norma e a Realidade*. São Paulo: Atlas, 2010, p. 55-56.

23. Esse também é o entendimento do Superior Tribunal de Justiça: "O art. 932, I do CC ao se referir a autoridade e companhia dos pais em relação aos filhos, quis explicitar o poder familiar (a autoridade parental não se esgota na guarda), compreendendo um plexo de deveres como, proteção, cuidado, educação, informação, afeto, dentre outros, independentemente da vigilância investigativa e diária, sendo irrelevante a proximidade física no momento em que os menores venham a causar danos" (STJ, 4ª T. Rel. Min. Luis Felipe Salomão, REsp 1436401/MG, j. 2.2.2017).

24. "A mera separação do casal, passando os filhos a residir com a mãe, não constitui, salvo em hipóteses excepcionais, fator de isenção da responsabilidade paterna pela criação e orientação da sua prole" (STJ, 4ª T. Rel. Min. Aldir Passarinho Junior, REsp 299.048/SP, j. 21.6.2001). No mesmo sentido: STJ, 4ª T. Rel. Min. Luis Felipe Salomão, REsp 1074937/MA, j. 1.10.2009; TJRS, 1ª Recursal Cível, Rel. Des. Ricardo Torres Hermann, RC 71001717693, j. 9.10.2008.

25. TEIXEIRA Ana Carolina Brochado. *Família, guarda e autoridade parental*. 2. ed. Rio de Janeiro: Renovar, 2009, p. 111.

ambos pelos danos causados pelo filho menor, ainda que estivesse na companhia exclusiva de um deles no momento do ato danoso.[26]

De outro lado, se a guarda tiver sido atribuída de forma exclusiva a um dos genitores, que tem o menor, portanto, em sua constante companhia, a doutrina tem entendido que, a princípio, só o guardião responderá pelo dano. Foi justamente o que restou decidido no julgamento do Recurso Especial 1.232.011/SC, em que a 3ª Turma do Superior Tribunal de Justiça deixou de condenar mãe, residente e domiciliada em outro Estado, pelos danos decorrentes do atropelamento causado por seu filho menor de 17 anos. Nesse caso, o menor, sem autorização do pai, com quem morava e convivia, saiu com o seu carro e atropelou vítima também menor. No voto do relator, o Ministro João Otávio de Noronha, lê-se o seguinte: "entendo que o legislador, ao traçar a que a responsabilidade dos pais é objetiva, restringiu a obrigação de indenizar àqueles que efetivamente exercem a autoridade e tenham o menor em sua companhia".[27]

Contudo, trata-se, como se afirmou, de questão delicada. Atentos às circunstâncias do caso concreto, os Tribunais por vezes atribuem o dever de indenizar também ao não guardião. Nessa esteira, o Tribunal de Justiça de São Paulo, por exemplo, já reconheceu a responsabilidade do não guardião, solidariamente com o guardião, pela reparação do dano moral decorrente de agressão cometida pelo filho menor, e determinou que "a conduta ilícita do autor do dano, no campo da responsabilidade civil é condizente com educação e assistência moral e afetiva dos pais separados em relação aos filhos, não se resumindo exclusivamente à vigilância sobre eles na vida diária". Para o relator, nesses casos, ambos os genitores estão abrangidos pelo dever de indenizar, "porque extrapola em muito as travessuras do dia a dia que o adolescente possa vir a praticar por ausência de uma fiscalização direta de seu guardião". No caso concreto, o menor teria agredido fisicamente seu colega na escola, o que, para o Tribunal, indicaria "uma falta de melhor cuidado de ambos os pais, não podendo ser limitada a responsabilidade do guardião nos termos do artigo 932, inciso I, do Código Civil, porque a separação legal dos pais, pondo termo à sociedade conjugal, não exclui o dever de educação, assistência e orientação de ambos na formação psicológica, educacional e profissional dos filhos".[28]

De todo modo, é também possível, excepcionalmente, afastar a responsabilidade do guardião e atribuí-la, com exclusividade, ao genitor não guardião quando o menor cause o dano em dia de visita regulamentada, hipótese em que está em sua

---

26. GONÇALVES, Carlos Roberto. *Direito civil brasileiro*. v. 6. 14. ed. São Paulo: Saraiva, 2017, p. 289.
27. STJ, 3ª T. REsp. 1.232.011/SC, Re. Min. João Otávio de Noronha, j. 17.12.2015, v.u.
28. TJSP, 6ª CDPriv. Rel. Des. Sebastião Carlos Garcia, AC 9222005-35.2007.8.26.0000, j. 26.03.2009, DJ 06.05.2009. Nessa linha, segue o Enunciado n.º 450 do Conselho da Justiça Federal: "Considerando que a responsabilidade dos pais pelos atos danosos praticados pelos filhos menores é objetiva, e não por culpa presumida, ambos os genitores, no exercício do poder familiar, são, em regra, solidariamente responsáveis por tais atos, ainda que estejam separados, ressalvado o direito de regresso em caso de culpa exclusiva de um dos genitores".

companhia e o guardião sequer tem como exercer vigilância sobre o menor. Ainda que seja atribuída a guarda unilateral a um dos genitores, o não guardião, além de conservar inalterável a autoridade parental, tem garantido o direito/dever de visitação,[29] que, quando exercido, lhe atribui também o dever de fiscalização do menor. Ademais, de acordo com o art. 1583, § 5º "a guarda unilateral obriga o pai ou a mãe que não a detenha a supervisionar os interesses dos filhos". Entendimento diverso, que afastasse o não guardião da incidência do art. 932, I, quando o menor está em sua companhia, iria de encontro ao escopo da norma, consistente na proteção integral da vítima, além de criar injustificável desigualdade entre os genitores, onerando desproporcionalmente aquele que já está incumbido de decidir sobre as questões do dia a dia do menor.

Evidentemente, a regra do art. 932, I, do Código Civil se aplica no âmbito de qualquer relação paterno-filial, já que o nexo de imputação é, precisamente, a autoridade parental, cujo conteúdo e abrangência independem da origem da filiação, e a companhia. Assim, cuidando-se de filho adotivo, o pai adotante responderá pelos atos ilícitos causados pelo filho menor, da mesma forma como o fará o pai socioafetivo.[30]

Aliás, no âmbito da socioafetividade, vale destacar que o Supremo Tribunal Federal reconheceu, com repercussão geral, por maioria, ao julgar o Recurso Extraordinário 898060, que "a paternidade socioafetiva, declarada ou não em registro público, não impede o reconhecimento do vínculo de filiação concomitante baseado na origem biológica, com os efeitos jurídicos próprios".[31] Cuida-se, em definitivo, do reconhecimento da multiparentalidade pelo STF, com todas as consequências daí advindas, inclusive, no âmbito da responsabilidade civil. Nessa direção, todos os pais, biológicos e socioafetivos, responderão solidariamente pelos danos que o filho menor causar.

Cumpre ressaltar, todavia, que o padrasto e a madrasta não respondem pelos danos causados pelo enteado, já que entre eles não se estabelece vínculo paterno-filial.[32] A situação se altera se configurada a filiação socioafetiva, hipótese em que,

---

29. Nesse sentido, o art. 1.589 do Código Civil dispõe que: "O pai ou a mãe, em cuja guarda não estejam os filhos, poderá visitá-los e tê-los em sua companhia, segundo o que acordar com o outro cônjuge, ou for fixado pelo juiz, bem como fiscalizar sua manutenção e educação".
30. "Uma visão estritamente dogmática pode reduzir os vínculos familiares apenas aos laços ligados por aspectos biológicos ou registrais, o que, por vezes, pode engessar a família em conceitos reducionistas e predeterminados. Diante disso, a aceitação do princípio da afetividade permite a busca pela emancipação das concepções de família e parentesco, viabilizando sua necessária contextualização. Há relações contemporâneas consubstanciadas por forte vínculo afetivo, consagradas por um afeto público, explícito, estável e duradouro, mas que não possuem vínculos biológicos ou registrais. Uma das possibilidades, que se entende a mais adequada, é a análise de tais situações a partir do princípio da afetividade, o que permitirá melhor reconhecer e tutelar estas relações" (CALDERÓN, Ricardo Lucas. Famílias: Afetividade e contemporaneidade - Para além dos Códigos. In: TEPEDINO, Gustavo; FACHIN ,Luiz Edson (orgs.), *Pensamento crítico do Direito Civil brasileiro*. Curitiba: Juruá, 2011, pp. 277-278).
31. STF, T. Pleno, Rel. Min. Luiz Fux, RE 898060, julg. 22.9.2016.
32. Nesse sentido: Caio Mario da Silva Pereira, *Responsabilidade Civil*, 11. ed. Rio de Janeiro: Forense, 2016, p. 125.

como já apontado, serão responsáveis civilmente.[33] De todo modo, excepcionalmente, e apesar do teor do art. 1.636 do Código Civil, é possível que o padrasto/madrasta responda pelos danos causados pelos enteados que tenha em sua companhia, quando não haja o exercício da autoridade parental por parte dos próprios pais biológicos, e tampouco instituição de tutela. O intuito dessa orientação é, uma vez mais, tutelar prioritariamente a vítima.

3. EXONERAÇÃO DA RESPONSABILIDADE DOS PAIS

Apenas em hipóteses muito específicas é possível que os pais se exonerem da responsabilidade pelos danos praticados pelos filhos menores. A primeira situação em que isso pode ocorrer se verifica diante da suspensão ou perda da autoridade parental. Se a autoridade parental é requisito da responsabilidade civil dos pais, sua eventual suspensão ou perda afasta a possibilidade de responsabilização do genitor.[34] A este propósito, a jurisprudência tem afirmado que, "em se tratando de responsabilidade civil extracontratual, objetiva e indireta, por fato de outrem, a única possibilidade dos pais se exonerarem é quando suspenso ou extinto o poder de direção sobre o filho menor".[35]

De acordo com o art. 1.635, extinguem a autoridade parental a morte de ambos os pais ou do filho, a emancipação, a maioridade, a adoção e decisão judicial que determine a sua perda. Por se cuidar de medida extrema, a perda da autoridade parental só deve ser determinada pelo juiz quando se revelar promotora da tutela prioritária do filho, em situações nas quais o comportamento de seus pais coloque em risco sua segurança e dignidade.

Nessa direção, são causas que ensejam a perda da autoridade parental o abandono do menor, a prática de atos contrários à moral e aos bons costumes, a prática reiterada de atos que determinem sua suspensão, bem como o castigo imoderado.[36]

---

33. Nesse sentido, afirma-se que: "Atualmente, quando a doutrina e os tribunais reconhecem a paternidade socioafetiva, desde que a relação entre padrasto ou madrasta e enteado revele características comuns ao vínculo entre pais e filhos, amor e respeito recíprocos, não temos dúvida em admitir a responsabilidade civil" (NADER, Paulo. *Curso de Direito Civil*. v. 7. Rio de Janeiro: Forense, 2010, p. 170).
34. É que a responsabilidade dos pais, como já observava Aguiar Dias, "se relaciona intimamente com o exercício do poder familiar, e deve ser julgada em função desse dever, que impõe ao seu titular obrigações de conteúdo especial, notadamente no tocante à vigilância" (DIAS, José de Aguiar. *Da responsabilidade civil*. 11. ed. Rio de Janeiro: Renovar, 2006, p. 748). Assim, para o autor, com razão, se o menor não vive em companhia do pai porque este o abandonou, ou por qualquer motivo que mostre não ser a separação fundada em motivo legítimo, a responsabilidade do pai não se altera. Ao contrário, esses fatos até evidenciam a infração dos deveres paternos.
35. TJSP, 29ª CDPriv. Rel. Des. Neto Barbosa Ferreira, AC 0025457-48.2011.8.26.0002, j. 1.2.2017. No mesmo sentido: "A responsabilidade desborda do autor material do dano em razão do dever de guarda, exonerando-se do dever de indenizar se demonstrado que, efetivamente, não possui o poder de direção e o dever de vigilância" (TJRJ, 1ª CC, Rel. Des. Custódio Tostes, AC 0004373-95.2005.8.19.0066, j. 10.12.2013).
36. Código Civil, art. 1.637: "Se o pai, ou a mãe, abusar de sua autoridade, faltando aos deveres a eles inerentes ou arruinando os bens dos filhos, cabe ao juiz, requerendo algum parente, ou o Ministério Público, adotar a medida que lhe pareça reclamada pela segurança do menor e seus haveres, até suspendendo o poder familiar,

Quanto a este último, vale mencionar a chamada Lei da Palmada (Lei 13.010/2014) que, com o escopo de evitar agressões físicas contra a criança e o adolescente, acrescentou o seguinte dispositivo ao ECA, contribuindo para a construção do conceito de "castigo imoderado":

Art. 18-A. A criança e o adolescente têm o direito de ser educados e cuidados sem o uso de castigo físico ou de tratamento cruel ou degradante, como formas de correção, disciplina, educação ou qualquer outro pretexto, pelos pais, pelos integrantes da família ampliada, pelos responsáveis, pelos agentes públicos executores de medidas socioeducativas ou por qualquer pessoa encarregada de cuidar deles, tratá-los, educá-los ou protegê-los.

Parágrafo único. Para os fins desta Lei, considera-se: I - castigo físico: ação de natureza disciplinar ou punitiva aplicada com o uso da força física sobre a criança ou o adolescente que resulte em: a) sofrimento físico; ou b) lesão; II - tratamento cruel ou degradante: conduta ou forma cruel de tratamento em relação à criança ou ao adolescente que: a) humilhe; ou b) ameace gravemente; ou c) ridicularize.

Por óbvio, para exonerar os pais da responsabilidade, é necessário que o ato lesivo praticado pelo menor seja posterior à suspensão ou perda do poder familiar.

Os pais também podem ser exonerados, a despeito de manterem a autoridade parental, quando provarem alguma razão jurídica legítima de não terem os filhos menores em sua companhia. Seria o caso, por exemplo, de o menor residir com os avós, configurando-se delegação da guarda e, consequentemente, do dever de vigilância, ainda que de forma temporária. Neste caso, a responsabilidade é dos avós. De mesma forma, exonerar-se-iam os pais se o menor causasse danos a terceiros enquanto estivesse sob os cuidados e vigilância de instituição de ensino, a revelar que sua responsabilidade pode mesmo ser intermitente.[37] Assim, embora, de regra, a impossibilidade material de vigilância não exonere os pais,[38] torna-se imperioso observar quem, no caso concreto, tinha autoridade sobre o menor no momento do dano e de quem era efetivamente o dever de vigilância.

Por fim, vale observar que o pai ou a mãe que contrai novas núpcias, ou estabelece união estável, não perde em razão disso a autoridade parental quanto aos filhos do relacionamento anterior, exercendo-a sem qualquer interferência do novo cônjuge ou companheiro. É o que estabelece o art. 1.636 do Código Civil, cujo parágrafo

---

quando convenha. Parágrafo único. Suspende-se igualmente o exercício do poder familiar ao pai ou à mãe condenados por sentença irrecorrível, em virtude de crime cuja pena exceda a dois anos de prisão".

37. De acordo com Aguiar Dias, "a responsabilidade do pai pode, aliás, ser intermitente, cessando e restaurando-se conforme a delegação da vigilância, efetiva e a título de substituição, como acontece no caso de menores que frequentam estabelecimento de ensino ou de aprendizagem em geral ou mesmo trabalho" (DIAS, José de Aguiar. *Da responsabilidade civil*. 11. ed. Rio de Janeiro: Renovar, 2006, p. 749).

38. Observa Caio Mário da Silva Pereira, todavia, que não prevalecerá a responsabilidade "se o filho menor não estiver habitando com os pais por uma razão jurídica ou um motivo legítimo: filho confiado a um terceiro, por medida de assistência educativa ou em férias com os avós, ou separação" (PEREIRA, Caio Mario da Silva. *Responsabilidade Civil*. 11. ed. Rio de Janeiro: Forense, 2016, p. 126).

único ainda determina que "igual preceito ao estabelecido neste artigo aplica-se ao pai ou à mãe solteiros que casarem ou estabelecerem união estável". Por isso, ainda que não tenha a guarda dos filhos menores, responderá civilmente pelos seus danos sempre que causados em dia de visitação, conforme já se apontou.

4. RESPONSABILIDADE DOS FILHOS MENORES

Como já se observou, embora a regra seja a responsabilidade direta, o Código Civil, a fim de tutelar a vítima, atribuiu responsabilidade objetiva a quem tem meios de indenizá-la nos casos em que o autor do dano normalmente não tem condições de fazê-lo – como se passa na hipótese de responsabilidade dos pais pelos filhos –, bem como àquele que obtém proveito da atividade exercida pelo causador do dano – como ocorre na responsabilidade do empregador pelos atos do empregado.

Isso não importa, todavia, exoneração da responsabilidade do autor do dano. Ao contrário. É o causador do dano a quem cabe, em última instância, o dever ressarcitório, sendo a responsabilidade pelo fato de terceiro apenas um meio legal de garantir que a vítima não reste desamparada.[39] Por isso, o art. 934 do Código Civil estabelece a possibilidade de aquele que houver suportado os efeitos da responsabilidade indireta ajuizar ação regressiva contra o autor do dano e recuperar o valor desembolsado com a reparação da vítima.

O preceito do art. 934 estabelece uma única exceção à possibilidade de regresso. Trata-se, justamente, da hipótese objeto deste estudo, em que o autor do dano seja descendente, absoluta ou relativamente incapaz, do responsável pela indenização. A proibição do regresso, nesse caso, se justifica por "considerações de ordem moral e da organização econômica da família" bem como pela "solidariedade moral e, até certo ponto, econômica do ascendente para com o descendente".[40] A exceção se afigura mesmo razoável, tendo em vista a diversidade de fundamentos que animou o legislador a estabelecer as diversas hipóteses de responsabilidade indireta: enquanto o fundamento da responsabilidade do empregador pelos atos do empregado se baseia no lucro ou benefício por ele auferido com a atividade de seu preposto, situando-se, por conseguinte, no âmbito exclusivamente patrimonial, no campo da responsabilidade dos pais pelos atos filhos, cuja relação é pautada, sobretudo, por aspectos existenciais, a ação de regresso, voltada para o ressarcimento financeiro, amesquinharia a relação paterno-filial. Andou bem, portanto, o legislador, ao manter a orientação já consagrada no Código Civil de 1916.

---

39. PEREIRA, Caio Mario da Silva. *Responsabilidade Civil*. 11. ed. Rio de Janeiro: Forense, 2016, p. 135.
40. BEVILAQUA, Clóvis. *Código Civil dos Estados Unidos do Brasil Comentado*. vol. V, 12. ed.. Rio de Janeiro: Livraria Francisco Alves, 1957, p. 234. E prossegue o autor, na mesma sede: "Na verdade, nenhuma das pessoas, que têm de ressarcir o dano causado por outra, se acha na situação especial de aproximação afetiva, de dever de vigilância, de solidariedade moral e, até certo ponto, econômica, do ascendente para com o descendente. São razões essas, mais que suficientes para dar apoio sólido à exceção restritiva do Código Civil brasileiro".

Pontes de Miranda, todavia, arguia, sob a égide do Código anterior, a injustiça da proibição do regresso nos casos em que os pais são pobres, e os filhos, ricos.[41] A crítica, que àquela altura poderia se justificar,[42] já não se sustenta frente à dicção do novo art. 928, segundo o qual o incapaz responde pelos prejuízos que causar, se as pessoas por ele responsáveis não dispuserem de meios suficientes. Logo, se os pais não tiverem condições de arcar com a indenização, o patrimônio do incapaz poderá ser alcançado para fazer frente à indenização devida. Cuida-se, evidentemente, de responsabilidade subsidiária.[43] Dito de outro modo, a responsabilidade pelo ressarcimento dos danos causados pelo filho menor é dos pais, e somente quando seu patrimônio for insuficiente para arcar com a indenização, admite-se que sejam executados os bens do próprio incapaz. A solução, que inova em face do sistema anterior, volta-se, a toda evidência, à tutela da vítima, que poderia permanecer irressarcida em caso de insolvência do responsável, ainda que o incapaz possuísse patrimônio significativo.

O art. 928 prevê, ainda, segunda hipótese em que o patrimônio do incapaz responde pela indenização do dano injusto por ele causado, não já subsidiariamente, mas direta e solidariamente[44] com as pessoas por ele responsáveis: quando referidas pessoas *não tiverem obrigação de fazê-lo*. Trata-se da situação contemplada no art. 116 da Lei 8.069 de 13 julho 1990, segundo o qual "em se tratando de ato infracional com reflexos patrimoniais, a autoridade poderá determinar, se for o caso, que o adolescente restitua a coisa, promova o ressarcimento do dano, ou, por outra forma, compense o prejuízo da vítima".[45]

---

41. PONTES DE MIRANDA.; *Tratado de Direito Privado*, t. 53, 3. ed. São Paulo: Revista dos Tribunais, 1984, p. 166.
42. Serpa Lopes discordava da crítica de Pontes de Miranda, e apoiava a exceção legal: "A desvantagem que esse dispositivo possa acarretar quando haja uma diferença de nível econômico entre o patrimônio do descendente em face do ascendente, é uma circunstância excepcional que não diminui o valor do princípio geral consagrado em nosso Código" (LOPES, Serpa. *Curso de Direito Civil*. vol. V, 2. ed. Rio de Janeiro: Freitas Bastos, 1962, p. 285).
43. O mesmo entendimento foi adotado pela 4ª Turma do Superior Tribunal de Justiça, ao julgar o REsp 1436401/MG, cujo Relator Ministro Luis Felipe Salomão assim se manifestou a respeito do artigo 928 e sobre sua repercussão processual: "Portanto, para correta interpretação do dispositivo, penso que a responsabilidade do incapaz será **subsidiária** - apenas quando os responsáveis não tiverem meios para ressarcir -, **condicional e mitigada** - não poderá ultrapassar o limite humanitário do patrimônio mínimo do infante (CC, art. 928, par. único e En. 39/CJF) - e **equitativa** -, pois a indenização deverá ser equânime, sem a privação do mínimo necessário para a sobrevivência digna do incapaz (CC, art. 928, par. único e En. 449/CJF). Em outras palavras, o filho menor não é responsável solidário com seus genitores, mas subsidiário. (..) Em sendo assim, não há obrigação - nem legal, nem por força da relação jurídica (unitária) - da vítima lesada em litigar contra o responsável e o incapaz, não sendo necessária, para a eventual condenação, a presença do outro, não havendo falar em litisconsórcio passivo necessário e muito menos em nulidade do processo" (STJ, 4ª T. Rel. Min Luis Felipe Salomão, REsp 1436401/MG, j. 2.2.2017, grifos no original).
44. TEPEDINO, Gustavo; BARBOZA; Heloisa Helena; MORAES. Maria Celina Bodin de. *Código Civil interpretado conforme a Constituição da República*. v. 2. Rio de Janeiro: Renovar, 2006, p. 820-821.
45. Essa foi precisamente a orientação que prevaleceu no Enunciado n.º 40 da Jornada de Direito Civil promovida pelo Centro de Estudos Judiciários do Conselho da Justiça Federal nos seguintes termos: "o incapaz responde pelos prejuízos que causar de maneira subsidiária ou excepcionalmente como devedor principal, na hipótese do ressarcimento devido pelos adolescentes que praticarem atos infracionais nos termos do art. 116 do Estatuto da Criança e do Adolescente, no âmbito das medidas socioeducativas ali previstas".

Ademais, notável foi a inovação trazida pelo parágrafo único do art. 928, segundo o qual a indenização, além de equitativa, não deve privar o incapaz dos meios necessários à sua sobrevivência. Erigido a fundamento da República pela Constituição de 1988, o princípio da dignidade humana exige que se garanta, a cada indivíduo, os meios necessários para o desenvolvimento da sua personalidade e para a manutenção de uma vida digna. Significa que a preservação de um patrimônio mínimo, blindado contra os interesses patrimoniais dos credores, que garanta ao devedor a manutenção de sua dignidade, é exigência da Constituição, e independente de previsão infraconstitucional específica. Cuida-se, por conseguinte, de "imunidade jurídica inata ao ser humano, superior aos interesses dos credores".[46]

Em termos práticos, o limite humanitário há de ser tutelado também nos casos em que a indenização recaia sobre o patrimônio dos pais, de sorte que a utilização do patrimônio do incapaz se dê não apenas quando esgotados todos os recursos do responsável, mas quando reduzidos ao montante necessário à preservação de uma vida digna,[47] noção que não deve ser interpretada restritivamente, sob pena de se limitar o alcance do princípio constitucional da dignidade da pessoa humana.

5. CONCLUSÕES

Como analisado, e na esteira de tendência do sistema jurídico brasileiro de tutelar prioritariamente a vítima, o Código Civil de 2002 estabeleceu a responsabilidade objetiva dos pais pela conduta dos filhos menores que venha a causar danos a terceiros.

Dentre as relevantes modificações implementadas, o art. 932 do Código Civil de 2002 determina que os pais serão responsáveis pelos filhos menores que estiverem *sob sua autoridade* e não *sob o seu poder*, como antes estabelecia o Código Civil de 1916. Tal modificação revela importante evolução do conceito de pátrio poder para o de autoridade parental, que implica diretamente em alteração na dinâmica da relação entre pais e filhos.

Atribui-se, assim, função à autoridade parental, qual seja, a de conduzir os filhos menores na aquisição de discernimento suficiente ao desenvolvimento de autonomia responsável, tornando possível que eles façam suas próprias escolhas de forma consciente e exerçam plenamente seus direitos, com a correlata responsabilidade.

Até que o filho alcance a verdadeira autonomia com a maioridade civil, caberá aos pais criá-los, assistindo-os quando necessário e educando-os para que

---

46. FACHIN, Luiz Edson. *Estatuto Jurídico do Patrimônio Mínimo*. Rio de Janeiro: Renovar, 2001, p. 1.
47. Nessa direção, aprovou-se o Enunciado n.º 39 na Jornada de Direito Civil promovida pelo Centro de Estudos Judiciários do Conselho da Justiça Federal nos seguintes termos: "A impossibilidade de privação do necessário à pessoa, prevista no art. 928, traduz um dever de indenização equitativa, informado pelo princípio constitucional da proteção à dignidade da pessoa humana. Como consequência, também os pais, tutores e curadores serão beneficiados pelo limite humanitário do dever de indenizar, de modo que a passagem ao patrimônio do incapaz se dará não quando esgotados todos os recursos do responsável, mas se reduzidos estes ao montante necessário à manutenção de sua dignidade".

desenvolvam suas capacidades de maneira regular. E é exatamente em contrapartida a esses deveres que os pais, ao longo de todo o processo de criação dos seus filhos menores, serão os civilmente responsáveis pelos danos advindos da conduta desses filhos.

Já o termo *companhia* expresso no art. 932, I, do Código Civil deve ser interpretado no sentido de influência sobre a criança, e não de contato físico. Afasta-se, assim, a necessidade de se apurar, para fins de responsabilização dos pais, se estes exercem vigilância concreta ou mantêm contato físico permanente com o menor. A apuração deverá, em verdade, levar em consideração se os filhos estavam sob a autoridade, e não sob a guarda ou poder material e direto dos pais.

A importância de tal apuração pode ser visualizada nos casos de extinção da relação de conjugalidade. Em princípio, a separação não influencia na possibilidade de responsabilização objetiva dos pais pelos atos dos filhos, já que além de a titularidade e o exercício da autoridade parental não sofrerem qualquer modificação, conservando ambos os pais todo o feixe de deveres em relação ao filho, a regra passou a ser, no direito brasileiro, a guarda compartilhada, em que ambos os genitores convivem estreitamente com os filhos menores. Situação peculiar é aquela em que o menor está sob a guarda exclusiva de um dos cônjuges, hipótese em que responderá exclusivamente o guardião. De todo modo, excepcionalmente, pelo fato de o não guardião conservar inalterável a autoridade parental e ter o direito e o dever de visitação, sempre que o dano for causado quando o menor estiver sob sua autoridade, vale dizer, em dia de visitação, a responsabilidade lhe será imputada com exclusividade, exonerando o genitor guardião.

Outro ponto de destaque acerca do tratamento que o Código Civil de 2002 conferiu à responsabilidade dos pais em relação aos filhos menores diz respeito à responsabilidade subsidiária atribuída aos incapazes pelo art. 928 se as pessoas por eles responsáveis não dispuserem de meios suficientes para arcar integralmente com a indenização. Significa dizer que os pais respondem, em primeiro lugar, com seu patrimônio e, caso este não seja suficiente, lança-se mão do patrimônio do menor.

Seja como for, de regra, a responsabilidade dos filhos, como se disse, é apenas subsidiária. No mais das vezes, os filhos espelham os pais e, por isso mesmo, não causa estranheza que se lhes atribua a responsabilidade pelos atos danosos de seus filhos menores. "O que o pai calou aparece na boca do filho". A frase é de Nietzsche, que observava também: "Muitas vezes descobri que o filho era o segredo revelado do pai" (*Humano, Demasiado Humano*). Se os filhos não refletirem os pais, no mínimo os pais precisam conhecer profundamente seus filhos para orientá-los e educá-los a fim de conduzi-los à autonomia responsável. E diz-se isso por, pelo menos, duas ordens de razões: autoridade se exerce na medida da pessoa humana e os pais não respondem apenas por fato próprio.

6. REFERÊNCIAS BIBLIOGRÁFICAS

BEVILAQUA, Clóvis. *Código Civil dos Estados Unidos do Brasil Comentado.* vol. V, 12. ed.. Rio de Janeiro: Livraria Francisco Alves, 1957.

CALDERÓN, Ricardo Lucas. Famílias: Afetividade e contemporaneidade - Para além dos Códigos. In: TEPEDINO, Gustavo; FACHIN ,Luiz Edson (orgs.), *Pensamento crítico do Direito Civil brasileiro.* Curitiba: Juruá, 2011.

DIAS, José de Aguiar. *Da responsabilidade civil.* 11. ed. Rio de Janeiro: Renovar, 2006.

FACHIN, Luiz Edson. *Estatuto Jurídico do Patrimônio Mínimo.* Rio de Janeiro: Renovar, 2001.

GOMES, Orlando. *Responsabilidade civil.* Rio de Janeiro: Forense, 2011.

GOMES, Orlando. *Obrigações.* 12. ed. Rio de Janeiro: Forense, 1999.

GONÇALVES, Carlos Roberto. *Direito civil brasileiro.* v. 6. 14. ed. São Paulo: Saraiva, 2017

GONÇALVES, Carlos Roberto. *Direito Civil Brasileiro:* responsabilidade civil. v. 4, 11. ed. São Paulo: Saraiva, 2016.

LOPES, Serpa. *Curso de Direito Civil.* vol. V, 2. ed. Rio de Janeiro: Freitas Bastos, 1962.

MENDONÇA, Manuel Inácio Carvalho de. *Doutrina e Prática das Obrigações.* t. II, 4. ed. aum. e atual por José de Aguiar Dias. Rio de Janeiro: Forense, 1956.

NADER, Paulo. *Curso de Direito Civil.* v. 7. Rio de Janeiro: Forense, 2010.

PEREIRA, Caio Mario da Silva. *Responsabilidade Civil.* 11. ed. Rio de Janeiro: Forense, 2016

PEREIRA, Caio Mario da Silva. *Responsabilidade Civil.* 7. ed. Rio de Janeiro: Forense, 1996.

PONTES DE MIRANDA.; *Tratado de Direito Privado,* t. 53, 3. ed. São Paulo: Revista dos Tribunais, 1984.

PORTO, Mário Moacyr. O caso da culpa como fundamento da responsabilidade civil, In: NERY JÚNIOR, Nelson; NERY, Rosa Maria de Andrade (coord.) *Doutrinas Essenciais:* responsabilidade civil. v. 1. São Paulo: Revista dos Tribunais, 2010.

RODRIGUES. Silvio. *Responsabilidade Civil.* v. 4, 17. ed. São Paulo: Saraiva, 1999.

SANTOS, J. M. Carvalho. *Código Civil Brasileiro Interpretado.* vol. XX, 9. ed. Rio de Janeiro: Freitas Bastos, 1978

SILVA, Wilson Melo da. *Responsabilidade sem Culpa.* 2. ed. São Paulo: Saraiva, 1974.

TEPEDINO, Gustavo; BARBOZA; Heloisa Helena; MORAES. Maria Celina Bodin de. *Código Civil interpretado conforme a Constituição da República.* v. 2. Rio de Janeiro: Renovar, 2006.

TEPEDINO, Gustavo. A disciplina da guarda e da autoridade parental na ordem civil-constitucional. In: *Anais do IV Congresso Brasileiro de Direito de Família,* Belo Horizonte: Del Rey, IBDFAM, 2004.

TEIXEIRA, Ana Carolina Brochado; RODRIGUES, Renata de Lima. Relevância da autonomia privada das crianças e adolescentes: há o direito infantil à autodeterminação?. In: *O Direito das Famílias entre a Norma e a Realidade.* São Paulo: Atlas, 2010.

TEIXEIRA, Ana Carolina Brochado. Autoridade Parental. In: BROCHADO, Ana Carolina Teixeira; RIBEIRO, Gustavo Pereira Leite (coords.). *Manual de Direito das Famílias e das Sucessões.* Belo Horizonte: Del Rey Editora, 2010

TEIXEIRA Ana Carolina Brochado. *Família, guarda e autoridade parental.* 2. ed. Rio de Janeiro: Renovar, 2009

VENOSA, Sílvio de Salvo, "Dever paternal: a responsabilidade dos pais pelos filhos menores". In: https://www.conjur.com.br/2008-mai-05/responsabilidade_pais_pelos_filhos_menores. Acesso em 16 abr. 2018.

PANDEMIA, REABERTURA DAS ESCOLAS E AUTORIDADE PARENTAL

Ana Carolina Brochado Teixeira

Doutora em Direito Civil pela UERJ. Mestre em Direito Privado pela PUC Minas. Professora do Centro Universitário UNA. Coordenadora editorial da Revista Brasileira de Direito Civil – RBDCivil. Advogada.

Mariana Dias Duarte Borchio

Especialização em Educação pela PUCRS (em curso). Formação em Psicanálise pelo Instituto de Psicanálise e Saúde Mental. Graduada em Psicologia, Artes Plásticas e Pedagogia. Atua como Psicóloga Clínica há 15 anos com 10 anos de experiência em Psicologia Hospitalar. Professora do Ensino Básico em BH.

Ninguém nasce feito, é experimentando-nos no mundo que nós nos fazemos.

Paulo Freire

Sumário: 1. Introdução – 2. Educação como direito de crianças e adolescentes: a importância da escola – 3. Crianças e adolescentes como prioridade absoluta – 4. Autoridade parental e o retorno às aulas presenciais – 5. Conclusão. Referências bibliográficas

1. INTRODUÇÃO

A pandemia causada pela COVID-19 gerou uma reação imediata de suspensão das aulas presenciais para todas as idades, pois o vírus se espalha rápido e a sala de aula, geralmente um ambiente fechado, facilita sua propagação. Como tentativa para remediar a situação, foram propostas atividades remotas para alunos, para que tivessem acesso ao conteúdo previsto para o momento escolar. No entanto, embora a intenção tenha sido positiva frente ao desafio da pandemia, essa modalidade de ensino só agravou, ainda mais, o abismo das diferenças sociais, o acesso à educação e outros problemas.

O dilema da reabertura das escolas foi tratado de forma diferente pelos governos das mais diversas partes do mundo. Muitos países entenderam que, na flexibilização do confinamento social, a abertura de escolas – principalmente para crianças pequenas – deveria ter prioridade, com tentativas de se implementar atividades lúdicas, fora do ambiente fechado, em uma retomada gradativa até que crianças e adolescentes pudessem voltar para a sala de aula.[1]

---

1. PALHARES, Isabela. Maioria dos países reabriu escolas, mas ainda buscam estratégias para não voltar a fechá-las. Disponível em: https://www1.folha.uol.com.br/educacao/2021/02/maioria-dos-paises-reabriu-escolas-mas-ainda-buscam-estrategias-para-nao-voltar-a-fecha-las.shtml. Acesso em: 1º fev. 2021.

A reabertura das escolas para acolhimento das crianças e adolescentes também tem recebido um trato nada uniforme pelos estados brasileiros, levados não apenas pelo grau de gravidade da pandemia, mas pelos setores que elencam mais relevantes ou menos propícios a contágios, ao disciplinar a abertura: escola *versus* comércio, bares, restaurantes, shoppings etc...

Além da pandemia, o Brasil tem sofrido um desafio extra, que tem influenciado sobremaneira na forma do enfrentamento da pandemia: parece haver uma tendência de fechar os olhos para a ciência, para as descobertas científicas relativas à atuação do vírus nas pessoas, nas mais diferentes faixas etárias etc. Embora ainda tenha muito a se avançar sobre o coronavírus, estudos informam que crianças de 1 a 10 anos transmitem menos e podem ter sintomas mais leves (oligossintomáticos). Por isso, no balanceamento entre riscos e benefícios, pediatras tem recomendado a reabertura das escolas esteja na pauta de prioridades dos gestores políticos, a fim de que crianças possam ser melhor atendidas. Os estudos especializados sobre o tema concluem que:

> Embora o SARS-CoV-2 infecte pessoas de todas as idades, os dados disponíveis publicados até agora mostram que as crianças (ou seja, indivíduos com idade ≤ 17 anos) representam apenas 1-8% dos casos confirmados laboratorialmente de COVID-19 e para 2 a 4% dos pacientes internados. Além disso, as crianças raramente necessitam de internação hospitalar, internação em uma unidade de terapia intensiva, oxigenoterapia ou ventilação.[2](tradução nossa)

Além disso, dados científicos informam que crianças não são fortes vetores de transmissão:

> "(...) as crianças, particularmente crianças em idade escolar, são vetores muito menos importantes da transmissão SARS-CoV-2 do que os adultos. Portanto, deve-se considerar seriamente estratégias que permitam que as escolas permaneçam abertas, mesmo durante os períodos de disseminação do COVID-19. Ao fazê-lo, poderíamos minimizar os custos sociais, de desenvolvimento e de saúde potencialmente profundos que nossas crianças continuarão a sofrer até que um tratamento ou vacina eficaz possa ser desenvolvido e distribuído ou, caso contrário, até alcançarmos a imunidade do rebanho".[3]

Essas são as premissas científicas por meio das quais esse texto foi pensado: minimização dos danos que a COVID-19 causam em crianças, além do fato de crianças não serem grandes veiculadoras do vírus e foco de contaminação para a família.

---

2. LACHASSINNE, Eric; PONTUAL, Loïc de; CASERIS, Marion; LORROT, Mathie; GUILLUY, Carole; NAUD, Aurélie *et al*. Transmissão SARS-CoV-2 entre crianças e funcionários em creches durante um bloqueio nacional da França: um estudo transversal, multicentro, soroprevalência. Disponível em: SARS-CoV-2 transmissionamongchildrenand staff in daycare centres during a nationwidelockdown in France: a cross-sectional, multicentre, seroprevalencestudy – The Lancet Child&Adolescent Health. Acesso em: 10 fev. 2021.

3. LEE, Benjamin; RASKA, William v. Transmissão COVID-19 e Crianças: A Criança não é culpada. Pediatrics – OfficialJournalof American AcademyofPediatric. Disponível em: COVID-19 TransmissionandChildren: The ChildIsNottoBlame | American AcademyofPediatrics (aappublications.org). Acesso em: 11 fev. 2021.

2. EDUCAÇÃO COMO DIREITO DE CRIANÇAS E ADOLESCENTES: A IMPORTÂNCIA DA ESCOLA

"As crianças são sensíveis à atmosfera simbólica da comunidade. Tal ambiência pressentida é um envoltório, um halo, uma camada espessa e aglomerada de substâncias das histórias ouvidas, da recolha do amplo código das impressões adultas, das sapiências dos mais velhos, dos gestos dos trabalhos dos pais, dos cheiros das cozinhas, da súbita visão das mazelas nos corpos alheios, do burburinho e quietude das casas, das sonoridades da noite e do dia. A infância é um estado que se sustenta pelo contínuo trabalho de instilar, peneirar, filtrar o mundo. Crianças são como espécies de crustáceos dos bancos de areia do mar, espécies de pássaros garis da natureza: fazem continuamente o trabalho de renovar as sobras do mundo, digerindo-as em uma calórica forja imaginadora, transformando aquelas sobras, aquilo apanhado de pouquinho, em novos nutrientes, em artefatos da brincadeira, em crenças e certezas muito jovens, recém-nascidas, porém embevecidas de fascínio".[4]

Nos primeiros anos de vida, a criança desenvolve habilidades, competências, reconstrói conhecimentos, cria, recria e desfaz várias hipóteses sobre o outro, si mesmo e sobre o mundo. Em importante estudo do Departamento de Fisiologia, Laboratório de Neurociência e Educação da UFPR, destaca-se que "há uma intensa interação entre a estimulação precoce, via órgãos dos sentidos e a carga genética. Como consequência, produz-se um efeito decisivo no desenvolvimento cerebral da criança, com impacto de longa duração na fase adulta. O desenvolvimento do cérebro humano é mais do que natureza (patrimônio genético) versus criação (vivências, meio ambiente, cultura), mas uma substancial ênfase na interação".[5] Sabe-se que se desenvolvem muitas habilidades ao longo de toda a vida, contudo, na infância há períodos sensíveis de desenvolvimento específicos e que fazem das crianças esses crustáceos com a difícil tarefa de digerir as sobras do mundo e transformá-las em novos nutrientes para o futuro. Nesse período da escolarização, a Educação Infantil, com as experiências proporcionadas e, em especial, na interação com os amigos, como destaca a neurociência, a criança encontra a possibilidade de emancipação intelectual e afetiva.

As funções executivas têm importância fundamental no comportamento, na cognição e na emoção que, apoiados pela função executiva, possuem um desempenho melhor. Segundo a neurociência, em um primeiro momento desenvolvemos a memória operacional e o controle inibitório que juntos promovem a flexibilidade cognitiva que é necessária para o desenvolvimento de um alto nível de funções executivas que possuem um grande pico de desenvolvimento dos 4 aos 5 anos, conforme apresentado no gráfico abaixo. Depois dos 5 até os 20 anos há o desenvolvimento qualitativo dessas funções até o seu pico. Sem o desenvolvimento dessas funções o

---

4. PIORSKY G., apud CABINHA, Gabriela R. Terra de. Cabinha: pequeno inventário da vida de meninos e meninas do sertão. São Paulo: Peirópolis, 2016, p. 20.
5. BARTOSZECK, Amauri Betini; BARTOSZECK, Flavio Kulevicz. Neurociência dos seis primeiros anos – implicações educacionais. Disponível em: https://educacao.mppr.mp.br/arquivos/File/projeto_estrategico/argumentos_neurologicos_neurociencia_6_prim_anos_bartoszeck.pdf , p. 5. Acesso em: 20.02.2021.

indivíduo não consegue ir além de situações previamente conhecidas e condicionadas, o que dificulta o enfrentamento de situações problema, organização, atenção seletiva, regulação emocional, persistência, cumprimento de planos, entre outros. Na sociedade atual, acesso ao conteúdo não é a função prioritária da escola, afinal conteúdo está disponível nas diversas ferramentas de pesquisa do mundo digital, contudo vemos indivíduos com fragilidades no desenvolvimento dessas funções executivas.[6]

Weintraub et al. (in Press) - *Center on the Developing Child - Harvard University . National Forum on Early Childhood Policy and Programs. 2011*

O cérebro humano nasce com um número enorme de neurônios e ao longo do desenvolvimento, aqueles circuitos que não se desenvolvem e especializam em redes de conexões são "podados" e os neurônios morrem, por isso, não se pode negligenciar essas janelas de desenvolvimento que fazem parte da biologia humana e, muito menos, minimizar os impactos da negligência aos períodos de desenvolvimento das funções executivas.

Segundo Adel Diamond[7], tratar das funções executivas é necessariamente tratar e nutrir o espírito humano, ou seja, as condições de vida às quais a pessoa está exposta, inclusive de controle do estresse. A educação deve servir como um modo "de resistir ao esquecimento da infância que constitui todo ser humano"[8]. A psicanálise

---

6. Disponível em: https://carlatieppo.com.br/wp-content/uploads/2020/03/mente_cerebro_dez2014.pdf. Acesso em: 07 fev. 2021.
7. DIAMOND, Adele. Ciclo de Debates Gestão Educacional 2019 – Lições de Neurociência. Youtube. Disponível em: https://www.youtube.com/watch?v=axAfpYtjRV1 . Acesso em: 20 fev. 2021.
8. KOHAN, Walter. Vida e Morte da Infância, entre o humano e o inumano. Educ. Real. Porto Alegre, v. 35, n. 3, set./dez., 2010, p.125-137.

Lacaniana[9], a partir das teorizações Freudianas, aborda o campo da constituição psíquica dos sujeitos, que se inicia desde o nascimento na relação com a figura que faz a maternagem do bebê, uma relação de dependência em relação aos cuidados fisiológicos, visto que o bebê humano, diferente de outros animais, demora alguns anos para atingir a autonomia necessária para sobreviver sozinho. Atrelado ao cuidado e à maternagem, temos afetos, identificações e projeções, ou seja, a interação como fator primordial na constituição e desenvolvimento desse indivíduo. Essa relação é atravessada pela linguagem que apresenta à criança o mundo simbólico, nomeando os fenômenos que atravessam seu corpo biologicamente imaturo, assim como as reações afetivo/emocionais, ou até mesmo, fixam supostas características, habilidades ou dificuldades nesses sujeitos ainda em constituição. Jacques Lacan destaca no seminário 10: "Em relação ao Outro, o sujeito depende desse Outro inscreve-se como um cociente. É marcado pelo traço unário do significante no campo do Outro. Não é por isso, se assim posso dizer, que ele corta o Outro em rodelas.".[10] O Sujeito barrado é constituído através do Outro da linguagem que toma o sujeito como objeto e o nomeia. Ainda no seminário 10, Lacan retoma a lógica do significante como aquele que "gera um mundo, o mundo do sujeito falante (...)".[11]

O Sujeito falante está inserido na cultura, esse é o caminho que o bebê e depois a criança fazem por meio das suas interações que num primeiro momento acontecem no núcleo familiar e depois devem se expandir. Ou seja, outras figuras familiares e sociais progressivamente vão fazendo parte do mundo simbólico da criança que vai aumentando, ficando mais rico e diverso. E nesse movimento de expansão, o primeiro espaço social da criança é a escola, por isso a importância histórica de inclusão das crianças no ambiente escolar.[12]

---

9. LACAN, J. (2008). *Complexos familiares*. Rio de janeiro: Jorge Zahar. (Trabalho originalmente publicado em 1938).
10. LACAN, J. *Seminário 10*: a angústia, 1962-63, p. 36.
11. LACAN, J. *Seminário 10*: a angústia, 1962-63, p. 87.
12. A construção da identidade das creches e pré-escolas a partir do século XIX em nosso país insere-se no contexto da história das políticas de atendimento à infância, marcado por diferenciações em relação à classe social das crianças. Enquanto para as mais pobres essa história foi caracterizada pela vinculação aos órgãos de assistência social, para as crianças das classes mais abastadas, outro modelo se desenvolveu no diálogo com práticas escolares. Essa vinculação institucional diferenciada refletia uma fragmentação nas concepções sobre educação das crianças em espaços coletivos, compreendendo o cuidar como atividade meramente ligada ao corpo e destinada às crianças mais pobres, e o educar como experiência de promoção intelectual reservada aos filhos dos grupos socialmente privilegiados. Para além dessa especificidade, predominou ainda, por muito tempo, uma política caracterizada pela ausência de investimento público e pela não profissionalização da área. Em sintonia com os movimentos nacionais e internacionais, um novo paradigma do atendimento à infância – iniciado em 1959 com a Declaração Universal dos Direitos da Criança e do Adolescente e instituído no país pelo artigo 227 da Constituição Federal de 1988 e pelo Estatuto da Criança e do Adolescente (Lei 8.069/90) – tornou-se referência para os movimentos sociais de "luta por creche" e orientou a transição do entendimento da creche e pré-escola como um favor aos socialmente menos favorecidos para a compreensão desses espaços como um direito de todas as crianças à educação, independentemente de seu grupo social. O atendimento em creches e pré-escolas como um direito social das crianças se concretiza na Constituição de 1988, com o reconhecimento da Educação Infantil como dever do Estado com a Educação, processo que teve ampla participação dos movimentos comunitários, dos movimentos de mulheres, dos movimentos de redemocratização do país, além, evidentemente, das lutas dos próprios

Foi há pouco tempo, iniciou-se o cuidado e diminuição da segregação de acessos à educação no Brasil. Sabe-se que muito ainda deverá ser feito para se atingir o que está estabelecido pela legislação brasileira. Dentro da escola, junto da criança e seus pares, temos a figura do professor, profissional que precisa entender sobre o desenvolvimento infantil, considerando seus aspectos psicológicos e cognitivos. Munido de ferramentas pedagógicas e sociais, esse profissional intencionalmente propõe atividades, leitura, rodas de conversa, pesquisas, entre outras, baseadas no diagnóstico das necessidades e interesses do grupo e de cada criança. Esse trabalho de escuta pressupõe uma formação sólida que envolve autoconhecimento. Por isso, além de ser um espaço de acolhimento, cuidado e interação, a escola é um ambiente único de desenvolvimento.

A Educação Infantil é o início do percurso educacional e o acesso a ela favorece que este possa acontecer com equidade para todos. Além do acesso à educação, é necessário refletir sobre qual o tipo de escola esta sendo oferecido aos estudantes.

> A experiência é o que nos passa, o que nos acontece, o que nos toca. Não o que se passa, não o que acontece, ou o que toca. A cada dia se passam muitas coisas, porém, ao mesmo tempo, quase nada nos acontece. Dir-se-ia que tudo o que se passa está organizado para que nada nos aconteça.[13]

Segundo Paulo Freire, "ensinar exige segurança, competência profissional e generosidade"[14]. O autor destaca que a relação entre educador e criança, autoridade e liberdade, deve ser pautada na reinvenção do ser humano no aprendizado da autonomia. Ou seja, ao educador cabe se despir das vaidades e da posição de portador do saber e passar a testemunhar, junto às crianças, num compromisso ético, indo além dos conteúdos e entendendo a educação de maneira ampla, respeitando assim as individualidades e o processo de formação das crianças. "Currículo é experiência vivida e, como tal, envolve não só o levantamento dos conteúdos a serem "ensinados", mas também práticas, atitudes, formas de organização do trabalho. Por isso, educador, é fundamental que a implementação do currículo e dos planos de aula deve ir além do pilar do aprender a conhecer, construindo vivências e experiências

---

profissionais da educação. A partir desse novo ordenamento legal, creches e pré-escolas passaram a construir nova identidade na busca de superação de posições antagônicas e fragmentadas, sejam elas assistencialistas ou pautadas em uma perspectiva preparatória a etapas posteriores de escolarização. A Lei nº 9.394/96 (Lei de Diretrizes e Bases da Educação Nacional), regulamentando esse ordenamento, introduziu uma série de inovações em relação à Educação Básica, dentre as quais, a integração das creches nos sistemas de ensino compondo, junto com as pré-escolas, a primeira etapa da Educação Básica. Essa lei evidencia o estímulo à autonomia das unidades educacionais na organização flexível de seu currículo e a pluralidade de métodos pedagógicos, desde que assegurem aprendizagem, e reafirmou os artigos da Constituição Federal acerca do atendimento gratuito em creches e pré-escolas. (Diretrizes curriculares nacionais da educação básica, P81. 2013Disponível em: http://portal.mec.gov.br/index.php?option=com_docman&view=download&alias=-13448-diretrizes-curiculares-nacionais-2013-pdf&Itemid=30192. Acesso em: 10 fev. 2021).

13. BONDIA, Jorge Larrosa. Notas sobre a experiência e o saber de experiência. *Rev. Bras. Educ.*, Rio de Janeiro, n. 19, p. 21, Apr. 2002. Available from: http://www.scielo.br/scielo.php?script=sci_arttext&pid=S1413-24782002000100003&lng=en&nrm=iso. Access on: 17 jan. 2021.

14. FREIRE, Paulo. *Pedagogia da Autonomia*: Saberes necessários à prática Educativa. 53 Ed. Rio de Janeiro: Paz e Terra, 2016, p. 56.

que proporcionem também o aprender a fazer, o aprender a conviver e o aprender a ser (UNESCO, 2010)."[15]

> O sujeito age sobre o objeto, assimilando-o: essa ação assimiladora transforma o objeto. O objeto, ao ser assimilado, resiste aos instrumentos de assimilação de que o sujeito dispõe no momento. Por isso, o sujeito reage refazendo esses instrumentos ou construindo novos instrumentos, mais poderosos, com os quais se torna capaz de assimilar, isto é, de transformar objetos cada vez mais complexos. Essas transformações dos instrumentos de assimilação constituem a ação acomodadora. (...) (O processo educacional que nada transforma está negando a si mesmo.) O conhecimento não nasce com o indivíduo, nem é dado pelo meio social. O sujeito constrói seu conhecimento na interação com o meio tanto físico como social.[16]

Segundo Ítalo Dutra, chefe de Educação do UNICEF no Brasil, há uma infeliz interseccionalidade de vulnerabilidades entre estudantes: "Há, no Brasil, uma naturalização do fracasso escolar, fazendo com que a sociedade aceite que um perfil específico de estudante passe pela escola sem aprender, sendo reprovado diversas vezes até desistir. Essa situação já existia em 2019 e se agravou com a pandemia. Essa cultura do fracasso escolar acaba por excluir sempre os mesmos estudantes, que já sofrem outras violações de direitos dentro e fora da escola".[17] Apesar dos danos mais evidentes em alguns estudantes, a filósofa Viviane Mosé[18] destaca que, a escola como fábrica, dividida em disciplinas, grades curriculares, tempos escolares pré determinados, entre outros, traz graves prejuízos à todos os estudantes, cujas repercussões podem ser vistas na sociedade. Ao longo do processo escolar, na grande maioria das escolas brasileiras, os estudantes têm acesso a muitos conteúdos, contudo estes são apresentados desconectados da vida, de forma fragmentada e na maioria das vezes são esquecidos ou permanecem sem utilidade no seu dia a dia. A capacidade reflexiva e a autonomia intelectual vai se perdendo dentro da lógica do fracasso e da punição, ocorrendo uma inversão em que o estudante precisa se adequar às necessidades do professor e não o inverso, o que seria o adequado.

> Em 2019, 2,1 milhões de estudantes foram reprovados no Brasil, mais de 620 mil abandonaram a escola e mais de 6 milhões estavam em distorção idade-série. O perfil deles é bastante conhecido: concentram-se nas regiões Norte e Nordeste, são muitas vezes crianças e adolescentes negros e indígenas ou estudantes com deficiências. Com a pandemia da Covid-19, foi esse, também, o grupo de estudantes que enfrentou as maiores dificuldades para se manter aprendendo – agravando as desigualdades no País. Mais de 5,5 milhões de crianças e adolescentes não tiveram atividades

---

15. Comissão estadual para Implementação da Base Nacional Comum Curricular. *Currículo Referência de Minas Gerais*. Disponível em: http://basenacionalcomum.mec.gov.br/images/implementacao/curriculos_estados/documento_curricular_mg.pdf, p 15. Acesso em: 07 fev. 2021.
16. BECKER, Fernando. O que é Construtivismo? *Revista de Educação AEC*, Brasília, v. 21, n. 83, p. 7-15, abr./jun. 1992.
17. Cultura do fracasso escolar afeta milhões de estudantes e desigualdade se agrava na pandemia, alertam UNICEF e Instituto Claro. Disponível em https://www.unicef.org/brazil/comunicados-de-imprensa/cultura-do-fracasso-escolar-afeta-milhoes-de-estudantes-e-desigualdade-se-agrava-na-pandemia. Acesso em: 15 jan. 2021.
18. MOSÉ, Viviane. Café Filosófico: A Educação. Disponível em: https://vimeo.com/72198253. Acesso em: 20 fev. 2021.

escolares em 2020. É o que revela o estudo "Enfrentamento da cultura do fracasso escolar", lançado pelo UNICEF, em parceria com o Instituto Claro, e produzido pelo Cenpec Educação.

Toda a educação básica, que já enfrentava grandes dificuldades antes, sofre retrocessos na pandemia, em especial frente à inércia dos gestores da educação. Em documento elaborado pela Sociedade Brasileira de Pediatria sobre o retorno seguro nas escolas destaca-se: "Deve-se exigir a correção imediata da passividade na decisão isolada de manterem-se fechadas as escolas públicas, assim como da lentidão na busca de soluções para as questões estruturais e de fluxos, visando diminuir riscos de contaminação e mitigando danos, nos diversos aspectos que a COVID-19 determina".[19] Essa inércia seguiu meses a fio, apesar da publicação de diversos estudos, notas técnicas, recomendações de órgãos como UNICEF[20], OMS[21], Sociedade Brasileira de Pediatria, FIOCRUZ[22], CONTEE[23], dentre vários outros. Além da inércia em medidas efetivas de diagnóstico, planejamento e ação, muitos governantes[24] e formadores de opinião[25] contribuíram com a propagação de crenças anticientíficas que dificultaram a mitigação dos impactos da pandemia em seus aspectos biológicos e sociais. Assim como há posturas de negação da ciência em relação às medidas não farmacológicas de controle da transmissão do vírus, também há a negação da importância da reabertura segura da escola com a propagação de informações falsas que moveram um grande grupo social à crença da escola como lugar de risco e até mesmo criando a crença de que quem ama não deve optar pela modalidade presencial da escola. Essa leitura equivocada da situação acabou por promover uma leitura rasa, elitista e limitada à uma situação tão complexa.

Como citado anteriormente, o caráter avassalador na vida das crianças e jovens do prolongamento do fechamento das escolas, com efeitos a curto prazo já está amplamente divulgado na literatura com ansiedade, agressividade, comportamentos regressivos, depressão, tentativas de autoextermínio, evasão escolar, desnutrição, estresse, abusos, desnutrição e morte. Diametralmente oposto ao pequeno impacto biológico do vírus no corpo jovem, o grave impacto social do fechamento das escolas já pode ser conhecido e ainda será avaliado a longo prazo na vida dos futuros adultos. Segundo do documento da SBP: "As crianças e adolescentes representam menos do que 1% da mortalidade e respondem por 2-3% do total das internações. A maioria das crianças tem quadro leve ou assintomático." Pesquisas relativas à nova cepa indicam

---

19. Nota complementar. Retorno seguro nas escolas. Disponível em: https://www.sbp.com.br/fileadmin/user_upload/22896d-NC_-_Retorno_Seguro_nas_Escolas.pdf, p. 2. Acesso em: 07 fev. 2021.
20. Disponível em: http://contee.org.br/unicef-pede-as-prefeituras-brasileiras-seguranca-para-reabertura-das--escolas/.
21. Disponível em: https://www.unicef.org/brazil/comunicados-de-imprensa/reabertura-segura-das-escolas--deve-ser-prioridade-alertam-unicef-unesco-e-opas-oms.
22. Disponível em: https://portal.fiocruz.br/documento/manual-sobre-biosseguranca-para-reabertura-de-escolas-no-contexto-da-covid-19.
23. Disponível em: https://contee.org.br/reabertura-segura-das-escolas/.
24. Disponível em: https://www.otempo.com.br/cidades/kalil-esta-provado-que-a-escola-e-um-antro-de-contagio-de-coronavirus-1.2391479.
25. Disponível em: https://www.em.com.br/app/colunistas/carlos-starling/2020/11/28/noticia-carlos-starling,1215040/para-onde-foi-o-sorriso.shtml.

as mesmas conclusões em relação a crianças e adolescentes. A diferença é que, como essas novas variantes se transmitem com mais velocidade, aumentam os casos em todas as idades, mas não a gravidade em crianças.[26]

Quando se fala da importância da reabertura dos espaços escolares na pandemia, é necessário ampliar o conceito de vulnerabilidade em relação ao acesso à escola, para os aspectos social, emocional e de desenvolvimento (como destacado no início do artigo). Contudo, tal qual os governantes, os gestores da educação, como: Secretarias de Educação, Conselhos de Educação e entidades sindicais que representam os professores de forma surpreendente foram os que mais negaram o caráter prioritário da educação, agravando ainda mais os impactos sociais da pandemia. Em Belo Horizonte, por exemplo, somente no mês de junho de 2020[27], ou seja, 4 meses após as medidas de isolamento social, a secretaria de educação convocou formalmente as trabalhadoras da rede ao trabalho remoto. Vale destacar que muitas já estavam em contato com as crianças e famílias, mesmo no regime "sob aviso" instituído pelo município no período anterior. No mesmo período, frente às dificuldades financeiras dos pais em manter os filhos matriculados nas escolas privadas, a secretaria de educação não ofertou alternativas para acolhimento desses estudantes na rede municipal, optando por se preocupar com a punição ou não do adulto da criança fora da escola[28] e não na manutenção desse direito constitucional tão importante. Ao mesmo tempo, entidades sindicais[29] embarcaram em campanhas de disseminação de medo e negação das evidências científicas, dos campos: epidemiológico, social, econômico, psicológico e educacional, da importância da reabertura da escola. Essa negação prejudicou a agilidade na construção de soluções criativas para a reabertura da escola. Como descrito anteriormente, repensar as práticas educacionais é uma necessidade anterior à pandemia e que foram agravadas por ela.

> Uma educação integral, sonhada por Anísio Teixeira, Darcy Ribeiro, Paulo Freire, patrono da educação brasileira, e tantos outros, implica gestão democrática. A democracia vai estimular que cada um, de acordo com suas responsabilidades, sinta-se parte da comunidade escolar, defendendo os direitos coletivos, e contribua, com suas possibilidades, para um ambiente de aprendizagem seguro, alegre e solidário. A escola, equipamento público, patrimônio social e ativo comunitário, terá enfim condições de, como afirmou Paulo Freire, assumir seu papel de "centro de debates (...) onde a organização popular vai sistematizando sua própria experiência", condição crucial para realizar o sentido da educação como condição de liberdade.[30]

---

26. JUCÁ, Beatriz; SCHIMIDT, Steffanie. Covid-19 e crianças: o que se sabe até agora sobre os casos no Brasil e a preocupação com as novas cepas. Disponível em https://www.elpais.com/brasil/2021-01-27/covid-19-e--criancas-o-que-se-sabe-ate-agora-dos-casos-no-brasil-e-a-preocupacao-com-as-novas-cepas.html. Acesso em: 17 fev. 2021.
27. Disponível em: http://portal6.pbh.gov.br/dom/iniciaEdicao.do?method=DetalheArtigo&pk=1229816.
28. Disponível em: https://g1.globo.com/mg/minas-gerais/noticia/2020/06/19/coronavirus-pais-nao-serao-punidos-se-tirarem-filhos-de-escolas-particulares-diz-secretaria-municipal-de-educacao-de-bh.ghtml.
29. Disponível em: https://www.instagram.com/p/CKpaBQGnXcZ/?hl=pt e https://sindrede.org.br/volta-as--aulas-porque-os-trabalhadores-em-educacao-da-rede-sao-contra/.
30. Manifesto *Ocupar escolas, proteger pessoas, recriar a educação*, organizado por entidades 28 da saúde e da educação, Disponível em: https://www.abrasco.org.br/site/wp-content/uploads/2020/10/MANIFESTO-_OCUPAR-ESCOLAS-PROTEGER-PESSOAS-RECRIAR-A-EDUCACAO_2-1.pdf . p.16. Acesso em: 14 fev. 2021.

3. CRIANÇAS E ADOLESCENTES COMO PRIORIDADE ABSOLUTA

A Declaração Universal dos Direitos da Criança de 1959 é o primeiro documento internacional que se debruça sobre a criança e adolescente, priorizando direitos e valorizando essa fase especial da vida em que estão em formação. Em seu princípio II, determina que a criança gozará de proteção especial capaz de proporcionar condições para que tenha uma vida digna, desenvolvimento saudável nas mais diversas searas e nos diferentes aspectos da sua vida. Além disso, o princípio VII estabelece seu direito à educação gratuita, como meio viabilizador da cultura e que tem como escopo viabilizar que seja alguém que tenha condições de participar da sociedade, sendo seu interesse o vetor que conduz toda a sua vida.

O art. 227 da Constituição Federal estabelece, exemplificativamente, os direitos fundamentais de crianças e adolescentes, sem prejuízo de outros direitos fundamentais dirigidos aos adultos na própria Carta Magna como em outros diplomas legislativos. O investimento normativo destacado que o Texto Constitucional fez nessa camada da população se justifica no fato de serem pessoas em desenvolvimento, que devem ser protegidos enquanto vivem essa fase da vida, em razão da relevância dessas experiências na formação da sua personalidade. É isso que justifica o fato desse dispositivo da Carta Maior determinar que são prioridade absoluta: não apenas porque são os adultos do amanhã, mas porque infância e adolescência são fases da vida que devem ser protegidas e promovidas como fins em si mesmas, para que possam ser permeadas – o tanto quanto possível – de experiencias (positivas) que vão marcar para sempre a trajetória desses pequenos.

Essa especial condição de desenvolvimento fomentou a doutrina da proteção integral e o princípio do melhor interesse. Eles pressupõem que as necessidades das crianças devem ser priorizadas, em detrimento de outros setores e de outros membros da família, ao mesmo tempo em que se lança um olhar sobre todas as dimensões da infância e da adolescência, para que seu desenvolvimento possa ser completo e atinja as mais diferentes searas da sua vida. Sabe-se que "analisar o melhor interesse em cada caso é uma tarefa árdua e uma obrigação imposta a todos aqueles que trabalham com crianças e adolescentes. A principal dificuldade está no fato de o julgador ter de considerar o momento atual no qual a decisão é tomada e examinar os impactos de tal medida no futuro daquela criança ou daquele adolescente para, então, determinar o melhor caminho para aquela situação".[31] Por isso, na reflexão sobre o retorno às aulas presenciais, no pensamento entre riscos e benefícios, deve-se dimensionar os impactos dessa decisão no presente e no futuro de milhares de crianças e adolescentes para, aí então, traçar a melhor alternativa para essa situação, que, em razão da particularidade da pandemia, não pode deixar de ser avaliada e repensada constantemente. Embora haja necessidade de se conjugar múltiplos aspectos na decisão política a

---

31. VIEIRA, Marcelo de Mello. O melhor interesse da criança e o direito à convivência familiar: estabelecendo parâmetros para análise do princípio a partir das decisões do STJ. In: LARA, Mariana; VIEIRA, Marcelo de Mello (Coord.). *O Direito Civil nos Tribunais Superiores*. p. 636.

respeito do momento de se escalonar a abertura das atividades, é o momento de se pensar as prioridades políticas.

Após a decisão política pela reabertura das escolas, a definição se a criança frequentará ou não a escola presencialmente pertence, por ora, aos pais. Por isso, faz-se necessário investigar a amplitude da autoridade parental nesse sentido.

4. AUTORIDADE PARENTAL E O RETORNO ÀS AULAS PRESENCIAIS

Depois de analisada a importância da educação na escola, em razão de todos os benefícios que ela gera, não se pode ignorar que essa questão se tornou um dilema para vários pais: deixar ou não deixar seus filhos retornarem às aulas presenciais. As mais diferentes respostas têm sido objeto de reflexão das famílias, em razão dos seus valores, temores e particularidades. Por isso, pergunta-se: está no âmbito decisório da autoridade parental definir se os filhos voltam ou não para a escola após reabertura dos espaços escolares? Até quando os pais têm essa possibilidade de decidir? Como fica a situação dos pais separados que divergem quanto ao tema? Essas são as perguntas cujas respostas serão objeto de reflexão.

Primeiramente, cabe esclarecer que, nesse momento (início de 2021, ainda sem vacinação em massa) a proposta de reabertura das escolas pressupõe todos os cuidados e protocolos de saúde e se dá por meio do sistema voluntário e híbrido, que comporta duas abordagens: (i) os pais podem definir, de acordo com as prioridades e a situação de saúde de cada família, se os filhos retornam ou não às aulas presenciais e (ii) as turmas farão um rodízio, pois as escolas terão um limite para sua ocupação, de modo que as atividades serão presenciais e remotas. O acompanhamento escolar online será mantido. Nesse contexto, caberá aos pais definir o que é mais adequado para seus filhos e para a sua família, dentro do sistema de valores e prioridades por eles eleito, pois se trata de eleger quais riscos essa família pode correr em termos de saúde, comorbidades existentes etc. Justifica-se que essa decisão esteja no poder decisório dos pais, por ora, pois o ensino ainda será híbrido, com aulas *online* e presenciais, ou seja, apesar das limitações presentes no ensino *online*, em especial para as crianças mais novas, o aluno não receberá falta por não ir presencialmente à escola, uma vez que poderá continuar a receber educação remota em casa.

No caso de divergência entre os pais, a situação se torna complexa, principalmente quando forem separados e têm visões de mundo diversas a respeito do tema. O ideal é que sejam apoiados por alguém que possa facilitar o diálogo e a compreensão dos motivos um do outro, a fim de que possam aferir o que de fato é o melhor interesse do seu filho, as repercussões do retorno e da manutenção do ensino remoto exclusivamente, como essa decisão repercutirá na saúde – física e mental – da criança ou do adolescente. No entanto, se não conseguirem chegar a um denominador comum sobre o que é melhor para seu filho, por se tratar de divergência no exercício da autoridade parental, a alternativa é a busca pelo Poder Judiciário para que esse possa dirimir a controvérsia, como já aconteceu no TJDFT. Foi ajuizada ação de suprimento de consentimento paterno pela mãe de duas crianças, pois com o retorno das atividades escolares presenciais na comarca, o pai tencionava o retorno das filhas e a mãe, por outro lado, entendia que o melhor é que as crianças fossem mantidas no ensino remoto. Não foi alegada a existência de qualquer comorbidade relativa às crianças ou à família. Entretanto, em primeira instância, foi decidido que "havendo a opção por aulas *online*, sem prejuízos pedagógicos, deve-se optar por essa modalidade de ensino, pois tal medida, ao mesmo tempo em que atende ao interesse educacional, apresenta maior eficácia no tocante à segurança contra eventual contaminação pela covid-19".[32] O pai recorreu ao Tribunal que manteve a decisão, ao argumento de que o ano letivo estava prestes a se encerrar (a decisão é de outubro de 2020) e a manutenção do ensino remoto não causava nenhum prejuízo aos filhos:

"revela-se notório que a opção por aulas em formato, por promover o isolamento social online e reduzir a circulação de pessoas, assegura não só o melhor interesse da criança (que, no caso, serão acompanhadas pela mãe), mas, também, de toda a coletividade, porquanto reduz o impacto da situação calamitosa. Outrossim, tem-se que as aulas atendem ao interesse educacional. Veja-se que inexiste qualquer online elemento a caracterizar a queda na qualidade de ensino pela adoção desse modelo".[33]

Verifica-se uma tendência de se manter o ensino online, pois, pela perspectiva da pandemia, protege-se a criança e o adolescente do contágio pelo coronavírus. No entanto, sugere-se uma análise mais aprofundada naquele contexto familiar, na medida em que a pessoa menor de idade deve ser pensada de forma integral, verificando, também, suas demais necessidades.

Também é necessário se refletir sobre o estabelecimento de um marco final para que essa decisão do retorno presencial ao colégio saia do poder decisório dos pais, pois não se pode perder de vista que a matrícula e a presença na escola são obrigatórias por lei para crianças e adolescentes de 4 a 17 anos, devendo os pais acompanharem seus filhos e supervisionarem a educação formal (arts. 53 e ss. do Estatuto da Criança e do Adolescente – ECA).

Além disso, o Supremo Tribunal Federal já se debruçou sobre a questão de ser ou não facultada aos pais a escolha da forma em que o ensino ocorrerá: se na escola ou em casa. O *homeschooling* foi objeto de decisão do STF, por meio do RE 888.815, julgado pelo plenário em setembro de 2018.[34] Os recorrentes fundamentaram seu pedido na amplitude da educação, que não pode se restringir à instrução formal

---

32. 2ª Vara de Família, Órfãos e Sucessões de Águas Claras. Julg. 28.9.2020. Disponível em: http://ibdfam.org.br/assets/img/upload/files/decisao%20volta%20as%20aulas%2001.pdf. Acesso em: 10 fev. 2021.
33. TJDF, AI, Desª. Simone Costa Lucindo Ferreira, julg. 05.05.2020. Disponível em: http://ibdfam.org.br/assets/img/upload/files/decisao%20volta%20as%20aulas%2002.pdf. Acesso em: 10 fev. 2021.
34. Os pais de uma criança, à época com 11 anos, impetraram mandado de segurança contra ato da Secretaria de Educação do Município de Canela (RS) que negou pedido para que a menina fosse educada em casa, orientando-os a fazer matrícula na rede regular de ensino, na qual a menor havia estudado até então. Tanto em primeira quanto em segunda instância (TJRS), houve negativa do pleito dos pais, sob o fundamento de não haver previsão legal de ensino nessa modalidade, razão pela qual inexiste direito líquido e certo a ser amparado.

numa instituição convencional de ensino, bem como nos princípios da liberdade de ensino e do pluralismo de ideias e de concepções pedagógicas (art. 206, incisos II e III), cabendo tal escolha aos pais, no âmbito da autonomia familiar assegurada pela Constituição.[35] Por ocasião do julgamento, foi decidido que o ensino domiciliar não é proibido pela Constituição, mas só pode ser exercido conforme futura regulamentação legal que preveja requisitos mínimos, tais como frequência e avaliação pedagógica, a fim de que o menor não fique completamente alijado dos parâmetros coletivos de ensino.[36] Ou seja, a situação de ensino remoto – mesmo que não se enquadre exatamente nessa ideia de *homeschooling* – é excepcional e justifica-se enquanto durar a pandemia e enquanto não houver vacinação em massa.

Afinal, uma pandemia dessa proporção pode causar inúmeros efeitos deletérios, tais como: meninas que são absorvidas pelo trabalho doméstico e que o retorno às atividades escolares se torna menos interessante para os arranjos familiares,[37] aumento de abusos e violência contra crianças e adolescentes,[38] além de um agravamento das desigualdades sociais, dificuldades de alimentação para aqueles que dependem da escola para fins de nutrição, sem contar os prejuízos relativos à socialização, *déficit* educacional gerados pelas dificuldades de acesso à Internet e a computadores para assistir aulas online etc. Se o ensino remoto, por si só, já pode gerar desafios, o que dirá para a população de baixa renda.

> "Além disso, é preciso considerar um conjunto de fatores que podem afetar o processo de aprendizagem remoto no período de isolamento da pandemia, tais como: as diferenças no aprendizado entre os alunos que têm maiores possibilidades de apoio dos pais; as desigualdades entre as diferentes redes e escolas de apoiar remotamente a aprendizagem de seus alunos; as diferenças observadas entre os alunos de uma mesma escola em sua resiliência, motivação e habilidades para aprender de forma autônoma online ou off-line; as diferenças entre os sistemas de ensino em sua capacidade de implementar respostas educacionais eficazes; e, as diferenças entre os alunos que têm acesso ou não à internet e/ou aqueles que não têm oportunidades de acesso às a atividades síncronas ou assíncronas. Todos esses fatores podem ampliar as desigualdades educacionais já existentes. No caso brasileiro, a pandemia surgiu em meio a uma crise de aprendizagem, que poderá ampliar ainda mais as desigualdades existentes. O retorno exigirá grande esforço de readaptação e de aperfeiçoamento do processo de ensino e aprendizagem".[39]

---

35. STF, RE 888.815, Rel. Min. Luís Roberto Barroso, repercussão geral julgada em 04.06.2015, com a seguinte ementa: "1. Constitui questão constitucional saber se o ensino domiciliar (*homeschooling*) pode ser proibido pelo Estado ou viabilizado como meio lícito de cumprimento, pela família, do dever de prover educação, tal como previsto no art. 205 da CRFB/1988. 2. Repercussão geral reconhecida".
36. Sobre o tema: BODIN DE MORAES, Maria Celina; SOUZA, Eduardo Nunes de. Educação e cultura no Brasil: a questão do ensino domiciliar. In: Ana Carolina Brochado Teixeira; Luciana Dadalto (Org.). *Autoridade parental*: dilemas e desafios contemporâneos. Indaiatuba: Foco, 2019, p. 93-124.
37. Note-se aqui grave problema de gênero, pois esse motivo de apoio doméstico acontece principalmente com meninas.
38. PLATT, Vanessa Borges; GUEDERT, Jucelia Maria; COELHO, Elza Berger Saleme. Violência contra crianças e adolescentes: notificações e alerta em tempos de pandemia. Rev. paul. pediatr. v. 39 São Paulo 2021 Epub Oct 28, 2020. Disponível em http://www.scielo.br/scielo.php?pid=S0103-05822021000100434&script=sci_arttext&tlng=pt. Acesso em: 17 fev. 2021.
39. Disponível em: https://www.cnm.org.br/cms/images/stories/Links/09072020_NovoParecer_Educacao.pdf. Acesso em: 20 jan. 2021.

Diante disso, a presença física de crianças e adolescentes volta ao controle do Estado logo que finda a pandemia com a vacinação em massa. Nesse caso, será necessário que o Poder Público verifique pontualmente os casos de alunos que ainda não retornaram a fim de ouvir as famílias e fazer com que essas crianças ou adolescentes voltem ao estudo, manejando as medidas de proteção do Estatuto da Criança e do Adolescente para viabilizar esse intuito.

5. CONCLUSÃO

As pesquisas científicas até o momento corroboram que:

"a transmissão do SARS-CoV-2 nas escolas pode ser menos importante na transmissão comunitária do que se temia inicialmente. Esta seria outra maneira pela qual o SARS-CoV-2 difere drasticamente da gripe, para a qual a transmissão escolar é bem reconhecida como um driver significativo de doença epidêmica e forma a base para a maioria das evidências sobre o fechamento escolar como estratégia de saúde pública. Embora dois relatórios estejam longe de ser definitivos, os pesquisadores fornecem a garantia precoce de que a transmissão escolar pode ser um problema gerenciável, e o fechamento de escolas pode não ter que ser uma conclusão precipitada, particularmente para crianças em idade escolar que parecem estar com o menor risco de infecção. Apoio adicional vem de modelos matemáticos, que acham que o fechamento de escolas sozinho pode ser insuficiente para impedir a propagação epidêmica e têm impactos globais modestos em comparação com medidas mais amplas de distanciamento físico em toda a comunidade".[40]

Diante disso, constatou-se que é possível de forma planejada e com a maior segurança, um retorno gradual presencial às escolas. Verificou-se a importância da educação, da socialização para a formação da criança e do adolescente. É exatamente esse grande impacto na formação integral da pessoa que se justifica a fundamentalidade desse direito, com sede constitucional. Por isso, passados 11 (onze) meses de confinamento social, com muitos locais ainda com escolas fechadas, é necessário repensar as prioridades políticas, reforçando os protocolos de segurança nas escolas para que seja possível o retorno, num primeiro momento, na modalidade híbrida.

Enquanto ainda houver pandemia e a população não estiver vacinada em massa, caberá aos pais avaliar, sopesar e decidir se seu filho retorna ou não ao ensino presencial, de acordo com as peculiaridades de cada família, principalmente eventuais comorbidades existentes. Entretanto, finda essa fase, não há justificativas para que a lei que determina que, no Brasil, o ensino é presencial entre 4 e 17 anos, não seja cumprida.

Por esse motivo, a volta presencial dos estudantes a ambiente escolar é medida que se impõe, resguardados todos os protocolos de segurança. Para isso, a educação precisa ser prioridade na gestão municipal, estadual e federal com os investimentos

---

40. LEE, Benjamin; RASKA, William v. Transmissão COVID-19 e Crianças: A Criança não é culpada. Pediatrics – OfficialJournalof American AcademyofPediatric. Disponível em: COVID-19 TransmissionandChildren: The ChildIsNottoBlame | American AcademyofPediatrics (aappublications.org). Acesso em: 11 fev. 2021.

necessários para reformas, fornecimento de EPIs, treinamentos, espaços de construção intersetorial, campanhas de conscientização sobre as medidas não farmacológicas de controle da pandemia, testagem e rastreio de contatos.

REFERÊNCIAS BIBLIOGRÁFICAS

BARTOSZECK, Amauri Betini; BARTOSZECK, Flavio Kulevicz. Neurociência dos seis primeiros anos – implicações educacionais. Disponível em: https://educacao.mppr.mp.br/arquivos/File/projeto_estrategico/argumentos_neurologicos_neurociencia_6_prim_anos_bartoszeck.pdf, p. 5. Acesso em: 20 fev. 2021.

BECKER, Fernando. O que é Construtivismo? *Revista de Educação AEC*, Brasília, v. 21, n. 83, p. 7-15, abr./jun. 1992.

BODIN DE MORAES, Maria Celina; SOUZA, Eduardo Nunes de. Educação e cultura no Brasil: a questão do ensino domiciliar. In: TEIXEIRA, Ana Carolina Brochado; DADALTO, Luciana (Org.). *Autoridade parental*: dilemas e desafios contemporâneos. Indaiatuba: Foco, 2019.

BONDIA, Jorge Larrosa. Notas sobre a experiência e o saber de experiência. *Rev. Bras. Educ*. Rio de Janeiro, n. 19, p. 21, Apr. 2002. Available from: http://www.scielo.br/scielo.php?script=sci_arttext&pid=S1413-24782002000100003&lng=en&nrm=iso. Access on: 17 jan. 2021.

Comissão estadual para Implementação da Base Nacional Comum Curricular. *Currículo Referência de Minas Gerais*. Disponível em: http://basenacionalcomum.mec.gov.br/images/implementacao/curriculos_estados/documento_curricular_mg.pdf, p 15. Acesso em: 07 fev. 2021.

Cultura do fracasso escolar afeta milhões de estudantes e desigualdade se agrava na pandemia, alertam UNICEF e Instituto Claro. Disponível em: https://www.unicef.org/brazil/comunicados-de-imprensa/cultura-do-fracasso-escolar-afeta-milhoes-de-estudantes-e-desigualdade-se-agrava-na-pandemia. Acesso em: 15 jan. 2021.

DIAMOND, Adele. Ciclo de Debates Gestão Educacional 2019 – Lições de Neurociência. Youtube. Disponível em: https://www.youtube.com/watch?v=axAfpYtjRVI. Acesso em: 20 fev. 2021.

Diretrizes curriculares nacionais da educação básica, P81. 2013. Disponível em: http://portal.mec.gov.br/index.php?option=com_docman&view=download&alias=13448-diretrizes-curiculares-nacionais-2013-pdf&Itemid=30192. Acesso em: 10 fev. 2021.

FREIRE, Paulo. *Pedagogia da Autonomia*: Saberes necessários à prática Educativa. 53 Ed. Rio de Janeiro: Paz e Terra, 2016.

KOHAN, Walter. Vida e Morte da Infância, entre o humano e o inumano. *Educ. Real*. Porto Alegre, v. 35, n. 3, set./dez. 2010, p.125-137.

JUCÁ, Beatriz; SCHIMIDT, Steffanie. Covid-19 e crianças: o que se sabe até agora sobre os casos no Brasil e a preocupação com as novas cepas. Disponível em: https://www.elpais.com/brasil/2021-01-27/covid-19-e-criancas-o-que-se-sabe-ate-agora-dos-casos-no-brasil-e-a-preocupacao-com-as-novas--cepas.html. Acesso em: 17 fev. 2021.

LACAN, J. (2008). *Complexos familiares*. Rio de janeiro: Jorge Zahar. (Trabalho originalmente publicado em 1938).

LACAN, J. *Seminário 10*: a angústia, 1962-63, p. 87.

LEE, Benjamin; RASKA, William v. Transmissão COVID-19 e Crianças: A Criança não é culpada. Pediatrics – OfficialJournalof American AcademyofPediatric. Disponível em: COVID-19 TransmissionandChildren: The ChildIsNottoBlame | American AcademyofPediatrics (aappublications.org). Acesso em: 11 fev. 2021.

MOSÉ, Viviane. Café Filosófico: A Educação. Disponível em: https://vimeo.com/72198253. Acesso em: 20 fev. 2021.

Nota complementar. Retorno seguro nas escolas. Disponível em: https://www.sbp.com.br/fileadmin/user_upload/22896d-NC_-_Retorno_Seguro_nas_Escolas.pdf, p. 2. Acesso em: 07 fev. 2021.

PALHARES, Isabela. Maioria dos países reabriu escolas, mas ainda buscam estratégias para não voltar a fechá-las. Disponível em: https://www1.folha.uol.com.br/educacao/2021/02/maioria-dos-paises--reabriu-escolas-mas-ainda-buscam-estrategias-para-nao-voltar-a-fecha-las.shtml. Acesso em: 1º fev. 2021.

PLATT, Vanessa Borges; GUEDERT, Jucelia Maria; COELHO, Elza Berger Saleme. Violência contra crianças e adolescentes: notificações e alerta em tempos de pandemia. Rev. paul. pediatr. v. 39. São Paulo 2021 Epub Oct 28, 2020. Disponível em: http://www.scielo.br/scielo.php?pid=S0103-05822021000100434&script=sci_arttext&tlng=pt. Acesso em: 17 fev. 2021.

PIORSKY G., apud CABINHA, Gabriela R. Terra de. Cabinha: pequeno inventário da vida de meninos e meninas do sertão. São Paulo: Peirópolis, 2016, p. 20.

VIEIRA, Marcelo de Mello. O melhor interesse da criança e o direito à convivência familiar: estabelecendo parâmetros para análise do princípio a partir das decisões do STJ. In: LARA, Mariana; VIEIRA, Marcelo de Mello (Coord.) *O Direito Civil nos Tribunais Superiores*. Belo Horizonte: D'Plácido, 2020.

Transmissão SARS-CoV-2 entre crianças e funcionários em creches durante um bloqueio nacional da França: um estudo transversal, multicentro, soroprevalência. Disponível em: SARS-CoV-2 transmissionamongchildrenand staff in daycare centres during a nationwidelockdown in France: a cross-sectional, multicentre, seroprevalencestudy – The Lancet Child&Adolescent Health. Acesso em: 10 fev. 2021.

Sites consultados

https://carlatieppo.com.br/wp-content/uploads/2020/03/mente_cerebro_dez2014.pdf.

http://contee.org.br/unicef-pede-as-prefeituras-brasileiras-seguranca-para-reabertura-das-escolas/.

https://www.unicef.org/brazil/comunicados-de-imprensa/reabertura-segura-das-escolas-deve-ser-prioridade-alertam-unicef-unesco-e-opas-oms.

https://portal.fiocruz.br/documento/manual-sobre-biosseguranca-para-reabertura-de-escolas-no-contexto-da-covid-19

https://contee.org.br/reabertura-segura-das-escolas/.

https://www.otempo.com.br/cidades/kalil-esta-provado-que-a-escola-e-um-antro-de-contagio-de-coronavirus-1.2391479.

https://www.em.com.br/app/colunistas/carlos-starling/2020/11/28/noticia-carlos-starling,1215040/para-onde-foi-o-sorriso.shtml.

http://portal6.pbh.gov.br/dom/iniciaEdicao.do?method=DetalheArtigo&pk=1229816.

https://g1.globo.com/mg/minas-gerais/noticia/2020/06/19/coronavirus-pais-nao-serao-punidos-se-tirarem-filhos-de-escolas-particulares-diz-secretaria-municipal-de-educacao-de-bh.ghtml.

https://www.instagram.com/p/CKpaBQGnXcZ/?hl=pt e.

https://sindrede.org.br/volta-as-aulas-porque-os-trabalhadores-em-educacao-da-rede-sao-contra/

https://www.cnm.org.br/cms/images/stories/Links/09072020_NovoParecer_Educacao.pdf.

(OVER)SHARENTING: A SUPEREXPOSIÇÃO DA IMAGEM E DOS DADOS DA CRIANÇA NA INTERNET E O PAPEL DA AUTORIDADE PARENTAL

Filipe Medon

Doutorando e Mestre em Direito Civil pela Universidade do Estado do Rio de Janeiro (UERJ). Professor Substituto de Direito Civil na Universidade Federal do Rio de Janeiro (UFRJ) e de cursos de Pós-Graduação do Instituto New Law, PUC-Rio, CEPED-UERJ, EMERJ, CEDIN e do Curso Trevo. Membro da Comissão de Proteção de Dados e Privacidade da OAB-RJ e do Instituto Brasileiro de Estudos de Responsabilidade Civil (IBERC). Advogado e pesquisador. Instagram: @filipe.medon.

Sumário: 1. Notas introdutórias: os casos de superexposição ganham a mídia na quarentena. – 2. O que é o (over)sharenting? – 3. Os riscos e os danos causados pelo (over)sharenting. – 4. A autoridade parental em face das novas tecnologias. – 5. Conclusão. Referências

1. NOTAS INTRODUTÓRIAS: OS CASOS DE SUPEREXPOSIÇÃO GANHAM A MÍDIA NA QUARENTENA

A Pandemia da Covid-19 impôs sensíveis transformações na vida em sociedade, muitas das quais acabaram repercutindo também na esfera jurídica. No âmbito do Direito de Família, por exemplo, com a opção de vários casais de namorados em passar a quarentena numa mesma casa, questionou-se acerca dos requisitos para constituição de união estável.[1] Ao lado disso, pais e filhos isolaram-se em casa por longos meses, passando a integrar conturbada equação ao lado de *smartphones*. Percebeu-se, então, a necessidade de se dedicar atenção ainda maior para os desafios da autoridade parental no ambiente digital, seja por meio do controle da superexposição da imagem e dos dados da criança, seja pelo dever de garantir educação digital aos filhos, isto é, a sua introdução responsável à *Internet*.

Ganhou a mídia o caso "Bel Para Meninas", alusivo ao canal no YouTube com mais de 7,6 milhões de inscritos[2] da adolescente "Bel", cuja mãe registra desde a infância seu dia a dia com a irmã, como tantos outros pais têm feito em canais semelhantes ao redor do mundo, mesmo antes da quarentena. A repercussão do caso, no entanto, se deu por conta de exposições vexatórias da imagem da menor nos vídeos.

---

1. PIRES, Caio Ribeiro; CRUZ, Elisa. A 'cama de tatame pela vida afora': os rumos da união estável a partir do convívio durante o isolamento social. *Jota*, 17 jun. 2020. Disponível em: https://www.jota.info/opiniao-e--analise/artigos/a-cama-de-tatame-pela-vida-afora-17062020. Acesso em: 30 jun. 2020.
2. Disponível em: https://www.youtube.com/c/Belparameninas/about. Acesso em: 25 jan. 2021.

Há cenas em que "a mãe faz a filha lamber uma mistura de leite com bacalhau, comer um sabonete como se fosse picolé, e quebra um ovo na cabeça da menina."[3] Em uma delas, Bel começa a vomitar e a mãe parece obrigá-la a continuar a gravação.

O assunto já vinha causando polêmica há algum tempo e gerou até a *hashtag* #SalveBelParaMeninas, que virou *trending topic* no Twitter, após circular na rede uma série de vídeos em que a menor é visivelmente constrangida a realizar atos vexatórios. A mãe ainda é acusada de infantilizar a menina nos vídeos do canal, que gera renda para toda a família:[4] "só o livro Segredos da Bel para Meninas, lançado em 2016, vendeu mais de 100 000 exemplares."[5]

Não tardou para que o caso chegasse ao Judiciário. Segundo reportagem da Revista Veja, após inúmeras denúncias, o Conselho Tutelar fez duas visitas à residência da família e elaborou parecer para o Ministério Público. O relatório cita as expressões "exposição vexatória e degradante".[6] Em seguida, os pais da menina foram obrigados, por decisão judicial, a retirar do ar todos os vídeos do canal "Bel para Meninas", que, juntos, somavam mais de 2 bilhões de visualizações. A decisão, que está sob sigilo, determinou, ainda, que a menor não se manifestasse publicamente sobre o assunto.

O Ministério Público analisa a acusação de que a menina estaria sendo submetida a exposição vexatória e constrangimento. O perito técnico facial Vitor Santos analisou os vídeos do canal e destacou atitudes invasivas por parte da mãe, que revela aspectos íntimos da criança, expondo, em mais de um vídeo, "a filha chorando, ou por ter tirado nota baixa, ou por não ter conseguido fazer algo, enfim, alguma situação onde a Bel é menosprezada pelo contexto da situação."[7] Após a determinação judicial, os pais postaram um vídeo desabafando, no dia 27/05/2020, por meio do qual alegam que nunca maltrataram as filhas.[8] Na data de fechamento deste artigo, o canal já havia retornado ao ar, com publicações semanais.

O caso "Bel para Meninas", apesar de revelar situação extrema, permite trazer à discussão essa superexposição de crianças nas redes sociais por seus pais, que tem

---

3. "Bel para meninas": quando o bullying vem dos pais: crianças expostas a situações constrangedoras podem sofrer desde baixa autoestima a tentativa de suicídio. *Veja Rio*, 29 jun. 2020. Disponível em: https://vejario.abril.com.br/blog/manual-de-sobrevivencia-no-seculo-21/bullying-pais/. Acesso em: 30 jun. 2020.
4. Remoção de vídeos e análise do MP: avanços do caso "Bel para Meninas". *Veja*. Disponível em: https://veja.abril.com.br/blog/veja-gente/justi%C3%A7a-determina-a-remocao-de-todos-os-videos-do-canal-bel-pa-ra-meninas/. Acesso em: 29 maio 2020.
5. BATISTA JR., João. A polêmica do canal 'Bel para Meninas': "Exposição vexatória e degradante". *Veja*, 22 maio 2020. Disponível em: https://veja.abril.com.br/blog/veja-gente/a-polemica-do-canal-bel-para-meni-nas-exposicao-vexatoria-e-degradante/. Acesso em: 30 jun. 2020.
6. BATISTA JR., João. A polêmica do canal 'Bel para Meninas': "Exposição vexatória e degradante". *Veja*, 22 maio 2020. Disponível em: https://veja.abril.com.br/blog/veja-gente/a-polemica-do-canal-bel-para-meni-nas-exposicao-vexatoria-e-degradante/. Acesso em: 30 jun. 2020.
7. Perito analisa linguagem corporal de mãe e filha em 'Bel para meninas'. *Jornal Correio*, 21 maio 2020. Disponível em: https://www.correio24horas.com.br/noticia/nid/perito-analisa-linguagem-corporal-de-mae--e-filha-em-bel-para-meninas-assista/. Acesso em: 30 jun. 2020.
8. Remoção de vídeos e análise do MP: avanços do caso "Bel para Meninas". *Veja*. Disponível em: https://veja.abril.com.br/blog/veja-gente/justi%C3%A7a-determina-a-remocao-de-todos-os-videos-do-canal-bel-pa-ra-meninas/. Acesso em: 29 maio 2020.

sido designada sob a nomenclatura de *"sharenting"* ou *"over-sharenting"*. Inicialmente exibidas por genitores ou parentes próximos, não raro a exposição *online* passa a ser em algum momento a vontade da própria criança/adolescente: é o que se viu na pandemia com a explosão do número de menores com contas no aplicativo *TikTok*.[9] Por certo, tanto a vontade, como a autonomia dessas pessoas humanas em desenvolvimento devem ser consideradas, mas há que se investigar – como está sendo feito no "Caso Bel" – se os filhos não estão fazendo aquilo por pressão dos pais.

O episódio também ressalta a importância da atuação dos Conselhos Tutelares e, em última análise, do Ministério Público, enquanto guardião da infância e da juventude, para investigar eventuais abusos e judicializá-los quando necessário. Trata-se, em última análise, de uma forma de garantir e preservar direitos fundamentais do menor previstos na legislação: melhor interesse, privacidade, intimidade, respeito, liberdade, autonomia existencial, dignidade, proteção integral, dentre outros. Como se pretende demonstrar no presente artigo, a autoridade parental, funcionalizada ao melhor interesse da criança, precisa ser melhor compreendida em face dos avanços tecnológicos, ressaltando seu papel fundamental de educar emancipando e de exercer a parentalidade com responsabilidade.

2. O QUE É O *(OVER)SHARENTING*?

"Mamãe, já discutimos isso. Você não pode postar nada sem o meu consentimento." Foi o que comentou Apple Martin, de apenas 14 anos, em foto postada por sua mãe, a atriz Gwyneth Paltrow, em uma rede social no início de 2019.[10] O episódio, que repercutiu internacionalmente, serve para ilustrar o objeto deste artigo. No ano de 2020, grande parte da população brasileira acompanhou a vigésima temporada do reality show *Big Brother Brasil*, da TV Globo. A edição, que já vinha sendo festejada em razão da participação de influenciadores digitais, teve um incremento na sua audiência a partir do momento em que as pessoas do lado de fora também foram confinadas, ou melhor, quarentenadas, em virtude do Coronavírus. O *reality show* se tornou, assim, uma das poucas atrações de entretenimento genuinamente em tempo real, despertando paixões e torcidas nas redes sociais.

Nada obstante, como visto no caso "Bel para Meninas", existe outro *Big Brother* paralelo acontecendo desde antes desta edição do *reality* e que agora, mais do que nunca, também está batendo recordes de audiência: o *(over)sharenting*. A diferença é que, neste último, quem abre mão da privacidade não são adultos capazes e em busca da fama e contratos milionários de publicidade, mas crianças que, em muitos

---

9. "De acordo com o aplicativo de controle parental AppGuardian, crianças passam em média 11 horas na rede social, que já está entre as cinco mais baixadas do país." (TikTok cresce entre crianças brasileiras e preocupa pais. *Abc da comunicação*, 03 abr. 2020. Disponível em: https://www.abcdacomunicacao.com.br/tiktok-cresce-entre-criancas-brasileiras-e-preocupa-pais/. Acesso em: 23 jan. 2021.
10. MOORHEAD, Joanna. The saga of Gwyneth, Apple and Instagram is a parenting classic. *The Guardian*, 01 abr. 2019. Disponível em: https://www.theguardian.com/commentisfree/2019/apr/01/gwyneth-paltrow--apple-martin-instagram. Acesso em: 05 jul. 2019.

casos, são expostas desde o parto, para milhões de seguidores, e não possuem a mais remota dimensão do que estão fazendo.

No Brasil, alude-se frequentemente ao exemplo da influenciadora digital Mayra Cardi, que pretendia transmitir ao vivo pelas redes sociais seu parto humanizado em casa. Só não conseguiu realizá-lo porque, após algumas intercorrências, foi obrigada a induzi-lo num hospital. Tamanha é a popularidade desse tipo de transmissão que, após intensa mobilização, o Facebook e o Instagram deixaram de censurar fotos e vídeos de parto vaginal.[11] A filha, com pouco mais de dois anos de idade, já possui canal no YouTube e perfil no Instagram com cerca de 826 mil seguidores, cuja apresentação descreve: "Sophia Cardi Aguiar. Mamãe @mayracardi e papai @arthuraguiar deixarão registrado aqui momentos meus."[12]

Ainda no Brasil, com pouco mais de seis anos de idade, Valentina Muniz, filha do humorista Ceará e da modelo Mirella Santos, já conta com 2,4 milhões de seguidores. A conta é administrada pela mãe da criança, "que elege, em nome desta, fotos e vídeos que reputa como 'publicáveis', além de fazer publicidade de produtos infantis. Em uma de suas últimas postagens no seu perfil do *Instagram* Valentina dança sensualmente ao lado da mãe, sugerindo uma nova brincadeira para ficar em casa nos dias de quarentena."[13]

Da junção das palavras de língua inglesa *share* (compartilhar) e *parenting* (cuidar, exercer a autoridade parental) vem o neologismo que dá nome a este fenômeno,[14] que consiste, em apertada síntese, "no hábito de pais ou responsáveis legais postarem informações, fotos e dados dos menores que estão sob a sua tutela em aplicações de internet".[15-16] O termo chegou a ser definido pelo Dicionário Collins como "a prá-

---

11. Ver mais em: https://bebe.abril.com.br/parto-e-pos-parto/facebook-instagram-censurar-fotos-parto-vaginal/. Acesso em: 1º ago. 2019.
12. Ver mais em: https://revistacrescer.globo.com/Pais-famosos/noticia/2018/10/mayra-cardi-pretende-transmitir-parto-ao-vivo-nas-redes-sociais.html; https://f5.folha.uol.com.br/celebridades/2018/10/mayra-cardi-nao-consegue-fazer-parto-humanizado-em-casa-e-vai-ao-hospital.shtml. Acesso em: 1º ago. 2019.
13. TEIXEIRA, Ana Carolina Brochado. NERY, Maria Carla Moutinho. *Vulnerabilidade digital de crianças e adolescentes*: a importância da autoridade parental para uma educação nas redes. In: EHRHARDT JR., Marcos; LOBO, Fabíola (Org.). *Vulnerabilidade e sua compreensão no direito brasileiro*. Indaiatuba: Foco, 2021, p. 142.
14. EBERLIN, Fernando Büscher von Teschenhausen. Sharenting, liberdade de expressão e privacidade de crianças no ambiente digital: o papel dos provedores de aplicação no cenário jurídico brasileiro, *Rev. Bras. Polít. Públicas*, Brasília, v. 7, n. 3, 2017, p. 258.
15. "A prática consiste no hábito de pais ou responsáveis legais postarem informações, fotos e dados dos menores que estão sob a sua tutela em aplicações de internet. O compartilhamento dessas informações, normalmente, decorre da nova forma de relacionamento via redes sociais e é realizado no âmbito do legítimo interesse dos pais de contar, livremente, as suas próprias histórias de vida, da qual os filhos são, naturalmente, um elemento central. O problema jurídico decorrente do sharenting diz respeito aos dados pessoais das crianças que são inseridos na rede mundial de computadores ao longo dos anos e que permanecem na internet e podem ser acessados muito tempo posteriormente à publicação, tanto pelo titular dos dados (criança à época da divulgação) quanto por terceiros." (EBERLIN, Fernando Büscher von Teschenhausen. Sharenting, liberdade de expressão e privacidade de crianças no ambiente digital: o papel dos provedores de aplicação no cenário jurídico brasileiro, *Rev. Bras. Polít. Públicas*, Brasília, v. 7, n. 3, 2017, p. 258).
16. Ver mais em: BESSANT, Claire. Sharenting: balancing the conflicting rights of parents and children. *Communications Law*, v. 23, n. 1, 2018. Ed. Bloomsbury Professional, p. 7-24.

tica de um pai/mãe de usar regularmente as mídias sociais para comunicar grande quantidade de informação detalhada acerca de sua criança."[17] Trata-se, portanto, de exercício disfuncional da liberdade de expressão e da autoridade parental dos genitores, que acabam minando direitos da personalidade de seus filhos nas redes sociais.

Por mandamento constitucional, o papel dos pais deveria ser orientar e proteger os filhos dos perigos do mundo digital, mas, na prática, acaba se tornando, de algum modo, lesivo a elas, na medida em que expõem a imagem e os dados de sua prole na rede, o que, no futuro, pode ter impactos não só de privacidade e segurança, como, também, na saúde.[18] Segundo relatório da UNICEF publicado em 2017, a falta de consciência por parte dos pais quanto ao que postam sobre seus filhos pode acabar causando danos ao bem-estar das crianças a longo prazo, notadamente em relação à construção da identidade pessoal e à busca por colocações no mercado de trabalho.[19]

Embora a eles não se restrinja, esta prática costuma ser mais visível no caso de "influenciadores digitais", que são pessoas famosas, ou que se tornam famosas em virtude de sua atividade na *Internet*, e se utilizam de redes sociais para produzir conteúdo que se assemelha ao de diários em tempo real. Desse modo, transmitem suas vidas cotidianamente para seus seguidores, que se tornam íntimos da sua convivência familiar e de quem está ao seu redor. Na maioria dos casos, os influenciadores monetizam suas aparições nas redes por meio de permutas de produtos e serviços, além de publicações patrocinadas. Diante da relação de intimidade criada com os seguidores, a confiança naquele influenciador se destaca, o que, associado à velocidade de divulgação, permite que haja verdadeira explosão do consumo, pois os consumidores/seguidores têm maiores referências sobre aquele produto/serviço e também desejam copiar o estilo de vida daquele influenciador.[20]

No entanto, o que se observa da prática, é que, para cativar determinado nicho de seguidores, diversos influenciadores digitais, acabam expondo também os seus filhos. Usualmente no Instagram, o dia a dia dos menores vai parar quase todo em transmissões ao vivo (*lives*) e *stories* da plataforma: registra-se a criança quando acorda, quando chora, faz pirraça, toma banho (com as partes íntimas ocultadas), indo para a escola, divulga-se até o nome das professoras, além de serem mostrados os

---

17. "This kind of activity is called sharenting and has been defined by Collins Dictionary as 'the practice of a parent to regularly use the social media to communicate a lot of detailed information about their child' (Sharenting, as cited in: Collins Dictionary)." (BROSCH, Anna. When the Child is Born into the Internet: Sharenting as a Growing Trend among Parents on Facebook. *The New Educational Review*, 2016, p. 226).
18. STEINBERG, Stacey B. Sharenting: children's privacy in the age of social media. *Emory Law Journal*, v. 66: 839, p. 866.
19. UNICEF. *The State of the World's Children, 2017*: Children in a Digital World: Germain Ake and Ernest Califra, 2017, p. 92. Disponível em: https://www.unicef.org/publications/files/SOWC_2017_ENG_WEB.pdf. Acesso em: 20 nov. 2020.
20. MEDON AFFONSO, Filipe José. Influenciadores digitais e o direito à imagem de seus filhos: uma análise a partir do melhor interesse da criança. *Revista Eletrônica da Procuradoria Geral do Estado do Rio de Janeiro*, v. 2, nº. 2, 2019. Disponível em: https://revistaeletronica.pge.rj.gov.br/4432/atualidades/2019/08/influenciadores-digitais-e-o-direito-a-imagem-de-seus-filhos-uma-analise-a-partir-do-melhor-interesse-da-crianca. Acesso em: 02 maio 2020.

seus hábitos e preferências alimentares. A criança vive, assim, num verdadeiro BBB. Em alguns casos, também participam comercialmente das postagens feitas pelos pais, tirando fotos e fazendo vídeos com produtos e serviços permutados ou patrocinados. Há, até mesmo, aqueles que são conhecidos como "influenciadores mirins", já que possuem seus próprios canais e páginas, os quais, em tese, são alimentados pelos pais, uma vez que as plataformas, como regra, não autorizam o ingresso de menores desacompanhados. Em casos extremos, fala-se até na hipersexualização precoce de meninas, estimulada em larga medida por pais e parentes próximos.[21]

Se esta situação já era realidade antes da pandemia do Coronavírus, parece ter havido, tal qual no *Big Brother* da televisão, um aumento na audiência. O problema é que boa parte desses influenciadores acaba divulgando mais que produtos e serviços: os filhos se tornam alvo do entretenimento. Em muitos casos, como no de influenciadores com milhões de seguidores, os pais acabam impondo fama às crianças, transformando-as em pequenas celebridades, dificultando um possível direito ao esquecimento no futuro.[22] A pandemia expôs a superexposição que já vinha acontecendo há alguns anos.

Na lição de Zygmunt Bauman, houve uma época, que remonta aos tempos de lares/oficinas, de agricultura familiar, em que os filhos eram produtores. Somavam-se às estruturas familiares para incrementar a produção, a circulação da riqueza e a própria perpetuação da família. Os tempos atuais, contudo, marcam uma época em que um filho se torna, acima de tudo, um objeto de consumo emocional de seus pais.[23] Como observa o autor:

> Objetos de consumo servem a necessidades, desejos ou impulsos do consumidor. Assim também os filhos. Eles não são desejados pelas alegrias do prazer paternal ou maternal que se espera que proporcionem – alegrias de uma espécie que nenhum objeto de consumo, por mais engenhoso e sofisticado que seja, pode proporcionar.[24]

Os filhos, na contramão do que ensinam as doutrinas de proteção integral, melhor interesse, parentalidade responsável e cuidado[25], acabam sendo, muitas vezes, instrumentos de realização pessoal de seus pais. Estes se realizam enquanto pessoas, também por meio da exibição que fazem de seus filhos, naquilo que a Psicologia

---

21. Sobre o tema, permita-se a referência a artigo que analisa em detalhes o fenômeno da hipersexualização precoce de crianças e adolescentes, verificando os efeitos deletérios na esfera psicológica e corporal dessas pessoas humanas em desenvolvimento: TEIXEIRA, Ana Carolina Brochado; MEDON, Filipe. *A hipersexualização infantojuvenil na internet e o papel dos pais*: liberdade de expressão, autoridade parental e melhor interesse da criança. (Texto no prelo).
22. A esse respeito, permita-se a referência a: TEPEDINO, Gustavo; MEDON, Filipe. *A superexposição de crianças por seus pais na internet e o direito ao esquecimento*. (No prelo).
23. BAUMAN, Zygmunt. *Amor líquido*: sobre a fragilidade dos laços humanos. Trad. Carlos Alberto Medeiros. Rio de Janeiro: Jorge Zahar Ed., 2004, p. 28.
24. BAUMAN, Zygmunt. *Amor líquido*: sobre a fragilidade dos laços humanos. Trad. Carlos Alberto Medeiros. Rio de Janeiro: Jorge Zahar Ed., 2004, pp. 28-29.
25. GAMA, Guilherme Calmon Nogueira da. A parentalidade responsável e o cuidado: novas perspectivas. *Revista do Advogado*, v. 28, n. 101, dez. 2008, pp. 29-36.

identifica como reflexos de uma sociedade capitalista, que prima pelo "ter" em vez do "ser", incentivando esse tipo de comportamento "em que é preciso mostrar aquilo que se tem, como se fosse um troféu, uma disputa de quem pode mais, para ser alguém é preciso dar show, é preciso mostrar-se."[26]

É nesse contexto que imagens, dados e informações de crianças e adolescentes são expostos em troca de *likes* nas redes sociais, sem que os "expositores" se atentem para os riscos a que submetem os menores. Opta-se pela palavra "expositores", porque, em verdade, não são só os pais e responsáveis que os expõem: também podem ser tios, amigos ou pessoas próximas. Quais são os possíveis danos?

3. OS RISCOS E OS DANOS CAUSADOS PELO *(OVER)SHARENTING*

Na atualidade, é recorrente se falar na vulnerabilidade do titular de dados pessoais na *Internet*,[27] mas emerge, a cada dia, "preocupação ainda maior em relação às crianças e adolescentes, reconhecida sua hipervulnerabilidade, decorrente de sua condição peculiar de pessoa em desenvolvimento".[28] Daí a exigência de "especial atenção dos pais, detentores do dever de cuidado e responsáveis pela assistência, criação e educação dos filhos"[29], diante desse cenário que torna os indivíduos vulneráveis em face de quem trata seus dados de maneira assimétrica, numa economia de dados, que tem no seu cerne a vigilância.[30-31]

Os riscos da exposição dos dados e imagens das crianças justificam a importância de tutela mais intensa e de atuação mais atenta por parte dos juristas. Algoritmos preditivos, que funcionam a partir de tecnologias de Inteligência Artificial, acabam se valendo de dados aparentemente irrelevantes, como o número de "curtidas" numa rede social e as preferências de navegação, para gerar um novo dado: a predição sobre aquele indivíduo, que servirá de *input* para processos decisórios que, por sua vez,

---

26. ROCHA, Camila Bernardino; SOUZA, Pricila Pesqueira de. *Uma visão psicanalítica sobre o excesso de exposição nas redes sociais*. Disponível em: http://www.psicologia.pt/artigos/textos/A1302.pdf. Acesso em: 1º ago. 2019.
27. TEIXEIRA, Ana Carolina Brochado; RETTORE, Anna Cristina de Carvalho. A autoridade parental e o tratamento de dados pessoais de crianças e adolescentes. In: TEPEDINO, Gustavo; FRAZÃO, Ana; OLIVA, Milena Donato (Coord.). *Lei Geral de Proteção de Dados Pessoais e suas repercussões no Direito Brasileiro*. São Paulo: Thomson Reuters Brasil, 2019, p. 508.
28. LEAL, Lívia Teixeira. Internet of toys: os brinquedos conectados à Internet e a necessária proteção da criança e do adolescente. In: TEIXEIRA, Ana Carolina Brochado; DADALTO, Luciana (Org.). *Autoridade parental: dilemas e desafios contemporâneos*. Indaiatuba/SP: Editora Foco, 2019, p. 157.
29. TEIXEIRA, Ana Carolina Brochado; RETTORE, Anna Cristina de Carvalho. A autoridade parental e o tratamento de dados pessoais de crianças e adolescentes. In: TEPEDINO, Gustavo; FRAZÃO, Ana; OLIVA, Milena Donato (Coord.). *Lei Geral de Proteção de Dados Pessoais e suas repercussões no Direito Brasileiro*. São Paulo: Thomson Reuters Brasil, 2019, p. 508.
30. BIONI, Bruno. *Proteção de dados pessoais: a função e os limites do consentimento*. Rio de Janeiro: Forense, 2019, p. 49.
31. MORAIS, José Luis Bolzan de; NETO, Elias Jacob de Menezes. Análises computacionais preditivas como um novo biopoder: modificações do tempo na sociedade dos sensores. *Revista Novos Estudos Jurídicos – Eletrônica*, v. 24, n. 3, set-dez. 2018, p. 1129-1154.

também serão automatizados.[32-33] Por isso, reforça-se a necessidade de garantir que o tratamento de dados não acabe gerando um efeito perverso para a democracia, acentuando, ainda mais, a desigualdade já existente[34], lesando direitos da personalidade e, em última análise, a própria dignidade da pessoa humana.[35-36]

Especificamente quanto às crianças, cujo risco de lesão é ainda maior, atenta-se para a extração de padrões de comportamento a partir dos dados pessoais fornecidos por seus genitores ou pelas próprias crianças, quando não supervisionadas, o que as pode tornar "induzíveis e manipuláveis a partir da observação de seus cliques e acessos virtuais."[37] Pesquisa realizada pela Avast em fevereiro de 2020, com mais de 500 pais e mães brasileiros, revelou dados como o de que "33% dos entrevistados informaram já ter publicado uma foto do seu filho menor de idade, sem pedir sua permissão e sem nenhum tipo de restrição que impeça a identificação da criança"[38] e de que "apenas 29% dos entrevistados possuem perfis em redes sociais, mas nunca compartilharam nenhuma imagem de seus filhos."[39]

Ao analisar o compartilhamento de imagens e dados pessoais de crianças no Facebook na Polônia, Anna Brosch aponta que os genitores tendem a fornecer informações sobre seus filhos, que podem incluir dados como a data de nascimento e o nome completo da criança, além de postarem fotos que podem vir a constranger

---

32. FRAZÃO, Ana. Fundamentos da Proteção dos Dados Pessoais. In: TEPEDINO, Gustavo; FRAZÃO, Ana; OLIVA, Milena Donato (Coord.). *Lei Geral de Proteção de Dados Pessoais e suas repercussões no Direito Brasileiro*. São Paulo: Thomson Reuters Brasil, 2019, p. 33.
33. DONEDA, Danilo; MENDES, Laura Schertel; SOUZA, Carlos Affonso; ANDRADE, Norberto Nuno Gomes de. Considerações iniciais sobre inteligência artificial, ética e autonomia pessoal. *Pensar*, Fortaleza, v. 23, n. 4, out./dez. 2018. p. 4.
34. O'NEIL, Cathy. *Weapons of Math Destruction*: how big data increases inequality and threatens democracy. Nova Iorque: Crown, 2016, p. 144.
35. "Não é difícil concluir que, nesse cenário, a coleta de dados e a sua utilização pelos diversos agentes da economia movida a dados, especialmente as plataformas digitais, vem colocando a personalidade sob um triplo risco: (i) a coleta em si dos dados, o que já seria preocupante do ponto de vista da privacidade e do controle dos dados pessoais; (ii) a utilização dos dados para a construção de informações a respeito dos usuários que, corretas ou não, podem causar diversos danos a estes conforme os fins a que se destinam e (iii) a utilização dessas informações com o propósito de manipular os próprios usuários, para os fins mais diversos, inclusive políticos." (FRAZÃO, Ana. Plataformas digitais, big data e riscos para os direitos da personalidade. In: MENEZES, Joyceane Bezerra de; TEPEDINO, Gustavo (Coord.), *Autonomia Privada, liberdade existencial e direitos fundamentais*. Belo Horizonte: Fórum, 2019, p. 347.)
36. KONDER, Carlos Nelson. O tratamento de dados sensíveis à luz da Lei 13.709/2018. In: TEPEDINO, Gustavo; FRAZÃO, Ana; OLIVA, Milena Donato (Coord.). *Lei Geral de Proteção de Dados Pessoais e suas repercussões no Direito Brasileiro*. São Paulo: Thomson Reuters Brasil, 2019, p. 450.
37. TEIXEIRA, Ana Carolina Brochado; RETTORE, Anna Cristina de Carvalho. A autoridade parental e o tratamento de dados pessoais de crianças e adolescentes. In: TEPEDINO, Gustavo; FRAZÃO, Ana; OLIVA, Milena Donato (Coord.). *Lei Geral de Proteção de Dados Pessoais e suas repercussões no Direito Brasileiro*. São Paulo: Thomson Reuters Brasil, 2019, p. 513.
38. Sharenting: brasileiros expõem filhos na web sem entender riscos. *Tecmundo*, 19 abr. 2020. Disponível em: https://www.tecmundo.com.br/seguranca/152219-sharenting-brasileiros-expoem-filhos-web-entender--riscos.htm. Acesso em: 30 jun. 2020.
39. Sharenting: brasileiros expõem filhos na web sem entender riscos. *Tecmundo*, 19 abr. 2020. Disponível em: https://www.tecmundo.com.br/seguranca/152219-sharenting-brasileiros-expoem-filhos-web-entender--riscos.htm. Acesso em: 30 jun. 2020.

aquela criança no futuro. Com base em pesquisa feita naquele país, entre setembro e dezembro de 2015, Brosch traz o dado de que 77,9% dos pais entrevistados postavam fotos de seus filhos completamente nus ou seminus, normalmente tiradas durante o banho ou na praia. Daí resultam os riscos de, apesar da boa intenção dos pais, imagens desse tipo acabarem caindo nas mãos erradas, como as de pedófilos, que podem associá-las a pornografia infantil. Os pais não têm como saber quem poderá usar esses dados e para quais propósitos, tornando os filhos potenciais alvos de "predadores de crianças".[40]

Veja-se, nesse sentido, caso ocorrido no Brasil em que uma mãe que foi surpreendida por sua filha ao descobrir que o vídeo postado pela criança no YouTube, em que ela aparecia de biquíni, brincando com uma amiga, ultrapassou a marca de 400 mil visualizações, devido a uma suposta configuração da plataforma que acabaria, segundo pesquisadores de Harvard, indicando o vídeo para pedófilos, que demonstram interesse em vídeos com conteúdo sexual. Os algoritmos da plataforma, compreendendo as preferências dos usuários que assistem a vídeos eróticos, passam a recomendar[41] "vídeos de mulheres mais jovens e, em seguida, para mulheres que posam provocativamente em roupas de crianças. Eventualmente, alguns usuários podem receber vídeos de meninas de 5 ou 6 anos usando roupas de banho ou se vestindo."[42]

Vale ressaltar, ainda, que a idade mínima para se ter um canal no YouTube é de 13 anos. Como esses vídeos infantis acabam, então, na plataforma? Tanto os pais podem postar esses vídeos de seus filhos, como as próprias crianças podem, desacompanhadas, criar contas na plataforma e manipulá-las, diante da negligência do controle de seus genitores. Seja como for, a atuação dos responsáveis deve ser o foco, assim como o papel a ser desempenhado pelas plataformas, cuja responsabilidade não pode ser ignorada, tendo em vista as constantes burlas feitas aos sistemas de acesso, diante da ausência de maior rigor na checagem da idade dos usuários.[43]

Outro risco sensível é o do roubo de identidade a partir de fotos e informações pessoais dos menores e que podem ser facilmente obtidas *online*. As "crianças são

---

40. BROSCH, Anna. When the Child is Born into the Internet: Sharenting as a Growing Trend among Parents on Facebook. *The New Educational Review*, 2016, p. 230-231.
41. FISCHER, Max; TAUB, Amanda. Pesquisa de Harvard acusa algoritmo do YouTube de alimentar pedofilia. *Jornal O Globo*, 03 jun. 2019. Disponível em: https://oglobo.globo.com/sociedade/pesquisa-de-harvard-acusa-algoritmo-do-youtube-de-alimentar-pedofilia-23714288; https://oglobo.globo.com/economia/tecnologia/para-conter-pedofilia-youtube-remove-comentarios-em-videos-com-criancas-23489621. Acesso em: 08 ago. 2019.
42. FISCHER, Max; TAUB, Amanda. Pesquisa de Harvard acusa algoritmo do YouTube de alimentar pedofilia. *Jornal O Globo*, 03 jun. 2019. Disponível em: https://oglobo.globo.com/sociedade/pesquisa-de-harvard-acusa-algoritmo-do-youtube-de-alimentar-pedofilia-23714288; https://oglobo.globo.com/economia/tecnologia/para-conter-pedofilia-youtube-remove-comentarios-em-videos-com-criancas-23489621. Acesso em: 08 ago. 2019.
43. EBERLIN, Fernando Büscher von Teschenhausen. Sharenting, liberdade de expressão e privacidade de crianças no ambiente digital: o papel dos provedores de aplicação no cenário jurídico brasileiro. *Rev. Bras. Polít. Públicas*, Brasília, v. 7, nº 3, 2017, pp. 265-267.

vistas como alvo em potencial para esse tipo de roubo porque, como passam anos da infância sem precisar de determinados documentos, de pedidos de conta bancária ou crédito financeiro, elas podem ter suas informações usadas ilegalmente por muito tempo sem que isso seja detectado."[44] Segundo relatório de 2018 do banco britânico Barclays, estima-se "que 'mais uma década de pais que compartilham excesso de informações pessoais online' produzirá 7,4 milhões de incidentes de fraude de identidade até 2030."[45]

A proteção de dados pessoais de crianças e adolescentes foi abarcada pela Lei Geral de Proteção de Dados, a LGPD, que destaca já no *caput* do artigo 14, que o tratamento deverá ser realizado em seu melhor interesse, ressaltando no parágrafo primeiro do mesmo artigo que este tratamento deverá ser realizado com o consentimento específico e em destaque dado por pelo menos um dos pais ou pelo responsável legal da criança. "Dessa forma, o consentimento dado por sujeito fora do requisito legal ou pela própria criança não poderá ser admitido."[46]

A omissão do parágrafo primeiro quanto aos adolescentes gerou inquietação por parte da doutrina, como expressam Gustavo Tepedino e Chiara de Teffé:

> (...) ao não mencionar o adolescente, pessoa entre 12 e 18 anos de idade, o §1º do art. 14 não deixou claro se o consentimento manifestado diretamente pelo mesmo e sem assistência ou representação deveria ser considerado plenamente válido, como hipótese de capacidade especial, ou se simplesmente o legislador teria optado por não tratar do tema, por já existir legislação geral sobre a matéria no Código Civil. Ao que parece, o legislador pretendeu reconhecer a validade do consentimento expresso pelo adolescente. Tomando como base a realidade da utilização da Internet e das mídias sociais, que têm entre seus usuários legiões de adolescentes, é possível que tenha optado por considerar jurídica hipótese fática dotada de ampla aceitação social.[47]

Ainda tratando dessa omissão, Ana Carolina Brochado Teixeira e Anna Cristina Rettore sustentam que, tendo em vista a importância do consentimento para o uso de dados na vida de uma pessoa, "não é necessariamente certo que se deva admitir que a prestação de consentimento entre 12 e 18 anos de idade receba eficácia prescindindo totalmente da participação parental, sendo necessário repensar os termos da legislação nessa seara".[48]

---

44. IDOETA, Paula Adamo. 'Sharenting': quando a exposição dos filhos nas redes sociais não é necessariamente algo ruim. *BBC News Brasil*, 13 jan. 2020. Disponível em: https://www.bbc.com/portuguese/salasocial-51028308. Acesso em: 30 jun. 2020.
45. IDOETA, Paula Adamo. 'Sharenting': quando a exposição dos filhos nas redes sociais não é necessariamente algo ruim. *BBC News Brasil*, 13 jan. 2020. Disponível em: https://www.bbc.com/portuguese/salasocial-51028308. Acesso em: 30 jun. 2020.
46. TEPEDINO, Gustavo; TEFFÉ, Chiara Spadaccini de. Consentimento e proteção de dados pessoais na LGPD. In: TEPEDINO, Gustavo; FRAZÃO, Ana; OLIVA, Milena Donato (Coord.). *Lei Geral de Proteção de Dados Pessoais e suas repercussões no Direito Brasileiro*. São Paulo: Thomson Reuters Brasil, 2019, p. 312.
47. TEPEDINO, Gustavo; TEFFÉ, Chiara Spadaccini de. Consentimento e proteção de dados pessoais na LGPD. In: TEPEDINO, Gustavo; FRAZÃO, Ana; OLIVA, Milena Donato (Coord.). *Lei Geral de Proteção de Dados Pessoais e suas repercussões no Direito Brasileiro*. São Paulo: Thomson Reuters Brasil, 2019, p. 313.
48. TEIXEIRA, Ana Carolina Brochado; RETTORE, Anna Cristina de Carvalho. A autoridade parental e o tratamento de dados pessoais de crianças e adolescentes. In: TEPEDINO, Gustavo; FRAZÃO, Ana; OLIVA,

Na experiência europeia, observa-se que o Regulamento Geral de Proteção de Dados da União Europeia (GDPR) seguiu outro caminho, ao prever em seu artigo 8º, nº. 1, que a autorização dos pais só é requerida até os 16 anos, ainda que os Estados-Membros possam dispor nos direitos internos uma idade inferior para esses efeitos, desde que essa idade não seja menor que os 13 anos. Comentou Anderson Schreiber a esse respeito que:

> Se, por um lado, a idade de 12 anos pode parecer muito baixa, desprotegendo jovens de 13 e 14 anos, talvez, por outro lado, seja irreal pensar que a coleta de dados de adolescentes de 17 anos se submeta ao consentimento dos pais. Daí a eleição pela norma europeia de um marco de 16 anos – exemplo que poderia ter sido seguido pelo legislador brasileiro.[49]

E como recorda Fernando Büscher von Teschenhausen Eberlin, um dos grandes desafios relacionados ao tema da proteção de dados e da privacidade de crianças:

> é a exposição excessiva de suas informações pessoais, que pode dificultar sua inserção social. Informações médicas, dados sobre crianças que cometem crimes e infrações, dados sobre abusadores de crianças, informações sobre desempenho escolar, processos de adoção e guarda e tantas outras devem ser protegidas, já que a sua exposição descontrolada pode gerar consequências importantes na vida da criança quando adulta, impactando suas possibilidades e comportamento. Também deve haver algum controle sobre as situações de exposição pública de fatos de caráter privado (como vídeos e fotos colocados na internet por terceiros), em que não existe nenhum tipo de interesse público e muito menos interesse da criança de dar publicidade ao fato.[50]

Como se pode notar, para se inserir no mundo virtual, muitos pais exibem seus filhos, ainda que não percebam os riscos que decorrem dessa exposição. Como observa Stacey Steinberg, a esmagadora maioria dos pais que compartilha informações pessoais de seus filhos na *Internet* não quer ignorar o bem-estar das crianças, nem o faz por não se importar com o seu desenvolvimento e oportunidades futuras. Os pais simplesmente não consideraram, ainda, a importância de seus papéis no ambiente tecnológico[51] e os perigos de uma parentalidade irresponsável e negligente.

No entanto, antes de abordar com maior detalhamento outros riscos dessa superexposição, urge esclarecer que também há aspectos positivos relacionados a esse compartilhamento de informações na *Internet*, já que, como apontam Alicia Blum-Ross e Sonia Livingstone, além de fazer bem aos pais, essa prática pode beneficiar a comunidade.[52] É o que esclarece Stacey Steinberg em obra recente sobre o tema:

Milena Donato (Coord.). *Lei Geral de Proteção de Dados Pessoais e suas repercussões no Direito Brasileiro*. São Paulo: Thomson Reuters Brasil, 2019, p. 526.
49. SCHREIBER, Anderson. Proteção de dados no Brasil e na Europa, 05 set. 2018. *Jornal Carta Forense*. Disponível em: http://www.cartaforense.com.br/conteudo/colunas/protecao-de-dados-pessoais-no-brasil-e-na-europa/18269. Acesso em: 02 ago. 2019.
50. EBERLIN, Fernando Büscher von Teschenhausen. *Direitos da Criança na Sociedade da Informação*: ambiente digital, privacidade e dados pessoais. São Paulo: Thomson Reuters Brasil, 2020, p. 130.
51. STEINBERG, Stacey B. Sharenting: children's privacy in the age of social media. *Emory Law Journal*, vol. 66: 839, p. 867.
52. BLUM-ROSS, Alicia; LIVINGSTONE, Sonia. Sharenting: Parent Blogging and the Boundaries of the Digital Self. *Popular Communication 15*, n. 2, 2017, p. 110-125. No mesmo sentido, comenta Stacey Steinberg:

Families can harness the power of social media to connect with others, to get help when they are struggling, to raise awareness for medical issues – including mental health – affecting their children, and to change the narrative when advocating for social change. In order to do this, parentes must be vulnerable, and often they must make tough choices about what, and how much, information to share about their children. *Vulnerability*. It is a powerful word. Social media helps us amplify our vulnerability. It allows us to share our struggles, to bear witness to one another's pain. But it also creates a place where real change happens, not only because our voices our loud, but because our voice – our vulnerability – is authentic.[53]

Observa-se, portanto, que o compartilhamento pode ser benéfico aos pais[54], à comunidade e também às próprias crianças. Nesse compasso, veja-se, por exemplo, as campanhas públicas no Brasil que divulgam a imagem de crianças rejeitadas para adoção: aqui, entende-se que o compartilhamento das imagens estaria funcionalizado a um bem maior, que é a busca por um lar para a criança a ser adotada.

Não é por outra razão que parte da doutrina atualmente afirma que o fenômeno que se busca combater não seria exatamente o *sharenting*, mas o *over-sharenting*,[55] na medida em que o emprego do vocábulo *sharenting* poderia carregar a conotação negativa de que toda forma de compartilhamento é ruim, quando, em verdade, o que se busca coibir é o excesso irrefletido e prejudicial. O problema não seria a exposição, mas a superexposição. Dito diversamente, os problemas surgem quando se causa embaraço e riscos para a saúde e a segurança das crianças, que passam a crescer com uma noção tão limitada de privacidade, que se lhes parece normal que tudo esteja disposto aos olhos do público. Isso contribui, segundo Anna Brosch, para reforçar a noção de que a ideia de privacidade está desaparecendo.[56]

No que diz respeito aos riscos, observa-se que dados coletados hoje, por meio de brinquedos inteligentes (*smart toys*)[57] conectados à *Internet*, poderão vir a formar os perfis daquelas pessoas em desenvolvimento e de forma às vezes irreversível, dada a

---

"Social media offers us the space to express, the network to connect, and the power to greatly impact our world. When the popular group Humans of New York shared stories from a renowned pediatric cancer doctor, donations rolled in to support his work, raising millions of dollars for pediatric câncer research. When families started pouring ice water on their heads as part of the "ALS Ice Bucket Challenge," families all over the globe learned about amyotrohpic lateral sclerosis, also known as Lou Gehrig's disease. And when same-sex couples across the country fought in the court system for marriage equality, many took to social media to share their own personal narrative, shifting societal discourse on a crucial social justice issue." (STEINBERG, Stacey. *Growing up shared*: how parentes can share smarter on social media – and what you can do to keep your Family safe in a no-privacy world. Naperville: Sourcebooks, 2020, p. 43).

53. STEINBERG, Stacey. *Growing up shared*: how parentes can share smarter on social media – and what you can do to keep your Family safe in a no-privacy world. Naperville: Sourcebooks, 2020, p. 44.
54. Para mais, recomenda-se: HOLTZ, Bree; SMOCK, Andrew; REYES-GASTELUM, David. Connected Motherhood: Social Support for Moms and Moms-to-Be on Facebook. *Telemedicine and e-Health 21*, n°. 5, 2015, p. 415-421.
55. STEINBERG, Stacey. *Growing up shared*: how parentes can share smarter on social media – and what you can do to keep your Family safe in a no-privacy world. Naperville: Sourcebooks, 2020, p. 28.
56. BROSCH, Anna. When the Child is Born into the Internet: Sharenting as a Growing Trend among Parents on Facebook. *The New Educational Review*, 2016, p. 227-233.
57. LEAL, Lívia Teixeira. Internet of toys: os brinquedos conectados à Internet e a necessária proteção da criança e do adolescente. In: TEIXEIRA, Ana Carolina Brochado; DADALTO, Luciana (Org.). *Autoridade parental*: dilemas e desafios contemporâneos. Indaiatuba/SP: Editora Foco, 2019, p. 157.

dificuldade em se exercer o arrependimento no futuro.[58] E se técnicas de perfilização (*profiling*)[59] a partir de dados pessoais já são perigosas para adultos, o que dizer da análise de dados que podem ser coletados desde a mais tenra infância[60], e que poderão ser utilizados para as mais diversas finalidades no futuro? Como exercer o controle desses dados? Com efeito, "o risco de manipulação e classificação desses menores deve ser combatido para que, no exercício de seu direito à privacidade, eles possam ser livres para escolher serem eles mesmos, consumir o que bem entenderem e trilhar suas trajetórias livremente."[61]

Nessa linha e de acordo com o já mencionado relatório da UNICEF, esta atuação irrefletida dos pais em direção ao compartilhamento pode ferir a reputação da criança, além de criar resultados potencialmente sérios em uma economia em que o histórico *online* dos indivíduos é analisado, o que pode representar, por exemplo, restrições ao crédito, seguradoras e prestadoras de serviço.[62]

Especificamente com relação aos dados pessoais, Pedro Hartung, Isabella Henriques e Marina Pita destacam os múltiplos impactos e problemas sociais para o bem-estar individual e social que podem advir do processamento de dados de crianças e adolescentes, a saber: "(i) a ameaça à integridade física, psíquica e moral por contatos maliciosos de terceiros; (ii) a hiperexposição de dados pessoais e discriminação;

---

58. SCHREIBER, Anderson. *Marco Civil da Internet*: Avanço ou Retrocesso? A Responsabilidade Civil por Dano derivado do Conteúdo Gerado por Terceiro. pp. 22-26 Disponível em: http://sdls.com.br/uploads/files/2018/06/artigo-marco-civil-internet-1529497697.pdf. Acesso em:13 ago. 2019.
59. "(...) a elaboração de perfis de comportamento de uma pessoa a partir de informações que ela disponibiliza ou que são colhidas. Esta técnica, conhecida como *profiling*, pode ser aplica a indivíduos bem como estendida a grupos. Nela, os dados pessoais são tratados, com o auxílio de métodos estatísticos, técnicas de inteligência artificial e outras mais, com o fim de obter uma "metainformação", que consistiria numa síntese dos hábitos, preferências pessoais e outros registros da vida desta pessoa. O resultado pode ser utilizado para traçar um quadro das tendências de futuras decisões, comportamentos e destinos de uma pessoa ou grupo." (DONEDA, Danilo. *Da privacidade à proteção de dados pessoais*, Rio de Janeiro: Renovar, 2006, p. 173).
60. "O desafio é grande, principalmente porque as crianças e os adolescentes atuais são a primeira geração cujos dados estão armazenados desde o nascimento, razão pela qual o cuidado tem que ser maior, em face da própria novidade do tema." (TEIXEIRA, Ana Carolina Brochado; RETTORE, Anna Cristina de Carvalho. A autoridade parental e o tratamento de dados pessoais de crianças e adolescentes. In: TEPEDINO, Gustavo; FRAZÃO, Ana; OLIVA, Milena Donato (Coord.). *Lei Geral de Proteção de Dados Pessoais e suas repercussões no Direito Brasileiro*. São Paulo: Thomson Reuters Brasil, 2019, p. 517).
61. TEIXEIRA, Ana Carolina Brochado; RETTORE, Anna Cristina de Carvalho. A autoridade parental e o tratamento de dados pessoais de crianças e adolescentes. In: TEPEDINO, Gustavo; FRAZÃO, Ana; OLIVA, Milena Donato (Coord.). *Lei Geral de Proteção de Dados Pessoais e suas repercussões no Direito Brasileiro*. São Paulo: Thomson Reuters Brasil, 2019, p. 517.
62. "Parents oversharing information about their children is nothing new. However, today's digital lifestyle can take it to a new level, turning parents into "potentially the distributors of information about their children to mass audiences." Such 'sharenting', which is becoming more and more common, can harm a child's reputation. It can create potentially serious results in an economy where individuals' online histories may increasingly outweigh their credit histories in the eyes of retailers, insurers and service providers. Parents' lack of awareness can cause damage to a child's well-being when these digital assets depict a child without clothing, as they can be misused by child sex offenders. It can also harm child well-being in the longer term by interfering with children's ability to self-actualize, create their own identity and find employment." (UNICEF. *The State of the World's Children, 2017*: Children in a Digital World: Germain Ake and Ernest Califra, 2017, p. 92. Disponível em: https://www.unicef.org/publications/files/SOWC_2017_ENG_WEB.pdf. Acesso em: 20 nov. 2020).

(iii) a modulação e manipulação de comportamento; e (iv) a microssegmentação da prática abusiva e ilegal da publicidade infantil"[63] que passa a ser mais direcionada para as crianças a partir dos perfis de consumo gerados pelo tratamento de seus dados coletados.

Ainda segundo estes autores:

> a hiperexposição indevida desses dados pessoais coletados e processados relativos a educação, saúde, comportamento, gostos e desejos – inclusive dados sensíveis ligados a biometria, genética, religião, opinião política, filosófica ou dados referentes à saúde ou à vida sexual – pode, inclusive, servir de base para discriminação em processos de admissão em trabalho, educação e contratação de planos de saúde. A hiperexposição indesejada de dados pessoais pode comprometer, assim, o desenvolvimento sadio desses indivíduos no presente, por gerar mais estresse e ansiedade no indivíduo e na família, mas também no futuro, em função do 'rastro digital' dessas informações e do mau uso por empresas de saúde, contratação e seleção de profissionais, ou processos seletivos de educação, além do impacto em sua reputação[64]

A literatura de Saúde Pública, atenta ao desenvolvimento das crianças, recomenda algumas práticas para os pais, quais sejam: (i) se familiarizar com as políticas de privacidade dos sites onde compartilham; (ii) considerar compartilhar conteúdos anonimamente nas redes sociais; (iii) ter cuidado ao compartilharem a localização atual de seus filhos; (iv) dar aos seus filhos uma espécie de "poder de veto" sobre conteúdos compartilhados pelos pais; (v) considerar não compartilhar imagens que exibissem qualquer forma de nudez; (vi) considerar os efeitos que o compartilhamento pode ter no bem-estar e consciência de si próprias que as crianças têm de si no presente e terão no futuro.[65]

Além dos riscos apresentados até aqui, que dizem respeito, sobretudo, à privacidade, intimidade e proteção de dados pessoais, há ainda pelo menos mais quatro possíveis.

Em primeiro lugar, a superexposição pode tornar as crianças celebridades sem que elas queiram, acarretando tanto simpatia como antipatia dos seguidores, o que pode ter efeitos duradouros. Assim, por exemplo, os pais que exibem a criança em momentos de pirraça podem despertar nos seguidores sentimentos de que aquela criança é "chata", "inconveniente", "malcriada" ou tantos outros adjetivos. Em verdade, é preciso indagar: quem está construindo a narrativa da história daquela pessoa humana em desenvolvimento? Se os pais constroem a sua imagem no ambiente digital, como se dissociar dela, evitando a escravidão dos vídeos postados?

---

63. HARTUNG, Pedro; HENRIQUES, Isabella; PITA, Marina. A proteção de dados pessoais de crianças e adolescentes. In: DONEDA, Danilo; MENDES, Laura Schertel; SARLET, Ingo Wolfgang; RODRIGUES JR., Otavio Luiz; BIONI, Bruno (Coord.). *Tratado de Proteção de Dados Pessoais*. Rio de Janeiro: Forense, 2021, p. 203.
64. HARTUNG, Pedro; HENRIQUES, Isabella; PITA, Marina. A proteção de dados pessoais de crianças e adolescentes. In: DONEDA, Danilo; MENDES, Laura Schertel; SARLET, Ingo Wolfgang; RODRIGUES JR., Otavio Luiz; BIONI, Bruno (Coord.). *Tratado de Proteção de Dados Pessoais*. Rio de Janeiro: Forense, 2021, p. 204.
65. STEINBERG, Stacey B. Sharenting: children's privacy in the age of social media. *Emory Law Journal*, v. 66: 839, p. 877-882.

Como afirmam Ana Carolina Brochado Teixeira e Maria Carla Moutinho Nery:

> Ao retratar essas fotos nas redes, os pais 'coisificam' seus filhos como se eles não tivessem personalidade própria, utilizam e monetizam a imagem deles como se fossem a extensão de si mesmos sem perceber a propagação dos *dados sensíveis* da criança e dos danos provenientes desta conduta. Isso porque eles pensam na conotação lúdica das fotos e na ingenuidade da postagem, sem levar em consideração que a inocência é da criança e não dos inúmeros amigos virtuais. Estes muitas vezes são desconhecidos tanto da criança como de seus pais, embora sejam tratados com um grau de intimidade como se da família fossem. Ao assim proceder, os pais maculam não só a intimidade e a privacidade dos seus filhos, mas se utilizam também do direito de imagem destes, como se eles fossem os titulares.[66]

Associado a primeiro risco, coloca-se um segundo de a criança exposta na rede vir a ser vítima de *bullying* e *cyberbullying* por conta dos vídeos postados pelos pais. Alude-se, aqui, ao caso "Nissim Ourfali", o então adolescente que se tornou protagonista de *memes* e piadas em todo o país, após a divulgação de um vídeo-convite para seu Bar Mitzvah, confeccionado e postado por sua família.[67] "Os pais de Ourfali ingressaram com pedido judicial contra o *Google*, objetivando a retirada do vídeo tendo sido prolatada sentença de improcedência na qual o juiz ressaltou ter o pai do garoto sido imprudente, ao permitir o livre acesso da postagem do vídeo original no YouTube, ao invés do compartilhamento privado somente para os convidados."[68] Apesar de a decisão ter sido reformada pelo Tribunal de Justiça de São Paulo e "a gravação não ter sido para fins comerciais, a imagem e a privacidade da criança foram expostas, tendo Nissim sido vítima de *cyberbullying*."[69]

Em terceiro lugar, há também danos que dizem respeito à própria segurança dos menores, uma vez que muitos pais divulgam inúmeros detalhes de suas vidas e rotinas (*e.g.*, onde estudam, nome dos professores, gostos, preferências, hábitos, medos, fobias), tornando-os alvos fáceis para crimes como sequestro. Por fim, pode-se fazer menção à ausência de controle sobre a administração da renda obtida com a publicidade eventualmente feita pelo menor. Será que os pais estão repassando para os menores aquilo que eventualmente eles têm lucrado em contratos de publicidade e permuta?

Apresentados os principais riscos e danos causados por essa superexposição da imagem da criança na *Internet*, necessário se faz questionar: será que os pais podem exibir os filhos livremente em suas publicações? Se existem limites, quais são eles?

---

66. TEIXEIRA, Ana Carolina Brochado. NERY, Maria Carla Moutinho. *Vulnerabilidade digital de crianças e adolescentes*: a importância da autoridade parental para uma educação nas redes. In: EHRHARDT JR., Marcos; LOBO, Fabíola (Org.). *Vulnerabilidade e sua compreensão no direito brasileiro*. Indaiatuba: Foco, 2021, p. 13.
67. TEIXEIRA, Ana Carolina Brochado. NERY, Maria Carla Moutinho. *Vulnerabilidade digital de crianças e adolescentes*: a importância da autoridade parental para uma educação nas redes. In: EHRHARDT JR., Marcos; LOBO, Fabíola (Org.). *Vulnerabilidade e sua compreensão no direito brasileiro*. Indaiatuba: Foco, 2021, p. 145.
68. TEIXEIRA, Ana Carolina Brochado. NERY, Maria Carla Moutinho. *Vulnerabilidade digital de crianças e adolescentes*: a importância da autoridade parental para uma educação nas redes. In: EHRHARDT JR., Marcos; LOBO, Fabíola (Org.). *Vulnerabilidade e sua compreensão no direito brasileiro*. Indaiatuba: Foco, 2021, p. 145.
69. TEIXEIRA, Ana Carolina Brochado. NERY, Maria Carla Moutinho. *Vulnerabilidade digital de crianças e adolescentes*: a importância da autoridade parental para uma educação nas redes. In: EHRHARDT JR., Marcos; LOBO, Fabíola (Org.). *Vulnerabilidade e sua compreensão no direito brasileiro*. Indaiatuba: Foco, 2021, p. 145.

4. A AUTORIDADE PARENTAL EM FACE DAS NOVAS TECNOLOGIAS

A grande verdade é que essa superexposição revela o conflito entre bens jurídicos: "o direito à privacidade das crianças, o direito à liberdade de expressão dos pais, de manifestar o seu contentamento com os filhos e com a sua vida junto a eles perante as redes sociais, e o direito-dever dos pais de cuidar de seus filhos e decidir o que é mais conveniente, em termos de vida digital, no melhor interesse da criança."[70] Há de se acrescentar, ainda, eventualmente, o interesse da comunidade. Fato é que diante de situações mais graves e limítrofes, é induvidoso que o direito dos pais deverá ceder, cabendo até mesmo, após esgotadas outras vias menos gravosas, a atuação investigativa e repressora do Ministério Público e dos Conselhos Tutelares, como foi feito no paradigmático caso "Bel Para Meninas".

Como advertem Benjamin Shmueli e Ayelet Blecher-Prigat, "o principal papel e responsabilidade dos pais é proteger seus filhos".[71] Uma exposição incontrolada e irrefletida da imagem, dos dados e informações faz exatamente o oposto: vulnera, em vez de proteger. No fundo, quando se discute o (over)sharenting, o que se investiga, em verdade, são os limites da chamada autoridade parental, em face das novas tecnologias, especialmente das redes sociais.

Nessa direção, Stacey Steinberg pontua, acertadamente, que os pais atuam a um só tempo como os *gatekeepers* e os *gate openers* dos dados dos filhos,[72] isto é, a eles, em decorrência do exercício da autoridade parental, é dado o poder de decidir sobre as questões de privacidade dos filhos, incumbindo a supervisão e o controle, além do próprio consentimento que deles se exige por força do §1º do artigo 14 da LGPD. Mas ao mesmo tempo, os pais também abrem esse "portão", quando divulgam os dados dos filhos.

O processo de constitucionalização do Direito, com forte incidência sobre o Direito de Família, fez com que o então chamado "pátrio poder"[73] deixasse de ser tutelado como valor em si mesmo, sendo concebido, antes, como um poder-dever, isto é, um poder familiar/autoridade parental, cujo exercício, de igual hierarquia entre homem e mulher, deve ser compatibilizado com outros princípios do ordenamento, sobretudo o melhor interesse da criança e do adolescente.

---

70. EBERLIN, Fernando Büscher von Teschenhausen. *Direitos da Criança na Sociedade da Informação*: ambiente digital, privacidade e dados pessoais. São Paulo: Thomson Reuters Brasil, 2020, p. 131.
71. No original: "To be sure, the primary role and responsibility of parents is to protect their children." (SHMUELI, Benjamin; BLECHER-PRIGAT, Ayelet. Privacy for children. *Columbia Human Rights Law Review*, v. 42, p. 761).
72. STEINBERG, Stacey. *Growing up shared*: how parentes can share smarter on social media – and what you can do to keep your Family safe in a no-privacy world. Naperville: Sourcebooks, 2020, p. xi.
73. "Contemplado pelo Código Civil de 1916 sob a designação de *pátrio poder*, o instituto refletia a orientação hierarquizada e patriarcal que enxergava no pai o chefe da família, submetendo ao seu comando e arbítrio os filhos. O pátrio poder fincava raízes no *patria potestas* dos romanos, 'dura criação de direito despótico', que se assemelhava a autêntico direito de propriedade sobre os filhos". (SCHREIBER, Anderson. *Manual de Direito Civil Contemporâneo*. São Paulo: Saraiva Educação, 2018, p. 863).

Tal poder não é ilimitado, encontrando, assim, barreiras impostas pelo ordenamento. Na precisa lição de Ana Carolina Brochado Teixeira:

> Diante das diretrizes constitucionais e estatutárias que ressaltam a função promocional do Direito, o relacionamento entre genitores e filho passou a ter como objetivo maior tutelar a personalidade deste e, portanto, o exercício de seus direitos fundamentais, para que possa, neste contexto, edificar sua dignidade enquanto sujeito. A autoridade parental, neste aspecto, foge da perspectiva de poder e de dever, para exercer sua sublime função de instrumento facilitador da construção da autonomia responsável dos filhos. Nisso consiste o ato de educá-los, decorrente dos Princípios da Paternidade/Maternidade Responsável, e da Doutrina da Proteção Integral, ambos com sede constitucional, ao alicerce de serem pessoas em fase de desenvolvimento, o que lhes garante prioridade absoluta.[74]

A própria expressão "poder familiar", adotada pela legislação,[75] não passou longe de críticas, por ainda enfatizar uma lógica de poder, apesar de ter deslocado da figura do pai para os pais. Sendo menos um poder e mais um dever, "a expressão que melhor identifica o instituto é a da autoridade parental, eis que destaca que os interesses dos pais estão condicionados ao melhor interesse do filho."[76] O núcleo do perfil funcional do poder familiar, enquanto situação subjetiva complexa,[77] revela-se como a obrigação de tutelar a personalidade do menor e o exercício de seus direitos fundamentais. Da ideia de sujeição absoluta aos arbítrios dos pais, passa-se a uma lógica de buscar, o tanto quanto possível, considerar a vontade dos menores, enquanto pessoas humanas em desenvolvimento, respeitando sua autonomia. Neste diapasão, "a autoridade parental deve, portanto, buscar respeitar as inclinações e aspirações naturais do filho, bem como estimular o exercício de uma autonomia responsável."[78]

A métrica para a autoridade parental, diante da situação concreta, passa a ser o melhor interesse da criança, que, na lição de Heloisa Helena Gomes Barboza, foi ratificado e alçado a um patamar de natureza constitucional, através da doutrina da proteção integral, que possui maior abrangência.[79] A ideia é que ele "permanece como um padrão, considerando, sobretudo, as necessidades da criança em detrimento dos

---

74. TEIXEIRA, Ana Carolina Brochado. *A disciplina jurídica da autoridade parental*. Disponível em: http://www.ibdfam.org.br/_img/congressos/anais/5.pdf. Acesso em: 28 maio 2018.
75. RAMOS, Patricia Pimentel de Oliveira Chambers. *Poder familiar e guarda compartilhada*: novos paradigmas do direito de família. 2. ed. São Paulo: Saraiva, 2016, p. 42.
76. GAMA, Guilherme Calmon Nogueira. *Direito Civil*: família. São Paulo: Atlas, 2008, p. 470.
77. "A autoridade parental é uma situação subjetiva complexa, pois há atribuição de poderes e deveres a serem exercidos pelo titular do poder, em favor dos filhos menores." (TEIXEIRA, Ana Carolina Brochado. *Família, guarda e autoridade parental*. 2. ed. rev. e atual. Rio de Janeiro: Renovar: 2009, p. 97).
78. MENEZES, Joyceane Bezerra de; MORAES, Maria Celina Bodin de. Autoridade parental e privacidade do filho menor: o desafio de cuidar para emancipar. *Revista Novos Estudos Jurídicos* – Eletrônica, v. 20, n. 2, maio-ago., 2015, p. 509. Disponível em: https://siaiap32.univali.br/seer/index.php/nej/article/view/7881. Acesso em: 28 maio 2018.
79. BARBOZA, Heloisa Helena Gomes. O princípio do melhor interesse da criança e do adolescente. *A família na travessia do milênio*. Anais do II Congresso Brasileiro de Direito de Família, p. 206. Disponível em: http://www.ibdfam.org.br/_img/congressos/anais/69.pdf#page=201. Acesso em: 28 maio 2018.

interesses de seus pais, devendo realizar-se sempre uma análise do caso concreto".[80] Trata-se, pois, de giro conceitual que passa a encarar os menores não mais como meros incapazes, mas como sujeitos de direito igualmente merecedores de tutela, que deve ser ainda mais intensa haja vista a vulnerabilidade que lhes é ínsita por ainda estarem em formação.[81]

Ao prever o direito ao respeito no seu artigo 17, o Estatuto da Criança e do Adolescente (Lei nº. 8.069/90) incluiu a preservação da imagem das crianças e adolescentes. "Este direito ao respeito faz surgir, por consequência, o dever dos pais e responsáveis de garantir a preservação das três faces da privacidade, isto é, a intimidade, a proteção de dados e a autodeterminação."[82] No mesmo sentido, o artigo 16 da Convenção sobre os Direitos da Criança, elaborada pela UNICEF[83], da qual o Brasil é signatário. É certo, assim, que a criança, na qualidade de pessoa em desenvolvimento[84], com vulnerabilidade ínsita, possui tutela mais intensa no que diz respeito à sua privacidade e à sua imagem. Exemplo disso é que o ECA concedeu ao Ministério Público o poder de impedir a exploração da imagem de crianças e de adolescentes, de maneira a garantir-lhes o direito ao respeito e à dignidade, através de instrumentos como o inquérito civil e a ação civil pública (artigo 201, inciso V, do ECA), ou mesmo por meio da exigência de alvarás formulados com base no artigo 149 do mesmo diploma.[85]

Tomando a doutrina da proteção integral como base,[86] a utilização da imagem e dos dados das crianças deve ser, assim, compatibilizada com os limites impostos

---

80. PEREIRA, Tânia da Silva. O princípio do melhor interesse da criança: da teoria à prática. *A família na travessia do milênio*. Anais do II Congresso Brasileiro de Direito de Família, p. 218. Disponível em: http://www.ibdfam.org.br/_img/congressos/anais/69.pdf#page=215. Acesso em: 28 maio 2018.
81. PEREIRA, Tânia da Silva. O princípio do melhor interesse da criança: da teoria à prática. *A família na travessia do milênio*. Anais do II Congresso Brasileiro de Direito de Família, p. 226. Disponível em: http://www.ibdfam.org.br/_img/congressos/anais/69.pdf#page=215. Acesso em: 28 maio 2018.
82. TEIXEIRA, Ana Carolina Brochado. NERY, Maria Carla Moutinho. *Vulnerabilidade digital de crianças e adolescentes*: a importância da autoridade parental para uma educação nas redes. In: EHRHARDT JR., Marcos; LOBO, Fabíola (Org.). *Vulnerabilidade e sua compreensão no direito brasileiro*. Indaiatuba: Foco, 2021, p. 146.
83. "Art. 16. Nenhuma criança será objeto de interferências arbitrárias ou ilegais em sua vida particular, sua família, seu domicílio ou sua correspondência, nem de atentados ilegais a sua honra e a sua reputação." Internalizado no Direito Brasileiro a partir do Decreto 99.710/1990. Disponível em: http://www.planalto.gov.br/ccivil_03/decreto/1990-1994/d99710.htm.
84. JÚNIOR, David Cury. *A proteção jurídica da imagem da criança e do adolescente*. Tese de Doutorado em Direito. Pontifícia Universidade Católica, São Paulo, 2006, p. 82. Disponível em: http://www.dominiopublico.gov.br/download/teste/arqs/cp011640.pdf. Acesso em: 28 maio 2018.
85. MACIEL, Kátia Regina Ferreira Lobo Andrade (Coord.). *Curso de Direito da Criança e do Adolescente*: aspectos teóricos e práticos. 11 ed. São Paulo: Saraiva Educação, 2018, pp. 1009-1026; RIGGIO, Elizabeth Wanderley; CASTRO, Humberto de. O Estatuto da Criança e do Adolescente e a Comunicação: o direito ao respeito. *Metrocamp Pesquisa*, v. 1, n. 2, p. 115-131, jul./dez. 2017, p. 125. Disponível em: http://www.egov.ufsc.br/portal/sites/default/files/anexos/33360-42710-1-PB.pdf. Acesso em: 28 maio 2018
86. "Na realidade, a cláusula da proteção integral constitui nota distintiva dos direitos da personalidade da criança e do adolescente em face de igual direito das pessoas com personalidade plena. Tal princípio obriga a ação dos pais, das entidades sociais e dos órgãos estatais, na efetivação dos direitos essenciais referidos no artigo 4o, da Lei n. 8.069/90, indispensáveis para o pleno desenvolvimento da personalidade de meninos e jovens, e também na preservação de ameaça ou violação aos seus direitos fundamentais, sem prejuízo da reparação dos danos que porventura venham a sofrer, nos termos do artigo 98, incisos I e II, da Lei n.

pela especial situação de vulnerabilidade em que se encontram. Não raro se alude ao artigo 149, inciso II, "a" do ECA, para exigir a autorização judicial para divulgação da imagem de menores na televisão ou em espetáculos, o que não poderia ser nem mesmo substituído pela autorização dos pais.[87] Invoca-se, ademais, o artigo 100 do ECA, que, ao disciplinar a aplicação das medidas de proteção à criança e ao adolescente (artigo 98), dispõe, no seu inciso V, como princípio que rege a aplicação de tais medidas, a "privacidade: a promoção dos direitos e proteção da criança e do adolescente deve ser efetuada no respeito pela intimidade, direito à imagem e reserva de sua vida privada". A proteção conferida aos direitos da personalidade dos menores é, por isso, diferenciada.[88]

Nessa direção, a intimidade nas relações familiares, marcadas pela solidariedade, revela-se como "uma condição para o livre desenvolvimento da pessoa"[89], já que diante da situação complexa do indivíduo, que possui tanto direitos como deveres em relação aos demais componentes do núcleo familiar, cada um passa a ter em relação aos parentes próximos o direito "a que fatos e comportamentos de natureza existencial, relativos a ele e à sua família em sentido lato, não sejam divulgados ao externo."[90]

Despontam, assim, duas ordens de questionamentos: num primeiro momento, os aspectos de matriz existencial reforçam a necessidade de tutela da privacidade e intimidade dos menores expostos nas redes sociais, que acabam sendo, de certa forma, vulnerados por pais que revelam ao grande público detalhes íntimos de suas personalidades, gerando reações e, por que não dizer, paixões para o bem e para o mal de seus seguidores. Quais são os possíveis danos para o desenvolvimento da personalidade de crianças que crescem aos olhos do grande público? Há dano indenizável?

Por outro lado, há questões eminentemente patrimoniais (artigos 1.689 e seguintes do Código Civil), como saber se eventual remuneração recebida pelos pais pela cessão ou exploração da imagem dos filhos está sendo revertida em benefício das crianças. Além disso, há que se questionar o que deve ser feito caso um dos genitores

---

8.069/90." (JÚNIOR, David Cury. *A proteção jurídica da imagem da criança e do adolescente*. Tese de Doutorado em Direito. Pontifícia Universidade Católica, São Paulo, 2006, p. 91. Disponível em: http://www.dominiopublico.gov.br/download/teste/arqs/cp011640.pdf. Acesso em: 28 maio 2018).

87. RIGGIO, Elizabeth Wanderley; CASTRO, Humberto de. O Estatuto da Criança e do Adolescente e a Comunicação: o direito ao respeito. *Metrocamp Pesquisa*, v. 1, n. 2, p. 115-131, jul./dez. 2017, p. 127-128.

88. "O reconhecimento de um direito da personalidade especial, peculiar às pessoas em desenvolvimento, amparado nos princípios da proteção integral e da maior vulnerabilidade, garante que, em caso de colisão com outros direitos de natureza igualmente absoluta, para a solução do conflito, prevaleça o melhor interesse da criança e do adolescente, como na hipótese do exercício prioritário dos direitos sociais, ou da restrição de direitos, como, por exemplo, de liberdade da informação, que há de ser exercida com respeito à dignidade dos menores de idade (v.g., art. 247, par. 2o, da Lei n. 8.069/90)." (JÚNIOR, David Cury. *A proteção jurídica da imagem da criança e do adolescente*. Tese de Doutorado em Direito. Pontifícia Universidade Católica, São Paulo, 2006, p. 85. Disponível em: http://www.dominiopublico.gov.br/download/teste/arqs/cp011640.pdf. Acesso em: 28 maio 2018).

89. PERLINGIERI, Pietro. *O direito civil na legalidade constitucional*. Tradução: Maria Cristina de Cicco. Rio de Janeiro: Renovar, 2008, p. 850.

90. PERLINGIERI, Pietro. *O direito civil na legalidade constitucional*. Trad. Maria Cristina de Cicco. Rio de Janeiro: Renovar, 2008, p. 850.

(ou mais de um, no caso de multiparentalidade) não concorde com a exploração da imagem do menor pelas redes sociais. Seria o Poder Judiciário o *locus* para resolver este impasse quanto ao exercício da autoridade parental, na forma do parágrafo único do artigo 1.631 do Código Civil e do artigo 21 do Estatuto da Criança e do Adolescente/ECA, Lei 8.069/90? Como resolver esta questão em tempos de isolamento social? Além disso: seria necessária a autorização judicial para divulgação da imagem de menores em *posts* patrocinados nas redes sociais, tal como ocorre para participação em programas de televisão ou em espetáculos, a teor do artigo 149, inciso II, "a" do ECA? De imediato, pode-se argumentar aqui que quando a norma foi editada, o legislador sequer imaginava que tal forma de exibição viria a existir. É certo também que a velocidade do mundo virtual tornaria quase impossível a exigência de autorização para cada postagem. Por outro lado, a literalidade do dispositivo é clara. Trata-se, por isso, de questão a ser melhor aprofundada.

Como se tem diuturnamente reafirmado em doutrina, as crianças são pessoas humanas em desenvolvimento, cuja vulnerabilidade demanda tutela ainda mais intensa por parte do Direito. Faz-se preciso, assim, antecipar-se ao momento patológico, quando o conflito chega ao Judiciário, observados os limites para intervenção estatal[91], por meio também do Ministério Público,[92] como ocorrido no caso "Bel para Meninas".

Deve-se, pois, lançar luzes sobre a condução de uma parentalidade responsável, que, funcionalizada ao melhor interesse da criança e cumprindo o "dever de fiscalização e educação que compõem o conteúdo da autoridade parental"[93], atue na emancipação da criança, auxiliando-a na tomada de decisões, não mais como um censor com poder de vida e morte, mas como um membro do grupo familiar, com direitos e deveres. Isso porque, em muitos casos, a interação da criança com as redes sociais é sadia e ser influenciador mirim é motivo de felicidade e inserção social para ela. Daí a necessidade de se avaliar a questão sob o prisma do seu melhor interesse, reconhecendo-lhe algum grau de autonomia.

Como se pode ver, na ponderação entre a autoridade parental, conjugada à liberdade de expressão dos genitores, e o arcabouço protetivo da criança e do adolescente na complexidade do ordenamento, aquela liberdade "nunca será justificativa para prática de *sharenting*, pois este direito constitucional, é individual e exclusivo de cada um, não sendo possível haver a extensão dos seus efeitos dessa liberdade para

---

91. Recomenda-se, nesse sentido: MULTEDO, Renata Vilela. *Liberdade e família*: limites para a intervenção do Estado nas relações conjugais e parentais. Rio de Janeiro: Processo, 2017.
92. BARBOZA, Heloisa Helena. O poder discricionário do Ministério Público na avaliação dos interesses indisponíveis, *Revista do Ministério Público do Estado do Rio de Janeiro*, v. 1, n. 2, jul.-dez. 1995.
93. TEIXEIRA, Ana Carolina Brochado; RETTORE, Anna Cristina de Carvalho. A autoridade parental e o tratamento de dados pessoais de crianças e adolescentes. In: TEPEDINO, Gustavo; FRAZÃO, Ana; OLIVA, Milena Donato (Coord.). *Lei Geral de Proteção de Dados Pessoais e suas repercussões no Direito Brasileiro*. São Paulo: Thomson Reuters Brasil, 2019, p. 523.

abranger os demais membros da família."[94] Urge, assim, refletir e considerar que a autoridade parental, marcada pela responsabilidade, pelo cuidado e pelo afeto no mundo físico, deve também ser transposta para o mundo virtual, diante dos riscos intensos de danos às pessoas dos filhos, que ainda estão em desenvolvimento e, por isso, apresentam ínsita vulnerabilidade.

5. CONCLUSÃO

Como se procurou demonstrar, não há como voltar atrás. Seria impossível imaginar que pais e familiares vão parar de postar fotos, vídeos e informações de crianças e adolescentes na *Internet*. Seria como lutar contra a maré da realidade social, numa sociedade marcada pela exibição e pelo consumo. O que se deve fazer é estar atento para prevenir e reprimir os abusos, como aqueles associados à captura das rédeas da construção da história e da narrativa dos filhos nas redes sociais e na *Internet*.

Da mesma forma, não é tolerável que pais enriqueçam ao custo da exposição da imagem dos seus filhos, o que se torna ainda mais pernicioso quando essa exposição se dá por meios vexatórios, que podem acabar constrangendo a criança no presente e no futuro. Questiona-se, assim, se deve haver autorização judicial para a exploração comercial da imagem dos menores.

Como se procurou demonstrar, há inúmeros riscos e danos possíveis em decorrência das práticas relacionadas ao (over)sharenting. Tais riscos pesam sobremaneira na balança em favor do princípio do melhor interesse da criança e do adolescente, em detrimento da autoridade parental e da liberdade de expressão dos pais e responsáveis. Nesse sentido, como visto no caso "Bel para Meninas", a atuação dos Conselhos Tutelares e do Ministério Público é fundamental para apontar e corrigir abusos, judicializando-os sempre que esta for a solução mais adequada para preservar e garantir o melhor interesse da pessoa humana em desenvolvimento.

A pandemia do novo Coronavírus deixou ainda mais nítida a certeza de que não é só o *Big Brother* da televisão e outros *realities* que entretêm a população, e a casa dos Estúdios Globo não é a única vigiada do Brasil. A diferença é que os *big brothers* e *sisters* da TV são maiores, capazes e assinam contratos. Já os *little brothers* e *sisters* da vida real, em muitos casos, sequer têm conhecimento que já são famosos e que as fotos que seus pais compartilharam viraram figurinhas de *WhatsApp*, circulando pelo mundo. Quais os riscos e os custos da "espiadinha" de milhões de pessoas na casa das crianças? Já é tempo de despertar para este fenômeno, dando-lhe a devida importância e ressaltando que a infância não deve ser entretenimento lucrativo para os pais. É, ao contrário, cuidado, proteção, empoderamento, e, sobretudo, um gesto de amor.

---

94. TEIXEIRA, Ana Carolina Brochado. NERY, Maria Carla Moutinho. *Vulnerabilidade digital de crianças e adolescentes*: a importância da autoridade parental para uma educação nas redes. In: EHRHARDT JR., Marcos; LOBO, Fabíola (Org.). *Vulnerabilidade e sua compreensão no direito brasileiro*. Indaiatuba: Foco, 2021, p. 143.

REFERÊNCIAS

"Bel para meninas": quando o bullying vem dos pais: crianças expostas a situações constrangedoras podem sofrer desde baixa autoestima a tentativa de suicídio. *Veja Rio*, 29 jun. 2020. Disponível em: https://vejario.abril.com.br/blog/manual-de-sobrevivencia-no-seculo-21/bullying-pais/. Acesso em: 30 jun. 2020.

TikTok cresce entre crianças brasileiras e preocupa pais. *Abc da comunicação*, 03 abr. 2020. Disponível em: https://www.abcdacomunicacao.com.br/tiktok-cresce-entre-criancas-brasileiras-e-preocupa-pais/. Acesso em: 23 jan. 2021.

BARBOZA, Heloisa Helena Gomes. O princípio do melhor interesse da criança e do adolescente. *A família na travessia do milênio*. Anais do II Congresso Brasileiro de Direito de Família, p. 206. Disponível em: http://www.ibdfam.org.br/_img/congressos/anais/69.pdf#page=201. Acesso em: 28 maio 2018.

BARBOZA, Heloisa Helena. O poder discricionário do Ministério Público na avaliação dos interesses indisponíveis, *Revista do Ministério Público do Estado do Rio de Janeiro*, v. 1, n. 2, jul.-dez. 1995.

BATISTA JR., João. A polêmica do canal 'Bel para Meninas': "Exposição vexatória e degradante". *Veja*, 22 maio 2020. Disponível em: https://veja.abril.com.br/blog/veja-gente/a-polemica-do-canal-bel-para-meninas-exposicao-vexatoria-e-degradante/. Acesso em: 30 jun. 2020.

BAUMAN, Zygmunt. *Amor líquido*: sobre a fragilidade dos laços humanos. Trad. Carlos Alberto Medeiros. Rio de Janeiro: Jorge Zahar Ed., 2004.

BESSANT, Claire. Sharenting: balancing the conflicting rights of parents and children. *Communications Law*, v. 23, n. 1, 2018. Ed. Bloomsbury Professional.

BIONI, Bruno. *Proteção de dados pessoais*: a função e os limites do consentimento. Rio de Janeiro: Forense, 2019.

BLUM-ROSS, Alicia; LIVINGSTONE, Sonia. Sharenting: Parent Blogging and the Boundaries of the Digital Self. *Popular Communication 15*, n. 2, 2017.

BROSCH, Anna. When the Child is Born into the Internet: Sharenting as a Growing Trend among Parents on Facebook. *The New Educational Review*, 2016.

Disponível em: https://www.youtube.com/c/Belparameninas/about. Acesso em: 25 jan. 2021.

DONEDA, Danilo. *Da privacidade à proteção de dados pessoais*, Rio de Janeiro: Renovar, 2006.

DONEDA, Danilo; MENDES, Laura Schertel; SOUZA, Carlos Affonso; ANDRADE, Norberto Nuno Gomes de. Considerações iniciais sobre inteligência artificial, ética e autonomia pessoal. *Pensar*, Fortaleza, v. 23, n. 4, out./dez. 2018.

EBERLIN, Fernando Büscher von Teschenhausen. *Direitos da Criança na Sociedade da Informação*: ambiente digital, privacidade e dados pessoais. São Paulo: Thomson Reuters Brasil, 2020.

EBERLIN, Fernando Büscher von Teschenhausen. Sharenting, liberdade de expressão e privacidade de crianças no ambiente digital: o papel dos provedores de aplicação no cenário jurídico brasileiro, *Rev. Bras. Polít. Públicas*, Brasília, v. 7, n. 3, 2017.

FISCHER, Max; TAUB, Amanda. Pesquisa de Harvard acusa algoritmo do YouTube de alimentar pedofilia. *Jornal O Globo*, 03 jun. 2019. Disponível em: https://oglobo.globo.com/sociedade/pesquisa-de-harvard-acusa-algoritmo-do-youtube-de-alimentar-pedofilia-23714288; https://oglobo.globo.com/economia/tecnologia/para-conter-pedofilia-youtube-remove-comentarios-em-videos-com-criancas-23489621. Acesso em: 08 ago. 2019.

FRAZÃO, Ana. Fundamentos da Proteção dos Dados Pessoais. In: TEPEDINO, Gustavo; FRAZÃO, Ana; OLIVA, Milena Donato (Coord.). *Lei Geral de Proteção de Dados Pessoais e suas repercussões no Direito Brasileiro*. São Paulo: Thomson Reuters Brasil, 2019.

FRAZÃO, Ana. Plataformas digitais, big data e riscos para os direitos da personalidade. In: MENEZES, Joyceane Bezerra de; TEPEDINO, Gustavo (Coord.). *Autonomia Privada, liberdade existencial e direitos fundamentais*. Belo Horizonte: Fórum, 2019.

GAMA, Guilherme Calmon Nogueira da. A parentalidade responsável e o cuidado: novas perspectivas. *Revista do Advogado*, v. 28, n. 101, dez. 2008.

GAMA, Guilherme Calmon Nogueira. *Direito Civil*: família. São Paulo: Atlas, 2008.

HARTUNG, Pedro; HENRIQUES, Isabella; PITA, Marina. A proteção de dados pessoais de crianças e adolescentes. In: DONEDA, Danilo; MENDES, Laura Schertel; SARLET, Ingo Wolfgang; RODRIGUES JR., Otavio Luiz; BIONI, Bruno (Coord.). *Tratado de Proteção de Dados Pessoais*. Rio de Janeiro: Forense, 2021.

HOLTZ, Bree; SMOCK, Andrew; REYES-GASTELUM, David. Connected Motherhood: Social Support for Moms and Moms-to-Be on Facebook. *Telemedicine and e-Health 21*, n. 5, 2015.

IDOETA, Paula Adamo. 'Sharenting': quando a exposição dos filhos nas redes sociais não é necessariamente algo ruim. *BBC News Brasil*, 13 jan. 2020. Disponível em: https://www.bbc.com/portuguese/salasocial-51028308. Acesso em: 30 jun. 2020.

JÚNIOR, David Cury. *A proteção jurídica da imagem da criança e do adolescente*. Tese de Doutorado em Direito. Pontifícia Universidade Católica, São Paulo, 2006, p. 82. Disponível em: http://www.dominiopublico.gov.br/download/teste/arqs/cp011640.pdf. Acesso em: 28 maio 2018.

KONDER, Carlos Nelson. O tratamento de dados sensíveis à luz da Lei 13.709/2018. In: TEPEDINO, Gustavo; FRAZÃO, Ana; OLIVA, Milena Donato (Coord.). *Lei Geral de Proteção de Dados Pessoais e suas repercussões no Direito Brasileiro*. São Paulo: Thomson Reuters Brasil, 2019.

LEAL, Lívia Teixeira. Internet of toys: os brinquedos conectados à Internet e a necessária proteção da criança e do adolescente. In: TEIXEIRA, Ana Carolina Brochado; DADALTO, Luciana (Org.). *Autoridade parental*: dilemas e desafios contemporâneos. Indaiatuba/SP: Editora Foco, 2019.

MACIEL, Kátia Regina Ferreira Lobo Andrade (Coord.). *Curso de Direito da Criança e do Adolescente*: aspectos teóricos e práticos. 11 ed. São Paulo: Saraiva Educação, 2018.

MEDON AFFONSO, Filipe José. Influenciadores digitais e o direito à imagem de seus filhos: uma análise a partir do melhor interesse da criança. *Revista Eletrônica da Procuradoria Geral do Estado do Rio de Janeiro*, v. 2, n. 2, 2019. Disponível em: https://revistaeletronica.pge.rj.gov.br:4432/atualidades/2019/08/influenciadores-digitais-e-o-direito-a-imagem-de-seus-filhos-uma-analise-a-partir--do-melhor-interesse-da-crianca. Acesso em: 02 maio 2020.

MENEZES, Joyceane Bezerra de; MORAES, Maria Celina Bodin de. Autoridade parental e privacidade do filho menor: o desafio de cuidar para emancipar. *Revista Novos Estudos Jurídicos* – Eletrônica, vol. 20, n. 2, maio-ago., 2015, p. 509. Disponível em: https://siaiap32.univali.br/seer/index.php/nej/article/view/7881. Acesso em: 28 maio 2018.

MOORHEAD, Joanna. The saga of Gwyneth, Apple and Instagram is a parenting classic. *The Guardian*, 01 abr. 2019. Disponível em: https://www.theguardian.com/commentisfree/2019/apr/01/gwyneth--paltrow-apple-martin-instagram. Acesso em: 05 jul. 2019.

MORAIS, José Luis Bolzan de; NETO, Elias Jacob de Menezes. Análises computacionais preditivas como um novo biopoder: modificações do tempo na sociedade dos sensores. *Revista Novos Estudos Jurídicos* – Eletrônica, v. 24, n. 3, set-dez. 2018.

MULTEDO, Renata Vilela. *Liberdade e família*: limites para a intervenção do Estado nas relações conjugais e parentais. Rio de Janeiro: Processo, 2017.

O'NEIL, Cathy. *Weapons of Math Destruction*: how big data increases inequality and threatens democracy. Nova Iorque: Crown, 2016.

PEREIRA, Tânia da Silva. O princípio do melhor interesse da criança: da teoria à prática. *A família na travessia do milênio*. Anais do II Congresso Brasileiro de Direito de Família. Disponível em: http://www.ibdfam.org.br/_img/congressos/anais/69.pdf#page=215. Acesso em: 28 maio 2018.

Perito analisa linguagem corporal de mãe e filha em 'Bel para meninas'. *Jornal Correio*, 21 maio 2020. Disponível em: https://www.correio24horas.com.br/noticia/nid/perito-analisa-linguagem-corporal-de-mae-e-filha-em-bel-para-meninas-assista/. Acesso em: 30 jun. 2020.

PERLINGIERI, Pietro. *O direito civil na legalidade constitucional*. Tradução: Maria Cristina de Cicco. Rio de Janeiro: Renovar, 2008.

PIRES, Caio Ribeiro; CRUZ, Elisa. A 'cama de tatame pela vida afora': os rumos da união estável a partir do convívio durante o isolamento social. *Jota*, 17 jun. 2020. Disponível em: https://www.jota.info/opiniao-e-analise/artigos/a-cama-de-tatame-pela-vida-afora-17062020. Acesso em: 30 jun. 2020.

RAMOS, Patricia Pimentel de Oliveira Chambers. *Poder familiar e guarda compartilhada*: novos paradigmas do direito de família. 2. ed. São Paulo: Saraiva, 2016.

Remoção de vídeos e análise do MP: avanços do caso "Bel para Meninas". *Veja*. Disponível em: https://veja.abril.com.br/blog/veja-gente/justi%C3%A7a-determina-a-remocao-de-todos-os-videos-do-canal-bel-para-meninas/. Acesso em: 29 maio 2020.

RIGGIO, Elizabeth Wanderley; CASTRO, Humberto de. O Estatuto da Criança e do Adolescente e a Comunicação: o direito ao respeito. *Metrocamp Pesquisa*, v. 1, n. 2, p. 115-131, jul./dez. 2017, p. 125, disponível em: http://www.egov.ufsc.br/portal/sites/default/files/anexos/33360-42710-1-PB.pdf. Acesso em: 28 maio 2018.

ROCHA, Camila Bernardino; SOUZA, Pricila Pesqueira de. *Uma visão psicanalítica sobre o excesso de exposição nas redes sociais*. Disponível em: http://www.psicologia.pt/artigos/textos/A1302.pdf. Acesso em: 1º ago. 2019.

SCHREIBER, Anderson. *Manual de Direito Civil Contemporâneo*. São Paulo: Saraiva Educação, 2018.

SCHREIBER, Anderson. *Marco Civil da Internet*: Avanço ou Retrocesso? A Responsabilidade Civil por Dano derivado do Conteúdo Gerado por Terceiro. p. 22-26 Disponível em: http://sdls.com.br/uploads/files/2018/06/artigo-marco-civil-internet-1529497697.pdf. Acesso em: 13 ago. 2019.

SCHREIBER, Anderson. Proteção de dados no Brasil e na Europa, 05 set. 2018. *Jornal Carta Forense*. Disponível em: http://www.cartaforense.com.br/conteudo/colunas/protecao-de-dados-pessoais-no-brasil-e-na-europa/18269. Acesso em: 02 ago. 2019.

Sharenting: brasileiros expõem filhos na web sem entender riscos. *Tecmundo*, 19 abr. 2020. Disponível em: https://www.tecmundo.com.br/seguranca/152219-sharenting-brasileiros-expoem-filhos-web-entender-riscos.htm. Acesso em: 30 jun. 2020.

SHMUELI, Benjamin; BLECHER-PRIGAT, Ayelet. Privacy for children. *Columbia Human Rights Law Review*, v. 42.

STEINBERG, Stacey B. Sharenting: children's privacy in the age of social media. *Emory Law Journal*, v. 66: 839.

STEINBERG, Stacey. *Growing up shared*: how parentes can share smarter on social media – and what you can do to keep your Family safe in a no-privacy world. Naperville: Sourcebooks, 2020.

TEIXEIRA, Ana Carolina Brochado. *A disciplina jurídica da autoridade parental*. Disponível em: http://www.ibdfam.org.br/_img/congressos/anais/5.pdf. Acesso em: 28 maio 2018.

TEIXEIRA, Ana Carolina Brochado. *Família, guarda e autoridade parental*. 2. ed. rev. e atual. Rio de Janeiro: Renovar: 2009.

TEIXEIRA, Ana Carolina Brochado; MEDON, Filipe. *A hipersexualização infantojuvenil na internet e o papel dos pais*: liberdade de expressão, autoridade parental e melhor interesse da criança. (Texto no prelo).

TEIXEIRA, Ana Carolina Brochado. NERY, Maria Carla Moutinho. *Vulnerabilidade digital de crianças e adolescentes*: a importância da autoridade parental para uma educação nas redes. In: EHRHARDT JR., Marcos; LOBO, Fabíola (Org.). *Vulnerabilidade e sua compreensão no direito brasileiro*. Indaiatuba: Foco, 2021.

TEIXEIRA, Ana Carolina Brochado; RETTORE, Anna Cristina de Carvalho. A autoridade parental e o tratamento de dados pessoais de crianças e adolescentes. In: TEPEDINO, Gustavo; FRAZÃO, Ana; OLIVA, Milena Donato (Coord.). *Lei Geral de Proteção de Dados Pessoais e suas repercussões no Direito Brasileiro*. São Paulo: Thomson Reuters Brasil, 2019.

TEPEDINO, Gustavo; MEDON, Filipe. *A superexposição de crianças por seus pais na internet e o direito ao esquecimento*. (No prelo).

TEPEDINO, Gustavo; TEFFÉ, Chiara Spadaccini de. Consentimento e proteção de dados pessoais na LGPD. In: TEPEDINO, Gustavo; FRAZÃO, Ana; OLIVA, Milena Donato (Coord.). *Lei Geral de Proteção de Dados Pessoais e suas repercussões no Direito Brasileiro*. São Paulo: Thomson Reuters Brasil, 2019.

UNICEF. *The State of the World's Children, 2017*: Children in a Digital World: Germain Ake and Ernest Califra, 2017. Disponível em: https://www.unicef.org/publications/files/SOWC_2017_ENG_WEB.pdf. Acesso em: 20 nov. 2020.

Ver mais em: https://bebe.abril.com.br/parto-e-pos-parto/facebook-instagram-censurar-fotos-parto-vaginal/. Acesso em: 01 ago. 2019.

Ver mais em: https://revistacrescer.globo.com/Pais-famosos/noticia/2018/10/mayra-cardi-pretende-transmitir-parto-ao-vivo-nas-redes-sociais.html; https://f5.folha.uol.com.br/celebridades/2018/10/mayra-cardi-nao-consegue-fazer-parto-humanizado-em-casa-e-vai-ao-hospital.shtml. Acesso em: 1º ago. 2019.

SUICÍDIO INFANTIL E AUTORIDADE PARENTAL

Esther Hwang

Doutoranda e mestre em Psicologia Escolar e do Desenvolvimento Humano pela USP. Especialização em luto pelo 4 Estações Instituto de Psicologia – SP. Psicóloga clínica.

Luciana Dadalto

Doutora em Ciências da Saúde pela Faculdade de Medicina da UFMG. Mestre em Direito Privado pela PUCMinas. Advogada. Professora Universitária. Administradora do portal www.testamentovital.com.br

Sumário: 1. Considerações iniciais. 2. Suicídio infantil: ato acidental ou tabu? 3. Capacidade decisória em crianças: conceito de morte, intencionalidade e letalidade suicida. 4. Suicídio infantil: interfaces entre o direito e a psicologia. 5. Considerações finais. Referências bibliográficas

1. CONSIDERAÇÕES INICIAIS

O presente texto propõe uma reflexão sobre um tema tabu: o suicídio infantil, tecido junto à considerações sobre autoridade parental. Considerado um dos temas mais desafiantes de se abordar em virtude do estigma e preconceito, que refletem na tratativa do tema em diversas instâncias, o suicídio infantil carece de vasto referencial teórico e alcança o ápice do silenciamento no âmbito da morte, seja pela resistência em aceitar a possibilidade de a criança tirar a própria vida, argumento fundado no mito da infância feliz e inocente (Guimarães, 2018), ou em função da dificuldade de precisar o suicídio infantil devido à subnotificação que se dá pela indiferenciação entre óbitos por suicídio e acidentes (Kreuz & Dantas, 2017), causando desnorteamentos (Silva, 2019) e engendrando dúvidas quanto à capacidade da criança em compreender a morte de si e tirar a própria vida.

Os registros históricos mostram que cada tempo emprega uma maneira de se conceber o suicídio. As variações nos modos de compreensão do fenômeno ao longo da história apontam para a convergência de um posicionamento presente desde a antiguidade: a interdição e o tabu do suicídio. Isso significa que, apesar de não ser mais classificado como crime, ato transgressor às leis de uma sociedade (Marx, 1846/2006; Jamison, 2010) ou passível de punição física conforme ocorria na antiguidade greco-romana (Kalina & Kovladoff, 1983; Guillon & Bonniec, 1984), há ainda uma forte oposição contra o suicídio tanto religiosa – sustentada pela ideia de que a vida é um dom divino e somente Deus pode dispor-se dela ou retirá-la (Minois, 2019) –, como moralista, com julgamentos baseados em valores morais que norteiam o modo como o suicídio é adjetivado negativamente na atualidade (Fairbairn, 1999). O suicídio, ainda, carrega em sua terminologia a concepção de homicídio de si (Barbagli, 2019; Puentes, 2008), assumindo conotação estigmatizante, o que mantém em sua essência o caráter condenatório.

Os modos atuais de compreensão do suicídio acabam por inserir o fenômeno na lógica de valorização da vida a todo custo (Kovács, 2017). Há, nessa mentalidade médica e jurídica, a fragmentação da vida em sua dimensão biológica e biográfica (Arantes, 2011; Dadalto & Gonsalves, 2020), no qual importa preservar, sobretudo, a faceta orgânica de modo a manter o corpo em sua funcionalidade às custas de intenso sofrimento, conferindo pouco espaço para alcançar uma condição integradora entre ambas as dimensões no ser humano. Tal perspectiva postula uma existência que se funda num dualismo inconciliável entre os dinamismos corporais/físicos e a faceta que diz respeito à identidade do indivíduo, sua história e narrativa biográfica. Se vivemos numa sociedade cujo interesse primordial é salvaguardar a vida na qual a morte passa a ser vista como fracasso, escamoteada e desvirtuada do cotidiano (Kovács, 2003; Áries, 1977/2014), o suicídio torna-se cada vez mais inapreensível.

Essas atribuições e significações em torno da experiência suicida estão em conformidade com o silêncio, a interdição e os modos de tratamento que grassa em nossa sociedade, o que abre abismos de incompreensão em relação à pessoa que pensa em suicídio. Ora, pois, se o ato suicida traduz um desejo de morte numa sociedade que condena o morrer, tal fenômeno desafia a lógica contemporânea de preservação absoluta da vida escapando a compreensão acerca da intencionalidade de morte presente no suicídio principalmente quando se trata de crianças, considerando-se que há certa idealização da infância como fase do desenvolvimento sem grandes preocupações ou angústias, no qual o ato suicida é muitas vezes considerado acidente. Se o suicídio no adulto é carregado de incompreensões, tabus e julgamentos que lugar, então, o suicídio infantil ocupa?

Se no âmbito das ciências da saúde e sociais o tema é tabu, no âmbito jurídico o tema é inexistente. O suicídio, como um ato de dispor de si mesmo, é estudado sempre sob a perspectiva do Direito Penal, focando no sujeito criminoso que auxilia ou instiga outro a morrer. Inexiste, na doutrina jurídica brasileira, trabalhos que estudam o suicídio infantil sob a perspectiva da autoridade parental, por isso, o trabalho aqui desenvolvido é duplamente espinhoso.

Nesse contexto mais do que inserir o tema numa lógica explicativa o presente artigo busca problematizar as seguintes questões: Como abordar a temática do suicídio infantil numa sociedade que interdita a morte de si e abre pouco espaço para reflexão apresentando argumentos imperativos acerca da inexistência de suicídio em crianças, pois estas não seriam capazes de entender o ato de tirar a própria vida, logo, encerrando qualquer possibilidade de discussão? Será que conceber o ato suicida de uma criança como acidental é um modo de nomear aquilo que é da ordem do inconcebível segundo a lógica contemporânea? Pode o suicídio em crianças ser considerado um ato intencional frente as angústias próprias da faixa etária acentuadas pelo contexto sócio-histórico, familiar, cultural[1] em que estão inseridas? Se vivemos numa sociedade fascinada pelo verbo que se antecipa à escuta do outro, como podemos compreender a vida e o sofrimento das crianças que, por sua vez, são asseguradas pelo exercício da autoridade parental? Quais os alcances e os limites entre o dever do cuidado e o respeito à vontade da criança por parte dos pais quando se trata de questões relacionadas à tentativa de suicídio? Em que medida os pais têm responsabilidade jurídica, intrínseca à autoridade parental sobre os filhos no que diz respeito à capacidade decisória de suas vidas e seus corpos? Do ponto do direito civil constitucional, é possível categorizar o suicídio infantil como um ato decorrente da negligência dos pais e, consequentemente, uma violação da autoridade parental, atribuindo responsabilidade aos pais quando a criança se mata? São questionamentos para os quais não há respostas objetivas, únicas ou encerradas. Cabe, então, a reflexão sobre essa temática complexa, percorrendo o ponto nevrálgico desse capítulo, a saber, as discussões acerca da responsabilidade jurídica dos pais para com os filhos quando ocorre um suicídio infantil e a capacidade decisória dos rebentos em relação à escolha de interromper o viver.

2. SUICÍDIO INFANTIL: ATO ACIDENTAL OU TABU?

A inserção da temática no campo do debate como proposta nesse capítulo ilumina reflexões antes pouco discutidas, ainda que suscitando mais perguntas do que respostas. A reflexão, aqui feita, não se restringe a uma explicação teórica sobre a existência do suicídio infantil, tampouco se limita a uma lógica afirmativa que ignora o problema por considerá-lo inexistente em função da dificuldade de se identificar a intencionalidade de morte e o entendimento infantil sobre o assunto, mas principalmente oferece uma compreensão sobre a criança, seu corpo sofredor e as manifestações de angústia infantil que podem acarretar comportamentos autodestrutivos ou tentativas de suicídios expressas através de uma linguagem outra, diferente daquela utilizada pelo adulto, fomentando questionamentos reflexivos ao invés de encerrar o debate. Assim, ao vislumbrar a potencialidade do ato suicida em crianças desloca-se a temática da invisibilidade para o centro da discussão abrindo espaço para reflexões sem incorrer em respostas únicas ou fechadas.

Discussões apressadas e conclusivas sobre a inexistência de suicídio em crianças ou simplesmente figurado como acidente sem possibilidade de questionamento pode demonstrar o tabu e a dificuldade de se reconhecer e pensar tal temática em nossa

---

1. O historiador francês Philippe Ariès (1986) refere que o conceito de infância tal como se concebe na atualidade é relativamente recente e decorre de um processo histórico e social, sendo que "até o fim do século XIII, não existem crianças caracterizadas por uma expressão particular, e sim homens de tamanho reduzido" (p. 51). A preocupação com a infância e o compromisso com a educação começam a surgir a partir do século XVIII inaugurando uma nova forma de se pensar a estrutura e dinâmica familiar.

sociedade. Não parece absurda a asserção argumentativa acerca da incapacidade infantil quanto ao ato de tirar a própria vida, pois, além de se tratar de um tema tabu, especialmente na infância, uma vez constatado que o suicídio nessa faixa etária é uma realidade, caber-nos-ia enquanto sociedade a expandir o olhar para outras questões imbricadas com a temática, exigindo algum tipo de intervenção por parte do Estado como a formulação de políticas públicas voltadas à infância ou transparência de informações com registro de dados mais fidedignos e eficientes.[2] Será que, então, caracterizar a tentativa de suicídio como acidente sem abrir espaço para discussão ou questionamento serve aos propósitos do ocultamento de informações e dados repletos de lacunas por parte do poder público? Ou diz respeito a um modo defensivo da própria sociedade que escamoteia o suicídio e tenta negá-lo a todo custo por se tratar de um tema tabu?

Em estudo sobre suicídio infantil, Costa (2010) faz uma reflexão crítica acerca dos modos de tratamento do suicídio em crianças, muitas vezes, encarado como um simples acidente ou ato inocente como se ela fosse incapaz de sentir e sofrer ou até mesmo de tomar uma decisão radical e intencional. A partir de sua experiência hospitalar, Costa (2010) registrou aumento de crianças que chegam à instituição por demandas de tentativas de suicídio evidenciadas através de discursos com verbalização clara e direta em torno do desejo de morte. Por meio de entrevistas realizadas com duas crianças cuja faixa etária varia entre 7 e 11 anos de idade, observou a dificuldade de compreensão tanto por parte dos profissionais do hospital que, por sua vez, revelam certa resistência em aceitar que se trata de uma tentativa de suicídio infantil, como também por parte dos pais ou responsáveis que negam qualquer possibilidade que remeta a tentativa. Embora apresentem compreensões imaturas em torno da morte de si, as entrevistas realizadas com as duas crianças no estudo de Costa revelam que a intencionalidade de morte se direciona para o movimento de deixar a vida como uma forma de apaziguamento das condições em que se encontram, geradoras de intenso sofrimento. Essa perspectiva postula que a tentativa de suicídio tem sentidos próprios para cada criança e que nem sempre são atos acidentais ou inocentes; pelo contrário, são carregados de intencionalidade explícita ou indireta, configurando-se um gesto expressivo e autodestrutivo voltado para atenuar o sofrimento vivido por ela.

---

2. Lançado em janeiro de 2020 pelo Ministério da mulher, da família e dos direitos humanos, o projeto "Acolha a vida" tem como objetivo criar uma campanha nacional de prevenção ao suicídio e à automutilação de crianças, adolescentes e jovens. Vale ressaltar que o projeto apresenta diversas lacunas quanto ao suicídio infantil, focando no cuidado por parte da família na promoção de saúde mental com pouca atenção ao papel do Estado. O material consiste, principalmente, em cartilhas de conscientização pública sobre o assunto, o que traz à discussão se não seria mais pertinente, além de publicação de material escrito, investimento no âmbito da saúde mental como capacitação de profissionais, equipe para atuação em saúde coletiva e elaboração de políticas públicas. Em vez de se produzir prioritariamente manuais e cartilhas, por que não instituir medidas preventivas, promover a educação e ações mais específicas? Será que esses programas de prevenção mais servem aos interesses do governo, cujas intervenções supõem participação ativa na elaboração de programas voltados à saúde, mas que por detrás dessa atitude denota-se pouca atenção à temática? Disponível em: https://www.gov.br/mdh/pt-br/assuntos/acolha-a-vida.

Segundo esse trilhar compreensivo, Dutra (2002) denuncia a proibição religiosa e moral em torno do suicídio, tendo como fator complicador o suicídio infantil que, além de ser considerado acidente, pois é inconcebível pensar em uma criança desejante de morte principalmente numa sociedade que abre pouco espaço para o sofrer, alcança tamanho estigma e tabu que é negado veementemente. Dutra pontua que crianças apresentam comportamentos auto lesivos seja expressando verbalmente seus desejos em relação ao morrer ou vontade de "sumir", como também comportamentais ao se isolarem, manifestando hostilidade e agressividade. Há uma grande variação nos modos de expressão entre o que a autora nomeia como suicídio indireto ou inconsciente, que se constitui enquanto manifestação sutil e muitas vezes classificado erroneamente como acidente, diferindo do gesto suicida cujo ato é explícito e evidente não abrindo margem para dúvidas sobre a intencionalidade de morte. Nem sempre que ela se acidenta significa que quer se matar. Convém, no entanto, não subestimar a criança e a potencialidade do ato suicida seja direto ou indireto.

Waiselfisz (2011) analisa os dados do mapa da violência brasileiro e percebe que quase não há registros de suicídio em crianças menores de 10 anos de idade no Brasil, mas que esses índices aumentam consideravelmente a partir dessa faixa etária entre 1998 e 2008. Outros dados apontam que foram registrados no Brasil 43 casos de suicídio em crianças de até 9 anos de idade entre 2000 e 2008 (Souza, 2010). Estima-se que os números sejam ainda maiores, porém fatores como estigma, preconceito, tabu, dificuldade de diferenciar a tentativa de suicídio de acidentes ou identificar a causa de morte corretamente, tem como efeito a subnotificação e, consequentemente, a minimização do problema (Brasil, 2019).

Embora dados epidemiológicos sejam escassos e as taxas de mortalidade por suicídio em crianças alcance baixos índices numéricos nos registros oficiais, o que descaracterizaria o suicídio infantil como um grave problema de saúde pública, é fundamental que se atente para essa temática, pois até quando negar o sofrimento das crianças que pode culminar com a consumação do ato? Assistir-se-á passivamente os números de suicídio infantil aumentarem de forma vertiginosa para que voltemos nosso olhar para esse problema? Somada a insuficiência de dados epidemiológicos, quando se denota a existência de taxas de suicídio em crianças normalmente tais informações vem acopladas com dados de suicídio em adolescentes que possui suas especificidades, a partir do qual se evidencia praticamente a inexistência dados epidemiológicos em crianças que, conforme Kuczynski (2014) escancara a necessidade de estudos dedicados à temática do suicídio com atenção especial à infância.

Carece-sede dados e fontes confiáveis sobre o suicídio infantil, no entanto, tal constatação não deve servir de argumento para ausência de debates e reflexões. Aqui há um problema em questão, que é justamente pensar que não diz respeito somente a um número ou mais uma morte por suicídio, transformando-a em estatística. Afinal, está-se diante de uma existência constituída em sua singularidade, diferenciada por uma história pessoal que não pode ser banalizada por se tratar de uma morte "por varejo", morte essa que aparentemente é rara e esporádica e, portanto, não entra para as estatísticas ou dados oficiais, sendo alocada ao campo da invisibilidade tanto para a sociedade como para o poder público. Os parâmetros estatísticos se mostram insuficientes para considerá-lo um problema de saúde pública, excluindo o suicídio infantil de uma questão urgente a ser tratada em nossa sociedade. Além disso, o silêncio em torno do suicídio infantil também é sustentado pela justificativa de que as crianças, a depender de certos fatores, não entendem o conceito de morte, o que abre pouco espaço para questionar os argumentos de que elas não são capazes de se matar, dando por encerrada a discussão. Fornecer devido espaço para as demandas infantis parece ser o caminho mais cuidadoso, tal como denuncia as últimas palavras pungentes da carta escrita por Flavio Migliaccio antes de se matar: "cuidem das crianças de hoje".

3. CAPACIDADE DECISÓRIA EM CRIANÇAS: CONCEITO DE MORTE, INTENCIONALIDADE E LETALIDADE SUICIDA

Partindo da tese de que o nível de compreensão do conceito de morte em crianças pode se relacionar com sua capacidade de entender as implicações do ato suicida, é importante verificar a pesquisa de Nunes et, al (1998) que se baseou em concepções piagetianas acerca do desenvolvimento cognitivo para compreender o conceito de morte em crianças, levando em consideração a irreversibilidade (não é possível reverter a morte), não funcionalidade (as funções vitais cessam na morte), universalidade (todos os seres vivos morrem) como critérios avaliadores do nível de entendimento infantil. Através de entrevistas e material gráfico observaram que crianças entre 6 anos e 10 a 11 meses tem uma compreensão mais desenvolvida e complexa em torno da morte –, dentre as quais destacam-se duas crianças que haviam perdido uma pessoa próxima – em comparação com crianças entre 6 anos e 1 a 6 meses. Como não houve diferença significativa entre as faixas etárias das crianças, as autoras colocam em discussão quais os critérios que estariam mais relacionados ao desenvolvimento do conceito de morte, os aspectos cognitivos ou a experiência pessoal de perdas prévias, ou ainda outros fatores não investigados devido ao alcance limitado da pesquisa. Foram também realizadas entrevistas com as mães das crianças, cujo discurso sobre a morte estava em consonância com as respostas de seus filhos, o que evidencia o papel das interações sociais relacionado ao desenvolvimento cognitivo no que tange ao conceito de morte em crianças.

Ainda nessa perspectiva, os resultados da pesquisa brasileira pioneira de Torres (1979) revelam que a criança desde cedo já possui uma noção acerca da morte ainda que não entenda o conceito de irreversibilidade. Essa compreensão precoce assinala a necessidade de explorar a temática com ela a fim de dar contorno para suas dúvidas, questionamentos e angústias, respeitando sua capacidade de entendimento. Ao considerar que a compreensão da morte está fortemente imbricada com o desenvolvimento e a maturação cognitiva, Torres (1980; 1999) em consonância com outras pesquisas (Bella et al., 2010, *apud*, Schlösser, Rosa e More, 2014; Speece & Brent, 1984) refere que a criança começa a entender a irreversibilidade da morte quando alcança o período operacional concreto por volta dos 7 anos de idade, adquirindo noções mais complexas em torno da morte a partir dos 9 anos de idade (Nagy, 1959 *apud* Escudeiro, 2010; Salvagni, et, al, 2013; Vendruscolo, 2005). Esses dados supõem que as ocorrências de suicídio são incomuns ou identificadas como acidentes em crianças abaixo dessa faixa etária ou até que se tenha atingido a capacidade cognitiva de compreender melhor o conceito de morte e discernir as implicações do ato suicida.

Nessa linha, Orbach e Glaubman (1979) referem que crianças com comportamento suicida apresentam distorções em relação ao conceito de morte em comparação com outras, porém não demonstram nenhum déficit cognitivo, o que leva à discussão se esses comportamentos podem estar associados a um modo defensivo por parte da criança. Tais distorções referem-se à noção de continuidade dos processos vitais mesmo após a morte, na qual a crença na sua reversibilidade é uma hipótese levantada para justificar o comportamento suicida em crianças que apresentam conceitos imaturos em relação à temática.

Pensando a compreensão de morte em crianças entre 6 e 12 anos de idade e suas implicações no ato suicida, Mishara (1999) realizou entrevistas com crianças de escolas públicas nos Estados Unidos, com intuito de investigar o que as crianças entendem por morte e suicídio. Ainda que muitos estudos apresentem reflexões divergentes, Mishara refere que de modo geral há uma crença coletiva de que as crianças não possuem uma compreensão elaborada sobre a morte e significações complexas sobre o ato suicida que, por sua vez, são frequentemente identificados como acidente fatal. Em sua pesquisa, Mishara verificou que crianças menores de 8 anos de idade não reconhecem a palavra "suicídio", mas a maioria entende o conceito de tirar a própria vida, enquanto grande parte da amostra de crianças a partir de 9 anos de idade entende bem o conceito de suicídio, referindo-se a um ato que resulta em morte definitiva sem possibilidade de reversão.

As crianças participantes do estudo de Mishara (1999) relataram discutir a temática com outras crianças, como também contaram ter visto suicídio na televisão, outras ainda apontaram que a experiência direta por parte de um familiar ou conhecido próximo que se matou é uma fonte de informação sobre suicídio. Interessante notar que embora haja uma compreensão por parte dos pais de que as crianças não entendam as conversas entre adultos quando ocorre um suicídio na família, as crianças afirmam ter entendido com clareza o ocorrido. Ainda que a concepção acerca da morte e do suicídio sofra variações no nível de complexidade conforme a faixa etária, as experiências familiares, o desenvolvimento cognitivo, a idade escolar, o conceito de idade, os aspectos singulares de cada criança, não se pode encerrar a discussão sobre o suicídio infantil como ato acidental, uma vez que a maioria delas entende o que é tirar a própria vida. As crianças que participaram do estudo ao contrário do que se imagina não expressaram desconforto, tampouco demonstravam-se receosas em discutir a temática; pelo contrário estavam ansiosas para expressar suas opiniões, evidenciando que muitas vezes a dificuldade quanto à abordagem do tema advém dos pais e não necessariamente da criança.

Considerando os dados amostrais da pesquisa de Mishara (1999), percebe-se que as crianças desde cedo tem uma compreensão restrita sobre a morte e, citam pelo menos um método letal frequentemente utilizado para a consumação do suicídio. É o que pontua, Fensterseifer e Werlang (2003) ao questionarem se o suicídio infantil seria a perda da inocência e, que apesar de não ser recorrente, as crianças tiram a própria vida, sendo que muitos dos acidentes notificados, na realidade, se configuram como tentativas de suicídio oriundos de diversos fatores de risco. As autoras também se pautaram no nível de compreensão do conceito de morte em crianças como critério para se pensar na capacidade decisória da criança em tirar a própria vida.

A compreensão de conceitos como a morte e noções mais complexas de si adquiridas ao longo de seu desenvolvimento são necessárias para caracterizar a morte como suicídio nessa faixa etária. Esse é um aspecto que deve ser cuidadosamente analisado, pois não é possível estabelecer uma idade, um critério estanque na qual a criança passa a entender a morte e o suicídio de modo mais elaborado e complexo (Netto, 2013). Cabe, então, oferecer escuta à singularidade de cada uma delas e visibilidade às vozes que, muitas vezes, são silenciadas a partir de conclusões antecipadas que as consideram incapazes de compreender o que é a morte, angustiar-se, sofrer ou consumar o ato suicida.

Os aspectos cognitivos, faixa etária, questões sociais, familiares, história de vida e contexto ambiental são fatores elencados como importantes no desenvolvimento do nível do conceito de morte em crianças. Os meios de comunicação como a internet e a televisão, cada vez mais precoces no cotidiano das crianças, vão constituindo subjetividades cujos efeitos ressonam no modo de sofrer e de se compreender a vida e a morte. Na tentativa de frear a influência avassaladora da tecnologia na vida dos filhos e o acesso exacerbado de informações apresentadas de forma não lúdica como imagens violentas (Kovács, 2012), os genitores, por sua vez, acabam protegendo as crianças dos problemas e das verdades agonizantes como a morte, prejudicando ou até mesmo encerrando as possibilidades de as crianças narrativizarem seus sofrimentos (Dunker, 2017).

Se por um lado, frente a essas mudanças próprias do mundo contemporâneo se vê crianças cada vez mais familiarizadas com as imagens escancaradas de morte e suicídio propagadas pela mídia que pouco colaboram para a elaboração psíquica de tais conteúdos. Por outro, o silenciamento coloca a morte e o suicídio no campo do tabu, fomentando mais curiosidade e formas alternativas de lidar com as angústias e dúvidas suscitadas pelas temáticas. Não se trata de silenciar, sequer escancarar a morte ou o suicídio numa linguagem não lúdica, incompreensível, mas abrir espaço às crianças para que possam expressar suas angústias, dúvidas e questionamentos ancorados pela presença de um adulto capaz de auxiliá-las e servir de apoio para acolher e validar seus sentimentos são elementos fundamentais na promoção da educação para a morte segundo Kovács (2005; 2012).

É importante atentarmos para os modos expressivos da criança que se difere dos adultos que, por sua vez, costumam utilizar mais o recurso verbal para comunicar a intencionalidade suicida. Isso significa que a criança faz uso de linguagem de modo diversificado e diferente dos adultos, o que não quer dizer que elas não comunicam suas angústias, muito pelo contrário, a criança expressa. Para captar os significados de sua comunicação é preciso se aproximar da linguagem infantil cabendo ao adulto oferecer ferramentas lúdicas para a criança. O cuidado, a escuta e o movimento compreensivo às demandas infantis não têm necessariamente o efeito de "erradicar" o comportamento suicida, pois apesar de todo cuidado e escuta oferecida ainda sim é possível que a pessoa escolha a própria morte. No entanto, abrir espaço para expressão dos sentimentos permeada por uma escuta livre de julgamentos ou punições pode ser uma via sensível de aproximação do sofrimento infantil, na qual a criança encontra no adulto confiança e segurança para expressar seus sentimentos e lidar com seus anseios e angústias. Mas como oferecer cuidado ou até mesmo pensar em medidas preventivas numa sociedade que nega a morte intencional causada pela própria criança concebendo-a como acidente sob quaisquer circunstâncias?

Se até recentemente presumia-se que as crianças não apresentavam comportamentos suicidas se não compreendessem o conceito de irreversibilidade da morte (Shaffer & Fischer, *apud*, Torres, 2003), Pfeffer (2003) por sua vez, considera que para a criança consumar o ato suicida não requer necessariamente um conceito complexo e maduro sobre morte, mas deve-se analisar juntamente com ela quais são suas compreensões em relação à intencionalidade de seu gesto autodestrutivo e o grau de letalidade. Se um método não letal é compreendido pela criança como um meio potencialmente fatal, então, ao utilizá-lo esse ato se configuraria como suicida? Da mesma forma, quando uma criança entende que uma atitude letal não tem efeito autodestrutivo nesse caso podemos considerá-lo acidente? Tendo em vista que o suicídio se refere a um comportamento autodestrutivo cuja intenção é a própria morte (Kovács, 2003) é preciso refletir minuciosamente a motivação intencional do ato em crianças ainda que manifestado de modo implícito, indireto e sutil (Kovács, 1992; Pfeffer, 2003). A intencionalidade de morte na criança nem sempre é manifesta de forma clara e evidente, necessitando de uma avaliação cuidadosa que demanda tempo para se aproximar da linguagem infantil.

Há de se considerar que atualmente o surgimento de jogos virtuais como Baleia azul, brincadeira do desmaio, do estrangulamento, homem-pateta, entre outros, propõem desafios que colocam a criança em risco de vida, induzindo-as ao suicídio. Mortes oriundas dos jogos podem acentuar a diferenciação entre comportamentos identificados como suicídio e acidentes domésticos. Situações que envolvem jogos virtuais de cunho autodestrutivo, cada vez mais presentes no cotidiano infantil contemporâneo, podem estremecer as teorias conclusivas sobre a inexistência de suicídio infantil, pois tais jogos escancaram os riscos de vida e colocam em dúvida se a participação no jogo e o cumprimento dos desafios sinalizariam acidentes domésticos ou a intencionalidade suicida em crianças que, ao entenderem os propósitos do jogo insistem em continuar jogando mesmo quando percebem os riscos de vida que correm.

Para além da discussão sobre os critérios de diferenciação entre acidentes domésticos e tentativas de suicídio em crianças, mas ainda refletindo sobre a temática sem assumir uma postura conclusiva, Kovács (1992) retoma o termo "microssuicídios" originado de Aberastury (1978) para se referir a auto destrutividade em crianças expressas através de acidentes, ferimentos, quedas, ou seja, segundo essa perspectiva o acidente pode, em certas situações, significar um modo de expressão autodestrutivo, culminando ou não com o suicídio. Esse é um aspecto destacado por Kreuz e Dantas (2017) quando discutem que o suicídio infantil é uma realidade que merece devida atenção enfatizando que o ato de tirar a própria vida, bem como o acidente podem tanto representar um modo de expressão ou pedido de ajuda por parte da criança que apresenta dificuldade de lidar com seus sentimentos, como também meio pelo qual ela atenua as angústias, o sofrimento e desespero. Portanto, ainda que se trate de um acidente a criança se coloca em risco, sendo fundamental avaliar esse risco de forma pormenorizada e sua possível intencionalidade.

Como se vê, não há concordância entre os estudos apresentados sobre a temática, mais especificamente, se as crianças apresentam comportamentos suicidas ou intencionalidade de morte e quais seriam os critérios avaliadores para diferenciar o suicídio do ato acidental, embora o desenvolvimento do conceito de morte esteja fortemente associado a compreensão do ato suicida. Se por um lado pairam dúvidas e incertezas quanto à temática, já que a escassez de pesquisas abre pouco espaço para abordagens que se diferenciam daquelas que inserem o fenômeno no território estritamente acidental. Por outro, pensar a criança como um ser dotado de desejos e necessidades que se expressa através de diferentes formas de linguagens e, que independentemente de ser um ato acidental figurado como tentativa de suicídio ou não deve-se, pois, atentar para seus modos de expressão oferecendo escuta à criança a fim de que sua narrativa ocupe um lugar importante e não seja desprezada, acaba por fomentar reflexões e ampliar o horizonte compreensivo.

4. SUICÍDIO INFANTIL: INTERFACES ENTRE O DIREITO E A PSICOLOGIA

Pensar que a criança sob quaisquer condições não é capaz de tirar a própria vida é comum quando estamos falando de uma sociedade que não tolera o sofrimento, cuja consequência é a formação de uma subjetividade pautada no tamponamento da angústia infantil que, por sua vez, não é excluída da lógica capitalista. Ocorre que, a validação de determinados modos de sofrimento está atrelada ao capitalismo, que os transforma em mercadorias-diagnósticos o qual incorre em medicações excessivas (Dunker, 2015), atendendo aos interesses da indústria farmacêutica (Souza, 2018). À medida em que o corpo infantil é reconhecido como capaz de sofrer, manifestar angústia, expressar a intencionalidade de autoagressão como maneira de apaziguar o sofrimento findando ou não a própria vida, o suicídio infantil começa a ganhar contornos mais definidos para além do território acidental ou tão somente reservado a uma possibilidade futura na adolescência ou na vida adulta, inaugurando novos modos de compreensão sobre a temática.

Considerando o suicídio infantil uma realidade que merece devida atenção, existem diversos fatores de risco envolvidos na tentativa de suicídio em crianças como seu entorno familiar, ambiental, social, situações de violência, dificuldades escolares como bullying, conflitos familiares, dificuldade de comunicação entre filhos e genitores, ausência de estratégias de enfrentamento de situações adversas e estressoras, bem como manifestações singulares de cada criança, as próprias significações acerca do mundo em que vivem (Lemos & Salles, 2015; Sousa et al, 2017). São fatores que incluem questões ambientais, sociais, familiares, escolares, relacionados à saúde mental da criança. Outras pesquisas articulam o suicídio infantil à depressão ou ainda a um transtorno mental (Pelkonen & Marttunen, 2003; Alcade, 2001; Carballo et al, 2020; Kõlves, 2010).

A leitura compreensiva acerca dos fatores de risco exige cuidado para não inserir o suicídio numa relação de causalidade. Ao colocar o suicídio no campo da multifatorialidade, não é possível considerá-lo resultado de um transtorno mental, tampouco é sinônimo de doença. Essa perspectiva possivelmente recairia numa lógica aprisionadora e classificatória acerca do suicídio infantil. Reduzir a experiência complexa do suicídio a um fator explicativo, sobretudo, a um transtorno é reduzir a história de vida dos rebentos a um problema único e íntimo. Talvez esse posicionamento teria menos efeito incômodo ao outro, pois atribui-se à própria pessoa a causa do suicídio desconsiderando a teia complexa que é a vida no qual o ato suicida é constituído, já que normalmente se articula as doenças mentais a um problema individual. Não se pode restringir a experiência suicida à esfera íntima, mas deve-se considerar também o mundo na qual ela vive. Nas palavras de Kovács (1992, p. 179) "o suicídio é uma trágica denúncia do indivíduo de uma crise coletiva. Quando ele se mata fracassa uma proposta coletiva daquela sociedade".

A inserção do suicídio numa lógica causal recai em um reducionismo que está a favor da ciência positiva que busca uma resposta para um fenômeno que é da ordem do não saber, do inesgotável, do movimento compreensivo mais do que explicativo. O que se vê hoje é a patologização da vida e de determinadas formas de ser e existir, o qual incorre em estratégias medicalizantes redutoras da experiência idiossincrática do viver a uma doença. Partindo da tese de que os diagnósticos clínicos de transtornos mentais infantis muitas vezes não são realizados de forma responsiva ou munidos de conhecimento teórico e investigação minuciosa da condição psicossocial da criança (D'Abreu, 2012), dificultando a precisão do diagnóstico de depressão infantil (Cruvinel & Buruchovitch, 2014), pois pouco leva-se em consideração as vicissitudes da vida, sua singularidade e seu modo de existir, tendo como foco a avaliação da sintomatologia por vezes deslocada do contexto ambiental, optamos por considerar o sofrimento agudo como um fator preponderante para a tentativa de suicídio ao invés de um transtorno mental.

Essa questão é discutida por Costa (2010) quando refere que as tentativas de suicídio representam formas de subterfúgio frente ao sofrimento dilacerante do qual a criança não encontra alternativa para aliviá-lo por outra via que não seja pela autodestrutividade. Em consonância com essa perspectiva, Friedrich (1989) assevera a necessidade de se considerar a tentativa de suicídio como um fato que decorre de um sofrimento intenso vivido pela criança. A negação por parte dos genitores e/ou responsáveis, bem como a omissão de certas informações recai na dificuldade de conduzir um cuidado psicológico adequado a essas crianças.

Nesse sentido, o sofrimento intenso decorrente de diversos fatores parece ser o denominador comum em tentativas de suicídio, enquanto a escuta oferecida à criança configura-se um fator protetivo. Pensar o transtorno mental como causa do suicídio é atribuir certa incapacidade à pessoa que tenta suicídio como se não fosse apta a realizar um ato intencional e consciente se não lhe fosse atribuído um diagnóstico de transtorno mental. O fulcro da discussão não é considerar se o suicídio está vinculado ou não a uma psicopatologia, mas se a intenção é minimizar o tabu e os preconceitos em relação ao suicídio é fundamental desconstruir os estigmas dos fenômenos articulados ao ato como as doenças mentais muitas vezes enquadradas no conceito de normalidade, cujo efeito estigmatizante produz discriminação o qual insere a criança em territórios excludentes. Ainda, se considerarmos a depressão como um modo de sofrimento que requer práticas de cuidado e demanda atenção em diversas instâncias, podemos associar o suicídio à depressão não como uma doença, mas enquanto movimento sinalizador sobre si e seu entorno, uma via pela qual a criança manifesta seu sofrimento, oportunizando a expressão dos sentimentos através de dificuldades escolares, tristeza, desinteresse em atividades antes prazerosas, alterações de humor, problemas comportamentais, entre muitos outros. Daí surge a necessidade de contextualizar tais sinalizações tanto verbais, físicas, comportamentais, emocionais para não incorrer em reducionismos ou hiperdiagnósticos. O suicídio pode ser realizado por uma criança em sofrimento agudo, dotada de lucidez ímpar sobre sua condição mental e seu ato. Essa perspectiva corrobora com a concepção em relação à criança como um ser sofredor que pode se matar, capaz de tomar decisões quando considerado seu nível de compreensão da situação na qual se encontra.

No que tange ao entrelaçamento entre o campo do direito e as discussões bioéticas sobre a vulnerabilidade e autonomia em crianças em situações médicas, Konder e Teixeira (2016) destacam a relevância de averiguar com a criança de modo individualizado sem generalizações sua capacidade de compreensão, discernimento e as consequências das decisões tomadas conforme seu nível de maturidade, assegurando a elas a autonomia em relação à sua saúde.

Em uma interpretação extensiva, essa reflexão cabe no tema aqui discutido. Reassegurar o diálogo entre os genitores e os filhos engendra o respeito às crianças e, ao mesmo tempo, suscita o cuidado e atenção por parte dos pais. Sendo assim, se os filhos são considerados aptos a tomar decisões como o suicídio, os pais teriam responsabilidade jurídica sobre eles quando se matam? E pensando num cenário em que uma criança é considerada incompetente civilmente de tomar decisões sobre sua saúde conforme pontua Kipper (2015), seria possível afirmar que houve descumprimento de deveres parentais diante do suicídio do menor?

Sob a perspectiva do direito civil constitucional, a autoridade parental constitui-se como um *múnus* dos pais e precisa ser visto como um instrumento de garantia dos direitos fundamentais do menor e uma forma de resguardar seus melhores interesses. Assim, Teixeira (2009) afirma que os deveres parentais voltam-se para a promoção e o desenvolvimento da personalidade do filho. Barboza, Correia e Almeida Junior (2020) defendem a necessidade de compreender a autoridade parental como uma relação pedagógica cujo objetivo é a emancipação do filho. Para isso, os autores vislumbram dois lados: a busca pela garantia do direito à liberdade dos menores e a acentuação do dever de cuidado dos pais.

Nesse contexto, eventual atribuição de responsabilidade parental pelo suicídio do filho menor extrapola os limites desse múnus e invade a esfera da moral e do tabu do suicídio infantil, demonstrando um desconhecimento do tema que buscamos, aqui, descortinar.

Assim, por se tratar de uma questão de saúde mental imbricada com fatores sociais, ambientais, culturais, históricos, aos modos de viver e existir de cada criança a partir do qual evidencia sua singularidade, compreendemos que o suicídio não se restringe a um problema íntimo ou tão somente vinculado à família, mas também diz respeito a uma construção de rede de cuidado que envolve tanto a família, a comunidade, a escola. E, mais ainda, trata-se de pensar em estratégias que garantam medidas preventivas de suicídio em crianças que extrapolem a esfera individual e íntima, cabendo também ao Estado o dever da proteção além da sociedade e a família.

5. CONSIDERAÇÕES FINAIS

Os obstáculos oriundos da subnotificação ou da dificuldade de distinção entre suicídio e acidente colocam o suicídio infantil sob o manto da invisibilidade. No silêncio inaugura-se o tabu do suicídio. Há, nessa situação, um desafio, pois como abordar uma temática frequentemente negada e pouco discutida em diversos âmbitos? Como parte das reflexões sobre autoridade parental e suicídio infantil decorre a necessidade de assegurar o cuidado e proteção às crianças de modo que seja oferecida uma escuta sensível, cuidadosa e atenta a elas. Enquanto perdurar o silêncio em torno do suicídio negando a fala a essas crianças, a auto destrutividade poderá ocorrer por diversas vezes até culminar com a morte de si, seja na infância ou posteriormente na adolescência ou na vida adulta.

Diante disso, o presente estudo pretende ser um ponto de partida para discussões transdisciplinares sobre o tema, afirmando a necessidade de que a relação entre suicídio infantil e autoridade parental seja melhor compreendida e analisada, reconfigurando o tabu em um problema social e multifatorial que necessita de políticas pública eficazes, e não de buscas persecutórias que visam perpetuar a dicotomia culpados e inocentes

REFERÊNCIAS BIBLIOGRÁFICAS

ALCADE, Gómez. Suicidio infantil. Factores de riesgo suicida em menores de edad. Pediátrika (Madrid), v.21, n. 8, p. 283-289, 2001.

ARANTES, Ana Claudia. Saúde na morte. In: BLOISE, Paulo (Org.). *Saúde integral: a medicina do corpo, da mente e papel da espiritualidade*. São Paulo: Editora Senac, 2011.

ARIÈS, Philippe. *O Homem diante da morte*. São Paulo: Editora UNESP, 2014. (Publicação original de 1977).

ARIÈS, Philippe. *História social da criança e da família*. Rio de Janeiro: Guanabara, 1986.

BARBARGLI, Marzio. *O suicídio no ocidente e no oriente*. Rio de Janeiro: Vozes, 2019.

BARBOSA, Heloisa Helena; CORREA, Marilena Cordeiro Dias Villela; ALMEIDA JUNIOR, Vitor de Azevedo. Morte digna na Inglaterra: análise do caso Charlie Gard. In: DADALTO, Luciana; SÁ, Maria de Fátima Freire de. *Direito e Medicina*: a morte digna nos tribunais, 2 ed. Indaiatuba: Foco, 2021.

BRASIL. Ministério da Saúde. Secretaria de Vigilância em Saúde. Boletim Epidemiológico. Suicídio: tentativas e óbitos por intoxicação exógena no Brasil, 2007 a 2016, v. 50, 2019.

CARBALLO, Juan et al. Psychosocial risk factors for suicidality in children and adolescents. European Child & Adolescent Psychiatry. v. 29, n.6, p. 759–776, 2020.

COSTA, Daniela Scarpa da Silva. Ato suicida na infância: do acidental ao ato. Dissertação (Mestrado em Psicologia). Programa de Pós-Graduação em Psicologia, Pontifícia Universidade Católica de Minas Gerais, Minas Gerais, Belo Horizonte, 2010. 87p.

CRUVINEL, Miriam; BORUCHOVITCH, Evely. *Compreendendo a depressão infantil*. Rio de Janeiro: Vozes, 2014.

DADALTO, Luciana; GONSALVES, Nathalia Recchiutti. Wrongful prolongation of life: Um novo dano para um novo paradigma de proteção da autonomia. *Revista Brasileira de Direito Civil*. v. 25, p. 271-282, 2020. D'ABREU, Lylla Cysne Frota. O desafio do diagnóstico psiquiátrico na criança. *Contextos Clínicos*. v.5, n.1, p. 2-9, 2012.

DUNKER, Christian. *Reinvenção da intimidade*: políticas do sofrimento. São Paulo: UBU, 2017.

DUNKER, Christian. *Mal-estar, sofrimento e sintoma*: uma psicopatologia do Brasil entre muros. São Paulo: Boitempo, 2015.

DUTRA, Elza. Comportamentos autodestrutivos em crianças e adolescentes: orientações que podem ajudar a identificar e prevenir. In: HUTZ, Claudio Simon (Org.). *Situações de risco e vulnerabilidade na infância e na adolescência*: aspectos teóricos e estratégias de intervenção. São Paulo: Casa do Psicólogo, 2002.

ESCUDEIRO, João Aroldo. Humanização Pediátrica. *Revista da Saúde da Criança e do Adolescente*, v.2, n. 1, p. 69-72, 2010.

FAIRBAIRN, Gavin. *Reflexões em torno do suicídio*: a linguagem e a ética do dano pessoal. São Paulo: Paulus, 1999.

FENSTERSEIFER, Liza; WERLANG, Blanca Susana Guevara. Suicídio na infância: será a perda da inocência? *Psicologia Argumento*, v.21, n. 35, p. 39-46, 2003.

FRIEDRICH, Sonia. *Tentativas de suicídio na infância*. Tese (Doutorado em Psiquiatria). Faculdade de Medicina da Universidade de São Paulo, São Paulo, 1989.

GUILLON Claude; BONNIEC, Yves Le. *Suicídio*: modos de usar. São Paulo: EMW Editores, 1984.

GUIMARÃES, Eliza Amaral Ferreira. *As representações sociais de profissionais de urgência e emergência sobre o suicídio infantil*. Dissertação (Mestrado em Psicologia). Programa de Pós-Graduação em Processos Psicológicos e Saúde, Universidade Federal de Amazonas, Manaus, Amazonas, 2018. 116p.

JAMISON, Kay Redfield. *Quando a noite cai*: Entendendo o suicídio. Rio de Janeiro: Gryphus, 2010.

KALINA, Eduardo; KOVADLOFF, Santiago. *As cerimônias da destruição*. Rio de Janeiro: Francisco Alves, 1983.

KIPPER, Délio José. Limites do poder familiar nas decisões sobre a saúde de seus filhos – diretrizes. *Revista Bioética* [impresso], v. 23, n.1, p. 40-50, 2015.

KÖLVES, Kairi Child suicide, family environment, and economic crisis. *Crisis: The Journal of Crisis Intervention and Suicide Prevention*, 31(3), 115-117, 2010.

KONDER, Nelson; TEIXEIRA, Ana Carolina Brochado. *Crianças e adolescentes na condição de pacientes médicos*: desafios da ponderação entre autonomia e vulnerabilidade. Pensar, Fortaleza, 21 (1), p. 70-93, 2016.

KOVÁCS, Maria Julia. Educação para a morte. *Psicologia Ciência e Profissão*, v. 25, n.3, p .484-497, 2005.

KOVÁCS, Maria Julia. *Educação para a morte*: Temas e reflexões. São Paulo: Casa do Psicólogo/FAPESP, 2003.

KOVÁCS, Maria Julia. Educadores e a morte. *Revista Semestral da Associação Brasileira de Psicologia Escolar e Educacional*, v. 16, n. 1, p. 71-81, 2012.

KOVÁCS, Maria Júlia. Morte e desenvolvimento humano. São Paulo: Casa do Psicólogo, 1992.

KOVÁCS, Maria Julia. Psicologia e bioética: cuidados a pacientes gravemente enfermos. In: In: ESPERANDIO, Mary Rute; KOVÁCS, Maria Júlia (Org.). *Bioética e psicologia*: inter-relações. Curitiba, CRV, 2017.

KREUZ, Giovana; DANTAS, Bruna Fabre. Suicídio infantil. In: ESPERANDIO, Mary Rute; KOVÁCS, Maria Júlia (Org.). *Bioética e psicologia*: inter-relações. Curitiba, CRV, 2017.

KUCZYNSKI, Evelyn. Suicídio na infância e adolescência. *Psicologia USP*, v. 25, n. 3, p. 246-252, 2014.

LEMOS, Milena Fiorim de Lima; SALLES, Andréia Mansk Boone. Algumas reflexões em torno do suicídio de crianças. *Revista de Psicologia da UNESP*. v.14, n.1, 2015.

MARX, Karl. *Sobre o suicídio*. São Paulo, SP: Boitempo, 2006. (Publicação original de 1846).

MINOIS, Georges. *História do suicídio: a sociedade ocidental diante da morte voluntária*. São Paulo: Editora UNESP, 2018.

MISHARA, Brian. Conceptions of death and suicide in children ages 6-12 and their implications for suicide prevention. Suicide Life Threat Behav, v. 29, n. 2, p. 105-18, 1999.

NETTO, Berenchtein Nilson. Perguntas respondidas por Nilson Berenchtein Netto. In: Conselho Federal de Psicologia (Org.). *O Suicídio e os Desafios para a Psicologia* / Conselho Federal de Psicologia. Brasília: CFP, 2013.

NUNES, Deise Cardoso et al. As crianças e o conceito de morte. *Psicologia: reflexão e crítica*, v. 11, n. 3, p. 579-590, 1998

ORBACH, Israel.; GLAUBMAN, Hananyah. Children's perception of death as a defensive process. *Journal of Abnormal Psychology*, v. 88, n. 6, p. 671-674, 1979.

PELKONEN, Mirjami; MARTTUNEN, Mauri. *Child and adolescent suicide*: epidemiology, risk factors, and approaches to prevention. Paediatric Drugs. v.5, n.4, p. 243-65, 2003.

PFEFFER, Cynthia. Assessing suicidal behavior in children and adolescentes. In: KING, Robert; APTER, Alan. *Suicide in Children and Adolescents*. Cambridge: University Press, 2003.

PUENTES, Fernando Rey. O suicídio e a filosofia. In: PUENTES, Fernando Rey. *Os filósofos e o suicídio*. Belo Horizonte: Editora UFMG, 2008.

SILVA, Lucía. Suicídio entre crianças e adolescentes: um alerta para o cumprimento do imperativo global. *Acta Paulista de Enfermagem*, v. 32, n. 3, p. III-IVI, 2019.

SALVAGNI, Adelise, et al. Reflexões acerca da abordagem da morte com crianças. Mudanças: *Psicologia da Saúde*, v. 21, n. 2, p. 48-55, 2013.

SCHLOSSER, Adriano; ROSA, Gabriel Fernandes Camargo & MORE, Carmen Leontina Ojeda Ocampo. Revisão: comportamento suicida ao longo do ciclo vital. *Temas psicol*, v. 22, n.1, p. 133-145, 2014.

SOUSA, Girliani Silva de et al. Revisão de literatura sobre suicídio na infância. *Ciência e saúde coletiva* [online], v..22, n.9, p, 3099-3110, 2012.

SOUZA, Ana Célia Rodrigues. *Morte e luto: a psiquiatria sem drogas e as enfermidades míticas no cinema*. Curitiba: Appris, 2018.

SOUZA, Fabio. Suicídio: dimensão do problema e o que fazer. *Psiquiatria Hoje*, v. 2, n.5, p. 6-8, 2010.

SPEECE, Mark W; BRENT, Sandor, B. – Children's understanding of death. A review of three components of a death concept. Child Development, v. 55, n. 5, p. 1671-1686, 1984.

TEIXEIRA, Ana Carolina Brochado. *Família, guarda e autoridade parental*. 2. ed. Rio de Janeiro: Renovar, 2009.

TORRES, Wilma Costa. O conceito de morte em crianças portadoras de doenças crônicas. *Psicologia: Teoria e Pesquisa*, v. 18, n. 2, p. 221–229, 2002.

TORRES, Wilma Costa. O conceito de morte na criança. *Arquivos Brasileiros de Psicologia*, v. 31, n. 4, p. 9-34, 1979.

TORRES, Wilma Costa. O tema da morte na psicologia infantil: Uma revisão da literatura. *Arquivos Brasileiros de Psicologia*, v. 32, n. 2, p. 59-71, 1980.

TORRES, Wilma Costa. *A criança e a morte*: desafios. São Paulo: Casa do Psicólogo, 1999.

VENDRUSCOLO, Juliana. *Visão da Criança sobre a Morte*. Medicina (Ribeirão Preto), v. 38, n. 1, p. 26-33, 2005.

WAISELFISZ, Julio Jacobo. *Mapa da violência 2011*: os jovens do Brasil. São Paulo, 2011.